KB162019

프로이트(1856~1939)

▲학생들 앞에서 임상 수업 중인 샤르코(Jean Martin Charcot)
앙드레 브루이에
최면술을 시도 중인 샤르코를 묘사한 그림. 프로이트는 신경증 치료를 위해 샤르코의 최면술을 사용하기도 했다.

◀샤르코(1825~1893)

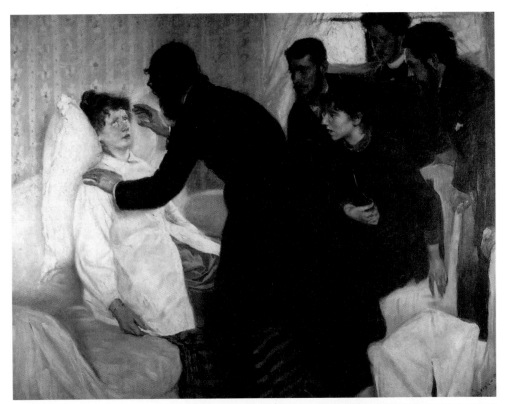

▲최면요법
베른하임(Hippolyte Bern-
heim) 등이 행한 최면술은
내면의 목소리를 발견할
수 있는 접근로를 열기 위
해 그 무렵에 가장 많이
사용하는 방법이었다. 프
로이트는 자신의 최면요법
을 완성하기 위해 1889년
낭시에 있는 이폴리트 베
른하임 박사의 병원으로
찾아갔다.

▶이폴리트 베른하임
  (1840~1919)

▲히스테리 환자 안나 O
프로이트는 여성 히스테리 환자들에 대한 임상 경험을 통해 가장 강렬하고 근본적인 갈등 요인이 '성적인 문제'라고 결론짓는다.

◀오이디푸스와 스핑크스 귀스타브 모로. 1864. 뉴욕, 메트로폴리탄 미술관
장성한 오이디푸스는 델포이 신전에서 조국에 돌아가면 아버지를 죽이고 어머니와 결혼할 운명이라는 신탁을 받는다. 오이디푸스는 길가에서 말다툼 끝에 한 노인을 죽였다. 그리고 스핑크스가 내는 수수께끼를 풀고 테베 왕이 되자 왕비인 이오카테스, 즉 자신의 생모와 결혼했다. 페스트가 퍼지자 이를 몰아내려면 라이오스를 죽인 범인을 추방해야 한다는 신탁을 받은 오이디푸스는 조사 끝에 자기가 살해범이라는 사실과 탄생의 비밀을 알게 된다. 이오카테스는 자살하고, 절망에 빠진 오이디푸스는 눈을 파 버리고 죽는 날까지 방랑했다. '오이디푸스 콤플렉스'란 남자아이가 아버지를 증오하고 어머니에 대해서 품는 성적 애착이다.

세계사상전집035
Sigmund Freud
VORLESUNGEN ZUR EINFÜHRUNG IN DIE PSYCHOANALYSE

정신분석 입문

지크문트 프로이트/김양순 옮김

동서문화사

정신분석 입문
차례

머리말

머리말

내가 이번에 《정신분석학 입문》을 출판하는 것은 이미 발행된 이 학문 분야의 모든 것들, 히치만의 《프로이트의 노이로제론》(2판 1913), 피스터의 《정신분석학 방법론》(1913), 레오 카프란의 《정신분석학의 특성들》(1914), 레지스 및 에스나알의 《노이로제 및 정신병의 정신분석》(파리 1914), 아돌프 F. 마이어의 《정신분석에 의한 노이로제 치료》(암스테르담 1915) 등과 경쟁하기 위해서가 아니다. 이 책은 내가 빈 대학에서 1915년~1916년과 1916년~1917년 두 차례에 걸쳐 겨울 학기 동안 의사와 환자 그리고 남성과 여성이 함께 섞여서 들었던 강의 내용을 충실하게 재정리한 것이다.

독자의 눈길을 끌 이 책의 특징들은 모두 위와 같은 청강생의 조건에서 비롯되었다고 설명할 수 있다. 학술 논문을 발표할 때 갖춰야 할 냉정함과 침착함을 지키며 강의하는 것이 내게는 가능하지 않았다. 그러기는커녕 나는 거의 두 시간에 가까운 강의 동안에 청강생들이 흥미를 잃지 않도록 주의를 끌어야 하는 임무를 수행했어야 했다. 그리고 그때그때의 효과를 고려해서 같은 주제를 반복해 다루는 일을 피할 수 없었다. 예를 들어, 한 번은 꿈의 해석에서 그리고 그다음에는 노이로제 문제들에서 다루었다. 강의 주제를 배치할 때에도 다수의 중요한 주제들, 예컨대 무의식에 관한 주제들과 같은 것들은 단지 한 곳에서만 상세히 다룰 수 없었다. 그보다는 청강생들의 그 어떤 깨달음들이 축적되어 나아갈 수 있게 하는 새로운 기회들이 생겨나도록 반복적으로 다루었다.

정신분석학 문헌을 신뢰한다면, 본 입문서에서 매우 충실한 출판물이라 할 수 있는 것과는 거리가 먼 그런 내용들은 거의 발견하지 못할 것이다. 물론 저자의 입장에서 더 다듬고 정리해야 할 필요성은 충분히 남아있다. 불안의 원인과 히스테릭한 공상에 관한 한 섹션도 역시 논의해야 할 부분으로 여전히 남아있다.

1917년 봄, 빈에서 프로이트

제1부
착오

첫 번째 강의
서언

나는 여러분이 정신분석에 대해 책이나 사람들의 이야기를 통해 어느 정도의 지식을 갖고 있는지 알지 못하지만, 이 강의의 제목을 '정신분석 입문'이라고 한 이상, 어디까지나 여러분을 정신분석에 대한 지식이 없는 초보자로 생각하고, 지도가 필요한 분들로 대하기로 하겠다.

그러나 정신분석이라는 것이 노이로제(신경증) 환자를 의학적으로 치료하는 방법이라는 것쯤은 여러분이 이미 알고 있으리라 전제할 것이다. 그래서 나는 이 정신분석 분야는 의학의 다른 분야와는 전혀 다른 것이 있다는 것, 아니 전혀 상반되는 것조차 종종 있다는 것을 예를 들어 여러분에게 보여 주고 싶다. 일반적으로 환자에게 새로운 치료법을 시도할 때는 언제나 그것에 따르는 고통을 되도록 적게 해주고, 그 치료 효과가 충분히 믿을 만하다는 희망을 주는 것이 이제까지의 의학이었다. 이것은 좋은 결과를 낳을 확률이 높기 때문에 그것대로 올바른 방법이라고 생각한다. 그러나 노이로제 환자에게 정신분석 요법을 쓸 때는 양상이 달라진다. 우리는 환자에게 치료방법이 어렵고, 긴 시간이 걸리며, 꾸준한 노력과 희생이 필요하다고 설명해야 한다. 또 그 효과에 대해서도 확실한 약속은 할 수 없지만 환자의 태도와 이해 정도, 솔직함과 인내 여하에 달렸다고 말해 주어야 한다. 이처럼 불확실한 태도를 취해야 하는 데는 그만한 이유가 있음을 나중에 다시 설명하기로 한다.

내가 벌써 여러분을 이와 같은 노이로제 환자처럼 다루고 있다고 느껴지더라도 불쾌해하지 않기를 바란다. 만일 불쾌해하는 분이 있다면 다음부터는 내 강의를 들으러 오지 말라고 충고하고 싶다. 내가 이렇게 말하는 것은 여러분이 나에게 불완전한 정신분석의 지식이나마 얻어가기가 매우 어렵다는 것, 또 여러분이 이 문제에 대해 독자적으로 판단하기가 매우 어렵다는 것을 설명하기 위해서이다. 또한 여러분이 이제까지 받아온 모든 교육내용과 사고방식이 여러분을 정신분석에 적대감을 느끼게 만들었으며, 이 본능적인 적개심을 극복하기 위해서 여러분은 많은 것을 극복해야 한다고 말하고 싶다. 여러분이 이 강의에서 정신분석의 지식을 얼마나 얻게 될지는 물론 예측할 수 없다. 그러나 내가 확실히 말해 둘 수 있는 것은 여러분이 내 강의를 듣는 것만으로는 어떤 순서로 정신분석 연구를 시작해야 하는가, 어떤 방법으로 그것을 치료해야 하는가 하는 것은 결코 배울 수 없다는 것을 확언할 수 있다.

그럼에도 여러분 가운데 정신분석의 개략적인 지식을 얻는 데에 만족하지 않고 정신분석을 직업적으로 해보고 싶은 분이 있다면, 단념하라고 충고하고 싶다. 오늘날의 사정을 보아도 알 수 있듯이 정신분석이라는 직업을 택해 봐야 대학에서 채용해 줄 가능성도 희박하고, 또 만일 이 분야에서 숙련된 의사가 되어 개업해 봤자 그의 노력을 인정해 주지도 않을 뿐만 아니라 그를 의혹과 질시의 눈으로 보고 기회만 있으면 악의를 품은 자들이 한꺼번에 그에게 덤벼들 것이다. 여러분은 오늘날 유럽 곳곳을 휩쓸고 있는 전쟁(제1차 세계대전)에서 일어나는 여러 가지 현상(잔학 행위나 파렴치한 행위)을 보면 이러한 자들이 얼마나 많은지 대강은 짐작이 갈 것이다. 그러나 새로운 학문을 위해서라면 어떠한 고통을 무릅쓰고라도 그것을 추구하는 사람들이 언제나 있게 마련이다. 여러분 가운데도 그러한 사람이 있어서 내 경고를 전혀 아랑곳하지 않고 다음번 강의에도 출석한다면, 그때에는 기꺼이 여러분을 환영하겠다.

그것은 그렇고 여러분은 정신분석의 어려움이란 도대체 어떤 것인가를 알아야 한다. 여러분은 의학을 공부하면서 눈으로 보는 것에 익숙해져 있다. 해부실의 표본, 화학반응의 침전, 신경자극의 결과인 근육의 수축을 관찰했을 것이다. 그리고 의학 강의가 진행됨에 따라 환자라든가, 병의 증상이라든가, 병에 걸린 조직의 변화, 나아가서는 분열 상태에 있는 병원균까지도 흔히 볼 것이다. 외과의 경우 환자의 수술을 견학하고 때로는 스스로 메스를 들고 수술도 해볼 것이다. 정신과에서조차 실물교시가 있다. 이때는 환자의 표정, 변화, 말투, 행동 등을 세밀히 관찰하고 깊은 인상을 받게 될 것이다. 의학교수라는 사람들은 여러분에게 박물관을 한 바퀴 구경시켜 주는 안내인이나 해설자의 역할을 하는 것이다. 그리고 여러분들도 그와 같은 대상을 직접 자신의 눈으로 본 다음에야 새로운 사실의 존재를 납득할 수 있다고 믿는다.

유감스럽게도 정신분석에서는 이 모든 사정이 다르다. 분석요법에서는 단지 의사와 환자가 말을 나눌 뿐이다. 환자는 자기가 겪은 경험의 대부분과 현재의 느낌을 이야기하고, 병의 증세를 호소하며 자기의 원망과 감정을 고백한다. 의사는 그의 말에 귀를 기울이고, 그 사고의 흐름을 어떤 방향으로 돌리려 시도하고, 어떤 일을 회상시키고, 그의 주의를 한 점에 집중시키고, 설명을 해주고, 그에게 일어난 긍정 또는 부정의 반응을 주의 깊게 관찰한다. 그러나 환자 중에 교양 없는 사람은 눈에 보이는 것, 손에 잡히는 것에만 정신을 빼앗겨 마치 영화에서 보는 듯한 직접적인 행동을 원하는데, 그런 사람은 "대화만으로 어떻게 병을 고칠 수 있는가?" 하는 의문을 가진다. 그런 사고방식은 물론 비합리적이며 근시안적이다. 왜냐하면 그는 단순히 마음속에서만 노이로제를 앓는 것으로 믿고 있기 때문이다.

말의 기원은 본디 마술이다. 오늘날에도 말은 그 옛 마력을 다분히 지니고 있다. 말의 힘으로 사람은 남을 기쁘게 할 수도 있고, 반대로 절망의 구렁텅이에 몰아넣을 수도 있다. 말을 통해서 교사는 학생에게 지식을 전달하고, 연사는 마당에 모인 청중을 감동시키며 그 판단과 결심을 좌우할 수 있다. 말은 감정에 불을 붙인다. 말은 감동을 불러일으키고 사람끼리 서로 영향을 주는 보편적 수단이 되고 있다.

따라서 심리요법에 말을 사용하는 것을 가볍게 보아서는 안 된다. 만일 우리가 정신분석 의사와 환자 사이에 오가는 말의 방청자가 될 수 있다면 그것을 아주 쉽게 깨달을 수 있을 것이다. 그러나 방청은 허용되지 않는다. 정신분석 요법은 대화로 이루어지지만 그 대화에 방청자가 끼어들면 안 되기 때문이다. 대화는 결코 실제 교육과정의 대상이 될 수는 없다. 정신의학 강의에서는 교수가 학생에게 노이로제 환자나 히스테리 환자를 실제로 데려다 보여 주는 경우도 있지만, 그때 환자는 자기의 병력이라든가 자기 고민을 호소할 뿐 결코 그 이상의 말은 하지 않는다. 분석에 필요한 이야기를 얻을 수 있을 때란 환자와 의사 사이에 특별한 감정적 결합이 성립되었을 때뿐이다. 만일 자기와 아무런 관계도 없는 제삼자가 듣고 있다는 것을 깨달으면 환자는 곧 입을 다물고 만다. 왜냐하면 그런 이야기는 그의 정신생활에서 가장 비밀스러운, 사회적으로 독립된 한 개인으로서 남에게 숨겨 두어야 할 부분이기 때문이며, 나아가 조화된 인격으로서 자신에게조차 고백하고 싶지 않을 수도 있기 때문이다.

그러므로 여러분은 정신분석 요법의 과정을 참관할 수는 없다. 치료 과정에 대한 이야기를 남에게서 들을 수 있을 뿐이다. 말하자면, 엄밀한 뜻에서 여러분은 정신분석을 남의 말을 통해서 듣고 배울 수밖에 없다. 이를테면 간접적인 이중 교수법을 통해 판단을 내려야 하므로 불리한 조건에 놓여 있다고 할 수 있다. 따라서 정신분석에 관한 여러분의 판단은 여러분에게 이야기를 해주고 있는 사람을 얼마나 신뢰하느냐에 좌우된다.

가령 정신의학 강의가 아니라 역사학 강의를 들으러 왔다고 상상해 보라. 그리고 교수가 알렉산더 대왕의 생애와 전공에 대해 이야기하고 있다고 하자. 대체 어떤 근거로 여러분은 그 강사의 말이 거짓말이 아니라고 믿을 수 있겠는가? 이것은 정신분석의 경우보다 훨씬 더 불합리하지 않은가? 왜냐하면 역사학 교수는 여러분과 마찬가지로 알렉산더 대왕의 원정에 참가하지 않았기 때문이다. 이에 비해 정신분석가는 적어도 자신이 말한 일에 대해서 보고한다. 여기에서 역사가를 믿어도 좋은 근거는 무엇인지에 대한 의문이 생긴다. 역사가는 여러분에게 동시대, 또는 어느 역사적 사건과 가까운 시대에 산 옛 저술가의 기록, 이를테면 디오도로스, 플루타르코스, 아리아노스[1] 등의 책을 사실로써 제시할 수도 있다. 역사가는 현재까지 보존되어 오는 화폐라든가 대왕의 초상을 복사하여 보여 줄 수도 있고, 이수스의 싸움을 새긴 폼페이우스의 모자이크 사진을 보여줄 수도 있을 것이다. 엄밀히 말하면 이들 기록은 모두 알렉산더 대왕이 실재했다는 것이나, 그의 업적이 사실이라는 것을 먼 옛날부터 사람들이 이미 알고 있었음을 증명하는 것에 지나지 않는다. 따라서 여러분은 이 사실을 근거로 새로운 비판을 가해도 좋다. 즉 알렉산더 대왕에 관한 기록이 모두 믿을 만한 것은 아니라든가, 자세히 증명되지 못한 점을 발견하게 되기도 하겠지만, 그러나 여러분이 알렉산더 대왕의 실재 자체를 의심하면서 강의실을 나가리라고는 생각지 않는다.

여러분이 내리는 판단은 주로 다음 두 가지 점을 고려해서 정해진다. 첫째

---

1) 세 사람은 모두 고대 그리스의 역사가.

는, 교수가 스스로도 믿을 수 없는 것을 여러분에게 억지로 믿도록 해야 할 이유가 전혀 없다는 점, 둘째는 어느 역사책을 뒤져 보아도 이 사실에 대해 모두 의견을 같이하고 있다는 점이다. 여러분은 이처럼 옛 사료(史料)를 검증할 때도 이 같은 점을 고려해서, 같은 사항에 대해서 사료의 제공자들이 무엇을 어떻게 생각했고 또 그들 사이에서 의견일치가 있었는지의 여부를 따져 보게 될 것이다. 위에서 말한 두 가지 점을 고려한 결과 알렉산더 대왕의 실재는 확실히 믿어도 좋은 것이 되겠지만, 모세라든가 니므롯[2]과 같은 인물이면 조금 이야기가 달라진다. 마찬가지로, 정신분석의 보고자를 어느 정도 믿어야 좋은가 하는 것은 뒤에 명백히 알게 될 것이다.

그러면 여기서 여러분은 이렇게 질문할 수 있을 것이다. 만일 정신분석을 객관적으로 믿을 길도 없고 볼 수도 없다면, 대체 어떻게 정신분석을 배우고 그 주장이 진실이라는 것을 확인할 수 있느냐고 말이다. 사실 정신분석을 배우는 것은 쉽지 않다. 정신분석을 정식으로 배운 사람은 손가락을 꼽을 수 있는 정도이다. 그러나 이에 도달하는 길은 물론 열려 있다.

우선 여러분은 자기를 대상으로 하여 스스로 정신분석을 시도하고 자기라는 인간을 연구함으로써 그 길에 나아갈 수 있다. 이것은 이른바 내관(內觀)[3]과는 말뜻이 다르지만, 달리 알맞은 말이 없으니 우선은 이 말로 설명하자. 정신적인 현상에는 자주 일어나는 보편적인 유형이 많이 있다. 자신의 정신적인 현상을 관찰하고 기록할 수 있다면, 그 현상을 분석재료로 쓸 수 있다. 그럼으로써 여러분은 정신분석이 말하는 현상이 진실이라는 것, 정신분석 학설이 절대 거짓이 아니라는 것을 확신하게 될 것이다. 그럼에도 그런 방법으로 나아가면 어느 한계에 부딪치게 된다. 그러므로 더욱 깊게 연구할 생각이라면 전문분석가에게 자기에 대한 분석을 부탁하여 분석의 결과를 스스로 체험하고, 다시 그 분석가가 사용하는 미묘한 분석 기술을 습득하는 기회를 갖는다면 눈에 띄게 발전할 수 있다. 이보다 더 좋은 방법은 없다. 물론 이런 편리한 방법은 개인에게만 국한되지 결코 한 강의실의 학생 전체가 동시에 사용할 수는 없다.

---

2) 기원전 2450년 무렵에 살았다는 바빌론의 왕.
3) 자신의 마음상태나 움직임을 하나도 빼놓지 않고 관찰하여 보고하는 것. 실험심리학의 연구 방법.

정신분석을 이해하려고 할 때 일어나는 두 번째 어려움은 여러분이 오늘날까지 의학 연구에 종사해 왔다면, 정신분석에 대한 책임이 적어도 여러분 자신에게도 있다는 것이다. 여러분이 이제까지 받아온 교육은 여러분의 사고 활동을 정신분석과는 먼 방향으로 돌려 버렸다. 여러분은 생체 기능이나 그 장애를 해부학의 기초에 입각해서 화학적 또는 물리학적으로 해석하고, 또 생물학적 관점에서 보도록 교육받아 왔다. 그 결과, 여러분의 흥미는 이 놀랄 만큼 복잡한 생체 기능의 절정에 있는 정신생활로 돌려지는 일이 거의 없었다. 이런 교육 때문에 심리학적 사고법의 소양이 모자라게 되어, 정신생활을 불신의 눈으로 바라보며 거기에 과학성을 인정하지 않고, 마침내 이 부분을 비전문가, 시인, 자연철학자, 신비주의자들에게 맡기는 것이 습관화되어 버렸다.

이런 편견을 가진 여러분이 의사로서 활동한다면 확실히 유감스러운 일이다. 왜냐하면 모든 인간관계가 그렇듯이 여러분이 환자를 진찰할 때에도 우선 그 환자의 겉으로 드러난 정신적 외모만 보기 때문이다. 그러한 편견 때문에 이룩하고자 하는 치료 효과의 일부를 여러분이 그토록 경멸하는 돌팔이 의사, 자연요법가, 신비주의자에게 맡기는 어리석음을 범하지 않을까 두렵다.

지금까지의 교육이 가진 결함에 대해서 여러분이 어떤 변명을 할지 나는 잘 안다. 그러나 아무튼 여러분에게는 의사라는 직업에 도움이 되는 철학적 보조 학문이 결여되어 있는 것만은 확실하다. 사변철학이라든가, 기술심리학 또는 감각생리학 등을 토대로 한 실험심리학이라는 것도 여러분이 학교에서 배워서 알듯이 정신과 육체의 관계를 아는 데 도움이 되었다고는 할 수 없고, 또한 그러한 것들은 여러분에게 정신 기능에 일어남직한 장애를 이해하는 열쇠를 줄 수도 없다.

의학 영역에서 정신의학은 관찰된 정신장애를 설명하고 임상증상으로 종합하는 일을 하고 있지만, 솔직히 말해서 정신의학의 순수한 기술적 설명이 과연 과학의 이름에 합당한 가치를 가지고 있는지는 정신의학자 자신들조차도 회의적이다. 병상(病狀)을 이루고 있는 증상의 유래, 메커니즘과의 상호 관계는 아직도 알려져 있지 않다. 그러한 증상은 정신의 해부학적 기관인 뇌에서 나타나는 변화와 완전히 일치하지도 않으며, 그런 해부학적 변화만을 기초로 그 증상을 모두 설명할 수도 없다. 다만 이들 정신장애는 어떤 기질적(氣質的) 질환의 부차적 산물이라고 볼 때에만 치료적 효과를 거둘 수 있다.

정신분석이 메우려 하고 있는 것이 이 허점이다. 정신분석은 지금까지 정신의학에 결여되어 있던 심리학적 기초를 만들어 주고자 하며, 신체적 장애와 정신적 장애가 동시에 일어나는 이유를 설명해 주는 공통적인 바탕을 발견하고자 한다. 이 목적을 위해서 정신분석은 해부학적, 화학적 또는 생리학적 성질의 가설에서 벗어나 어디까지나 순수한 심리학적 개념을 가지고 연구를 진행하지 않으면 안 된다. 이러한 이유 때문에 정신분석이 여러분에게 기묘한 느낌을 주게 되는 것이다.

세 번째 어려움은 여러분이 받아온 교육, 또는 여러분의 태도에 대한 책임과는 관련이 없다. 정신분석은 다음에 말할 두 가지 주장 때문에 세상 사람의 노여움을 사고 반감마저 불러일으켰다. 그 주장의 하나는 세상의 지적 편견과 상반되고, 또 다른 하나는 심미적, 도덕적 편견과 상반된다는 점이다. 이러한 편견을 너무 과소평가하지 않기를 바란다. 이것들은 인류 진화 과정에서 중요한, 아니 필연적(必然的) 단계의 부산물인 막강한 위력을 가진 편견으로서, 정서적인 힘으로 지탱되기 때문에 이에 대항해서 싸우는 것은 매우 어려운 일이다.

이들의 반발을 사고 있는 정신분석이 가진 주장의 첫째는, 정신현상 자체가 무의식(無意識)이며, 의식적 과정은 정신생활 전체 가운데 일부분의 활동에 지나지 않는다는 점이다. 그러나 여러분은 정신과 의식을 같은 것으로 여기는 습관이 있다. 의식이란 분명히 정신을 규정하는 특질이며, 심리학은 의식 내용을 연구하는 학문이라고 말이다. 이러한 생각을 매우 당연하게 받아들이기 때문에, 이에 반대한다는 것은 어리석은 일처럼 보인다. 그럼에도 정신분석은 의식과 정신을 동일한 것으로 가정할 수 없다. 여러분의 정의에 의하면 정신이란 감정, 사고(思考), 욕망의 과정이다. 그러나 정신분석은 무의식적 사고와 무의식적 욕망이 존재한다고 주장한다. 그러나 이 주장 때문에 정신분석은 처음부터 냉정한 과학성을 추구하는 사람들의 동정을 잃어, 어둠 속에서 미신을 만들고 탁류에서 고기를 낚으려 하는 엉터리 신비론이라는 혐의를 받은 것이다.

그러나 내가 어떤 이유로 '정신은 의식이다' 하는 추상적인 명제를 편견이라고 단정 짓는지, 여러분이 아직 알지 못하는 것은 당연한 일이다. 또 만일 무의식이라는 것이 실제로 존재한다면 어떤 과정을 통해서 이와 같은 무의식이 부정되었는가, 또한 이 명제를 부정할 때 어떤 이로움이 있었는가를 여러분은 짐작하지 못할 것이다. 정신은 곧 의식이 전부인가, 아니면 정신은 의식의 범위를 넘어서 펼쳐져 있는가 하는 논쟁은 공허한 말싸움처럼 보일지 모른다. 그러나 나는 무의식적인 정신과정의 존재를 인정할 때에서야 비로소 세계에 대한 인식과 학문의 새로운 장이 열린다고 단언할 수 있다.

이와 마찬가지로 정신분석의 이 첫 번째의 대담한 주장이 다음에 말하고자 하는 두 번째의 대담한 주장과 얼마만큼 밀접한 관계가 있는지 여러분은 상상하지 못할 것이다. 정신분석이 그 업적의 하나로 내세우는 두 번째 명제란, 사람들이 좁은 뜻으로나 넓은 뜻으로 성적(性的)이라고 부르고 있는 욕구 충동이 노이로제와 정신병의 요인으로 이제까지 생각지도 못한 지대한 역할을 담당한다는 주장이다. 아니 그 이상으로, 이 성적 충동은 인간 정신이 이룩한 최고의 문학적, 예술적, 사회적 창조에 간과할 수 없는 커다란 공헌을 해왔다고 주장하는 바이다.

나의 견해로는 정신분석적 연구의 이러한 결론에 대한 반감이 정신분석이 맞닥뜨리고 있는 저항의 가장 핵심적인 원인이다. 여러분은 우리가 성적 충동을 어떻게 설명하는지 알고 싶은가? 문화란 생존경쟁의 압력 속에서 본능적 욕망 충족을 희생시킴으로써 창조되는 것이며, 또 문화는 계속하여 인간 공동체 속에 살아가는 각 개인이 전체를 위하여 자기의 본능적 쾌락을 희생시키는 일을 되풀이함으로써 끊임없이 재창조되는 것이다. 이렇게 사용된 본능의 힘 중에서도 특히 성적 욕망은 중요한 역할을 하며, 그때 성적 욕망은 승화되는 것이다. 즉 성적 충동은 그 본래의 성적 목표에서 전도되어 성적이 아닌 사회적으로 한층 높은 차원의 목표로 향하는 것이다. 그러나 이와 같은 방법으로 이루어진 사회 구조는 불안정하다. 왜냐하면 성본능은 제어하기 어렵기 때문이다. 문화 활동에 종사하는 사람들의 마음 밑바닥에는 자기 속에서 불타는 성적 본능의 승화 작업을 포기할 위험성이 늘 존재한다.

성본능이 억제에서 해방되어 그 원래의 목표로 다시 돌려질 때만큼 사회가 문화의 위기를 느낄 때는 없다. 이 때문에 사회는 그 자체의 기초가 되는 이 미묘한 부분을 누가 건드리는 것을 좋아하지 않는다. 사회는 성본능의 목표가 제자리로 되돌려지고 성생활의 의의가 각 개인에게 인식되는 것에 관심이 없다. 사회는 오히려 교육적이라는 견지에서, 이성이라는 영역 전체에 사람의 주의가 집중되지 않는 길을 택한다. 그래서 사회는 정신분석이 밝힌 연구 성과를 받아들이지 않았던 것이다. 사회는 정신분석의 성 본질 폭로를 용납하지 않고, 그것은 심미적으로 불쾌하며 도덕적으로 비난받아 마땅한 위험한 것이라고 낙인을 찍으려 한다.

그러나 학문적 업적의 객관적 성과라는 것은 이러한 비난에 흔들리지 않는다. 적어도 반박을 하려면 이에 지적인 형태를 갖추고 다시 출발해야 한다. 인간은 일반적으로 자기가 좋아하지 않는 것은 진실이 아니라고 비방하고, 곧 그 증거를 찾아내려 한다. 사회도 자기 마음에 들지 않는 것은 진실이 아니라고 하여, 정신분석의 이론에 대해 얼핏 이론적이고 구체적인 것처럼 보이나 다분히 감정만 앞세운 논거를 내세워 대항하고 있으니, 이는 감정적인 반발이며 아무리 반박해도 편견에 지나지 않는 이의를 고집하는 것이다.

그러나 우리는 이처럼 비난이 많은 학설을 발표함에 있어서 어떠한 경우에도 굴복하지 않을 것을 공언한다. 우리가 심혈을 기울여 노력한 연구과정에서 발견한 사실들에 대해 인정을 받으려는 것뿐이다. 우리는 실생활의 여러 문제들에 대한 우리의 생각이 과연 옳은 것인지의 여부를 검토하지 않고 과학적 연구에 이를 적용하는 것을 단호히 거부한다.

이제까지 말해 온 것은, 여러분이 정신분석을 배울 때 만나는 어려움의 한두 가지에 지나지 않는다. 이것으로 첫 번째 강의는 충분할 것이다. 여러분이 이제까지의 권고에도 흔들리지 않을 결심을 했다면 지금부터 강의에 들어가기로 하겠다.

두 번째 강의
착오 Ⅰ

가설이 아닌 하나의 연구로서 시작하자. 연구대상으로 매우 자주 나타나며, 사람들이 모두 알고 있지만 그다지 주의를 기울이지 않는 현상들을 찾아보자. 이 현상들은 건강한 사람에게서도 볼 수 있다는 점에서 질병과는 무관한 것이다. 그 하나가 인간 누구나 다 범하는 잘못, 이른바 '실수 행위'이다. 예를 들면 무슨 말을 하려고 했는데 다른 말이 나오는 '잘못 말하기(Versprechen)' 같은 것이다. 이와 같은 잘못은 글을 쓸 때도 나타난다. 이것은 나중에 깨닫는 수도 있고 깨닫지 못하기도 한다. 또 인쇄물이나 문서에서 씌어 있는 글자와는 다르게 읽는 '잘못 읽기(Verlesen)'가 있다. 자기에게 하는 말을 다른 말로 듣는 '잘못 듣기(Verhören)'도 그 하나이다. 물론 청력에 기질적 장애가 있는 경우는 예외이다. 마찬가지 현상으로 두 번째 것은 '일시적인 망각(Vergessenheit)'이다. 이를테면, 종종 말해 왔고 얼굴은 떠오르는데 사람의 이름이 떠오르지 않는 경우라든가, 나중에는 다시 생각나지만 하려고 계획한 일을 잠시 잊어버리는 현상 등이다. 세 번째 현상에는 이 '망각'에 '일시적'이라는 조건이 빠져 있다. 이를테면 물건을 어디엔가 치우고는 그다음에 어디에 두었는지 완전히 잊어버리는 '둔 곳 잊기(Verlegen)'가 있다. 이것과 아주 닮은 '분실(Verlieren)'도 이 범주에 들어간다. 이것은 망각의 일종이지만 일반적인 망각과는 다르게 다루어진다. 이때 대부분의 사람들은 있을 수 있는 일로 생각하지 않고, 잊어버린 데 대해서 스스로 기가 막히거나 짜증이 나거나 한다. 이와 관련해서 '착각(Irrtümer)'이라는 것이 있다. 착각에도 이 일시적이라는 요소가 포함된다. 바로 그렇지 않다는 것은 그전에도 알고 있었고 나중에 문득 깨닫게 되지만, 그때는 그 잘못을 믿는 것이다. 이 같은 현상들은 여러 가지 말로 불리고 있다.

이러한 현상들은 모두 서로 깊은 관계를 가지고 있어서 독일에서는 'Ver-'라는 접두사가 붙은 단어로 나타낸다. 이 현상들은 모두 중요한 것이 아니고 대개 그저 일시적인 것으로서 인간이 살아가는 데에 큰 문제는 없다고 여겨지고 있다. 그중에서 예외라면 '물건의 분실'이라는 것으로, 실생활에서는 가끔 중대한 일로 문제가 되는 일이 있을 뿐이다. 따라서 이런 현상은 약간 감정이 동요될 뿐, 그다지 주목하지 않게 된다.

지금부터 한번 이와 같은 현상에 주의를 기울여보라고 말한다면, 여러분은 짜증을 내며 이렇게 항의할지도 모른다. "이 넓은 세계에는 수수께끼가 얼마든지 있고 정신생활이라는 좁은 세계에도 수수께끼로 가득 차 있으며, 정신장애의 영역에도 설명이 필요하고 설명할 가치가 있는 놀라운 일들이 헤아릴 수 없이 많은데, 하필 이런 하찮은 것에 정력과 관심을 소비하라니, 이는 정말 어처구니없는 일이라고 생각합니다. 선생님이 우리에게 건전한 귀와 눈을 갖춘 인간이 왜 대낮에 거기 존재하지 않는 것을 보거나 들리지 않는 소리를 들을 수 있는가? 또 왜 지금까지 가장 사랑하던 사람이 자기를 괴롭힌다고 갑자기 믿게 되는가? 또 어째서 어린아이들에게도 어처구니없는 생각할 망상들이 나타나는가? 이런 이유를 똑똑히 가르쳐 주신다면 정신분석을 존중할 수 있겠지요. 그러나 축사를 하는 사람이 왜 말을 잘못했는가, 가정주부는 왜 열쇠를 어디에 두었는지 잊어버렸는가 하는 따위의 하찮은 문제에만 골몰하는 것이 정신분석이라면, 우리는 모처럼의 시간과 흥미를 더 유익한 다른 일에 바치고 싶습니다."

이에 대해서 나는 여러분께 다음과 같이 대답한다. "참으시오, 여러분의 불만은 잘못된 것입니다." 그야 정신분석이 지금까지 한 번도 하찮은 것을 연구 대상으로 삼지 않았다고는 말할 수 없다. 아니 오히려 정신분석의 관찰 대상은 다른 학문에서 하찮은 것이라고 버림받은 눈에 띄지 않는 것, 말하자면 현상계의 쓰레기 같은 것들을 언제나 그 관찰 자료로 삼아왔다. 그러나 여러분의 불평은 문제의 규모가 크다는 것과 그 특색이 눈에 띄지 않는다는 것을 혼동하고 있는 것은 아닐까? 어떤 때, 어떤 조건 아래서 매우 중대한 것이 눈에 잘 띄지 않는 징후로 나타난 적은 없었는가? 나는 그와 같은 실례들을 쉽게 들 수 있다. 여기 있는 청년 여러분은 어느 여성이 자기를 좋아한다는 것을 사소한 징후로 알아챌 것이다. 여러분은 꼭 말로 하는 사랑의 고백이나, 열정으로 가득한 포옹을 받고서야 비로소 그렇다고 생각하지는 않을 것이다. 아니, 몰래 던진 눈빛이라든가 어떤 몸짓을 잠깐 보았다든가, 1초쯤 더 길게 악수를 한 것만으로도 충분하지 않을까? 그리고 여러분이 형사가 되어 살인범 수사에 나선다면 범인이 현장에 자기 주소와 이름을 적은 사진을 남겨 두리라고 기대하겠는가? 아니, 여러분은 어디까지나 범인이 남긴 빈약하고 불확실한 증거물로 만족해야 할 것이다.

따라서 사소한 징후를 경시해서는 안 된다. 대개 이 사소한 증거에서 출발하여 커다란 증거에 도달할 수 있다. 그러나 나도 여러분과 마찬가지로 현실 세계와 학문상의 큰 문제들이 우리의 흥미를 가장 많이 끌 거라고 생각한다. 그러나 이것저것 큰 문제들을 지금부터 전심전력으로 연구하겠다고 결심해 봐야, 대부분은 별로 도움이 되지 않는다. 그런 결심을 해 봐야, 대체 무엇부터 시작해야 좋을지 전혀 짐작이 가지 않는다. 학문의 연구에서는 자기 주변에 있는 것이나 이미 연구의 길이 트여 있는 것부터 착수하는 편이 유리하다. 만일 이 주변의 것부터 아무런 예상과 기대도 없이 백지상태에서 착실하게 연구를 시작한다면, 그리고 행운이 따른다면, 모든 것이 서로 연관성을 가지고 있으므로 작은 것과 큰 것에 결부되어 있는 관계를 더듬어 가면 가망이 없을 것 같은 연구에서도 큰 문제에 도달할 수 있는 실마리를 발견하게 될 것이다.

내가 이런 말을 하는 것은 보통 사람들이 일으키는 하찮은 착오들에 대한 여러분의 관심을 집중시키기 위해서이다. 지금 정신분석의 지식이 없는 사람을 붙잡고, "대체 당신은 이 같은 현상을 어떻게 설명하겠는가?" 하고 질문했다고 하자. 그 사람은 먼저 이렇게 대답할 것이다. "뭐야? 그까짓 문제는 설명할 가치도 없는 거야. 우연히 일어난 하찮은 일 따름이라고." 이 대답은 과연 어떤 뜻일까? 이 사람은 너무나 작은 사건이기 때문에 사물의 인과법칙 속에는 포함되지 못하며 그런 것쯤은 있으나 없으나 마찬가지인 사건들이 존재한다는 것을 주장하는 것일까? 만일 이 사람이 이런 식으로 자연계의 결정론을 단 하나의 관점에서 파괴해 버린다면, 이는 과학적으로 이 세계를 바라보는 세계관을 포기하는 것이다. 이런 사람에게는 신의 뜻이 아니면 참새 한 마리도 지붕에서 떨어지지 않는다고 단정한, 저 종교적 세계관에도 일관성이 있음을 알려 주어야 한다. 이 사람은 자기의 처음 대답에서 한 발 물러나 다시 생각하고, 그런 현상들은 잘 연구한다면 설명될 수 있는 것이라고 대답할 것이다.

즉 그것은 대단치 않은 기능장애나 정신활동의 잘못에 지나지 않으며 그렇게 되는 조건을 지적하기란 어렵지 않다는 뜻이리라. 평소에는 정확히 말을 하는 사람도 다음과 같은 경우에는 말실수를 할 수 있다. 바로 그 사람의 기분이 좀 나빴거나 피곤했을 때, 흥분했을 때, 그 사람의 주의가 다른 일에 집중되고 있을 때 등이며 이를 실증하기는 쉽다.

실제로 말실수는 피로했을 때라든가, 머리가 아팠을 때, 특히 편두통이 있을 때 잘 일어난다. 이와 같은 상태에서는 고유명사의 망각도 흔히 나타난다. 더구나 고유명사가 잘 생각나지 않을 때, 곧 편두통이 일어나리라고 습관적으로 예측하는 사람도 많다. 사람들은 흥분하면 말뿐만 아니라 사물을 혼동하여 '실수(Vergreifen)'하게 된다. 그리고 방심하고 있을 때, 즉 무언가 다른 일에 몰입하고 있을 때에는, 계획을 잊어버린다든가 생각지도 않던 엉뚱한 다른 행위를 하게 된다. 이와 같은 방심상태가 잘 알려진 예로, 《프리겐데 브레터》[1]에 실린 어느 교수 이야기가 있다. 이 교수는 다음 저서에 쓸 주제를 생각하고 있었기 때문에 자기 우산을 어디에 두고 잊거나 남의 모자를 쓰고 나오기도 한다. 이와 마찬가지로 어떤 복잡한 일이 일어나게 되면 그전에 하려고 마음먹었던 계획이나 약속 등을 잊어버리기 쉽다는 것은 여러분도 자신의 경험으로 잘 알고 있을 것이다.

이것은 쉽게 납득되므로 여러 반론의 여지는 없을 것으로 본다. 또한 우리가 기대할 만큼 흥미로운 일도 아니다. 그러면 착오 행위에 대한 이 설명을 더 상세하게 살펴보기로 하자. 착오가 일어나는 현상은 모두 비슷한 종류의 조건에서 비롯된 것이 아니다. 불쾌감이나 순환장애는 정상적인 기능에 영향을 주는 생리적 기초가 된다. 흥분, 피로, 방심 등은 정신생리학적이라고 부를 수 있는 별도의 조건이다. 이 조건들은 쉽게 이론화될 수 있다. 피로, 방심이나 집념, 전신의 흥분으로도 주의력이 분산되어서 문제 행동이 나타나게 되는데, 이런 상태에서는 자칫하면 혼란을 일으켜 부정확한 결과가 나올 수 있다. 몸이 조금 불편하다든가, 신경중추의 혈액공급에 변화가 생겨도 이 같은 결과가 나온다.

---

1) 오스트리아의 월간 풍자만화 잡지.

즉 이들은 주의력의 분배라는 결정적 요인에 영향을 끼친다. 그러므로 어떤 경우에서나 주의력이 교란되는 것은 기질적인 원인이나 심리적인 원인에서 비롯된다.

이런 것이 정신분석 연구의 흥미를 유발한다고는 생각되지 않는다. 우리는 다시 이 주제를 바로 버리고 싶은 심정이다. 그러나 좀 더 세밀히 관찰을 진행해 나가면, 착오 행위가 모두 주의력 장애라는 하나의 이론만으로 설명될 수 있는 것은 아님을 분명히 알게 될 것이다. 이와 같은 착오나 망각은 피로하거나 방심하거나, 또는 흥분하거나 흥분하지 않은 사람, 오히려 어느 면으로 보나 정상 상태에 있는 사람에게도 나타난다는 것을 우리는 경험으로 잘 알고 있다. 그 사람이 그때 착오를 일으켰기 때문에 흥분해 있었을 것이라고 나중에 조건을 덧붙일 수도 있겠지만, 사실 본인은 그때 흥분 따위는 조금도 느끼지 않고 있었던 것이다.

그러므로 사람의 행위란 자신이 기울이는 주의력의 확대에 따라서 행위가 훌륭히 수행되고, 주의력 저하 때문에 행위가 위협받는다고 간단히 설명할 수는 없다. 순전히 기계적으로, 그다지 주의를 기울이지 않고도 완전하고 확실하게 이루어지는 행위들이 많지 않은가. 산책하고 있는 사람은 자기가 어느 방향으로 걸음을 옮기고 있는지 거의 모른다. 그래도 길을 잘못 들지 않고 바른 길을 지나 목적지에 도달한다. 적어도 일상생활에서는 모든 일이 대체로 이와 같이 진행된다. 숙련된 피아니스트는 별로 주의하지 않고서도 정확하게 건반을 친다. 물론 건반을 잘못 칠 때도 있지만 생각하지 않고 기계적으로 치는 것이 실수의 위험도를 높이는 것이라면, 평상시에 많이 연습하고 자동적으로 칠 수 있게 된 명연주자야말로 가장 많은 실수의 위험에 놓이는 셈이다. 그런데 이와는 달리 대부분의 행위는 특별히 크게 주의를 필요로 하지 않는 경우에 오히려 매우 순조롭게 수행되며, 틀리지 않으려고 애쓸 때, 즉 잘못을 저지르는 요인인 주의력의 산만함이 조금도 없는 긴장 상태에서 오히려 실수를 하게 된다. 이것이 바로 '흥분'의 결과라고 말할 수 있다. 그렇다면 흥분은 왜 우리가 그토록 관심을 쏟고 있는 일에 주의집중력을 높여 주지 않는 걸까. 중요한 연설이나 강연을 할 때, 자신이 말하려고 생각한 것과 정반대 말을 무심코 해 버렸을 경우, 이러한 실수를 정신생리학적 이론이나 주의력에 관한 이론으로 설명하기는 불가능하다.

착오에는 또한 지금까지의 설명으로는 뚜렷이 지적할 수 없고 이해할 수도 없는 사소한 부차적 현상이 많이 일어난다. 이를테면 사람의 이름을 일시적으로 잊어버렸을 경우, 속이 상하고 어떻게든 생각해 내려고 하는 바람에 다른 일이 손에 잡히지 않게 된다. 아무리 생각해 내려고 기를 써봐야 입안에서만 맴돌고, 누가 말해 주면 곧 생각날 이름인데 아무리 그것에 주의를 기울여도 생각이 떠오르지 않는 경우가 있는 것은 무슨 까닭일까? 그리고 착오가 잡다한 모습으로 서로 얽히는 경우도 있다. 어떤 젊은이는 처음 데이트 약속을 잊어버리고 나서, 그다음엔 절대로 잊어버리지 않겠다고 결심했는데도 약속 시간을 완전히 잘못 알고 있었다. 또 잊어버린 이름을 이리저리 궁리하여 생각해 내려고 하다가 그 말을 찾아내는 데에 도움이 될 제2의 이름을 잊어버린다. 이 제2의 이름을 쫓다가 이번에는 제3의 말을 잊어버린다.

이런 일이 식자공에게는 오식이라는 형태로 일어난다는 것은 누구나 알고 있는 일이다. 한 번은 사회민주당 신문에 이런 종류의 심각한 오식이 있었다는 이야기를 들었다. 즉 어느 축전(祝典) 기사에 이렇게 씌어 있었다. '오늘 식장에는 Kornprinz(낟알태자)도 참석하셨다.' 다음 날 신문에 오식에 대한 정정 기사가 나왔다. 신문에 게재된 사과문에는 다음과 같이 씌어 있었다. '전일의 기사 Kornprinz는 마땅히 Knorprinz(혹뿌리태자)의 오식이므로 정정합니다'라고 썼는데 '오늘 식장에는 Kronprinz(황태자 전하)도 참석하셨다'고 쓸 참이었다. 말하자면 오식 정정 기사에도 오식이 있었던 것이다. 이런 일을 보통 '식자기의 장난'이라든가 '도깨비 장난'으로 돌리기도 하지만, 여기에는 아무튼 정신생리적 이론 이상의 것이 있음을 시사하고 있다.

여러분이 알고 있는지 잘 모르지만 하나의 암시에 의해 말을 잘못할 수도 있다. 이에 대해서 다음과 같은 이야기가 있다. 한번은 풋내기 배우가 연극에서 중요한 배역을 맡았다. 그것은 《오를레앙의 처녀》[2]의 한 장면으로 왕에게 "Connétable(원수, 元帥)께서 칼을 돌려보냈습니다" 하고 알리는 중요한 장면이었다. 그런데 연습 중에 주연배우가 곁에서 대본의 대사 대신에 "Konfortabel[3]이

---

2) 실러의 희곡. 잔 다르크를 주제로 한 낭만주의 비극.
3) 빈의 속어로 말 한 필이 끄는 마차의 마부.

말을 반환해 왔습니다" 하고 말하면서, 우물쭈물하고 있는 풋내기 배우에게 몇 번이나 장난을 쳤다. 이 주연배우의 장난은 마침내 실제가 되고 말았다. 상연 중에 풋내기 배우는 너무 지나치게 조심하다가 가엾게도 그만 주연배우가 놀려 대던 그 잘못된 대사를 말해 버린 것이다.

이러한 착오 행위의 작은 특징들은 분산된 주의력이라는 이론으로는 잘 설명되지 않는다. 그렇다고 이 이론이 잘못되었다는 것은 아니지만 이 이론만으로는 불충분한 것 같다. 이 이론을 나무랄 데 없는 것으로 만들기 위해서는 보충할 것이 필요하다. 그럼으로써 착오의 여러 측면을 다른 관점에서 다시 바라볼 수 있는 것이다.

우리의 연구 목적에 가장 적당한 착오 행위 가운데서 '잘못 말하기'를 골라 보자. 물론 잘못 쓰기나 잘못 읽기를 골라도 상관 없다. 우리가 문제 삼아 온 것은 언제, 어떤 조건 아래에서 사람이 말을 실수하게 되는가 하는 의문과 그 해답이었다. 그러나 관심을 다른 데로 돌려서 왜 사람은 꼭 이런 식으로만 잘못 말하게 되는 것인지 그 점을 알고자 해도 좋을 것이다. 여기서 여러분은 말의 실수의 실체를 고찰하게 된다. 이 의문이 해결되지 않고 그 실수의 작용이 분명히 밝혀지지 않는 이상은 비록 생리학적으로는 훌륭한 해석이 되더라도, 심리학적 견지에서 이 현상은 여전히 하나의 우연으로 남게 된다. 내가 말을 잘못할 경우, 그 실수의 방식은 무한히 많아서 적당한 말 한마디 대신에, 수천 마디의 다른 하나를 말함으로써 그 적당한 말을 무한히 다양하게 바꾸어 버릴 수 있었을지도 모른다. 그렇다면 이 여러 가지 가능한 말들 중에서 하필이면 말 한 필을 가지고 특별한 경우에 실수로 말하도록 강요하는 무엇이 있다는 것일까? 그렇지 않으면 역시 그것은 우연이며 제멋대로의 생각일까? 결국 이 의문에는 합리적인 대답이 있을 수 없는 것일까?

1895년에 메링어와 마이어 두 학자[4]는 이런 측면에서 말의 실수에 대한 의문을 풀려 했다. 두 사람은 많은 실례를 모아 우선 순전히 기술적인 관점에서 접근했다. 물론 이들은 아무런 설명도 내놓지 못했지만 하나의 실마리를 제공해 준 것은 사실이다. 메링어와 마이어는 하려던 말이 실수로 달라지는 모습을

---

4) 메링어(K. Meringer 독일의 언어학자)와 마이어(C. Mayer 스위스의 정신의학자) 〈잘못 말하기와 잘못 읽기, 심리학-언어학적 연구〉

구별해 놓았는데, 즉 도치, 선행발음, 후퇴발음, 혼합, 대치 등 다섯 가지로 분류했다.

이제 여러분에게 이들 두 학자가 보여 준 주요 분류를 예로 들어 설명하기로 한다. 도치의 예로는 '밀로의 비너스'라고 말하는 대신 '비너스의 밀로'라고 말했을 때다(어순의 도치). 선행발음의 예는 "Es war mir auf der Brust so schwer(나는 걱정으로 가슴이 무겁다)"라고 말하는 대신 "Es war mir auf der Schwest."라고 말했을 때이다. [5] 후퇴발음의 예로는 저 유명하고 우스꽝스러운 축배사 "Ich fordere Sie auf, auf das Wohl unseres Chefs aufstossen"이 있다. [6] 이 같은 세 가지 유형의 말실수는 그리 흔히 볼 수 있는 것은 아니다. 이들보다 더 자주 있는 것은 생략(省略)이라든가, 혼합 형식으로 나타나는 경우이다. 이를테면 한 신사가 길거리에서 낯선 젊은 여성에게 이렇게 인사했다. "Wenn Sie gestatten, mein Fräulein, möchte ich Sie gerne begleitdigen." 실수로 나온 'begleitdigen'이라는 혼합어는 'begleiten(모시고 가다)'라는 말과 'beleidigen(능욕하다)'라는 말이 들어 있다. 그러므로 원래는 "아가씨, 실례지만 제가 모시고 가게 해 주십시오"라고 말하려고 했던 것이 잘못 나온 것이다. 이런 고약한 신사는 도저히 젊은 여성에게 접근할 수 없었을 것이다. 다음 대용의 예로 메링어와 마이어는 "Ich gebe die Präparate in den Brütkasten(나는 표본을 부화기에 넣는다)."라고 말하는 대신 "Ich gebe die Präparate in den Briefkasten."이라고 말한 것을 들고 있다. [7]

이 두 학자가 수집된 실례를 가지고 이끌어낸 설명은 적절하지 못하다. 그들의 견해는 한 낱말의 음과 철자는 서로 다른 값을 가지며, 더 높은 값을 가진 음의 신경지배는 낮은 값을 가진 음의 신경지배를 혼란시킨다는 것이다. 그들은 이것을 그다지 흔하지 않은 선행발음과 후퇴발음의 예를 가지고 결론을 내렸다. 그 밖의 말의 실수의 유형에서는 이 같은 음의 우세가 있었더라도 전혀 고려되지 않았다. 가장 자주 나타나는 말의 실수는 어떤 말 대신에 그것과 유

---

5) 뒤에 있는 'Schwer(무거운)'가 앞에 가서 'Brust(가슴)'의 −st와 붙어 'Schwest'라고 발음된 것이다.
6) 이것은 "여러분, 우리 은사님의 건강을 축원하여 트림을 합시다"가 된다. 건배를 든다는 anstossen을 트림을 한다는 aufstossen이라고 잘못 말해 버린 것이다.
7) Briefkasten은 '우체통'이라는 뜻으로, "나는 표본을 우체통에 넣는다"라고 잘못 말한 것을 뜻한다.

사한 다른 말을 대치하는 것으로, 두 말이 유사하다는 것만을 이야기함으로써 많은 사람들은 그것이 설명된 것으로 생각한다. 이를테면 모 교수가 취임 연설에서, "나는 존경하는 우리 전임자의 공적을 '평가하기에 적합하지(geeignet) 않습니다' 대신에 '평가하기를 좋아하지(geneigt) 않습니다'"라고 말한 경우다. 또 다른 것으로 어떤 교수는 "여성의 성기에 대해서는 무수한 유혹(Versuchungen)에도 불구하고······실례했습니다. 무수한 연구(Versuche)에도 불구하고"라고 실언 했을 경우이다. 그러나 가장 흔하고 주목할 만한 말의 실수 유형은 자기가 말하고자 하는 말과 정반대의 뜻을 가진 말을 하게 되는 경우이다. 이 유형은 물론 발음 관계라든가 유사작용과 전혀 관계가 없다. 그 대신 여러분은 반대말이라는 것은 개념상 친근성이 있고 심리적 연상작용에 의해 서로 특별히 밀접하게 결부되어 있다는 것을 깨닫게 될 것이다. 이 유형의 예로는 유명한 실례가 있다. 한번은 하원 의장이 다음과 같은 말로 개회를 선언했다. "여러분, 의원 출석수를 확인하고 이제 폐회를 선언합니다."

　보통 흔히 있는 연상도 반대관계를 가지고 무의식중에 나타날 수 있으며 때로는 난감하게 나타나기도 한다. 예를 들면 잘 알려진 이런 이야기가 있다. H. 헬름홀츠[8]의 아들과 유명한 발명가이며 실업가인 지멘스의 딸의 결혼 피로연에서 유명한 생리학자 뒤 부아 레몽(Du Bois Reymond)은 훌륭한 축사를 다음과 같은 말로 끝맺었다. "여기에 새로이 생긴 회사, 지멘스–할스케의 성공을 빌겠습니다(지멘스–헬름홀츠라고 했어야 옳았다)." 할스케란 물론 유서 깊은 회사의 이름으로, 이 두 이름을 연상하여 나란히 부르게 된 것은 빈 사람들이 '리델–보이델(오스트리아의 철강 재벌)'이라고 말하듯이, 베를린 사람들에게는 하나의 습관이었음이 틀림없다.

　따라서 발음관계와 언어의 유사성 말고도 언어의 연상 작용을 고려해야 한다. 그러나 이것만으로는 불충분하다. 말실수에 대한 적당한 설명을 하기 위해서는 잘못 말하기 이전에 어떤 말을 했는가, 또는 어떤 것을 생각했는가를 고려하지 않으면 말의 실수에 대한 연구를 정확하게 밝힐 수 없다. 따라서 메링어가 강조한 후퇴발음이라는 말의 착오는 매우 먼 곳에 근원을 둔 관찰에 불

---

8) H. Helmholtz. 독일의 생리학자이며 물리학자.

과하다. 그래서 다른 어느 때보다 말의 실수를 이해하는 방향에서는 멀어지는 듯한 인상이 든다.

그러나 위에서 시도한 연구 중에 '말의 착오'의 실례에서 새로운 암시를 받았다는 내 생각이 잘못되지 않은 것이기를 바란다. 이제까지는 잘못 말하게 되는 조건과 잘못 말하여 일어나는 왜곡의 종류를 연구했는데, 잘못 말하기 자체에서 빚어진 결과를 그 기원과 연관시키지 않고 단독으로는 아직 고찰해 보지 않았다. 만일 이것을 하려고 들면 결국 우리는 말의 실수 그 자체에 의미가 담겨 있다는 것을 알아야 된다. 그러면 말의 실수에 의미가 있다는 말은 대체 무슨 뜻일까? 그것은 다음과 같이 말할 수 있다. 말의 실수 작용은 그 자신이 추구하는 목적에 걸맞은 심리적 행위로서, 내용과 뜻을 가진 표현이라고 풀이해도 좋다는 것을 의미한다. 이제까지 우리는 언제나 착오를 문제 삼아 왔는데 지금 생각해 보면 착오는 아주 정당한 행위이며, 예측했거나 의도한 다른 행위와 대체된 행위에 지나지 않는다.

착오가 포함하고 있는 이 특수한 의미는 어떤 경우에는 아주 이해하기 쉽고 뚜렷하다. 하원 의장이 개회식에서, '개회'라고 할 것을 '폐회'라고 잘못 말했을 때, 당시의 상황을 조사해 보면 이러한 말의 착오가 나타난 데에는 더 깊은 뜻이 있다고 생각하지 않을 수 없게 된다. 의장은 이번 의회가 자기 당에 불리하다고 예상하고 있어서 곧 폐회할 수 있기를 바라고 있었던 것이다. 이와 같은 의미를 찾아내는 것, 즉 이렇게 실수로 잘못 발음된 말을 해석하기란 결코 어렵지 않다. 어떤 부인이 다른 부인에게 인사를 하느라고, "Diesen reizenden neuen Hut haben Sie sich wohl selbst aufgepatzt?(이 아름다운 모자는 당신이 직접 쓰신 건가요?)"라고 말을 했다. 여기서 '모자가 어울리지 않는군요'라는 의미를 끌어냈다고 해서 어떤 과학자도 감히 반론을 제기하지는 못할 것이다.

다른 예를 보면, 콧대 세기로 유명한 어느 부인이 "우리 남편에게 어떤 영양식을 먹여야 좋으냐고 의사에게 물었더니 의사는 특별한 식사는 필요 없대요. 그저 우리 남편에게는 '내가' 좋아하는 것은 무엇이나 주어도 좋다는 거예요"라고 말했을 때, 이 실언은 어떤 의미에서는 시종일관된 자기중심주의를 표현하고 있다.

사소한 말의 착오만이 의미를 가지고 있는 것이 아니라 대부분의 착오가 어떤 '의미'를 내포하고 있다고 가정한다면, 지금까지 문제되지 않았던 착오의 의미가 우리에게는 매우 중요한 관심거리가 될 것이며 다른 관점은 그 중요성이 희박해질 것이다. 이렇게 되면 모든 생리학적 요소, 또는 정신생리학적 요소는 무시해 버리고 우리는 그 의미, 바꿔 말하면 착오의 의의와 목적을 오직 심리학적으로 연구해야만 한다. 따라서 이런 관점에서 더 많은 관찰 재료를 검토해 보자.

이 계획을 수행하기에 앞서 여러분에게 다른 단서 하나를 말해 주고 싶다. 시인은 흔히 말의 착오, 또는 그 밖의 착오를 시적 묘사의 기교에 이용한다. 이 사실만으로도 시인은 말의 착오와 같은 실수를 중요한 것으로 여기고 있다는 점을 알 수 있다. 왜냐하면 시인은 일부러 그런 착오를 창작하기 때문이다. 작가가 우연히 잘못 쓰고는 그 잘못 쓴 것을 작중인물의 실수로 남겨 둔다는 것은 있을 수 없다. 작가는 잘못 말함으로써 독자에게 무엇을 알리려고 하고 있을 것이다. 여기서 우리는 그 잘못 말한 것이 도대체 무엇인가, 과연 작가가 우리에게 그 작중인물이 방심상태에 있었다든가, 또는 편두통이 일어나려 하고 있었다든가 하는 것을 암시하려는 것은 아닌지 조사해 보아야 할 것이다. 작가가 잘못한 말이 아주 뜻깊은 것이라 하더라도 우리는 그것을 과대평가할 생각은 없다. 잘못 말한 것이 실제로는 아무 의미가 없는 심리적 우연으로서 의미를 포함하지 않을 수도 있기 때문이다. 그러나 시인은 기교적으로 말의 착오를 사용하여, 잘못 말하기를 세련되게 만들어 거기에 의미를 불어넣는 기술을 터득하고 있다. 말의 착오에 대해서는 언어학자나 정신의학자에게 배우는 것보다 작가로부터 배우는 것이 더 많다고 주장해도 이상할 것은 없다.

이와 같은 말의 착오에 대한 예가 실러의 《발렌슈타인〈〈피콜로미니〉 제1막 제5장》〉에 있다. 제4장에서 막스 피콜로미니는 열렬하게 발렌슈타인 공의 편을 든다. 그리고 발렌슈타인의 딸을 따라 진지로 오는 도중에 비로소 맛본 평화와 행복에 대해서 진심으로 설득된다. 그리고 피콜로미니는 넋을 잃고 있는 자기 아버지 옥타비오와 조정의 사신 퀘스텐베르크를 뒤에 남겨놓고 그 자리를 떠난다. 거기서 제5장이 전개된다.

퀘스텐베르크 아아, 큰일 났구나. 어떻게 저 지경이 되었지? 그런 어처구니없는 생각으로 그를 가 버리게 하다니! 그를 다시 불러다가 이 자리에서 그의 눈을 뜨게 해 줘야 할 텐데.

옥타비오(깊은 생각에 잠겼다가, 문득 정신을 차리고) 이제, 그 애가 내 눈을 뜨게 해 주었구나. 눈을 뜨고 보니 온갖 것이 다 보이는구나.

퀘스텐베르크　아니, 무슨 말씀이시오, 그게?

옥타비오　에이, 지긋지긋한 여행이다.

퀘스텐베르크　왜요? 왜 그렇지요?

옥타비오　아무튼 가자. 이 불길한 조짐을 지금 당장 알아내서 내 눈으로 직접 확인해야겠다. 나와 함께 가자(퀘스텐베르크를 재촉한다).

퀘스텐베르크　예, 어디로 가십니까?

옥타비오(숨 가쁘게) 그 아가씨한테!

퀘스텐베르크　그 아가씨라니요?

옥타비오(말을 고쳐서)　아니, 공(公)한테. 자, 가세.

옥타비오는 공을 찾아간다고 말하려다가 그만 잘못 말한 것이다. '아가씨한테'라고 말하는 옥타비오의 말은 적어도 우리에게, 그가 자기 아들인 젊은 기사가 평화를 편드는 마음에는 어떤 속내가 있는지 명백히 통찰하고 있음을 보여 주고 있다.

더 감명 깊은 예를 오토 랑크[9]가 셰익스피어의 작품에서 발견했다. 그것은 《베니스의 상인》의 유명한 장면, 즉 행복한 청혼자가 세 개의 상자 중에서 하나를 고르는 장면이다. 나는 랑크의 짧은 글을 여러분에게 읽어 주는 편이 오히려 이해하기 쉬우리라고 생각한다.

문학적으로 보면 미묘한 동기가 있고, 기교상으로 보면 눈이 동그래지도록 화려하게 사용된 '말의 착오', 즉 프로이트가 《발렌슈타인《일상생활의 정신병리》 제2판, p. 48)》에서 보여 준 것은 작가가 착오의 메커니즘과 착오에 포함되어 있는 의미를 충분히 알고 있으며, 또 독자도 그것을 안다고 예상하고 고의로 만들었음을 나타내고 있다. 같은 예를 셰익스피어의 《베니스의 상인(제3막 제2장)》

---

9) Otto Rank : 1884~1939, 오스트리아 정신분석가, 프로이트의 제자.

에서도 찾을 수 있다. 아버지의 유언에 따라 제비뽑기로 남편을 선택하도록 강요받은 포샤는 이제까지는 싫어하는 청혼자들을 요행히도 잘 피해왔다. 그런데 마지막으로 자기가 너무나 사모하는 바사니오 차례라는 것을 안 그녀는, 그가 제대로 된 제비를 뽑지 못하게 되지나 않을까 걱정한다. 만일 잘못 뽑더라도 나는 당신을 사랑한다고 말하고 싶지만 그러한 말은 맹세에 위배되므로 하지 못한다. 작가는 여기서 고민하는 그녀에게 말의 착오를 이용하게 해 준다.

포샤 제발 서두르지 마시고 하루 이틀 기다리다가 운명을 시험하세요. 잘못 고르시는 날엔 두 번 다시 만날 수 없게 되니까 말예요. 그러니 잠시만 참으세요. 사랑은 아니지만…… 어쩐지 당신과 헤어지기가 싫은걸요. 미운 정은 그런 조언을 절대로 하지 않을 거예요. 하지만 당신께서 제 맘을 이해하시지 못할까 봐…… 그래도 소녀의 맘은 생각뿐이지 표현은 못해서……그러니 저를 위해서도 운명을 시험하시기 전에 한두 달 이곳에 머무르시게 하고 싶어요…… 어떤 것을 고르시라고 가르쳐 드릴 수도 있지만, 그러면 제가 맹세를 깨뜨리게 되니 가르쳐 드릴 수는 없어요. 그러나 내버려 두면 잘못 고르실지도 몰라요. 그렇게 되면 맹세를 깨뜨렸으면 좋았을 것을 하고 전 후회하게 될지도 몰라요…… 아, 원망스러워라. 당신의 그 두 눈, 그 눈에 사로잡혀서 제 맘은 두 조각났어요. 한 조각은 당신의 것, 다른 한 조각도 당신의 것…… 아니 제 것이긴 하면서도 제 것은 역시 당신의 것, 그러니 결국은 모두 당신의 것이에요……[10]

그녀가 맹세를 깨뜨리고 속마음을 고백해서는 안 되기 때문에 은근히 남자에게 암시하고 싶었던 것, 즉 제비를 뽑기 전부터 자신은 그의 것이고, 그를 사랑하고 있다는 것을, 이 작가는 경탄할 만한 미묘함으로써 말의 착오 형식을 빌려 표면에 드러내 준 것이다. 또 이 예술적인 기교를 통해서 애인의 참기 어려운 불안과 제비뽑기의 결과를 초조하게 기다리는 관객의 긴장을 적절하게 해소시켜 주는 것이다.

---

10) 방점은 지은이 방점임.

마지막의 아슬아슬한 순간에, 포샤가 자기 말의 실수를 얼마나 교묘하게 혼합시키고 마침내 그 말들의 모순을 어떻게 풀어내 그것을 정당화시켰는지에 주목해 주기 바란다. "아니, 제 것이긴 하면서도 제 것은 또한 당신의 것. 그러니 모두 당신의 것이에요."

의학과는 인연이 먼 사상가도 또한 이따금 자기 자신에 대한 관찰을 통해서 착오에 포함되어 있는 의미를 발견하고 우리의 연구가 있기 전부터 그 분야의 탐구에 노력해 왔다.

"그가 농담을 할 때는 그 농담 속에 문제가 감추어져 있다"라고 괴테가 말한, 기지 넘치는 풍자작가 리히텐베르크[11]를 여러분은 알고 있을 것이다. 문제의 해결도 농담으로 제시될 때가 있다. 리히텐베르크는 기지와 풍자가 넘치는 자신의 수상집 속에 이렇게 기록하고 있다.

"나는 언제나 'angenommen(가정하면)'이라고 읽을 것을 Agamemnon(아가멤논)[12]이라고 읽었다."

그만큼 그는 호메로스를 열심히 읽고 있었던 것이다. 이 글이야말로 바로 잘못 읽기의 참된 이론이다.

다음 강의에서는 착오의 뜻 해석에 있어서 우리의 견해가 시인들의 견해와 일치하는지에 대해 알아보자.

---

11) G. C. Lichtenberg 1742~1799.
12) 그리스 신화의 영웅. 호메로스의 《오디세이아》에 나오는 인물.

세 번째 강의

착오 Ⅱ

지난 강의에서 우리는 착오를 관찰함에 있어, 착오에 앞서 의도했던 행위와 관련시켜서 관찰하지 않고 잘못 그 자체를 관찰한다는 데에 착안을 했었다. 그리고 때로는 착오 자체가 독자적 의미를 지니고 있다는 인상을 받았다. 또한 착오에는 의미가 있다는 것이 광범위하게 입증된다면, 이는 착오의 원인이 되는 조건을 연구하는 것보다 흥미로운 것이 될 거라고 말했다.

다시 한번 심리현상의 '의미'란 대체 무엇인가에 대해 의견을 정리해 보자. 의미라는 것은 그 심리현상을 일으키는 의도와 일련의 심리작용 속에서 차지하는 심리적 태도이다. 그러면 우리는 이 '의미'를 '의도' 또는 '의향'이라고 고쳐 말해도 좋다. 만일 이 의미 속에서 하나의 의도를 찾아낸다면 착오현상이 단순히 기만적 가면이라든가 시적 기교로 간주될 수는 없을 것이다.

그러면 말의 착오에 대한 실례에만 이야기를 한정시켜서 이와 같은 현상을 많이 관찰해 보자. 그러면 여기서 말의 실수의 의미, 즉 의도가 분명한 사례를 모두 분류할 수 있을 것이다.

첫째로, 자기가 말하고자 하던 것과 정반대의 것이 입 밖으로 튀어나올 경우이다. 하원 의장이 개회식 인사말에서 "즉각 폐회를 선언합니다" 하고 잘못 말했다. 이 말의 착오의 의도, 즉 의미는 뚜렷하다. 이 잘못된 연설의 의미와 의도는 의장이 의회를 빨리 끝마치고 싶다고 생각했기 때문이다. 누군가는 "의장은 입으로만 그렇게 말했을 뿐이다"라고 말할지 모르지만, 그의 말만으로도 그 의도는 충분하다. 이런 것은 있을 수 없다든가, 의장이 폐회를 바라고 있었던 것이 아니라 개회를 바라고 있었음을 잘 알고 있다든가, 자기 의도를 가장 잘 알고 있는 본인이 개회를 희망하고 있었음을 입증해 줄 것이라든가 하는 항의는 곤란하다. 여러분은 우리가 착오라는 행위를 먼저 하나의 독립된 것으로서 관찰한다는 입장을 잊어서는 안 된다. 착오와 이로 인해서 방해된 의도와의 관계는 나중에 말하겠다. 그렇게 하지 않으면 논리상의 착오를 저지르게 되기 때문이다. 이 과오를 영어에서는 '선결문제 요구의 허위'[1]라고 말하듯이 여러분은 논하고자 하는 문제를 대충 얼버무리게 되는 것이다.

둘째로, 정반대의 것을 말하지 않았을 경우에도 잘못한 말속에 정반대의 의미가 표현되어 있을 때가 있다. 이를테면, "나는 존경하는 전임자의 공적을 평가하기를 좋아하지 않습니다"라는 예에서 geneigt(좋아하다)는 geeignet(적합하다)의 반대는 아니지만, 그때 교수가 해야 할 말과는 분명히 정반대되는 표현을 공공연히 고백했다.

셋째로, 말의 착오는 의도했던 의미에 제2의 의미를 덧붙이는 일도 있다. 이때는 잘못 말하여 나타난 문구가 여러 문구의 단축·생략·압축처럼 보인다. 이를테면 콧대가 세기로 유명한 부인이 "남편은 '내가' 좋아하는 것은 무엇이나 먹고 마셔도 좋다는 거예요" 이렇게 말한 것은, 마치 부인이 "남편은 자기가 좋아하는 것은 무엇이건 마시거나 먹거나 할 수 있어요. 하지만 대체 남편이 좋아하는 것은 무엇일까요? 그 선택의 권리는 내가 쥐고 있거든요"라는 뜻을 말하고 있는 것처럼 보인다. 이와 같이 말의 착오는 흔히 생략의 인상을 준다. 예를 들면 해부학 교수가 비강(鼻腔) 강의가 끝난 뒤, 학생들에게 비강에 대해서 정말로 알았느냐고 질문했을 때, 모두 알았다고 이구동성으로 말하자 교수는 이렇게 중얼거렸다. "믿을 수 없는 일이군. 비강에 대해서 정말로 잘 아는 사람은 수백만이나 사는 이 도시에서도 이 한 손가락으로, 아니 다섯 손가락으로 헤아릴 정도밖에 안 되다니." 이 생략된 문구에는 "정말로 잘 아는 사람은 오직 하나, 나뿐이다"라는 의미가 포함되어 있다.

넷째로, 착오의 의미가 뚜렷이 나타나는 경우와는 대조적으로, 잘못 말한 것이 아무런 의미도 주지 않기 때문에 우리의 기대에 어긋나는 경우가 있다. 잘못 말하기의 한 경우로 고유명사를 길게 발음하거나 보통 쓰지 않는 말을 만들어 내는 수가 흔히 있는데, 모든 착오에는 다 의미가 있다는 생각은 빨리 수정되어야 할 것 같다. 그러나 이런 종류의 예를 자세히 살펴보면, 이런 왜곡

---

1) begging the question : 문제점을 증명하지 않고 그대로 참이라고 가정하는 오류의 일종. '논점 절취의 허위'라고도 한다.

은 쉽게 이해할 수 있고, 또 의미가 뚜렷하지 않은 잘못 말하기의 경우도 앞에서 말한 의미가 뚜렷한 잘못 말하기의 경우와 크게 다르지 않음을 알 수 있다.

말(馬)을 가진 사나이가 말의 건강상태에 대해 질문을 받자 "Ja, das draut…… Das dauert Vielleicht noch einen Monat"라고 대답했을 때, 도대체 너는 처음에 무슨 말을 하려고 한 거냐고 다시 묻자 그는 이렇게 설명했다. "Das sei eine traurige Geschichte(퍽 가엾은 일이야)" 하고 말하려던 것이, dauert(계속하다)와 traurig(가엾다)가 결합하여 draut가 된 것이다(그는, "응, 퍽 가엾은 일이야. 아직 한 달은 더 걸려야 할 걸" 이렇게 말할 생각이었다).[2]

어떤 사람이 자기가 항의한 어떤 사건을 이야기하면서 다음과 같이 말했다. "Dann aber sind Tatsachen zum Vorschwein gekommen." 그에게 무슨 말이냐고 묻자, 실은 이 일을 Schweinereien이라고 말하고 싶었던 것이라고 설명했다. 즉 'Vorschein(명백하다)'와 'Schweinerei(외설)'가 합쳐서, 'Vorschwein'이라는 이상한 말이 생긴 것이다(이 사람은 "진실이 마침내 밝혀졌는데 아주 외설적인 사건이야"라고 말할 참이었던 것이다).[3]

여러분은 처음 보는 젊은 여자에게 'begleitdigen'이라고 말하려던 한 신사의 예가 생각날 것이다. 우리는 우리 임의대로 이 말을 'begleiten(모시고 가다)'과 'beleidigen(능욕하다)'으로 나누었는데, 이 해석은 굳이 설명할 필요도 없을 만큼 확실하다. 여러분은 이러한 예로서, 의미가 뚜렷하지 않은 말의 착오도 두 가지 다른 의도의 충돌, 즉 '간섭'이라는 말로 설명될 수 있음을 짐작할 수 있을 것이다. 그리고 말의 착오가 앞에서는 한쪽의 의도와 다른 쪽의 의도가 완전히 뒤바뀌어 정반대의 말로 나타났는데, 두 번째 예의 경우에서는 한쪽의 의도가 다른 쪽의 의도를 왜곡하거나, 또는 변형시킨 것뿐이므로 조금이나마 의미를 포함한 것 같은 기형이 된 것이다. 이것이 두 경우의 다른 점이다.

이제 우리는 말의 착오에 대한 많은 수수께끼를 풀었다고 확신할 수 있다. 이 분석을 잘 파악해 나가면 이제까지 풀지 못했던 경우도 차츰 이해하게 될 것이다. 이를테면 이름을 왜곡시킬 때는 비슷한 두 개의 이름이 서로 맞선 결과라고는 할 수 없지만, 이럴 때도 제2의 의도를 찾아내는 것은 그리 어렵지

---

2) 메링어와 마이어.
3) 메링어와 마이어.

않다. 이름의 왜곡은 말의 착오 이외에서도 잘 나타난다. 이것은 바로 본래의 이름을 귀에 거슬리게 들리도록 하거나 조금 천하게 들리도록 하기 위해서 사용하는 욕의 방식이다. 교양 있는 사람은 욕을 삼가지만 실은 마지못해 조심할 뿐, 종종 '위트'로서 사용한다. 그러나 결코 고상한 '위트'는 아니지만 오늘날에도 널리 사용되고 있다. 이름의 왜곡으로 더없이 심한 예로는 어떤 사람이 최근에 프랑스 공화국 대통령 푸앵카레(Poincaré)의 이름을 슈바인스카레(Schweinskaré)[4]라고 비꼰 적이 있다. 말의 실수에 이와 같이 얼굴이 붉어지고 입 밖에 낼 수도 없는 욕설의 의도가 숨어 있다는 것은 두말 할 것도 없다.

이러한 견해를 더욱 파고들어 가면 우습고 당황할 만한 말의 실수에 대해서도 설명이 가능할 것이다. "여러분, 우리 은사님의 건강을 축원하여 트림합시다……"에서 식욕을 망칠만한 불쾌함을 불러일으키는 말이 불쑥 끼어들어 모처럼의 축하연을 엉망으로 만들어 버린다. 그러나 우리는 여기서 그것이 모욕이나 조소를 나타내는 말과 비슷하므로 표면상의 존경과는 달리 비웃음의 의향이 내포되어 "사은회라니 같잖다"는 말로 유추해 낼 수 있다. 이 같은 대입은 이를테면 'Apropos(때마침)'를 'Apopos(popos, 엉덩이의 뜻)'라고 말하거나, 'Eiweissscheibchen(달걀흰자위 조각)'을 'Eischeisssweibchen(scheissen : 똥 누다라는 속어, weibchen : 여자의 속칭)'이라고 말하는 것처럼,[5] 아무렇지도 않은 말을 일부러 천하고 외설스러운 말로 바꾸어 놓는 데에도 적용된다.

재미있게 하려고 아무렇지도 않은 말을 변형해 일부러 외설스러운 말로 나타내는 경우가 있는데, 이것을 위트라고 부르기도 한다. 그러나 실제로 그런 말을 한 사람이 과연 그 말을 의도적으로 했는지, 아니면 무심코 실수로 한 것인지 따져 볼 필요가 있다.

우리는 이제 큰 힘 들이지 않고 착오의 수수께끼를 풀어 나가게 된 것 같다. 착오는 결코 우연이 아니라 진지한 정신적 행위이며 거기에는 특유의 의미가 있고 두 가지 다른 의도가 상호작용, 더 적절히 말하면 상호영향의 결과로 만들어 낸 것이라는 것이다.

그것에 대해 여러분은 의문을 품고 질문을 할 것이다. 그래서 우리는 연구의

---

4) 슈바인, Schwein은 독일에서 본래 '돼지'라는 뜻이며 천한 사람을 욕하는 속어이다.
5) 메링어와 마이어.

첫 성과를 기뻐하기 앞서 먼저 여러분의 질문에 대해 처리하지 않으면 안 되겠다. 하지만 해결을 서두를 필요는 없다. 계속해서 모든 경우를 냉정하게 연구해 보지 않겠는가. 여러분의 의문점이 무엇인지 들어 보자.

"방금 하신 선생님의 설명이 말의 착오의 모든 경우에 적용된다고 생각하십니까? 아니면 어떤 특별한 경우에만 적용된다고 생각하십니까? 이 견해는 다른 많은 경우의 착오, 이를테면 잘못 읽기·잘못 쓰기·망각·착각·둔 곳을 잊어버리기 등에도 적용됩니까? 피로·흥분·방심·주의력 장애 같은 요소도 착오의 심리적 본질이고 보면 이 또한 어떤 의의가 있는 것은 아닙니까? 그리고 두 가지 서로 상반되는 경향 가운데 하나가 언제나 착오 행위 표면에 나타나고 다른 것은 언제나 나타나지 않는다면, 그것의 숨겨진 의도를 끌어내기 위해서는 어떻게 하면 됩니까? 만일 그것을 끌어냈다고 한다면 그것이 과연 확실할 뿐만 아니라 정확한 것이라고 증명하기 위해서는 어떻게 하면 됩니까?"

이 외에 다른 질문은 없는가? 이 이상의 의문을 갖고 있지 않다면 이번에는 내가 말을 계속하기로 한다. 우리가 연구한 것이 단지 착오현상 그 자체뿐만 아니라 착오의 연구를 통해 정신분석에 유익한 것을 찾으려는 것이라는 점은 여러분의 기억에도 새로운 일일 것이다. 그래서 나는 다음 문제를 제기한다. 이와 같이 다른 의향, 또는 의도를 방해할 수 있는 의도란 도대체 어떤 것인가? 방해하려는 의도와 방해받으려는 의도 사이에는 어떠한 관계가 있는가? 이 문제가 해결되어야 비로소 다음의 새로운 연구가 시작되는 것이다.

그러면 내가 말한 설명은 말의 착오의 모든 경우에 적용되는가? 나는 적용된다고 믿고 싶다. 왜냐하면 말의 착오의 어떤 경우를 검토하더라도 이와 같은 설명으로 해석되기 때문이다. 그러나 말의 착오가 반드시 이와 같은 메커니즘대로 작용한다고 단언할 수는 없다. 그러나 그런 문제는 이론적으로 아무래도 좋다. 말에 있어 착오의 아주 적은 예만이 그렇다 하더라도—실제로는 적은 예가 아니었지만—우리가 정신분석학 입문에서 얻고자 하는 결론은 성립되기 때문이다. 두 번째 의문, 즉 말의 착오에서 밝혀진 해석이 다른 종류의 착오에도 마찬가지로 적용되느냐 하는 의문에 대해서는 적용된다고 분명히 대답할 수 있다. 나중에 잘못 쓰기, 착각 등의 예를 연구할 때 여러분은 이해하게 되겠지만, 우선은 기술적 이유로 이러한 검토를 보류해 두고 말의 착오만을 더 철저하게 논해 보기로 한다.

여러 대가 선생들이 역설하는 혈액순환장애·피로·흥분·방심 같은 요소, 또는 주의력 장애와 관련된 이론이 과연 우리에게 의의가 있느냐 없느냐 하는 질문에 대해서는 지금까지 말해 온 말의 착오의 심리적 메커니즘을 인정할 때 비로소 충분한 해답이 될 수 있다고 말하고 싶다. 우리도 이 여러 요인을 부정하는 것이 아니라는 점은 여러분도 충분히 알 것이라 믿는다. 정신분석이 다른 학파에서 주장하는 이론을 부정하는 일은 거의 드물다. 오히려 정신분석은 이제까지 간과되던 것을 첨가하고 있다. 새로 첨가된 것이 다른 학설의 가장 본질적인 요소가 되는 경우도 실제로 있다. 불쾌감·순환장애·피로 등으로 일어난 생리적인 상태 때문에 잘못 말하는 일이 생긴다는 것은 충분히 인정할 수 있다. 여러분도 일상적인 자신의 경험으로 이 사실을 충분히 알고 있다. 그러나 이것만으로 모든 것을 설명할 수 있을까?

우선 첫째, 그것은 잘못을 일으키는 데 필수적인 조건이 아니다.

말의 착오는 완전히 건강하고 정상적인 상태에서도 나타난다. 따라서 이와 같은 육체적 요소는 말의 착오 특유의 심리적 메커니즘을 일으키기 쉽게 보조 역할을 하는 데에 지나지 않는다. 이 점에 대해서 나는 전에 하나의 비유를 든 적이 있다. 이보다 더 적절한 비유를 찾을 수도 없기 때문에 여기서도 같은 예를 되풀이하기로 한다. 어느 어두운 밤, 내가 인적 없는 후미진 길을 걷고 있었다고 가정하자. 그때 나는 강도의 습격을 받아 시계와 지갑을 빼앗겼다. 도둑의 얼굴이 똑똑히 보이지 않았기 때문에 가까운 경찰서에 가서 이렇게 호소했다고 하자. "혼자였고 어두웠기 때문에 내 귀중품을 빼앗겼습니다." 경관은 내 호소에 이렇게 대답할 것이다. "아무래도 당신은 사실과는 아주 먼 기계론적인 견해를 가지셨군요. 우리들 같으면 오히려 이렇게 말하지요. 어둠과 혼자 몸인 것을 틈타 강도가 귀중품을 빼앗아 갔다고 말입니다. 당신의 경우에는 근본적인 문제가 우리 경찰들이 도둑을 붙잡는 일인 것 같군요. 좋습니다. 우리는 아마 그 강도를 잡아 당신에게 귀중품을 돌려줄 수 있을 것입니다."

흥분·방심·주의력 장애 같은 심리적인 요인들은 우리에게 커다란 설명적 역할을 하지는 못한다. 이것들은 단순한 빈말에 불과하고 내부를 감추는 병풍 역할에 지나지 않는다. 우리는 과감하게 그 병풍 안쪽을 뒤져 보아야 한다. 이 경우, 대체 무엇이 흥분과 주의력을 흩뜨려 놓았는가 하는 게 오히려 문제의 핵심이 된다. 그래서 다시 발음의 영향, 언어의 유사성과 관습에 관련되어 일어날 수 있는 연상(聯想) 등이 중요하다고 볼 수 있다. 말하자면 말의 실수가 그 방향에 따라 일어나도록 길을 가르쳐 줌으로써 말의 실수를 유도하는 것이다. 그러나 내 눈앞에 길이 있다는 것만으로 선뜻 그 길로 나아가려는 결심을 할 수 있겠는가? 그 길을 선택하려고 결심하는 데는 또 다른 동기가 필요하고 그 길로 나아가게 하는 힘이 필요하다. 이처럼 말의 발음관계나 언어의 유사성은 몸의 상태와 마찬가지로 말의 실수가 일어나기 쉽게 해 줄 뿐이며 결코 그 원인이 되지는 않는다. 지금 여기서 내가 이야기하는 말이 소리의 유사성 때문에 다른 말을 상기시키고, 그 말이 반대어와 밀접하게 결합되거나, 그 말에 일어나기 쉬운 연상이 얽혀 있다든가 하는 조건들이 있더라도 내 말에는 착오현상이 없다. 몸의 피로로 연상작용이 본래의 방향을 압도하여 지나쳤을 때 말의 실수가 일어난다고 말한 철학자 분트[6]의 의견에 아직도 동조하는 사람이 있다. 만일 경험이 이것과 다르지 않다면 이 이론은 참으로 경청해 볼 가치가 있다고 생각하지만, 경험에 따르면 말을 실수했을 때 어떤 경우에는 그 실수를 일으키는 신체적 원인이 없으며, 또 다른 경우에는 이 현상을 일으키기 쉬운 연상적 원인이 발견되지 않는다.

특히 흥미로운 것은 여러분이 제기하는 다음의 세 번째 질문이다. '선생님은 서로 간섭하는 두 의도를 어떻게 확인할 수 있는가?' 아마 여러분은 이 문제가 얼마나 중대한 결과를 일으키는지 상상도 할 수 없을 것이다. 두 의도 가운데 하나, 즉 방해받는 의도 쪽은 언제나 뚜렷하다. 의문이나 의혹을 일으키는 착오는 다른 의도, 즉 방해하는 쪽의 의도이다. 그런데 나는 이미 많은 예로 이 방해하는 의도도 방해받는 의도와 마찬가지로 뚜렷하다고 말했고 여러분도 잘 기억하고 있을 것이다. 그것은 말의 착오가 어떤 효과를 일으키느냐에 따라 분명해진다. 물론 우리가 이 효과를 그 자체로서 의미 있는 것으로 받아들이는 용기가 있다면 말이다. 정반대의 말을 한 의장의 경우, 그가 개회를 선언하고자 했던 것은 분명하지만 또 폐회되기를 바란 것도 마찬가지로 뚜렷하다. 이

---

6) W. Wundt. 독일의 심리학자, 실험심리학의 창시자.

예는 해석 따위가 필요 없을 만큼 명료하다. 그런데 이런 경우가 있다. 방해하는 의도 자체는 보이지 않고 본래 의도를 왜곡시켰을 때는 어떻게 그 방해하는 의도를 알아낼 수 있을 것인가?

첫째 경우에서는 매우 간단하고도 확실한 방법, 즉 조금 전 우리가 방해받은 의도를 확인한 것과 같은 방법을 사용하면 된다. 바로 잘못 말한 본인으로부터 방해하는 의도를 직접 말하게 하는 방법이다. 잘못 말하고 나서 곧 본인이 본래 말할 생각으로 있던 말을 해 준다. "Das draut, nein, Das dauert Vielleicht noch einen Monat"의 경우에서는 본인 스스로 왜곡된 의도를 말했다. "아니 어째서 자네는 처음에 draut라고 말했는가?" 하고 질문하자, 그는 곧 "나는 실은 Das ist eine traurige Geschichte(퍽 가엾은 일이다)라고 말할 참이었는데" 이렇게 대답했다. 또 다른 예로, 그 'Vorschwein'의 잘못 말하기 경우에서, 본인은 처음 "Das ist eine Schweinerei(그것은 외설스러운 일이다)"라고 말할 참이었는데, 외설이라는 말을 자제하고 다른 표현으로 나타낸 것을 여러분에게 보여 줬었다. 따라서 이 예에서, 왜곡된 의도를 규명하는 것만큼 확실하게 왜곡시키는 의도도 찾아낼 수 있었다. 내가 여기서 나와 내 학파 사람들이 보고한 것도, 해결한 것도 아닌 사례를 든 데에는 이유가 있다. 어쨌든 이 두 가지 예에는 해결을 짓기 위해서 어떤 메스를 가하는 간섭이 필요했다. 즉 왜 당신은 그런 말실수를 했는가, 대체 본래는 어떻게 말할 생각이었는가 하고 질문하지 않으면 안 되었다. 그렇게 캐묻지 않으면 말한 사람은 아마 자기의 실수를 모른 채 넘어가고 해명도 하지 않았을 것이다. 잘못 말한 것은 잘못 말한 대로 지나쳐 버렸을 것이다. 그러나 질문을 받음으로 해서 그는 자기 머릿속에 떠오른 생각을 이야기하고 설명한 것이다. 그러면 이제 여러분은 메스를 가한 그 결과야말로 바로 정신분석이며, 우리가 더 널리 시도하고자 하는 정신분석적 연구의 표본이라는 것을 깨달았으리라고 생각한다.

그러나 정신분석이 여러분 앞에 모습을 드러낸 순간, 또한 여러분의 마음속에는 정신분석에 대한 반발이 고개를 쳐들기 시작할 것이라고 예측한다면, 이는 지나친 의심일까? 여러분은 잘못 말한 뒤에 요구받은 질문에 대답한 사람의 보고 따위를 어떻게 믿을 수 있느냐고 내게 항의할 생각은 없는가? 여러분은 이렇게도 생각할 것이다. 그 사람은 물론 이쪽 요구대로 자신이 잘못 말한 것을 설명하려고 할 것이다. 그리고 자기의 설명에 필요하다고 생각하면 자기에게 떠오른 생각대로 말할 것이다. 그런 식으로 한 말이 어떤 현상에 대한 증명 따위가 될 수는 없다. 어쩌면 똑같이 잘 들어맞는, 아니 더 잘 들어맞는 다른 생각을 해낼지도 모르지 않는가?

여러분이 실제로 심리적인 사실에 별로 신뢰를 보이지 않는 것은 참으로 주목할 만한 일이다. 누군가가 어떤 물질을 화학적으로 분석해서 그 성분의 몇 밀리그램이란 무게를 얻었다고 하자. 그리고 이 무게를 토대로 어떤 결론을 얻었다고 하자. 그런데 이 추출물의 무게가 다를 수 있다는 이유로 이 결론을 부정할 화학자가 있을까? 누구든지 이 물질은 어떤 무게든지 같은 성분을 가졌다는 사실을 인정하고, 그 위에 그 이상의 결론을 세우려고 할 것이다. 그런데도 여러분은 잘못 말한 이유를 질문받은 사람에게, 일정한 연상이 떠오르는 심리적 사실에서만 이 주장이 유효하다고 보지 않고 엉뚱하게도 다른 생각이 떠오를지 모른다고 주장하는 것이다. 여러분은 마음의 자유라는 환상 속에 사로잡혀 그 환상에서 좀처럼 빠져나오려 하지 않는 것 같다. 이는 유감스럽게도 여러분과 내가 생각을 달리 하는 부분이다.

여러분은 이 점을 수긍하더라도 다른 점에서는 반대를 계속할 것이다. 여러분은 계속해서 이렇게 말하리라. "우리는 피분석자에게 직접 그 문제의 해결을 말하게 하는 것이 정신분석의 독특한 방법이라는 것을 알았습니다. 다른 예를 드는 것을 용서해 주십시오. 사은회 자리에서 한 연사가 은사의 건강을 축원하여 '트림하자'고 실언했지요. 선생님은 그 예에서, 방해할 의도는 은사를 경멸하는 의도이다, 다시 말해서 축하한다는 표현과는 정반대의 의미라고 말씀하셨습니다. 그러나 이것은 선생님의 일방적인 해석이며 당사자가 아닌 제삼자의 관찰에서 비롯된 것일 뿐입니다. 만일 선생님이 잘못 말한 본인에게 직접 질문하신다면, 그는 은사에게 경멸감을 품고 있었다고는 말하지 않을 것입니다. 그는 오히려 극구 부인할 것입니다. 왜 선생님은 이처럼 명백한 사실을 믿지 않고 근거 없는 해석을 하려 합니까."

과연 여러분은 이번에 날카로운 의문을 제기했다. 이 알지 못하는 연사를 마음에 한번 그려 보자. 그는 아마 이 축하받은 은사의 조교이거나 아니면 막 강사가 된 앞날이 촉망되는 젊은이일지도 모른다. 내가 이 젊은이에게 다가가서, "자네의 마음 밑바닥에는 은사에게 존경을 표하라는 요구를 거역하는 그 무엇이 꿈틀거리고 있지 않나?"라고 물었다고 하자. 그러면 나는 굉장한 봉변을 당하리라. 그는 화가 나서 즉각 내게 덤벼들 것이다. "뭐라구요? 그런 쓸데없는 질문은 그만둬요. 불쾌하군요. 남의 장래를 망치려는 겁니까? 나는 'anstossen(축배를 들다)'이라고 말하려 했는데 그만 무심코 'aufstossen(트림하다)'이라고 나온 것뿐입니다. 같은 문장 속에서 앞에서 두 번이나 'auf'라는 말을 썼기 때문에 그만 그렇게 나오고 말았지요. 이것은 메링어가 후퇴발음(소리의 고집)이라고 이름 지은 바로 그것이오. 내가 잘못 말한 것에 대해서 억지 해석을 하려 들지 마십시오. 알겠습니까? 이제 그만두십시오!"

이것이야말로 놀랄 만한 반응이며 무서운 반박이다. 이 젊은이에게 나는 이제 더 말을 붙여 볼 수도 없게 된다. 그러나 이 젊은이가 자기의 잘못이 아무 의미도 없다고 역설하는 데에는, 매우 강한 개인적 반응이 드러나는 것 같다. 여러분도 이 젊은이가, 단지 이론적인 질문에 이처럼 과민한 반응을 보인 것은 올바르지 않다고 인정할 것이다. 그러나 여러분은 이 젊은이가 자기가 말하고 싶었던 것과 말하고 싶지 않았던 것을 잘 알고 있었음이 틀림없다고 생각할 것이다.

과연 그는 그것을 알고 있었을까? 이것은 역시 의문으로 남는다.

이번에야말로 나를 함정에 빠뜨렸다고 여러분은 생각할 것이다. "그것이 선생님의 방식이군요" 하고 여러분이 신나서 떠들어대는 소리가 들리는 것도 같다. "말실수를 한 사람이 당신 이론에 유리한 말을 하면 그것을 문제 해결의 마지막 증거로 내놓고 '본인이 스스로 한 말이니까'라고 말입니다. 그러나 그의 말이 선생님의 생각과 다를 때는 손바닥을 뒤집듯이 그가 말하는 것은 고려할 것이 못된다, 도저히 믿을 수 없다고 주장합니다"라고.

그건 확실히 그렇다. 그러면 여기서 이와 아주 비슷한 예를 들어 보겠다. 어떤 피고가 재판관 앞에서 범행을 자백했다고 하자. 재판관은 그의 자백을 진실이라고 믿는다. 그러나 피고가 그 범죄행위를 부정하면 재판관은 피고의 진술을 허위라고 생각한다. 만일 피고가 범죄행위를 부정하는 자백을 했더라도 이를 믿는다면 재판 같은 것은 필요 없을 것이다. 여기에는 때로 오심도 있을 수 있지만 여러분은 이 제도를 역시 인정하지 않으면 안 된다.

"그렇다면 선생님은 재판관이십니까? 잘못 말한 사람은 선생님 앞에서는 피고입니까? 잘못 말하는 것이 범죄입니까?"

우리는 굳이 이 비유를 거부할 필요가 없다. 여러분은 겉보기에는 전혀 악의가 없어 보이는 실수라는 문제도 한 걸음 더 깊이 파고들면 겉으로 보는 것과는 엄청나게 다른 내용이 드러난다는 것을 깨닫게 될 것이다. 우선은 표면과 내용의 차이를 어떻게 타협하면 좋을지 알 수 없다. 나는 방금 든 재판관과 피고의 예를 들어 임시방편의 타협점을 여러분에게 시사해 둔다. '어떤 잘못의 의미는 피분석자 자신이 스스로 인정하면 전혀 의심할 여지가 없다'는 나의 주장은 여러분도 인정할 것이다. 그러나 거꾸로 만일 피분석자가 자백을 거부할 경우에는 이쪽에서 상상한 것이 사실이라는 것을 증명할 수 없게 된다. 물론 이것은 본인이 나타나지도 않고 우리에게 직접 보고해 주지 않을 경우에도 해당된다. 재판의 경우와 마찬가지로, 이런 경우에 우리는 간접증거[7]에 의존한다. 그러나 간접증거가 확고한 결정을 내려 주는 경우도 있고 어설픈 결정밖에 내려 주지 않는 경우도 있다. 재판의 경우에는 실제적으로 간접증거로도 유죄가 선고된다. 우리는 그럴 필요까지는 없지만 때로 그런 간접증거에 의존하지 않을 수 없는 경우가 있다. 과학이라는 것은 반드시 엄밀히 증명된 학설이 성립되어 있다고 생각하는 것은 오류이며, 또 그래야 한다고 요구하는 것도 옳지 않다. 그 같은 요구는 종교적인 교의를―설령 과학적인 교의라고 하더라도―다른 것과 대체하려는 권위욕을 일으킬 뿐이다. 교의 속에 필연적인 명제란 일부분에 지나지 않으며 그 대부분은 혹시 그럴지도 모른다는 단계에 가까스로 도달한 개연성(蓋然性)을 지닌 주장에 지나지 않는다. 이처럼 확실성의 근사치에 만족하고 궁극적인 보증이 없는데도 체계적인 연구가 계속되는 것은 과학적 사고방식의 덕분이다.

그러면 피분석자가 잘못의 의도를 스스로 설명하지 않을 경우 우리 해석의 거점, 즉 간접증거를 어디서 구하면 되겠는가? 이 의문에는 여러 면에서 얻을 수 있다고 말하고 싶다. 첫째, 착오 이외의 현상에서 유추한다. 이를테면 말의 실수로 이름을 왜곡시키는 것은 고의로 이름을 왜곡하는 것과 마찬가지로 비

---

7) 어떤 일의 가부를 간접으로 증명하는 일. 이를테면 차용증을 직접증거라고 부르는 데 대해서, 돈에 궁한 것을 증명하는 사실을 말한다.

난의 뜻을 포함하고 있다고 우리는 주장한다. 다음으로 간접증거는 잘못을 저지른 심리상황에서, 또한 잘못을 저지르는 인물의 성격에 대한 지식에서 얻을 수 있다. 이 인물이 잘못을 저지르기 전에 이러이러한 인상을 가진 일이 있는데, 바로 그러한 것에서 생겨난 반응이라는 지식을 얻을 수 있다. 보통 우리는 일반적인 원칙에 따라 착오를 해석한다. 따라서 처음에는 추측이나 해석상의 한 제안에 지나지 않지만, 다음에는 심리상태를 검토하여 실증해 줄 만한 간접증거를 찾게 된다. 때로는 우리의 추측이 맞았는지 확인하기 위해 착오로 예고된 사건이 실제로 일어나기까지 기다리지 않으면 안 될 때도 있다.

착오를 말의 실수 영역에만 한정한다면 이에 대한 예증을 보여 주기가 쉽지 않다. 그러나 지금이라도 몇 가지 좋은 예는 얼마든지 들 수 있다. 처녀에게 'begleitdigen' 하고 싶다고 한 신사는 몹시 수줍어하는 성격이었음에 틀림없다. "남편은 내가 좋아하는 것은 무엇이나 먹고 마셔도 좋다는 거예요" 이렇게 말한 아내는 가정에서 독재자처럼 군림하는 자기주장이 강한 성격의 여자일 것이다. '콩코르디아'[8] 총회에서 젊은 회원이 격렬한 반대 연설을 했다. 그 연설 중에 클럽의 간부위원을 Ausschussmitglieder(위원 여러분)라고 말하는 대신 Vorschussmitglieder라고 말했다. 이것은 언뜻 보기에 Vorstand(중역)과 Ausschuss(위원)을 합친 것처럼 보인다. 우리는 이 젊은이의 마음속에 자기의 뜻에 반대되는 연설을 거역하려는 또 하나의 방해 의도가 고개를 쳐들고 있음을 추측할 수 있다. 이 방해 의도는 아마 Vorschuss(선불금)과 관계가 있는 것 같다. 실제로 우리는 믿을 만한 사람에게서 이런 말을 들었다. 이 젊은이는 언제나 돈에 쪼들리고 있었으며, 마침 그 무렵에도 돈을 빌리려고 한창 뛰어다니고 있던 중이었다는 것이다. 따라서 반대 연설을 방해하려고 끼어든 의도는 "반대는 적당히 해 둬라. 그 사람들은 기꺼이 나에게 돈을 빌려 줄 사람들이다"라는 이러한 마음의 속삭임이었는지 모른다.

우리가 또한 실수 행위의 넓은 영역 안에 발을 들여놓기만 하면 이런 종류의 간접증거는 얼마든지 보여 줄 수 있다. 이를테면 어떤 사람이 잘 알고 있는 고유명사를 잊거나 또는 아무리 애를 써도 그 사람의 이름을 기억할 수 없는

---

8) 로마신화에 나오는 평화와 조화의 여신인데, 여기서는 빈에 있는 신문기자 클럽의 이름이다.

것은, 그가 그 이름을 가진 사람을 원망하고 있어서 그것을 생각해 내고 싶어 하지 않는 것이라고 여겨도 된다. 다음 예는 이와 같은 실수 행위가 일어나는 심리상태를 밝혀 주고 있다.

Y는 어느 여성에게 청혼했다가 거절당하고 말았다. 얼마 뒤 이 여성은 X와 결혼했다. Y는 꽤 오래전부터 X를 알고 있었고, 또 사업상의 거래관계까지 있는 사이이다. 그런데 그 X의 이름을 곧잘 잊어버린다. 그래서 그는 X에게 편지를 보낼 때는 언제나 주위 사람들에게 그 이름을 물어보아야 했다(C.G. 융).

Y는 분명히 행복한 연적을 생각하고 싶지 않은 것이다. "그에 관한 것은 잊어 버리자" 이렇게 생각하는 것이다.
또 이런 예가 있다.

어느 여성이 의사에게 자기의 아주 친한 친구 이야기를 하면서 그녀를 처녀 시절의 이름으로 불렀다. 왜냐하면 그 친구가 결혼한 뒤에 얻은 성(姓)이 아무 리 해도 생각나지 않았기 때문이다. 그 여성은 친구의 결혼에 반대했었고 그녀 의 남편을 아주 싫어했다고 고백했다(A.A. 브릴).

이름의 망각에 대해서는 다른 여러 관점에서 말할 수 있지만, 우선 가장 흥 미로운 것은 망각이 나타난 즈음의 심리상태이다. 어떤 계획을 잊는 것은 일반 적으로 그 계획을 수행하지 않으려는 대항 심리 때문이라고 할 수 있다. 이와 같은 견해는 꼭 정신분석만의 입장이 아니라 세상 일반의 견해이기도 하다. 사 람들은 모두 일상생활에서는 이러한 견해를 가졌으면서도 학술적으로 설명하 면 이를 인정하지 않는다. 보호자가 피보호자에게 "너의 부탁을 잊어버리고 있 었다"라고 변명할 때, 피보호자는 속으로 매우 못마땅해하며 "내 부탁 따위는 귀담아듣지 않는군. 입으로만 약속했을 뿐, 실제로는 들어줄 생각이 없는 거 야" 이렇게 생각한다. 따라서 실생활에서도 어떤 점에서는 무엇을 잊어버리지 않도록 주의해야 한다.
이 실수 행위에 대한 일상생활에서의 견해와 정신분석의 견해는 다를 것이 없다고 여겨진다. "어머, 오늘 와 주셨군요? 참, 오늘 오시라고 초대해 놓고 깜박 잊고 있었네요" 하면서 손님을 맞이하는 가정주부를 상상해 보라. 또는 자기 연인에게 얼마 전에 한 데이트 약속을 까맣게 잊고 약속을 어긴 젊은이가 변명하는 것을 상상해 보자. 이 젊은이는 결코 솔직하게 고백하지는 않을 것이다. 그는 오히려 그때 가지 못한 적당한 구실을 만들거나 그전에 그것을 알리지 못한 이유를 그저 되는 대로 변명할 것이 틀림없다. 군대에서는 잊어버렸다는 변명은 통하지 않는다. 변명해 봐야 벌을 면할 수 없다는 것을 다 알고 있고, 모두 이를 마땅하다고 생각한다. 이렇게 보면 망각이라는 착오 행위에는 깊은 의미가 있으며, 또 이것이 어떤 의미를 지니고 있다는 데에는 모두 의견일치를 보인다. 그렇다면 어째서 그들은 이 견해를 다른 실수 행위에까지 확대하여 이를 공공연히 인정할 만큼 일관성이 없는가. 여기에 한 가지 답이 있을 수 있다.

결심을 망각하는 의미가 일반 사람에게조차도 거의 의심 없이 인정된다면, 작가가 이 착오를 그와 같은 의미로 사용한다고 해도 별로 놀랄 일은 아니다. 버나드 쇼의 《시저와 클레오파트라》를 본 사람이라면, 그 마지막 장면에서 시저가 이 세상을 하직하면서 아직 할 일이 남았는데 그것이 생각나지 않는다고 말하는 대목을 기억할 것이다. 가까스로 "아 참, 클레오파트라에게 작별 인사를 해야지" 하는 생각을 해낸다. 작가는 이 작은 기교로, 시저가 갖고 있지 않았고 가지려 하지도 않았던 우월감을 그에게 부여하려 한 것이다. 여러분은 역사문헌에서 시저가 클레오파트라를 로마로 불러들였고 그녀는 어린 세잘리온과 함께 로마에 살고 있었으나 시저가 암살당한 뒤 로마에서 도주했다는 것을 알고 있을 것이다.

자기 계획을 잊어버리는 경우, 그 의미는 일반적으로 분명하다. 따라서 실수 행위가 지닌 의미의 간접증거를 그 심리상태에서 포착하려는 의도로 본다면 별로 도움이 되지 않는다. 그러므로 특히 복잡하고 모호한 실수 행위, 즉 분실이라든가 둔 곳을 잊어버리는 것으로 옮겨가 보자. 분실이라는 안타까운 사건에 있어서도 그 당사자에게 분실해 버리고 싶은 의도가 있었던 거라면 여러분은 틀림없이 설마 하고 못 미더워할 것이다. 그러나 이러한 실례는 얼마든지 있다. 이를테면 한 젊은이가 소중히 여기던 색연필을 어느 날 잃어버렸다. 마침 그 전날 이 젊은이는 자형한테서 한 통의 편지를 받았다. 그 편지는 다음과 같은 문장으로 끝나 있었다. "나는 지금 네 불성실과 나태를 옹호해 줄 기분도 시간도 없다."[9]

그 색연필은 사실은 자형의 선물이었다. 물론 이러한 암시가 있었기 때문에 이 분실에는 자형의 선물 따위는 아무 데나 없어져라 하는 의도가 관여했다고 단언할 수 있다. 이와 같은 예는 대단히 많다. 이를테면 어떤 물건을 준 사람과 사이가 나빠져서 이제 그에 대한 것은 생각만 해도 화가 난다고 생각하고 있을 때라든가, 또는 그 물건에 싫증이 나서 더 좋은 다른 물건과 바꾸자는 핑계를 만들고 싶을 때 그 물건을 잃어버리게 된다. 물건을 떨어뜨리거나 부수거나 깨는 경우에도 물론 그 물건에 대해서 마찬가지 기분이 작용하고 있다. 초등학교에 다니는 어린아이가 마침 생일 전날 자기의 소지품, 이를테면 손목시계나 책가방 같은 것을 분실하거나 못쓰게 만들거나, 찢어버리거나 하는 것을 우연한 일이라고 보아 넘길 수 있겠는가?

스스로 치운 물건을 아무리 해도 기억할 수 없는 안타까움을 자주 경험한 사람은 자기가 물건 둔 곳을 잊어버린 데에 자기 의도가 내포되어 있었다고 하면 믿으려 들지 않을 것이다. 그러나 그런 예도 드물지 않다. 이 경우 둔 곳을 잊어버리는 데 따르는 상황은 그 물건을 잠시 또는 오랫동안 어디에 숨겨 두고 싶다는 의도가 작용하고 있음을 나타내고 있다. 다음의 예는 아마 가장 훌륭한 실례가 될 것이다.

한 젊은이가 나에게 이런 이야기를 들려주었다.

2~3년 전부터 저와 아내 사이는 좋지 않았습니다. 저는 아내가 냉담하다고 생각하고 있었지요. 아내의 좋은 성품은 잘 알고 있지만 우리 사이에는 애정이 사라졌습니다. 한번은 아내가 외출하고 돌아오더니 제게 책 한 권을 주었습니다. 아내는 그것이 제 마음에 들 것 같아서 사 온 것이었습니다. 저는 아내의 배려가 고맙더군요. 그래서 한번 읽어 보겠노라고 약속하고는 넣어두었습니다. 그런데 그 뒤에 그 책이 눈에 띄지 않더군요. 세월은 흘러 저는 이따금 그 없어진 책을 생각해 봅니다만 아무리 찾아보아도 헛일이었습니다. 그리고 약 반년

---

9) B. Dattner의 글에서 인용함.

쯤 지났을 때, 당시 우리와 따로 살고 계시던 제 어머니가 병에 걸리셨습니다. 아내는 시어머니를 간호하러 떠나게 되었습니다. 어머니의 상태가 매우 심각했으니까요. 아내는 밤에 잠도 제대로 자지 못하고 정성껏 간호해 주었습니다. 어느 날 밤, 저는 아내의 배려와 성의에 대한 감동과 감사의 마음으로 가득 차서 집에 돌아왔습니다. 책상 앞으로 다가가 몽유병자와도 같이 무심코 서랍을 열었지요. 그런데 어찌 된 일일까요? 그 속에 그토록 오랫동안 찾을 수 없었던, 어디다 두었는지조차 잊어버렸던 그 책이 들어 있지 않겠습니까?

　동기가 사라짐과 동시에 잊고 있었던 장소를 찾아낸 것이다. 나는 이런 실례를 매우 많이 보았지만 지금 다 이야기할 시간은 없다. 여러분은 내가 쓴 《일상생활의 정신병리학(1901년 발행)》을 읽으면 착오 연구에 관한 많은 사례들을 발견하게 될 것이다.[10] 이러한 실례들은 언제나 같은 결론을 내리게 한다. 이는 여러분에게 실수 행위가 하나의 의미를 갖고 있음을 수긍시켜 줄 것이며, 또 어떻게 하면 실수 행위에 따르는 심리상태에서 그 의미를 찾아내 확인할 수 있는지도 가르쳐 줄 것이다. 그러나 오늘은 간단하게 말하기로 한다. 왜냐하면 우리가 이 현상을 연구한 것은 오직 정신분석의 입문에 이용하기 위해서이기 때문이다. 나는 여기서 두 종류의 관찰, 즉 여러 가지 착오가 겹쳐서 결합된 것과 나중에 일어나는 사건에 의해 그 해석이 확인되는 것만을 언급하겠다.

　여러 가지가 중첩되어 결합된 실수 행위의 경우는 확실히 착오의 가장 화려한 꽃이라 할 만하다. 실수 행위가 의미를 가지고 있음을 증명하는 일만이 문제라면 우리는 처음부터 이야기를 실수 행위에만 한정했을 것이다. 왜냐하면 그 의미는 둔감한 통찰력으로도 느낄 수 있으므로 저절로 비판적인 판단을 내릴 수 있기 때문이다. 실수 행위가 되풀이될 때는, 결코 우연이라고는 말할 수 없는 미리 의도된 듯한 집요함이 나타난다. 더욱이 여러 실수가 연달아 일어날 때는 그 실수 행위의 중요하고 본질적 요소가 무엇인지 밝혀지게 된다. 즉 실수 행위의 방식이나 이를 이용하는 수단이 아니라 오히려 실수 행위 그 자체를 통하여 목적을 이루려는 의도를 알 수 있다.

---

10) 마에더, 브릴, 존스, 슈테르케 등의 실례 참조.

나는 여기서 몇 번이나 되풀이된 망각의 한 예를 여러분에게 보여 주겠다. E. 존스[11]는 다음과 같이 말하고 있다. "언젠가 나는 편지를 스스로도 분명치 않은 동기에서 며칠 동안 서랍 안에 넣어 두었다. 그러나 마침내 결심하고 그것을 부쳤는데, 배달 불능이라는 쪽지가 붙어서 되돌아왔다. 왜냐하면 상대편 주소를 잊어버리고 쓰지 않았기 때문이다. 그래서 주소와 이름을 적어 우체국에 가져갔는데, 이번에는 우표를 깜박 잊고 붙이지 않았다. 그래서 결국 나는 이 편지를 아무래도 부칠 기분이 나지 않는다는 사실을 인정하지 않을 수 없었다."

또 다른 예는 착각과 두 곳 잊어버리기가 결합된 경우이다. 어떤 부인이 유명한 예술가인 자기 형부와 함께 로마를 여행했다. 두 사람은 로마에 사는 독일인들에게 매우 환영을 받았고, 형부는 오래된 고대 금메달을 선물로 받았다. 그런데 이 부인은 형부가 이 아름다운 메달에 도무지 관심이 없는 것이 마음에 걸렸다. 그러는 사이에 자기 언니가 왔으므로 먼저 귀국했다.

그런데 집에 돌아와서 짐을 풀어 보니 어찌 된 영문인지 그 메달이 자기 짐에 들어 있는 것이 아닌가. 부인은 곧 형부에게 편지를 써서 자기가 무심코 그 메달을 가지고 왔는데, 내일 로마로 우송하겠다고 알렸다. 그런데 그다음 날, 메달을 어디에 두었는지 찾을 수가 없어서 결국 보내지 못했다. 부인은 자기가 이렇게 멍청해진 것은 그 메달을 자기가 갖고 싶어 했기 때문이라는 것을 깨달았다(라이틀러).

나는 앞에서 망각과 착각이 결합된 예를 들었다. 즉 어느 청년이 처음에는 데이트 약속을 잊어버리고 다음에는 결코 잊어버리지 않겠노라 맹세했는데도 불구하고 약속 시간이 아닌 때 나갔다. 과학과 문학에 흥미를 갖고 있는 친구가 이와 비슷한 경험을 내게 말해 주었다.

몇 해 전에 나는 한 문학단체의 위원에 입후보하여 위촉되었네. 이 문학단체와 관계를 맺으면 언젠가 한 번은 틀림없이 내 연극 대본이 상연되도록 도움을 줄 것이라고 생각했기 때문이네. 그래서 흥미도 별로 없었지만 금요일마다 개최되는 회의에 꼭꼭 빠지지 않고 얼굴을 내밀었지. 두세 달 전에 드디어 내

---

11) 영국의 정신분석학자. 프로이트의 첫 제자.

연극대본이 F시의 극장에서 상연된다는 확약을 받았는데, 그때부터 나는 금요일마다 있는 그 회의에 참석하는 것을 잊어버리게 되더란 말이야. 이 문제에 관한 자네 저서를 읽었을 때 나는 내 망각의 이유를 깨닫고 얼굴이 붉어지더군. 내 목표가 달성되니까 그만 그 단체 사람들의 필요성을 느끼지 못해 나가지 않게 된 내 비열함이 부끄러워서 다음 금요일에는 꼭 잊어버리지 않고 나가겠다고 결심했지. 나는 몇 번이나 이 결심을 되새긴 다음 마침내 결심을 실행해서 회의가 열리는 회의실 문 앞에 섰지. 그런데 놀랍게도 그 문이 닫혀 있지 않겠나. 그 회의는 이미 끝난 뒤였네. 실은 날짜를 잘못 알고 있었던 거야. 그날은 토요일이었거든.

이와 같은 사례를 모으는 것은 매우 재미있는 일이지만 한 걸음 더 나아가보자. 나는 우리가 내린 해석이 훨씬 나중에 가서 입증되기를 기다려야 하는 실례를 한 가지 여러분에게 보여 주고 싶다.

이 실례의 중요 조건은 현재의 심리상태를 우리는 알 수 없거나 확인할 수 없다는 것이다. 따라서 이런 때 우리가 내리는 해석은 추측에 지나지 않으며 우리 자신도 별로 중요하게 생각하지 않는다. 그런데 나중에 가서 그때 내린 우리의 해석이 얼마나 올바른 것이었나 하는 것을 뒷받침해 줄 만한 사건이 일어난다. 전에 나는 갓 결혼한 젊은 부부의 집에 초대받은 적이 있었다. 그때 신부가 웃으면서 최근에 일어난 사건을 들려주었다. 이야기는 이러했다. 그녀가 신혼여행에서 돌아온 다음 날, 하나밖에 없는 여동생을 불러 남편이 회사에 가고 없는 사이에 처녀 시절처럼 여동생을 데리고 물건을 사러 나갔다. 그녀는 길 건너편에 한 신사가 걸어가는 것을 보고 갑자기 떠듬거리면서 여동생에게 "저봐, 저기 L 씨가 걸어가고 있어" 하고 소매를 끌었다. 그녀는 그 신사가 불과 2~3주 전에 자기 남편이 되었다는 것을 깜박 잊어버렸던 것이다. 이 이야기를 들었을 때 나는 온몸에 전율을 느꼈지만 더 파고 들어가서 분석하지는 않았다. 그 뒤 몇 해가 지나서 두 사람의 결혼생활이 불행한 결말을 가져왔다는 말을 듣고 나는 그 작은 사건을 떠올렸다.

마에더도 같은 이야기를 보고하고 있다. 한 여자가 결혼식 전날까지 웨딩드레스를 가봉해야 한다는 것을 까맣게 잊고 있었다. 그러다가 밤늦게서야 문득 깨닫고 재봉사를 찾아가 그녀를 크게 당황하게 만들었다. 마에더는 이 여자가 결혼한 지 얼마 안 되어 남편과 이혼했다는 사실과 이 망각과는 어떤 깊은 관계가 있다고 말하고 있다. 나는 남편과 헤어진 여성으로부터 실제로 이혼하기 몇 해 전부터 재산관리 서류에 자주 자기의 처녀 때 이름으로 서명하고 있었다는 이야기를 들었다. 또 어떤 부인은 신혼여행 중에 약혼반지를 잃어버렸다. 그리고 결혼생활을 하면서 우연히 일어난 분실 사건에도 의미가 있다는 것을 깨달았다는 말을 들었다.

그 결말이 불행은 아니지만 더욱 극단적인 실례가 있다. 독일의 어느 유명한 화학자에 대한 다음과 같은 이야기가 있다. 이 화학자는 결혼식 시간을 잊어버리고 교회에 가지 않고 실험실로 갔다. 그 때문에 결혼식은 엉망이 되었다. 그는 현명한 사람이었으므로 이 한 가지 사건으로 결혼을 단념하고 한평생 독신으로 살다 죽었다.

이러한 실례를 들은 여러분은 실수 행위가 고대인들이 예언하던 전조(前兆)를 대신하고 있음을 깨닫게 될 것이다. 그리고 실제로 고대인들이 말한 어떤 종류의 전조란 하나의 실수 행위에 지나지 않았던 것이다. 이를테면 넘어지거나 미끄러져 뒹굴거나 하는 것은 그 어떤 전조로 간주될 수 있다. 전조의 또 다른 특징은 주관적 행위라기보다 오히려 객관적 사건의 성질을 띠고 있다. 그러나 어떤 사건을 당했을 경우, 그것이 주관적인 종류에 속하는지 객관적인 종류에 속하는지를 결정하는 것은 매우 어려운 일이다. 행위라는 것은 흔히 객관적 사건의 가면을 쓰는 방법을 알고 있기 때문이다.

자기가 걸어온 긴 인생의 경험을 뒤돌아볼 수 있는 사람은 아마 다음과 같이 말할 것이다. 만일 인간끼리의 교제에 있어 조그마한 잘못이나 실수를 전조로 인정하고 모습을 나타내지 않는 숨은 의도의 표현으로 볼 만한 용기와 배짱을 아울러 가지고 있었더라면 많은 환멸과 쓰디쓴 불의의 충격은 피할 수 있었을 것이라고. 그러나 대개의 사람들은 그렇게 할 용기가 없다. 아니 과학이라는 길을 멀리 우회해서 다시 옛 그대로의 미신에 빠진다는 느낌이 든다. 전조가 다 반드시 들어맞는다고는 말할 수 없다. 그리고 이 이론은 전조가 반드시 다 들어맞을 리가 없다는 것을 납득시켜 줄 것이다.

네 번째 강의
착오—결론

　착오에는 하나의 의미가 있다는 사실을 이제까지 우리가 노력해서 얻은 성과로 삼고, 또 앞으로의 연구에 토대로 삼아도 좋겠다. 모든 착오에는 의미가 있다고 결코 주장하지 않을 것이며 또한 그럴 필요도 없겠지만, 그 중요성은 강조해 두고 싶다. 물론 내 주장이 확실하다고 생각하지만 착오의 여러 가지 형태에서 그러한 의미가 비교적 많이 발견된다는 것을 증명하는 것만으로도 충분하다. 그리고 이와 같은 여러 형태의 착오는 의미라는 관점에서 보면 많은 차이가 있다. 즉 잘못 말하기나 잘못 쓰기는 순전히 생리적인 근거로 발생할지도 모르지만 망각에서 비롯되는 착오의 종류(이름의 망각, 의도의 망각, 둔 곳 잊어버리기)는 그런 원인에서 일어난다고 볼 수 없다. 일부러 한 것이 아니라고 생각되는 분실의 경우도 상당히 많다. 일상생활에서 나타나는 착각(또는 과실)은 어느 부분까지만 우리의 견해를 적용할 수 있을 뿐이다. 우리의 연구가 실수 행위라는 것은 심리적 행위이며 두 가지 의도의 간섭으로 일어난다는 가설에서 출발하는 이상, 여러분은 이 적용 범위를 잊지 말기 바란다.

　이 가설이야말로 정신분석의 첫 성과이다. 이와 같이 두 가지 의도 사이의 간섭으로 일어난다는 것, 또한 그 간섭의 결과로 착오라는 현상이 나타날 가능성에 대해 이제까지의 심리학은 조금도 깨닫지 못했다. 우리는 정신현상의 영역을 광범위하게 확장하여 옛날에는 심리학 영역에 넣을 수 없었던 현상까지도 공략하여 심리학 속에 끌어들인 것이다.

　이제 잠깐, 착오 행위는 '정신활동'이라는 주장에 대해 생각해 보자. 그렇다면 앞에서 말한 착오 행위에는 의미가 있다는 주장 이상으로 무언가를 내포하고 있는 것일까? 나는 그렇다고 생각하지 않는다. 이 주장은 전에 말한 주장보다 한층 더 모호하며, 오해받기 쉽다. 사람은 정신활동에서 관찰할 수 있는 것을 모두 정신현상이라고 부른다. 그러나 다음의 것을 고려하지 않으면 안 된다. 바로 개별적인 정신현상은 직접 신체적, 기질적, 물질적 기관에 의존하는 것인가, 또는 다른 정신과정에 의존하는 것인가 하는 게 문제가 될 것이다. 하긴 정신과정도 그 배후에는 어느 면에서 기질적 작용의 연속에서 생겨난 것이기는 하지만 말이다. 우리가 어떤 현상을 정신과정이라고 부를 때는 후자의 경우를 말하는 것이다. 따라서 우리의 연구 결과를 '그 현상은 의미심장하다. 하나의 의미를 포함하고 있다'는 것으로 표현하는 것이 목적에 맞다. 요컨대 우리가 부르는 의미라는 것은 의의, 의도, 경향 또는 심적 연결 관계를 뜻하는 것이다.

착오현상과 비슷하지만 착오라고 이름을 붙이기엔 적당치 않은 현상들도 많이 있다. 우리는 이런 것들을 '우발적 행위' 또는 '증후적 행위'라고 부르고 있다. 이러한 행위는 실수 행위와 똑같이 얼핏 보기에 동기도 의미도 없고 별로 중요하지 않다는 특성을 가지고 있으며, 게다가 부수적이다. 이들 행위가 착오와 다른 점은 서로 간섭하고 방해하는 제3의 의도라는 게 없다는 것이다. 이들 행위는 우리가 정서 표현의 하나라고 간주하는 몸짓이나 동작과 뚜렷이 구별되지 않는다. 이를테면 무심코 옷을 만지작거리거나 신체 일부분을 움직이거나 주위에 있는 물건 같은 것을 만지작거리는, 얼른 보기에 목적 없는 행위는 모두 우발적 행위의 부류에 들어간다. 마찬가지로 그런 동작을 갑자기 중지하거나 콧노래를 흥얼거리는 것 등도 이 부류에 속한다. 그러나 이러한 현상들은 모두 의미가 있는 것으로서 착오의 경우와 같이 해석될 수 있으며, 또 다른 더 중요한 정신과정의 표현으로 나타나는 것이며, 이는 진정한 정신적 활동이라고 할 수 있다. 그러나 이러한 정신현상 분야를 확대시키는 일에 더 이상 관여하지 말고, 그보다는 정신분석에 있어 더 중요한 문제를 명백히 하기 위한 연구로 되돌아가기로 하자.

착오 행위의 연구에서 제기해 놓고 아직 해결되지 않은 가장 흥미로운 문제는 다음과 같다. 착오현상은 서로 다른 두 가지 의도가 간섭한 결과라고 말했다. 그 의도의 하나는 방해하는 것, 다른 하나는 방해받는 것이라고 했다. 그런데 방해받는 의도는 이제 문제될 게 없지만 방해하는 의도에 관해서 우리는 먼저, 다른 의도의 방해자로 나타나는 의도는 대체 어떤 의도인가, 그리고 방해하는 의도는 방해받는 의도에 대해 대체 어떤 태도를 취하는가 하는 두 가지 점을 알고 싶다.

착오 행위의 대표적인 예로써 다시 말의 실수를 택하기로 하자. 그리고 첫 번째 의문보다는 두 번째 의문부터 먼저 풀어 나가기로 하자.

말의 실수에서는 방해하는 의도가 방해받는 의도와 내용적 관계를 갖고 있다. 즉 방해하는 의도는 방해받는 의도에 대해 모순을 안고 있으며 그 수정 또는 보충의 의미를 내포하고 있다. 그런데 더 모호하고 흥미로운 경우는 방해하는 의도가 방해받는 의도와 내용상 아무 관계가 없을 때이다.

이 두 가지 관계 중에서, 전자에 대한 예증은 앞에서 말한 실례로 쉽게 발견할 수 있다. 말하려고 생각하던 것과 정반대의 말을 하는 말의 실수는 거의 모두 방해하는 의도가 방해받는 의도와는 반대로 되어 있다. 즉 이 경우의 착오는 서로 받아들이지 않으려는 두 의도의 갈등 표현인 것이다. "나는 의회의 개회를 선언하게 되어 있으나, 실은 빨리 폐회해 버리고 싶다"는 것이 그 의장의 실언에 포함되어 있는 의미이다. 어느 정치신문이 매수되었다는 비난을 받았다. 그 신문은 다음과 같이 해명하고자 했다.

"독자 여러분은 본지가 언제나 '사욕을 버리고(uneigennützigster Weise)' 다년간 대중의 복리를 대변해 왔음을 아실 것입니다." 그런데 해명문 기초를 맡은 편집자는 그만 '사욕을 가지고(in eigennüzigster Weise)'로 잘못 써 버렸다. 편집자는 "사욕을 버리고, 라고 써야 하지만, 자신이 알기로는 사실이 그렇지 않기 때문에"라는 생각을 하고 있었던 것이다.

또한 독일 황제에게 'rückhaltlos(거리낌 없이)' 진실을 말해 달라고 말하려던 한 국회의원은 자기의 대담함을 미안해하는 속마음 때문에 rückhaltlos를 그만 'rückgratlos(줏대 없이)'라고 잘못 말해 버렸다.[1]

이미 말한 압축과 생략의 인상을 주는 실례에서는 말의 실수의 중심이 수정, 추가, 또는 문제점이 계속되는데, 여기에는 제1의 의도와 나란히 제2의 의도가 작용하게 된다. "진상은 'vorschein(명백)'해졌다"라고 말하려 했으나, 사실대로 말하면 "그것은 'Schweinereien(음탕한 짓)'이었다"라는 생각이 작용하자 "사실은 'vorschwein'으로 되었다"라고 잘못 말하게 된 것이다. 또는 "정말로 그것을 이해

---

1) 1908년 11월의 독일 국회에서

하고 있는 사람은 이 다섯 손가락으로 헤아릴 정도밖에 없다. 아니, 정말로 이해하고 있는 사람은 단 한 사람 나밖에 없다." 그래서 "이 한 손가락으로 셀 수 있어"라고 잘못 말하게 된 것이다. 또 다른 예에서 "나의 남편은 '그가 좋아하는 것은 무엇이나 먹고 마셔도 좋다'라고 말한 경우도 또한 그렇다. 나는 그가 마음대로 이것저것 먹는 것은 참지 못한다. 그래서 "남편은 '내'가 좋아하는 것은 무엇이나 먹고 마신다"라고 잘못 말하게 된 것이다. 이러한 예를 보면 결국 말의 착오는 방해하는 의도 자체에서 직접 나왔거나, 또는 그 의도하는 내용과 밀접하게 관련되어 있다.

서로 간섭하는 두 의도의 관계가 이상과 같지 않을 때는 이상한 느낌을 줄 것이다. 만일 방해하는 의도가 방해받는 의도와 내용상 아무런 관련도 없다면 이 방해하는 의도는 대체 어디서 나왔을까? 또 어떻게 해서 꼭 그 자리에 방해자로 나타났을까? 이 경우를 관찰해 보면 다음과 같은 대답을 할 수 있다. 다시 말해 방해하는 의도는 그 본인이 잘못 말하기 바로 전에 뇌리를 차지하고 있던 사고의 흐름에서 나왔으며, 그 사고의 흐름이 대화 속에 이미 나타나느냐의 여부와 관계없이 말의 실수가 되어 나중까지 흔적을 나타내는 것이다. 그러므로 방해하는 의도는 후퇴발음이라고 해도 좋으나, 반드시 먼저 입으로 발음한 말의 후퇴발음은 아니다. 이런 경우에도 방해하는 의도와 방해받는 의도 사이에는 역시 연상관계가 있다. 그러나 그 연상은 내용상의 연결이 아니라 오히려 인위적으로 대개의 경우 매우 강제적인 연결 관계를 통해 맺어져 있다.

이것에 대해서는 내가 직접 관찰한 예를 말하겠다. 어느 날 나는 아름다운 돌로미텐산[2]을 여행하다가 빈에서 온 두 여인을 만났다. 이 두 여인은 여행복 차림을 하고 있었다. 나는 잠시 길동무가 되어 여행의 즐거움과 고생에 관해 이야기를 나누었다. 그 가운데 한 여인이 이렇게 하루를 보내면 불쾌해진다고 고백했다. "정말이에요. 온종일 햇빛을 쬐면서 걷는다는 것은 결코 즐겁지 않아요. 블라우스와 속옷이 땀에 흠뻑 젖어요." 이때 여인은 잠깐 말이 막히는 듯하더니 곧 계속했다. "하지만, 'hose(속바지)'로 돌아가서 옷을 말끔히 갈아입을 때는……." 나는 이 경우에 있어서 말의 실수를 분석하지는 않았지만 현명한

---

2) 오스트리아의 티롤에서 북이탈리아에 걸친 산맥.

여러분은 쉽게 그 뜻을 알 수 있을 것이다. 이 부인은 자기 주위에 있는 물건들을 일일이 열거하려고, 블라우스와 속옷, 그리고 이어서 속바지라고 말하고 싶었던 것이다. 그러나 숙녀의 예의상 'hose'를 입 밖에 내지 못하고 그만두었던 것이다. 그런데 그다음에 내용적으로 전혀 관계없는 문구 속에 입 밖에 내지 못했던 조금 전의 'hose'라는 말이 'haus(집)'이라는 비슷한 발음의 말로 왜곡되어 불쑥 나와 버린 것이다.

자, 그럼 우리가 오랫동안 보류해 왔던 본론으로 되돌아가자. 즉 어떤 의도가 궤도를 벗어나 다른 의도의 방해자가 되는가 하는 문제이다. 이 의도는 가지각색이지만 여기서 우리는 공통점을 찾아보자. 그러한 실례를 검토해 보면 쉽게 세 가지 종류로 분류할 수 있다.

제1군에는 다음의 실례가 해당된다. 방해하는 의도를 말하는 본인이 잘 의식할 뿐만 아니라 말의 실수 직전에 스스로도 실수를 느끼는 경우이다. 이를테면 'Vorschwein'과 같은 존재하지 않는 말을 했을 경우, 말하는 사람은 문제의 사건을 'Schweinerei(음탕한 짓)'이라고 평하고 싶었지만 입 밖에 낼 수는 없고, 그러고는 싶은 의도가 있었음을 보여 준다.

제2군에 적절한 것은 다음의 예이다. 말하는 사람은 방해하는 의도가 자기 마음에 존재하고 있다는 것은 인정하지만 잘못 말하기 직전에 마음속에서 작용하던 것이라고는 깨닫지 못하는 경우이다. 따라서 본인은 그 말의 실수에 대한 우리의 해석을 인정하지만 그것에 몹시 놀라게 된다. 이와 같은 심리상태는 말의 실수 경우보다 다른 착오 행위 쪽에 더 적절한 실례가 있다.

제3군은 방해하는 의도에 대한 해석을, 말을 실수한 본인이 극구 부정하는 경우이다. 본인은 그러한 의도가 잘못 말하기 직전에 자기 마음속에서 움직이고 있었다는 것을 부인할 뿐만 아니라, 그러한 의도는 자기와 전혀 관계가 없다고 주장한다. 한 연사가 "트림합시다"라고 실언한 예를 생각하면 된다. 그리고 내가 당사자에게서 그 방해하는 의도를 지적했을 때, 그가 무례하다고 극구 부인한 것이 생각날 것이다. 이런 사례에 대한 우리의 해석을 본인이 완전히 받아들일 수 없다는 것은 납득할 수 있는 일이다. 그러나 이 실언한 연사의 부인에 대해 개의치 않고 나는 내 해석이 옳다고 확신한다.

그러나 여러분은 이 연사가 분개하는 것을 차마 볼 수 없어서 "그런 경우의 말의 실수에서는 해석 같은 것을 내리지 말고 정신분석 이전의 견해로 단순히 생리적인 행위라고 인정해 주는 편이 좋지 않겠는가?" 하고 갈등하게 될 것이다. 나는 무엇이 그렇게 여러분을 혼란스럽게 하는지 짐작할 수 있다. 나의 해석은 다음의 가설에 근거하고 있다. 즉 이 사람에게 나타난 의도는 말하는 본인도 전혀 깨닫지 못하고 있지만 나는 간접증거로 그 의도의 존재를 추정할 수 있다는 가설이다. 이와 같이 매우 신기하고 중대한 결과를 낳는 가설에 대해서 여러분이 주저하게 되는 것은 당연한 일이다. 여러분의 기분은 나도 잘 알 수 있고 여러분이 그렇게 생각하는 것도 무리는 아니다. 그러나 다음 사실만은 확실히 말할 수 있다. 만일 여러분이 많은 실례로 입증된 착오 행위의 가설을 논리적으로 추궁해 나가려면 지금 제시된 가설을 인정해야만 한다는 것이다. 만일 여러분이 이 가설을 인정할 수 없다면 가까스로 서광이 비치기 시작한 착오에 관한 연구를 다시 중단하지 않으면 안 될 것이다.

이 세 가지 종류가 일치되는 점, 즉 말의 실수에 있어 세 가지 메커니즘의 공통점을 다시 논해 보자. 다행히도 이 공통점은 누구의 눈에도 쉽게 띈다. 제1군과 제2군에서는 방해하는 의도를 말하는 본인이 깨닫고 있다. 제1군에서는 방해하는 의도가 말의 실수 직전에 말하는 사람의 머릿속에 나타난 것이라고 덧붙일 수 있다. 그런데 두 종류에서는 이 방해하는 의도가 '억압되어' 있었다. '말하는 본인이 그 의도를 말로 나타내지 않겠다고 마음먹었지만, 그 의도가 그만 말의 실수 형태로 입 밖에 나와 버린 것이다. 다시 말해서 억압된 생각이 이야기하는 사람의 의지에 반하여 그 사람이 말하려고 생각하는 의도의 표현을 변경시킨다든가 표현과 혼합시킨다든가, 또는 오히려 그 표현을 대치하여 다른 말로 나타내는 것이다.' 이것이 말의 실수 메커니즘이다.

내 관점에 의하면 제3군의 과정도 방금 말한 메커니즘에 훌륭하게 일치시킬 수 있다. 억압 정도의 차이에 따라서 이 세 가지 종류가 생기는 것이라고 가정하기만 하면 된다. 제1군에서는 그 의도가 이미 존재해 있어 잘못 말하기 직전에 본인이 문득 깨닫는다. 그 의도를 안으로 밀어 넣자고 생각하는 순간에 말이 잘못되어 튀어나온 것이다. 제2군에서는 의도의 억제가 훨씬 앞으로 거슬러 올라간다. 그 의도는 이제 말하기 직전에는 의식되지 않는다. 그러나 놀라운 일이지만 이 의도는 잘못 말하기의 유인(誘因)으로서 역시 관여했던 것이다. 그리고 이 상태에 입각하면 제3군의 과정도 매우 쉽게 설명할 수 있다. 나는 대담하게 이렇게 가정하겠다. 즉 말하기 훨씬 전에 아마도 더 오래전에 억압되어 있어서 말한 사람 자신이 극구 부정할 수 있는 하나의 의도가 본인도 깨닫지 못하는 사이에 착오 행위나 실수 행위 속에 나타날 수 있는 것이라고. 그러나 여러분은 제3군을 제쳐 놓더라도 여러 경우의 관찰로 미루어 보아 '무언가 말하려는 의도를 의식적으로 억누르는 것이 말의 실수를 일으키는 불가결한 조건이다'라는 결론에 도달하지 않을 수 없을 것이다.

이번에야말로 우리는 착오 행위에 관한 이해에 큰 진전을 보았다고 주장해도 좋다. 착오 행위란 그 의미와 의도를 지닌 심리적 행위일 뿐만 아니라 두 가지의 서로 다른 의도의 간섭으로 일어난다는 것을 알았다. 즉 하나의 의도가 다른 것을 방해하는 의도로 나타나기 전에 그 자신이 먼저 방해받는다는 것이다. 물론 이것만으로 착오라고 불리는 현상을 완전히 설명했다고 할 수는 없다. 또 많은 의문이 생겨나고 그 의문을 설명하려고 하면 다시 새로운 의문이 샘솟는 것 같다. 이를테면 어째서 착오는 더 단순하게 설명되지 못할까 하는 의문도 갖게 된다. 어느 한 의도를 실현하는 대신 이것을 억누르는 의도가 있다면, 억제가 성공했을 때는 그 의도가 흔적도 없이 사라질 것이고 실패했을 때만 억눌린 의도가 나타나지 않을까 하는 의문도 생긴다. 그러나 그렇지 않다. 착오는 타협의 산물이다. 착오는 두 가지 의도 가운데 어느 쪽인가를 반은 성공시키고 반은 좌절시키는 것을 의미한다. 방해받은 의도가 모두 억제되지도 않고(어떤 경우를 제외하고는) 모두 발현되지도 않는다. 이와 같은 간섭, 또는 타협이 일어나려면 특별한 조건이 있을 것 같지만, 그 조건이 어떤 종류의 것인지는 지금까지 한 번도 추측할 수 없었다. 착오를 더욱 깊이 연구해 나간다 해서 이 조건을 발견할 수 있다고는 나도 믿지 않는다. 먼저 필요한 것은 착오와는 다른 정신생활, 즉 착오 이외의 연구되지 않은 영역을 탐구하는 일이다. 착오와 그 외의 정신생활 영역 가운데서 유사한 것에 착오를 규명하는 데 필요한 가설을 세울 수 있게 된다. 또 한 가지 문제는 우리가 정신분석에서 늘 다루고 있는 사소한 증후를 중요시하여 문제로 삼는 데에는 위험이 따른다는 것이다. '연합망상증'이라는 정신병이 있다. 이것은 사소한 증후가 무제한으로 확대되어 나타나는 병인데, 나도 이런 사소한 증후로 말미암아 단정에 이른 결론이 꼭 옳다고 주장할 생각은 없다. 우리의 관찰을 폭넓게 확대하여 정신생활의 다방면에 걸친 영역에서 비슷한 인상을 많이 모아야 비로소 이 위험을 면할 수 있다고 믿는다.

이것으로서 일단 착오 행위의 분석을 마치기로 한다. 그러나 한마디, 여러분에게 주의를 주고 싶다. 우리가 어떤 식으로 착오현상을 다루었나 하는 것을 정신분석의 표본으로서 똑똑히 머릿속에 새겨 두기 바란다. 지금까지의 실례를 통해 우리의 심리학이 가진 목표가 어떤 것인지 알았을 것이다. 우리는 단순히 현상을 설명하거나 분류하지 않고, 오히려 마음속에 숨겨진 힘이 작용하여 나타난 것으로, 또는 협력하고 반발하면서 어떤 목적을 향하여 움직이고 있는 여러 가지 의도의 표현으로서 현상을 바라보았다. 우리는 정신현상의 '역동적 개념'을 꾸준히 추구하려는 것이다. 우리의 이런 역동적인 해석에 비하면 의식에 포착된 현상은 단순히 가정된 것에 지나지 않는 것으로, 의도와 비교할 때 그 중요성이 떨어진다.

따라서 착오나 실수 행위를 더 깊이 연구할 생각은 없다. 그러나 이미 알고 있는 사실을 재확인하고 몇 가지 새로운 사실까지 찾아낼 수 있을 것이다. 이때 우리가 근거로 삼는 것은 처음에 열거한 세 가지 종류이다. 제1군은 말의 실수이며 여기에는 잘못 쓰기, 잘못 읽기, 잘못 듣기 등의 부차적인 형태도 포함된다. 제2군은 망각이다. 잊어버린 대상(이름·외국어·의도·인상)에 따라서 다시 세분할 수 있다. 제3군은 둔 곳 잊어버리기, 분실 등이다. 우리가 다루는 착각이라는 것은 일부는 망각, 일부는 바꿔 생각하기에 속한다.

말의 실수는 이미 상세하게 설명한 줄 알지만, 다시 두세 가지 사실을 덧붙여 두고 싶다. 말의 실수에는 조그마한 감정현상이 얽혀 있다. 이것은 흥미로운 현상이다. 일부러 잘못 말하려고 하는 사람은 없다. 자기의 실언은 잘 모르지만 남이 잘못 말하는 것은 절대로 놓치지 않는다. 또한 잘못 말하기에는 어느 의미에서는 전염성이 있다고 할 수 있다. 그러므로 스스로 실수를 하지 않고 그것을 운운하는 것은 쉬운 일이 아니다. 아주 하찮은 형식의 실수이므로 숨은 마음의 과정을 설명할 만한 이유가 되지 않는 것이라고 하더라도 그 동기를 설명하는 것은 그리 어려운 일이 아니다. 이를테면 누군가가 장모음(예를 들면 아아, 이이)을 어떤 동기로, 즉 그 단어에 끼어든 방해물 때문에 짧게 발음(이를테면 아, 이)했다면, 그 바로 뒤에 온 단모음을 길게 발음하여 잘못 말하기의 또 다른 과오를 저지른다. 즉 앞의 잘못을 보충하기 위해 다시금 잘못 발음하는 것이다. 이와 마찬가지로 이중모음을 분명치 않게 발음했다면, 예를 들어 eu(오이)나 oi(오이)를 ei(아이)로 발음했다면, 다음에 오는 ei(아이)를 eu(오이)나 oi(오이)로 바꾸어 보충하려고 한다. 이러한 태도 속에는 말하는 사람이 자기의 모국어 사용이 부정확하다는 인상을 주지 않으려는 의도가 결정적으로 작용하고 있는 것으로 생각된다. 즉 첫 번째 잘못 말하기를 보충하려는 두 번째의 왜곡에는 다음과 같은 뜻이 있다. 바로 처음의 실수에 대해 듣는 사람의 주의를 끌어서 말하는 나 자신도 잘못을 깨닫고 있다는 것을 듣는 사람에게 설득하려는 의도를 나타내고 있는 것이다. 가장 자주 일어나고 간단하며 사소한 말의 실수는 눈에 잘 띄지 않는 품사에 나타난 단축과 음의 선행 현상이다.

이를테면 긴 문장을 말할 때 자기가 의도한 말 중에 맨 끝에 올 말을 먼저해 버리는 경우이다. 이런 말실수는 그 문장을 빨리 말해 버리려는 초조감을 느끼게 하며, 이 문장을 말하는 것이나 말 전체에 대해서 어떤 저항을 갖고 있는 것이라고 해석할 수 있다. 여기서 우리는 말실수에 대한 정신분석적 견해와 생리학적 견해 사이의 차이점이 크지 않다는 생각에 도달한다. 이 경우에도 우리는 말의 의도를 방해하는 의도가 존재한다고 가정하고 싶지만 그러한 의도가 존재한다고 말할 수 있을 뿐, 그 의도가 무엇을 목적하고 있는지는 알 수 없다. 그 의도가 일으키는 방해는 어떤 발음의 영향으로 일어났거나, 또는 연상에 이끌려 일어난 것으로 이야기의 취지에서 주의력을 다른 곳으로 옮기려고 했기 때문이라고 간주해도 좋다. 그러나 주의력 상실이라든가 연상(聯想)이 일어나는 것은 사건의 본질을 해명하는 데 유효한 것이 아니라 말의 의도를 방해하는 의도가 존재한다는 것을 나타내는 데 지나지 않는다. 그러나 이번만은 방해하는 의도의 본질을 말을 실수할 때 나타나는 뚜렷한 경우에서처럼 분명히 찾아낼 수는 없다.

지금부터는 잘못 쓰기에 대한 이야기로 옮겨가 보자. 이 잘못 쓰기는 잘못 말하기와 메커니즘이 비슷하므로 새로운 것을 기대할 수 없을 것이다. 다만 잘못 쓰기의 연구는 지금까지의 지식에 작은 도움은 될 것이다. 누구에게나 볼 수 있는 사소한 잘못 쓰기, 생략, 뒷글자(특히 마지막 글자)를 앞에 쓰는 따위의 잘못은 일반적으로 글씨 쓰기의 귀찮음, 글씨를 다 쓸 때까지의 초조함 등을 나타내고 있다. 그것이 좀 더 두드러진 잘못 쓰기의 예라면 방해하는 의도의 성질과 목적을 알 수 있다. 편지 속에 잘못 쓴 것이 있을 때는 그 편지를 쓴 본인의 마음이 그즈음 혼란스러웠음을 나타내는 것이다. 그러나 무엇이 혼란을 일으켰는지 추정한다는 것은 상당히 어렵다. 잘못 쓰기도 잘못 말하기와 마찬가지로 이를 저지른 본인은 깨닫지 못하는 법이다. 다음의 관찰은 이상한 연관성을 갖게 된다. 자기가 쓴 편지를 언제나 봉하기 전에 다시 한번 읽어 보는 습관이 있는 사람이 있다. 또 읽어 보지 않고 바로 봉하는 사람도 있다. 편지를 다시 읽게 되면 사람들은 언제나 잘못 쓴 것을 발견하고 다시 고치게 된다. 이 사실은 어떻게 설명하면 좋을까? 이런 사람들은 편지를 쓸 때 잘못 썼다는 것을 의식하고 있었던 것 같지만, 이러한 사실을 우리가 믿을 수 있겠는가?

잘못 쓰기의 실제적 의의에 관한 흥미로운 문제가 하나 있다. 여러분은 아마 살인범 H의 사건을 기억할 것이다. 이 사람은 세균학자라고 자칭하면서 과학연구소에서 매우 위험한 배양균을 손에 넣어, 그 배양균으로 자기 주위 사람들을 가장 현대적인 방법으로 죽일 계획을 세웠다. 그러던 어느 날, 이 사나이는 자기가 가져온 배양균이 효력이 없다는 것을 알고 연구소 소장에게 항의하기 위해 한 통의 편지를 썼는데, 그때 무심코 잘못 써서 "내가 생쥐(Mäusen)와 모르모트(Meerschuseichen)로 실험했는데"라고 쓰는 대신, "내가 인간(Menschen)으로 실험했는데"라고 분명히 썼던 것이다. 이렇게 잘못 쓴 것은 연구소 의사들의 눈에도 띄었으나 내가 아는 의사들은 이 잘못 쓰기에서 아무런 추측도 하지 못했던 것 같다. 그렇다면 여러분은 이것을 어떻게 생각하는가? 여기서 의사들이 이 잘못 쓴 것을 일종의 자백으로 보고 수사를 개시했다면 이 살인 미수범을 즉각 검거할 수 있었을 것이다. 이 실례는 잘못에 대한 정신분석 이론이 실생활에 매우 중요한데도 세상 사람들의 무지 때문에 실제로 실수를 저질렀음을 보여 주는 것이 아닌가? 바로 그렇다. 나도 그런 잘못 쓰기를 검거의 증거로 삼기에는 상당 부분 미진한 점이 있다고 생각한다. 이 문제는 그렇게 간단하지 않다. 잘못 쓴 것은 확실히 증거물이 되지만 그런 잘못 쓰기만으로 수사를 시작하기에는 증거가 불충분한 것이다. 이 잘못 쓰기는 그 사나이가 사람에게 병원균을 감염시키겠다고 늘 생각하고 있었음을 증명하고는 있지만,

이 생각이 분명히 살인 계획에 해당하는가, 혹은 실생활에서는 아무 실현성이 없는 공상에 지나지 않는가 결정하기는 어렵다. 이 사나이가 주관적으로 타당한 이유를 들어 그 계획을 부인하고 그런 생각은 도저히 꿈에도 생각지 못한 것이라고 주장할 수도 있다. 나중에 심리적 실제와 물질적 실제의 차이를 살펴볼 때, 여러분은 이를 명백히 이해할 수 있을 것이다. 아무튼 이 이야기는 사소한 잘못이 훗날 생각지도 못한 의미를 갖게 된다는 실례가 된다.

잘못 읽기에서는 심리상태가 잘못 말하기나 잘못 쓰기와는 전혀 다르다. 잘못 읽기의 경우에는 서로 충돌하는 그 두 의도 가운데 하나가 감각적 흥분으로 바뀌기 때문에 저항이 약해진다. 읽는 행위는 쓰는 행위처럼 사람의 정신활동의 결과는 아니다. 따라서 대부분의 경우, 잘못 읽기의 특성은 완전한 대체형성이다. 읽어야 할 글자를 다른 글자로 대체하는 것이다. 그때는 원문과 잘못 읽는 문장 사이에 내용상으로 어떤 관련이 있는 게 아니고 다만 발음이 유사하다는 것뿐이다. 리히텐베르크가 'angenommen(가정하면)'을 'Agamemnon(아가멤논)'[3]으로 잘못 읽은 것이 좋은 실례이다. 만일 잘못 읽기를 일으키는 그 방해의도를 알고 싶다면 잘못 읽기가 어떤 심리상태에서 일어난 것인지 다음 두 문제에서 분석 연구를 시작하면 된다. 심리상태만 알면 저절로 잘못 읽기가 설명이 되는 경우도 있다. 이를테면 낯선 거리에서 어떤 사람이 오줌이 마려워 헤매다가 일층에 걸려 있는 커다란 글자로 쓴 간판을 'Klosethaus(화장실)'라고 읽었다. 그러나 그는 간판이 너무 높은 곳에 걸려 있는 것이 아무래도 이상하게 생각되어 정신을 차려서 다시 보니 그 간판의 글자가 실은 'Korsethaus(코르셋 상점)'이었음을 깨달았다.

원문 내용과는 전혀 관계가 없이 잘못 읽었을 경우는 특히 신중한 분석을 요구하는데, 이 분석은 정신분석 이론에 의하지 않고는, 즉 정신분석을 믿지 않고는 행하기 어렵다. 그러나 대개의 경우 잘못 읽기에 대한 해석과 설명은 비교적 쉽다. 마치 저 '아가멤논'의 예처럼 대체된 말은 혼란이 일어난 사고의 범위를 보여 준다. 이를테면 이번 전쟁(제1차 세계대전) 때 사람들은 늘 귀에 익숙한 도시 이름, 군사령관의 이름, 군대용어를 그것과 발음이 비슷한 말과 곧잘

---

3) 그리스 신화의 영웅 이름.

잘못 바꿔 읽는 습관이 붙게 되었다. 이와 같이 자기에게 흥미가 있거나 관심을 끈 것은 자기에게 관계가 없거나 아직 흥미를 주지 않는 다른 것을 대체한다. 관념의 잔상이 새로운 지각을 흐리게 하는 것이다.

또 읽어야 할 원문 자체가 방해하는 의도를 유발시켜 그 원문과 정반대의 뜻으로 전환되는 경우도 있다. 이런 종류의 잘못 읽기도 상당히 많다. 자기가 바라지 않는 것을 읽어야 할 경우와 그대로 읽고 싶지 않은 저항심리가 작용해 틀리게 읽게 된다는 것은 분석을 통해서 알 수 있다.

먼저 말한 잘못 읽기가 더 자주 일어나는 경우에도 착오 행위의 메커니즘에서 중요한 역할을 하고 있던 두 인자, 즉 두 의도의 갈등과 한쪽 의도의 억제는—이 의도는 착오를 일으켜 이를 보상하지만—그다지 눈에 띄지 않는다. 잘못 읽기에서도 사정이 전혀 다르다고는 할 수 없지만, 잘못 읽기를 일으키는 사고내용(思考內容)의 집착성(執着性)이 이것을 억제하는 것보다 훨씬 눈에 띄게 된다. 그러나 이 두 인자가 가장 눈에 잘 띄는 경우는 여러 착오 행위 중에서도 망각의 경우이다.

의도의 망각은 매우 뚜렷하기 때문에 그 해석은 문외한에게서도 항의를 받지 않을 것이다. 의도를 방해하는 것은 언제나 그것과는 반대의 의지, 즉 하고 싶지 않은 마음이다. 우리의 의문은 '그렇다면 어째서 이 반대의지가 더 분명하게 다른 표현으로 나타나지 않는가' 하는 점이다. 그러나 반대의지가 있다는 것은 의심할 여지가 없다. 이 반대의지를 꼭 숨겨야만 하는 동기를 어느 정도 추측할 수도 있다. 반대의지는 실수 행위를 통해서 은근히 그 목적을 달성한다. 만일 그것이 공공연하게 반대를 주장한다면 거절당할 것이 틀림없기 때문이다. 의도와 그 실행 사이에서 심리상태에 중대한 변화가 일어나 의도의 실행이 문제되지 않았을 때는 의도를 망각하더라도 그것은 착오의 범주에 들지 않는다. 누구도 그것을 의심치 않으며 새삼 그 의도를 상기하는 것은 실없는 일이라고 생각된다. 그렇게 하여 이 의도는 영구적으로 혹은 일시적으로 제거된다. 따라서 의도의 망각이 중간에서 제거되지 않고 남아 있는 경우에만 착오 행위라고 부르게 되는 것이다.

일반적으로 의도의 망각은 매우 평범하고 그 의미가 분명하므로 연구해 봐야 그다지 흥미로운 게 못 된다. 그러나 이와 같은 착오 행위를 연구하면 두 가지 점에서 어떤 새로운 사실을 배울 수 있게 된다. 이미 말한 것처럼 망각, 즉 어떤 의도를 실행하지 않는 것은 그 의도에 도전하는 '반대의지'가 있음을 나타낸다. 이는 틀림없는 사실이다. 그런데 반대의지는 우리의 연구 결과에 의하면 직접적 반대의지와 간접적 반대의지, 즉 두 가지로 구별된다. 간접적 반대의지가 무엇인지는 다음의 한두 가지 예로 잘 알 수 있다. 후원자가 자기의 피후원자를 제삼자에게 추천하는 것을 잊었을 경우는 간접적 반대의지라고 할 수 있다. 왜냐하면 후원자는 실은 자기의 피후원자에게 별로 관심이 없어서 추천할 마음이 썩 내키지 않았기 때문이다. 피후원자는 후원자의 망각을 언제나 이런 뜻으로 해석할 것이다. 그러나 문제는 더 복잡할지도 모른다. 이 후원자의 경우, 의도의 수행을 거역하는 반대의지가 전혀 다른 원인에서 비롯되고 전혀 다른 방향으로 나타날 수도 있다. 반대의지가 피후원자와는 전혀 무관하게 오히려 추천을 받아들일 제삼자에 있을 수도 있다. 따라서 정신분석의 해석을 실제로 응용하는 데 신중함이 필요하다는 것을 알아야 한다. 망각을 아무리 올바르게 해석한다 해도 피후원자는 믿지 못하고 후원자에게 아주 무례한 행동을 할 우려가 있다.

또 하나의 예로 한 젊은이가 어떤 여성과의 데이트 약속을 잊었다면, 가장 평범한 이유는 그 여성과 만나고 싶지 않았다는 점일 것이다. 그러나 이 경우 깊이 분석해 들어가면 방해하는 의도가 그 여성에게 있지 않고 데이트 약속 장소에 있음을 증명하게 될지도 모른다. 그 장소에 얽힌 어떤 괴로운 추억이 그 장소로 그의 발걸음을 옮겨 놓지 못하게 했을 수도 있다.

세 번째 예로 어떤 사람이 편지 부치는 것을 잊었다고 하자. 그때 반대의지는 그 편지의 내용에 있을 수 있다. 그러나 때로는 그 편지 자체에는 문제가 없고 편지 사연 가운데 어떤 것이 훨씬 전에 썼던 어떤 편지를 생각나게 하여, 그 옛날 편지가 반대의지의 직접적 근거가 된 것임이 뚜렷한 경우도 있다. 이때의 반대의지는 정당한 이유가 있었던 과거의 편지에서 아무런 이유 없이 현재의 편지로 전가되었다고 말할 수 있다. 따라서 그러므로 여러분은 우리가 옳다고 생각한 해석을 적용할 때라도 가감을 해서 신중한 태도로 임하지 않으면 안 된다. 심리학적으로 보면 동일한 가치의 것이라도 실제로 적용하게 될 경우엔 매우 다양한 의미를 띠게 되는 것이다.

이러한 현상이 여러분에게는 매우 기묘하게 보일 것이다. 여러분은 '간접적' 반대의지의 과정은 이미 그 사건이 병적임을 나타내는 것이라고 주장할지 모른다. 그러나 나는 그러한 반대의지는 정상적인 것이며 건강한 상태에서도 나타난다고 확신하고 있다. 내가 말하는 뜻을 오해해서는 안 된다. 이렇게 말했다고 해서 우리의 분석적 해석이 근거가 없다는 것은 아니다. 의도의 망각에는 수많은 의미가 포함되어 있다고 말했는데, 이것은 그 한 실례를 분석하지 않고 우리의 일반적 가설을 전제하여 해석하는 경우에만 다의성이 있다고 말할 수 있는 것이다. 그러나 우리가 그 본인에 대해 분석한다면 그 망각이 언제나 직접적 반대의지인지, 또는 다른 곳에서 유래한 간접적 반대의지인지 뚜렷이 알게 될 것이다.

두 번째로는 다음과 같이 말할 수 있다. 의도의 망각이 하나의 반대의지에서 일어난다는 것이 여러 경우에서 증명되었기 때문에, 피분석자가 우리가 제시하는 반대의지의 존재를 인정하지 않고 아예 부정해 버린다 하더라도 이 해석을 확대 적용할 수 있다는 것이다.

그 예로 매우 자주 일어나는 사건을 들어보자. 빌린 책을 돌려주는 것을 잊어버리거나, 대금이나 빚의 지불을 잊은 경우 등을 들 수 있다. 그런 사람은 책을 자기 것으로 만든다든가 빚을 떼어먹겠다는 의도를 가졌다고 대담하게 말할 수도 있다. 이런 억측을 받은 당사자는 그러한 의도를 부정하겠지만 자기행위에 대해서 다른 해명은 하지 못한다. 그래서 우리는 "당신은 그런 의도를 가지고 있는 것이오. 다만 당신이 그것을 깨닫지 못할 뿐이오"라고 말해 줄 수 있다. 그런 당신의 의도가 망각이라는 작용을 통해 본성을 드러낸 것이라고 말해주면, 당사자는 잠깐 잊었을 뿐이라고 말할는지 모른다. 그러면 여러분은 그런 상황이 이미 전에 한 번 처했던 상황과 같다고 생각하게 될 것이다.

착오에 대한 우리의 해석이 옳다는 것은 종종 실증되었지만 이 해석을 일관성 있게 밀고 나가려면 인간에게는 아무래도 본인이 의식하지 못하는 여러 가지 의도가 작용하고 있다고 가정하지 않을 수 없게 된다. 그러나 이런 가정 때문에 우리가 실생활이나 심리학을 지배하고 있는 모든 견해에 반대하는 입장을 취하게 되는 것이다.

고유명사나 외국 이름, 그리고 외래어 낱말을 망각하는 것도 마찬가지로 그 이름에 직접 또는 간접으로 작용하는 하나의 반대의도 때문이다. 그것에 대하여 직접 작용하는 반감에 대해서는 이미 많은 예를 소개했다. 그러나 대부분의 경우에는 간접적 유인(誘因) 쪽이 특히 많이 존재하고 있으며, 간접이라고 추정하려면 신중한 분석을 충분히 해야 한다.

이를테면 우리가 이제까지 누린 즐거움을 순식간에 빼앗아 버린 이번 전쟁(제1차 세계대전) 때는 매우 이상한 연상 때문에 고유명사를 자유롭게 떠올리는 능력이 손상되어 버렸다. 최근 나는 모라비아 지방[4]의 도시 빈센츠의 이름이 아무리 해도 생각나지 않았다. 분석해 본 결과 나는 이 도시에 직접적인 적의는 품지 않았지만, 옛날 자주 즐거운 시간을 보낸 오르비에토[5]의 비센지 궁전과 이름이 비슷했기 때문이라는 것을 알았다.

이름을 떠올리는 데 반항하는 의도의 동기로서, 여기에 비로소 하나의 원칙이 제시된다(이 원리는 나중에 노이로제 증상을 일으키는 데 중대한 의의를 갖고 있음을 알게 될 것이다). 즉 어떤 일이 불쾌한 감정과 연결되어 있으면 그것을 떠올릴 때 불쾌감이 되살아나므로 그 기억을 좋아하지 않는다는 원리이다. 회상 또는 다른 심리행위에서 오는 불쾌감을 쫓아 버리려는 이 의도는 불쾌감으로부터의 심리적 도피이며, 우리는 이름의 망각뿐 아니라 태만, 오해 등과 같은 많은 실수 행위에 대해서 이를 궁극적이고 유효한 동기로 인정해도 좋을 것이다.

그러나 이름의 망각은 정신 생리적으로 가장 쉽게 일어나는 것 같다. 따라서 불쾌감이라는 동기가 섞여 있지 않아도 이름의 망각은 일어난다. 이를테면 쉽게 이름을 잊어버리는 사람이 있다고 할 때, 그 사람을 분석해 보면 여러분은 그가 이름을 잘 잊어버리는 것은 그 이름 자체를 싫어한다든가 그 이름이 어떤 불쾌한 것을 회상시킬 뿐만 아니라, 그와 밀접한 관계가 있는 다른 연상 영역에 속해 있기 때문이라는 것도 확인할 수 있다. 그 이름은 말하자면 그 연상 영역에 뿌리를 내리고 순간순간 일어나려고 하는 다른 연상들을 붙들어 놓고 있는 것이다. 여러분이 기억술의 재주를 떠올린다면 여기에서는 이름을 잊어버리지 않으려고 일부러 만든 다른 이름과 연결지음으로써 오히려 잊지 않으려던 이름을 잊어버리게 된다는 사실을 알게 될 것이다.

---

4) 그 무렵은 오스트리아의 왕실령이었으나, 지금은 체코의 한 주.
5) 중부 이탈리아의 도시.

이것을 가장 잘 가르쳐 주고 있는 것이 사람의 이름이다. 이름은 분명히 사람에 따라 전혀 다른 심리적 가치를 가지고 있기 때문이다. 이를테면 테오도르라는 이름을 예로 들어 보자. 테오도르는 여러분 가운데 어떤 사람들에게는 특별한 의미가 없겠지만, 어떤 사람들에게는 아버지, 형제, 친구, 또는 자신의 이름일 수도 있다. 분석 결과 전자의 경우는 알지 못하는 사람의 이름을 잊어버릴 염려가 없지만, 후자는 자기와 밀접한 관계가 있는 것으로 여겨지는 이름을 남에게 적용하고 싶어 하지 않는다. 이런 연상에 의한 억제작용이 불쾌원리의 작용과 일치하고, 또 간접적 메커니즘과도 일치한다고 가정한다면, 여러분은 하찮은 이름의 일시적인 망각이라도 그 원인이 얼마나 복잡한 것인지 뚜렷이 알게 될 것이다. 그러나 사실을 옳게 가려내는 적절한 분석만이 이러한 복잡성을 완전히 풀어 줄 것이다.

인상(印象)이나 체험의 망각은 이름의 망각보다 더 뚜렷하게 불쾌감을 기억에서 멀리하고자 하는 의도가 작용한다. 물론 이것이 다 실수 행위는 아니다. 그러나 평소보다 잊어버리는 것이 두드러질 때나 부당하게 여겨질 때, 즉 최근의 생생한 인상이나 중요한 인상을 잊어버렸을 경우라든가, 보통 때 같으면 잘 생각나는 기억의 연결 체계 가운데 이가 빠져 있는 경우는 실수 행위에 속한다. 그러나 확실히 우리에게 깊은 인상을 남긴 체험, 이를테면 어린 시절에 일어난 사건이 잊히지 않는다는 것은 이와는 전혀 다른 문제이다. 그러나 이 경우에도 불쾌한 것에 대한 방어가 중요한 역할을 하는데, 이것만으로는 설명이 충분하다고 할 수 없다. 불쾌한 인상을 잊어버리기 쉬운 것은 의문의 여지가 없는 사실이다. 심리학자들도 이를 인정하고 있고 위대한 다윈도 이 사실을 잘 알고 자기의 학설에 불리하게 생각되는 관찰을 특히 신중하게 메모해 두는 것을 '황금률'로 삼았다. 왜냐하면 그는 그러한 관찰이야말로 기억에 잘 남지 않는다는 것을 확실히 알고 있었기 때문이다.

불쾌한 기억을 잊어버림으로써 방어한다는 이 원리를 처음 들은 사람은 반드시 이렇게 항의한다. "그렇지 않습니다. 내 경험으로 미루어 보면 잊는다는 것이야말로 고통스러운 것입니다. 고통스러운 일이야말로 잊기 어려운 것입니다. 이를테면 경멸당했거나 모욕당한 기억은 내 의지를 어기고 언제나 되살아나서 나를 괴롭히거든요." 과연 그렇다. 그러나 이 항의는 과녁에서 빗나가 있다. 정신생활이란 대립하는 의도의 전쟁터이며 투기장이고, 역학적(力學的)이 아닌 표현을 쓴다면 정신생활은 서로 상반되는 대립물로 성립되어 있다는 사실을 직시하는 것이 중요하다. 어떤 의도의 존재를 증명했더라도 그에 대립하는 의도를 도외시한다면 아무 소용이 없다. 즉 정신에는 두 의도가 공존할 수 있는 것이다. 다만 문제가 되는 것은 대립하는 두 의도의 관계, 즉 한쪽 의도는 어떤 작용을 하고, 다른 한쪽 의도는 어떤 작용을 주느냐 하는 것이다.

물건의 분실이나 둔 곳 잊어버리기는 다양한 의미를 지니고 있기 때문에 특히 흥미롭다. 모든 경우에 공통되는 점은 어떤 물건을 잃어버리고 싶다는 소망이다. 그러나 어떤 이유에서, 또 어떤 목적으로 잃어버리고 싶은가는 저마다의 경우에 따라 달라진다. 그 물건이 낡았을 때, 더 좋은 것과 바꾸고 싶을 때, 그 물건이 싫어졌을 때나 사이가 나빠진 사람의 선물이었을 때, 생각하고 싶지 않은 상황 아래에서 손에 넣었을 때, 비로소 그 물건을 잃어버린다. 또 떨어뜨린다든가 상하게 한다든가 부순다든가 하는 데에도 같은 목적이 작용하고 있다. 사회생활 경험에서 우리는 사생아가 합법적인 결혼으로 태어난 아이보다 훨씬 허약하다는 것을 알고 있다. 그런 어린아이가 허약한 것은 양부모의 육아법이 전적으로 나쁜 탓이라고 말할 수는 없다. 육아의 보살핌에 소홀한 점이 조금 있었다는 것만으로도 얼마든지 설명이 된다. 물건을 보존하는 것도 어린아이를 보호하는 것과 같다는 말을 할 수 있는 것이다.

그리고 또 물건이 그 가치를 조금도 잃지 않고 분실되는 운명을 갖는 경우도 있는데, 이는 다른 두려운 손실을 막기 위해 어떤 물건을 운명의 희생으로 바치려는 의도가 있을 때이다. 분석의(分析醫)의 설명에 의하면, 우리 주위에는 이와 같은 자발적 의도의 분실이 자주 일어난다. 따라서 분실은 말하자면 우리가 바라던 희생인 것이다. 한편 반항과 자책 때문에 분실이 일어나는 일도 있다. 요컨대 분실로 물건을 멀리하고자 하는 의도 뒤에 숨어 있는 동기를 꿰뚫어 보는 것은 쉬운 일이 아니다.

다른 잘못과 마찬가지로 바꿔 생각하기도 단념해야 할 소망을 채우기 위해서 잘 이용된다. 이 경우 의도는 다행히도 우연이라는 가면을 쓰고 있다. 내 친구의 말에 의하면 그는 몹시 싫었지만 하는 수 없이 기차를 타고 교외에 가야 할 경우가 있었다. 그런데 바꾸어 탈 역에서 열차를 잘못 갈아타서 그만 출발

역으로 되돌아가 버렸다. 또 한 예에서는 어떤 사람이 여행 도중에 어느 역에서 내려 잠시 머물고 싶었으나, 부득이한 용무로 그런 여유를 누릴 수 없게 되었다. 그런데 그는 열차 시간을 잘못 알았기 때문에 열차를 놓쳐서 원하던 대로 머무르지 않을 수 없게 되었다. 또 다른 예에서는(이것은 내 환자의 이야기지만) 내가 그 환자에게 애인을 전화로 불러서는 안 된다고 미리 일러두었다. 그런데 이 환자는 내게 전화를 걸려고 생각했는데 잘못하여, 아니 그만 무심코 다른 번호를 댔기 때문에 전화는 뜻밖에도 그 애인 집으로 연결되어 버렸다.

어느 기사가 관찰한 물품 파손 사건에 대한 다음과 같은 이야기는 실생활에도 적용되는, 직접적인 바꿔 생각하기의 훌륭한 실례이다.

며칠 전부터 나는 동료 몇 사람과 함께 대학 실험실에서 탄성에 관한 복잡한 실험을 하고 있었다. 이 연구는 우리 마음대로 선택한 것인데, 막상 시작해 보니 예상보다도 많은 시간이 걸렸다. 어느 날, 내가 동료 F군과 함께 실험실에 들어갔을 때, F군은 "실은 집에 산더미처럼 할 일이 쌓여 있는데, 실험 때문에 오늘 하루를 소비하게 되다니 아무리 생각해 해도 참을 수 없다"고 투덜거렸다. 나도 그를 동정하지 않을 수 없었다. 그리고 그는 반농담조로 꼭 일주일 전에 일어난 우연한 사건 하나를 암시하면서 "다시 한번 기계가 고장나면 실험을 중지하고 빨리 집에 갈 수 있을 텐데" 하고 말했다. 실험의 담당을 정하게 되어, F군은 신중하게 밸브를 열고 탱크에서 천천히 액체를 수압이 걸려 있는 압축기의 원통으로 흘려보냈다. 실험 주임이 압력계를 바라보면서 압력이 일정한 점에 이르렀을 때, 큰 소리로 "됐어!" 하고 외쳤다. 그런데 이 명령을 들은 F군은 밸브를 쥐더니 힘껏 왼쪽으로(어떤 밸브나 조일 때는 오른쪽으로 돌리게 되어 있는데) 돌렸다. 그 결과 탱크의 모든 압력이 갑자기 압축기에 작용하여(연결 장치는 이 압력에 견뎌 낼 만큼 단단하지 않았으므로) 순식간에 연결관이 파열해 버렸다. 정말 대수롭지 않은 파손이었지만 우리는 그날의 연구를 중지하고 집으로 돌아가야 했다. 아울러 특기할 만한 것은 그 뒤 얼마 안 되어 우리가 이 사건을 이야기하고 있을 때, F군은 나도 똑똑히 기억하는 그 농담을 전혀 기억하지 못하더라는 것이다.

이 말을 들은 여러분은 고용인이 주인의 물건을 부수기 쉬운 것은 단순한 우연만은 아니라고 여길지 모른다. 또 몸에 상처를 입거나 자기가 위험에 처했을 때 그것도 우연인지 아닌지 의문을 가질지도 모른다. 이것은 기회 있을 때마다 여러분이 자신을 관찰 분석해서 연구해 주기 바란다.

착오나 실수 행위에 대한 연구가 이것으로 다한 것은 아니다. 연구하고 토의할 일들이 아직도 산더미처럼 남아 있다. 그러나 지금까지 한 내 이야기를 듣고 여러분의 마음을 차지하고 있던 이제까지의 사고방식을 바꿔 이 학설을 받아들일 준비가 되었다면, 나는 그것으로서 만족이다. 아무튼 많은 문제를 다 설명하지 못하고 이야기를 중단하는 것은 아쉬운 일이다. 그러나 우리는 착오나 실수 행위의 연구로 우리의 이론을 모두 설명할 수도 없고, 이 자료에 의해서 얻은 증명에만 의지하고 있는 것도 아니다. 우리의 목적에 비추어 착오나 실수 행위가 매우 가치 있는 것은 이 현상이 매우 자주 일어난다는 것, 스스로 관찰할 수 있다는 것, 절대로 병에서 오는 것이 아니라는 점이다. 결론으로 여러분에게 아직 대답해 주지 않은 의문을 하나 말하겠다. 그 의문은 이것이었다.

"우리가 많은 실례에서 본 것처럼 만일 사람들이 착오 행위에 대한 지식에 정통하고 마치 착오의 의미를 통찰한 것처럼 행동한다면, 그들은 모두 이것을 우연이지 뜻이나 의지를 가진 것은 아니라고 주장하면서 착오에 대한 정신분석적 해석을 강력히 반대하지 않겠습니까?"

그렇다. 실제로 이것은 중요한 일이며 설명을 필요로 하는 일이다. 그러나 여러분에게 그 설명을 하지는 않겠다. 오히려 여러분이 나의 도움 없이 스스로 설명을 해낼 수 있도록 서서히 이끌어가겠다.

다섯 번째 강의
분석의 어려움과 시도

언젠가 어느 학자가 노이로제 환자의 증상에는 어떤 의미가 담겨 있다는 것을 발견했다. 정신분석의 치료법은 이 발견에서 비롯된다.[1] 이 치료 중에 환자는 증세 대신 꿈을 이야기하는 일이 있었다. 그래서 이런 꿈에도 어떤 의미가 있지 않을까 추측하게 되었다. 그러므로 이젠 우리의 역사를 꿈에서 시작하여 거꾸로 더듬어 가보자. 다시 말해 꿈의 의미를 규명함으로써 노이로제 연구의 기초 작업을 하게 되는 것이다. 꿈 연구는 노이로제 연구에 가장 좋은 준비 작업일 뿐만 아니라 꿈 자체가 노이로제 증상을 표현해 주며, 꿈은 건강한 모든 사람에게도 나타나기 때문이다. 만일 누구나 다 건강한 사람으로서 꿈만 꾼 것이라면 지금까지 노이로제 연구에서 얻은 지식을 모두 이 꿈에서 얻을 수도 있을 것이다.

그러므로 꿈은 정신분석의 연구대상이 된다. 우리는 이제 착오현상과 마찬가지로 흔하고 대수롭지 않은, 얼른 보기에 실용 가치가 없고 건강한 사람에게도 나타난다는 점에서 착오와 공통점을 가진 '꿈'이라는 현상을 다루게 되었다. 그런데 이번 연구 조건은 앞서 착오에 관한 연구의 경우보다 불리하다. 착오 행위는 과학적으로 무시당하고 있었을 뿐, 사람들은 이 문제에 그다지 주의를 기울이지 않으므로 착오를 연구했다고 해서 수치가 되지는 않았다. "그야 이 세상에는 더 중요한 일이 있지만, 그런 착오라도 연구한다면 무슨 결과라도 얻을 수 있겠지" 하고 사람들은 말했다. 그런데 꿈을 연구한다는 것은 실용성도 없는 쓸모없는 일일뿐더러 비난조차 받을 일이다. 꿈을 연구하는 것은 비과학적이라는 오명을 얻을 뿐만 아니라 신비주의적 경향이 있다는 의혹까지 받게 된

---

1) 요제프 브로이어가 1880~1882년에 발견했다. 프로이트가 1909년에 미국에서 행한 정신분석 강의 참조.

다. "신경병리학이나 정신의학에는 더 절실한 문제가 있지 않은가? 바로 정신 생활의 기관을 압박하는 사과만 한 크기의 종양, 뇌일혈, 현미경으로 조직 변화를 볼 수 있는 만성염증 등이 그것이다. 그러니 그만두어라. 의사란 자기 꿈 따위에 몰두하고 있어서는 안 된다. 꿈 따위는 이것에 비하면 아주 보잘것없고 연구할 만한 가치도 없는 것이다." 이런 말을 곧잘 듣곤 한다.

게다가 꿈의 성질만 하더라도 꿈의 구조 자체가 과학적 연구에 필요한 모든 요건에 위배된다. 꿈에 대한 연구에서는 연구대상조차 불확실하다. 이를테면 망상(妄想)은 일정한 윤곽을 가지고 분명하게 나타난다. "나는 중국 황제다!" 망상에 사로잡힌 환자는 이렇게 큰 소리로 외친다. 그런데 꿈은 어떠한가? 대개 꿈이란 남에게 말할 수가 없다. 어떤 사람이 자기가 실제로 꾼 꿈을 이야기할 때, 자기는 본 그대로 말했고 이야기 중에 말을 바꾸지 않았으며 기억이 모호해서 부득이 지어낸 것은 아님을 보장할 수 있겠는가? 대개의 꿈은 일반적으로 기억해 낼 수 없으며 조그마한 단편(斷片)까지 잊어버린다. 그러므로 이러한 재료를 해석하는 것이 과학적 심리학이나 환자의 치료에 기초가 되겠는가?

이런 종류의 과장된 비판을 진실로 받아들인다면 우리는 마땅히 회의에 빠지고 만다. 그러나 꿈을 연구대상으로 하는 데 대한 이런 항의는 분명히 극단적이다. 이미 우리는 착오의 경우에서 하찮은 것들을 다루었다. 우리는 중대한 사건은 조그마한 전조(前兆)밖에 나타내지 않는 수가 있음을 말해 두었다. 꿈이 불확실하다는 것은 바로 꿈의 다른 특징들(이에 대해서는 아무것도 말할 수가 없지만)과 마찬가지로 꿈의 한 특징이다. 한편 정신의학적 연구의 대상 중에는 일정한 윤곽을 갖춘 뚜렷한 꿈도 있고 모호한 성질을 가진 것도 있다. 이를테면 강박관념의 많은 실례가 그렇다. 존경할 만한 뛰어난 정신의학자들은 이와 같은 것에 몰두하고 있다. 여기서 나는 한 여자 환자가 다음과 같은 말로 내게 자기의 병을 호소해 왔던 사례를 소개한다.

"나는 무언가를……, 어린애인가 봐요…… 아냐, 개인지도 몰라요…… 무언가 짐승에게, 상처를 입히려는 마음이 들어요. 아마 다리에서 밀었는지……, 아냐, 그것도 아닌지……잘 모르겠어요……"

꿈을 꾼 사람은 이미 꿈을 잊어버렸을지도 모르고 기억 속에서 변형시켰을지도 모른다는 의심을 품지 않고 그 사람이 들려주는 꿈이 사실이라는 것만 보장할 수 있다면, 꿈에 대한 기억은 확실하지 않다는 비난을 면할 수 있을 것이다. 흔히 꿈 따위는 부질없는 것이라 말하지만 이제는 그렇게 주장할 수도 없게 될 것이다. 우리는 꿈에서 깼을 때의 기분이 그날 온종일 지속되는 수가 있다는 것을 저마다의 경험으로 알고 있다.

또 의사는 어떤 정신병이 꿈과 더불어 발병하여 그 꿈에서 오는 망상을 수반한다는 증상의 예를 보고하고 있으며, 또 역사상의 인물은 꿈에서 중대한 암시를 얻었다는 이야기도 전해진다.

그러면 과학의 세계에서는 왜 꿈이 경시되고 있는지 알아보자.

나는 그것이 옛날에 꿈을 너무 중시한 경향의 반동이라고 생각한다. 과거를 되살려 낸다는 것은 확실히 쉬운 일이 아니나(잡담 같아서 미안하지만), 3천 년 전 또는 보다 더 오랜 옛날의 우리 조상들도 현재 우리가 꾸고 있는 것과 마찬가지로 꿈을 꾸었을 것이 틀림없다. 우리가 아는 한, 고대 사람들은 모두 꿈에 커다란 의의를 부여하고 실제적인 이용가치가 있다고 생각했다. 그들은 꿈에서 미래의 예시를 찾고 미래의 전조를 점치려고 했다. 그리스인이나 동양인들은 마치 오늘날의 정찰기처럼 해몽가를 대동하지 않고는 행군하지 못했다. 알렉산더 대왕도 원정을 계획할 때는 언제나 일류 해몽가를 데리고 있었다. 그 당시에는 섬이었던 티루스시[2]의 저항이 완강했으므로 대왕은 포위를 단념할까 생각했다. 그러던 어느 날 밤, 대왕은 사티로스 신[3]이 승리에 취하여 미친 듯이 춤추는 꿈을 꾸었다. 그래서 대왕은 이 꿈을 해몽가에게 알렸더니 그것은 바로 대왕이 티루스시를 함락하게 되는 전조(前兆)라고 대답했다. 그래서 대왕은 다시 공격을 명령하여 거뜬히 티루스를 점령할 수 있었다. 에트루리아인이나 로마인 사이에는 미래를 점치는 데 다른 방법이 쓰이고 있었지만, 해몽은 그리스 로마 시대를 통해서 성행되고 존중되었다. 그 무렵 해몽에 관한 문헌 중에서 적어도 걸작이라고 할 만한 것은 하드리아누스 황제 시대에 편찬된 달디스의 《아르테미도로스 서(書)》이다.

그 뒤 어떻게 하여 해몽이 쇠퇴하고 꿈이 신용을 잃게 되었는지 나로서는 잘 모르겠다. 문명개화 때문이라고도 할 수 없다. 왜냐하면 암흑시대였던 중세

---

2) 고대 페니키아의 도시.
3) 그리스 신화에 나오는 산양의 다리를 가진 숲의 신.

에서는 고대의 해몽보다 더 불합리한 관습이 그대로 통용되고 있었기 때문이다. 사실은 꿈에 대한 흥미가 점차 미신으로 타락하여 무식한 사람들 사이에서만 남아 있게 되었기 때문일 것이다. 오늘날에도 행해지고 있는 해몽의 마지막 타락으로는 복권 맞추기에서 복권 번호를 꿈으로 알고자 하는 일이다.

한편 현대의학은 자주 꿈 연구에 손을 댔지만, 이것은 언제나 생리학적 이론을 꿈에다 적용하려는 의도에 지나지 않았다. 의사는 물론 꿈을 정신활동이라고 생각하기보다 육체 자극이 정신생활에 나타난 것이라고 생각했다. 1876년, 빈츠(C. Binz)는 꿈이란 "모든 경우에 무익하고, 많은 경우에 오히려 병적인 신체현상이며, 척박한 불모의 사막에 푸른 하늘이 있듯이, 그 현상 위에 우주의 불멸하는 영혼이 높이 치솟아 있다"라고 했다. 알프레드 모리(L.F. Alfred Maurly)는 꿈을 정상적이고 균형이 잡힌 운동과는 정반대인 무도병(舞蹈病)의 발작적인 경련에 비유했다. 옛 비유에 의하면 꿈의 내용은 '음악을 알지 못하는 사람이 열 손가락으로 피아노 건반을 두드릴 때' 나오는 소리와 같다고 했다.

해석이란 그 숨은 의미를 발견해 내는 일인데 꿈의 작용을 이런 식으로 평가하는 이상, 해석 같은 것은 생각도 못할 일이다. 분트(Wundt)나 요들(Jodl), 또는 그 밖의 근대 철학자들이 시도한 꿈에 관한 글을 읽어 보라. 그들은 꿈을 경시하는 의도를 가지고 꿈과 생시의 사고(思考) 사이에 나타나는 차이를 열거하는 데 만족하고 꿈에서의 연상의 파괴, 비판력 감퇴, 모든 지식의 마비, 그 외에 여러 가지 능력 저하의 징후를 강조했다. 정밀과학에 감사해도 좋은 꿈의 지식에 대한 유일하게 가치 있는 공헌은 잠잘 때 가해진 신체 자극이 꿈의 내용에 어떤 영향을 미치는가 하는 실험이다. 얼마 전에 죽은 노르웨이의 학자 모리 볼드(I. Mourly Vold)는 《꿈에 대하여》[4]라는 두 권의 두꺼운 책을 발표했다. 이 책은 손발의 위치 변화가 꿈에 어떤 결과를 가져오는가 하는 연구에 지나지 않지만, 정밀한 꿈 연구의 모범으로서 추천할 만하다.

그런데 드디어 우리가 꿈의 의미를 발견하기 위한 연구를 시작한다는 말을 정밀과학이 듣는다면, 우리에게 무슨 말을 하겠는가 생각해 보라. 아마 '실수 행위 연구'의 경우와 같은 항의가 있겠지만 그렇다 해도 우리는 주춤거릴 생각

---

4) 1910년과 1912년에 독일어로 번역되었다.

은 없다. 실수 행위에 의미가 포함되어 있었다면 마땅히 꿈에도 의미가 포함되어 있어야 할 것이다. 실수 행위의 많은 경우가 의미를 가지고 있지만 정밀과학은 이를 빠뜨리고 있었다. 우리는 고대인이나 민간의 편견을 인정하고 갈등의 해몽을 한번 따라가 보기로 하자.

우선 우리는 과제를 정해 놓고 꿈의 세계를 돌아보아야 한다. 대체 꿈이란 무엇인가? 이를 한마디로 정의하기는 어렵다. 하지만 누구에게나 알려져 있는 것이니 정의라고까지 할 수도 없을 것이다. 그러나 우리는 꿈의 본질을 명백히 정의해야 한다. 그러면 그 본질을 어디서 찾아야 할 것인가? 우리가 목표하고 있는 꿈이라는 영역은 각 방면에서 놀랄 만큼 다양하게 걸쳐 있다. 따라서 우리가 찾는 본질은 모든 꿈에 공통적인 것으로 입증될 수 있어야 한다.

그렇다. 첫째, 모든 꿈에 공통된 점은 그때 우리가 자고 있다는 것이다. 꿈이란 분명히 수면 중의 정신활동이며, 깨어 있을 때의 정신활동과 어느 점에서는 비슷하나 반면 크게 다르기도 하다. 이 점은 이미 아리스토텔레스가 정의했다. 그런데 꿈과 수면 사이에는 더 밀접한 관계가 있는 것 같다. 사람들은 꿈으로 인해 잠을 깰 때가 흔하며, 저절로 잠이 깼을 때나 타의로 수면이 방해되었을 때에도 꿈을 꾸고 있는 경우가 많다. 그러므로 꿈은 수면과 각성의 중간 상태에 있는 것처럼 여겨진다. 그렇다면 수면이란 무엇일까?

수면이란, 생리학상, 또는 생물학상의 큰 문제로, 지금도 논쟁이 계속되고 있다. 우리는 수면에 대해서 아무것도 분명히 단정할 수 없지만 수면의 심리학적 특징을 정의해 볼 수는 있다. 수면이란 내가 외계(外界)에 대해 아무것도 알려 하지 않고 관심을 끊어 버린 상태를 말한다. 내가 외계에서 물러나서 외계의 자극과 절연했을 때 나는 잠에 빠진다. 또 내가 외계에 싫증이 났을 때도 잠에 빠진다. 취침할 때, "나를 쉬게 해 다오. 나는 자고 싶으니까" 하고 외계에 말한다. 어린아이는 이와는 반대로, "나는 졸리지 않아. 조금도 고단하지 않아. 더 놀고 싶어" 하고 말한다. 즉 수면의 생리학적 목적은 휴양이며, 그 심리학적 특징은 외계에 대한 관심의 중단으로 생각된다. 다른 사람의 뜻에 따라 태어나 저절로 맺게 된 우리와 외계와의 관계도 이러한 중단이 없으면 견딜 수 없을 것 같이 여겨진다. 따라서 우리는 주기적으로 탄생 전의 상태, 즉 태내생활로 되돌아가는 것이 된다. 우리는 따뜻하고 어둡고 자극 없는 태내생활과 완전히 같은 상태를 적어도 수면으로 만들 수 있다. 어떤 사람은 불편하게 새우처럼 몸을 구부리고 자궁 안에서 취한 것과 비슷한 자세로 잠을 잔다. 어른의 세계에서도 외계는 그 전체가 아니고 삼분의 이 정도에 불과하다. 나머지 삼분의 일 정도는 아직 태어나지 않은 상태라 할 수 있다. 그러므로 어른에게 아침에 깨는 일은 하나의 새로운 탄생이다. 우리는 잠에서 깬 상태를 '갓 태어난 어린아이 같다'고 말한다. 그러나 그렇게 보면 신생아의 일반 감정에 대해서 아주 그릇된 생각을 하고 있었던 것이다. 신생아는 오히려 매우 불안한 기분을 느끼고 있다고 생각해야 할 것이다. 우리는 탄생하는 것을 '세상의 빛을 본다'고 말하기도 한다.

방금 말한 것을 수면이라고 한다면, 꿈은 결코 수면의 프로그램 속에 들어 있지 않은 셈이다. 꿈은 오히려 수면에서는 거추장스러운 부속물처럼 여겨진다. 우리도 꿈 없는 수면이야말로 가장 좋은 바람직한 수면이라고 생각한다. 수면 중에는 어떤 정신활동도 있어서는 안 된다. 만일 정신이 활동하면 태아와 같은 안정 상태를 만들 수가 없다. 그러나 정신활동의 흔적까지도 없애는 것은 불가능하다. 이 정신활동의 흔적이 꿈이 되는 것이다. 그러나 이렇게 생각하면 꿈이 실제로 의미를 가질 필요가 없을 것처럼 보일지도 모른다. 착오의 경우는 꿈과 달라서 깨어 있을 때의 정신활동이었다. 그런데 우리가 잠들어서 정신생활이 완전히 정지되고 그 흔적도 억제받지 않는다면, 이 흔적이 굳이 의미를 가진다고 말할 필요가 없다. 또 정신생활의 이 잔여물까지도 잠들었을 경우에는 의미라는 말조차 사용할 수 없게 된다. 그때 꿈이란 실제로 경련과 비슷한 반응, 즉 신체 자극에 의해 일어나는 정신현상에 지나지 않는다. 그러므로 꿈은 깨어 있을 때의 정신활동의 잔여물, 더욱이 잠을 방해하는 잔여물이 되는 셈이다. 그렇다면 정신분석에 알맞지 않은 이 따위 주제는 주저 없이 버려야 할 것이다.

그러나 설혹 꿈을 쓸데없는 것이라고 하더라도 꿈은 역시 존재한다. 그러므로 꿈이 존재하는 이상, 우리는 꿈의 존재를 어떻게든 설명해야 한다. 그러면 왜 정신생활은 잠들지 않는가? 아마 이것은 그 무엇인가가 정신에 휴식을 허락하지 않기 때문일 것이다. 자극은 정신에 작용하며, 정신은 자극에 반응한다. 따라서 꿈이란 수면 중에 받은 자극에 대해 정신이 반응하는 표식(標識)이다. 이렇게 생각하면 꿈에 대한 이해가 한 걸음 나아감을 깨닫게 된다.

이제 우리는 수면을 방해하려 하는, 즉 꿈으로 반응하는 자극이 어떤 것인가를 여러 가지 꿈들에서 찾아볼 수 있을 것이다. 그러면 모든 꿈에 공통되는 제1의 공통점에 관한 문제가 해결된 셈이 된다.

그렇다면 또 다른 공통점은 없을까? 분명히 있다. 그러나 공통점을 잘 포착하여 설명하기는 어렵다. 수면 중의 정신과정은 깨어 있을 때와 그 성질이 전혀 다르다. 사람은 꿈속에서 온갖 것을 경험했다고 믿지만, 방해하는 자극밖에는 아무것도 경험하지 않았다. 꿈속의 경험은 주로 시각(視覺)의 형태를 띤다. 때로는 감정이나 사고가 관여하기도 하고 무언가 시각 이외의 다른 감각으로 경험하는 수도 있으나, 대개의 경우 꿈은 영상(image)으로 이루어진다. 꿈을 말하기가 어려운 것도 이 영상을 말로 옮기는 데 어려움이 있기 때문이다. 꿈을 꾼 사람은 자주 이 영상을 머리에 그릴 수는 있지만, 어떻게 말로 표현하면 좋을지 모르겠다고 말한다. 이 상태는 천재에 비교할 경우 정신박약자의 정신활동처럼 본질적으로 저하된 정신활동은 아니다. 이것은 질적으로 다른 작용으로, 그 차이가 어디 있는지 정확히 말하기는 어렵다. 일찍이 페히너[5]는 정신 세계에서 꿈이라는 극이 연출되는 무대는 깨어 있을 때의 관념생활의 무대와는 다르다고 보았다. 페히너가 무슨 말을 하려고 했는지는 알 수 없지만, 아무튼 대부분의 꿈이 주는 기묘한 인상은 실제로 존재한다. 꿈의 작용을, 음악을 이해하지 못하는 사람의 연주에 비교한다는 것은 여기서는 허용되지 않는다. 왜냐하면 피아노에서는 아무렇게나 건반을 두드리면 멜로디는 아니어도 언제나 같은 음정으로 반응하기 때문이다. 모든 꿈에 통하는 이와 같은 제2의 공통점은 설혹 이해하지 못하더라도 신중히 염두에 두도록 하자.

그 이외의 공통점은 무엇일까? 그러나 더 이상의 공통점은 보이지 않고 관찰해 보면 볼수록 차이점만 보인다. 외견상의 지속 시간, 선명함, 감정의 관여, 고정성 등에 관한 차이점이다. 이러한 차이점이란 꿈이 자극에 대한 불가피하고 불안한 경련 같은 방어라는 이론에서 예측할 수 있는 것과는 전혀 다른 것이다. 꿈의 길이도 어떤 것은 매우 짧아 단 한 개의 이미지만 갖거나, 두세 개의 이미지를 가지며, 한 가지 생각이나 한마디 말로 구성된 꿈이 있는가 하면,

---

5) G. Th. Fechner 독일의 물리학자, 심리학자.

어떤 꿈은 이상할 만큼 내용이 풍부하여 한 편의 이야기처럼 전개되면서 매우 긴 시간 동안 지속되기도 한다. 어떤 꿈은 현실의 경험처럼 선명하고, 깬 뒤에도 한참 동안 꿈이라고 여겨지지 않을 만큼 뚜렷하다. 또한 어떤 꿈은 말로 나타낼 수 없을 만큼 희미하고 몽롱하여 그림자처럼 사라질 것만 같다. 또 같은 꿈속에도 극히 선명한 부분과 거의 포착할 수 없을 만큼 모호한 부분이 섞여 있는 때도 있다. 또 논리가 있는 꿈이라든가, 적어도 논리가 정연한 꿈, 기지에 찬 꿈, 환상적으로 아름다운 꿈이 있다. 또 다른 꿈은 반대로 정신박약자처럼 어리석고 혼란스러우며 불합리해서 이따금 아주 광적인 것도 있다. 우리에게 아무런 감동도 주지 못하는 꿈이 있는가 하면, 감동이 너무 절실하고 고통스러워 울기도 하며 불안한 나머지 잠이 깨거나 경탄하게 하고 황홀하게 만드는 꿈도 있다. 대개의 꿈은 눈을 뜨면 곧 잊어버리지만, 그날 온종일 기억에서 떠나지 않고 있다가 저녁때 가서야 간신히 흐려져서 단편적으로만 생각나는 것도 있다. 어떤 꿈은 아주 뚜렷이 기억에 남는다. 이를테면 한 어린 시절의 꿈처럼 그 기억이 30년이 지난 오늘날에까지 최근의 경험처럼 생생하게 떠오르는 경우가 있다. 꿈에는 여러 사람의 모습이 단 한 번만 나타나기도 하고 같은 사람이 똑같은 모습이거나 조금 다른 모습으로 되풀이해서 나타나는 수도 있다. 한마디로 말해서 밤에 나타나는 이 정신활동의 잔여물은 제멋대로 풍부한 레퍼토리를 가지고 낮에 정신이 할 수 있는 모든 일을 실제로 할 수 있다. 그러나 결코 낮의 정신활동과 동일한 것은 아니다.

이와 같은 꿈의 다양성은 수면과 각성 사이의 여러 중간 단계, 즉 불완전한 수면의 여러 단계에 상응하는 것이라고 가정함으로써 그 설명이 가능할지도 모른다. 만일 그렇다면 마음이 점차 각성 상태에 접근함에 따라 꿈의 가치, 내용, 선명도가 증대할 뿐만 아니라 '지금 꿈을 꾸고 있다'는 인식도 점차 확실해진다. 왜냐하면 그렇게 꿈을 꿀 때 마음은 점차 각성 상태에 가까워지기 때문이다. 따라서 줄거리가 명료한 꿈의 단편과 나란히 어리석고 불분명한 단편이 이어지고, 또 그 뒤에 분명한 꿈이 계속되는 일은 일어날 수 없다는 말이 된다. 그렇게 급격하게 마음이 잠의 깊이를 바꿀 수는 없다고 생각한다. 그러므로 이 가설은 아무 도움이 되지 않는다. 실제로 이 문제는 쉽게 대답하기가 어렵다.

우리는 당분간 꿈의 '의미'에 대해 언급하지 말고 꿈의 의미를 더 잘 이해하기 위한 하나의 수단으로써 꿈의 공통점에서 시작하기로 하자. 꿈과 수면과의 관계에서 꿈이란 수면을 방해하는 자극에 대한 반응이라고 결론지어 두었다. 앞에서 말했듯이 이것은 정밀한 실험심리학이 도움을 준 유일한 경우이다. 실험심리학은 수면 중에 가해진 자극이 꿈이 되어 나타난다는 것을 증명해 주었다. 앞에서 말한 모리 볼드의 실험에 이르기까지 그와 같은 연구는 많이 실시되었다. 사실 우리는 누구나 스스로 관찰함으로써 이러한 결론을 실증할 수도 있다. 여기서 나는 이런 종류의 실험 두세 가지를 골라 보기로 한다.

모리는 그와 같은 실험을 자신에게 해보았다. 그는 잠들어 있는 사이에 자기에게 오데코롱(향수)의 냄새를 맡게 했다. 그 결과 그는 카이로의 요한 마리아 파리나의 향수가게[6]에 있는 꿈을 꾸었다. 그리고 그 꿈의 마지막 단계에 이르러 미친 듯한 모험이 계속되었다. 또 그의 목을 가볍게 꼬집게 했다. 그랬더니 발포고[7]를 붙여 주던 어린 시절의 의사 모습이 나타났다. 그리고 다시 그의 이마에 물 한 방울을 떨어뜨렸더니 그는 이탈리아에서 땀에 흠뻑 젖어 오르비에토[8]산(産) 백포도주를 마시고 있는 꿈을 꾸었다.

실험적으로 만들어 낸 이런 꿈들인 '자극몽(刺戟夢)'을 참고하면 꿈의 특성이 더욱 명확하게 드러나게 된다. 뛰어난 관찰자 힐데브란트의 경우, 그는 자명종 시계의 벨 소리에 반응한 세 가지 꿈을 보고하고 있다.

"[첫째 예] 봄날 아침, 나는 어슬렁어슬렁 거닐고 있었다. 푸르스름하게 물들기 시작한 들판을 가로질러 이웃 마을까지 갔다. 그때 나는 나들이옷을 입고 찬송가 책을 옆구리에 낀 마을 사람들이 함께 교회로 몰려가는 것을 보았다. 그렇다, 오늘은 일요일이다. 이제 아침 기도를 시작할 시간이다. 나도 참석해야지 하고 생각했으나, 좀 더워서 교회를 에워싸고 있는 묘지에서 더위를 식혀야겠다고 생각했다. 묘지에서 갖가지 묘비명을 읽고 있는 동안, 탑에서 종소리가 들렸다. 쳐다보니 탑 꼭대기에 기도 시간을 알리는 작은 종이 시야에 울려퍼졌다. 잠시 동안 종은 꼼짝도 않고 있다가 이윽고 흔들리기 시작했다. 그러더니

---

6) 오데코롱의 최초 제작소로 유명함.
7) 칸타리스 가루와 테레빈유로 만든 고약.
8) 이탈리아 도시, 포도주 명산지임.

갑자기 청명하고 요란한 소리로 울렸다. 그 소리가 너무 맑고 날카로웠으므로 나는 잠에서 깨었다. 그 종소리는 자명종시계에서 나는 것이었다."

"[둘째 예, 꿈과 자극의 결합] 맑게 갠 겨울날. 거리는 많은 눈에 덮여 있다. 나는 원거리 썰매 타기에 참가할 약속을 했는데, 썰매가 오기를 오래 기다려야만 했다. 이윽고 썰매가 문간에 닿았다고 알려 왔다. 이제 출발 준비가 다 되었다. 모피가 깔리고 발 덮개가 걸쳐졌다. 그런데 조금 출발이 지체되었다. 말은 출발 신호만을 기다리고 있었다. 결국 고삐가 당겨지고 조그마한 방울이 심하게 흔들리더니, 그 그리운 터키 행진곡이 힘차게 연주되기 시작했는데, 그 순간 꿈의 거미줄이 끊어졌다. 이것 역시 자명종 시계의 날카로운 소리에 지나지 않았던 것이다."

"[셋째 예] 하녀가 사기 접시를 열두 장 정도 포개 들고 식당으로 통하는 복도를 걸어오는 것이 보였다. 하녀가 안고 있는 접시들은 곧 중심을 잃을 것만 같았다. '조심해라, 손에 든 것이 떨어지겠다.' 내가 주의시켰다. 물론 이에 대한 대답은 여느 때나 다름없이, '이런 일은 아무것도 아니에요' 하는 정도의 것이었다. 나는 역시 불안한 마음으로 지켜보았다. 그러다가 아나 다를까, 식당의 문지방에 하녀의 발이 걸렸다. 접시들은 떨어졌다. 마룻바닥에 날카로운 소리를 울리면서 산산조각이 나버렸다. 그러나 곧 깨달았는데, 이 무한히 계속되는 소리는 정말로 접시들이 깨지는 소리가 아니라 단순히 방울소리와 같은 거라고 생각했는데, 눈을 떠보니 이 소리는 바로 자명종 시계에서 울리고 있었던 것이다."

이 꿈들은 매우 재미있고 그럴듯하다. 꿈은 보통 앞 뒤가 안맞는 법인데 여기엔 그런 모순의 그림자가 조금도 섞여 있지 않다. 이 꿈에 대해서는 이의를 말하지 않겠다. 이 꿈의 공통점은 결말이 언제나 하나의 소리에 연결되어 있으며, 눈을 떴을 때 그것이 자명종시계 소리라는 것을 알게 되는 것이다. 이 예로 우리는 꿈이 어떻게 만들어지는가를 알 수 있고 또한 다른 점까지 깨닫게 되는데, 바로 꿈은 자명종 시계를 알지도 못하면서(꿈속에 자명종 시계가 나타나지도 않는다) 자명종 시계 소리를 다른 소리로 바꿔 놓고 있다. 이 꿈들은 수면을 방해하는 자극을 나타내고 있지만 그 내용은 모두 다르다. 그 이유는 무엇일까? 이에 대해서 대답할 수는 없지만 아마도 자의적인 것 같다. 그러나 꿈을 이해하려면 꿈이 각성자극에 반응할 때 하필이면 왜 이 소리를 택하고 다른 것을 택하지 않았을까 하는 것을 설명하지 않으면 안 된다. 또한 주어진 자극이 무심코 꿈속에 나타났다는 것은 이해할 수 있어도 왜 그 자극이 꿈속에 꼭 그런 모습으로 나타났는지는 알 수도 없고, 또 수면을 방해하는 자극의 성질로도 이를 설명할 수 없다는 것이다. 그리고 또 이 직접자극에 의한 모리의 실험에는 무수한 다른 꿈들이 연속적으로 이어지고 있다. 이를테면 오데코롱 꿈에 나타난 그 미친 듯한 모험 따위가 그것인데, 이는 도저히 설명할 길이 없다.

이제 여기서 여러분은 잠을 깨우는 꿈이야말로 수면을 방해하는 외부자극의 영향을 아는 데 가장 좋은 기회를 준다고 생각하겠지만, 다른 단계의 꿈은 한층 어렵다. 실제로 꿈을 꾸면 반드시 깨는 것도 아니고, 아침이 되어 지난밤의 꿈을 떠올릴 때 사람이 자는 동안 작용했으리라 짐작되는 수면 방해자극을 어떻게 발견하겠는가. 그 뒤에 나는 물론 특별한 사정 때문이지만, 이와 같은 음향 자극을 아는 데 비로소 성공했다.

어느 날 아침 나는 티롤 고원에서 로마 교황이 죽는 꿈을 꾸고 눈을 떴다. 나는 이 꿈을 설명할 수가 없었는데, 나중에 아내가 "새벽녘에 온 시내의 성당과 예배당에서 종이 크게 울린 것을 알고 계세요?" 하고 물었다. 나는 "아니, 전혀 몰랐는걸. 정신없이 자고 있었거든" 이렇게 대답했다. 그러나 나는 아내의 이 보고 덕분에 꿈을 이해할 수 있었다. 그렇다면 이러한 자극이 자고 있는 사람에게 작용하여 꿈을 꾸게 하는 일은 얼마나 많겠는가? 어떤 경우에는 매우 많다고 할 수 있겠지만, 나중에 누가 그러한 자극이 있었음을 가르쳐 주지 않는다면 거의 증명할 수 없을 것이다. 자극이 증명되지 못할 때, 꿈이 자극에서 일어났다고 단언할 자신은 없다. 따라서 꿈을 방해하는 외부자극은 꿈의 일부는 설명하지만 결코 꿈의 전부를 설명할 수는 없다는 점을 알았으므로, 우리는 이러한 자극을 너무 중요시하지는 않을 것이다.

그렇다고 해서 우리가 이 이론을 완전히 포기할 것까지는 없다. 오히려 이 이론을 더욱 전개시킬 수 있다. 사실 무엇이 수면을 방해하고 정신을 자극하여 꿈을 꾸게 하는가는 분명히 문제가 안 된다. 그것이 만일 항상 외부의 감각자극이라고 말할 수 없다면, 외부자극 대신 내부기관에서 비롯되는 이른바 내장 자극을 생각해도 좋을 것이다. 이것은 아주 자연스러운 추측이다. '꿈은 오장(五臟)에서 오는 것'이라고 흔히 말한다. 그러나 유감스럽게도 한밤중에 작용한 내장 자극은 잠이 깬 뒤에는 다시 증명할 수 없기 때문에 근거가 없는 것이라고 단정하지 않으면 안 되는 경우가 흔히 있다. 그러나 꿈이 내장 자극에서 유발된다는 생각을 많은 경험이 지지하고 있다는 사실도 간과하고 싶지는 않다. 내장 상태가 꿈에 영향을 준다는 것은 이제 의심할 여지가 없다. 많은 꿈의 내용이 방광이 가득 차 있었다든가, 성기의 흥분 상태와 깊은 관계가 있다는 것은 누구나 간과할 수 없을 만큼 명백하다. 이러한 사실이 뚜렷한 예에서 뚜렷하지 않은 예까지, 꿈의 내용으로 보면 이들 자극들이 교묘히 '변용'되거나 '재현', 또는 '암시'되므로 내장 자극이 작용되었는지도 모르고 또 꿈의 내용만으로 보아 그렇게 말할 수도 있는 것이다. 꿈 연구학자 셰르너(K.A. Scherner)는 1861년에 꿈이 내장 자극에서 온다는 것을 역설하고 이에 대하여 훌륭한 예를 들었다. 이를테면 어떤 꿈에서 '금발머리에 상냥한 얼굴을 한 귀여운 어린아이들이 두 줄로 서서, 서로 쏘아보더니 양쪽에서 덤벼들어 맞붙들고 싸우다가 어른들이 떼어놓는 바람에 본디 위치로 돌아갔다. 그러다가 다시 또 싸움이 붙었다.' 여기에서 셰르너가 어린아이들이 두 줄로 서 있었다고 해석한 것은 참으로 그럴듯하다. 그리고 이 싸움의 광경에 이어 '긴 이빨을 한 개 뽑았다'는 꿈을 꾼 데서 자기의 해석에 대한 자신을 더 얻은 것 같다. '길고 좁은 꼬불꼬불한 길'을 내장(內臟)의 자극으로 해석하는 것도 그럴듯하다. 또 이것은 "꿈은 자극을 보내온 기관을 그 기관과 비슷한 물건으로 묘사하려고 한다"는 그의 주장을 입증하고 있다.

그러므로 꿈속에서는 내부자극이 외부자극과 마찬가지 역할을 한다고 인정하지 않을 수 없다. 하지만 유감스럽게도 외부자극의 경우와 마찬가지로 내부자극이라는 평가에 대해서도 항의가 일어난다. 대다수의 경우, 내장 자극이라는 해석은 불확실하며 그것을 증명할 수도 없다. 즉 모든 꿈이 아니라 일부의 꿈에서만 내장 자극이 꿈의 발생에 관여했다고 말할 수 있다. 그리하여 결국 외부적인 자극과 마찬가지로 내장자극이론도 꿈이 자극에 대한 직접적인 반응이라는 것밖에 꿈을 설명해 주지 못한다. 따라서 꿈의 나머지가 어디서 왔느냐 하는 것은 여전히 의문 속에 있다고 말할 수 있다.

그러나 여기서 이런 자극작용을 연구할 때 나타나는 꿈의 한 특색에 주의해 보자. 꿈은 받은 자극을 단순히 재현하는 것뿐만 아니라, 그 자극을 가공하고, 채색하고, 거기에 이야기를 엮어 그것을 다른 것으로 대체하려고 한다. 이것이 '꿈의 작업'의 한 측면이다. 이것을 연구하면 꿈의 본질에 가까이 접근할 수 있을 것이므로 틀림없이 흥미로울 것이다. 만일 어떤 사람이 어떤 자극에 의하여 무엇을 만들었다고 하더라도, 이 자극으로 작품이 다 설명되어야 할 필요는 없다. 이를테면 셰익스피어의 《맥베스》는 왕이 처음 세 나라를 통합하여 새 왕으로 즉위하는 것을 축하하여 쓰인 작품이었다. 그러나 이 역사적인 계기가 극의 내용과 일치하는가? 또한 이 계기가 되는 사실로 이 극의 위대성과 신비성이 설명되는가? 이와 마찬가지로 자고 있는 사람에게 작용하는 내적 및 외적 자극은 아마 꿈의 상황에 지나지 않을 것이다. 그러므로 꿈의 본질은 이것으로는 조금도 밝혀지지 않는 것이다.

꿈의 다른 공통점들, 즉 꿈이라는 정신생활의 특수성들은 한편으로는 이해하기 어렵고, 다른 한편으로는 더 파고들기 위한 연구의 단서가 되지도 못한다. 대개의 경우, 우리는 시각 영상(image)으로서 꿈을 경험한다. 이 영상에 대해서 자극이 어떤 것을 설명할 수 있을까. 우리가 경험하는 것은 과연 실제의 자극일까? 꿈속에서 눈이 자극받는 경우는 매우 드문데, 어째서 꿈을 시각의 형태로 경험하는 것일까? 또 연설하는 꿈을 꾸었을 때, 수면 중에 어떤 대화나 이와 비슷한 잡음이 귀에 들어왔다는 사실을 증명할 수 있겠는가? 나는 이런 증명은 불가능하다고 생각한다.

꿈의 공통점에서 이제 더 이상 한 걸음도 나아갈 수 없다면, 이번에는 꿈의 차이점에 대한 연구를 시작해 보자. 꿈은 흔히 뜻이 없고 혼란된 부조리한 것이지만 한편에서는 의미심장하고 분별 있고 조리 있는 꿈도 있다. 후자의 의미심장한 꿈을 토대로 전자의 무의미한 꿈을 설명할 수 있을지 살펴보자. 그러면 여기서 한 젊은이가 고백한 조리 있는 꿈을 이야기하기로 한다.

"나는 케른트너 거리를 산책하고 있었어요. 도중에 X 씨를 만났지요. 잠시 함께 걸어가다가 나는 어느 식당으로 들어갔습니다. 뒤를 따라 한 신사와 두 여성이 들어와서 내가 앉아 있는 식탁에 앉았습니다. 처음에는 좀 불쾌하더군요.

그래서 그들의 얼굴을 보지 않으려고 애썼지요. 그런데 잠시 뒤 무심코 바라보고는 그 사람들이 매우 예의 바른 사람들이라는 걸 깨달았습니다."

젊은이는 이 꿈을 설명해 주었다. 꿈을 꾸기 전날 저녁, 이 젊은이는 늘 거니는 케른트너 거리를 실제로 산책했으며, 도중에 X 씨와 만났다. 꿈의 후반부는 직접적 회상이 아니라 그 이전의 경험과 유사한 것이었다.

또 하나, 어느 부인의 조리 있는 꿈을 이야기하겠다.

"남편이 '피아노 조율을 부탁해야 되겠군그래' 하고 말했어요. 그래서 나는 '그것만으로는 안 돼요. 어차피 건반을 새로 갈아야 해요' 이렇게 대답했어요."

이 꿈은 그 전날 부부가 나눈 대화를 고스란히 되풀이하고 있다. 이들 두 조리 있는 꿈에서 대체 무엇을 배울 수 있겠는가? 그것은 꿈속에서 일상생활이나 일상생활에 관계있는 사실이 되풀이된다는 것밖에 가르쳐주고 있지 않다. 이것이 예외 없이 모든 꿈에 해당된다면 그것은 가치 있는 것이다. 그러나 그것은 실제로 일부의 꿈에만 적용된다. 대개의 꿈에서는 그 전날 경험과의 깊은 관계가 발견되지 않는다. 이 점에서는 무의미하며 어이없는 꿈을 설명할 단서를 얻을 수 없다. 그러나 여기서 우리는 또 하나의 새로운 문제에 직면했음을 깨닫는다. 우리는 꿈이 무엇을 말하는지 알고 싶을 뿐만 아니라, 방금 든 예와 같이 만일 꿈이 의미를 가진다면 왜, 무엇 때문에 우리가 이미 아는 사실이나 극히 최근의 경험을 꿈속에서 다시 되풀이하는가 알고 싶은 것이다.

지금까지와 같은 식으로 연구를 계속해 나간다는 것은 나와 마찬가지로 여러분도 따분할 것이라고 생각한다. 그러나 해결점에 도달하기 위해서 취할 수 있는 방식을 하나라도 발견해 두지 않으면, 어떤 문제에 아무리 관심이 있더라도 아무런 소용이 없다. 아직 우리는 이 방식을 하나도 발견하지 못했다. 실험심리학이 우리에게 가져다준 것은 꿈을 만들어 내는 데 자극이 가지는 의의를 알려 주는 정도에 지나지 않는다. 그리고 철학은 우리의 연구대상을 하찮은 것이라고 오만하게 비난하는 것 말고는 아무것도 한 것이 없다. 그렇다고 해서 신비신학에는 의존하고 싶지 않다. 민간인들 사이에 전래되어 온 견해로는 꿈이 뜻깊은 것, 중요한 것, 예언적인 것이라고 말하고 있으나 이것도 얼른 납득하기가 어렵고 물론 근거가 있다고 할 수도 없다. 따라서 우리의 첫 노력은 아직도 오리무중을 헤매고 있는 상태이다.

그러나 뜻밖에도 지금까지 우리가 거들떠보지도 않았던 측면에서 하나의 단서를 얻을 수 있다. 우연히 생겨난 것은 아니고 오랜 지식의 축적으로 만들어진, 그러나 대단히 조심해서 사용해야 할 말이지만, '백일몽(白日夢)'이라는 말이 있다. 백일몽이란 대낮에 꾸는 꿈, 즉 공상이다. 이것은 매우 일반적인 현상이며 건강한 사람이나 병자에게서도 볼 수 있고, 자신의 경험으로도 쉽게 연구할 수 있다. 이 공상에 있어 특이한 점은 백일몽이라는 이름은 갖고 있지만 꿈의 두 가지 공통점은 갖고 있지 않다. 수면상태와는 관계가 없으므로 이름이 모순되며, 또한 꿈의 두 번째 공통점에 있어서도 백일몽은 아무런 지각(知覺)도 없고 환각(幻覺)도 일어나지 않으며 다만 마음속에 있는 것을 상상할 뿐이므로 꿈과 모순된다. 이 백일몽은 공상하는 것으로, 보고 있는 것이 아니라 생각하고 있는 것이다. 사춘기 이전, 때로는 유년기 후기에 나타나서 성년기까지 계속되다가 그 뒤에 사라져 버리는 수도 있고, 만년에 이르도록 끈질기게 남는 수도 있다. 이 공상의 내용은 매우 명백한 동기에 지배되고 있다. 공상 속에 나타나는 장면이나 사건 속에서는 이기주의적인 욕구, 야심, 권력욕, 또는 에로틱한 소망이 충족된다. 젊은이들에게는 주로 야심에 찬 공상이 가장 많고, 여성들에게는 야심 어린 내용이 주로 사랑의 성취이기 때문에 에로틱한 욕구가 흔히 그 배후에 숨어 있다. 사실 모든 영웅적 행위와 성공도 결국은 여성의 감탄과 호감을 얻기 위한 것이다. 이 백일몽은 매우 가지각색이며 그 운명도 변화가 많다. 대부분은 단시간에 사라지고 다시 새로운 내용으로 대치되며, 어떤 것은 오랫동안 계속되면서 긴 이야기로 발전되고, 생활 사정의 변화에 따라 그 모습을 바꿀 때도 있다. 말하자면 이것은 시간과 더불어 진행하여 새로운 상황의 영향을 나타내는 '날짜의 스탬프'가 된다. 백일몽은 문학 창작의 자료가 된다. 작가는 자기가 그리는 백일몽을 변형, 확대, 축소하여 단편이나 장편소설, 또는 희곡에 담는다. 백일몽의 주인공은 언제나 그대로의 자기 자신이거나, 아니면 다른 사람의 모습을 빌린 자신이다.

백일몽의 내용은 꿈의 내용과 마찬가지로 비현실적이어서 백일몽이라고 이름 지어진 것 같다. 그러나 이것들이 꿈이라는 이름을 공통으로 가지고 있는 것은 어쩌면 우리가 구하고 있으면서도 아직 모르고 있는 꿈의 심리적 특징에 바탕을 두고 있기 때문인지도 모른다. 반면에 이들이 꿈이라는 이름을 공통으로 가진 점이 매우 의미심장하다고 해서 그 사실을 이용한다는 것은 부당하다는 말을 들을 수도 있다. 이 점에 대해서는 나중에 밝혀보기로 한다.

여섯 번째 강의
꿈 해석의 여러 전제와 기법

우리는 꿈 연구를 진척시키기 위해 새로운 길과 방법을 필요로 한다. 그래서 나는 알기 쉬운 제안을 하나 하겠다. 앞으로의 연구를 위한 큰 방침으로 '꿈이란 육체적 현상이 아니라 정신현상'이라는 가설을 세우고 싶다. 이 가설이 무엇을 뜻하는지는 여러분도 알고 있을 것이다. 그럼 이 가설에는 근거가 있는가? 근거는 없지만 이렇게 가정해서는 안 된다는 이유도 없다. 그 까닭은 이러하다. 꿈이 육체적인 현상이라면 우리와 거의 관계가 없다. 꿈이 정신현상이라는 전제 아래에서라야 우리의 관심을 끌게 되는 것이다. 우리는 이 가설이 올바르다고 가정하고 연구하여 어떤 결과가 생기는지 보기로 하자. 머지않아 우리의 연구결과는 이 가설을 고수해도 좋은지 어떤지, 또는 거꾸로 이 가설을 가설이 아니라고 단정할 수 있는지를 결정해 줄 것이다.

도대체 우리는 어떤 목적으로, 또 무엇을 목표로 이 연구를 하는 것일까? 우리가 목표로 삼고 있는 것은 과학 일반이 목표하고 있는 것이다. 즉 현상(現象)을 이해하는 일, 그 현상들 사이의 상호 관계를 입증하는 일, 가능한 한 궁극의 목적으로서 현상의 저편까지 우리의 지배력을 넓히는 일이다.

이상의 이유로 꿈이 정신현상이라는 가설 아래, 우리는 이 연구를 계속하기로 한다. 꿈이란 꿈을 꾼 사람의 작품이며 표현이다. 그런데 우리에게는 도무지 짐작할 수도 없고, 이해할 수도 없는 작품이며 표현인 것이다. 내가 만일 여러분에게 이해할 수 없는 말을 했다면 여러분은 어떻게 하겠는가? 여러분은 틀림없이 '뭐라고요?' 이렇게 반문할 것이다. 마찬가지로 꿈을 꾼 사람에게 "대체 당신의 꿈은 무엇을 뜻하나요?" 하고 질문하면 안 될까?

이것과 똑같은 상황에 처했던 일을 기억해 보자. 그 착오에 관한 연구, 그 말의 실수의 예에서 어떤 사람이 "사실은 'vorschwein'으로 되었다"라고 잘못 말했을 때, 우리는 바로 그에게 질문하지 않았던가? 아니, 질문한 것은 다행히도 우리가 아니라 정신분석과는 인연이 먼 사람들이었다. 정신분석과 전혀 분야가 다른 사람들이 그 뜻을 알 수 없는 실언은 대체 무슨 뜻이냐고 질문한 것이다. 그는 곧 "사실은 음탕한 짓이었다"라고 말할 생각이었는데, 이 의도를 제2의 온당한 의도가 억눌러 "명백해졌지만"이라는 말이 되었다고 대답해 주었다. 나는 그때 이미 이와 같이 보고해 주는 것이 정신분석 연구의 표본이라고 설명했다. 이제 여러분은 정신분석의 기법(技法)은 되도록 실험을 받는 사람 자신에게 수수께끼의 해답을 말하게 하는 방법임을 알게 되었을 것이다. 따라서 꿈을 꾼 사람이 자기의 꿈이 어떤 뜻인가를 우리에게 말하게 하는 것이다.

그러나 꿈의 경우는 분명히 그처럼 간단하지는 않다. 착오현상에서는 이 방법이 대개 잘 해결되었다. 간혹 질문을 받은 본인이 말하려고 하지 않거나, 심지어는 우리가 추측한 답에 분개하여 부정하는 일까지 있기는 했지만 말이다. 그런데 꿈의 경우에는 순순히 대답해 주는 경우는 거의 없다고 할 수 있다. 꿈을 꾼 사람은 언제나 모른다고 말한다. 우리가 그에게 아무것도 제시할 수 없기 때문에 그는 우리의 해석을 거부할 수도 없다. 그렇다면 우리는 또 연구를 단념해야 하는가? 꿈을 꾼 사람은 그 꿈에 대해서 아무것도 알지 못하고, 우리 또한 아무것도 모른다. 제삼자도 물론 모른다. 이런 식으로는 도저히 해석을 내릴 방법이 없다. 그렇다. 만일 원한다면 연구를 단념해도 좋다. 그러나 단념하기를 바라지 않는다면 나와 함께 같은 길을 가도 좋다. 나는 여러분에게 이렇게 말하겠다. "꿈을 꾼 사람은 자기의 꿈에 어떤 의미가 있는지 알고 있을 가능성이 있다. 아니, 십중팔구는 알고 있다. 다만 자기가 알고 있다는 것을 모를 뿐이다. 그 때문에 자기는 모르는 줄 믿고 아예 단념해 버리는 것이다"라고.

제1의 가설을 내놓은 지 아직 얼마 되지도 않았는데, 선생님이 다시 또 하나의 가설, 즉 제2의 가설을 끌어낸다면 선생님의 기법을 점점 신뢰할 수 없게 되지 않겠느냐고 내게 주의를 줄 사람도 있을 것이다. 그러나 꿈이 정신현상이라는 가설과, 인간에게는 자기가 알고 있는 줄 모르면서 실제로는 알고 있는 심적 사상(心的事象, 즉 정신적인 부분)이 있다는 가설에서 여러분은 이 두 가지 가설이 갖는 모호한 점만 주목해 주면 된다. 이들 가설에서 끄집어내는 결론에 관심을 가질 필요는 없다.

내가 여러분을 여기까지 이끌어 온 것은 여러분을 속이거나 여러분의 눈앞에서 무언가를 숨기기 위해서가 아니다. 물론 여러분에게 '정신분석 입문'이라는 제목을 내걸고 하는 강의이지만, 여러분이 '나는 새 지식을 배웠다'고 믿을 수 있도록 위장하여 설명하고 난감한 대목은 적절히 감추고 잘못된 부분은 모두 덮어 두고 의문점은 얼버무려서 줄거리가 매끄럽도록 연결 지을 생각은 없다. 그러기는커녕 여러분이 초심자인 만큼 나는 여러분에게 평탄치 않은 점, 생경한 부분, 미숙한 부분, 의심스러운 점까지도 있는 그대로 우리 학문의 숨김없는 모습을 제시하려고 한다. 이러한 방법은 어느 학문에서나 마찬가지로서, 특히 초심자에게는 그 이외의 길은 없다고 생각한다. 또 학문을 가르칠 때 선생은 보통 그 학문의 어려운 점이나 불완전한 점을 우선 학생에게 감추려고 애쓴다는 것도 알고 있다. 그러나 정신분석에서는 그렇게 해서는 안 된다. 그래서 우선 나는 두 가설을 내놓은 것이다. 그러니 모두 너무 성가시고 불확실하다고 생각하는 사람과 더 높은 확실성, 더 고상한 연역(演繹, 논리학의 연역법)에 친숙한 사람은 굳이 나와 함께 나아갈 필요가 없다. 그런 사람에게는 심리학의 문제에 애초부터 관여하지 않는 편이 좋다고 충고하고 싶다. 이런 말을 하는 것은 그런 사람이 지금까지 친숙해 온 정확하고 완전한 길이라는 것을 발견할 수 없지 않을까 염려되기 때문이다. 무언가 실제로 제시할 수 있는 내용을 지닌 학문이라면 청중이나 지지자를 얻으려고 애쓴다는 것은 그야말로 부질없는 짓이다. 그 학문이 참으로 인정을 받느냐 못 받느냐 하는 것은 오로지 그 학문의 성과에 달려 있다. 그러므로 그 성과가 세상의 주목을 끌 때까지는 느긋하게 기다리지 않으면 안 되는 것이다.

그러나 이 문제를 계속 연구하고 싶은 여러분에게 한마디 충고해 두고 싶은 것은, 내가 내놓은 두 가지 가설은 결코 같은 가치를 지닌 것이 아니라는 점이다. 꿈이 정신현상(精神現象)이라는 제1의 가설은 우리가 연구결과에 입각해서 입증하려고 하는 전제이지만, 제2의 가설은 이미 학문의 다른 영역에서 증명된 것으로 내가 자유롭게 우리의 문제에 전용(轉用)하려고 하는 것이다.

우리가 꿈을 꾼 사람에 대해 가정해 보려는 사실, 즉 사람은 자기가 알고 있는 것을 전혀 모른다고 생각하는 수가 있다는 것은 어디서, 다시 말해 어느 학문의 영역에서 증명한 적이 있을까. 이것이야말로 정신생활에 관한 우리의 견해를 변화시킬 주목할 만하고 놀랄 만한 사실이라고 할 수 있는 것으로 이를 숨길 필요는 없다. 이것에 구체적으로 이름을 붙인다면 '표현(表現)의 모순'이란 말이 된다. 사람들이 이것을 무시한다거나 관심을 갖지 않는다고 하여 이 사실을 비난할 필요도 없다. 이 모든 심리학상의 문제들은 그런 결정적인 관찰이나 경험과는 거리가 먼 사람들에게 혹평을 받는 것으로, 그것은 우리의 책임도 아니고 그 문제 자체의 책임도 아니다.

이 사실의 증명은 최면현상(催眠現象)의 영역에서 이루어졌다. 1889년 프랑스의 낭시에서, 리에보(A. A. Liébeault)와 베른하임(H. Bernheim)[1]의 매우 인상적인 강의를 참관했을 때, 나는 다음과 같은 실험을 자세히 보았다. 한 남자를 최면 상태에 놓아두고 그 상태에서 남자에게 환각적으로 모든 것을 경험시켰다. 그리고 잠시 후, 남자는 최면에서 깨어났다. 처음 그는 최면 중에 일어난 사건을 아무것도 모르는 것처럼 보였다. 그때 베른하임은 최면 중에 일어난 일을 말해 보라고 지시했다. 그는 아무것도 생각나지 않는다고 주장한다. 그러나 베른하임은 "당신은 틀림없이 알고 있다. 그러니 그것을 생각해 내야 한다"라고 그에게 쉬임 없이 확신시켰다. 그러자 이상하게도 그는 잠시 망설이고 있더니, 이윽고 생각해 내기 시작했다. 처음에는 암시받은 경험을 희미하게 기억해 내더니 점차 분명하고 완전해져서 마침내는 아무 망설임 없는 또렷한 기억이 되었다. 그런데 이것은 최면술이 끝나고 난 뒤에 생각해 낸 것이고, 또 생각하는 동안에 옆에서 일러 준 것도 아니므로, 그가 이 기억을 처음부터 갖고 있었다고 결론내리는 것이 타당하다. 다만 그는 그 기억을 자기 힘으로 생각해 낼 수 없었을 뿐이다. 그는 자기가 알고 있다는 걸 모르고 그것을 모른다고만 생각하고 있었던 것이다. 그러므로 우리가 꿈을 꾼 사람에게도 베른하임이 했던 것과 똑같이 할 수 있는 것이다.

여러분은 이 사실이 입증되었으므로 새삼스레 놀라서 다음과 같은 질문을 할 것이다. "왜 선생님은 진작 착오현상을 연구할 때, 이 증거를 내놓지 않았습니까? 이를테면 말을 실수한 사람의 말속에서 본인이 모르거나 부인하는 의도가 있음을 지적했을 때 이 증명을 언급할 수 있었을 텐데요. 어떤 사람이 그 기

---

1) 두 사람 모두 프랑스의 정신과 의사.

억을 마음속에 가지고 있음에도 그 체험에 대해 아무것도 모르는 줄 믿고 있다면, 그가 전혀 깨닫지 못하는 다른 정신과정이 그의 마음속에 있다는 가설도 이제 얼마든지 있을 수 있지 않겠습니까? 방금 펴신 선생님의 논증은 확실히 인상적이었습니다. 만일 선생님이 그 가설을 더 빨리 가르쳐 주셨더라면, 착오에 대한 이해를 더 뚜렷이 할 수 있었을 텐데요." 여러분의 말대로 나는 그때 그것을 발표할 수 있었지만, 그것이 꼭 필요한 다른 기회가 올 때까지 일부러 보류해 두었던 것이다. 착오현상의 일부는 자연스레 설명이 되었다. 그리고 나머지 몇 가지 착오현상에 관한 연구에서 우리는 여러 현상들의 상호 관계를 이해하려면, 본인이 전혀 모르는 심리과정이 있다고 가정해야 한다는 시사를 받았다. 그런데 꿈의 경우, 우리는 어떻게든지 다른 영역에서 그 설명을 끌어내지 않으면 안 되었다. 최면술로부터 착안하는 것을 여러분은 가볍게 이해해 줄 것으로 안다. 여러분은 착오현상이 일어나는 상태를 정상이라고 생각할 것이 틀림없다. 이 상태는 최면상태와는 닮은 데가 없다. 이에 반해서, 최면상태와 꿈을 꾸는 조건인 수면상태와는 밀접한 관계가 있다. 실제로 최면은 인공적 수면이라고 한다. 우리는 최면술을 걸려고 하는 상대에게 "잠을 자시오" 하고 말한다. 그리고 우리가 그 사람에게 주는 암시는 자연적 수면 중의 꿈에 비교할 수 있다. 그 심리상태는 양쪽이 다 실제로 유사성이 있다. 자연적 수면에서는 외계에 대한 우리의 관심이 모두 없어지는데, 최면상태에서도 외계에 대한 모든 관심이 없어진다. 다른 점은 최면을 거는 사람과 피실험자는 라포르[2] 관계에 있다는 것이다. 이를테면 최면상태를 '유모가 아기를 안고 자는 잠'에 비유해도 좋다. 이때 유모와 어린아이 사이에는 끊을 수 없는 관계(친밀관계, 라포르)가 있고, 어린아이는 유모에 의해서만 잠이 깨워진다. 이 상태야말로 정상상태에서의 최면과 한 쌍을 이루는 대응물이다. 이로써 최면상태에서 볼 수 있는 것을 자연적 수면에 전용한다는 것이 결코 대담한 모험이라고는 생각되지 않는다. 따라서 꿈을 꾼 사람이 자기의 꿈에 대해서 무언가 알고 있다는 그 점을 자신이 믿지 않을 따름이라는 가정은 전혀 근거 없는 것은 아니다. 여기서 꿈의 연구에 대한 제3의 실마리가 열리는 것을 깨닫는다. 제1은 수면을 방해하

2) rapport. 교감관계. 최면술에 있어 최면술사가 피실험자에게 가지는 독점적 관계로 피실험자가 최면술사의 암시에 의해서만 반응하는 현상.

는 자극에서, 제2는 백일몽에서, 그리고 제3은 방금 말한 최면상태 중에 암시된 꿈에서, 새로운 길이 열리는 것이다.

지금부터 자신을 갖고 우리의 과제로 돌아가 보자. 꿈을 꾼 사람이 자기의 꿈에 대해서 알고 있다는 점은 확실해졌다. 다만 자기가 알고 있다는 것을 깨닫게 해서 그것을 우리에게 보고할 수 있도록 만들어 주는 과정이 필요하다. 우리는 본인이 당장 꿈의 의미를 말해야 한다고 요구하지는 않지만, 꿈을 꾼 사람은 자기 꿈이 어떤 근거, 어떤 사고(思考)와 관심 범위 안에 있는가를 발견할 수 있을 것이다.

착오 행위의 경우, 자네는 어째서 'Vorschwein(?)'이라는 실언을 했느냐고 물어 보았다. 그리고 이에 대한 그의 첫 연상(聯想)이 우리에게 설명이 된 것을 기억할 것이다. 꿈의 경우 우리가 사용하고자 하는 방법은 단지 이 예를 본받는 매우 간단한 방법이다. 우리는 꿈을 꾼 사람에게 그 꿈에 대해서 어떤 연상이 떠오르는가를 질문한다. 그리고 그때 그에게 떠오른 첫 진술이 그 꿈에 대한 설명으로 받아들여지는 것이다. 따라서 우리는 본인이 자기 꿈에 대해서 알고 있다고 생각하거나 그렇지 않거나를 문제 삼지 않고 이 두 가지 경우를 다 고려한다. 이 기법은 매우 간단한데, 내가 근심하는 것은 이 기법이 여러분의 가장 심한 비난을 살지도 모른다는 점이다. 여러분은 말할 것이다.

"또 새로운 가설입니까? 제3의 가설은 모든 가설 중에서 가장 불확실한 가설이 아닙니까? 꿈을 꾼 사람에게 그 꿈에 대해서 어떤 연상이 떠오르는지 물었을 때, 맨 먼저 떠오른 연상이 기대하는 설명을 가져다준다구요? 그런데 꿈을 꾼 사람은 아무것도 연상하지 않을지도 모릅니다. 무엇을 연상할 것인가는 오직 신만이 아십니다. 대체 어떤 연상을 믿어야 좋을지 모르겠습니다. 어떤 연상이 이 경우 합당한지 결정하려면 많은 비판력이 필요하겠군요. 그렇다면 더욱더 신에 의존하지 않을 수 없지 않습니까? 게다가 꿈은 '착오'의 경우처럼 한마디의 실언이 아니라 여러 요소들로 이루어져 있습니다. 그렇다면 대체 어떤 연상을 믿어야 하는 것입니까?"

부차적인 점에서는 여러분의 말이 모두 옳다. 꿈이 여러 요소들로 이루어져 있다는 점에서도 꿈과 '착오'는 전혀 다르다. 이 점만이라도 마땅히 다루는 기법을 고려하지 않으면 안 된다. 그래서 이렇게 제안하고 싶다. 즉 꿈을 각 요소로 분해해서 각 요소를 따로 연구하기로 하자는 것이다. 그러면 '말의 실수'에서 한 것과 같은 방법이 그대로 사용될 수 있을 것이다. 그리고 그 꿈의 각 요소에 대해 질문을 받은 사람이 거기에 대해서는 아무 연상도 떠오르지 않는다고 대답할지 모른다는 여러분의 말이 이해가 된다. 우리도 때로는 연상이 떠오르지 않는다는 대답을 듣는 일이 있는데, 이 설명은 나중에 하겠다.

아무튼 우리가 특정한 연상을 끌어낼 수 있는 경우가 있다는 것은 주목할 만하다. 그러나 일반적으로 말하면, 꿈을 꾼 사람이 아무 연상도 떠오르지 않는다고 주장할 때는 그 사람의 말을 부인하고 그에게 채근해서 무슨 연상이든 반드시 떠오를 것이라고 명령해야 한다. 그러면 과연 이쪽 말이 사실이라고 수긍하게 될 것이다. 그는 꿈에 대해서 무언가 한 가지 연상을 끌어낼 것이다. 그것이 무엇이든 상관 없다. 우리가 역사적이라고 부르는 그런 보고를 그는 하게 될 것이다. 그는 "어제 경험한 일이에요"(이미 말한 조리 있는 꿈의 예처럼) 또는 "얼마 전에 있었던 일 같아요"라고 말할 것이다. 그리하여 꿈은 우리가 처음 생각한 것 이상으로 최근의 일과 관계가 있음을 깨닫는다. 마침내 그는 그 꿈을 출발점으로 훨씬 전에 일어난, 때로는 과거에 묻혀 있던 경험까지도 생각해 내게 된다.

그러나 여러분은 중요한 점에 대해서 착각해서는 안 된다. 꿈을 꾼 사람의 연상이 충분한 설명을 해 줄 것이라든가, 그 단서를 제공해 줄 것이라고 생각하는 것은 지나치게 자의적인 가설이다. 도리어 그 연상은 우연한 것으로 보려는 설명과는 관계가 없다. 그렇게 생각을 한다면 그야말로 맹목적으로 '신의 뜻에 의지'하여 요행을 바라는 것으로 매우 잘못된 생각이다. 여러분의 마음속에는 정신의 자유라든가, 마음의 선택이라든가 하는 것에 대한 뿌리 깊은 신념이 도사리고 있는데, 이런 신념은 아주 비과학적이어서 정신생활을 지배하고 있는 결정론의 권위 앞에서는 굴복하지 않을 수 없다고 이미 말한 바 있다. 그러나 나는 한 가지 신념을 거부하고 다른 신념을 강요하려는 것은 아니다. 질문을 받은 사람에게 떠오른 연상은 선택적인 것도 아니고 불확실한 것도 아니며, 우리가 얻으려고 하는 것과 아무 관련도 없는 게 아니라는 사실을 증명할 수 있다. 이것은 사실이다. 나는 얼마 전에 실험심리학이 이런 증명을 했다는 말을 들었다. 그렇다고 그것을 그다지 중요하게 생각하지는 않는다.

이 문제는 중요하니 여러분은 특별히 주의를 기울여 주기 바란다. 한 사람에게 꿈의 어떤 요소에 대해서 무엇을 연상하는지 말해 달라고 요구할 때, 나는 "출발점이 되는 어떤 표상(表象, 상징 또는 관념)에 마음을 집중시켜 떠오르는 자유연상에 마음을 맡겨 주기 바란다"라고 그 사람에게 요구하는 것이다. 그것은 특별한 주의를 필요로 하는 것으로 어떤 일을 돌이켜 반성하는 것과는 전혀 다르며, 오히려 그런 반성을 제거하는 것이다. 쉽게 이런 태도를 취할 수 있는 사람도 많지만 그렇지 않은 사람도 있다. 그러나 쉽게 자유연상이 일어나게 하려면 이러한 출발점이 되는 표상을 버리고 고유명사라든가 숫자를 자유롭게 연상시키도록 해서 연상의 성질과 종류를 한정해 버리는 것이다. 이때의 연상은 꿈의 연구에 사용된 연상보다 훨씬 자의적이며 예측하기 어렵다. 그러나 이런 연상은 마음에서 일어나는 중대한 내적 태도로 엄격하게 결정되는데, 이런 중대한 내적 태도가 그것이 작용하는 순간에는 잘 의식되지 않는 것은 마치 '착오 행위'를 일으킬 때 방해하는 의도나 우발행위를 유발하는 의도가 의식되지 않는 것과 마찬가지이다.

나를 비롯하여 내 뒤를 따르는 많은 사람들은 출발점에서 어떤 특별한 관념을 주지 않고, 숫자나 이름을 마음대로 연상시키는 연구를 거듭하여 그중 두세 가지를 발표했다. 그 방법은 이렇다. 머리에 떠오른 이름을 출발점으로 여러 가지 연상을 계속해 가게 한다. 그러므로 연상은 이미 완전히 자유로운 것이 아니라 꿈의 요소에 관한 여러 가지 연상과 함께 결부되어서 그 연상을 일으키는 자극이 중단될 때까지 영향을 받는데, 이것이 이름에 대한 자유연상의 동기와 의의를 설명해 주는 것이다. 몇 번 되풀이해도 실험의 결과는 같으며, 피실험자의 보고는 흔히 풍부한 자료를 포함하고 있어서 상세한 기술이 요청되는 것이다.

자유롭게 떠오르는 숫자의 연상도 의의가 있다. 이 연상은 빠르게 잇따라 나타나서 놀랄 만큼 확실성을 가지고 감추어진 목표에 돌진하므로, 본인도 실제로 당황할 정도이다. 나는 여기서 이러한 주제의 분석에 관해 한 가지만 예를 들기로 한다. 그 예는 다행히도 적은 재료로 할 수 있다.

한 젊은이를 치료하는 동안에 우연히 나는 이 주제에 대해 언급하게 되었다. 이런 문제는 자유롭게 선택할 수 있는 것처럼 보이지만, 실은 연상된 이름이 모두 피실험자와 매우 가까운 사이라든가, 피실험자의 사정, 특징 및 그 순간의 상황에 확실히 제한되어 있다는 이야기를 해주었다. 그러나 그 젊은이는 내 말을 인정하지 않았으므로 곧바로 그 젊은이에게 실험해 볼 것을 제안했다. 나는 이 젊은이가 특히 유부녀나 처녀들과의 교제가 상당히 많다는 것을 알고 있었으므로, 자네가 만일 여성의 이름을 하나만 연상하면 교제하고 있는 그 많은 여성들의 이름을 계속 끌어낼 수 있을 것이라고 말했다. 젊은이는 이 제안에 동의했다. 나보다도 오히려 그가 깜짝 놀랐겠지만, 젊은이는 여성의 이름을 계속 이야기하기는커녕 한참 동안 잠자코 있었다. 이윽고 그는 천천히 "겨우 하나가 떠올랐습니다. 알비네라는 이름입니다. 그 밖에는 없습니다" 하고 고백했다. "이상한 일이군. 이 이름과 자네와는 어떤 관계가 있나? 알비네라는 여성을 몇 사람쯤 알고 있나?" 이상하게도 젊은이는 알비네라는 여성을 알지 못했다. 그에겐 이 이름에서 그 이상 어떠한 연상도 떠오르지 않았다. 여러분은 분석이 실패로 끝났다고 생각할지 모르지만 사실은 그렇지 않다. 분석은 훌륭하게 성공했다. 이 이상의 연상은 필요가 없는 것이다. 젊은이가 남자로선 보기 드물게 얼굴이 희었으므로 치료 중에 나는 이야기를 하면서 몇 번이나 그를 알비노 (흰둥이)라고 놀려 줄 정도였다. 그때 우리는 이 젊은이의 체질에 혹시 여성적인 요소는 없을까를 규명하는 연구에 몰두하고 있었다. 그리고 그 가정은 대체로 사실로 나타났다. 요컨대 그 자신이 바로 알비네였던 것이다. 그 당시 가장 그의 흥미를 끌고 있던 여성은 알비네, 즉 바로 자신이었던 것이다.

이와 마찬가지로 갑자기 떠오르는 멜로디도 어떤 사고의 흐름에 의해 규제되며, 거기에 종속되고 있다. 그리고 본인은 그 흐름의 활동을 깨닫지 못하고 있지만, 어떤 이유 때문에 그의 마음을 차지하고 있는 것이다. 떠오른 멜로디는 그 멜로디에 붙어 있는 가사라든가, 그 노래의 유래와 깊은 관계가 있음을 쉽게 알 수 있다. 그러나 이것이 음악가에게도 적용되는지는 아직 모르겠다. 나는 그들에 대한 경험이 없으니까. 음악가의 경우는 멜로디의 음악적 가치 쪽이 그 멜로디가 의식에 떠오르는 결정적 단서가 되는지도 모른다. 그러나 이 경우보다는 앞의 경우가 더 많다. 나는 어느 젊은이한테서 다음과 같은 이야기를 들은 적이 있다. 그 젊은이에게는 '아름다운 헬레나'의 1절인 '파리스의 노래'라는 기분 좋은 멜로디가 한참 동안 머리에서 떠나지 않았던 때가 있었다. 분석해 보니, 결국 그 무렵 그의 관심 속에서 '이데'와 '헬레나'라는 두 여성이 다투고 있다는 것을 깨달았다.[3]

그러므로 자유로이 떠오른 연상이 이렇게 결정되고 어떤 일정한 연관 속에 속한다면, 연상은 적어도 하나의 속박에 의해, 즉 출발점이 된 하나의 표상(상징 또는 관념)에 의해 반드시 엄밀히 제약받고 있다는 결론을 내려도 좋을 것이다. 실험해 보면, 각 연상은 우리가 제시한 출발점이 된 표상에 단단히 묶여 있을 뿐만 아니라, 그 순간은 깨닫지 못하는 무의식 속에 강하게 작용하는 감정을 수반한 사상과 관심의 영역, 즉 콤플렉스에 좌우된다는 것을 실제로 알 수 있다.

이와 같이 집착되어 있는 연상은 정신분석의 역사상 주목할 만한 유익한 실험적 연구대상이며 이 연구의 중요한 한 장(章)이 되었다. 분트 학파가 이른바 '연상 실험'을 창시했다. 이 실험에서 피실험자는 자기에게 주어진 '자극어(刺戟語)'에 대해서 되도록 빨리 임의의 '반응어(反應語)'로 대답하라는 명령을 받는다. 이런 실험에서는 자극과 반응 사이의 시간 간격, 반응으로 나온 말의 내용, 동일한 또는 비슷한 실험을 했을 때 보이는 오차 등이 연구된다.

블로일러와 융이 지도하는 취리히 학파는 연상 실험에서 나타나는 반응을 가지고 다음과 같은 사실을 알아냈다. 즉 피실험자에게서 나온 반응어에 어떤 기이한 점이 있을 때, 그 의미를 다음 연상에서 분명히 하도록 피실험자에게 요구하는 것이다. 그러면 이런 기이한 반응은 사실 그 피실험자가 갖는 콤플렉스에 의해 결정된다는 것이다. 이렇게 하여 블로일러와 융은 실험심리학과 정신분석학 사이에 처음으로 다리를 놓은 것이다.

이와 같은 이야기를 들으면 여러분은 다음과 같이 말하는지도 모른다.

"우리는 자유연상이 이제까지 믿고 있던 것만큼 자의적인 것이 아니라 이미 결정되어 있는 것임을 이제야 알았습니다. 꿈의 요소에 대한 연상의 경우에도 이런 사실을 인정할 수 있겠지요. 그러나 우리가 지금 문제로 삼고 있는 것은 이 점이 아닙니다. 선생님은 꿈의 요소에 대한 연상은 우리가 모르는 정신적 배경에 의해 결정되고 있다고 주장하셨습니다. 그러나 이에 대해서는 증명

---

3) 파리스, 이데, 헬레나는 모두 그리스 신화에 나오는 인물이다.

이 안 된 것처럼 여겨집니다. 꿈의 요소에 대한 연상은 꿈을 꾼 사람의 콤플렉스로 결정된다는 것은 이미 예상하고 있었습니다만, 그것이 무슨 소용이 있습니까? 그런 것을 알아봐야 꿈을 더 잘 이해할 수 있게 된다고는 생각되지 않습니다. 연상 실험에서와 마찬가지로 콤플렉스를 이해하는 데 도움이 될 뿐입니다. 대체 이 콤플렉스는 꿈과 어떤 관계가 있습니까?"

여러분의 질문은 마땅한 것이나 잠시 기다려 주기 바란다. 나는 그 점을 생각했기 때문에 연상 실험을 이 문제의 출발점으로 선택하기를 보류했던 것이다. 이 실험에서 반응을 결정하는 하나의 결정물, 즉 자극어는 우리가 임의로 고른 것이다. 그러므로 반응어는 이 자극어와 피실험자에게 야기된 콤플렉스를 연결하는 하나의 매개물이다. 그런데 꿈에서는 꿈꾸는 사람의 정신생활에서 유도된, 또 잘 모르는 원천에서 유도된 어떤 요소가 바로 자극어가 된다. 말하자면 그 자체가 '콤플렉스의 유도체'라 할 수 있는 것이다. 그러므로 꿈의 요소와 결합하고 있어 잇따라 떠오르는 많은 연상은 꿈의 요소 그 자체를 만들어 낸 콤플렉스에 의해 규정되어 있다고 생각한다는 것, 또 그 연상에서 그 콤플렉스를 발견할 수 있다고 기대한다는 것은 결코 공상적인 일이 아니다. 사실 이것은 꿈의 경우에도 해당된다는 것을 다른 예로 보여 주겠다.

고유명사의 망각은 꿈의 분석에 이용할 수 있는 훌륭한 본보기이다. 다만 망각의 경우는 한 사람이 관계하고 있지만, 꿈의 분석에서는 두 사람이 관계하고 있다는 것만 다르다. 내가 어떤 이름을 순간 잊어버렸을 때, 속으로는 확실히 그 이름을 알고 있을 텐데 하고 확신할 수 있다. 꿈을 꾼 사람도 마찬가지 확신이 있으리라는 것을 우리는 베른하임의 실험을 통해서 증명할 수 있었다. 그러나 알고는 있지만 망각한 이름은 어쩔 도리가 없다. 잘 생각해 보아도, 아무리 열심히 생각해 보아도 생각이 나지 않는 것은 경험으로 익히 알고 있을 것이다.

그러나 잊어버린 이름 대신에 하나 또는 여러 개의 다른 이름을 언제라도 연상할 수는 있다. 이렇게 대신하는 이름이 자연히 내 머리에 떠올랐을 때 비로소 이 상태는 꿈을 분석하는 상태와 일치하게 된다. 사실은 꿈의 요소도 결코 원래 요소 그대로가 아니고 다른 것을 대신하고 있는 것으로, 원래 요소는 모르며 이 꿈 분석의 수법을 통해서만 찾을 수 있다. 따라서 이 두 가지의 차이점은 다음과 같다. 이름의 망각에서는 그 대용물이 원래의 것이 아님을 즉각 인정할 수 있지만, 꿈의 요소가 원래의 것이 아니라는 견해는 고생 끝에 비로소 얻을 수 있는 것이다. 그런데 이름을 잊었을 때라도 대용물에서 무의식적인 원래의 것, 즉 잊어버린 이름에 도달하는 길이 있다. 만일 이 대용물에 주의를 집중하여 그 대리 이름을 출발점으로 잇따라 연상을 시도하면, 어떤 때는 짧고 어떤 때는 긴 우회를 한 끝에 그 잊어버린 이름에 도달할 수 있다. 그리고 자연히 머리에 떠오른 다른 이름은 잊어버린 이름과 관계가 있고, 그 잊어버린 이름에 의해서 규정되어 있다는 것을 깨닫게 될 것이다.

이런 종류의 분석을 한 가지 알려 주겠다. 어느 날 나는 몬테 카를로가 중심지인 리비에라 연안의 작은 나라 이름이 생각나지 않았다. 초조했지만 결국 헛일이었다. 나는 그 나라에 대해서 될 수 있는 대로 아는 것을 모두 생각해 보았다. 루시앙가(家)의 알베르 공과 그의 결혼, 그가 해양 연구에 흥미를 갖고 있었다는 것, 그 밖에 그에 대해서 내가 모을 수 있는 것을 모두 생각해 보았으나 결국 아무 소용이 없었다. 그래서 나는 생각하는 것을 그만두고, 잊어버린 이름 대신 다른 이름을 연상해 보았다. 그 연상은 곧 나왔다. 먼저 몬테 카를로, 그리고 피에몬테, 알바니아, 몬테비데오, 콜리코 등이었다. 알바니아[4]는 맨 먼저 내 주의를 끌었는데, 흰색과 검은색의 대조에 의해서인지 곧 몬테네그로(Montenegro)로 바뀌었다. 이어서 나는 이 네 가지 다른 이름이 '몬(mon)'이라는 같은 철자를 갖고 있음을 깨달았다. 그때 갑자기 잊어버렸던 이름이 생각나서 '모나코(Monaco)'라고 소리쳤다. 다시 말해 이들 다른 이름들은 실제는 잊어버린 이름에서 나왔던 것이다.

처음의 네 가지 이름은 몬(mon)이라는 첫 철자에서 왔고, 다섯 번째는 철자의 순서와 코(co)라는 마지막 철자를 주었다. 그때 우연히 나는 모나코라는 이름을 잊어버린 이유를 깨달았다. 모나코는 독일 뮌헨의 이탈리아 이름이다. 그 뮌헨이 방해자로 작용하고 있었던 것이다. 그런데 이 예는 훌륭하지만 너무 간단하다. 다른 경우에는 처음으로 떠오른 다른 이름에 대해서 상당히 많은 연상을 계속해 나가지 않으면 안 된다. 그 결과 꿈의 분석과 비슷하다는 것을 알게 될 것이다.

---

4) Albania의 기본형 albus는 '흰색', negro의 기본형 niger는 '흑색'임.

나는 다음과 같은 경험을 한 적이 있다. 어느 날 외국인이 이탈리아 포도주를 대접하겠다고 초대했다. 그런데 함께 술집에 갔을 때, 그 사람은 즐거운 추억이 있어서 주문하려고 했던 포도주 이름을 잊어버린 사실을 깨달았다. 그래서 나는 그 잊어버린 이름 대신, 여러 가지 다른 이름을 계속 연상시켜 나가는 동안에 헤트비히(Hed wig)라는 여자에 대한 생각이 그에게 포도주 이름을 잊어버리게 했음을 알았다. 그리고 실제로 그는 이 포도주를 헤트비히라는 여자의 집에서 처음 마셨다고 이야기했을 뿐만 아니라, 이 헤트비히의 이름에서 잊어버린 술 이름이 생각났다. 그가 이 이름을 잊게 된 것은 그즈음 행복한 결혼생활을 하고 있어 문제의 헤트비히라는 여자는 그리 생각하고 싶지 않은 흘러간 과거에 관계되는 사람이었기 때문이다.

　잊어버린 이름의 경우에서처럼 꿈의 해석에서도 대용물을 실마리로 거기에 얽히는 연상을 더듬어 나가면, 마침내 원래의 것에 도달할 수 있을 것이다. 우리는 이름을 잊는 경우와 같은 예에 따라, 꿈의 요소에서 떠오른 연상은 그 꿈의 요소뿐 아니라 무의식적 본질에 의해 규정되어 있다고 가정해도 좋다. 이렇게 우리는 우리의 분석 기법이 정당하다는 데 대해서 두세 가지로 설명한 셈이다.

일곱 번째 강의
꿈에서 드러난 내용과 잠재의식

착오에 관한 우리의 연구는 결코 헛수고가 아니었다. 이 방면을 애써서 개척한 덕분에(여러분이 알고 있는 가설 아래) 두 가지 수확을 얻었다. 첫째, 꿈의 요소에 대한 견해는 다음과 같다. 꿈의 요소란 결코 원래의 것이 아니고 마치 '잘못'할 때의 의도처럼 꿈을 꾼 사람에게 알려져 있지 않은 것이며, 꿈을 꾼 사람의 마음속에 존재하기는 하지만 알기 어려운, 어떤 것의 대리물이라는 것이다. 우리는 이와 같은 요소로 성립되어 있는 모든 꿈에 똑같은 견해가 적용될 수 있다고 생각한다. 둘째, 우리 분석 기법의 본질은 꿈의 요소들에 대한 자유연상에 의하여 다른 대리물을 떠오르게 하고, 그것을 바탕으로 숨겨진 어떤 것을 추측하자는 것이다.

우리의 이야기를 원활하게 진행시키기 위하여 앞에서 말한 것을 우리 서술어로 바꾸기로 한다. 숨겨져 있다든가 알기 어려운 것이라든가, 또는 원래의 것이 아니라고 말하는 대신 더 정확하게 기술하기 위해서, '꿈을 꾼 사람의 의식으로는 도달하기 불가능하다' 또는 '무의식'이라는 말을 사용하기로 한다. 잊어버린 말이나 착오의 경우, 방해하는 의도라고 말하는 대신 '무의식적'이었다고 바꾸어 말하는 것뿐이다. 이에 반해서 꿈의 요소 자체와 연상으로 얻어진 대리표상(대리상징)은 '의식적'이라고 불러도 좋다. 이 술어에는 아직 이론적인 뒷받침은 없다. 적절하고 쉽게 이해할 수 있는 술어로 이 무의식이라는 말을 사용하는 데에는 이의가 없을 것이다.

개개의 꿈의 요소에 대한 우리의 견해를 꿈 일반에 확대시키면 꿈이란 어떤 다른 것, 즉 무의식의 왜곡된 대리물이며, 이 무의식을 발견하는 것이 바로 꿈 해석의 과제가 된다는 것을 알 수 있다. 그리고 여기서 바로 꿈의 해석을 연구하는 동안 반드시 지켜야 할 세 가지 중요한 규칙이 나온다.

첫째, 꿈이 합리적이든 불합리한 것이든, 또는 분명한 것이든 혼란된 것이든 결코 표면적인 의미에 마음이 동요되어서는 안 된다. 왜냐하면 그 표면적인 의미는 어떤 경우에나 우리가 찾고 있는 무의식이 아니기 때문이다. 그리고 이 규칙에 뚜렷한 제한을 두어야 한다는 것은 나중에 자연히 알게 된다.

둘째, 꿈의 어떤 요소든 그 대리표상이 떠오르도록 환기만 시킬 뿐 깊이 생각하거나 적절한 것을 포함하고 있는지 어떤지 지나치게 고려하지 말고, 꿈의 요소가 아무리 관계가 멀더라도 전혀 개의할 필요는 없다.

셋째, 내가 앞에서 말한 잊어버린 말 '모나코'의 실험처럼, 우리가 목적하는 숨은 무의식이 저절로 드러날 때까지 인내를 갖고 기다려야 한다.

자기 꿈에 대해서 많이 기억하거나 적게 기억하고 있는 것, 또 특별히 정확하게 기억하거나 희미하게 기억하는 것 등은 아무 문제도 아니라는 것을 곧 알게 된다. 기억에 남아 있는 꿈은 결코 원래의 것이 아니며, 오히려 왜곡된 대리물에 불과하다. 그 대리물은 다른 대리표상을 눈뜨게 하여 원래의 의미에 접근하는 데 도움이 된다. 다시 말해 꿈의 무의식을 의식하는 데 도움이 되는 것이다. 따라서 우리의 기억이 분명했을 때 이 대리물은 더 왜곡된 것이 된다. 그리고 왜곡이 강하면 마땅히 거기에 어떤 동기가 있는 것이다.

우리는 남의 꿈과 마찬가지로 자신의 꿈도 해석할 수 있다. 오히려 자기의 꿈에서 더욱더 많이 배울 수 있고 그 과정이 분명히 보이게 된다. 그러나 자기 꿈을 해석하려고 하면 거기에 무언가가 저항하는 것이 있음을 깨닫게 된다. 물론 여러 가지 연상이 떠오르지만, 그 나타난 연상 전부를 그대로 받아들일 수는 없다. 그것을 하나하나 살펴보고 그 속에서 선택하게 된다. 하나의 연상이 떠오르면 사람은 이렇게 말한다. "이것은 적절하지 않다. 아니 방향이 다르다." 제2의 연상이 떠오르면, "이것은 너무나 어이없다." 제3의 연상이 떠오르면, "이것은 완전히 빗나갔다." 그리고 잇따라 트집을 잡아서는 연상이 아직 뚜렷해지기도 전에 떠오른 연상을 다 묵살해 버리고 마침내 떠오르지 않게까지 만들어 버린다. 이것은 한편으로는 출발점이 되는 표상, 즉 꿈의 요소에 너무나 집착하기 때문이고, 또 한편으로는 제멋대로의 선택으로 자유연상의 결과를 엉망으로 만들어 버리기 때문이다. 자기의 꿈을 자신이 해석하지 않고 남에게 해석하게 하면, 떠오른 연상을 자기에게 유리하도록 선택하게 하는 동기가 있다는 것을 뚜렷이 알 수 있다. 사람은 그럴 경우 흔히 이렇게 말한다. "이 연상은 너무 불쾌해서 입 밖에 낼 기분이 나지 않습니다. 그래서 말할 수 없습니다." 이와 같은 반대적 동기는 분명히 우리 연구의 성과를 해칠 염려가 있다. 사람은 이런 반대동기를 경계해야 한다. 그리고 그 반대의 소리에 결코 항복하지 않겠다고 단단히 결심하고 자기의 꿈을 해석하지 않으면 안 된다. 남의 꿈을 해석할 때는, '이 연상은 그다지 중요하지 않다, 너무나 어이없다, 방향이 다르다, 이런 것은 남에게 말하기에 난처하다' 등의 이 네 가지 반대의 소리 가운데 어느 하나가 설령 그의 마음에 생기더라도 떠오른 연상은 어떤 종류이건 정직하게 말하지 않으면 안 된다는 불가침의 원칙을 일러 준 다음 분석을 시작해야 한다. 그는 이 원칙을 지키겠다고 약속하지만, 급할 때는 그 약속을 지키지 않고 화를 낸다. 이럴 때는 이렇게 해석하게 된다. 자유연상의 올바름을 충분히 정당화했는데도 상대는 그 정당성을 잘 납득하지 못한다고. 그래서 여러 가지 책을 읽게 하고 강의를 들려주어 이론적으로 납득시켜서 상대에게 자유연상에 대한 우리의 견해를 지지하도록 해야겠다고 생각할지 모른다. 그러나 가장 확신을 가져야 할 자기 자신조차 어떤 종류의 연상에 대해서는 비판적 반론이 나타났다가 나중에야 비로소 마치 제2심처럼 그 반론을 제거할 수 있다는 것을 생각하면, 이와 같은 것은 아주 쓸데없는 일이며 할 필요가 없음을 알게 된다.

꿈을 꾼 사람이 말을 따르지 않는다고 못마땅해하는 대신, 이 경험을 활용하면 꿈을 꾼 사람한테서 새로운 것을 얻어낼 수 있다. 꿈을 꾼 사람이 예비지식이 없으면 없을수록 주요한 것을 이끌어낼 수 있다. 꿈을 해석하는 작업은 원래 아주 비판적 반론의 형식으로 표현되는 저항(Widerstand)으로 반론을 받게 된다는 것을 알 수 있다. 이 저항은 꿈을 꾼 사람의 이론적 확신과는 아무 상관 없이 일어난다. 우리는 이 이상의 것을 알 수 있는데, 바로 경험을 통해 이런 종류의 비판적 반대는 결코 정당한 것이 아님을 안다. 오히려 이런 식으로 억제하려는 연상이야말로 예외 없이 가장 중요한 것이며, 무의식의 발견에 결정적인 포인트가 되는 것임을 알 수 있다. 따라서 만일 어떤 연상에 이와 같은 반론이 제시된다면, 이 연상이야말로 주목할 만한 것이다.

이 저항은 아주 새로운 것이며, 우리의 가설(물론 가설에는 그런 것이 포함되어 있지 않았지만)에 의해 발견된 현상이다. 이 새로운 인자(因子)를 우리의 연구에서도 고려해야 한다는 것은 사실 그다지 유쾌하지는 않다. 이 인자 때문에 꿈 해석을 깨끗이 집어치우고 싶은 기분도 든다. 꿈이라는 이런 하찮은 것에, 더욱이 명료하고 수월한 기법도 아니고 이렇게 고생을 해야 하다니! 그러나 한편, 이 고생이야말로 우리를 고무시켜 주는 것이고, 또 이 연구는 노력할 만한 가치가 있다는 기분도 든다. 꿈의 요소에 의해 나타난 대리물에서 그 요소가 가진 숨은 무의식을 찾아내려고 하면 저항에 부딪치는 것은 마땅하다. 따라서 이 대리물 뒤에 틀림없이 무언가 중요한 의미가 숨어 있다고 생각해도 무방하다. 그렇지 않다면, 끝내 버티면서 숨기려고 하는 부정의 의미는 대체 어떤 것이겠는가. 만일 어린아이에게 손바닥에 쥔 것을 보자고 했는데, 손을 꽉 쥔 채 보려 하지 않는다면, 그 손바닥에는 가져서는 안 될 것을 가지고 있는 것이다.

우리가 지금 저항이라는 역동적 개념을 우리의 문제에 끌어들이면, 이 저항이라는 인자가 양적(量的)으로 변화된다는 것을 잘 알아야 한다. 다시 말해 큰 저항과 작은 저항이 있으며, 우리의 연구 중에도 이와 같은 대소의 차이는 나타난다고 각오할 필요가 있다. 아마 우리가 꿈의 해석을 연구하다가 겪는 다른 경험에도 이 저항이라는 개념을 결부시킬 수 있을 것이다. 꿈의 요소에서 그 배후에 있는 무의식으로 들어가려면, 단 한 가지나 두세 가지 연상으로 충분한 경우도 많지만, 때로는 긴 연상의 사슬을 더듬고, 많은 비판적 반대를 극복해야 할 때도 있다. 나는 그와 같은 차이가 저항이 크기 때문에 나타난다고 말하고 싶다. 아마 이 말은 옳을 것이다. 저항이 작을 때는 무의식과 대리물의 거리는 짧지만, 저항이 클 때는 무의식의 왜곡도 크고, 따라서 대리물에서 무의식까지의 거리도 길다.

어떤 꿈을 골라서 그 꿈에 우리의 기법을 시험하고 이에 대한 지금까지의 기대가 충족되는지 어떤지 살펴보는 것은 지금이 가장 알맞은 때이다. 그러면 이 목적을 위해서 어떤 꿈을 고르면 좋겠는가? 이 결정이 나에게는 얼마나 어려운 일인지, 여러분은 도저히 상상도 못 할 것이다. 그리고 그 어려움이 어디에 있는가를 나는 아직도 여러분에게 이해시키지 못하고 있다. 왜곡받지 않은 꿈은 분명 있을 것이다. 그런 꿈을 먼저 분석하는 것이 가장 좋을 것이다. 그러나 대체 어떤 꿈이 왜곡이 심하지 않은 꿈이겠는가? 앞에서 예로 든 그 두 가지 꿈처럼 이치가 합당하며 혼란이 적은 꿈을 말하는 것일까? 이런 생각은 아주 잘못되었다. 오히려 그런 꿈이 매우 왜곡되어 있다는 것은 연구 결과로 알고 있다. 그런데 내가 특별한 조건을 달지 않고, 마음대로 꿈을 골라 보면 여러분은 아마 틀림없이 꽤 실망할 것이다. 개개의 꿈이 갖는 요소에 대해서 떠오른 매우 많은 연상을 일일이 관찰하거나 기록하다 보면, 해석이라는 작업을 여러분이 한눈에 알지 못하게 되어 버린다. 꿈을 적어 두고 그 꿈에 대해서 떠오른 연상을 남김없이 기록하여 비교해 보면, 연상은 원래 꿈의 몇 배나 된다.

그러므로 짧은 꿈을 몇 개 골라서 분석하는 것이 가장 목적에 맞다. 그리고 그중의 하나가 적어도 우리에게 무언가를 말해 주고, 무언가를 입증해 줄 것이다. 그러나 그렇게 왜곡되지 않은 꿈을 실제로 찾아낼 수 있을까 하는 여부는 경험만으로는 알 수 없으므로 먼저와 같은 방법을 써보자. 그런데 나는 우리 앞길에 문제를 쉽게 만드는 다른 방법이 가로놓여 있는 것을 알고 있다. 바로 꿈 전체를 해석하는 대신 해석을 꿈의 개개 요소에 한정시키는 것이다. 그리고 나서 우리의 분석 기법을 응용하면 어떻게 꿈이 설명되는지 실례를 좇아 설명해 보기로 하자.

⑴ 어떤 부인이 다음과 같은 이야기를 해주었다. "저는 어릴 때 하느님이 뾰족한 종이모자를 쓰고 있는 꿈을 몇 번이나 꾸었어요." 여러분은 이 부인의 도움을 빌리지 않고 이 꿈을 어떻게 설명할 것인가? 이것은 정말 어이없는 꿈으로 여겨질 것이다. 그러나 부인의 설명을 들으면 그리 터무니없는 것은 아니다. "어릴 때 내가 식탁에 앉을 때는 누군가 가족이 꼭 그런 모자를 씌워 주었어요. 왜냐하면 나는 형제들의 접시를 들여다보고, 누구의 음식이 내 것보다 더 많이 담겨 있나 보는 버릇이 있었거든요." 이 모자는 분명히 눈을 가리는 역할을 한 것이 틀림없다. 아주 쉽게 이 꿈의 역사적 유래가 알려진 셈이다. 꿈을 꾼 부인에게 잇따라 떠오른 연상을 말하게 함으로써 이 요소의 해석과 나란히 이 짧은 꿈 전체의 해석이 쉬워진다. "하나님은 전지전능하시다고 들었습니다. 마치 하나님처럼 아무리 가족들이 못하게 해도 나는 모든 것을 알고, 모든 것을 볼 수 있다는 것을 그 꿈은 뜻하고 있을 뿐입니다" 하고 부인은 말했다. 이 실례는 너무나 단순하다.

⑵ 의심이 많은 한 여자 환자가 긴 꿈을 꾸었다. 그 꿈속에서 어떤 사람이 그

녀에게 내가 쓴 《기지(機知)》에 관해 그녀에게 이야기해 주면서 크게 칭찬했다. 그리고 화제가 '운하'에 미쳤다. "아마, 운하라는 글자가 씌어 있는 책이었겠지요. 아니, 무언가 운하에 대해서 쓴 책이었는지도 몰라요. 모르겠어요. 정말 불분명했으니까."

여러분은 이 '운하'라는 꿈의 요소가 너무나 막연해서 해석할 도리가 없다고 말하고 싶을지 모른다. 여러분이 곤란해하는 건 마땅한 일이나, 그것이 막연하기 때문에 어려운 것이 아니라 다른 이유, 즉 꿈의 요소를 불분명하게 만드는 부분이 있기 때문에 해석이 어려운 것이다. 그 환자는 운하에 대해서 전혀 연상되지 않는다고 말했다. 나로서도 물론 운하에 대해서 무어라 말할 수 없는 것이 당연하다. 한참 뒤, 아니 그 이튿날 그 여자에게 그 꿈과 아마도 관계가 있을 만한 연상이 떠올랐다. 이 연상은 누가 그녀에게 이야기했다는 '기지'와도 관계가 있었다. "도버와 칼레 사이의 배 안에서 어떤 유명한 저술가가 한 영국인과 이야기하고 있었어요. 그때 영국인이 무슨 말 끝에, 'Du sublime au ridicule il n'y a qu'un pas(고귀함과 익살스러움 사이는 겨우 한 발짝 차이이다)'라는 문구를 인용했습니다. 그러자 저술가는 즉각, 'Oui, le Pas de Calais.(그렇군요. 칼레로부터는 한 걸음이지요)'라고 대답했어요. 저술가는 이 대답으로 프랑스인은 고귀하고 영국인은 익살스럽다는 것을 암시할 생각이었던 거예요. 하지만 'Pas de Calais'라는 것은 칼레에서 한 발짝이라는 뜻도 있으나[1] 역시 운하, 즉 칼레 해협(도버 해협)도 되는 것이죠."

그러면 이 연상이 지금의 꿈과 어떤 관계가 있느냐고 여러분은 물을 것이다. 확실히 관계가 있다고 생각한다. 이 연상은 수수께끼 같은 이 꿈의 요소에 대한 해답이 된다. 그렇지 않다면 이 우스갯소리가 꿈을 꾸기 전부터 존재하고 있었으며, 기지가 '운하'라는 요소 속에 무의식적인 표상으로 존재하고 있었음을 의심하는 것인가. 또는 뒤에 조작한 이야기라고 주장하려는 것인가? 이 연상은 그녀가 겉으로는 과장해서 감탄하지만, 뒤에서는 언제나 의심이 숨어 있다는 것을 증명하는 것이다. 그리고 이 저항은 다음 두 가지 연상의 공통된 원인이 되어 있다. 첫째, 그녀에게 이 연상이 좀처럼 마음속에 떠오르지 않았다

---

1) Pas는 '한 걸음'이라는 뜻과 '해협'이라는 뜻을 가졌다.

는 것, 둘째로 그에 대응하는 꿈의 요소가 그처럼 불분명했다는 것이다. 여기서 꿈의 요소와 그에 대응하는 무의식의 관계를 잘 보아주기 바란다. 꿈의 요소는 마치 이 무의식의 한 단편과 같은 것이며, 이 무의식에 대한 암시이다. 둘을 떼어 놓으면 꿈의 요소는 전혀 이해할 수 없게 된다.

(3) 한 환자가 긴 꿈을 꾸었다. 그 일부는 이렇다. "특별한 모양의 테이블 주위에 가족들이 앉아 있었다." 이 테이블에 대해서 연상이 떠올랐다. 환자는 그와 비슷한 가구를 전에 방문했던 어느 가정에서 보았다고 말했다. 그리고 그의 생각은 다음과 같이 진행되었다. 그 가정에서는 아버지와 아들 사이에 특별한 관계가 있었다. 그리고 곧 환자는 자기와 자기 아버지 사이에도 그와 비슷한 관계가 있었다고 덧붙였다. 테이블은 이러한 병행 관계를 그리기 위해서 꿈속에 도입되었던 것이다.

이 환자는 오래전부터 꿈의 해석에 대한 이론을 믿고 있었다고 한다. 그렇지 않았다면 테이블의 모양이라는 하찮은 것을 연구 주제로 삼는 일에 주저했을 것이다. 무릇 꿈에 나타나는 것으로 우연이나 하찮은 것이라고 단언할 수 있는 것은 없다. 그처럼 보잘것없고 이렇다 할 동기도 없는 사소한 현상에서 꿈을 해석해 낼 수 있는 것이다. 이 꿈의 작용은 '자기와 아버지와의 관계도 이와 똑같다'라는 생각을 나타내는데, 그럼 왜 하필이면 테이블을 택했는지에 대해 의아해할 것이다. 방문한 가족의 성이 티슐러[2]였다는 이름을 들으면, 이 설명은 한층 뚜렷해진다. 그는 꿈속에서 자기 가족들을 이 테이블 주위에 앉힘으로써 자기의 가정도 티슐러 가정과 같다고 말하고 있는 것이다.

이와 같이 꿈의 해석을 보고하면 필연적으로 비밀이 드러난다고 할 수 있기 때문에, 실례를 고르기가 어렵다고 앞에서 말한 이유를 잘 알 수 있을 것이다. 이런 실례보다 평범한 다른 실례를 언제라도 들 수 있지만, 이처럼 비밀이 누설되는 것을 피하려 하면 필연적으로 그 대신 다른 비밀이 누설되는 경우를 범하게 되는 것이다.

이 기회에 나는 오래전부터 가급적 사용하고 싶었던 두 개의 술어를 소개하기로 한다. 꿈 그대로의 이야기를 꿈의 드러난 내용이라고 부르고, 여러 연상

---

2) Tisch는 '테이블'이라는 뜻. Tischler는 '테이블을 만드는 사람'.

을 따라서 도달할 수 있는 그 숨겨진 뜻을 꿈의 잠재의식이라고 부르고 싶다. 지금까지의 실례로도 알 수 있듯이, 이제부터는 드러난 내용과 잠재의식의 관계에 주목해 보자. 이 상호 관계는 매우 다양하다. 앞의 첫 번째와 두 번째 예에서는 드러난 요소가 잠재의식의 한 성분이거나 조그만 단편에 지나지 않았다. 꿈의 무의식적인 사상이란 커다란 정신의 합성물 가운데 극히 일부분의 단편으로, 어떤 때는 암시나 암호처럼, 혹은 생략된 전보문처럼 드러난 꿈속에 모습을 나타낸다.

해석이란 바로 이 단편이나 암시를 세 번째 예에서 특히 훌륭하게 성공한 것처럼 완전한 것으로 만드는 일이다. 그러므로 일종의 왜곡(그것이 바로 꿈의 작업 본질이다)은 하나의 단편, 또는 하나의 암시에 의한 어떤 대치과정이라 하겠다. (3)의 예에서는 드러난 내용과 잠재의식의 다른 관계를 볼 수 있는데, 우리는 다음 예에서 이를 더욱 분명하게 알 수 있다.

(4) 한 남자가 아는 여자를 침대 뒤에서 '끌어내는(hervorziehen)' 꿈을 꾸었다. 그는 첫 연상으로 스스로 이 꿈의 요소가 의미하는 뜻을 발견했다. 다시 말해 이 꿈은 자기가 그 여자를 '좋아한다(vorzuggeben)'는 뜻이다.[3]

(5) 어떤 사나이는 자기 형이 상자 속에 갇혀 있는 꿈을 꾸었다. 그는 첫 연상으로 상자를 장롱과 대치했다. 제2의 연상으로 이 꿈의 의미는 '형은 긴축생활을 하고 있다'는 것이 된다.[4]

(6) 어떤 사람이 꿈을 꾸었다. "산에 올라가고 있는 동안에 매우 멀리까지 경치를 볼 수 있었다." 이것은 아주 합리적인 꿈이며 특별한 해석이 필요 없을 것 같다. 그러므로 이 꿈이 어떤 과정에 입각해서 어떤 동기로 환기되었는가 하는 것만 찾아내면 좋을 듯 생각될지 모른다. 그러나 이런 여러분의 생각은 잘못되었다. 이 꿈이야말로 어수선한 꿈과 마찬가지로, 아니 그 이상으로 해석이 필요하다는 것을 알 수 있다. 다시 말해 꿈을 꾼 사람은 등산에 관한 연상을 전혀 떠올릴 수 없었다. 그 대신 이 꿈을 꾼 사람은 자신이 아는 사람 중 하나가 동양과 서양의 관계를 연구하는 〈전망(展望. Rundschau)〉이라는 잡지를 발행하려

---

3) 독일어 hervorziehen에서 her가 빠진 vorziehen은 '좋아하다'라는 뜻이다. Vorzug는 vorziehen의 명사화.
4) '긴축하다'는 sich ein schränken. 이것은 '장롱'을 뜻하는 Schrank와 발음이 비슷하다.

한다는 것이 생각났다. 그러므로 꿈의 잠재의식은 꿈을 꾸고 있는 자기를 '전망하는 사람'과 동일시하고 있는 것이다.

여러분은 이러한 예에서 꿈으로 드러난 요소와 잠재요소의 관계에 하나의 새로운 유형이 있다는 것을 깨달을 것이다. 드러난 요소는 잠재요소가 왜곡된 것이라기보다 잠재요소의 표상이다. 즉 잠재요소를 조형적, 구체적으로 형상화한 것이다. 그리고 그것은 발음관계에서 유래하고 있다. 물론 이 때문에 다시 한번 왜곡이 나타난다. 왜냐하면 그 말이 뿌리박은 원래의 구체적인 표상을 오랫동안 잊어버리고, 따라서 한 말을 다른 표상으로 대치시키게 되면 그 원래의 것은 알아차릴 수 없게 된다. 대개 드러나는 꿈은 주로 시각적인 상(像)으로 성립되어 있고, 사상이나 언어로 성립되는 경우가 드물다는 것을 생각하면, 여러분은 나타난 꿈과 잠재의식의 이와 같은 관계가 꿈의 형성에 특히 중요한 의의를 가진다는 것을 알 수 있을 것이다. 여러분은 또, 이와 같은 방법으로 많은 추상적인 사상이 그 대체 형상을 꿈속에 만들 수 있으며, 드러난 꿈은 은폐의 역할을 하고 있음을 깨닫게 될 것이다. 이것은 그 '그림 퍼즐'을 만드는 것과 같은 방법이다. 이와 같은 잠재요소의 표현이 약간 익살스러운 꼴을 취하는 까닭이 무엇인가는 특별한 문제이며, 여기서는 이 문제에 대해 언급할 필요가 없다고 생각한다.

드러난 요소와 잠재요소 사이의 제4의 관계에 대해서는 여러분이 우리의 분석 기법을 충분히 납득할 때까지 설명할 수 없다. 나는 이 둘의 관계를 완전히 이야기하지 않았지만, 우리의 목적에는 방금 말한 것만으로도 충분하다. 그러면 여러분은 꿈 전체를 해석해 보겠다는 용기가 있는가? 과연 우리가 이 문제를 다룰 충분한 준비가 되어 있는지, 한번 시험해 보지 않겠는가? 물론 너무나 막연한 꿈을 예로 든다는 것은 우선은 적당하지 않다. 그래서 나는 꿈의 특징을 분명히 나타내고 있는 예 하나를 골라 보기로 한다.

몇 해 전에 결혼한 어느 젊은 부인이 다음과 같은 꿈을 꾸었다.

부인은 남편과 함께 극장 특등석에 앉아 있었다. 좌석 한쪽은 모두 비어 있다. 남편은 아내에게 말했다. "엘리제 L과 그 약혼자도 오고 싶어 했는데, 석 장에 1플로린 50크로이처씩 하는 C석밖에 없었고, 그것마저 두 사람은 살 수 없었다는군." 부인은 두 사람이 그때 오지 못했다고 해서 결코 불행하지는 않다고 생각했다.

그녀가 들려준 처음 것은, 드러난 내용 속에 있는 것과 같은 사건이 그 꿈을 꾸는 동기가 되었다는 것이다. 즉 그녀의 남편은 엘리제 L과 같은 연배의 여자 친구가 약혼했다고 그녀에게 말했다. 이 꿈은 그 보고에 대한 반응이다. 우리는 전날에 일어난 이와 같은 유인(誘因)을 많은 꿈으로 쉽게 증명할 수 있다는 것과, 꿈의 유래를 꿈을 꾼 사람에게서 힘들이지 않고 흔히 끌어낼 수 있다는 것을 이미 말했다. 그녀는 나타난 꿈의 다른 요소에 대해서도 흔쾌히 비슷한 보고를 해주었다. 좌석의 한쪽이 모두 비어 있었다는 것은 어디서 온 것인가? 이것은 지난주에 실제로 일어난 어떤 사건을 암시하고 있었다. 그녀는 어떤 연극을 보러 갈 생각으로 '일찍' 지정석 입장권을 샀다. 그러나 너무 일렀으므로 예약하는 데 비용을 치러야만 했다. 그런데 당일 두 사람이 극장에 들어가 보니 그녀의 걱정은 모두 쓸데없는 것이었음을 알았다. 지정석 한쪽은 거의 비어 있었기 때문이었다. 상연 당일에 입장권을 사도 충분히 들어올 수 있었던 것이다. 아니나 다를까, 남편도 그녀가 지나치게 서둘러 예매권을 산 것을 빈정댔다.

1플로린 50크로이처는 대체 어디서 온 것일까? 이것은 지금의 연극 이야기와는 전혀 관계가 없는 다른 것에서 온 것인데, 역시 전날의 사건을 암시하고 있다. 시누이가 남편이 선물한 150플로린을 가지고 어리석은 거위처럼 쏜살같이 보석상에 뛰어가서 그 돈으로 몽땅 장식품을 산 일이 있었다. 3이라는 숫자는 어디서 나왔을까? 약혼한 엘리제의 나이가 10년쯤 전에 약혼한 자기보다 석 달밖에 적지 않다는 연상 말고는, 그녀는 이 3이라는 숫자에 대해서는 별로 생각나는 바가 없었다. 사람이 둘밖에 없는데도 입장권을 석 장 산다는 것은 어이없는 짓이 아니겠는가? 이에 대해서 그녀는 아무 말도 하지 않았고 더 연상을 진행하는 것은 물론 상세한 보고를 하는 것도 거부해 버렸다.

그 부인은 얼마 안 되는 연상 속에서 이만한 재료를 제공해 주었다. 그리고 그러한 재료를 기초로 우리는 꿈의 잠재의식을 추측할 수 있을 것이다. 부인의 보고를 보면 몇 군데에 시간에 대한 관계가 나타나 있고, 이 자료의 여러 부분에 일관된 공통성이 있다는 것에 주목을 할 수 있다. 그녀는 극장의 입장권을 '너무 일찍'부터 걱정하며 '지나치게 서둘러서' 사버렸다. 그 때문에 예약하는

데 비용을 치러야 했다. 시누이는 부랴부랴 보석상에 뛰어들어, '서둘러서 한시도 지체할 수 없는' 것처럼 장식품을 사는 데 돈을 써버렸다.

우리가 '너무나 일찍', '서둘러서'라는 이 강조점을, 꿈의 유인(誘因)인 자기보다 불과 석 달 아래인 여자 친구가 이제 유능한 남편을 가지게 되었다는 뉴스와 시누이에 대해 '그렇게 서두른다는 것은 어이없는 일이다'라는 경멸적 비평을 연결시키면, 꿈의 잠재의식은 저절로 다음과 같이 구성되어 떠오른다. 꿈은 이 잠재의식이 짓궂게 왜곡되어 드러난 대리물이라는 것을 알게 될 것이다.

"그렇게 서둘러서 결혼한 나는 어쩌면 그렇게도 바보였을까요. 그 증거로 엘리제를 보세요. 나도 훨씬 나중에 결혼할 수도 있었을 텐데(서둘렀다는 뜻은, 그녀가 입장권을 살 때 서두르는 꼴과 시누이가 장식품을 살 때 설치는 모습으로 그려지고 있다. 결혼의 대리물로서 연극 구경이 그려져 있다)."

이것이 꿈의 주요 사상이었던 것이다. 그다지 확실히 단정할 수는 없으나 계속해보자.[5] 그리고 "그만한 돈이 있으면 이보다 백배나 훌륭한 물건을 살 수 있었을 텐데(150플로린은 1플로린 50크로이처의 백배다)"라고 하는 것은 만일 이 돈을 지참금으로 대치한다면, 남편을 지참금으로 살 수 있다는 의미도 된다.

장식품과 C급 좌석은 남편의 대리물이 되어 있는 듯한데, 우리의 지식은 거기까지 미치지 못한다. 우리는 이 꿈이 현재의 남편에 대한 '경멸'과 너무 서둘러서 일찍 '결혼한' 후회를 나타내고 있다고 추측했을 뿐이다.

우리는 이 첫 꿈 해석 결과에 만족하기는커녕 오히려 적잖이 놀라고 머리가 혼란스러워진 듯하다. 이제까지 얻은 것보다 많은, 도저히 감당할 수 없는 지식이 일시에 우리에게 밀어닥쳤다. 꿈의 해석이 가르쳐 주는 것은 끝이라는 것이 없다고 나는 이미 말한 적이 있다. 다시 한번 새로운 지식이라고 할 수 있는 것만을 정리해 보자.

첫째, 잠재의식에서는 서두른다는 요소가 특히 강조되어 있는데, 나타난 꿈에서는 이에 대해 아무것도 발견되지 않는다는 점이 주목할 만하다. 만일 분석을 하지 않았더라면, 이 '서두르다'라는 인자가 어떤 역할을 하고 있는지 예상도 할 수 없을 것이다. 그러므로 주요점, 즉 무의식적인 사상의 중심은 결국 꿈

---

5) 이런 대목의 분석은 꿈을 꾼 부인의 진술을 무시해서는 안 되기 때문이다.

에 모습을 나타내지 않을 수도 있다. 이 때문에 꿈 전체의 인상이 완전히 바뀌어 버리는 것이다.

둘째, 꿈속에서는 1플로린 50크로이처에 석 장이라는 불합리한 요소가 나타났다. 우리는 '그렇게 빨리 결혼한 것은 바보짓이었다'는 문구를 꿈의 요소에서 간파했다. '바보짓이었다'는 관념이 이 꿈속에 하나의 불합리한 요소를 끌어넣음으로써 나타난 것이라고 결론지을 수 없을까?

셋째, 드러난 요소와 잠재요소 사이의 관계는 결코 단순하지 않다. 그러므로 드러난 요소가 잠재요소를 대체하고 있는 것이 아님은 둘을 비교해 보면 알 수 있다. 도리어 이 관계에 나타난 요소는 복수(複數)의 잠재요소를 대표하고, 또 반대로 어떤 잠재요소는 복수의 나타난 요소로 대치되듯이 두 가지가 서로 다른 집단관계가 되지 않으면 안 된다.

마지막으로 이 꿈의 의미와 이 꿈을 꾼 부인의 자기 꿈에 대한 태도에 대해서 우리는 더 놀라운 말을 해두지 않으면 안 되겠다. 그녀는 이 꿈의 해석을 인정했지만, 그녀 스스로 이 해석에 은근히 놀라버린 것이다. 그녀는 자기 남편을 그렇게 경멸하고 있었다는 것을 의식하지 못했고, 왜 자기 남편을 그렇게까지 경멸해야 되는지도 몰랐다. 그러므로 여기에는 충분히 납득할 수 없는 점이 아직도 있다. 우리는 아직 꿈을 제대로 해석할 준비가 제대로 되어 있지 않다. 그러니 우리는 더욱 많은 지도를 받아 준비를 갖춰야 한다고 생각한다.

여덟 번째 강의
어린이의 꿈

우리가 너무 이야기를 빠르게 진전시킨 듯하므로 이젠 발걸음을 약간 뒤로 돌리기로 한다. 지난번에 우리가 제창한 기법을 사용해서 꿈의 왜곡이라는 문제를 정신분석적 방법으로 극복하려는 시도에 앞서 여러분에게 왜곡이 없는 꿈이라든가, 설령 왜곡이 있더라도 아주 적게 나타나는 꿈만으로 범위를 한정해서 문제를 풀어 나가는 것이 좋다고 말해 두고 싶다. 이 길을 가면 우리는 인식(認識)의 발전, 즉 정신분석의 발달사에서 멀어지게 된다. 왜냐하면 실제로 꿈의 해석법을 철저하게 적용하여 왜곡된 꿈의 분석에 성공해서야 비로소 왜곡되기 전의 꿈의 존재를 깨닫기 때문이다.

우리가 지금 구하고 있는 이 왜곡되지 않은 꿈은 어린아이에게서 발견할 수 있다. 어린아이의 꿈은 짧고 선명하고 이론이 정연하여 알기 쉬운 데다가 모호한 데도 없이 뚜렷하다. 그러나 어린아이의 꿈이 다 이와 같다고 생각해서는 안 된다. 꿈의 왜곡은 어린 시절이라는 매우 이른 시기에 나타나는 것으로 5세부터 8세까지의 어린아이의 꿈에 벌써 후일의 꿈의 특색이 모두 포함되어 있었다는 예가 보고되고 있다. 만일 정신활동이 눈에 띄기 시작하는 나이에서 4, 5세까지의 시기로 한정한다면, 유아형이라고 할 만한 특색을 갖춘 많은 꿈을 발견하게 된다. 그리고 이후의 유아 시절에도 같은 종류의 꿈이 조금 발견된다. 그리고 또 어른도 어떤 조건 아래서는 전형적인 유아형 꿈과 비슷한 꿈을 꾼다.

이런 어린아이의 꿈에서 우리는 매우 쉽고 확실하게 꿈의 본질에 대한 결론을 끌어낼 수 있다. 그리고 이 결론이 모든 꿈에 골고루 적용된다는 것이 증명되기를 기대한다.

어린아이의 꿈을 이해하기 위해서는 어떤 분석이나 기법을 이용할 필요도 없다. 자기 꿈을 이야기하는 어린아이에게 질문할 필요조차 없다. 그러나 그 아이의 생활에 대해서 조금이나마 이야기를 들어야 한다. 꿈을 설명하는 것은 언제나 그 전날의 경험이다. 꿈이라는 것은 전날의 경험에 대한 수면 중의 정신 생활의 반응이다.

어린아이의 꿈에서 한 걸음 나아간 결론을 얻기 위해 두세 가지 예를 들어 보자.

(1) 생후 22개월이 된 남자아이가 생일을 맞은 어떤 사람에게 버찌 한 바구니를 건네주라는 말을 들었다. 가족들이 그중에서 조금은 도로 주겠다고 약속했지만 어린아이는 아주 시무룩해졌다. 다음 날 아침, 어린아이는 "헤르만[1]이 버찌를 다 먹어 버렸어" 하며 꿈 이야기를 했다. (프로이트 조카의 꿈이며, 프로이트의 생일에 있었던 일이다)

(2) 3년 3개월째 되는 여자아이가 생전 처음으로 호수에서 보트를 타게 되었다. 물놀이가 끝나고 배가 뭍가에 닿자 아이는 보트에서 내리기 싫다고 억지를 쓰며 큰 소리로 울기 시작했다. 아이에게는 보트에 타고 있던 시간이 너무나 빨리 지나간 것 같았다. 다음 날 아침, 그 아이는 이렇게 말했다. "지난밤에 나는 배를 타고 호수를 건너갔어." 그 아이가 꿈에서 배를 탄 시간을 연장한 것이다.

(3) 5년 3개월 된 남자아이가 할슈타트[2] 근교의 에셰른탈 계곡으로 소풍을 따라갔다. 어린아이는 할슈타트가 다흐슈타인산의 기슭에 있다는 말을 들은 적이 있었다. 그리고 이 산은 어린아이의 호기심을 매우 부추겼다. 아우스제의 휴게소에서 본 다흐슈타인산의 전망은 참으로 아름다웠고 망원경으로 산꼭대기에 있는 지모니 산장까지도 똑똑히 볼 수 있었다. 어린아이는 몇 번이나 망원경으로 그 산장을 보려 했는데, 아이가 과연 산장을 잘 찾았는지 어떤지는 알 수 없었다. 소풍에 아주 들떠 즐거워하는 아이는 새로운 산이 보일 때마다, "저

1) Hermann에는 이름 이외에 '그 사람'이라는 뜻도 있다.
2) 오스트리아의 잘츠부르크 근방의 관광지.

산이 다흐슈타인이야?" 하고 줄곧 물어댔다. 그런데 어른이 그 질문에 "아니"라고 대답할 때마다 어린아이는 점차 시무룩해지더니, 마침내 입을 다물고는 함께 폭포를 구경하러 가자고 해도 낮은 비탈길을 힘들다는 핑계로 올라가기 싫어했다. 어른은 아이가 지쳐서 그런 줄만 알았는데, 이튿날 아침 아이는 매우 즐거운 듯이 "어제 우리가 지모니 산장에 올라간 꿈을 꾸었어" 하고 말했다. 어린아이가 어른과 함께 소풍을 가고 싶어 한 것은 지모니 산장에 갈 수 있다는 기대가 있었기 때문이었다. 더 자세히 물어보니 아이는 전에 '꼭대기까지 여섯 시간이면 올라갈 수 있다'는 말을 들은 적이 있었다는 것이다(위의 두 꿈은 1869년 여름, 프로이트 가족이 알프스에 여행했을 때, 3녀 안나와 차남 올리버가 꾼 꿈이다).

이 세 개의 꿈은 우리가 바라는 것을 충분히 알려 주고 있다.

이처럼 어린아이의 꿈은 결코 무의미하지 않다. 이런 꿈들은 '알기 쉽고, 충분히 근거가 있는 심리적 행위'이다. 내가 꿈에 관한 의학적 판단으로서 꿈은 마치 '음악을 모르는 사람이 열 손가락으로 피아노 건반을 두드리는 것과 같은 것'이라고 인용한 비유를 상기해 주기 바란다. 여러분은 이 비유가 방금 말한 어린아이들의 꿈의 경우와 분명히 일치하지 않는다는 것을 깨달을 것이다. 그러나 성인이라면 같은 경우, 경련 정도의 반응밖에 나타내지 않는데 어린아이는 잠든 동안 완전한 정신활동을 나타낸다는 것은 너무나 이상한 일이 아닌가. 어린아이 쪽이 어른보다 훨씬 깊은 잠을 잔다는 것은 믿을 만한 근거가 있다.

이러한 꿈에는 꿈의 왜곡이 없었다. 그러므로 해석을 필요로 하지 않는다. 드러난 꿈과 잠재된 꿈이 일치한다. '꿈의 왜곡은 꿈의 본질이 아닌 것이다.' 이런 말을 들으면 여러분은 마음의 무거운 짐을 벗게 될 것이다. 그러나 더 자세히 연구해 보면 어린아이의 꿈에도 약간의 왜곡, 나타난 꿈의 내용과 잠재사상 사이에 어느 정도의 차이가 있음을 인정하지 않을 수 없게 된다.

어린아이의 꿈은 유감이나 동경, 채우지 못한 소망 등이 남아 있는 전날의 경험에 대한 반응이다. '꿈은 이런 소망을 직접적이고 노골적으로 충족시켜 준다.' 여러분은 내외(內外)의 신체적 자극이 수면을 방해하는 것, 꿈을 자극하는 것으로서 어떤 역할을 하고 있다는 데 대해, 우리가 앞에서 논한 것을 생각해 주기 바란다. 우리는 육체적 자극의 이와 같은 역할에 대해서 아주 결정적인 사실을 알았지만, 그런 방법으로 설명되는 꿈은 소수에 불과하다. 그러나 어린아이의 꿈에서는 이런 육체적 자극이 작용됐음을 나타내는 것이 없다. 이 점에서 우리가 잘못되어 있다고는 도저히 생각할 수 없다. 왜냐하면 방금 그 꿈들은 육체적 자극을 생각지 않더라도 완전히 이해할 수 있었고, 전체를 꿰뚫어 볼 수 있었기 때문이다. 그렇다고 꿈이 자극에서 생긴다는 주장을 버릴 필요는 없다. 문제가 되는 것은 다만 왜 수면을 방해하는 육체적 자극 외에 수면을 방해하는 심리적 자극이 있다는 것을 처음부터 잊어버리고 있었느냐 하는 것이다. 우리는 이와 같은 자극에 의한 흥분이야말로 어른의 수면을 방해하는 최대의 원인이라는 것을 알고 있다. 이 심리적 흥분이 잠드는 데 필요한 정신 상태, 즉 외부세계에 대한 관심을 철회시키지 못하게 방해를 한다. 그렇게 되면 어른의 경우는 되도록 생활을 중단하지 않고 자기가 하고 있는 일을 계속하고 싶어 한다. 그러므로 잠들지 못한다. 이와 같이 잠을 방해하는 심리적 자극은 어린아이의 경우는 채워지지 않는 소망으로서, 어린아이는 이에 대해서 꿈을 통하여 반응하고 있는 셈이다.

　이로써 우리는 가장 쉽게 꿈의 기능에 관한 결론에 도달하게 된다. 꿈이 심리적 자극에 대한 반응이라면 꿈은 이 심리적 자극을 처리시켜 주는 기능을 한다. 그 결과 자극이 제거되고 계속 잠을 잘 수 있는 것이다. 꿈에 의한 자극의 이러한 처리가 역동적으로 어떻게 이루어지는가는 아직 모르지만, 이미 우리가 주장한 것처럼 꿈은 '수면의 방해자가 아니라(사람들은 꿈이 수면을 방해하는 것이라고 비난하고 있다) 수호자이며, 수면의 방해를 제거해 주는 파수꾼'임을 알 수 있다. 꿈이라는 것이 없었다면 우리는 더 푹 잘 수 있을 것이라고 사람들은 말한다. 그러나 그것은 잘못이다. 우리가 어느 정도 숙면할 수 있는 것은 꿈이 있기 때문이다. 마치 소음으로 우리를 깨우려고 하는 방해자를 야경꾼이 쫓아버리기 위해서는 조금쯤 소리를 내는 것도 부득이한 것과 마찬가지로, 꿈이 약간의 잠을 방해하는 것은 어쩔 수 없는 일이다.

　소망이 꿈을 유발시키는 것이며, 이 소망의 충족이 꿈의 내용이라는 것은 사실 꿈의 중요한 성격 가운데 하나이다. 꿈은 사상을 단지 표현하는 것이 아니라, 환각적인 체험의 형태로 충족시키는 것으로서 나타난다는 것 또한 언제나 볼 수 있는 꿈의 특징이다. '나는 호수를 건너고 싶다'는 꿈의 내용은 그 꿈을 일으키게 한 소망의 내용이며, 그 꿈의 내용은 '나는 호수를 배로 건너고 있다'는 것으로 나타난다. 그러므로 잠재된 꿈과 나타난 꿈의 차이, 즉 잠재의식의 왜곡은 이와 같이 어린아이의 단순한 꿈속에도 존재한다. 즉 '생각이 체험으로 대치되어 있다'는 것이 바로 그것이다. 꿈을 해석할 때는 무엇보다 먼저이 얼마 안 되는 과정을 잘 밟지 않으면 안 된다. 방금 말한 것이 어떤 꿈에도 해당되는 보편적인 성격임을 분명히 밝힐 수 있다면, 전에 보고한 꿈의 단편, '내 형이 상자 안에 들어 있다'는 꿈은 '내 형은 긴축생활을 하고 있다'고 풀이할 것이 아니라 '내 형은 긴축생활을 해야 한다'로 풀이해야 할 것이다. 방금 말한 꿈의 두 가지 보편적 성격 중에서도 두 번째 성격이 첫 번째 성격보다 이의없이 인정될 소지가 분명히 많다. 우리가 철저하게 연구하면 할수록 꿈을 일으키는 것은 언제나 하나의 소망이라는 것, 또 꿈을 일으키는 것은 근심이라든가 계획이라든가 비난일 수 없다는 것을 알 수 있을 것이다. 그러나 꿈은 이 자극을 단순히 재현할 뿐만 아니라 일종의 체험을 통하여 그 자극을 폐기하고, 제거하고, 해소시킨다는 다른 특성이 있는데, 이것은 아직 언급하지 않았다.

꿈의 이런 성격과 관련하여 다시 한번 꿈과 착오 행위를 비교해 보자. 착오에서는 방해하는 의도와 방해받는 의도가 구별되며, 착오란 이 두 가지 의도의 타협이라고 말했었다. 이와 같은 도식은 꿈에도 적용된다. 꿈에서는 방해받는 의도란 바로 잠을 자고자 하는 의도이다. 방해하는 의도는 심리적 자극, 즉 기어이 해소되기를 갈망하는 소망이라는 것이다. 왜냐하면 우리는 지금 수면을 방해하는 심리적 자극으로서의 소망밖에 모르기 때문이다. 여기서도 또한 꿈은 타협의 산물이다. 우리는 잠자고 있으나 꿈속에서 소망이 처리되는 것을 체험한다. 우리의 소망은 이루어지면서 동시에 잠은 계속된다. 바로 둘 다 일부는 목적을 달성하고 일부는 버려지는 것이다.

매우 선명한 공상의 산물을 백일몽(白日夢)이라고 부르는 데서, 꿈의 문제를 이해하는 큰길이 열린다는 기대를 다시 한번 상기해 주기 바란다. 백일몽은 분명히 소망의 충족이며 우리가 잘 알고 있듯이 야심에 찬 소망이나 에로틱한 소망 충족이다. 그러나 가령 그것이 생생하게 표상되었다 해도 생각 속에서 뿐이지, 결코 환각적인 체험의 형태를 갖지 않는다. 다시 말해 백일몽에는 꿈의 두 가지 주요 성격 가운데 확실성이 희박하다는 성격은 존재하지만, 또 하나의 성격, 바로 깨어 있을 때는 실현되지 않는 것이므로 잘 존재하지 않는 것이다. 따라서 백일몽이라는 말에는 소망의 충족이 꿈의 중요한 특징이라는 것이 암시되어 있다.

게다가 꿈속의 경험은 수면상태라는 조건 아래에서만 가능해지는 변형된 표상(상징 또는 관념)이라 한다면, 즉 '밤에 보는 백일몽'이라고 한다면, 꿈 형성의 과정이 밤중에 작용하는 자극을 제거하고 소망의 충족을 가져다줄 수 있다는 것은 곧 이해가 갈 것이다. 왜냐하면 백일몽은 소망의 충족과 결부된 활동이며 사람은 소망 충족을 위해서 백일몽에 잠기기 때문이다.

이 백일몽이라는 표현 이외에 다른 문구에서도 같은 뜻을 볼 수 있다. '돼지는 도토리 꿈을 꾸고, 거위는 옥수수 꿈을 꾼다.' '닭은 무슨 꿈을 꾸나? 수수 꿈을 꾸지'라는 속담은 잘 알려져 있다. 이 속담의 주인공들은 어린아이와 동물로, 우리보다 훨씬 격을 낮춰 꿈의 내용이 어떤 욕구의 충족이라는 것을 주장하고 있다. 많은 표현, 이를테면 '꿈처럼 아름답다'든가 '꿈에도 생각지 않았다'든가, '그런 것은 꿈에서도 상상조차 못 했다'는 것은 같은 뜻을 암시하고 있는 것 같다. 이러한 관용구들은 분명히 우리 견해를 지지해 주고 있다. 물론 악몽이라든가 고통스러운 내용, 또는 아무렇지도 않은 내용을 담은 꿈도 있지만, 그러한 꿈은 꿈에 대한 관용구를 만드는 데까지는 이르지 않았던 것이다. 사람들은 '악몽'이라고 말하지만, '악'이라는 것을 떼어 버리고 단순히 꿈만을 다룬다면, 순전히 소망 충족을 나타내고 있는 데 지나지 않는다. 돼지나 거위가 자신들이 도살당하는 꿈을 꾼 것을 보여 주는 속담 같은 것은 전혀 없으니까.

꿈의 소망 충족이라는 성격이 꿈 연구자의 눈에 띄지 않았다는 것은 도저히 생각할 수 없다. 연구자들은 자주 이 특징에 주의를 했지만, 아무도 이 성격을 보편적인 것으로 인정하여 꿈에 관한 설명의 요점으로 삼겠다는 생각을 하지 못했던 것이다. 우리는 그들이 왜 이것을 알아채지 못했는가를 상상할 수 있으므로 나중에 이 문제를 규명해 볼 생각이다. 그것은 그렇고 여러분은 어린이의 꿈에 관한 연구에서 아무 힘도 안 들이고 얼마나 많은 것을 얻었는가를 생각해 보기 바란다. 즉 꿈의 기능은 수면의 파수꾼이라는 것, 꿈은 서로 심하게 갈등하는 두 의도에서 생긴다는 것, 그중의 하나는 변하지 않는 것, 즉 수면의 욕구이며, 또 하나는 심리적 자극을 채우고자 힘쓰는 욕구라는 것, 꿈은 의미가 풍부한 심리적 행위라는 증명, 그리고 꿈의 두 가지 중요한 성격은 소망 충족과 환각적 체험이라는 것 등이다. 이런 것들에 정신을 빼앗겨서 우리는 정신분석을 연구하고 있다는 것을 자칫 잊어버릴 뻔했다. 꿈을 착오와 결부시켜 연구한 이외에 우리는 정신분석연구에 이렇다 할 특징을 내세울 것이 없다. 정신분석의 가설은 아무것도 모르는 심리학자라도 어린아이의 꿈을 이와 같이 설명할 수는 있었을 것이다. 그런데도 왜 아무도 이 설명을 하지 않았을까?

어린아이의 꿈같은 형태만이 꿈의 전부라면, 꿈 문제는 이것으로 곧 해결되고 우리의 연구는 완성되었을 것이다. 그것뿐이라면 꿈을 꾼 사람에게 질문할 필요도 없거니와, '무의식'의 힘을 빌릴 필요도 없으며 자유연상에 의존할 필요도 없다. 그러나 아직도 우리 연구는 이 방향으로 진행되어 나가야 한다.

우리가 보편적으로 해당된다고 말한 꿈의 일반적 특징은 어떤 종류의 꿈, 한정된 수의 꿈에만 해당되는 데 지나지 않는다는 것은 몇 번이나 경험했다. 그러므로 어린아이의 꿈에서 추론된 그러한 보편적 여러 성격이 과연 그렇게까지 널리 근거가 있는 것인지, 꿈에서 나타난 내용과 전날부터 남아 있는 소망과의 사이에 아무런 관계도 없는, 선명치 않은 꿈에도 이러한 일반적 성격이 적용되는지가 문제이다. 이런 종류의 다른 꿈은 몹시 왜곡되어 있기 때문에 조급한 판정은 보류되어야 할 것이다. 이와 같은 왜곡을 뚜렷이 밝히기 위해서 어린아이의 꿈을 이해하는 데에는 필요치 않았던 정신분석적인 기법이 필요한 것이다.

어린아이의 꿈처럼 소망 충족이라는 것을 쉽게 인정할 수 있는 왜곡되지 않은 꿈이 몇 가지 있다. 심한 육체적 욕구, 이를테면 굶주림, 갈등, 성욕 등으로 일어나는 꿈은 평생을 통해서 나타난다. 이러한 꿈은 내적인 육체자극에 대한 반응으로서 소망 충족을 목표하고 있다.

나는 19개월 되는 여자아이의 한 꿈을 기록해 두었다. 이 아이는 자기 이름 밑에 적힌 메뉴(안나 F-딸기, 구즈베리, 오믈렛, 빵죽)의 꿈을 꾸었다. 이 아이의 꿈은 배탈이 났기 때문에 하루 식사를 못한 공복의 반응으로 보이며, 더욱이 배탈이 난 원인은 꿈에 두 번 나온 과일(딸기와 구즈베리) 때문이었다. 같은 무렵에 여자아이의 할머니도(할머니의 나이와 여자아이의 나이를 합치면 꼭 일흔 살이 되는데) 콩팥 처짐증[3] 때문에 하루를 굶어야 했다. 그날 밤 할머니는 어느 집에 초대받아, 눈앞에 산해진미가 차려져 있는 꿈을 꾸었다. 굶주린 채 버림받은 죄수나, 여행과 탐험을 하다가 식량 부족으로 고생하는 사람들을 관찰하면, 이와 같은 조건 아래서의 인간이란 거의 틀림없이 식욕을 채우는 꿈을 꾼다는 것을 알 수 있다.

1904년에 출판된 오토 노르덴셸드[4]의 《남극(南極)》이라는 책에 그와 함께 극지에서 겨울을 보낸 승무원의 이야기가 실려 있다.

우리의 꿈은 마음속 깊이 숨어 있는 의식을 매우 뚜렷이 나타낸다. 나는 평생을 통해서 현재만큼 꿈이 생생하고 그 횟수가 많았던 적을 알지 못한다. 평소에는 아주 드물게 꿈을 꾸는 승무원들조차 날마다 아침이 되면 서로 공상 세계에서 조금 전에 본 경험을 긴 이야기로 들려주는 것이었다. 승무원들의 꿈은 극지에서 멀리 떨어진 본국의 세계에 관한 것이었으며, 흔히 현재의 처지에 들어맞는 것이었다. 그중에서도 마시는 것과 먹는 것은 우리의 꿈 가운데 가장 중심이 되는 주제였다. 밤이면 반드시 성대한 오찬회에 갈 수 있는 것을 자랑으로 삼았던 어떤 승무원이 아침에 눈을 뜨고, "간밤에 나는 세 접시나 나오는 점심을 먹었지" 하고 동료들에게 보고할 때의 기뻐하는 모습은 말로 표현할 수 없을 정도였다. 어떤 승무원은 담배 꿈, 산더미처럼 담배가 쌓인 꿈을 꾸었다. 또 어떤 승무원은 배가 돛을 높이 올리고 대양을 건너 극지를 향해서 달리는 꿈을 꾸었다. 그리고 여기에 보고할 만한 가치가 있는 꿈이 있다. 우편집배원이 우편물을 들고 와서 왜 이렇게 우편이 늦었는지 지루하게 설명해 주는 꿈이다. 우편집배원은 그것을 잘못 배달했다가 되찾는 데 숱한 애를 먹었다는 말을 하는 꿈이었다. 대개 수면 중에는 실제로 있을 듯하지 않은 꿈을 꾸는 법인데, 여기서는 내 자신의 꿈이거나 남에게서 들은 꿈이거나 거의 모두 공상이 결여되어 있는 점이 두드러지게 나타났다. 그런 꿈을 일일이 기록해 두면, 아마 심리학적으로 크게 흥미가 있었을 것이다. 우리가 못 견디도록 갖고 싶어 하는 것은 무엇이든지 꿈이 제공해 주므로 우리가 얼마나 잠을 열망해 왔는지, 독자

---

3) 콩팥의 고정조직이 풀려 이상한 위치로 이동하는 병.
4) Otto Nordenskjöld. 스웨덴의 지리학자, 극지 탐험가.

는 쉽게 짐작할 수 있을 줄 안다.

다음은 뒤 프렐(C. Du Prel)의 예.

뭉고 파크[5]는 아프리카 여행 중 목이 말라 죽을 지경이 되자 밤마다 물이 풍부한 고향의 골짜기와 푸른 평원의 꿈을 꾸었다. 마찬가지로 독일의 마그데부르크의 보루에서 굶주림에 시달리던 트렌크[6]는 자기가 진수성찬에 둘러싸인 꿈을 꾸었으며, 프랭클린[7]의 제1회 탐험대(1819~1822, 북아메리카 탐험)에 참가한 조지 백[8]은 식량 부족 때문에 다 죽어가게 되었을 때, 밤마다 거의 빠짐없이 맛있는 음식을 먹는 꿈을 꾸었다.

저녁 식사 때 짠 음식을 먹고 밤중에 목이 마른 사람은 무언가를 마시고 있는 꿈을 꾸는 수가 많다. 음식에 대한 강한 욕구가 꿈을 꾸었다고 해서 해소되지는 않는다. 이런 경우에는 목마름 때문에 꿈에서 깨어, 실제로 물을 마시게 될 것이다. 그러므로 이 경우엔 꿈의 효용은 그다지 없으나, 잠자는 사람을 깨워서 행동시키려고 하는 자극에 대해서 잠을 고수하기 위해 꿈이 동원되었다고 생각할 수도 있다. 그런 욕구가 그다지 강하지 않을 때는 소망 충족의 꿈으로 대개 이 욕구를 해소할 수 있는 것이다.

마찬가지로 성적 자극을 받았을 때도 꿈으로 소망이 채워지는데, 이런 종류의 꿈에는 특기할 만한 특징이 있다. 성욕은 굶주림이나 갈증에 비하면 대상에 의존하는 정도가 한층 낮기 때문에, 그 욕망은 몽정으로 실제로 채워진다. 또 대상과의 관계에 어떤 어려움이 있기 때문에(이에 대해서는 나중에 이야기하려 한다) 선명하지 않고 왜곡된 꿈의 내용과 결부되어 실제로 성욕이 채워지는 수가 특히 많다. 몽정에 이와 같은 특색이 있는 것은 오토 랑크가 주목한 것처

---

5) Mungo Park : 1771~1806, 영국의 탐험가.
6) Trenck : 1726~1794, 오스트리아군의 스파이. 독일·프랑스 등지에 잠입하여 활약하다가 프랑스혁명 때 사형됨.
7) Franklin : 1786~1847, 영국의 탐험가.
8) George Back : 1796~1817, 영국의 탐험가.

럼 꿈의 왜곡을 연구하는 데 더없이 좋은 자료를 제공해 준다.

또 어른에게 나타나는 욕구 충족의 꿈은 욕구를 채우는 것 말고도 순전히 심리적 자극원에서 나온 다른 것을 포함하고 있으므로, 그 꿈을 이해하려면 마땅히 해석의 다른 힘을 빌리지 않으면 안 된다. 그렇다고 어른의 유치한 형태의 소망 충족의 꿈을 어쩔 수 없는 욕구(굶주림, 목마름 등)에 대한 반응으로서만 나타난다고 주장하려는 것은 아니다. 이것과 마찬가지로 심리적 자극원에서 나오는 꿈도 있으며, 어떤 지배적인 사항에 영향을 받아서 만들어진 선명하고 짧은 꿈이 있다는 것도 우리는 알고 있다. 이를테면, 무척 기다려지는 성급한 꿈이 있다. 여행이라든가 특히 흥미 있는 연극, 강연, 방문 등을 성급한 기대로 기다리고 있을 때, 그 예상이 재빨리 꿈으로 실현되면서 전날 밤에 실제 경험에 앞서서 연극을 보기도 하며, 찾아갈 집의 사람과 이야기를 하기도 한다. 또는 위안의 꿈이라고 부를 수 있는 꿈이 있다. 더 자고 싶어 못 견딜 때, 꿈속에서는 벌써 일어나서 얼굴을 씻기도 하고 학교에 가 있기도 하는데, 현실에서는 아직 잠자고 있는 것이다. 현실에서가 아니라 꿈속에서 깨어나 있는 것이다. 우리가 꿈의 형성에 중요한 요인으로 본, 잠을 자고자 하는 소망이 이들 꿈에서는 공공연하게 나타나 꿈의 본질적 형성자로서 중요한 역할을 하고 있다. 수면 욕구는 다른 육체적인 욕구와 동일한 위치에 있는 것은 당연하다.

이 점과 관련해서 나는 여러분에게 뮌헨의 샤크 화랑에 있는 슈빈트[9]가 그린 복제된 명화를 소개하기로 한다. 여러분은 그것을 보면 꿈은 그때의 지배적 상황에서 만들어진다는 것을 그 화가가 정확하게 이해하고 있는 데 아마도 놀랄 것이다. 제목은 '죄수의 꿈'이고 그 내용은 도망이다. 죄수가 창문으로 달아나려고 한다는 것은 좋은 착안이다. 왜냐하면 그 창문에서 광선의 자극이 들어와 죄수의 잠을 깨우려 하기 때문이다. 어깨에 올라서 있는 난쟁이들은 죄수가 높은 창문까지 기어오를 때 취해야 하는 자세를 나타내고 있다. 그리고 내 생각이 틀리지 않고, 또 이 화가에게 그렇게까지 작의(作意)를 강요하지 않는다고 한다면, 창살을 톱으로 자르고 있는 맨 위의 난쟁이는 죄수 자신이 하고 싶어 하는 일을 행하는 것으로, 이 난쟁이야말로 죄수의 모습일 것이다.

---

9) Schwind : 1804~1871, 오스트리아의 낭만파 화가.

어린아이의 꿈과 유치한 꿈을 제외한 다른 모든 꿈에는 이미 말한 것처럼 꿈이 모두 왜곡돼 있으므로 우리의 진행을 방해한다. 그 왜곡도 소망 충족이 아니냐고 추측하고 싶지만, 이에 대해서는 아직 아무 말도 할 수 없다. 또 어떤 심리적 자극으로 왜곡된 꿈이 일어나는지도 위 내용만으로는 알 수 없다. 또 이들 꿈이 이러한 자극을 제거하거나 해소하려고 하는 것임을 증명할 수도 없다. 이러한 꿈의 왜곡은 해석되어야 하며 교정해야 하고, 그 내용으로 나타난 것에서 잠재내용을 추측해야 하는 것이다. 그 뒤에야 비로소 우리가 어린아이의 꿈에서 발견한 것이 모든 꿈에도 똑같이 적용되는지를 판단할 수 있는 것이다.

아홉 번째 강의
꿈의 검열

어린아이의 꿈에 관한 연구를 통해, 우리는 꿈의 발생과 본질 및 기능을 알게 되었다. '꿈이란, 수면을 방해하는 심리적 자극을 환각적인 충족으로 처리하는 일이다.' 그러나 우리는 어른의 꿈에서 출발하여 유아형 꿈이라고 이름을 붙인 꿈의 일단만을 설명했을 뿐, 다른 종류의 꿈에 대해서는 그 종류와 성격 등을 이해하는 단계까지 이르지 않았다. 앞서 우리는 하나의 결과를 얻었는데, 그 의의를 결코 경시하고 싶지는 않다. 다시 말해 우리가 어떤 꿈을 완전히 이해할 수 있었을 때는, 언제나 그 꿈이 환각적 소망 충족이라는 것을 알았다. 이것은 우연한 일치라거나 어떻게 하든 관계없는 일이라고 할 수 없는 것이다.

다른 종류의 꿈에 대해서는 다각도로 숙고하고, 다시 착오에 대한 해석과의 유사점을 참고로 하여, 우리는 다음과 같이 가정한다. 그와 같은 꿈은 어떤 미지의 내용이 왜곡된 대용물이며, 이 꿈을 이해하려면 먼저 미지의 내용을 추적해야 한다는 것이다. 이 꿈의 왜곡을 연구하고 이해하는 것이 우리의 과제이다.

꿈의 왜곡은 우리가 꿈을 기괴하고 난해한 것처럼 받아들이는 것이다. 우리는 그 왜곡에 대해서 많은 것을 알고 싶어 한다. 첫째, 왜곡은 무엇에서 기인하는가? 바꾸어 말하면, 왜곡의 역학이다. 둘째, 왜곡은 무엇을 하고 있는가? 셋째, 그 왜곡은 어떻게 만들어지는가? 꿈의 왜곡은 꿈의 작업이 만들어 낸 산물이라고 말할 수 있다. 꿈의 작업을 기술하고, 아울러 그 작업에 작용하는 힘을 살펴보자.

그러면 이제부터 꿈 이야기 한 가지를 소개해 보겠다. 이 꿈은 유명한 정신분석학자인 폰 후크 헬무트 여사가 〈국제 정신분석학 잡지(제3권 1915년)〉에 보고한 것이다. 꿈을 꾼 사람은 명망있고 학식이 풍부한 교양 있는 노부인인데,

이 꿈은 분석되지 않았다. 이 꿈의 보고자에 의하면, 이 꿈은 정신분석가의 해석이 전혀 필요 없는 것이었다. 또 이 꿈을 꾼 부인 자신도 이 꿈을 해석하지는 않았다. 그는 마치 이 꿈의 의미를 알고 있는 듯이, "자나 깨나 머릿속에 온통 자식 일뿐인 쉰이나 먹은 여자가 이런 천하고 어이없는 꿈을 꾸다니"라며 불쾌해했을 뿐이다.

이 꿈은 '사랑의 봉사'에 관한 꿈이었다.

그녀는 제1 육군 병원으로 갔다. 그리고 문에 서 있는 보초에게 말했다. "병원장(그녀는 알지 못하는 이름을 댔다)님을 뵈러 왔습니다. 면회 용건은 내가 병원에서 무언가 봉사하고자 하는 것입니다." 그녀는 이때 봉사라는 말을 강하게 발음했으므로 보초 하사관은 사랑의 봉사를 뜻한다고 곧 알아들었다. 그러나 그녀의 나이가 많아 보이므로 하사관은 조금 망설였으나 마지못해 들여보내 주었다. 그런데 그녀가 들어선 곳은 병원장실이 아니라 어둠침침한 큰 방이었다. 방 안에는 많은 장교와 군의관들이 긴 탁자를 둘러싸고 서 있거나 앉아 있었다. 그녀가 선임 군의관에게 자기의 용건을 말하자, 군의관은 그녀의 뜻을 곧 알아차렸다. 꿈속에서 그녀가 한 말은, "저뿐이 아닙니다. 빈에 살고 있는 주부들이나 처녀들은 결심하고 있어요. 장교건 병졸이건 누구든 상관 없이 군인들을 위해……"라는 것이었다. 그러자 꿈속에서 웅성거림이 일어났다. 그녀가 한 말을 모두 알아들은 듯 어떤 장교들은 그녀의 말을 듣는 순간 당황하기도 하고 또 어떤 장교는 좀 비웃는 표정을 지었다. 여자는 말을 계속했다. "우리의 결심을 이상하게 여기시겠지만, 우리는 진정으로 원하고 있어요. 싸움터에 나가는 병사들은 목숨이 아깝다든가, 아깝지 않다든가 말할 수는 없지 않겠어요." 그리고 잠시 동안 숨 막히는 침묵이 계속되었다. 선임 군의관은 그녀의 허리에 팔을 두르며 말한다. "부인, 사실 이런 마당에."(웅성거리는 소리가 들린다) 그녀는 어차피 모두 다 마찬가지라고 생각하면서 남자의 팔을 풀었다. 그리고 입을 연다. "어머나, 저는 나이 먹은 여자입니다. 저에게는 그런 일이 적당치 않습니다. 한 가지 조건을 생각해 봐야겠습니다. 나이의 측면에서 보면, 나이 먹은 여자와 젊은이가 (여기저기서 웅성거린다) 아아, 망측한 일입니다." "부인 말씀은 잘 알겠습니다." 군의관이 말한다. 몇몇 장교들(그 가운데에는 처녀 시절 그녀에게 구혼했던 남자의 모습도 보였다)이 한꺼번에 웃음을 터뜨렸다. 여자는 모든 일이 잘 처리되도록 자기가 아는 병원장에게 안내해 달라고 애원한다. 그런데 여자는 자기가 그 병원장의 이름을 모른다는 것을 깨닫고 당황한다. 그럼에도 선임 군의관은 그녀에게 아주 정중하게, 그 방에서 똑바로 위로 나 있는 아주 좁고 긴 철제 나선형 계단을 올라가서 2층으로 가도록 손가락으로 가리킨다. 층계를 올라가면서 그녀는 한 장교의 말소리를 듣는다. "참으로 훌륭한 결심이군. 젊건 늙건 무슨 상관이람. 대견한 마음씨를 가진 여자잖아." 여자는 자기의 임무를 속히 완수하려는 심정으로 무수한 계단을 힘차게 올라간다.

꿈을 꾼 부인의 말에 의하면, 이러한 꿈이 2~3일 동안에 두 번이나, 물론 군데군데 사소한 부분은 바뀌었지만, 대체로 비슷한 줄거리로 되풀이되었다고 한다.

이 꿈이 전개되는 순서는 낮에 떠오른 백일몽과 일치한다. 이 꿈에는 곳곳에 탈락된 부분이 있다. 이 꿈에 포함되어 있는 몇몇 자질구레한 내용은 곧 분명해졌겠지만, 알다시피 그것은 묻지 않았다. 그러나 더욱 우리의 흥미를 끄는 점은 뚜렷이 이 꿈에서는 몇 군데의 탈락, 그것도 기억의 탈락이 아니라 내용의 탈락이 있다는 것이다. 이를테면 세 군데에서 꿈의 내용이 사라지고 없는데, 탈락된 대화는 소음으로 대치되어 있다. 우리는 아무 분석도 하지 않았으니, 엄밀히 말하면 이 꿈의 뜻에 대해 이러쿵저러쿵 말할 권리는 없다.

그러나 이 꿈에서 '사랑의 봉사'라는 말은 어떤 해석을 하든 좋은 암시가 된다. 더욱이 소란이 일어나기 전 중단된 대화 부분은 꼭 보충할 필요가 있다. 그 대목을 보충해 보면 그 의미는 너무나 분명해진다. 보충해 살펴보면, 결국 꿈을 꾼 여자는 마치 애국심을 발휘하듯 장교, 하사관, 병사의 애욕을 채워 주기 위해서 자기 몸을 바쳐도 좋다는 공상을 한 것이 뚜렷해진다. 이것은 확실히 망측스럽고 파렴치한 성적 공상의 전형인데, 그 점은 이 꿈의 어디를 찾아보아도 나타나 있지 않다. 이야기의 진행 도중 이런 것을 고백해야 하는 바로 그 대목에서, 마침 그때 이유를 알 수 없는 소란스러움이 꿈속에서 일어나 어떤 것이 탈락되거나 혹은 축약되어 버렸다.

탈락된 대목에 나타나 있는 이 망측스러움이야말로 그 부분을 축약하는 동기라고 추측하는 것은 여러분도 마땅히 인정할 것이다. 그러면 이러한 현상과 비슷한 일을 어디서 찾으면 좋다고 생각하는가? 현대에서는 굳이 먼 곳을 찾을 필요가 없다. 시험적으로 아무것이나 정치 신문을 들여다보라. 신문의 군데군데 원문이 삭제되고, 그 자리는 공백으로 남아 있다. 이것이 신문 검열관의 작업이라는 것을 여러분도 알 것이다. 이 공백에는 검열 기관의 노여움을 산 기사가 기재되어 있었고, 그것 때문에 그 부분이 삭제되었던 것이다. 아마 여러분은 그 공백을 보면서 틀림없이 유감스러워할 것이다. 왜냐하면 그 부분에 가장 흥미 있는 '특종'이 실려 있었을 것이기 때문이다. 그중에는 검열관이 간섭하지 않은 완성된 문장도 있다. 신문 기자는 미리 검열에 저촉될 것을 예상하고, 그 부분을 완곡하게 다듬어 검열에 걸리지 않게 하거나 조금 수정하고, 어떤 때는 정말 쓰고 싶은 바를 막연히 암시하거나 넌지시 건드리는 정도로 만족한다. 그러므로 신문 지상에 공백은 없더라도 문장이 다소 함축적이거나 내용이 불분명한 데서 신문 기자가 미리 검열을 머리에 두고 있었다는 것을 짐작하게 된다.

이 유사점을 염두에 두고, 아까 그 꿈속에서 탈락되거나 소음으로 감추어진 대화는 검열관이 지운 것이라고 말할까 한다. 이처럼 꿈이 일부 왜곡되는 것을 우리는 '꿈의 검열'이라고 부르고자 한다. 즉 드러난 꿈에 탈락이 있는 부분은 십중팔구 이 검열 탓이다. 다시 말하면 뚜렷이 생각나는 어떤 꿈의 요소 속에 특별히 약하거나 흐릿하기나, 혹은 수상쩍은 경우에는 언제나 꿈의 검열관이 간섭한 대목이라고 인정해야 한다. 극히 드물지만 이 '사랑의 봉사' 꿈의 예에서처럼 때로는 검열이 매우 공공연하게, 노골적으로 나타나는 때가 있다. 그러나 대개의 경우는 위에서 말한 제2형의 검열 편이 많아 본래의 뜻을 약하게 만들거나, 돌려서 말하거나 암시하거나 한다. 꿈의 검열의 제3형에 대해서는 신문 검열의 세계에서 적절한 비교를 빌려올 수 없지만, 지금까지 분석한 꿈에서 이 제3형을 제시해 보기로 한다. 여러분은 'C석 입장권 3장에 1플로린 50크로이처'라고 했던 꿈이 생각날 것이다. 이 꿈의 잠재적인 사상에는 '서둘러서, 너무나 빨리'라는 요소가 눈에 띄었다. 즉 '그렇게 빨리 결혼한 것은 바보짓이었다, 그렇게 서둘러 입장권 걱정을 한 것은 바보짓이었다, 시누이가 장식품을 사려고 그렇게 서둘러 빨리 돈을 써버린 것은 바보짓이었다'가 된다.

그러나 꿈에 나타난 사상의 중심적 요소는 드러난 꿈에는 흔적도 나타나 있지 않다. 꾼 꿈에서는 단지 연극 구경을 간다는 것과 입장권을 사는 것이 중심이 되어 있다. 이와 같이 강조점을 이행시키고 꿈의 내용 요소들의 편성을 바꿈으로써, 꾼 꿈은 잠재된 사상과 비슷하지도 않은 것이 되어 버리고, 그 때문에 아무도 잠재된 사상이 드러난 꿈 뒤에 있는 것을 짐작할 수 없게 된다. 이 강조점의 이행은 꿈의 왜곡을 일으키는 중요한 방법이며, 이 이행으로 꿈은 기괴한 것이 되고, 꿈을 꾼 당사자조차도 자기가 만든 것인 줄 모르게 된다.

따라서 이와 같이 자료를 생략하고, 변형하고, 편성을 바꾸는 일이 꿈의 검열관이 하는 역할이며, 이는 꿈에 왜곡을 일으키는 수단이 된다. 사실 꿈의 검열관이야말로 꿈의 왜곡(그것을 우리는 지금 연구하고 있는 것이지만)을 일으키는 장본인, 아니 장본인의 한 사람이다. 우리는 이런 변형과 편성 바꾸기를 '전위(轉位)'라는 이름으로 총괄하고 있다.

꿈의 검열 활동에 대해서 말했으니, 지금부터는 검열의 역학(力學)으로 이야기를 돌리기로 한다. 여러분은 '검열관'이라고 해서 너무 의인화시켜 생각하여, 엄격한 난쟁이나 정령으로 상상하고, 이 난쟁이나 정령이 뇌 속의 조그만 방에 살면서 거기서 직무를 수행하고 있다고 생각하지 말기를 바란다. 혹은 또 너무 부분적으로 생각하여 검열관은 '뇌중추'의 하나이며, 그 중추가 그런 검열 작용을 명령하고 있다든가, 그 중추가 장애를 받거나 제거되면 검열하는 힘이 곧 없어져 버린다고 상상하지 않기를 바란다. 검열관이라는 술어는 단지 역학적인 관계를 나타내기 위해 편의상 붙인 것에 지나지 않는다. 물론 검열이라는 말을 여러분이 듣고, 어떤 의도에서 그와 같은 검열하는 힘이 가해지는가 하는 의문은 가져도 좋다. 훨씬 전에도, 하기야 그렇게 말하지는 않았지만, 꿈의 검열에 대해 잠깐 언급한 적이 있다면, 아마 여러분은 의외로 생각할 것이다.

실제로 그 이야기를 한 적이 있었다. 자유연상의 기법을 적용하기 시작했을 때, 우리는 놀랄 만한 경험을 만난 적이 있음을 여러분도 기억할 것이다. 즉 꿈의 요소에서 그 대용물인 무의식적인 요소에 도달하려고 했을 때, 하나의 '저항'에 부딪치는 것을 느꼈다. 이 저항의 크기는 갖가지여서, 거대할 수도 있고 보잘것없는 크기일 수도 있다고 말했다. 저항이 보잘것없는 크기일 때는 해석의 작업은 다만 두세 개의 사슬만 지나면 충분했지만, 저항이 클 때는 꿈의 요소에서 출발하여 긴 연상의 사슬을 더듬어 요소에서 멀리 떨어진 곳으로 끌려가고, 떠오른 연상에 대한 비판적 반론으로서 나타나는 온갖 장애물을 극복하지 않으면 안 되었다. 해석 작업에서 저항으로 나타나는 것이야말로, 꿈의 작업 속에서 우리가 검열이라고 부른 바로 그것이다. 해석할 때의 저항이란 꿈의 검열을 객체화(客體化)한 것에 지나지 않는다. 이것으로 검열의 힘은 꿈에 왜곡을 일으키기 위해 소모되며, 그 뒤에 사라져 없어지는 것이 아니라 왜곡을 끝까지 유지하는 의도를 가진 지속적인 제도로서 그 존재를 계속하고 있다는 것을 알 수 있다. 그리고 해석할 때 부딪치는 저항이 각 요소마다 크기가 다르듯이 검열로 야기된 왜곡은 하나의 꿈속에서도 요소들마다 각기 크기가 다르다. 드러난 꿈과 잠재된 꿈을 비교해 보면, 어떤 잠재요소는 완전히 말살되고, 어떤 요소는 다소 변형되며, 어떤 요소는 과장되어 꿈의 내용 속에 나타남을 알 수 있다.

다음으로 우리가 연구하고자 하는 것은 어떤 의도가 다른 어떤 의도에 대해서 검열을 행하는가 하는 것이다. 꿈을 이해하거나 인간 생활을 이해하는 데 있어 매우 중요한 이 문제는, 우리가 분석한 꿈의 몇 가지 예를 통해서 쉽게 대답을 얻을 수 있다. 검열을 하는 의도는 꿈을 꾼 사람이 잠에서 깼을 때의 판단으로 그 자신도 이 판단이 의도와 꼭 일치하고 있음을 자각함으로써 인정할 수 있다. 그리고 만일 여러분이 자기 꿈에 대한 정확한 해석을 거부한다면, 그 동기는 꿈의 검열이 실시되어 꿈의 왜곡이 생기고, 그로 인해 해석이 필요하게 되었던 그 동기와 동일한 것이라고 확신해도 좋다. 앞서 말한 쉰 살 된 부인의 꿈을 생각해 보라. 그 부인은 꿈을 해석해 주지 않았는데도 망측하다고 느꼈다. 만일 폰 후크 여사가 달리 생각할 여지도 없이 확실한 해석을 조금이라도 그 부인에게 이야기했더라면, 부인은 더욱 분개했을 것이다. 그 부인의 꿈에서 가장 망측스러운 대목이 소음으로 전위된 것은 부인 스스로 비난해야 할 것이라고 판단을 내렸기 때문일 것이다.

그런데 검열의 대상이 되는 의도들은 마음속에 있는 도덕적 판단력에 의해 설명이 되어야 한다. 이 의도는 어디까지나 비난할 만한 성질의 것이며, 윤리적·미적·사회적 견지에서 보아 온당치 않은, 누가 감히 생각해보려고도 하지 않거나 생각하는 것조차 혐오스러운 것이라고 할 수 있다. 특히 검열을 당하여 꿈속에 왜곡되어 나타나는 소망은 방종하고, 체면도 없는 이기주의의 표현이다. 더욱이 꿈을 꾼 사람의 자아는 어느 꿈에나 나타나 있으며, 가령 현재 내용에서는 잘 감추어져 있더라도 어느 꿈에서나 주역을 맡고 있다. 이 꿈의 '신성한 이기주의'는 자려하는 태도, 즉 외부세계 전체로부터 관심이 물러난 상태와 확실히 관계가 있다.

모든 윤리적 구속에서 해방된 자아는 성본능의 모든 욕구와 일치하고 있다. 그런데 성본능이라는 것은 교육에 의해 오랫동안 비난받아 왔고, 도덕적인 금지령을 언도받고 있었던 것이다. 쾌감을 바라는 욕구(우리는 이것을 '리비도 (Libido)'라고 부르고 있지만)는 그 대상을 자유로이 선택한다. 더욱이 리비도는 금지된 것을 즐겨 선택한다. 남의 아내뿐 아니라 인류의 도덕률에 의해 신성시되고 있는 대상, 남성에게는 어머니나 자매, 여성에게는 아버지나 형제[1]를 근친상간의 대상으로 선택하는 것이다. 인간성과는 별 관계가 없다고 우리가 믿고 있는 이 정욕은, 꿈을 일으키기에 충분한 힘을 갖고 있다는 것을 알고 있다. 그리고 증오도 제멋대로 광란하여 울분을 푼다. 혈연적으로 가장 가깝고 인생에서 가장 사랑하는 사람들, 즉 부모, 형제자매, 부부, 심지어는 자식에 대해서까지 복수나 죽음의 소망을 품는 예가 결코 드물지 않다. 검열을 받는 이러한 소망은 정말로 지옥 밑바닥에서 솟아오르는 듯이 보인다. 우리가 깨어 있을 때 그 의미를 해석한다면, 어느 검열이나 절대로 지나치게 엄격하다는 소리는 못할 것이다.

그러나 내용이 악에 넘친다고 해서 꿈 자체를 비난해서는 안 된다. 꿈은 무해한 기능, 아니 오히려 수면이 방해되지 않도록 하는 유익한 기능을 가졌다는 것을 여러분은 잊어버리지 않았을 것이다. 그런 내용의 흉악성은 꿈의 본질이 아니다. 여러분은 정당한 소망이나 절실한 육체적 욕구를 채우고 있다고 할 수 있는 꿈이 있음을 알고 있을 것이다. 이때는 물론 꿈의 왜곡은 생기지 않으며, 또 왜곡을 만들 필요도 없다. 이런 꿈은 윤리적·미적 의도를 침해하지 않고도 그 기능을 다할 수 있다.

여러분은 또한 꿈의 왜곡이 두 가지 인자(因子)와 정비례한다는 것을 기억할

---

1) 앞서의 쉰 살 된 부인의 꿈도 근친상간적인 내용이며 의심할 것 없이 자기의 리비도(성적 충동)를 아들에게 돌리고 있는 것이다.

것이다. 즉 검열되는 소망이 혐오할 만한 것일수록, 검열의 요구가 엄할수록 꿈의 왜곡은 커진다. 그러므로 엄격한 가정에서 자란 수줍은 처녀의 경우에는, 우리들 의사가 온당하고 무해한 리비도적 소망이라고 인정하지 않을 수 없는, 그리고 그 처녀도 10년쯤 세월이 지나면 우리와 마찬가지로 온당하다고 판단을 내릴 꿈의 충동조차 용서 없이 검열로 왜곡하고 마는 것이다.

꿈의 해석이라는 우리의 작업 결과에 분개하기에는 아직 이른 듯하다. 우리는 아직도 꿈을 올바로 이해하는 데까지는 도달하지 않았다고 믿지만, 틀림없이 닥쳐올 비난과 공격은 막아야 할 의무가 있다. 해석의 결과에 트집을 잡는 것은 매우 쉽다.

우리의 꿈에 대한 해석은 이미 말한 것처럼 다음의 가설 위에 서 있다. 즉 꿈에는 하나의 뜻이 있다는 것, 그때는 무의식적인 정신 과정의 존재를 최면법에 의해 최면에서 건강한 수면 상태로 전용(轉用)해도 상관 없다는 것, 모든 연상은 결정되어 있다는 것 등 세 가지 가설이다. 만일 이 가설 위에서 꿈의 해석 결과를 제법 잘 얻을 수 있다면, 이 가설은 옳다는 결론을 내려도 좋을 것이다. 그런데 꿈의 해석 결과가 방금 말한 것 같다면 어떻게 되겠는가? 이때는 이렇게 의문을 제기할 것이다.

"이 결과는 생각할 수도 없고 어이가 없으며, 적어도 신빙성이 없는 결론입니다. 선생님의 가설에는 무언가 잘못된 점이 있었던 것입니다. 꿈은 결국 정신 현상이 아닌지도 모릅니다. 아니면 정상 상태에서는 무의식이라는 것이 없는지도 모릅니다. 혹은 정신분석 기법에는 어딘가 결함이 있는 것인지도 모릅니다. 선생님이 가설 위에 서서 발견했다고 큰소리치는 그 기분 나쁜 결론보다도 더욱 단순하고 만족할 만한 가정은 세울 수 없는 것입니까?"

더욱 단순하고 만족할 만한 가정이라는 말은 타당성이 있긴 해도, 그렇다고 해서 반드시 정당하다고 말할 수는 없다. 우리에게는 시간이 더 필요하다. 단정을 내릴 만큼 연구가 진행되어 있지 않다. 무엇보다도 우리는 꿈의 해석에 대한 비판을 더 강화해야 한다. 우리가 얻은 해석 결과가 매우 불쾌하며, 욕지기가 날 만큼 불쾌하다는 것은 그다지 중요하지 않다. 그보다는 꿈을 해석하여 이와 같은 소망이 꿈에 내재되어 있다고 말했을 때, 꿈을 꾼 본인이 애써 그럴듯한 이유를 들어 결론을 부인하는 태도가 더 논할 가치가 있다.

어떤 사람은 이렇게 말한다.

"뭐라구요? 선생님은, 내가 누이의 지참금과 동생의 교육비로 쓴 돈을 지금도 원통하게 생각하고 있다는 것을 내 꿈에서 증명하려는 겁니까? 그런 일은 없습니다. 나는 오직 누이와 동생을 위해서 일했으니까요. 장남으로서 돌아가신 어머니께 맹세한 의무를 다하는 것 말고는, 내 인생에 즐거움은 없습니다."

또한 꿈을 꾼 한 여성은 이렇게 말한다.

"내가 남편이 죽기를 바라고 있다구요? 어쩌면! 터무니없는 말이에요. 선생님은 내 말에는 아예 귀도 기울여 주시지 않겠지만, 우리의 결혼 생활은 정말 행복한걸요. 만일 남편이 죽기라도 한다면, 이 세상에서 내가 가진 행복은 모두 잃어버리게 돼요."

또 어떤 사람은 우리에게 이렇게 반대할 것이다.

"내가 내 누이동생에게 성적 욕망을 느끼고 있다구요? 어이없는 이야기입니다. 사실 난 누이동생에게 아무 흥미도 없어요. 누이동생과 나 사이는 매우 험악하단 말입니다. 벌써 몇 해 동안이나 말도 한 적이 없다구요."

자기들에게 있다고 지적된 의도를 그들이 시인하지 않거나 부정할 때, 그 사람의 말을 그대로 믿는다는 것은 속단이다. 그것이야말로 여러분이 자기 자신을 의식하고 있지 않은 것이라고 말할 수 있다. 그런데 우리가 해석한 소망과 정반대의 것을 그들이 마음속에 느끼고 있거나, 또 그 정반대의 소망이 그들의 마음 대부분을 차지하고 있다는 것이 평소의 행위로 증명된다면, 우리 역시 당황하지 않을 수 없다. 연구의 결과가 불합리하게 되어 버렸으니, 이제 우리는 꿈의 해석에 관한 연구 따위는 단념해야 하지 않겠는가?

아니, 아직 이르다. 우리가 비판적으로 논박하면 그 강경한 논증도 무너뜨릴 수 있다. 정신생활에는 무의식적인 의도가 있다는 가설 아래, 의식적인 정신생활에는 무의식과 정반대의 것이 우세하다는 것을 증명했다고 해서 여러분들이 증명하는 힘이 커졌다고는 말할 수 없다. 아마도 정신생활 속에는 대립하는 경향, 서로 모순하는 것이 병존할 여지가 있는 것 같다. 실제로 한 충동이 우세하다는 것이야말로 그에 대립하는 활동이 무의식적으로 있는 조건이 되는 것이다. 그러므로 꿈의 해석 결과가 간단하지 않을뿐더러 매우 불쾌하다는 사실에 가장 먼저 공격의 불꽃이 오르는 것이다.

이에 대해서 첫째로 지적해 두고 싶은 것은, 여러분이 그 결과를 간단히 하려고 아무리 애써 봐야, 간단함만으로는 꿈의 문제를 하나도 해결할 수 없다는 것이다. 여러분은 먼저 꿈의 문제에는 복잡하기 짝이 없는 관계가 있다는 것을 분명히 인정해야 한다.

둘째로, 여러분이 느끼는 유쾌함이나 불쾌한 감정을 과학적 판단의 동기로 삼는 것은 분명히 잘못이다. 도대체 꿈에 관한 해석의 결과가 불쾌하거나 얼굴이 붉어지는 느낌이 들거나, 혐오감을 일으키게 한다고 해서 그것이 어쨌다는 것인가? 내가 아직 젊은 의사였을 때, 은사 샤르코 선생이 지금과 같은 경우에, "그건 그래도 어쩔 수 없다"라고 말씀하시는 것을 들은 적이 있다. 이것은 이 세상의 현상을 알고자 한다면, 겸허한 마음으로 자기의 공감과 반감을 깨끗이 묻어 두어야 한다는 뜻이다. 만일 물리학자가, 이 지구상의 생물은 조만간 전멸할 운명에 있다고 증명했을 때, 여러분은 그에게 덤벼들어 "그런 일은 있을 수 없다. 그 예측은 너무 불쾌하다"라고 감히 반대할 것인가? 다른 물리학자가 나타나서, 그 가설이나 예상의 잘못을 증명해 줄 때까지 여러분은 아무 말도 하지 않을 것이다. 여러분이 불쾌하다고 부인한다면, 꿈을 형성하는 메커니즘을 이해하여 극복하기는커녕 역시 그것을 되풀이하는 셈이 된다.

여러분은 검열을 받은 그와 같은 꿈의 소망이 지니는 불쾌함으로부터 얼굴을 돌리고 싶을 것이며, 인간의 자질 가운데 악에게 그토록 큰 자리를 준다는 것이 도무지 이해할 수 없다는 논의를 되풀이할 것이다. 그런데 여러분은 자신의 경험에 비추어 그런 말을 할 자격이 있는가? 여러분 자신의 참된 모습이 어떤 것인가에 대해서 나는 아무 말도 하고 싶지 않지만, 여러분은 선배나 경쟁자에게 진심으로 따뜻한 호의를 느끼고 자기의 적에게 의협심을 발휘하며, 여러분이 아는 사람을 조금도 시샘하지 않고, 인간 본성의 어딘가에 이기적인 악이 숨어 있다는 사실을 끝까지 부인할 의무를 느낄 만큼 도덕적인가? 보통 사람이 성생활 문제에 있어 얼마나 자제력이 없으며 믿을 수 없는지 여러분은 모르는가? 그리고 우리가 꿈에서 보는 억지나 비행을, 깨어 있는 사람들이 날마다 범죄로 행하고 있다는 것을 모르는가? 지금 정신분석이 하고 있는 것은, 플라톤이 한 말로 '선인이란 악인이 현실에서 하고 있는 것을 꿈으로 보고 만족하는 사람'이라는 옛말을 입증하는 일과 다름없는 것이다.

한편 개인에게서 눈을 돌려 지금도 여전히 유럽을 황폐시키고 있는 이 큰 전쟁(제1차 세계대전)을 바라보면, 수없는 야만성과 잔학함, 또는 기만이 지금 문명국가에 만연하고 있다는 사실을 깨달을 것이다. 명령으로 움직이고 있는 그 많은 사람들도 같은 죄를 범하고 있다고는 할 수 없으나, 한 줌의 양심조차도 없는 야심가나 선동자들이 사악한 정신을 만연시키는 데 성공했다고 여러분은 믿지 않는가? 이런 현상을 눈앞에 보는 여러분은 인간의 정신 구조에서 악을 추방하기 위해 기꺼이 칼을 들고 싸울 용기가 있는가?

여러분은 내가 전쟁을 일방적으로 비판한다고 비난할 것이다. 여러분은 전쟁이 인류의 가장 아름다운 것, 가장 숭고한 것, 바로 영웅적인 용기, 희생정신, 사회적 연대감을 크게 발현시키는 것이라고 말할지 모른다. 참으로 일리가 있는 말이지만, 여러분은 여기서 정신분석이 하나의 이론을 주장하기 위해 다른 이론을 부정한다고 해서, 부당하게도 흔히 정신분석을 곡해하는 자들에게 가담해서는 안 된다. 우리는 인간의 천성 속에 있는 고상한 성향을 조금도 부정할 생각도 없고, 또한 그 가치를 과소평가한 일도 없다. 아니, 그 정반대이다. 나는 검열을 받은 꿈의 악한 소망을 여러분에게 보여 주었을 뿐만 아니라, 그 악을 억제하여 구별할 수 없게 만들고 있는 검열까지도 보여주지 않았던가? 인간의 내면에 있는 악에 관해서 우리가 상당히 길게 역설하는 까닭은 다른 사람들이 이를 부인하기 때문이다. 이를 부인한다고 해서 인간의 정신생활이 개선될 리 만무하며, 오히려 이해하기 어렵게 만든다. 우리가 일방적인 도덕적 평가를 버릴 때야말로, 인간성에 있어서 선과 악의 관계에 대한 올바른 공식을 발견할 수 있을 것이다.

그러면 그렇다고 해두자. 꿈의 해석에 대한 우리의 연구 성과가 이상한 느낌을 갖게 한다고 하더라도 굳이 버릴 것은 없다. 아마 나중에 우리는 다른 연구를 거쳐서 꿈을 좀 더 이해할 수 있게 되겠지만, 우선은 꿈의 왜곡이란 밤에 잠을 잘 때 우리의 마음속에서 꿈틀거리는 혐오스러운 소망 충동을 자아에 용인된 세 의도가 검열한 결과라고 단정해 두기로 하자. 그러나 왜 이 비난받을 소망은 꼭 밤에만 나타나는가. 또 그것은 어디서 오는 것인가 등등의 이런 문제에 대해서는 다시 더 연구해야 할 여지가 남아 있다.

그러나 우리가 지금, 이 연구의 다른 성과를 역설하지 않는다면 잘못을 저지르게 될 것이다. 우리의 수면을 방해하려고 하는 꿈의 소망은 미처 우리가 깨닫지 못하는 것이며, 꿈의 해석으로 비로소 그 존재를 알 수 있는 것이다. 즉 우리의 말로 하면, 꿈의 소망은 그때에는 무의식이었던 것이라고 말할 수 있다. 그런데 이 꿈의 소망은 그때 무의식 이상의 것이라고 말하지 않으면 안 된다. 많은 실례로 알았듯이, 꿈을 꾼 사람이 그 꿈의 해석으로 그 소망의 실체를 알게 된 뒤에도 역시 그것을 부정하기 때문이다. 우리가 처음 '트림을 한다 (aufstossen)'라는 잘못 말하기를 해석했을 때, 우리가 만나게 되는 그런 경우가 되풀이되는 것일 뿐이다. 건배 축사를 했던 연사 자신은 은사를 경멸하는 감정은 그때도, 그전에도 의식한 적이 없다고 분개하면서 단호히 부인했다. 그것과 같은 사례가 꿈의 해석에서도 되풀이된다. 우리는 이미 그때, 그와 같은 단정의 가치를 의심하고, 이 연사는 자기 마음속에 있는 기분을 줄곧 깨닫지 못하고 있다는 가설을 세웠던 것이다. 그와 같은 반대의 소리는 몹시 왜곡된 꿈의 해석에서도 반드시 되풀이되므로, 우리의 견해에 관하여 한층 중요한 의의를 가진다. 우리는 이제 정신생활에는 전혀 의식되지 않은, 매우 오랫동안 전혀 의식하지 못했던, 아니 한 번도 의식하지 않았던 과정이나 의도가 있다고 가정할 수 있다. 그러므로 무의식이라는 말은 하나의 새로운 뜻을 갖게 된다. '그때'라든가 '일시적'이라든가 하는 것은 무의식의 본질에서 사라져 버린다. 무의식이라는 말은 단순히 '그때 잠재해 있었다'는 뜻이 아니라, 영구히 무의식적이라는 뜻을 갖게 된다. 이 무의식에 대해서는 다른 기회에 더 이야기할 수 있을 것이다.

열 번째 강의
꿈의 상징적 표현

우리는 꿈의 해석을 방해하는 꿈의 왜곡은, 인정해 줄 수 없는 소망에 대해 무의식이 가하는 검열 작용의 결과라는 점을 발견했다. 물론 우리는 꿈의 검열이 꿈의 왜곡을 일으키는 유일한 요인이라고 주장하지는 않았다. 사실 꿈을 더 연구해 보면, 이 검열 작용 이외에 다른 계기(契機)가 관여하고 있음을 발견할 수 있다. 이 때문에 검열이 없어지더라도 꿈이라는 것은 역시 이해하기 어렵고, 꿈의 드러난 내용이 그 잠재된 사상과 같지 않다고 말하는 것이다.

우리의 정신분석 기법이 가진 결함을 주의해 보면, 꿈을 불투명하게 만드는 다른 계기, 즉 꿈의 왜곡을 일으키는 다른 요인(要因)을 발견할 수 있다. 앞에서 피분석자가 꿈의 각 요소에 대해서 아무 연상도 하지 못하는 때가 있다고 여러분에게 말한 적이 있다. 그러나 실제로 그런 예는 그리 많지 않다. 대개의 경우, 끈기 있게 강요하면 결국 무엇이든 연상할 수 있는데, 전혀 떠오르지 않는 경우나 아무리 강요해도 우리가 기대하는 것을 얻을 수 없는 경우가 있다.

만일 정신분석의 치료 중에 이런 일이 일어나면, 거기에는 어떤 특수한 의의가 존재한다(여기서는 이 의의에 대해서는 언급하지 않는다). 그런데 그러한 일은 정상인의 꿈을 해석할 경우나, 자신의 꿈을 해석하는 경우에도 일어난다. 그런 경우, 아무리 초조해 봐야 별 소용이 없다는 것을 확인한 뒤에, 결국 사람들은 이 바람직스럽지 않은 우발적인 사건이 꿈의 특정한 요소로서 언제나 존재한다는 것을 알게 된다. 그리고 분석 기법이 실패하는 예외적인 경우에 부딪쳤다고 생각될 때는 무언가 새로운 법칙이 거기에 작용하고 있음을 깨닫기 시작한다.

이제 우리는 꿈의 이 '침묵하고 말하지 않는' 요소 자체를 해석하고, 그 요소를 독특한 방법으로 설명해 보고자 한다. 만일 여러분이 내가 지금부터 말하는 대리 형성을 믿고 행한다면 납득할 만한 의미를 얻게 되지만, 이 방법을 실행할 결심이 서지 않으면 꿈은 영원히 의미 없는, 지리멸렬한 모습 그대로 남을 것이다. 이와 비슷한 경험을 수없이 거듭해 나가는 동안에 우리는 처음에 주저하며 해 본 시도에도 확고한 자신이 생기게 된다.

나는 이상의 모든 것을 도식적으로 이야기할까 한다. 그것은 가르칠 때의 편리성 때문이며, 속이기 위해서가 아니라 간단히 하기 위해서이다.

그렇게 하면, 사람들이 통속적인 해몽서와 대조하여 꿈에서 본 모든 일을 번역하듯이, 꿈의 요소를 일관성 있게 번역할 수 있다. 그러나 연상법으로는 꿈의 요소들이 결코 일정하게 불변한 것으로 대리되는 적이 없음을 잊어서는 안된다.

그러면 여러분은 즉각 '이와 같은 해석 방법은 자유연상에 의한 방법보다 훨씬 부정확하고 난점이 많다'고 말할 것이다. 그러나 일률적으로 비난할 수는 없다. 왜냐하면 이와 같이 일정하게 불변하는 대리물을 많이 모아 보면, 꿈 해석의 이 부분은 실제로 우리 자신의 지식으로 메울 수 있었던 것이라든가, 꿈을 꾼 사람의 연상을 빌리지 않더라도 실제로 이해할 수 있었던 부분이라고 나중에 말하고 싶어지기 때문이다. 그러면 어디서 우리가 그 의미를 알게 되는가는 이 강의의 후반에서 설명하기로 한다.

꿈의 요소와 그 번역 사이의 이와 같은 불변하는 관계를 우리는 '상징' 관계라고 부른다. 즉 꿈의 요소 자체가 꿈의 무의식적인 사상의 상징이다. 앞에서 내가 꿈의 요소와 그 본래의 것과의 관계를 연구할 때, 다음의 세 가지 관계, 즉 첫째는 전체를 부분으로 대리하는 관계, 둘째는 암시하는 관계, 셋째는 형상화하는 관계로 구별한 것을 기억하고 있을 것이다. 그때 이름은 붙이지 않았으나 네 번째의 관계가 있다는 것도 말했다. 이 관계야말로 방금 소개한 상징이다. 상징은 그와 관련된 매우 재미있는 논의를 동반한다. 상징을 특별히 관찰하기 전에, 우선 그 논의를 다루어 보자. 아마도 상징은 꿈의 이론 중에서 가장 주목할 만한 장(章)일 것이다.

우선 먼저 상징은 항상적·고정적 해석이므로 정신분석의 기법과는 멀지만, 어떤 점에서는 고대의 해몽이나 통속적인 꿈점의 이상(理想)을 어느 정도 실현시킨다. 꿈을 꾼 사람에게 어떤 질문을 하지 않더라도, 어떤 경우 상징을 빌려서 꿈을 해석할 수도 있다(그리고 꿈을 꾼 사람이 상징에 대해서 전혀 모르고 있어도 된다). 일반적으로 사용되고 있는 꿈의 상징과, 거기에 덧붙여서 꿈을 꾼 사람의 인품, 그의 생활환경, 꿈을 꾸게 한 계기 등을 안다면, 우리는 꿈을 곧 해석하고 쉽게 이해할 수 있다. 이와 같은 기교는 꿈 해석자를 우쭐대게 하고 꿈을 꾼 사람을 감탄하게 할 것이 틀림없다. 꿈을 꾼 사람에게 일일이 질문을 퍼부어 나가는 그 귀찮은 방법에 비하면, 이런 일은 사실 얼마나 기분이 좋은지 모른다. 그러나 여러분은 그런 것에 유혹을 당해서는 안 된다. 재주를 부리는 것이 우리의 목적은 아니다. 상징의 지식에 입각한 해석은 자유연상법을 대신하는 기법도 아니고 그에 필적하는 기법도 아니다. 상징은 자유연상을 보조하는 것이며, 상징에서 끌어낸 결과는 자유연상과 병용했을 때만 비로소 효력이 있다. 그러나 꿈을 꾼 사람의 심리 상태를 알고 싶으면, 여러분은 자기가 잘 알고 있는 사람의 꿈만을 해석 대상으로 삼고 있지 않다는 것, 꿈을 일으킨 계기가 된 낮의 사건을 일반적으로 모르고 있다는 것, 피분석자의 연상이야말로 심리 상태에 관한 지식을 제공한다는 점 등, 이 세 가지를 고려하는 편이 좋을 것이다.

그리고 놀랍게도 꿈과 무의식 사이에 상징 관계가 있다는 문제에 대해서 심한 항의가 일어났지만, 이것은 나중에 말하는 사항과 관련하여 주목해주기 바란다. 왜냐하면 지금까지 오랫동안 정신분석과 함께 걸어온, 판단력이 있고 명망도 있는 사람들조차 이 '상징'이라는 문제에 이르면 동조하기를 거부했기 때문이다. 그러나 첫째로 상징은 꿈에서만 볼 수 있는 것이 아니고, 꿈의 특징도 아니다. 둘째로, 꿈에 나타나는 상징은 정신분석이 발견한 것이 아니라는 것(그 외의 점에서는 정신분석의 눈부신 발견이 적지 않지만)을 아울러 생각하면, 이 태도는 매우 기묘하다. 만일 꿈의 상징 표현이 근대에 와서 기원을 가진 것이라고 한다면, 꿈의 상징을 발견한 사람은 철학자 셰르너(K. A. Scherner)일 것이다. 정신분석은 셰르너의 발견을 입증하고 동시에 이 발견을 더 철저히 수정한 것이다.

그런데 여러분은 꿈의 상징의 본질과 그 실례에 대해서 무언가 알고 싶을 것이다. 나는 기꺼이 내가 아는 것을 들려주고 싶지만, 유감스럽게도 솔직히 말해서 나의 지식도 그다지 깊다고 할 수 없다.

상징 관계의 본질은 비교대조이다. 그러나 이 대조는 아무것이나 임의적으로 선택할 수 있는 것은 아니다. 이 대조에 어떤 특별한 조건이 있는 것은 아닐까 하는 생각이 드는데, 그 조건이 무엇인지는 모른다. 어떤 대상이나 어떤 과정에 대조할 수 있는 것이 모두 꿈속에서 상징화되어 나타나는 것은 아니다. 한편 꿈은 아무것이나 임의의 것을 상징화하지 않고, 다만 꿈의 잠재된 사상에서 어떤 특정한 요소만을 상징화하려고 한다. 바꾸어 말하면 이 두 방면의 제약이 있는 것이다. 아직은 상징의 정의를 분명히 내릴 수 없다. 구차하게 정의하자면, 상징은 대리물이나 표현 등과 혼동되며, 암시에 가깝다. 어떤 종류의 상징에서는 그 밑바닥에 있는 대조가 분명히 떠올라 있을 때가 있으나, 어떤 종류의 상징에서는 이 추정된 비교의 공통점, 즉 비교상의 제3의 입장을 어디에서 찾아야 하나 하는 의문조차 생길 때가 있다. 이 경우, 잘 생각해 보면 그 비교를 발견할 수 있을지 모르지만, 어떤 때는 영원히 감추어져 있는 수도 있다. 상징이 하나의 비교라면, 비교된 사물을 연상으로 끌어낼 수 없으며, 또 꿈을 꾼 사람은 이 비교를 깨닫지 못하고 알지도 못하면서 그 상징을 이용하고 있다는 것은 이상하며, 더욱이 꿈을 꾼 사람에게 비교된 사물을 들이대면 그것을 인정하지 않으려 하는 것은 매우 이상하다. 그러므로 상징 관계는 아주 특수한 비교이며, 그 본질은 아직도 전혀 밝혀지지 않았다는 것을 알 수 있을 것이다. 그러나 더 연구를 진행해 나가면 이 뚜렷하지 않은 부분도 밝혀질 것이다.

꿈속에서 상징적으로 나타나는 것은 그다지 많지 않다. 신체의 부분, 부모, 자식, 형제, 자매, 분만, 죽음, 나체, 이 밖에 또 하나 있다. 집은 전신을 묘사하는 유일한 전형적, 즉 통례적인 것이다. 이것은 이미 셰르너도 인정했는데, 그는 이 상징에 부당하다고 여겨질 만큼 의의를 부여하고 지나치게 과장했다.

꿈속에서 어떤 때는 쾌감에 빠지고 어떤 때는 공포에 사로잡혀서, 집 벽을 타고 내려오는 일이 흔히 있다. 벽이 아주 편편한 집이면 남자의 상징이고, 손으로 잡을 수 있는 툭 튀어나온 부분이나 발코니가 있으면 여성이다. 부모는 꿈속에서 황제나 여왕, 임금이나 왕비, 그 밖의 높은 사람이 되어 나타난다. 이때의 꿈은 매우 경건하다. 자식이나 형제자매는 꿈속에서는 정답게 다루어지지 않는다. 즉 조그만 동물이나 독충으로 상징된다. 분만은 물에 뛰어들거나, 물속에서 기어오르거나, 물속에서 사람을 구하거나, 물속에서 구조를 받거나 하는 식으로 언제나 물과 관련되어 상징화된다. 바로 어머니와 아이의 관계를 상징화하고 있다. 죽음은 꿈속에서 여행을 떠나거나, 철도 여행 등으로 나타난다. 죽음은 어둡고 무서운 암시로 나타난다. 나체는 옷이나 제복으로 나타난다. 여러분은 여기서 상징적 묘사와 암시적 묘사의 한계가 모호하다는 점을 발견할 것이다.

방금 하나씩 든 예가 빈약한 데 비하면, 다른 영역의 사물이나 내용이 매우 풍부한 상징으로 표현되는 데 여러분은 놀랄 것이다. 그것은 성생활, 즉 성기, 성적 과정, 성교의 세계가 그렇다. 꿈에 나타나는 매우 많은 상징들은 성(性)의 상징이다. 이 때문에 이상한 불균형이 생긴다. 왜냐하면 표현되는 내용은 얼마 안 되지만, 그 내용을 나타내는 상징은 참으로 많아서, 그 결과 이러한 사물이 저마다 거의 가치가 비슷한 무수한 상징들로 표현되기 때문이다. 상징을 해석하면, 그 결과로써 일반 사람들은 감정이 상한다. 왜냐하면 상징의 해석은 꿈의 표현이 다양한 것과는 대조적으로 매우 단조롭기 때문이다. 상징을 해석 받은 사람은 불쾌한 얼굴을 하지만, 이것은 어쩔 수 없는 일이 아니겠는가?

이 강의에서 성생활에 대해 언급하는 것은 처음이므로, 이 기회에 이 주제를 어떻게 다룰 생각인가 여러분에게 한마디 해두고자 한다. 정신분석은 감추거나 간접적으로 암시할 필요가 없으며, 이와 같이 중대한 연구를 조금도 부끄러워하지 않고, 성의 현상 일체를 그 확실한 이름으로 부르는 편이 오히려 정확하고 옳다고 생각한다. 그리고 그런 태도로 임하면 쓸데없는 부수적인 관념을 쉽게 제거할 수 있다고 생각한다. 남녀가 섞인 청강자들에게 설명한다고 해서 조금도 그 태도를 바꿀 필요는 없다. 과학이라는 것은 적당하게 말해서는 안 되며, 또 숫처녀에게 이야기하듯이 설명해서도 안 된다. 이 강의에 출석한 이상, 여러분은 남녀 동등하게 다루어지기를 바랄 것이다.

꿈에서는 남성 성기가 무수한 상징으로 나타난다. 그리고 대개 그 대조 뒤에 있는 성의 공통점은 매우 뚜렷하다. 남성 성기 전체는 특히 신성한 숫자 '3'으로 상징된다. 가장 눈에 띄고, 남녀 양성 중에서 가장 흥미로운 부분, 즉 음경은 첫째로 그것과 모양이 비슷한 길고 돌출한 물건, 즉 지팡이, 양산, 막대기, 나무 등으로 상징된다. 그리고 몸속에 들어가서 손상을 주는 물건, 즉 나이프, 단도, 창, 칼과 같은 끝이 뾰족한 무기로 나타나고, 또한 화기, 즉 소총, 피스톨, 음경과 매우 모양이 비슷한 연발식 권총 등으로도 나타난다.

처녀들이 꾸는 악몽에는 나이프나 총을 손에 든 사나이가 쫓아오는 장면이 흔히 있다. 이런 광경은 꿈의 상징으로서 가장 잘 나타날 것인데, 여러분도 이제 이런 실례를 쉽게 해석할 수 있을 것이다. 또 음경이 물을 뿜는 것으로 상징되는 것도 곧 이해할 수 있을 것이다. 바로 수도꼭지, 물뿌리개, 분수 등으로 나타난다. 길게 늘어나는 물건으로, 매다는 등잔이나 샤프펜슬 등으로도 상징된다. 연필, 펜대, 손톱 다듬는 줄, 망치나 그 밖의 연장도 분명히 성적인 상징이며, 이런 것들은 이 기관의 통속적인 개념과 관련이 있다.

중력을 무릅쓰고 일어날 수 있는 음경의 놀라운 특징, 즉 발기의 현상은 경기구, 비행기, 최근에는 체펠린 비행선 등의 상징으로 나타나기에 이르렀다. 그러나 꿈은 발기를 상징화하는 훨씬 인상 깊은 방법을 가지고 있다. 꿈은 음경을 인간의 본질적인 부분으로 생각하고 이것을 날아가는 것으로 나타낸다. 우리가 흔히 보는 멋있는 비행의 꿈은 일반적으로 성적 흥분의 꿈, 발기의 꿈으로 해석되어야 한다. 정신분석자 중에서 페데른[1]이 모든 의혹에 반대하여 이 해석이 올바르다는 것을 확정했다. 페데른 이외의 사람을 찾는다면, 냉정한 비판력으로 이름이 높고, 팔이나 다리의 위치를 인공적으로 바꾸어 그 꿈의 실험을 한 모리 볼드가 있다. 그는 정신분석과는 실제로 거리가 있고 정신분석에 대해서는 거의 아무것도 알지 못했던 것으로 보이나, 연구의 결과 정신분석과 같은 결론에 도달했다. 여성도 남성처럼 비행하는 꿈을 꾸지 않느냐고 여러분은 항의할 것이다. 꿈은 소망 충족이라는 것, 여성에게는 남성이 되고 싶다는 소망이 의식적으로 또는 무의식적으로 아주 흔히 있다는 것을 상기해 주기 바란다. 여성도 이 소망을 남성과 같은 감각으로 충족할 수 있다는 점은 해부학의 전문가를 기다릴 것도 없다. 여성은 성기에 남성의 것과 비슷한 조그만 음경을 갖고 있다. 이 조그만 음경인 음핵은 어린아이 때나 성교 경험 전의 나이 때, 남성의 큰 음경과 같은 역할을 한다.

어떤 종류의 파충류와 어류도, 쉽게 이해되지 않지만 남성 성기의 상징이다. 특히 뱀은 상징의 표본이다. 모자와 외투가 성의 상징으로 사용되는 이유는 잘 알 수 없지만, 상징적 뜻을 갖는다는 것은 명백하다. 끝으로 남성 성기를 발이

---

1) P. Federn 1903년경의 프로이트의 초기 제자.

나 손 등의 신체 일부로 나타내는 것도 상징으로 풀이할 수 있는지 의문이 남는다. 나는 전체적인 맥락에 의하여, 여성 측의 대응물이 있는 경우에는 상징으로 결론을 내려야 한다고 생각한다.

여성 성기는 가운데가 텅 비었거나, 속에 무언가를 넣을 수 있는 것을 특징으로 한 물건이 상징적으로 나타난다. 이를테면 구멍, 웅덩이, 동굴, 관, 병, 상자, 함, 트렁크, 통, 궤짝, 호주머니 등으로 상징된다. 배도 여기에 포함된다. 여성의 상징은 흔히 성기보다 자궁과 관계가 많다. 장롱이나 부뚜막, 특히 방은 그 대표적인 것이다. 방의 상징은 집의 상징과 결부되어 있는데, 문이나 문간은 생식구를 상징한다. 또 목재나 종이 같은 원료도 여성의 상징이고, 그런 원료로 만든 물건, 이를테면 테이블이나 책도 여성의 상징이다. 동물 중에서 달팽이와 조개는 분명히 여성의 상징이라고 할 수 있다. 신체의 각 부분 중에서 입은 생식기의 대표적인 것이며, 건물 가운데서 교회와 사원은 여성의 상징이다. 물론 이런 상징들은 모두 다 과연 그렇구나 하고 쉽게 이해할 수 있는 것은 아니다.

유방도 성기로 간주해야 하는데, 그것은 여성의 큰 하반신과 마찬가지로 사과, 복숭아 등 일반적으로 과일로 표현된다. 남녀의 음모는 꿈속에서는 숲이나 풀숲으로 나타난다. 여성 음부의 복잡한 구조는 바위, 숲, 물 등이 있는 풍경으로 묘사되는 일이 많으며, 한편 남성 성기의 당당한 메커니즘은 표현하기 어려울 만큼 복잡한 기계로 상징된다.

여성 성기의 상징으로 특히 주의할 것은 보석 상자이다. 꿈속에서도 보석이나 보물은 애인을 나타내는 데 사용된다. 훌륭한 식사는 흔히 성적 향락을 나타내는 일이 많다. 자기 성기로 만족을 얻는 것은 피아노 연주를 포함한 여러 가지 종류의 연주로 암시된다. 자위의 뛰어난 상징적 묘사는 미끄러지거나 나무를 뽑거나 하는 일이다. 특히 놀라운 일은 자위의 상징이 이가 빠진다든가 이를 뽑거나 함으로써 나타나는 것이다. 그 이유는 아마 자위에 대한 벌로 거세를 뜻하는 것이 확실할 것이다. 성교의 특별한 묘사는 꿈에 대해 지금까지 말한 보고로 연상될 만큼 많지는 않다. 그러나 리드미컬한 활동, 이를테면 댄스, 승마, 등산 등이 이에 속하고, 또 자동차에 치이는 등의 난폭한 행위의 경험도 성교를 나타낸다. 그리고 어떤 종류의 일, 예를 들면 앞에서 말한 무기에 의한 협박도 성교의 상징이다.

여러분은 이런 상징들이 아주 단순하게 사용되고 해석되고 있다고 생각해서는 안 된다. 그러면 모든 방면에서 우리의 기대를 배신하는 일이 나타난다. 예를 들면(여러분은 좀 믿기 어렵겠지만) 이와 같은 상징적인 묘사에서는 성별이 뚜렷하지 않을 때가 많다. 어떤 상징, 이를테면 어린아이는 남녀의 구별 없이 성기 일반을 의미한다. 또 어떤 경우에는 남성의 상징이 여성 성기를 나타내는 데 사용되고, 거꾸로 여성의 상징이 남성 성기를 나타내는 데 사용되는 일도 있다. 이 점은 여러분이 인간의 성 관념의 발달을 이해하기 전에는 알지 못할 것이다. 대개의 경우 상징이 이와 같이 모호한 것은 외관뿐이며, 그런 상징 중에서도 가장 뚜렷한 것, 즉 무기, 호주머니, 상자 같은 것은 결코 양성적(陽性的)으로 사용되지 않는다.

표현된 물건보다 상징 그 자체에 대해서 한마디 언급해 두고 싶다. 그리고 이 성적 상징의 대부분이 대체 어느 세계에서 오는가 이야기하고, 아울러 조금 이해하기 어려운 공통성을 가진 상징을 고려하면서 두세 가지 덧붙여 두고 싶다. 이런 모호한 상징은 모자(일반적으로 머리에 쓰는 물건)이다. 대개의 경우 모자는 남성을 뜻하지만, 때로는 여성을 뜻하는 일도 있다. 마찬가지로 외투는 남성을 나타내지만, 언제나 반드시 성기와 관계있는 것은 아니다. 왜 그러한가 하는 의문이 여러분에게 들 것은 당연하다. 축 늘어진, 여성이 결코 매지 않는 넥타이는 분명히 남성의 상징이다. 흰 셔츠와 리넨은 일반적으로 여성의 상징이다. 이미 말한 것처럼 옷이나 제복은 나체나 인체를 상징한다. 구두라든가 슬리퍼는 여성 성기를 나타낸다. 얼른 보기에 수수께끼 같지만, 테이블과 목재는 이미 말한 것처럼 틀림없이 여성의 상징이며, 사다리, 언덕, 층계, 그리고 이런 곳을 올라가는 것은 확실히 성교의 상징이다. 잘 생각해 보면, 올라갈 때 움직임이 생기며, 높이 올라가면 갈수록 흥분이 고조되어 숨이 가빠지는 것도 역시 공통점으로서 우리의 주의를 끈다.

풍경이 여성 성기의 묘사라는 것은 이미 말했지만, 산과 바위는 음경의 상징이고 마당은 대부분 여성 성기의 상징이다. 과일은 어린아이를 상징하는 게 아니라 유방을 뜻한다. 야수는 육욕에 고민하는 인간이나 그 이상의 나쁜 본능이나 정열을 의미한다. 특히 만발한 꽃은 여성 성기, 특히 처녀성을 나타낸다. 여러분은 꽃이 실제로 식물의 성기라는 것을 유념하고 있을 것이다.

앞서 말한 것처럼 방은 상징이다. 이 상징은 더 확대될 수 있다. 이를테면 창문, 방의 출입구는 육체의 구멍(體孔)을 의미하고 있다. 방문을 여닫는 것도 상징이며 방문을 열 수 있는 열쇠는 확실히 남성의 상징이다.

이상이 꿈의 상징을 연구하는 데 있어서의 자료이다. 그런데 이것만으로는 결코 충분하지 않다. 훨씬 광범위한 자료가 요구된다. 그러나 여러분에게는 이 것만으로도 충분한데 혹시 이에 실망했을지도 모른다. 여러분은 "마치 성의 상징에 둘러싸여서 생활하고 있는 것 같군요. 나를 둘러싸고 있는 물건, 내가 입고 있는 옷, 내가 들고 있는 물건들이 모두 성의 상징이나 다름없다는 말씀입니까?"라고 질문할 것이다. 여러분이 이상하게 생각하는 것도 마땅하다. 그리고 여러분이 느끼는 첫 의문은 다음과 같은 것이리라. "꿈을 꾼 사람이 전혀 가르쳐 주지도 않고, 또 가르쳐 주어도 극히 조금뿐인데, 선생님은 대체 어디서 그와 같은 상징의 뜻을 알게 되었습니까?"

나는 그 질문에 이렇게 대답한다. 동화, 신화, 농담, 익살과 민간전승인 풍속, 관습, 언어, 민요, 그리고 시어, 속어 등이 여러 가지 자료를 제공한 원천이었다고. 동일한 상징이 도처에서 발견되므로, 아무런 예비지식이 없더라도 이 분야의 어디에서든 동일한 상징을 발견할 수 있다. 만일 이와 같은 원천을 일일이 더듬어 본다면 꿈의 상징에 대응하는 것을 발견할 수 있으므로 우리의 해석이 옳다는 것을 인정하지 않을 수 없게 된다.

인체가 꿈속에서 흔히 집으로 상징된다는 셰르너의 견해는 앞에서도 말한 바 있다. 이 상징을 확대하면 창문, 문, 문간은 체공(體孔)의 입구를 의미하게 된다. 집의 전면은 편편할 수도 있고, 발코니나 돌출부가 붙어 있을 때도 있다. 관용어에서도 같은 상징이 발견된다. 이를테면 친한 사람에게 정답게 'altes Haus(본뜻은 '낡은 집'이지만 오고가는 인사에 쓰일 때는 '여보게'의 뜻으로 씀)' 하고 말을 건네어 인사하고, 'einem eins aufs Dach geben'('그 사람의 머리를 때리다')[2]라고 말하거나, 다른 사람에 대하여 'es sei bei ihm nicht richtig im Oberstübchen'('그는 머리가 이상하다')[3]라고 말한다. 해부학에서는 체공을 직접 'Leibespforten : 육

---

2) Dach라는 낱말에는 집의 '지붕'(roof of the house)이라는 본뜻 외에도 '머리'라는 비유적인 뜻을 가지니, 이는 집 구조물로서 신체를 나타내고 있는 것이다.

3) ①Oberstübchen라는 낱말에는 '꼭대기'(top)·'위층'(upstairs)이라는 본뜻 외에도 '머리'라는 비유적

체의 문'이라고 부르고 있다.

우리의 부모가 꿈속에서 황제와 황후라든가, 왕과 왕비로 등장하는 것은 처음에는 좀 뜻밖이다. 그러나 동화 속에서도 같은 일이 발견된다. 많은 동화는 '옛날 옛적에 어느 곳에 임금님과 왕비가 살았습니다'로 시작하는데, 이것은 '옛날 옛적에 아버지와 어머니가 살았습니다' 하는 것과 마찬가지가 아닌가? 가정에서 우리는 자기 아들을 장난삼아 왕자라 부르고, 장남을 황태자라고 부른다. 왕은 자기를 국부라고 말한다. 우리는 어린아이를 농으로 '구더기'라 부르고, 동정적으로 '가엾은 구더기'라고 말한다.

다시 집의 상징으로 돌아가자. 꿈에서 집의 돌출부를 붙잡는 곳으로 이용하는데, 다 아는 속담으로 잘 발육된 유방을 가진 여성을 "저 여자는 잡을 곳을 가지고 있다"고 말하는 것은 같은 상징이 아니겠는가? 이와 같은 경우에 속어로, "저 여자는 집 앞에 목재(木材)를 많이 쌓아두고 있다"고 말하는 것은 목재를 여성, 또는 어머니의 상징으로 보는 우리의 해석을 뒷받침해 주고 있다.

목재에 대해서는 더 이야기해 보자. 우리는 목재가 어째서 어머니나 여성을 나타내게 되었는지 모르지만, 비교언어학은 이에 도움이 될 것이다. 독일어로 목재를 나타내는 홀츠(Holz)는 그리스어의 재료나 원료를 뜻하는 'hyle'와 같은 어원이라고 한다. 재료라는 보통명사가 어떤 특수한 재료에만 쓰이게 되는 일은 결코 드물지 않다는 것을 이로써 알 수 있다. 대서양에 마데이라라는 섬이 있다. 포르투갈 사람이 발견했을 때 이 이름을 붙였는데, 이유는 발견 당시 도처에 수목이 무성했기 때문이다. 마데이라는 포르투갈어로 '목재'라는 뜻이다. 이 마데이라는 일반적으로 목재를 뜻하는 라틴어의 마테리아와 같다. 그런데 마테리아는 마터(Mater), 즉 어머니의 파생어이다. 목재로 물건이 만들어지는데, 그 목재는 물건으로 치면 어머니와 같은 관계에 있다. 목재로 여성이나 어머니를 상징하는 것은 이와 같은 오랜 관념의 유물인 것이다.

분만은 꿈속에서 언제나 물과 관련하여 나타난다. 물에 뛰어들거나, 물에서 기어 나오거나 하는 것은 아이를 낳거나 아이가 태어나는 것을 뜻한다. 이 상징은 두 가지 점에서 발생학상의 진리에 입각해 있다는 것을 잊지 말아야 한다.

인 뜻을 가지니, 이는 집 구조물로서 신체를 나타내는 것이다. ②'함께 가다'라는 뜻의 begleiten 과 '능욕하다'라는 뜻의 beleidigen이 실수로 뒤섞인 말로서, 이 책 〈두 번째 강의 : 착오 I〉 참조.

첫째, 뭍에 사는 모든 포유동물과 인류의 조상은 수서동물에서 진화했다. 그러나 이것은 너무나 오래된 사실이다. 둘째로, 모든 포유동물은 물론 인간도 생존의 제1기를 물속, 즉 태아로서 모체의 양수 속에서 보냈으며, 분만으로 물에서 나온 것이다. 꿈을 꾸는 사람이 이것을 알고 있다고 주장할 생각은 없다. 이와는 반대로 나는 꿈을 꾸는 사람은 그런 것을 알 필요가 없다는 의견을 가지고 있다. 꿈을 꾼 사람은 아마 어릴 때 들은 적이 있는 다른 것을 흐릿하게 기억하고 있을 것인데, 나는 그 기억이 상징형성에 관여했다고 주장하고 싶지는 않다. 우리는 요람 속에서 황새가 아기를 데리고 왔다는 이야기를 듣곤 했었다. 그러면 대체 황새는 어디서 아기를 데리고 왔을까? 호수에서나 연못에서, 즉 물에서 데리고 온 것이다. 내 환자 가운데 백작의 아들이 있었는데, 어릴 때 이 이야기를 듣고는 그날 오후 홀연히 모습을 감춰 버렸다. 집안사람들이 겨우 찾고 보니, 그가 성(城)의 연못가에 엎드려서 작은 얼굴을 수면에 대고 아기가 물 밑에서 나타나기를 기다리고 있었다.

랑크가 비교 연구한 영웅의 탄생에 관한 신화에서는[4] 일단 물속에 버려져 있는 것을 건져 냈다는 것이 압도적인 주제가 되어 있다. 랑크는 탄생에 관한 이 묘사가 꿈에서의 묘사와 같으며, 온 세계에서 행해지고 있다는 것을 발견했다. 꿈속에서 물속의 사람을 건져 올릴 때, 건진 사람은 자기 어머니이거나, 아니면 단순히 모성(母性)으로 간주된다. 신화에서는 아이를 물속에서 건져내는 사람이 그 아이의 어머니가 된다. 잘 알려진 토막 이야기에 이런 것이 있다. 영리한 유대인 남자아이가 "모세의 어머니가 누군 줄 아느냐?"는 질문을 받자, 바로 "공주님이지 뭐"라고 대답했다. "아니다, 공주님은 모세를 물에서 건져 올렸을 뿐이다" 이렇게 말하자, "공주님은 일부러 그렇게 말하는 거야" 하고 대답했다. 이 짧막한 이야기는 이 아이가 신화를 매우 정확히 해석했음을 증명하고 있다.

꿈속에서 여행을 떠나는 것은 죽음을 의미한다. 마찬가지 일이 어린아이를 대하는 습관에도 있다. 어린아이가 죽어서 모습이 보이지 않게 된 사람의 행방을 물으면, 어른들이 그 사람은 '여행을 떠났다'고 말한다. 그러나 나는 여행을

---

4) 가장 오랜 것은 기원전 약 2,800년의 아카데(바빌론 북부, 아카도라고도 한다)의 자르곤 왕의 탄생이다.

떠난다는 꿈의 상징이 어린아이에게 둘러대는 이런 구실에서 왔다고는 생각하지 않는다. 시인도 같은 상징을 사용하고 있지 않은가? 피안을 '한 번 발을 들여놓으면, 어느 나그네라도 다시 돌아올 수 없는 미지의 나라'라고 표현한다. 일상생활에서도 '죽음의 나그네 길'이라고 표현하고 있다. 고대 의식에 밝은 사람은 고대 이집트의 신앙에, '어둠의 나라로의 여행'이라는 죽음에 대한 관념이 얼마나 진지하게 믿어지고 있었는지 알고 있을 것이다.

여행자에게 여행 안내서인 《베데커》를 지니게 하듯, 죽음의 여행길로 떠나는 미라에게 주었던 《사자(死者)의 서》가 지금도 많이 남아 있다. 묘지가 주택지에서 멀리 떨어진 곳에 만들어지고부터 사자의 마지막 여행길은 현실이 된 것이다.

이와 마찬가지로 성(性)의 상징도 사실 꿈속에만 나타나는 것이 아니다. 여러분은 여자를 얕잡아보고, '낡은 상자'라고 부른 적이 어쩌면 있을지도 모른다. 그러나 이때 설마 자기가 성기의 상징을 사용하고 있다고는 깨닫지 못했을 것이다. 《신약성서》에서는 '여자는 연약한 그릇이니라'[5]라는 문구가 있다. 《구약성서》에는 시적인 문체로 성의 상징이 가득 표현되어 있는데, 이에 대한 해석은 반드시 올바르게 되고 있지는 않다.

이를테면, 솔로몬의 〈아가〉 중, 성의 상징에 대한 주석에는 많은 엉뚱한 해석이 내려져 있다. 후기 히브리 문학에서는 여자를 집으로 묘사하고, 그 집의 문간을 생식구의 상징으로, 그것도 넓게 열려진 음문을 나타내고 있다. 남편은 신부가 처녀가 아니라는 것을 알았을 때 "이미 문은 열려 있었다"라고 호소한다. 테이블을 여성의 상징으로 나타내는 용법도 히브리 문학의 문헌에 나타나 있다. 아내는 자기 남편에 대해서, "나는 남편을 위해서 테이블을 정돈해 놓았는데, 남편은 그것을 뒤엎어 버렸다"라고 말한다. 남편이 테이블을 뒤집어엎은 뒤에 태어난 아이는 불구가 된다고 한다. 나의 이와 같은 연구는 레비 브릴의 《성서 및 유대 율법에 나타난 성적 상징》[6]에서 빌려 왔다.

꿈속의 배(船)도 여자를 뜻한다는 것을 우리는 어원학자들한테서 배웠다. 어원학자들은 배, 즉 'schiff'의 어원은 흙으로 만든 항아리며, 'Schaff(물통)'라는 단

---

5) 〈베드로전서〉 제3장 7절.
6) 《성과학잡지(1914년)》에 실린 논문.

어와 같은 것이라고 주장한다.

아궁이가 여성과 모체의 상징이라는 것은 그리스 신화에서 나오는 코린트 섬의 페리안도로스[7]와 그의 아내 멜리사의 이야기가 보장해 준다. 헤로도토스[8]의 저서《역사》제5권 92)에 따르면, 폭군 페리안도로스는 자기가 무척 사랑했으나 질투 때문에 죽어버린 아내 멜리사의 망령에게 자신 앞에 나타난 망령이 누구인지 알려달라고 부탁했다. 그때 죽은 아내는 어느 누구에게도 고백할 수 없는 사건("페리안도로스는 멜리사의 시체와 성교를 하고 있었다"는 말이 있다)을 페리안도로스가 싸늘한 아궁이에 자기 빵을 쑤셔 넣었다는 내용으로 상기시켜서 자기라는 것을 알린 것이다. 프리드리히 S. 클라우스가 편집한《안트로포피테이아》(성도덕의 발달사를 위한 민속학적 조사의 연구 연보)라는 책은, 여러 민족의 성생활에 관한 모든 지식을 모은 귀중한 자료인데, 그 속에 독일의 어느 시골에서는 해산한 여자에 대해서 "그 여자의 아궁이는 망가졌다"라고 말한다고 씌어 있다. 불이 훨훨 타오르는 것과 불에 관한 모든 일은 성의 상징과 밀접한 관계가 있다. 불길은 언제나 남성 성기의 상징이며, 불이 타는 곳, 즉 아궁이는 자궁이다.

왜 꿈속의 경치가 자주 여성의 성기를 상징하는 데 사용되는 것일까 하고 여러분은 아마 놀랐을 것이다. 그러나 여러분은 신화학자로부터 '어머니인 대지'가 고대의 관념과 제사에서 중요시되고 있었다는 것, 경작이라는 개념은 이 상징으로 표현되어 있었다는 것을 배우게 될 것이다.

꿈속의 방(Zimmer)이 여자를 나타낸다는 것은 독일어로 여자를 뜻하는 'Frau' 대신 'Frauenzimmer'[9]라고 말하는 것을 상기해 주기 바란다. 인간은 일상생활을 하는 정해진 직무 장소로 표현된다는 관용어의 사용법에서 나오는 것 같다. 마찬가지로 우리는 '높은 문'이라는 말을 사용하는데, 이것은 터키 황제와 그 통치를 의미한다. 고대 이집트의 군주 파라오라는 이름은 바로 '큰 안마당'이라는 뜻이다(고대 동양에서는 도시의 중문 사이에 있는 광장이 마치 그리스 로마 시대 시장처럼 집회를 여는 장소였다).

---

7) 코린트의 2번째 참주(기원전 628~588). 코린트에 왕조를 세운 킵셀로스의 아들이다.
8) 그리스의 유명한 역사가.
9) 글자대로 옮기면 여자의 방을 뜻하나, 여자를 낮추어 칭한 말.

그러나 이런 추론은 너무 표현적이라고 생각된다. 방은 사람이 들어가는 공간이므로 여성의 상징이 되었다고 말하는 편이 더 그럴듯하다. 우리는 이미 이런 뜻에서 집을 알고 있다. 신화와 시문에서 도시, 성채, 거성, 요새를 널리 여성의 상징으로 생각해도 좋다. 이 문제는 독일어를 쓰지도 않고 알지도 못하는 사람의 꿈에서도 쉽게 입증할 수 있다. 나는 요즈음 주로 외국인 환자를 치료하고 있는데, 그런 외국인의 꿈속에서 방(하기야 그 외국인의 국어에는 우리말과 같은 표현, 즉 여자를 의미하는 'Frauenzimmer(여자의 방)'라는 표현은 없지만)이 여성의 상징이라는 것을 깨달았다.

꿈 연구가 슈버트가 이미 1862년에 주장한 것처럼, 상징은 언어의 국경을 넘는다는 것을 나타내는 증거가 또 있다. 그러나 내 환자는 독일어를 전혀 몰랐던 것이 아니므로, 다른 나라에서 한 국어밖에 말할 줄 모르는 사람들의 예를 모을 수 있는 정신분석가에게 둘의 차이에 관한 연구를 맡기는 수밖에 없다.

남성 성기의 상징적 표현들 가운데 우스갯소리, 속어, 또는 시적 관용어법 속에서, 특히 고전 시인에 의해 반복되어 사용되지 않은 표현은 하나도 없다. 그러나 이와 같은 상징은 꿈속에 나타나는 것만이 문제가 되는 것이 아니라, 아직도 내가 설명하지 않은 것, 이를테면 여러 가지 작업에 사용되는 연장, 그중에서도 쟁기가 가장 큰 문제가 된다. 그러나 남성의 상징적 표현에 대해서는 매우 여러 면에 걸쳐서 의론이 구구하므로 시간을 낭비하지 않기 위해 이 영역에서 벗어나고 싶다. 다만 이런 종류에 들어가지 않은 '3'이라는 숫자의 상징에 대해서 몇 가지 말하려 한다.

3이라는 숫자가, 그 상징적 뜻(삼위일체) 때문에 신성시되고 있는지 어떤지는 아직 단정짓지 않았지만, 아무튼 자연계에 존재하는 세 부분을 가진 것은 대개 이와 같은 상징적 의의에 입각해서, 문장이나 기장에 쓰여지고 있는 것은 확실한 것 같다. 세 잎 클로버가 대표적이다. 세 개의 꽃잎을 가진 프랑스 백합이나 트리스켈레스(중심에서 절반 굽은 다리가 셋 나와 있다)—이것은 시칠리아섬과 영국의 맨섬과 같이 아주 멀리 떨어져 있는 두 섬에서 각각 기괴한 문장(紋章) 위에 나타나 있다—는 남성 성기의 도안화에 지나지 않는다고 한다.

고대에는 음경의 모형이 악마를 물리치는 강력한 부적(符籍, Apotropaea)으로 사용되었다. 이것과 관련하여 행운을 가져다준다는 현대의 부적은 모두 첫눈에 성기, 또는 성적 상징임을 알 수 있다. 조그마한 은제장식 모양의 이와 같은 수집물, 이를테면 네 잎 클로버, 돼지, 송이버섯, 말발굽, 사다리, 굴뚝 청소부 등을 보라. 네 잎 클로버는 원래 상징으로 적합했던 세 잎 클로버를 대신한 것이다. 돼지는 고대에서부터 다산(多産)의 상징이었다. 송이버섯은 그 생긴 모습이 음경으로 착각할 만큼 영락없이 닮아서, 분류 학명을 그것 — Phallus impudicus(외설스러운 음경) — 에서 따왔다. 말굽은 여성 성기의 윤곽과 비슷하다. 사다리를 들고 있는 굴뚝 청소부도 이 부류에 속한다. 왜냐하면 굴뚝 청소부는 통속적으로 말해서 성교에 비교할 수 있는 일을 하고 있기 때문이다(연보《안트로포피테이아》참조). 꿈속에서 사다리가 성적 상징이라는 것을 아는 데에는 독일어의 용어법이 참고가 된다. 독일어의 '올라가다(steigen)'는 분명히 성적인 뜻으로 사용되고 있다. 여자 뒤만 쫓아다니는 것을 'den Frauen nachsteigen(여자의 뒤에 올라가다)'라고 하며, 늙은 방탕자를 'ein alter Steiger(올라가는 늙은이)'라고 한다. 프랑스에서는 층계를 'la marche'라고 말하는데, 늙은 방탕자를 똑같이 'un vieux marcheur'라고 한다. 흔히 큰 동물의 교미는 올라가는 것, 즉 암컷을 타는 것이라고 가정한다면 이 관계는 적어도 새삼스러운 것이 아닐 것이다.

자위의 상징적 묘사는 나무를 뽑는 것인데, 이것은 자위행위의 속된 명칭과 일치하고 있을 뿐만 아니라, 널리 신화에서도 비슷한 것을 볼 수 있다. 여기서 특히 주목할 만한 것은 자위, 아니 오히려 자위에 대한 형벌로서의 거세를 이가 빠지는 것, 이를 뽑는 것으로 상징하는 일이다. 이 상징은 꿈을 꾸는 사람이 알고 있는 일은 극히 드물지만, 민속학에서는 이와 대응하는 것을 찾아낼 수 있다. 많은 민족이 행하는 할례(割禮)는 거세와 상통하는 것이며, 거세의 대신이라는 것을 나는 의심할 수 없다. 최근의 보고에 의하면, 오스트레일리아의 미개 종족은 성년식 때 할례를 행하는데, 그 이웃에 있는 다른 종족은 할례 대신 이를 뽑는다.

위에 예시한 몇 가지 사실들로 이제 나의 서술을 끝내기로 한다. 지금까지 이야기한 것은 극히 일부분의 예이다. 우리는 이에 대해 더 많은 것을 알고 있다. 우리와 같은 문외한들한테서가 아니라 신화학·인류학·언어학·민속학의 전문가들이 제공한 이 방면의 수집이 얼마나 내용이 풍부하고 흥미로운지 여러분은 상상할 수 있을 것이다. 이상의 연구에서 우리는 두세 가지 결론을 얻었다. 그 결론이 충분한 것이라고는 할 수 없으나, 아무튼 여러 가지 문제를 우리에게 제공해 주었다.

첫째, 꿈을 꾸는 사람은 깨어 있을 때는 알지 못하며, 다시 인식하지도 않는 상징들을 그 꿈속에서 자유롭게 표현하는 힘을 갖고 있다는 것을 알았다. 여러분은 보헤미아의 시골 출신 하녀가 산스크리트어를 배우지도 않았는데 이를 이해하고 있다는 것을 발견한다면, 아마 크게 놀랄 것이다. 위에서 말한 것은 이와 마찬가지로 놀랄 만한 일이다. 우리의 심리학적 견해로 이 사실을 다 설명한다는 것은 쉽지 않다. 다만 우리는 이렇게는 말할 수 있다. 상징이란 꿈을 꾼 사람에게는 의식되지 않은 것이며, 상징은 그 사람의 무의식적 정신생활에 속한다고. 그러나 이 가정만으로는 부족하다. 지금까지 부득이 우리는 사람들이 일시적으로, 또는 영구히 깨닫지 못하는 무의식적인 의도가 있다고 가정하지 않을 수 없었는데, 이제 이 문제는 확대된다. 무의식적인 지식, 즉 여러 가지 대상 사이에서 언제나 한 편이 다른 편의 대리가 되는 사고 관계, 이른바 비교대조가 문제가 된다. 이와 같은 비교대조는 그때마다 새로 만들어지는 것이 아니라, 이미 다 완성되어 있으므로 확고부동하다. 인종이나 언어에 상관 없이 일치하기 때문이다.

이와 같은 상징 관계의 지식은 어디에 원천을 두고 있는 것일까? 관용어법으로는 극히 일부분밖에 설명할 수 없다. 다른 부분에 갖가지 비슷한 현상이 있다는 것을 꿈을 꾼 사람은 대개 모르고 있다. 우리도 처음에는 고생해서 가까스로 모으지 않으면 안 되었을 정도이다.

둘째로, 이러한 상징 관계는 꿈을 꾼 사람 또는 상징 관계를 표현시키는 꿈의 작업에 한정된 것은 아니다. 우리는 같은 상징을 신화, 동화에서 이용하고, 민중은 그것을 속담이나 민요 속에 사용하고, 때로는 속어나 시적 공상에도 쓰고 있는 것을 알았다. 상징의 세계는 참으로 넓다. 그리고 꿈의 상징은 그 세계의 조그마한 일부분에 지나지 않는다. 따라서 꿈에서 이 문제 전부를 규명하고자 한다는 것은 무모하다. 다른 부문에서 사용되고 있는 상징의 대부분은 꿈속에 나타나지 않거나, 나타나더라도 극히 드물다. 바로 여러분도 알다시피 꿈의 상징은 모든 부문에서 발견되지 않고, 일정 부문에서 나타날 뿐이다. 여기에는 오래되어 소멸해 버린 표현법이 있으므로, 그 존재 양상은 여러 가지 부문에 가지각색의 꼴로 남아 있어, 하나는 여기에 다른 것은 저기에, 제3의 것은 조금 변형된 채 약간의 부문에만 남아 있다는 인상을 받는다. 여기서 나는 재미있는 한 정신병 환자의 공상을 생각하지 않을 수 없다. 이 사나이는 하나의 '기본어'를 공상했다. 그 기본어 속에서 이러한 상징 관계들이 모두 유물처럼 나타나 있었다.

셋째로, 우리가 주목할 점은 지금까지 말한 다른 부문에서는 상징이 성의 상징에 한정되어 있지 않았는데, 꿈에서는 거의 모든 상징이 성적인 사물이나 성적인 관계를 나타내는 데 사용되고 있다는 점이다. 이 또한 설명이 쉽지 않다. 본래는 성적인 뜻을 가지고 있던 상징들이, 나중에는 다른 것을 뜻하게 되었고 그 결과 상징적 표현이 약화된 채로 뜻이 변형된 것일까? 우리가 꿈의 상징에 범위를 한정하여 연구하고 있는 이상 이와 같은 문제에 분명히 대답할 수는 없다. 다만 올바른 상징과 성적인 것 사이에는 특히 밀접한 관계가 있다는 추측만 확고히 하면 된다.

최근 이 문제에 대한 중요한 암시가 연구되었다. 스웨덴 옵살라의 언어학자 슈페르버는 정신분석과는 무관하게 활동하고 있으나, '성욕은 언어의 기원과 발달에 가장 큰 역할을 했다'는 학설을 발표했다.

그에 의하면, "최초의 음성은 전달하는 기능과 사랑의 상대를 불러내는 것을 목적으로 하고 있었다. 어근(語根)은 원시인의 노동과 더불어 발달되었다. 그 노동은 공동 작업이며, 리듬 있게 언어적 표현을 되풀이하면서 이뤄졌다. 이때, 성적인 관심은 노동으로 옮겨갔다. 원시인은 노동의 가치를 성 활동의 대리물로 성 활동과 같은 선상에 두었다. 이를테면 노동은 유쾌한 것이었다. 따라서 공동 작업을 할 때 내뱉는 언어는 두 가지 뜻, 즉 성행위를 나타내는 것이면서, 동시에 성행위와 똑같이 가치 있는 것으로 여겨지는 노동의 뜻을 가지게 되었다. 세월이 흐르면서, 이 말에서 성적인 뜻이 먼저 떨어져 나와 노동만을 뜻하게 되었다. 그 뒤의 시대에서도 같은 일이 일어났다. 바로 처음엔 성적인 의미를 가지고 있던 새로운 언어도 같은 현상을 겪고, 뒤이어 다른 새로운 종류의 노동에 전용되었다. 이런 식으로 신생된 꽤 많은 어원이 성적인 것에서 유래하여 서서히 그 성적인 의미를 다른 것에 양도하게 되었다"는 것이다.

만일 인용된 주장을 옳다고 인정한다면, 꿈의 상징성을 이해하는 가능성이 물론 열린다. 원시적인 상황을 간직하고 있는 꿈에 성적 상징들이 어째서 그토록 많은 것일까? 또 어째서 무기나 도구가 언제나 남성의 상징이며, 원료나 가공품이 여성의 상징일까 하는 의문은 이 발표에서 해답을 찾을 수 있을 것이다. 상징 관계는 옛날에 단어가 같았다는 것의 유물이라고 해도 좋다. 일찍이 성기와 같이 불린 것이 지금은 꿈속에서 성기의 상징이 되어 나타나는 것인지도 모른다.

꿈의 상징적 표현에 대응하는 것에서, 여러분은 정신분석의 성격을 평가할 수 있을 것이다. 이 특징이야말로 정신분석을 심리학이나 정신의학도 아직 도달하지 못하는 일반적인 관심의 대상으로 만드는 것이다. 정신분석적 연구는 다른 모든 정신과학과 관계를 가지고 있다. 그리고 이 연구는 언어학·신화학·민속학·민족심리학·종교학 등에서 매우 가치 있는 정신분석의 토양 위에 하나의 잡지가 성장해 온 것을 여러분도 알 것이다. 1912년에 창간되어 한스 작스와 오토 랑크가 주관하고 있는 〈이마고(Imago)〉라는 잡지는, 이러한 정신분석과 여러 과학과의 관계를 취급하는 것을 주된 과제로 삼고 있다. 이런 관계에서 정신분석은 먼저 베푸는 것이 더 많으며 받는 것은 적다. 정신분석의 기묘한 성과가 다른 학문의 영역에서 재확인되었다는 점은 정신분석이 여러분의 신뢰감을 깊이할 수 있는 이점을 얻었지만, 전체로 보아 기술상의 방법과 착안점을 제공한 것은 사실 정신분석 쪽이다. 그리고 다른 학문의 영역에서 그것을 응용하면 수확이 많다는 것이 인정되었다. 개개인의 정신적 활동은 정신분석으로 설명되는데, 그 설명으로 우리는 집단생활의 많은 수수께끼를 풀고, 그런 뒤에는 그 문제들을 다시 바라볼 수 있는 것이다.

우리는 어떤 조건에서 방금 가정한 그 '기본어'를 더 깊이 통찰할 수 있는가. 또 어떤 영역에서 원시 언어의 다수가 지금도 보존되어 있는가 하는 것은 아직 한 번도 이야기하지 않았다. 여러분이 이 문제를 제기하지 않는 한, 이 주제의 의의는 평가할 수 없다. 이는 바로 신경증의 영역으로서 신경증(노이로제) 환자가 나타내는 증상이나 표현이야말로 그 자료의 보고(寶庫)라고 할 수 있다. 노이로제 환자를 연구하고 치료하기 위해서 정신분석이 만들어진 것이다.

넷째, 우리의 첫 출발점으로 돌아가서 목표점을 감지하는 것이다. 앞에서 혹 검열이 없더라도 꿈은 역시 이해하기 어려운 것임을 말했다. 그 까닭은 우리는 꿈의 상징 언어를 깨어 있을 때의 사고 언어로 풀이해야 하기 때문이다. 이를 테면 상징성은 꿈의 검열과 나란히 꿈의 왜곡을 만드는 제2의 독립된 계기이다. 그러나 마땅히 상징의 이용이 꿈의 검열에 매우 편리하다고 가정해 볼 수 있다. 왜냐하면 상징이 검열과 같은 목적, 즉 꿈을 기괴하게 만들고, 이해하기 어렵게 만드는 데 도움이 되고 있기 때문이다.

꿈을 더 연구하는 동안에 꿈을 왜곡하는 다른 새로운 계기와 마주치지 않을까 하는 의문은 곧 밝혀질 것이다. 틀림없이 신화·종교·예술·언어 등에서는 꿈의 상징성이 널리 인정되고 있는데도 교육받은 사람들 사이에서는 꿈의 상징에 대해 매우 심한 반발이 일어나고 있다. 나는 이러한 수수께끼를 다시 언급함이 없이 상징성이라는 주제를 종결짓고 싶지는 않다. 이것도 성적인 것과의 관계에 그 원인이 있기 때문일까?

열한 번째 강의
꿈의 작업

여러분이 꿈의 검열과 상징적 표현에 관한 지식에 통달했다고 하더라도, 꿈의 왜곡을 완전히 정복했다고 하기에는 아직 이르다. 그러나 대개의 꿈은 이 정도의 지식으로 이해할 수 있을 것이다. 이제 여러분은 두 가지 분석 기법을 사용하여 서로 보충할 수 있을 것이다. 다시 말해 대리물에서 본래의 것으로 돌입할 때까지 꿈을 꾼 사람에게 연상을 불러일으키고, 동시에 여러분이 그 사람에 대해 가지고 있는 지식을 토대로 상징적 의미를 포함시킬 것이다. 이때 부딪치는 불확실한 점은 나중에 기회를 보아 다루겠다.

우선, 전에 우리가 꿈의 여러 요소와 그것이 의미하는 것 사이의 관계를 연구했을 때, 불완전한 방법으로 시도한 작업을 다시 한번 해보기로 하자. 전체 속의 부분과의 관계, 근사성(近似性) 또는 암시와의 관계, 상징적 관계, 조형적 언어 표현이라는 네 가지 중요한 관계를 규명했다. 이 주제를 광범위하게 연구하여 꿈에서 나타난 내용을 해석함으로써 발견된 것을 잠재된 꿈과 비교해 보면 된다.

여러분이 주의할 점은 꿈에서 드러난 내용과 잠재된 꿈을 혼동하지 않는 것이다. 이 둘을 혼동하지 않는다면 여러분은 나의 《꿈의 해석》을 읽은 독자 이상으로 꿈을 이해한 것이 된다. 잠재된 꿈을 드러난 꿈으로 바꾸는 일을 '꿈의 작업'이라고 이름 지은 것을 다시 한번 분명히 유념해 두기 바란다. 그리고 꿈의 작업과 반대 방향으로 드러난 꿈에서 잠재된 꿈에 도달하려고 하는 작업이 우리가 하고 있는 '해석 작업'이다. 다시 말해 이 해석 작업은 꿈의 작업을 해소하고자 하는 일이다. 소망 충족이 뚜렷이 나타나 있는 유아형(幼兒形) 꿈은 그 자체가 이미 꿈의 작업이었다. 이는 바로 소망 형식을 현실로 바꾸는 일이며 대개는 다시 관념을 시각적인 형태로 바꾸어 놓는 일이다. 이 경우는 해석이 필요하지 않다. 이 두 가지 치환을 거꾸로 행하기만 하면 된다. 즉 꿈의 작업이 관여한 것을 우리는 '꿈의 왜곡'이라고 부른다. 그리고 이것은 우리의 해석작업으로 본래의 자태로 돌릴 수 있는 것이다.

많은 꿈의 해석을 비교해서, 꿈의 작업이 대체 꿈의 잠재된 사상이라는 재료에서 무엇을, 어떻게 만들어 내는가 하는 문제를 종합해서 설명할 단계가 되었다. 그러나 여러분은 너무 많이 기대를 걸지 않기 바란다. 여기서는 짧게 설명하기로 하겠는데, 그것을 냉정하고 주의 깊게 들어주기 바란다.

꿈의 작업 중의 제1의 작업은 '응축(凝縮)'이다. 응축이란 드러난 꿈이 잠재된 꿈에 비해서 그 내용이 적다는 것, 따라서 드러난 꿈은 생략을 가한 잠재된 꿈의 어떤 표현이라는 뜻이다. 어떤 경우에는 응축이 결여되어 있지만, 대개의 경우 응축은 존재하며 매우 엄청난 응축이 있기도 한다. 이 관계는 결코 반대 방향으로 되는 적이 없다. 즉 드러난 꿈이 잠재된 꿈에 비해 그 규모가 크거나, 그 내용이 풍부하거나 하는 경우는 절대 없다. 응축은 다음과 같이 이루어진다. 첫째, 어떤 종류의 잠재요소가 완전히 탈락된다. 둘째, 잠재된 꿈의 많은 콤플렉스 가운데서 그 약간만이 드러나는 꿈으로 옮겨가며, 그 나머지는 이행하지 않는다. 셋째, 드러난 꿈이 될 때 공통점이 있는 몇 가지 잠재요소가 하나의 것으로 융합되어 버린다.

경우에 따라서는 이 셋째 과정만을 응축이라고 부를 수 있다. 응축의 효과는 아주 쉽게 보여줄 수 있다. 여러분의 꿈을 생각해 보면, 한 인물이 온갖 인물로 압축되어 있다는 것이 쉽게 떠오를 것이다. 이와 같은 혼성 인물은, 표정은 A 같지만, B 같은 옷을 입고 C를 연상케 하는 일을 하고 있다. 그러면서도 그 사람은 D라는 인물 같기도 하다는 의식(意識)이 겹치게 한다. 물론 이 혼성 인물 속에는 네 사람의 공통점이 특히 지속적으로 눈에 띈다. 사람과 마찬가지로 물품이나 장소 등도 혼성물로 만들어진다. 그러나 개개의 물품이나 장소가 드러난 꿈이 강조하는 어떤 것을 서로 공유한다는 조건이 만족될 때만 이와 같은 혼성물이 만들어진다. 그것은 이 공통점을 핵(核)으로 삼아서 어떤 새롭고 일시적 개념이 만들어지는 것과 비슷하다. 그런데 서로 응축된 각 부분은 다시 겹쳐져서, 마치 같은 필름으로 여러 번 사진을 찍는 것처럼 윤곽이 뚜렷하지 않은 희미한 상(像)이 만들어진다.

꿈의 작업은 이와 같이 혼성물을 만드는 점에서 특히 중요하다. 왜냐하면 혼성물에 필요한 공통점이 처음에는 발견되지 않는데도 작의적으로 만들어진다는 것을 증명할 수 있기 때문이다. 이를테면, 어떤 관념은 그것을 나타내는 언어표현을 택함으로써 만들어진다. 우리는 이런 종류의 응축과 혼성물을 이미 배워서 알고 있다. 그것은 착오의 언어를 발생시키는 데 큰 역할을 했다. 처녀를 'begleitdigen'하려고 한 신사를 생각해 보라[1] 또 착오의 언어 이외에 위트가 있다. 위트는 결국 이와 같은 응축으로 일어난다. 위트 문제는 제외하더라도 응축이라는 과정은 정말 이상하고 기괴한 것이라고 주장해도 좋다. 꿈속의 혼성인물의 모습과 같은 것이 우리가 공상하는 대상 중에서 많이 발견된다. 이를테면 고대 신화나 뵈클린[2]의 그림에 나오는 켄타우로스[3]나 동화 속의 동물 같은 것이 생겨난다. 다시 말해 각 부분이 현실에서는 연관이 없으나, 공상은 쉽게 그 부분들을 합성하여 하나의 종합된 모습으로 만들어 낸다. 창조적 공상이라고는 하지만 새로운 것을 발명한 것이 아니라, 전혀 관계가 없는 각 부분을 혼합했을 뿐이다. 그러나 꿈의 작업이 하는 방법에서 특수한 점은 다음과 같다. 꿈의 작업에 사용되는 자료는 여러 관념들이다. 그 관념들 가운데 어떤 것은 온당하지 않고 불쾌한 것일지도 모르지만, 사실 정확하게 형성되고 표현되었다. 이 관념들은 꿈의 작업에서 다른 형식으로 바뀐다. 그리고 관념의 번역, 대치의 경우 다른 글자나 말로 표현하는 경우와 마찬가지로 융합이나 결합과 같은 수단이 이용된다. 이것은 기묘하고 이해하기 어렵다. 일반적으로 언어의 번역에서는 원서 속에 구분 지어진 곳을 존중하고, 혼동의 여지가 있는 것은 엄밀히 구별하도록 노력해야 하는 법이다. 그런데 꿈의 작업은 이와는 반대이며, 마치 위트처럼 두 가지 관념을 암시하는 모호한 말을 골라서, 서로 다른 두 가지 관념을 응축하려고 한다. 여러분은 이 특징을 얼른 이해하려고 서둘러서는 안 된다. 그러나 이 특징은 꿈의 작업을 해독하는 데 중요한 관건이다.

응축이 꿈을 불투명하게 만듦에도 불구하고 일반적으로 응축이 꿈의 검열의 결과라고는 인지되지 않는다. 우리는 응축을 오히려 기계적, 또는 경제적 계

---

1) begleiten : 함께 가다와 beleidigen : 능욕하다.
2) Böcklin 1827~1901. 스위스 화가.
3) 그리스 신화의 반은 사람, 반은 말인 괴물.

기로 돌리고 싶다. 그러나 아무튼 검열은 거기서 이익을 얻고 있다.

응축의 작용은 때로 대단히 위력을 보인다. 그 작용의 도움을 빌면, 전혀 다른 두 가지 잠재적 사고 과정이 하나의 드러난 꿈으로 결합되기도 한다. 그 결과, 여러분이 하나의 꿈을 훌륭히 해석했다고 생각하더라도 그것은 피상적인 것이며, 혹 제2의 뜻을 간과하고 있는 수가 있다.

응축은 잠재된 꿈과 드러난 꿈과의 관계에도 영향을 미치므로 양쪽의 꿈이 가진 요소들 사이의 관계는 결코 단순하지 않다. 마치 서로 얽혀 있는 것처럼 하나의 드러난 요소는 동시에 많은 잠재된 요소들에 대응하며, 또 거꾸로 하나의 잠재요소는 드러난 요소들에 관련되어 있다. 꿈을 해석하는 동안 깨닫게 되는 일이지만, 하나의 드러난 요소에 대한 연상은 반드시 잇따라 차례대로 떠오르는 것은 아니다. 오히려 우리는 꿈 전체를 해석할 때까지 기다려야 할 때가 많다.

그러므로 '꿈의 작업'은 '꿈의 사상'을 고쳐 쓰기 위해서 매우 기발한 방법을 사용한다. 즉 말을 줄인 직역도 아니며, 말의 자음만을 재현하고 모음은 생략해 버리는 식으로 일정한 법칙을 따르는 선역도 아니거니와, 또 항상 많은 요소들 대신 하나의 요소만을 선택하는, 이른바 대표라는 방법도 택하지 않는다. 꿈의 작업은 이런 것과는 전혀 다른 매우 복잡한 방법을 사용한다. 꿈의 작업의 제2의 작용은 '치환'이다. 치환에 대해서는 다행히도 이미 그 연구가 끝났다. 우리는 치환이 꿈의 검열 작업이라는 것을 알고 있다. 치환이 나타나는 데는 두 가지가 있다. 첫째, 잠재요소가 그 자신의 구성요소가 아니라 그것과는 인연이 먼 것, 바로 하나의 암시로 대치되는 경우이다. 둘째, 심리적인 강조점이 어떤 중대한 요소에서 다른 중대하지 않은 요소로 이행되고, 그 결과 꿈의 중심이 다른 곳으로 옮겨서 꿈이 기괴한 모습으로 보이게 되는 경우이다.

암시에 의해 대치되는 것은 우리의 의식적인 사고에도 존재하지만 이들은 전혀 다른 것이다. 눈을 뜨고 있을 때의 사고에서, 암시는 곧 알 수 있고, 대치물은 내용상 그 본래의 것과 관계가 있다. 위트도 흔히 암시를 이용하는데, 위트의 경우는 내용상의 연상이라는 조건은 없으며, 발음이 비슷하다든가 낱말의 의미가 다양하다든가 하는 일상적으로 사용되지 않는 외면적인 연상이 사용된다. 그러나 위트에서는 쉽게 이해된다는 조건이 필요하다. 암시에서 그 본래의 것으로 쉽게 돌아갈 수 없다면, 위트의 효과는 상실되고 만다.

이에 반해 꿈의 치환에서 사용되는 암시는 이 두 가지 제약이 없다. 꿈의 암시는 가장 표면적이고 본래의 요소와 가장 먼 관계로 결합되어 있다. 따라서 꿈의 암시는 이해하기 어려우며, 본래의 사물로 돌아갈 수 있다고 하더라도 그 해석은 어떤 때는 서툰 위트라는 인상을 주기도 하고, 억지로 갖다 붙인 날조한 해석이라는 인상을 주기도 한다. 위트에서 그 본래의 것으로 돌아가는 길을 도저히 발견할 수 없을 때야말로 꿈의 검열이 목적을 달성했을 때라고 말해야 한다.

중심점의 이동은 사상을 나타내는 수단으로써는 허용할 수 없다. 깨어 있을 때의 사고에서는 희극적 효과를 얻기 위해서 이 중심점의 치환이 흔히 사용된다. 내가 다음과 같은 토막 이야기를 하면, 이 중심점의 이동에서 생긴 당황한 인상을 여러분에게 환기시킬 수 있을지 모르겠다.

어느 마을에 대장장이가 살고 있었다. 이 대장장이가 사형에 해당하는 범죄를 저질렀다. 재판관은 그의 죄가 명백하다고 판결을 내렸다. 그런데 이 마을에는 대장장이가 이 한 사람뿐이었으며, 마을로 봐서는 꼭 있어야 할 사람이었다. 이에 반해 이 마을에는 옷을 만드는 직공이 세 사람이나 있었다. 그래서 그 세 사람 가운데 하나가 대장장이 대신 교수대에 서게 되었다.

꿈의 작업이 하는 제3의 작용은 심리학적으로 가장 흥미롭다. 이 작용의 본질은 관념을 시각적인 상(像, image)으로 바꾸는 일이다. 우리는 꿈의 사상 전부가 다 변환된다고는 말하지 않는다. 그 가운데 많은 것은 그 원형을 간직하고 있어서, 관념 또는 지식의 형태로 드러난 꿈속에도 나타난다. 시각적인 상은 결코 관념이 변환되는 유일한 방법이 아니지만, 아무튼 꿈을 만드는 데 본질적인 것이다. 이미 안 것처럼, 꿈의 작업에서 가장 변화되기 어려운 것이 이 부분이다. 그리고 우리는 앞서 개개의 꿈의 요소에 대한 '조형적(造型的) 언어표현'을 배웠다.

이 제3의 작용이 결코 쉬운 것이 아님은 분명하다. 그 어려움을 이해하기 위해, 여러분은 신문의 정치 문제에 관한 논설을 그림으로 설명할 수 있도록 바꾸라는 명령을 받았다고 가정해 보라. 이를테면 알파벳을 상형문자로 역행시키는 것과 같다. 이 논설 중에 나오는 인물이나 구체적인 사건은 쉽게, 또는 알파벳보다 더 훌륭하게 그림으로 바꿔 놓을 수 있겠지만, 추상적인 말이나 전치사, 접속사 등과 같은 갖가지 사고(思考)의 상호 관계를 나타내는 품사를 그림으로 그리는 것은 쉬운 일이 아니다. 추상적인 말을 그림으로 그릴 때는 여러 가지 기교를 사용해야 한다. 여러분은 아마 논설 속의 원문을 기이하지만 더 구체적인, 즉 그림으로 그리는 데 알맞은 구성 요소를 가진 다른 말로 바꾸려고 할 것이다. 그리고 그 추상적인 말이 처음에는 구체적인 말이었는데, 그 의미가 퇴색해 버렸음을 알게 될 것이다. 결국 여러분은 이런 추상적인 말의 기원에 해당하는 구체적인 의미로 거슬러 올라가 파악하게 된다. 그래서 여러분은 기쁘게도 물건을 '소유한다'라는 것을, '육체 위에 놓는다'는 식으로 묘사할 수 있음을 알게 될 것이다.

꿈의 작업도 이와 같다. 그대로의 상황에서는 묘사의 정밀성을 요구할 수 없다. 이를테면 간통, 바로 결혼생활의 파괴처럼 그림으로 그리기가 어려운 요소는 다른 것의 파괴, 이를테면 사람 다리의 파괴, 즉 골절로 대리하는 것을 여러분은 꿈의 작업의 경우 양해해 주어야 한다. 이렇게 하면 여러분은 알파벳을 상형문자로 바꾸려 할 때의 어려움을 해결하는 데 성공할 것이다.

신이 내리는 벌
—간통으로 팔을 부러뜨림

방위병 M의 아내 안나는 클레멘티네 K부인을 간통죄로 고소했다. 고소 진술에 의하면 K부인은 전쟁터에 있는 M에게서 매달 70크로네의 송금까지 받고 있다는 것이다. K부인은 원고의 남편인 칼 M과 법을 어긴 불륜 관계를 계속했다. 원고와 아이들은 굶주림으로 비참한 생활을 하고 있었는데, K부인은 원고의 남편 M으로부터 상당액의 돈을 받았다. K부인은 원고의 남편과 함께 술집에 가서 밤늦게까지 술을 마시고 있었다. 이것을 원고의 남편 친구가 몰래 원고에게 알려 주었다. 뿐만 아니라 피고인은 많은 군인 앞에서 원고의 남편에게, '당신은 옛 마누라와 곧 헤어져 나와 함께 살 수 없는 거냐'고 묻기도 했다. K부인의 아파트 여자 관리인도 원고의 남편이 K부인의 거실에서 잠옷 바람으로 있는 것을 몇 번이나 보았다고 말했다.

K부인은 전날, 레오폴트슈타트 시의 판사 앞에서 자기는 M을 모르기 때문에 특별히 친밀한 관계가 있다는 것은 말도 되지 않는다고 부인했다. 그러나 증인 알베르티네 M은 K부인이 원고의 남편과 키스하고 있는 장면을 자기에게 들켜 몹시 놀란 적이 있다고 증언했다.

이미 먼젓번 심리에서 증인으로 출정한 원고의 남편 M은 그때 피고인과의 친밀한 관계를 부인했던 것이다. 그러나 전날 재판관 앞으로 편지 한 통이 왔는데, 그 속에서 원고의 남편 M은 첫 번째 심리 때 한 진술을 뒤엎고, 작년 6월 이후로 K부인과 연애관계를 계속한 것을 인정했다. 자기가 전에 피의자와의 관계를 부인한 것은 그녀가 심리를 받기 전에 그에게 와서 자기를 도와 달라고 하며, 제발 아무 말도 하지 말라고 애원했기 때문이라고 했다. 그리고 남편은 덧붙여 썼다. "오늘은 모든 것을 법원에 고백하지 않을 수 없는 기분입니다. 왜냐하면 나는 왼팔이 부러졌기 때문입니다. 나에게는 이것이 내가 범한 죄에 대한 하느님의 벌처럼 여겨져 어쩔 수 없었습니다."

판사는 범죄 행위 자체가 이미 시효가 지났다는 것을 확정했으므로 원고도 또한 그 고소를 취하하고 피고인은 무죄 판결을 받았다.

사고의 상호 관계를 나타내는 품사, 이를테면 '왜냐하면', '그러므로', '그러나'와 같은 말을 그림으로 그릴 경우, 여러분은 방금 말한 보조 수단을 갖고 있지 않다. 그러므로 원문의 이러한 구성 요소는 그림으로 바꿀 때 탈락해 버린다. 마찬가지로 꿈의 사상이 가진 내용은 꿈의 작업으로 사물이나 활동이라는 원료로 분해되어 버린다. 조금이라도 정밀한 그림을 만들어 암시할 수 있는 가능성이 있다면, 그림으로 그릴 수 없는 상호 관계는 그것으로 만족해야 할 것이다. 꿈의 작업은 꿈의 잠재된 사상의 내용을 드러난 꿈의 명암으로, 또 여러 가지 부분으로서의 분할 등 형태상의 특징으로 나타내는 데 성공한다. 부분적인 꿈(이 경우 하나의 꿈은 몇 개로 나누어진다)의 수는 잠재된 꿈속 주제의 수, 즉 사상의 계열 수와 일반적으로 일치한다. 이를테면 앞에 짧은 꿈은 뒤이어서 나타나는 주제의 꿈에 대해 흔히 머리말이나 유인(誘因)의 관계를 갖고 있다. 꿈의 사상 속에 있는 부문장은 장면 전환처럼 삽입되어 드러난 꿈속에 나타난다.

그러므로 꿈의 형식은 결코 무의미하지 않으며, 그 형태도 해석할 필요가 있다. 하룻밤에 꾼 많은 꿈들은 흔히 같은 뜻을 갖고 있으며, 다가오는 하나의 자극을 어떻게든 잘 처리하려고 하는 노력을 말해 준다. 개개의 꿈속에서조차 특별히 표현이 어려운 요소는 중복, 즉 몇 겹의 상징으로 표현된다.

꿈의 사상과 그 대리물인 드러난 꿈을 계속 비교해 나가면 지금까지 우리가 예상도 하지 않았던 일, 이를테면 어이없는 꿈이나 불합리한 꿈에도 의미가 있음을 알게 된다. 이 점에서 꿈에 대한 의학적 견해와 정신분석적 견해는 지금까지 볼 수 없었을 정도로 날카롭게 대립하는 듯이 보인다. 의학적 견해에 의하면, 꿈은 어이없는 것이다. 왜냐하면 꿈을 꿀 때의 심리활동은 모든 비판이 결여되어 있기 때문이다. 이에 반해서 우리의 정신분석적 견해에 따르면, 꿈의 사상에 포함되어 있는 비판, 즉 '이것은 당치도 않다'라는 판단을 표현하려 할 때야말로 비로소 꿈은 어이없어진다. 여러분이 아는 연극 구경을 가는 꿈(C석 입장권 세 장에 1플로린 50크로이처)은 이것의 좋은 예다. 그와 같이 표현된 판단은 '그렇게 빨리 결혼한 것은 당찮은 짓이었다'를 의미하고 있다.

마찬가지로 우리는 어떤 요소가 과연 꿈속에 나타나 있었던가. 이 요소는 사실 이런 것이 아니라 저런 것이었던 게 아닌가 하고 꿈을 꾼 사람이 흔히 말하는 의문이나 의혹의 본체를 해석 작업 때 발견한다. 그와 같은 의문이나 의혹은 잠재된 사상과는 관계가 없다. 그것들은 모두 꿈의 검열 작용이다. 우리는 그러한 의문이나 의혹을 검열의 결과로써, 완전히 성공하지 못한 삭제에 비유할 수 있다.

꿈의 작업이 잠재된 꿈속에서 대립점을 다루는 방법을 연구하면 놀라운 것을 발견하게 된다. 우리는 잠재된 자료에 포함된 공통점이 드러난 꿈속에서는 응축으로 표현된다는 것을 이미 알았다. 그런데 대립점도 마찬가지로 다루어지며, 특히 똑같은 요소로 표현되는 수가 많다. 그러므로 정반대라고 추정할 수 있는 드러난 꿈의 어떤 요소는 나타난 그대로이거나, 요소의 정반대, 또는 그 양쪽을 동시에 의미하기도 한다. 번역할 때, 어느 쪽을 택하는가는 꿈의 의미가 결정해 준다. 꿈속에 부정의 묘사가 없다는 것, 적어도 명백한 부정의 표현이 없다는 것은 이것과 관련이 있다.

언어의 발달 과정을 유추해 보면 꿈의 작업의 이 기괴한 태도를 쉽게 설명할 수 있다. 많은 언어학자들은 원시언어에서는 '강하다–약하다' '밝다–어둡다' '크다–작다'라는 대립되는 개념의 반의어가 동일한 어근으로 표현되어 있었다고 주장하고 있다.

이를테면, 고대 이집트에서는 'ken'이라는 말이, 처음에는 '강하다'와 '약하다'의 두 가지 의미를 가지고 있었다. 대화할 때, 이처럼 대립적 의미를 가진 말을 사용할 때는 오해를 일으키지 않기 위해서, 어조라든가 몸짓으로 두 가지를 뚜렷이 구별했다. 문자로 나타낼 때는 이른바 한정어, 즉 자신은 발음할 수 없는 것으로 되어 있던 그림을 글자에 덧붙였다. 그러므로 'ken'이 '강하다'는 뜻일 때는 그 글자 뒤에 똑바로 서 있는 남자의 그림을 조그맣게 그려 넣고, '약하다'는 뜻일 때는 그 뒤에 힘없이 쭈그리고 앉아 있는 남자의 그림을 그려 넣었다. 후대에 이르러서야 비로소 같은 발음을 가진 원시어가 조금씩 변화하여 그중에 포함된 대립적 의미가 두 개의 다른 기호로 표현되었다. 이리하여 강하다와 약하다의 양쪽을 나타내는 ken에서, 강한 뜻의 ken과 약한 뜻의 kan이 발생한 것이다. 이러한 가장 초기 단계에 있었던 오래된 언어뿐 아니라 훨씬 후대의 오늘날까지 아직 쓰이고 있는 언어도 이와 같은 고대의 대립적 의미가 유물로 많이 남아 있다. 나는 이에 대해서 아벨(C. Abel)의 저서(1884년)에서 몇 가지 증거를 인용해 보겠다.

> 라틴어 중에 이와 같은 두 가지 대립적 의미를 가진 것으로는,
> altus(높다–낮다)와 sacer(신성한–사악한)이 있고,
> 같은 어원을 변형한 것으로는,
> clamare(외치다)와 clam(조용히, 잠자코, 살며시)
> siccus(마른)와 succus(젖은) 등이 있다.
> 독일어에서 같은 것으로는,
> Stimme(목소리)와 stumm(입다문, 벙어리의)이 있다.
> 같은 계통의 언어를 대조해 보면, 많은 예가 있다.
> 영어의 lock(잠그다)과 독일어의 Loch(구멍)나 Lücke(틈)
> 영어의 cleave(찢다)와 독일어의 kleben(붙다).

영어의 'without'은 본래 '……와 함께, ……없이'라는 두 가지 뜻을 가지고 있었는데, 오늘날에는 후자의 뜻만 사용되고 있다. 그러나 'withdraw(빼앗아 버리다)'와 'withhold(주지 않다)'와 같은 합성어에서 'with'에는 '덧붙이다'는 뜻 이외에 '빼앗다'는 뜻도 있었음이 분명해진다. 독일어의 'wieder'도 마찬가지로 '다시'라는 뜻이지만 '되풀이' 외에 '본디처럼'이라는 뜻이 있다.

꿈의 작업의 다른 특징은 언어의 발달과정에서 발견되는 대응물에서 나타난다. 고대 이집트어에서나 다른 나라의 근대언어처럼 똑같은 의미를 나타내기 위해서 발음의 순서를 바꾸어 다른 말을 만드는 일이 일어났다. 영어와 독일어를 비교해 보자.

> Topf(항아리) ─ pot(항아리)
> boat(작은 배) ─ tub(욕조, 통)
> hurry(서둘다) ─ Ruhe(휴식)
> Balken(서까래) ─ Kloben(통나무) ─ club(곤봉)
> wait(기다리다) ─ täuwen(기다리다)
> 라틴어와 독일어 사이에는,
> capere(붙잡다) ─ packen(싸다, 붙잡다)
> ren(콩팥) ─ Niere(콩팥).

여기서 개개의 단어에 일어난 전도(顚倒, 뒤바뀜)가 꿈의 작업에 의해 여러 가지 방법으로 나타나고 있다. 의미의 전도, 즉 그 반대의 것으로 대리한다는 것은 이미 말했다. 그리고 이 밖에 꿈속에서는 상황의 전도라든가, 두 사람 사이의 관계의 전도가 나타난다. 다시 말해 '거꾸로의 세계'에 있는 것 같다. 꿈속에서는 토끼가 사냥꾼을 쏘는 일이 흔히 일어난다. 사건의 순서에도 전도가 일어나서, 그 결과 꿈속에서는 인과 관계가 뒤집혀 결과에서 원인이 일어난다. 그것은 주인공이 먼저 쿵 자빠지고, 이어 무대의 측면에서 주인공을 쏘는 총소리가 '탕'하고 울리는 유랑극단의 신파극과 비슷하다. 어떤 때는 각 요소의 순서가 모두 뒤집혀 버리는 꿈이 있다. 그 결과 하나의 뜻을 끌어내기 위해서 마지막 요소를 처음에, 맨 처음의 요소를 마지막으로 뒤집어서 해석하지 않으면 의미를 찾아낼 수 없는 것이 있다. 여러분은 꿈의 상징에 관한 연구에서 물속에 들어가거나 물속에 떨어지거나 하는 일은 물속에서 나오는 것과 동일한 의미를 가진다. 즉 아이를 낳거나 태어나는 것을 의미하는 것이며, 층계나 사다리를 올라가는 것은 내려가는 것과 마찬가지 뜻이라는 것을 발견한 일이 생각날 것이다.

꿈의 왜곡이 이렇게 표현의 자유에서 어떤 이익을 얻고 있는가는 지금 새삼스레 상세히 설명할 필요가 없다.

꿈의 작업에 나타나는 이 특징을 태곳적(太古的)이라고 불러도 좋다. 이 태곳적 특징은 고대의 표현 세계, 즉 언어나 문자에서도 발견할 수 있으며, 해석할 때에 꿈의 경우와 같은 어려움을 수반하지만, 어떤 어려움이 있는가는 어차피 이 문제를 비판적으로 논할 때 설명하기로 한다.

그러면 다른 두세 가지 점을 설명하기로 한다. 분명히 꿈의 작업에서는 말로 표현되는 잠재된 사상을 감각적인 상, 대개는 시각적인 상으로 바꾸는 일이 중심이 되어 있다. 그런데 우리의 사상이라는 것은 이와 같은 감각적인 상으로부터 생긴다. 사상의 첫 자료와 그 발달의 모든 단계는 감각적 인상, 옳게 말하자면 감각적 인상의 기억상(記憶像)이었다. 이 기억되는 상(像)이 나중에야 비로소 언어가 붙고, 아울러 그 말에 사상(思想)이 결합된 것이다. 그러므로 꿈의 작업은 사상에 퇴행적 처리를 하여 사상 발달의 길을 되돌아가게 하는 일이다. 그리고 이 퇴행의 과정에서 기억되는 상이 사상으로까지 발달할 때 새로이 얻게 된 획득물은 모두 탈락시키지 않을 수 없다.

꿈의 작업이란 바로 이 퇴행적 과정을 가리키는 것이다. 우리가 꿈의 작업에서 알게 된 여러 과정과 대비해 보면, 드러난 꿈에 대한 흥미는 저 뒷전으로 밀려나지 않을 수 없다. 그러나 나는 이 드러난 꿈에 대해서(드러난 꿈은 우리가 직접 알 수 있는 유일한 것이므로) 다시 두세 가지를 더 설명하고 싶다.

마땅한 일이지만, 드러난 꿈은 이제 우리에게는 아무런 의미가 없는 것이 되었다. 드러난 꿈이 훌륭히 구성되어 있다든가 서로 아무 연관도 없이 따로따로 몇 개의 상(像)으로 해체되어 있다든가 하는 것은 아무래도 좋다. 얼른 보기에 꿈의 외관(外觀, 겉모습)이 심오한 인상을 주더라도, 그것은 꿈의 왜곡으로 생긴 것이며, 마치 이탈리아의 교회 정면이 교회 전체의 구조나 양식과 전혀 관계가 없는 것처럼, 꿈의 외관도 꿈 그 자체의 내용과 유기적인 관계가 없다. 그러나 때로 이 꿈의 외관이 독특한 의미를 가지고 있을 때가 있는데, 그것은 꿈의 잠재사상의 중요한 부분이 어떤 때는 조금만 왜곡되거나 조금도 왜곡되지 않은 채 재현되기 때문이다. 그러나 우리가 꿈을 해석해서 어느 정도의 왜곡이 일어났는지 판단을 내리기 전에는 꿈의 외관이 의미를 가지고 있는지 아닌지 알 수 없다. 드러난 꿈속의 어느 두 가지 요소에 밀접한 관계가 있는 것처럼 여겨지는 경우에도 이와 같은 의문은 일어난다. 이때는 꿈의 잠재사상 속에 이 요소들에 대응하는(또는 일치하는) 것들이 서로 밀접하게 관계하고 있는 것은 아닐까 하는 생각이 들지만, 어떤 때는 반대로 꿈의 잠재된 사상으로 면밀히 연결되어 있는 요소들이, 드러난 꿈에서는 뿔뿔이 흩어져서 산재하고 있다고 믿어지는 경우도 있다.

일반적으로 말하면, 여러분이 꿈을 마치 줄거리가 있는 구성물이나 실용적인 표현인 것처럼 생각하고, 드러난 꿈의 한 부분을 또 다른 드러난 꿈의 다른 부분으로 설명하려고 하는 일은 삼가야 한다. 오히려 대개의 경우, 꿈은 각력암에 비교할 수 있다. 각력암이란 여러 종류의 다른 돌조각이 접착해 이루어진 것이며, 그 무늬 모양은 거기에 포함되어 있는 원래 돌조각과는 전혀 다른 것이다. 꿈의 작업의 일부에 이른바 '2차적 가공'이라고 부르는 것이 있다. 이 작용은 꿈의 작업의 1차적인 결과를 자료로 해서, 꽤 조리 있게 종합하여 만든다. 이 2차적 가공 때, 자료, 즉 1차적인 결과는 전체의 뜻이 흔히 오해되기 쉬운 식으로 배열되고, 필요할 때는 다른 것이 삽입되기까지 한다.

한편, 꿈의 작업이 매우 많은 일을 할 수 있다고 과대평가해서는 안 된다. 지금까지 설명한 것이 꿈의 작업의 전부이다. 응축, 치환, 조형적 표현, 그리고 꿈 전체의 2차적 가공. 꿈의 작업은 이 네 가지 이상은 할 수 없다. 꿈속에 판단, 비판, 경탄, 추론이 나타나는 일이 있다. 그러나 이것들은 꿈의 작업이 아니라, 눈을 뜨고 난 뒤 꿈을 생각했을 때 덧붙여진 것도 있고, 대개는 잠재된 사상의 일부가 다소 변형되어 전체의 관련성에 맞게 꿈으로 드러난 것이다.

그리고 꿈속의 대화도 꿈의 작업이 할 수 없는 일이다. 다소 예외는 있지만, 그것은 본인이 전날에 한 대화를 묘사한 것이거나 그런 대화를 조립한 것이며, 꿈의 재료나 꿈의 유발자가 잠재된 사상 속에 들어간 것이다.

마찬가지로 꿈의 작업은 수의 계산도 하지 못한다. 만일 드러난 꿈에 계산 같은 것이 나타나 있을 때는, 대개 그것은 숫자의 나열이며, 명목상의 계산이다. 또 계산 자체도 아주 엉터리이며, 꿈의 사상에 있는 계산의 단순한 복사에 지나지 않는다.

이러한 상황에서 꿈의 작업이라는 주제를 향했던 관심이 결국 드러난 꿈으로 다소 왜곡된 모습을 보여 주는 잠재된 사상으로 향하는 것은 조금도 이상할 것이 없다. 그러나 이 관심의 변화가 너무 지나쳐서, 이론적 고찰을 할 때 꿈의 잠재사상을 꿈 전체인 듯 받아들여, 잠재된 사상에만 적용되는 것을 꿈 전체에 억지로 적용하려는 것은 옳지 않다. 이상한 일이지만 이것은 정신분석의 성과가 남용되어 이 둘 사이에 이런 혼동이 생긴 것이다. 우리는 꿈이라는 말을 꿈의 작업의 결과, 즉 잠재된 사상이 꿈의 작업의 작용을 받아서 된 '형식'에만 제한하여 사용해야 하는 것이다.

꿈의 작업은 참으로 특수한 과정이다. 이와 비슷한 것은 정신생활에서는 아직 발견되지 않았다. 이와 같은 응축, 치환, 관념에서 형상으로의 퇴행적 전환 등은 참으로 정신분석의 새로운 발견이다. 이 새로운 지식을 인식한 것만으로도 정신분석은 이미 그 노력의 대가를 받은 것이다. 그리고 또 꿈의 작업을 다른 것과 비교해 보면, 정신분석의 연구가 다른 영역, 특히 언어와 사고의 발달에 관한 영역과 얼마나 밀접한 관계가 있는지 알 수 있을 것이다. 또 꿈 형성의 메커니즘이 그대로 노이로제 증상의 발생 양식에 적용됨을 알게 된다면, 여러분은 정신분석의 발견이 한층 더 의미 있는 것임을 예측하게 될 것이다.

그 밖에 이와 같은 연구가 심리학에 얼마나 새로운 이익을 주었는가를 개괄하기에는 아직 이른 것 같다. 그러나 이 연구로 무의식적인 정신행위(물론 그것은 꿈의 잠재사상이다)가 있다는 새로운 증거를 주었으며, 꿈의 해석이 무의식적 정신생활을 아는 데 상당한 시사를 한다는 것을 지적하는 것만으로 만족한다.

그러나 여러분에게 지금까지 전체적인 맥락에서 예비적으로 이야기해 온 것을 갖가지 짧은 꿈의 실례로 보여 줄 때가 온 것 같다.

열두 번째 강의
꿈 분석의 실례

여러분은 스케일이 큰 멋진 꿈을 함께 해석하는 대신, 내가 다시 한번 단편적인 꿈의 해석을 여러분에게 보여 준다고 실망하지 말기를 바란다. 지금까지 이만큼 준비해 왔으니 이제 큰 꿈을 해석할 자격이 있을 거라고 여러분은 말할 것이다. 또 그렇게 많은 꿈의 해석에서 성공을 거두었으니, 꿈의 작업과 꿈의 사상에 관한 정신분석의 주장을 증명할 수 있는 훌륭한 예들을 오래전에 모아두었을 거라고 확신하고 있을지 모른다. 사실 그대로이다. 그러나 여러분의 희망을 채워 주기에는 아직도 많은 어려움이 가로놓여 있다.

우선, 꿈의 해석을 본업으로 여기고 있는 사람은 한 사람도 없음을 고백하지 않으면 안 되겠다. 그렇다면 사람들은 어떤 때 무엇 때문에 꿈을 해석하는 것일까? 우리는 이따금 어떤 목적도 없이 친구의 꿈을 연구하거나, 정신분석 연구의 연습으로 어느 기간 자기 꿈을 연구하기도 하지만, 대개는 분석치료를 받고 있는 노이로제 환자의 꿈을 대상으로 연구한다. 그러한 꿈은 훌륭한 재료이며, 어느 점으로 보나 결코 건강인의 꿈에 못지않지만, 기법상 치료를 제1의 목표로 삼고, 꿈의 해석을 둘째로 하지 않으면 안 되기 때문에, 우리는 치료에 필요하다고 여겨지는 것만을 뽑아내고 필요하지 않은 대부분의 꿈을 버리고 만다. 또 치료 중에 쓰이는 꿈에 대해서 충분한 해석을 하지 않는 경우가 종종 있다. 그러한 꿈은 우리에게 아직 알려지지 않은 많은 심리적 자료로 만들어졌으므로, 치료가 끝나야 비로소 이해할 수 있는 것이다. 치료 중에 나타나는 그런 꿈을 이야기하는 것은 노이로제의 모든 비밀을 폭로하는 결과도 되겠지만, 노이로제 연구의 기초로서 꿈을 다루게 된 이상, 우리는 그렇게 할 수도 없다.

그러면 여러분은 기꺼이 그와 같은 노이로제 환자의 꿈이라는 자료를 다루기보다는 오히려 건강한 사람이나 자신의 꿈을 해석하고 싶다고 말할 것이다. 그러나 이것은 꿈의 내용상 할 수 없는 일이다. 사람은 자신의 꿈이나 자기를 완전히 믿고 있는 남의 꿈에 대해 사정없이(이것은 꿈을 철저하게 해석할 때 필연적인 일인데) 폭로하지는 못하는 법이다. 이미 알고 있다시피, 꿈은 인격의 가장 비밀스러운 부분이기 때문이다. 이와 같은 자료를 손에 넣기가 어려운 점 말고도 보고할 때 다른 것들까지 고려하지 않으면 안 된다. 꿈은 꿈을 꾼 본인에게조차 기묘하게 보인다. 하물며 꿈을 꾼 사람의 인품을 모르는 다른 사람에게는 더 기묘하게 보일 것이 마땅하다.

우리 문헌에는 훌륭하고 상세하게 분석한 예들이 얼마든지 있다. 나도 어떤 환자의 병력(病歷)을 보고하는 중에 그런 상세한 꿈의 분석을 공개한 적이 있다. 오토 랑크는 한 처녀가 꾼 서로 관련이 있는 두 가지 꿈을 발표했는데, 이것은 가장 훌륭한 실례일 것이다. 그 꿈은 겨우 두 페이지로 인쇄되었지만, 그 분석은 76페이지에 이르렀다. 이렇게 대규모의 꿈 분석을 여러분에게 들려준다면, 아마도 한 학기가 전부 다 지날 것이다. 만일 심하게 왜곡된 긴 꿈을 예로 든다면 많은 설명을 해야 할 것이고, 그 꿈에 대한 연상이나 회상을 위해 많은 자료를 끌어대야 하며, 다방면으로 고찰해야 한다. 이 때문에 강의 내용을 전체적으로 이끌어 갈 수가 없어서 결국 만족스럽지 못한 결과를 얻게 될 것이다. 따라서 가장 안전한 방법으로, 부분 부분이 따로따로 분리되어 인식하기 쉬운 노이로제 환자의 꿈에서 단편적인 짧은 부분을 보고하는 것으로 만족해 주었으면 한다. 가장 쉽게 증명할 수 있는 것은 꿈의 상징이며, 다음은 꿈의 퇴행성 왜곡이 지닌 일정한 특질들이다.

그러면 지금부터 내가 보고할 만한 가치가 있다고 생각한 꿈과 그 이유들에 대하여 여러분에게 하나씩 설명하기로 한다.

1. 다음의 꿈은 단지 두 개의 간단한 상황으로 되어 있다. '백부가 토요일인데도 담배를 피우고 있다. 한 여자가 제 아이처럼 백부를 애무하고 있다.'

첫 번째 장면에 대해서 이 꿈을 꾼 사람(유대인)은 "자기 백부는 믿음이 깊은 사람이며, 토요일(유대인에게 토요일은 안식일이다)에 담배를 피우는 죄를 지은 적도 없거니와 그럴 엄두도 내지 않는다"고 말했다. 두 번째 장면에 나타난 여자에 대해서 그는 어머니 이외에 아무런 연상도 떠올리지 못했다. 이 두 개의 장면, 즉 두 가지 관념은 분명히 서로 관계가 있는 것이 틀림없다. 그러면 어떤 식으로 관계가 있는 것일까? 그는 자기의 백부가 현실적으로 그런 행위는 하지 않는다고 단호히 부인했으므로, 만일이라는 가정을 넣으면 이 부분은 관계가 맺어진다. '만일 믿음이 깊은 내 백부가 토요일에 담배를 피울 수 있다면, 나도 어머니에게 애무를 받아도 좋을 것이다.' 다시 말해 신앙이 깊은 유대인에게는 토요일에 담배를 피우는 것과 마찬가지로 어머니의 애무가 허용되지 않는다는 것을 이 꿈은 뚜렷이 보여주고 있다.

앞에서 내가 꿈의 작업에 대해 말할 때, 꿈의 사상들 사이의 관계는 모두 탈락되어 버리고 각각의 사상은 그 소재(바탕이 되는 자료)로 분해된다고 한 것을 여러분은 기억할 것이다. 따라서 해석의 과제는 이 탈락된 관계를 본래대로 다시 조립하는 일이다.

2. 꿈에 관한 나의 저술(1900년에 출판된 《꿈의 해석》)을 출판한 이래 나는 어느 범위 안에서 이 문제에 대해 사람들에게 의논을 받는 입장이 되었다. 그리하여 여러 해 전부터 내게 꿈을 보고하거나, 내 비판을 구하는 편지를 각 방면의 사람들로부터 받아 왔다. 나는 물론 그 모든 편지들에 대해 감사하고 있지만, 그중에는 해석이 쉽도록 많은 자료들을 첨부하여 보내 준 사람도 있고, 자기 스스로 해석을 내리고 있는 사람도 있다. 1910년 뮌헨의 어느 의사가 보내 준 다음과 같은 꿈은 이 종류에 속하는 것이다.

내가 이 꿈을 발표하는 이유는, 꿈을 꾼 사람이 분석자에게 그 꿈과 관련된 정보를 제공해 주지 않을 때는 꿈이라는 것이 얼마나 이해하기 어려운가를 여러분에게 보여 주기 위해서이다. 왜냐하면 나의 억측인지는 모르지만, 여러분은 꿈에 상징적 의미를 적용하는 방법을 이상적인 꿈의 해석으로 간주하고, 자유연상의 기법을 포기해 버리고 싶어 하는 것처럼 보이기 때문이다.

나는 이런 해로운 잘못으로부터 여러분을 구해 주려고 한다.

1910년 7월 13일 새벽에 나는 다음과 같은 꿈을 꾸었다. 나는 자전거를 타고 튀빙겐 거리를 내려간다. 그때 갈색 닥스훈트 사냥개가 맹렬히 쫓아와 내 발뒤꿈치를 물었다. 나는 더 내려가다가 돌층계에 앉아, 발꿈치를 꼭 물고 놓지 않는 개를 떼놓기 시작했다(개가 문 사실과 장면 전체가 내게 불쾌감을 주지는 않았다). 마침 맞은편에 중년 부인 두 사람이 앉아 있다가 빙글빙글 웃으면서 나를 바라보고 있었다. 그때 나는 눈을 떴다. 그리고 전에도 자주 경험한 것처럼 잠을 깨려고 하는 순간에 지금까지의 꿈 전부가 똑똑히 눈에 비쳤다.

이 꿈에서는 상징이 거의 소용이 없다. 그러나 꿈을 꾼 사람은 내게 다음과 같이 보고해 주었다.

나는 최근 한 여성을 좋아하게 되었으나, 거리를 거니는 모습만 바라볼 뿐 접근할 방법을 찾지 못했다. 그래서 그 여성이 데리고 있는 닥스훈트를 매개로 접근하는 것이 가장 바람직하다고 생각했다. 실제로 나는 개를 좋아했고, 그 여성 역시 개를 좋아하는 것 같이 보였으므로.

그는 지금까지 자주 구경꾼이 깜짝 놀랄 만큼 개싸움을 잘 말렸다고 덧붙였다. 이로써 그가 반한 처녀가 언제나 데리고 다닌 개는 바로 특수한 사냥개였음을 알 수 있다. 그런데 처녀는 드러난 꿈에서 사라지고, 다만 처녀를 연상시키는 사냥개만이 드러난 꿈에 남아 있다. 또 빙글빙글 웃으면서 그를 바라보고 있는 중년 부인은 아마 처녀를 가리킬 것이다. 그가 내게 보고해 준 것도 이 점을 충분히 설명해 주지 않지만, 꿈속에서 자전거로 달리고 있는 것은 그가 기억하는 경험의 직접적인 되풀이이다. 바로 그가 자전거를 타고 있을 때에만 개를 데리고 있는 그 처녀를 만났던 것이다.

3. 친한 사람과 사별하고 나면 몇 해 동안 특수한 꿈을 꾼다. 그 꿈속에 그 사람의 죽음에 대한 인식과 죽은 그 사람을 되살리고 싶다는 소망이 참으로 교묘하게 타협하여 나타난다. 어떤 때는 그 사람이 분명 죽었음에도 불구하고 자기가 그 사람이 죽은 것을 모르기 때문에 아직도 살아 있는 것처럼 보이며, 또는 그 사람이 죽은 것을 자기가 알았을 때 비로소 그 사람은 정말로 죽었다는 식으로 꿈속에 표현된다. 어떤 때는 그 사람은 절반은 죽고 절반은 살아 있는 것처럼 꿈에 나타난다. 그리고 이와 같은 상태는 모두 뚜렷한 특징을 갖고 있다. 여러분은 이와 같은 꿈을 어이없다고 단순하게 말해 버려서는 안 된다. 왜냐하면 죽은 사람을 되살려 낸다는 것은, 우리가 동화에서 흔히 보듯이 꿈에서는 얼마든지 있을 수 있는 일이기 때문이다. 나는 이와 같은 꿈을 분석한

경험에 의하여, 죽은 사람의 부활에 합리적인 설명을 할 수 있다는 것, 죽은 사람을 되살리고 싶다는 경건한 소망은 더 기묘한 방법으로 표현된다는 것을 알았다. 여기서 나는 여러분에게 그런 꿈을 하나 보여주기로 한다. 그와 같은 꿈은 아무리 생각해 봐도 기괴하고 터무니없어 보이지만, 이 분석은 이미 이론적으로 상세하게 설명된 것을 새로운 방법으로 다시 한번 확인시켜 줄 것이다. 다음 꿈은 몇 해 전에 아버지를 잃은 어떤 남자가 들려준 것이다.

아버지는 돌아가셨다. 그러나 아버지의 시체가 발굴되었는데 그 안색은 나빠 보였다. 아버지는 줄곧 살아 있었던 것이다. 나는 아버지가 그 사실을 깨닫지 못하도록 모든 수단을 다하고 있다(그리고 이 꿈은 다른, 얼른 보기에 매우 동떨어진 사건으로 옮겨간다).

아버지가 죽었다는 것은 우리도 인정할 수 있다. 그러나 그가 무덤에서 발굴되었다는 것은 사실과 다르다. 이에 계속되는 다른 일들도 결코 현실에는 있을 수 없는 일이다. 그러나 꿈을 꾼 그는 다음과 같은 이야기를 들려주었다. 아버지를 매장하고 돌아온 뒤, 갑자기 이빨이 아프기 시작했다. 그는 '이가 아프면 즉시 그것을 빼라'고 하는 유대의 율법대로 뽑아 버려야겠다고 생각하고 치과 의사를 찾아갔다. 그런데 치과 의사는 "아프다고 금방 이를 빼면 큰일 납니다. 더 참아야 합니다. 아픈 이빨의 신경을 죽이기 위해서 뭘 좀 넣어 두지요. 사흘 뒤 다시 오십시오. 그 죽은 이를 뽑아 드리겠습니다" 이렇게 말했다.
'이를 뽑는다는 것은 시체를 발굴하는 것을 뜻하는 것이다'라고 꿈을 꾼 사람은 갑자기 소리쳤다.
그의 말은 옳은 것일까? 두 가지가 완전히 일치하지는 않지만 대강은 비슷하다. 왜냐하면 뽑히는 것은 생이빨이 아니라 죽어 버린 이빨이기 때문이다. 그러나 다른 경험으로 미루어 보면, 꿈의 작업에는 이 정도의 부정확성은 있을 수 있다. 꿈을 꾼 사람은 죽은 아버지와, 신경을 죽인 채로 아직 뽑지 않고 남겨 둔 이를 응축하여 하나로 융합시킨 것이다. 드러난 꿈에 어이없는 일이 나타났다고 해서 그리 놀랄 것은 없다. 왜냐하면 이에 대해서 들은 말이 모두 아버지에게 그대로 적용된다고는 할 수 없기 때문이다. 그렇다면 이와 같은 응축을 가능하게 만든 아버지와 이의 유사점은 대체 어디에 있는 것일까?

여기에 유사점이 있었던 것은 틀림없다. 왜냐하면 이가 빠지는 꿈을 꾸면, 가족 중의 누군가가 죽는다는 속설을 알고 있었다고 꿈을 꾼 사람이 보고해 주었기 때문이다.

이런 통속적인 해석은 옳지 않거나, 적어도 어떤 우스꽝스러운 의미에서만 옳다는 것은 우리도 알고 있다. 이렇게 우연히 언급하게 된 주제를 꿈의 다른 부분의 배후에서 발견할 수 있다면 우리는 더욱 놀라게 될 것이다.

그런데 내가 그 이상 캐어묻기 전에 그는 병으로 인한 아버지의 죽음과 아버지와 자기의 관계를 이야기하기 시작했다. 아버지는 오랫동안 앓고 있어서, 아들인 그는 간호와 치료에 많은 돈을 썼다. 그러나 그에게는 그것이 거액이라고 할 수는 없었다. 그는 아버지를 한 번도 귀찮다고 생각지 않았고, 빨리 죽어 주었으면 좋겠다고는 더욱 생각지 않았다. 유대인다운 효성으로 아버지를 모시고 유대의 율법을 엄하게 지켜온 것을 그 스스로 자랑으로 삼고 있었다. 그렇다면 꿈의 사상(思想) 속에 어떤 모순이 있다는 것에 우리는 주의해야 하지 않을까? 그는 이와 아버지를 동일시하고 있었다. 그는 유대의 율법에 따라 이를 치료하려고 했다. 이 경우 유대의 율법은 이가 아파서 괴로울 경우엔 이를 뽑게 되어 있다. 아버지에 대해서도 그는 유대의 율법에 따라 행동하려고 했다. 아버지의 경우, 유대의 율법은 비용과 괴로움을 개의치 않고 온갖 무거운 짐을 스스로 짊어지고, 고통을 주는 것에 대해 적의를 가져서는 안 되는 것으로 되어 있다. 만일 그가 아픈 이에 대해서 품고 있는 것과 같은 감정을 앓는 자기 아버지에게 품고 있었다면, 즉 아버지가 빨리 죽어서 따로 돈이 드는 아버지의 괴로운 생존이 끝났으면 좋겠다고 바랐다면, 이와 아버지가 일치한 것은 전혀 억지가 아닐 것이다.

이 소망이 실제로 아버지의 오랜 병환 중에 아버지에 대한 그의 태도로 나타났다는 점과 그가 자신의 극진한 효성을 자랑스럽게 확언하고 있는 점이야말로 자기의 그런 부당한 소망을 생각지 않으려는 속셈이었다는 것은 의심할 나위가 없다. 이러한 조건 아래서 친아버지에 대한 죽음의 소망은 쉽게 일어날 수 있다. 그리고 이것은 아버지로 봐서는 하느님의 구원이라는 식의, 제법 동정하는 듯한 가면을 쓰고 있다.

그러나 여러분은 내가 여기서 꿈의 잠재사상 자체에서 한 걸음 뛰어넘은 점에 주의해 주기 바란다. 이 잠재된 사상의 최초의 관심은 꿈이 만들어지고 있는 동안만 무의식이었겠지만, 아버지에 대한 적의의 감정은 영원히 무의식인 그대로 있었을 것이다. 그것은 아마도 어릴 때 시작되어 아버지의 병환 중에도 이따금 머뭇머뭇 가장된 모습으로 의식 속에 스며들었는지도 모른다. 우리는 이 꿈의 내용에 뚜렷이 공헌하고 있는 다른 잠재사상에 대해서 더욱 큰 확신을 가지고 이를 주장할 수 있다. 확실히 아버지에 대한 적의의 움직임은 꿈속에서 조금도 발견되지 않는다. 아버지에 대한 이와 같은 적의의 근원을 어린 시절의 생활 속에서 찾아보자. 일반적으로 아버지에 대해 공포심이 생기는 것은, 대개의 경우는 아버지가 사춘기 전후의 나이 때 사회적 동기들로 말미암아 아들의 성적(性的) 활동을 감시하게 되지만, 유년기 때부터 그런 감시하는 태도를 취하기 때문임을 상기할 수 있다. 아버지와의 이런 관계는 이 경우의 사나이에게도 적용될 것이다. 아버지에게 품는 사랑 속에는 어릴 때의 성적 위협에 근원을 두고 있는 경외심과 불안감이 섞여 있다.

드러난 꿈의 그다음 부분은 '자위 콤플렉스'로 설명이 된다. '아버지의 안색은 나빴다'는 것은 '이빨을 뽑아 버리면 안색이 변합니다'라는 치과 의사의 말을 암시하고 있다. 사춘기의 소년이 지나치게 자위행위에 빠지면 안색이 나빠져서 자위 사실이 실제로 폭로되었거나 또는 폭로되지나 않을까 걱정하게 되는데, 치과 의사의 말은 동시에 이것과도 관련이 있다. 꿈을 꾼 사람이 드러난 꿈속에서 이 나쁜 안색을 자기에게서 아버지에게로 옮겼다는 것은 마음의 짐을 가볍게 하기 위해서이므로, 여러분이 잘 아는 꿈의 작업 가운데 전도(顚倒, 뒤바뀜)의 하나이다. '아버지는 줄곧 살아 있었던 것이다'라고 하는 것은 아버지의 소생을 바라는 소망과 동시에 이를 빼지 않고 그대로 둔다는 치과의와의 약속과도 일치하고 있다. 다시 그 '나는 아버지가 그것을 깨닫지 못하도록 모든 수단을 다하고 있다'는 글은 훨씬 더 교묘하다. '이 글은 우리에게 아버지는 죽었다는 것을'이라는 글을 보충하고 싶은 기분이 들게 한다. 그런데 이 의미심장하고 유일한 보충도 역시 자위 콤플렉스에서 일어난 것이다. 다시 말해 이 젊은이가 자기의 성생활에 대해서 아버지의 눈을 속이려고 온갖 짓을 다했던 것은 마땅한 일이다. 결론으로써 이른바 치통의 꿈이 언제나 자위와 자위에 대한 죄의 두려움을 나타내고 있다는 것을 기억해 주기 바란다.

이제서야 여러분은 이와 같이 이해하기 어려운 꿈이 어떻게 해서 만들어졌는지 알게 되었을 것이다. 이 꿈은 사람을 속이는 기묘한 응축의 힘을 빌고, 또 잠재적인 사고 과정의 중심에서 갖가지 관념이 탈락하고, 다시 이들 관념 중에서 가장 깊고, 시간적으로 가장 멀리 떨어져 있는 것들을 이용하여 의미가 모호한 대리물들을 많이 만들어 완성된 것이다.

4. 우리는 이미 터무니없지도 않고 기괴하지도 않은, 또 이치가 닿는 평범한 꿈을 연구하려고 몇 번이나 시도했다. 그러나 그런 꿈들에서는 '왜 사람은 이렇게 아무렇지도 않은 것을 꿈에 보는가?'라는 의문이 일어난다. 따라서 나는 이런 종류의 새로운 예를 이야기하기로 하겠다. 내가 말하려는 꿈은 어느 젊은 여성이 하룻밤 사이에 꾼, 서로 관련이 있는 세 가지 꿈이다.

ⓐ '그녀는 자기 집의 객실을 걸어가다가 낮게 매달려 있는 샹들리에에 세게 머리를 부딪쳐서 피가 났다.'

이 꿈에 대해서 아무것도 연상되지 않았다. 실제로 이런 일은 한 번도 일어나지 않았다. 그녀의 이야기는 오히려 이 꿈과는 아주 다른 방향으로 향한다.

"선생님도 짐작하셨듯이 저는 요즈음 머리칼이 빠져서 애를 먹고 있답니다. 어제도 어머니가 말씀하셨어요. '얘, 이제 더 머리카락이 빠지다가는 네 머리가 마치 엉덩이처럼 되겠구나'라고요."

그러므로 머리카락은 이 꿈에서는 신체의 다른 끝을 대신하는 것이다. 우리는 아무런 도움 없이 샹들리에를 상징적으로 해석할 수 있다. 말하자면 길게 늘일 수 있는 것은 음경을 상징한다. 그렇다면 음경과의 충돌로 야기된 신체 하단부의 출혈이 문제가 된다. 이것으로는 아직 모호할지 모르지만, 이 여성에게 다시 더 연상을 시켜 보았더니, 이 꿈은 월경이 남성과의 성교 결과로 일어난다는 믿음과 관계가 있음을 알았다. 이 생각은 많은 미숙한 소녀들이 믿고 있는 성에 대한 견해의 한 토막이다.

ⓑ '그녀는 포도밭에 깊은 도랑이 패여 있음을 본다. 그 도랑은 그녀가 나무를 한 개 뽑았기 때문에 생겼다는 것을 알고 있다.'

이 꿈에 관한 그녀의 보고는 '내게는 그런 나무가 없다'는 것이었다. 그녀는 꿈속에서 나무를 보지 않았다고 말하지만, 이 말은 다른 생각을 나타내고 있다. 이 생각은 이제 상징적으로 해석할 수 있다. 이 꿈은 유치한 성 이론의 한 견해와 관계가 있다. 즉 여자아이는 태어날 때 남자아이와 같은 성기를 가지고 있었는데, 그 뒤에 갖게 된 성기의 모양은 거세(나무를 뽑는 일) 때문이라는 생각이다.

(c) '그녀는 책상 서랍 앞에 앉아 있다. 누가 건드리면 금방 알 수 있도록 가지런히 서랍 속을 정돈하고 있다.'

서랍은 상자, 모자와 마찬가지로 여성 성기의 상징이다. 그녀는 성교를 한(그녀의 생각에 의하면 다만 남자에게 닿기만 하더라도) 증거가 성기에 나타난다는 것을 알고 있었으며, 줄곧 이러한 증거가 나타나는 것을 두려워하고 있었다. 이 세 가지 꿈에는 '안다'는 것이 특히 강조되어 있다고 생각된다. 그녀는 어린아이다운 성적 호기심을 갖고 있던 시절, 자기의 독특한 발견을 친구들 사이에서 매우 자랑으로 생각하던 그 시절을 떠올리고 있는 것이다.

5. 다시 한번 상징의 다른 예를 이야기하기로 한다. 그러나 이번에는 꿈이 나타난 당시의 심리 상태를 대강 미리 말해 두어야겠다. 한 여성과 사랑의 하룻밤을 보낸 남성이 한 말을 들으면, 그 여자는 남자와의 사랑의 보금자리 속에서도 아이에 대한 소망을 억누를 수 없는, 모성이 강한 여자였다. 그러나 두 사람은 그저 단순히 연애만 하는 상태였기 때문에 임신을 시킬 수 있는 정액이 자궁에 들어가지 않도록 주의해야 했다. 날이 새어 잠이 깼을 때 여자는 다음과 같은 꿈을 이야기했다.

빨간 군모를 쓴 한 장교가 거리에서 내 뒤를 따라왔다. 나는 그 사람에게서 달아나려고 층계를 달려 올라갔다. 장교는 여전히 뒤를 따라온다. 숨을 헐떡이며 나는 내 방으로 뛰어들어 문을 닫아걸었다. 장교는 문 밖에 있는 것 같았다. 내가 열쇠구멍으로 내다보니 남자는 벤치에 앉아 울고 있었다.

빨간 모자를 쓴 장교에게 쫓겨서 헐레벌떡 층계를 올라가는 것은 성교의 표현임을 여러분도 이미 알고 있을 것이다. 꿈을 꾼 여자가 쫓아온 남자를 들어오지 못하게 문을 닫는 것은 꿈에서 흔히 사용되는 전도(뒤바꿈)의 예로 간주할 수 있다. 왜냐하면 실제로는 사랑의 행위가 끝나기 전에 몸을 물린 것은 남자 쪽이었기 때문이다. 마찬가지로 여자의 슬픔은 남자에게로 옮겨갔다. 바로 꿈속에서 울고 있는 것은 남자이며 동시에 눈물은 정액을 암시하는 것이다.

정신분석의 주장에 의하면 모든 꿈은 성적인 뜻을 가지고 있다고 하더라는 소문을 여러분은 지금까지 틀림없이 들었을 것이다. 이 비난이 옳지 않다는 판단을 이제 여러분 자신이 내릴 수 있는 입장에 있다. 여러분은 더 명백한 욕구, 즉 굶주림이라든가 목마름이라든가, 자유에 대한 동경의 충족을 주제로 하는 소망의 꿈, 또는 쾌적한 꿈, 조바심을 내는 꿈, 나아가서는 순전한 탐욕과 이기심의 꿈 등이 있음도 배웠다. 그러나 강하게 왜곡된 꿈들은 주로(여기에도 예외가 있지만) 성적 소망을 나타내고 있다는 사실을 정신분석 연구의 성과로서 여러분은 물론 기억해 두어야 한다.

6. 꿈의 상징에 대한 예들을 많이 늘어놓는 것은 나로서는 특별한 이유가 있기 때문이다. 내가 여러분을 처음 만났을 때, 정신분석의 발견을 여러분에게 이해시킨다는 것이 얼마나 어려운 일인가 호소해 두었는데, 여러분도 그 뒤로 어렵다는 내 말에 동의했을 줄 안다. 그러나 정신분석의 여러 주장들은 저마다 서로 밀접한 관련이 있으므로, 어느 한 점에 대해서 이해할 수 있다면 이론의 대부분을 쉽게 인정하게 될 것이다.

"정신분석은 관대하게 보아 주면 쉽게 자만에 빠진다"라고 말할지도 모른다. 잘못에 관한 설명을 이해한 사람은 논리적으로 다른 모든 것들을 믿지 않을 수 없게 된다. 그다음 마찬가지로 탐구해 들어가기 쉬운 것은 꿈의 상징일 것이다. 나는 여러분에게 이미 어딘가에서 발표한 적이 있는 꿈 이야기를 하기로 한다. 그것은 남편이 수위 노릇을 하고 있는 어느 서민층 여자의 꿈이다. 이 여성은 확실히 지금까지 한 번도 꿈의 상징이라든가 정신분석이라든가 하는 것을 들은 적도 없었다. 꿈을 해석하는 데 성적 상징의 도움을 받는 것이 독단인지 억지인지는 여러분이 스스로 판단할 수 있을 것이다.

……그리고 누군가가 집을 부수고 들어왔다. 그녀는 공포에 가득 차서 남편인 수위를 불렀다. 그러나 수위는 두 악한과 사이좋게 교회로 가버렸다. 교회에 가려면 돌계단을 몇 층 올라가야만 했다. 교회 뒤에는 산이 있고, 산 위에는 울창한 숲이 있었다. 수위는 헬멧을 쓰고 가슴 가리개를 하고 망토를 입고

있었다. 그리고 갈색 수염을 더부룩하게 기르고 있었다. 얌전하게 수위를 따라가는 악한들은 허리에 풍선 모양의 앞치마를 두르고 있었다. 교회에서 산까지는 길이 하나 나 있었다. 이 길 양쪽은 풀과 나무들이 빽빽이 들어찼는데, 올라갈수록 더 무성해져서 산꼭대기는 거의 밀림이 되어 있었다.

여러분은 여기에 나타난 상징이 무엇인가를 쉽게 알 수 있을 것이다. 남성 성기는 세 사람의 인물로 나타나 있다. 여성 성기는 교회와 산과 숲이 있는 하나의 풍경으로 나타나 있다. 여기서도 계단은 성교의 상징이다.

꿈에서 산은 해부학에서도 'Mons veneris(비너스의 언덕)', 즉 음부라고 부르고 있다.

7. 또 하나의 상징으로 풀어낼 수 있는 꿈을 이야기하기로 한다. 꿈의 해석에 대해서 전혀 예비지식이 없는 사람이, 스스로 자기 꿈에 나타난 모든 상징들을 해석한 것은 주목할 만하며 또한 수긍이 가는 일이다. 이런 일은 매우 보기 드문 일이며, 그 조건에 대해서는 상세히 알려져 있지 않다.

나는 아버지와 함께 어떤 곳을 걷고 있었다. 그 장소는 확실히 플라테르 공원이다. 왜냐하면 아득히 둥근 지붕의 건물이 보였기 때문이다. 이 둥근 지붕 앞에 조그만 건물이 하나 있고, 그 건물에 애드벌룬이 매어져 있다. 그러나 그 애드벌룬은 얼마쯤 바람이 빠진 것처럼 보인다. 아버지가 나에게 저런 것이 왜 저기에 있느냐고 묻는다. 나는 아버지의 질문에 약간 얼떨떨했지만 간단히 그 이유를 설명해 준다. 그리고 두 사람은 안마당으로 들어간다. 거기에는 큼직한 함석이 깔려 있다. 아버지는 그 함석을 찢고 싶어 하는 눈치였으나, 누가 보고 있지 않은지 먼저 주위를 둘러보았다. 아버지는 나에게, 어쨌든 관리인에게 말하기만 하면 괜찮다고 말했다. 그리고 아버지는 서슴지 않고 함석을 찢어버렸다. 이 안마당에서 사다리가 땅 속 깊은 곳까지 걸려 있었다. 땅 속의 벽은 마치 가죽을 씌운 안락의자처럼 푹신하고 부드러웠다. 그 끝에는 긴 플랫폼이 있고, 다시 또 새로운 지하의 공간이 시작되고 있었다.

꿈을 꾼 사람은 스스로 이렇게 해석했다.

"둥근 지붕은 내 성기다. 둥근 지붕 앞의 애드벌룬은 내 페니스인데, 나는 불능증 때문에 고민하고 있다."

우리가 더 파고 들어가서 해석해 보면 둥근 지붕의 건물은 엉덩이이며(어린아이들은 그 전부를 언제나 성기의 일부로 생각한다), 그 앞의 조그만 건물은 음낭이다. 꿈속에서 아버지가 아들에게 저런 것은 왜 저기에 있는지 물은 것은 바로 성기의 목적과 기능에 대해서 질문한 것이다. 이 상황은 아들이 질문하는 것으로 바꾸어 생각해도 좋다. 아버지가 그런 것을 아들에게 묻는다는 것은 현실에서는 있을 수 없으므로 꿈의 관념을 소망으로 보거나, 아니면 조건문으로 해서 '만일 내가 아버지에게 성에 대해서 설명해 달라고 부탁한다면'으로 해석해야 한다. 이러한 생각은 다음 장소에서도 발견할 수 있다.

함석이 깔린 안마당은 처음부터 상징적으로 해석되지는 않는다. 이것은 아버지의 일터에서 온 것이다. 나는 멋대로 이 함석을 아버지가 거래하고 있는 다른 금속과 바꾸었지만, 그 밖에는 꿈속에서 달라진 게 없다. 꿈을 꾼 사람은 일찍이 아버지의 장사를 거들고 있었다. 그리고 막대한 이윤의 대부분이 부정에 가까운 술책으로 얻어지는 것을 몹시 분개하고 있었다. 따라서 앞의 꿈에 담긴 생각은, '만일 내가 아버지에게 묻는다면, 마치 아버지가 단골손님을 속이듯이 나를 속일 것이다'라는 게 된다. 이 장사의 부정을 나타내기 위해서 사용된 '찢는다'는 것에 대해서는 꿈을 꾼 사람 자신이 제2의 설명으로서 그것은 자위를 뜻한다고 말했다.

우리는 벌써부터 이를 잘 알고 있었을 뿐만 아니라 비밀스러운 자위는 그것과 정반대(자위를 공공연히 해도 상관 없다는)로 표현된다. 자위행위를 다시 아버지에게 전가시키고 있는 것은 우리의 예상과 모두 일치한다.

꿈의 처음 장면에 나오는 질문과 마찬가지로 그는 지하갱의 벽이 푹신하고 부드러웠기 때문에 질(膣)이라고 바로 해석했다. 덧붙이자면, 내려간다는 것은 다른 경우의 오른다는 동작과 마찬가지로 성교로 해석하는 것이 좋을 것이다.

긴 플랫폼이 이어지고, 거기서 다시 새로운 공간이 계속되는 광경을 그는 자신의 이력으로 설명해 주었다. 그는 한동안 성교를 해왔지만 어떤 문제 때문에 이제는 단념하고 치료를 받으면서 다시 할 수 있게 되기를 기대하고 있었다.

8. 다음의 두 가지 꿈은 일부다처의 경향이 뚜렷한 어느 외국인의 꿈이다.

내가 이 꿈을 이야기하는 것은 나타난 내용 속에 교묘히 감추어져 있더라도 자아는 어떤 꿈에나 나타난다는 것을 보여 주고 싶기 때문이다. 꿈속의 트렁크는 여성의 상징이다.

(a) 그는 여행을 떠나려 하고 있고, 짐은 차에 실려 역으로 보내지고 있다. 차에는 많은 트렁크가 실려 있는데, 그중에는 견본 같은 크고 검은 트렁크가 두 개 있다. 그는 위로하듯 누군가에게 말한다. "지금 저 트렁크는 역까지 함께 운반될 뿐이야."

그는 실제로 많은 짐들을 갖고 여행했는데, 치료하는 동안 내게 여자 이야기들을 많이 털어놓았다. 두 개의 검은 트렁크는 현재 그의 생활에서 중요한 역할을 하고 있는 두 흑인 여자이다. 그중에 한 여자는 그의 뒤를 따라 멀리 빈까지 오고 싶어 했지만, 그는 나의 권고에 따라 여자에게 전보로 관계를 끊었다.

(b) 세관의 한 광경이다. 동행한 여행자가 자기 트렁크를 열고 담배를 피우면서 태연스럽게 "신고할 만한 것은 들어 있지 않습니다" 이렇게 말한다. 세관 관리는 그 말을 믿는 듯이 보였으나 다시 한번 속을 뒤져보고 하나의 금제품을 발견했다. 여행자는 단념한 듯이 "하는 수 없군" 하고 말한다.

이 여행자는 그 자신이다. 그리고 내가 그 세관 관리가 되어 있다. 그는 나에게 모든 것을 대체로 옳게 고백하고 있었는데, 최근에 맺은 어느 여자와의 관계에 대해서는 잠자코 있으려고 했다. 왜냐하면 자기가 말하지 않더라도 내가 그 여자에 관한 것을 눈치채고 있다고 예상했기 때문이다. 그는 발견되어 당황하게 될 부분을 낯모르는 사람과 바꾸었다. 이 때문에 자신은 꿈속에 나타나 있지 않은 것이다.

9. 다음의 것은 아직 보고하지 않았던 어떤 상징의 실례이다.

'그는 두 여자 친구와 함께 걷고 있는 자기 누이동생을 만난다. 그 두 여자 친구는 자매였다. 그는 이 두 여자에게 악수를 청했으나 자기 누이동생에게는

청하지 않았다.'

이 꿈은 현실의 사건과 아무런 관계가 없다. 그의 생각은 오히려 어떤 시절로 거슬러 올라간다. 그 무렵 그는 누이동생의 유방이 왜 그렇게 늦게 발육할까를 궁금해 했었다. 따라서 두 자매는 유방의 대용(代用)이다. 만일 자기 누이동생 것이 아니었더라면, 틀림없이 그 유방을 만져 보고 싶어 했을 것이다.

10. 여기서 꿈속에 나타난 '죽음의 상징'을 보여 주기로 한다.

그는 급경사로 아주 높이 놓인 철교를 두 사람과 함께 건너간다(그 사람의 이름은 알고 있었으나 잠이 깼을 때 잊어버렸다). 갑자기 두 사람의 모습은 사라지고, 그는 모자를 쓰고 리넨 옷을 걸친 귀신같은 사람을 보았다. 그는 그 사람에게, "당신은 전보 배달부요?" 하고 물었다. "아니오." "그러면 마차를 모는 마부인가?" "아니오." 그는 계속해서 다른 쪽으로 걸어갔지만 꿈속에서 몹시 두려움을 느꼈다. 잠을 깬 뒤에도 이 꿈은 갑자기 철교가 허물어져서 자기가 만일 심연(深淵)에 떨어져 헤어나지 못하게 된다면 하는 공상으로 이어졌다.

꿈을 꾼 사람은 자기가 모르는 사람이다. 이름을 잊어버렸다고 강조하는 사람들이야말로 대개는 꿈을 꾼 사람과 매우 친근한 사람이다. 이 꿈을 꾼 사람에겐 형제가 두 명 있었다. 만일 그가 두 사람의 죽음을 몰래 바라고 있었다면, 마땅히 그 벌로 그가 죽음의 공포에 휩싸이게 되는 것이다.

그는 전보 배달부에 대해서 그런 사람은 언제나 나쁜 소식을 가지고 온다고 말했다. 제복으로 미루어 보면, 그 사람은 점등부[1]였는지도 모른다. 그러나 점등부는 한편 불을 끄기도 하는 직업이다. 요컨대 죽음의 정령이 생명의 불을 끄는 것과 마찬가지로.

마부에 대해서, 그는 울란트[2]가 쓴 〈칼왕의 항해〉라는 시를 연상하여 두 친구와의 위험한 항해를 생각해 냈다. 그는 시 속에 나타난 칼왕의 역할을 한 것이다. 철교의 붕괴는 최근에 일어난 사고와 '생명이란 달아 놓은 다리 같은 것'이라는 속담을 연상시켰다.

11. 다음의 꿈은 죽음의 묘사에 관한 또 하나의 예이다.

---

1) 가로등이 가스등이었던 시대에 등불을 켜고 다니던 사람.
2) 독일의 낭만파 시인.

"미지의 신사에게서 검은 테를 두른 명함을 받았다."

12. 여러 가지 점에서 다음의 꿈은 여러분에게 흥미로울 것이다. 흥미로울 거라고 말했는데, 노이로제 상태도 물론 그 흥미 속에 들어간다.

그는 기차를 타고 있다. 열차가 넓은 들판에 서 버렸다. 무슨 사고가 일어날 것 같아서 달아나야겠다고 생각한 그는 차장이건 기관사이건 만나는 사람을 모조리 때려죽이면서 잇따라 찻간을 빠져나간다.

이 꿈은 어떤 친구의 이야기를 생각나게 했다. 이탈리아의 어느 철도 구간에서 한 미치광이가 조그마한 객차간에 갇혀서 호송되고 있었다. 한 여객이 잘못하여 그 찻간을 열었다. 그랬더니 미치광이는 그 여행객을 죽이고 열차의 손님들도 많이 죽였다. 꿈을 꾼 사람은 자기를 그 미치광이와 동일시하고 있는 것이다. 이것은 그를 이따금 괴롭히는 강박관념, 즉 자기를 잘 알고 있는 사람들은 모두 쫓아 버려야 한다는 생각을 표현하고 있는 것이다.

그러나 그는 이 꿈의 유인(誘因)이 된 더 좋은 동기를 스스로 발견하고 있다. 그 전날 그는 극장에서 한 처녀와 재회했다. 그는 전에 그 처녀와 결혼할 생각이었는데, 여자가 그에게 질투를 일으키게 하는 행동을 했으므로 단념했다. 만일 그가 그 여자와 결혼했다면 질투가 점점 더 심해져서 실제로 미쳐 버렸을지도 모른다. 바로 그는 그 여자와 관계있는 사나이들을 질투 끝에 모조리 죽여버려야 하지 않을까 하고 생각했을 정도로 그 처녀를 바람둥이로 믿고 있었다. 여기서는 달아나기 위해 잇따라 객차간을 빠져나가는 것을 결혼 생활의 상징으로 해석하고 있다.

열차가 넓은 들판에 멈춰서고 사고가 일어날 듯한 공포를 품은 점에 대해서 그는 이렇게 말했다. 전에 그가 철도 여행을 했을 때, 역이 아닌 곳에서 갑자기 열차가 서버렸다. 그때 "아마 열차가 충돌했나 봐요. 이런 때는 두 다리를 높이 쳐드는 것이 가장 안전해요" 같은 찻간에 탄 젊은 여자가 이렇게 설명했다.

그런데 이 다리를 높이 쳐든다는 말은 그가 그 처녀와의 행복한 첫사랑 시절에 즐긴 산책과 소풍을 연상시켰다. 이것은 그 젊은 여자와 결혼했더라면 미쳐 버렸을 게 틀림없다는 것을 입증하는 새로운 설명이다.

그러나 그럼에도 그의 마음속에는 그와 같은 미치광이가 되고 싶다는 소망

이 지금도 자리 잡고 있음을, 그의 심리 상태를 잘 알고 있는 나는 확신을 갖고
말할 수 있다.

꿈의 태곳적 특질과 유아성

우리는 다시 한번, 꿈의 작업이란 검열의 영향을 받아서 꿈의 잠재사상을 어떤 다른 표현 양식으로 바꾸는 일이라는 결론을 언급해 보겠다. 이들 잠재사상은 우리가 깨어있을 때는 잘 알고 있는 의식적인 관념인데 반해, 새로운 표현 양식은 여러 가지 특징들 때문에 이해하기 어렵다. 앞서 본 대로 이 표현 양식은 인류가 아득히 먼 옛날에 극복한 지적 진화의 여러 단계, 즉 비유적 언어의 단계, 상징 관계의 단계 및 우리의 사고언어가 발달하기 이전에 있었다고 생각되는 여러 단계들로부터 유래하고 있다. 따라서 우리 꿈의 작업에서는 이와 같은 표현 양식을 태곳적, 또는 퇴행적이라고 이름 붙인 것이다.

여기에서 여러분은 꿈의 작업을 한층 깊이 연구하면 아직도 충분히 알려지지 않은 인류의 지적 진화에 관해서 틀림없이 귀중한 설명을 얻으리라고 추측할 것이다. 내 생각도 그렇지만, 이 연구는 유감스럽게도 아직 아무도 시작하지 않았다.

꿈의 작업에 의해 우리가 거슬러 올라가는 태고시대는 두 가지가 있다. 하나는 '개체'의 원초시대, 다시 말해서 소아기(小兒期)이며, 또 하나는 모든 개체가 그 소아기에 인류의 모든 진화를 단축시킨 형식으로 반복한다는 의미에서, 이 개체의 원초시대는 '계통 발생적(系統發生的)' 태고시대이기도 하다. 나는 잠재하는 심적 과정들의 어느 부분이 개체의 태고시대로부터 유래하며, 또 어느 부분이 계통 발생적 태고시대로부터 유래하는지를 구별하는 문제에 대해 실제로 불가능하다고 생각하지 않는다. 예를 들면, 개체가 한 번도 배운 적이 없는 상징 관계는 분명히 계통 발생적 태고시대의 유물이라고 생각해도 좋으리라 여겨진다.

그러나 상징이 꿈의 유일한 태고성(太古性)은 아니다. 여러분은 모두 소아기의 뚜렷한 '기억상실(소아기의 건망증)'을 직접 경험했을 것이다. 이것은 한 살부터 대여섯 살, 또는 여덟 살까지의 인생 경험들이 그 뒤의 경험들만큼 기억에 남아 있지 않다는 사실을 의미한다. 그야 소아기에서 현재까지의 기억이 빠짐없이 연결되어 왔다고 자랑하는 사람을 만나는 수가 있기는 하지만, 그러나 기억이 결여된 사람이 훨씬 더 많다. 그런데 이것은 지금까지 이상하다고 여겨지지 않았다고 생각한다. 어린아이는 두 살에도 말을 곧잘 하고, 복잡한 심적 상황에 곧잘 적응하는 능력을 보이며, 몇 해 뒤에 남이 이야기해 주어도 전혀 기억해 내지 못하는 것을 그 무렵에는 이미 입으로 내뱉고 있었다. 그리고 소아기의 기억은 후년에 비해서 정신적 부담이 가볍기 때문에 능률이 높다. 기억 기능을 특별히 높은 수준의, 또는 어려운 정신적 행위로 간주할 근거는 전혀 없다. 그러기는커녕 명석한 기억력은 정신력이 매우 낮은 사람들에게서도 발견되는 것이다.

그러나 이 제1의 특징에 대해서 나는 제2의 특징을 들지 않을 수 없다. 제2의 특징이란, 소아기 초기를 감싸고 있는 기억의 공백 중에서 이 흩어진 기억들이 잘 보존되어 대개는 조형적인 상으로 형성된 채 선명하게 떠오르기도 하는데, 왜 그렇게 선명하게 기억이 남아 있는가에 대해서는 알맞은 이유를 찾을 수 없다는 점이다. 우리의 기억은 뒷날 우리가 생활 속에서 만나는 여러 가지 인상들에 대해서 어떤 처리 과정을 거쳐 도태(淘汰)한다. 기억은 중요한 것은 보존하고 중요하지 않은 것은 버리게 된다. 그러나 보존되어 온 소아기의 기억은 이렇게 도태되지 않는다. 그 기억들은 반드시 소아기의 중요한 경험도 아니고, 어린아이의 입장에서 보아 틀림없이 중요하게 여겨졌을 경험도 아니다. 오히려 그것은 흔히 평범하고 무의미하며 심지어는 이런 하찮은 것을 지금까지 잊어버리지 않은 데 대해 놀라 스스로 물어볼 정도의 것들이다.

이미 나는 소아기의 기억상실이라는 이 수수께끼와, 잊히지 않고 남은 기억의 잔존물에 관한 수수께끼를 정신분석의 도움을 빌려 규명하려고 시도한 적이 있다. 그리하여 어린아이도 중요한 인상들만 기억 속에 남는다는 결론에 도달했다. 이 중요한 인상(印象)은 여러분이 이미 알고 있는 응축작용, 특히 치환작용으로 인해 언뜻 보기에는 중요하지 않은 것 같은 모습으로 바뀌어 나타날 뿐이다. 그래서 나는 이와 같은 소아기의 기억을 '은폐기억'이라고 부른다. 만일 분석을 철저하게 한다면 이 은폐기억을 통해 잊어버린 것들을 모두 끌어낼 수 있을 것이다.

정신분석요법에서는 흔히 소아기의 기억 결손을 회복시키는 것이 일반적인 과제인데, 이 분석요법이 어느 정도까지 성공한다면(대개 성공하는 법이지만), 잊어버린 소아기의 경험들을 다시 뚜렷하게 끌어낼 수 있을 것이다. 이 소아기의 인상들은 실제로는 결코 잊어버린 것이 아니라 잠재하고 있어 접근하지 못했을 뿐인 것, 즉 무의식에 속해 있었던 것이다. 어떤 때는 이 잠재된 기억이 저절로 무의식 속에서 떠오르는 수도 있는데, 경우에 따라서는 꿈과 결부되어 떠오르기도 한다. 이렇게 보면 꿈의 활동이 이 잠재적 소아기 경험에 이르는 길을 발견할 수 있음을 알 수 있다. 이 점을 입증하는 좋은 실례가 정신분석의 문헌에 실려 있는데, 나도 어느 정도는 도움을 주었다.

전에 나는 어떤 일과 관련하여 틀림없이 신세를 진 일이 있는 어떤 사람에 대한 꿈을 꾸었는데, 그 사람은 꿈속에서 매우 뚜렷이 내 눈앞에 보였다. 그 사람은 애꾸눈으로 몸집이 작고 통통했으며 어깨가 딱 벌어진 사나이였다. 나는 꿈의 앞뒤 관계에서 그 사나이가 의사라고 생각했다. 다행히도 나는 그 무렵 아직 살아 계시던 어머니에게 내가 태어난 곳(나는 고향을 세 살 때 떠나 왔었다)의 의사에 대해 물어보았는데, 어머니는 그 의사가 애꾸눈이고, 몸집이 작고 통통하게 살이 쪘으며 어깨가 딱 벌어진 사람이라고 말해 주었다. 동시에 그 의사가 나의 상처(나는 완전히 잊고 있었지만)를 치료해 주었다는 것을 알았다. 즉 소아기 초기의 잊어버렸던 자료가 이런 식으로 나타나는 것이 꿈의 태고성을 보여주는 또 하나의 특질이다.

우리가 지금까지 만난 수수께끼들 중의 다른 것도 이와 똑같은 말을 할 수 있다. 꿈을 일으키는 것은 꿈의 검열과 꿈의 왜곡을 반드시 필요로 하는, 악한 성격과 방탕한 성적 소망이라는 사실을 알게 되었을 때, 여러분이 얼마나 놀라며 받아들였는지 생각날 것이다. 이와 같은 꿈을 우리가 해석해 준 경우, 다행히 그 꿈을 꾼 사람은 그 해석 자체에 항의하지 않더라도 반드시 다음과 같은 질문을 퍼부었다.

"나는 그런 소망과는 관계가 없다고 생각하고 있었고, 그것과 정반대의 것을 의식하고 있었는데, 대체 그런 소망이 어디서 왔을까요?"

우리는 주저할 것 없이 이 소망의 유래를 지적해 줄 수 있다. 이 나쁜 소망의 충동은 과거, 흔히 그다지 멀지 않은 과거로부터 온다. 이 소망의 움직임이 있다는 것을 현재에는 알고 있지도 의식하고 있지도 않지만, 전에는 그런 소망이 있다는 것을 알고 있었고, 의식하고 있었음이 증명되는 것이다.

어떤 부인이 꿈을 꾸었다. 그 꿈은 현재 열일곱 살 난 외동딸이 죽었으면 좋겠다는 소망으로 해석되었다. 그리하여 우리가 지적해 주었더니, 그녀는 한때 자기 딸의 죽음에 대한 소망을 품은 적이 있었다는 사실을 떠올렸다. 그 딸은 이혼까지 하게 된 불행한 결혼에서 생긴 아이였다. 딸이 뱃속에 있을 때 남편과의 심한 말다툼 끝에 격분하여 발작적으로, 뱃속의 아이가 죽어 버렸으면 좋겠다고 주먹으로 힘껏 자기 배를 때린 적이 있었다. 지금은 자기 아이에게 온갖 애정을 다 쏟으며 아마도 너무 지나치다는 말까지 들을 정도로 사랑하고 있는 어머니들이 과거에는 내키지 않는 마음으로 수태했고, 또 그 당시 자기 뱃속의 생명이 자라지 않기를 바란 예들은 얼마든지 있다. 실제로 어머니들은 그와 같은 소망을 다행히도 그다지 해가 되지 않는 여러 가지 다른 행동으로 바꾸어 버렸다. 그러므로 뒷날에는 불가사의하게 느껴지는, 사랑하는 사람이 죽었으면 좋겠다는 소망은 그 사람과의 옛날 관계에서 유래하고 있는 것이다.

한 아버지의 꿈을 해석하여 특별히 귀여워하고 있는 큰아들의 죽음을 바라고 있었다는 결론이 나왔을 때, 이 아버지는 틀림없이 그 어머니와 마찬가지로 그러한 소망이 마음속에 있었음을 기억할 것이다. 현재의 아내를 택한 데 대한 불만을 품고 있던 한 사나이가 그 아내와의 사이에서 태어난 아이가 아직 젖먹이였을 때, 이런 성가신 존재가 죽어 줘서 아내와 이혼하고 실컷 자유를 누릴 수 있기를 바란 적이 있었다. 미움의 충동 대부분은 대개 이것과 같은 원인에서 비롯된다는 것을 증명할 수 있다. 이런 증오심의 충동은 이제는 과거에 속한, 언젠가 한 번은 의식되고 그리하여 정신생활 속에서 작용한 일이 있는 사건에 대한 추억이 되었다.

이렇게 본다면, 만일 어떤 사람과의 관계에 이런 종류의 변화가 일어나지 않았을 경우에는, 즉 처음부터 그 관계가 냉담한 것이었다면 그와 같은 소망이나 꿈은 나타날 까닭이 없다고 여러분은 결론을 내리고 싶을 것이다. 이미 나는 그 추론이 옳다고 말한 바 있다. 다만 여러분에게 주의해 두고 싶은 것은,

꿈의 겉모양 그대로가 아니라 꿈을 해석한 뒤의 전체적 의미를 고려해야 한다는 것이다. 사랑하는 사람이 죽었다는 꿈은 단지 무서운 가면에 지나지 않고, 실제로는 전혀 다른 것을 뜻하거나, 또는 그 사랑하는 사람은 다른 사람의 대용(代用)인데 우리가 속고 있을 수도 있다.

이런 경우에 처하면 여러분의 마음속에 더 진지한 다른 의문이 솟아날 것이다. 여러분은 다음과 같이 말할지 모른다.

"설령 그 죽음의 소망이 전에는 기억으로 그 존재가 증명되었다고 하더라도, 그것만으로는 아무런 설명이 되지 않습니다. 그 소망은 훨씬 옛날에 극복되어 지금은 무의식 속에 단순한 추억으로 남아 있을 뿐, 강한 충동으로 마음속에 남아 있는 것이 아니잖습니까? 강한 충동으로 존재하고 있다는 증거는 아무것도 없는데 어째서 그런 소망이 일반적으로 꿈속에서 상기되는 것입니까?"

사실 여러분의 이러한 의문은 지극히 마땅하다. 이 의문에 대답하려고 한다면 우리는 다시 이야기를 앞으로 진행시켜서 꿈의 이론 가운데 가장 중요한 한 가지 점에 대한 의견을 밝혀야 한다. 나는 부득이 당분간은 더 이상 이야기를 앞으로 진행시키지 않을 것이며, 이 의문도 잠시 보류하기로 한다. 여러분도 우선은 이러한 의문을 단념해 주기 바란다. 이미 극복되었을 것으로 보는 소망이 자극원이 되어 꿈을 일으킨다는 사실이 증명되었다는 것만으로 만족하기 바란다. 그리고 계속해서 다른 악한 성품이 지닌 소망도 마찬가지로 과거에서 나오는 것인가를 검토해 보기로 하겠다.

이어 우리는 배척 소망(타인의 죽음을 바라는 소망)에 대해 설명하기로 한다. 이 소망은 대체로 꿈을 꾼 사람의 한없는 이기심 탓으로 돌려도 좋다. 흔히 이 배척 소망이 바로 꿈의 형성 요인이라고 알려져 왔다. 누군가가 우리 인생의 앞길을 막는다면(인간관계가 복잡해질수록 이런 일이 많아지는데) 꿈은 그 방해자가 아버지든 어머니든, 또는 형제자매든 부부든 그 사람을 죽이려고 잔뜩 벼르며 기다린다. 우리는 인간의 본질이 이렇게 악한 것인가에 놀라 꿈의 해석이 내린 결론을 그대로 인정하고 싶어 하지 않는다. 그러나 이처럼 소망의 기원을 과거에서 찾아야 한다고 배우고 나니, 이와 같은 이기심이나 소망 충동이 근친자와 관련되더라도 아무런 의심 없이 개인의 어느 한 시기를 바로 발견하게 된다.

이 어느 시기란 바로 소아기 초기이다. 뒷날 생각하면 이 시기는 모두 망각의 안개에 싸여 있지만, 이 시기의 아이는 종종 숨김없이 이기심을 발휘한다. 대개의 경우는 뚜렷한 이기주의의 싹, 단도직입적으로 이 소질의 흔적이라는 모습으로 나타난다. 어린아이는 우선 자기를 사랑하고, 어느 정도 지나서야 비로소 남을 사랑하며 자아(自我)의 일부를 남을 위해 희생하는 것을 배우게 된다. 어린아이가 처음에 좋아하는 것처럼 보이는 사람이더라도 사실은 그 사람이 필요하기 때문에, 그 사람이 없으면 살아갈 수 없기 때문에, 즉 이기적인 동기로 그 사람을 좋아하는 것이다. 후년에 이르러서야 비로소 사랑의 감정은 이기심과 관계가 없어진다. 실제로 어린아이는 자기중심적인 이기주의(利己主義)로부터 남을 사랑하는 것을 배운다.

자기의 형제자매와 부모에 대한 어린아이의 태도를 비교해 보면, 이 이기심에 대해서 많은 것을 알게 된다. 어린아이는 자기의 형제자매에 대해서 반드시 사랑의 감정을 품고 있지는 않으며, 곧잘 드러내 놓고 싫다고 말한다. 의심할 것 없이 어린아이의 마음속에는 경쟁자에 대한 미움이 자리 잡고 있으며, 이러한 태도가 종종 성인이 될 때까지, 아니 더 오랫동안 줄곧 계속된다는 것은 잘 알려져 있는 사실이다. 분명히 이와 같은 심적 태도가 사랑의 태도로 깨끗이 해소되는 일도 종종 있다. 아니, 미움의 감정 위에 사랑의 태도가 덮인다고 하는 편이 좋을지 모른다. 그러나 적의의 감정은 일반적으로 애정보다 빨리 생기는 듯하다. 적의의 감정은 두 살 반에서 네댓 살까지의 어린아이가 새로 태어난 동생을 대하는 태도에서 쉽게 발견된다. 어린아이는 대개 갓난아이를 진심으로 받아들이려 하지 않는다.

"이번에 태어난 아기는 싫어. 황새가 다시 어디로 데려가 버렸으면 좋겠어" 하는 것이 대개 어린아이들이 하는 말이다. 그 결과 신참자를 헐뜯기 위해서 갖은 기회를 노리며, 갓난아이를 상처 입히는 일, 때로는 노골적으로 암살하려는 일도 드물지 않다. 두 아이의 나이 차가 적을 때는 정신 활동이 더 활발해질수록 어린아이는 경쟁심을 일으켜서 상대방에게 대비한다. 만일 나이 차가 클 때는 갓난아기를 처음부터 흥미로운 것, 또는 살아 있는 인형으로 생각하여 어떤 종류의 동정심을 갖는 경우도 있다. 갓난아기와 어린아이의 나이 차가 여덟 살, 또는 그 이상일 때, 특히 여자아이의 경우는 갓난아기에 대해서 다정한 어머니 같은 충동을 쉽게 보인다. 그러나 실제로 꿈속에서 형제자매에 대한 죽음의 소망을 발견했을 때, 기괴하다고 놀랄 필요는 없다. 그 까닭은 배척 소망의 원형을 소아기 초기에서, 아니 때로는 서로가 함께 살던 후년의 생활 속에서 쉽게 증명할 수 있기 때문이다.

저희들끼리 심하게 싸우지 않는 어린이들은 아마 없을 것이다. 싸움의 동기는 부모의 사랑을 서로 빼앗으려 한다든가, 함께 가지고 놀게 되어 있는 장난감을 서로 차지하려 한다든가, 집안의 자리를 서로 빼앗으려 하는 일 때문이다. 이 적의의 충동은 형제자매의 누구에게나 향한다. "영국의 젊은 여성이 어머니 이상으로 누구를 미워한다면 그것은 그 사람의 가장 손위 언니일 것이다"라고 말한 것은 버나드 쇼였다고 생각된다. 버나드 쇼의 이 말에는 우리를 놀라게 하는 점이 포함되어 있다. 형제자매 사이의 증오와 경쟁심은 그런대로 이해할 수 있더라도 어째서 딸과 어머니, 부모와 자식 사이의 관계에 증오의 감정이 침입하는 것일까?

부모와 자식과의 관계는, 우리 생각과 마찬가지로 아이 편에서 보아도 형제 자매간의 관계에 비하면 확실히 훨씬 더 의가 좋은 것이다. 부모와 자식 사이에 애정이 없는 것은 형제자매의 경우보다도 더 부당하다고 우리는 생각한다. 형제자매 사이의 사랑은 세속적인 것으로 보고, 부모와 자식 사이의 사랑은 신성하다고 본다. 그럼에도 평소의 관찰에 의하면, 부모와 다 큰 자식들 사이의 감정 관계가 사회에서 들먹이는 이상과 얼마나 거리가 먼가, 그 감정 관계에 벌써 얼마나 많은 적의가 개입하고 있는가, 그 감정 관계에 효성이나 사랑의 감정을 덮어 억누르지 않는다면 그 적의가 얼마나 쉽게 나타나는가를 알 수 있다.

이 적의의 동기는 잘 알려져 있듯이 아버지와 아들, 어머니와 딸이라는 동성이 서로 반발하려고 하는 경향이다. 딸은 어머니를 자기 의지를 속박하며, 성적 자유의 단념이라는 사회의 요구를 자기에게 언제까지나 지키게 하는 사명을 지닌 권위로 생각한다. 경우에 따라서는 어머니를 이 경쟁자로 생각하며 경쟁에서 지지 않으려고 한다.

이와 똑같은 일이 아버지와 아들 사이에서는 한층 더 눈에 띄게 전개된다. 아들 쪽에서 보는 아버지는 어쩔 수 없이 참아야 하는 사회적 구속의 화신(化

身)이다. 아버지는 아들의 방종한 행동, 젊은 시절의 성적 향락에 대한 도취, 또 재산이 있을 경우에 돈의 사용 등을 방해하려고 한다. 만일 왕위 계승자인 경우, 아버지가 죽어 주었으면 하는 기대는 비극적으로 높아진다. 이에 반해서 아버지와 딸, 어머니와 아들의 관계는 그다지 위험하지 않은 것 같다. 어머니와 아들의 관계는 이기심 때문에 더럽혀지는 일이 없으며, 영구불변하는 사랑의 전형(典型)이다.

왜 나는 이와 같이 일반적으로 알려져 있는 흔해 빠진 일을 새삼 운운하는 것일까? 그것은 이러한 현상이 실생활에서 중요한 의의를 가지고 있다는 것을 부정하고, 사회가 요구하는 이상(理想)이 현실적으로 실현되고 있는 것보다 훨씬 훌륭하게 실현되고 있는 것처럼 떠벌리는 경향이 분명히 있기 때문이다. 그러나 이와 같은 문제는 견유학파(犬儒學派)들에게 그냥 일임해 두느니보다는 차라리 심리학 쪽에서 진실을 말하는 편이 낫다. 물론 이런 진실의 부인(否認)은 현실 생활에만 관련되어 있다. 소설이나 희곡 같은 예술에서는 이러한 이상이 실현되지 않을 때 나타나는 행동을 작품에 자유롭게 이용하고 있다.

우리가 많은 사람의 꿈속에서 부모, 특히 동성의 부모를 배척하려고 하는 소망을 폭로했다고 해서 별로 놀랄 것은 없다. 이 소망은 현실에서도 존재하여, 어떤 다른 행동으로 가장되든가 심지어 의식되기도 한다고 가정해도 좋다. 이를테면 '꿈의 분석 실례'의 제3의 예에서는 죽음의 소망이 아버지의 무익한 고통에 동정한다는 형태를 가장하고 나타났다. 꿈의 경우, 적의만이 지배하는 일은 드물다. 그보다 적의가 사랑의 감정 뒤에 숨어, 마침내 억제되는 경우가 훨씬 많다.

이 경우 꿈이 적대감을 유리(어떤 경험은 잊어버리지는 않고 그 감정적 요소만 떼어내는 것)할 때까지, 가만히 기다리고 있어야 한다. 이와 같은 격리의 결과로 꿈이 우리 눈에 거대한 것으로 보이더라도 해석으로 꿈을 꾼 사람의 실생활의 연관 속에 끼워 넣으면, 본래대로 수축해 버린다.[1] 이 죽음의 소망은 실생활에서는 존재할 터전을 갖고 있지 않으며, 또 성인이면 현실에서는 그와 같이 온당치 않은 소망을 품고 있다고는 결코 인정하지 않을 경우에도, 꿈속에서는 발

---

[1] 한스 작스 〈꿈 해석과 인간에 대한 이해〉

견될 수 있다. 이것은 특히 동성의 부모와 자식 사이를 갈라놓으려고 하는, 누구에게나 볼 수 있는 뿌리 깊은 동기가 일찍이 소아기 시절부터 이미 싹이 텄기 때문이다.

나는 애정 경쟁은 성적인 경향을 강하게 띠고 있다고 생각한다. 아들은 벌써 어린아이 때부터 어머니에 대해서 특별한 애정을 보이기 시작한다. 또 아들은 어머니를 자기 것으로 간주하고 아버지를 어머니의 독점을 에워싸고 다투는 경쟁자로 느끼기 시작한다. 이와 마찬가지로 어린 딸은 어머니를 마치 자기와 아버지의 애정 관계를 방해하려는 방해자처럼, 또 자신이 훌륭히 해낼 수 있는 지위를 빼앗으려고 하는 존재로 생각한다. 이런 감정의 상태를 우리는 오이디푸스 콤플렉스(ÖdipusKomplex)라고 부르는데, 관찰해 보면 이런 감정상태의 기원이 얼마나 오랜 것인가 알 수 있다. 왜냐하면 오이디푸스의 전설에서는 아버지를 죽이고 어머니를 자기 아내로 삼으려는 아들의 감정에서 나온 이 두 가지 극단적인 소망이 약간 약화된 형태로 표현되고 있기 때문이다. 나는 오이디푸스 콤플렉스가 자식과 부모의 관계를 모두 완전히 표현하고 있다고는 주장하고 싶지 않다. 자식과 부모의 관계는 확실히 이보다 훨씬 복잡하기 때문이다. 오이디푸스 콤플렉스는 조금 더 강하게 발달하는 수도 있고, 또 그 반대로 되는 수도 있다. 그러나 오이디푸스 콤플렉스는 유아 시절의 정신생활에서 일반적으로 볼 수 있는 매우 중요한 인자이다. 우리는 이 콤플렉스의 영향과 이로부터 발전되는 행동을 과대평가하기보다 과소평가할 위험이 크다. 생각해 보면, 부모 쪽에서 자식을 오이디푸스적 태도로 반응하도록 자극하는 일이 많다. 다시 말해 부모는 자식의 성별에 따라 귀여워하는 방법을 달리한다. 그 결과 아버지는 딸을, 어머니는 아들을 더 귀여워하며, 또 결혼생활의 재미가 식었을 경우에는 매력을 잃은 사랑의 대상으로 자식을 대용하는 것이다.

우리는 세상 사람들이 이 오이디푸스 콤플렉스를 발견한 정신분석 연구에 대해 크게 고마워했다고 주장하지 못한다. 오히려 그와는 반대로 이 발견에 대해 어른들 사이에 심한 반발이 일어났다. 한편 엄금되어 있거나 금기로 되어 있는 이 감정 관계를 부정하는데 가담하지 않은 사람들도 늦게나마 그것을 보상하려고 오이디푸스 콤플렉스에 새로운 해석을 내리고, 그 본래의 가치를 빼앗아 버렸던 것이다. 나는 지금도 내 신념을 바꿀 생각은 없다. 내 신념에는 부정해야 할 것도 미화해야 할 것도 없다. 그리스 전설에 의해서 피할 수 없는 숙명으로 인정된 이 사실에 친숙해지면 된다.

더욱 흥미로운 사실은, 실생활에서 추방된 이 오이디푸스 콤플렉스가 문학의 손에 넘겨져 자유롭게 다루어졌다는 것이다. 오토 랑크는 그의 면밀한 연구를 통해 이 콤플렉스가 극시(劇詩) 속에 무한히 변형되고 완화된 모습으로, 혹은 가장하여, 바꾸어 말하면 우리가 검열 작용으로 알고 있는 왜곡의 형태로 얼마나 풍부한 소재를 제공했는가를 증명해 주었다. 그러므로 이 오이디푸스 콤플렉스가 훗날에 부모와의 충돌 없이 행복하게 살고 있는 어른의 꿈에 나타나는 수도 있다. 또 거세 콤플렉스(Kastrations komplex), 즉 아버지가 유아의 성적 행동을 위협하거나 제한하는 것에 대한 반응도 이 오이디푸스 콤플렉스와 밀접한 관계가 있다는 것을 알 수 있다.

지금까지 발견한 사실에서 우리는 어린이의 정신생활 연구에 주의해야 할 부분을 알게 되었으며, 마침내 다음과 같은 기대를 할 수 있다. 말하자면 금단의 꿈의 소망과 관련된 또 하나의 부분, 즉 방탕한 성적 욕망의 유래도 같은 방법으로 설명할 수 있다는 희망을 가져도 좋다. 더욱이 우리는 소아의 성생활 발달도 연구하고 싶다는 의욕을 느꼈다. 그리고 많은 근거에서 다음과 같은 것을 알았다. 우선, 어린아이에게는 성생활이 없다든가, 성욕은 사춘기에 성기가 성숙해야 비로소 나타난다는 가설은 근거 없는 잘못된 생각이라는 점이다. 반대로 어린아이는 태어날 때부터 내용이 풍부한 성생활을 누리고 있다. 그러나 그 성생활은 성인들이 정상으로 생각하는 것과는 여러 점에서 다르다.

그런데 우리가 '도착(Pervers)'이라고 부르는 것은 정상인의 성생활과 다음의 여러 가지 점에서 다르다. 첫째, 종(種)이라는 한계(동물과 인간과의 심연을 무시하는 것)를 벗어남. 둘째, 혐오감의 한계를 벗어남. 셋째, 근친상간이라는 한계(혈연관계에 있는 이에게 성적 만족을 구해서는 안 된다는 것)를 벗어남. 넷째, 공공연히 동성애를 행함. 다섯째, 성기로 행해지는 역할을 다른 기관이나 신체의 다른 부위에 바꿔놓음. 이와 같은 제한은 탄생 첫날부터 있는 것이 아니고, 유아의 발육과 교육 과정 중에 서서히 형성된다. 어린아이는 이와 같은 제한에 사로잡히지 않는다. 어린아이는 아직도 인간과 동물 사이에 있는 엄격한 장벽을 모른다. 인간과 동물은 다르다는 긍지는 후일에야 비로소 생긴다. 어린아이는 처음에는 배설물에 대해 혐오감을 나타내지 않는다. 이 혐오감은 교육의 영향을 받아 서서히 형성된다. 어린아이는 성의 구별에 무관심하다. 오히려 남녀는 같은 모양의 성기를 가졌다고 상상한다. 어린아이는 최초의 성적 욕망과 호기심을 자기와 가장 친근한, 그리고 성적으로가 아닌 다른 이유로 가장 사랑하고 있는 사람, 즉 부모, 형제자매, 유모에게서 찾는다. 마지막으로 훗날 애정관계의 정점에 이르렀을 때 다시 나타나는 특징이지만, 어린아이는 성기에만 쾌감을 기대하지 않고 몸의 다른 여러 부위에도 같은 감각이 있어, 그 부위에서 같은 쾌감을 얻을 수 있다는 것을 발견한다. 따라서 그 부위가 성기의 역할을 할 수 있다는 사실을 알아낸다. 그러므로 어린아이는 '다형성 도착(polymorph pervers)'이라고 할 수 있는데, 어린아이가 이 모든 충동을 행위로 거의 드러내지 않는 까닭은 후년에 비해서 이와 같은 충동의 강도가 약하기 때문이며, 또 한편 교육이 어린아이의 성적 표현을 강하게 압박하기 때문이다. 이 억제는 이론화되어 있어, 어른들은 어린아이의 성적 표현에 대해서 한편에서는 너그럽게 보며, 한편에서는 새로운 해석을 내려 성적인 성향이 없다고 여기고 전체를 부인하게 된다. 이를테면 어린아이의 방에 들어가면 그 아이의 성적 장난을 엄하게 꾸짖으면서도, 대외적인 이론에서는 어린아이의 성적 순결을 변호하는 사람이 많다. 어린아이는 자유롭게 방임되어 있을 때나 유혹당했을 때, 사람의 눈을 끄는 도착된 성생활을 곧잘 드러낸다. 물론 어른들은 이것을 어린아이다운 짓이라든가, 장난이라고 간단히 처리해 버린다. 왜냐하면 어린아이는 도덕이나 법률에 대해서 한 사람 몫의 책임이 있다고 판정할 수 없기 때문이다. 그러나 역시 성욕은 있는 것이며, 타고난 체질의 징표로서, 또 발달의 추진력으로서도 의의를 가지는 것이다. 따라서 어린아이의 성욕은 어린아이의 성생활과 함께 인간 일반의 성생활을 설명할 수 있는 열쇠가 된다. 그러므로 왜곡된 꿈 뒤에 이 모든 도착된 소망의 충동이 나타났을 경우에는, 이 점에서도 꿈이 완전히 유아시절의 상태로 되돌아간 것을 의미하고 있다.

금지된 소망 중에서 특별히 두드러진 것은 근친상간의 소망이다. 즉 부모, 형제자매와 성교하고자 하는 소망이다. 잘 알다시피 인간 사회에서 이와 같은 성교가 얼마나 혐오감을 불러일으키는가. 혐오감을 진정으로 느끼지 않더라도 사람들이 표면적으로 얼마나 혐오를 나타냈으며, 또 얼마나 강력하게 그것이 금지되었는가. 근친상간의 공포를 설명하기 위해서 지금까지 참으로 막대한 노력이 기울여져 왔다. 이러한 금제에 대해 어떤 사람은 이것이 씨를 보존하고자 하는 자연선택, 다시 말해 동종교배는 종족의 질적 저하를 가져오기 때문에 근친상간의 금제라는 형태를 빌려 심적으로 나타나는 것이라고 설명한다.

다른 사람들은 이렇게 주장한다. 어릴 때부터 가족과 공동생활을 하고 있기 때문에 성적인 호기심이 그 가족에게 돌려질 수 없게 된 것이라고. 어떻든 간에 이 두 가지 주장에 의하면, 근친상간의 금제가 자동적으로 달성된다는 것이다. 그렇다면 왜 엄한 금제가 필요한지 알 수 없다. 뒤집어 생각하면 이 엄격한 금제야말로 강한 욕망이 있다는 것을 뜻한다. 정신분석연구의 결과, 근친상간적인 사랑의 선택은 처음에는 누구에게나 있으며, 그리고 나중에야 비로소 이에 대해 저항이 나타나는데, 그 저항의 유래는 개체 심리학으로는 충분히 설명할 수 없다는 것을 알게 되었다.

아동심리학을 연구한 결과, 우리는 꿈을 한층 더 잘 이해할 수 있게 되었다. 그 결과를 종합해 보면, 잊어버린 소아기의 체험이 꿈에 나타날 뿐만 아니라 어린아이의 정신생활의 한 특징, 즉 이기심과 근친상간적인 사랑의 선택 등은 꿈에서, 바꾸어 말해 무의식 속에서 계속 존재하며, 꿈으로 우리는 밤마다 이 유아성(幼兒性)의 단계로 되돌아갈 수 있다는 것이다.

이와 같이 '정신생활에서 무의식적인 것이란 유아적인 것'임을 알게 되었다. 그리고 이 발견으로 인간에게는 많은 악들이 숨어 있다는 불쾌한 인상은 엷어지기 시작한다. 그런 무서운 악들은 정신생활에서의 원초적인 것, 원시적인 것, 유아적인 것에 지나지 않는다. 그리고 그 일부는 어린아이 때 활동하고 있으나 규모가 작기 때문에 무시되며, 일부는 어린아이에게는 그다지 도덕적인 기준이 요구되지 않기 때문에 중시되지 않는 것이다.

꿈은 이 어린아이의 단계로 퇴행하기 때문에, 우리 마음속의 숨은 악을 출현시킨 듯한 겉모습을 갖는다. 그러나 우리를 당황하게 하는 이 모습은 사람을 속이는 가면에 지나지 않는다. 따라서 꿈의 해석으로 상상되는 것만큼 인간은 악인이 아닌 것이다.

꿈의 악한 욕망이 유아성의 흔적에 불과하다면, 또 꿈이 사고와 감정으로 우리를 다시 어린아이로 만들어 윤리적 발달의 최초 단계로 되돌아가게 하는 것뿐이라면, 이와 같은 악몽을 꾸었다 하더라도 이성적인 판단으로 얼굴을 붉힐 필요는 없다. 이성(理性)은 정신생활의 작은 부분에 지나지 않는다. 정신에는 이성적이 아닌 것들이 많이 존재한다. 그런데도 부당하게 이러한 꿈을 꾸고 얼굴을 붉히는 일이 종종 있다.

우리는 이와 같은 꿈을 꿈의 검열에 맡기는데, 만일 이 소망이 왜곡되지 않은 노골적인 형태로 의식(意識) 속에 침입해 올 때는(그런 일은 매우 드물지만) 얼굴을 붉히거나 분개하게 된다. 심지어 우리는 왜곡된 꿈에 대해서도, 그 꿈의 뜻을 알고 있는 것처럼 얼굴을 붉히는 수가 있다. 본인에게는 해석해 주지 않았지만, '사랑의 봉사' 꿈에 대해서 그 고상한 노부인이 스스로 판단을 내리고 분개한 것을 여러분은 기억할 것이다.

이것만으로 이 문제가 끝나지는 않았다. 만일 우리가 꿈에 나타나는 악을 더 깊이 연구한다면, 인간의 본성에 대해서 시각을 달리하여 새로운 평가를 내릴 수 있을 것이다.

연구 전체의 성과로 우리는 두 가지 견해를 얻었다. 그러나 이러한 견해는 다시 새로운 수수께끼, 나아가서는 새로운 의문의 시작을 의미할 뿐이다.

첫째로 꿈이 하는 일의 퇴행성은 형식적일 뿐만 아니라 실질적이기도 하다. 즉 이 퇴행성으로 우리의 생각은 원시적인 표현 양식으로 번역될 뿐만 아니라 원시적인 정신생활의 모든 특징, 즉 자아의 그 예전의 강대성과 성생활의 원초적 충동들이 다시 되살아나며, 만일 상징 관계를 태곳적인 것으로 생각해도 좋다면 인류 태고의 지적 소산(所産, 결과물)들도 다시 부활된다.

둘째로 지금 우리는 일찍이 우리의 지배적이고 독재적이었던 옛 유아적 특징들을 모두 무의식 속에 넣음으로써 무의식에 대한 인식을 바꾸고 확대하지 않으면 안 된다. 무의식은 이제 그때 잠재하던 것에 대한 이름이 아니다. 무의식은 독자적인 소망의 움직임, 독자적인 표현 양식, 일상적으로는 일어나지 않는 독자적인 정신적 메커니즘을 가진 특수한 정신적 영역이다. 그러나 우리의 해석으로 뚜렷이 밝혀진 꿈의 잠재사상은 이 영역에 포함되어 있지 않다. 잠재사상이란 오히려 우리가 깨어 있을 동안에도 생각하려면 생각할 수 있는 것이다. 그럼에도 꿈의 잠재사상은 역시 무의식적이다. 그러므로 어떻게 이 모순을 해결하면 좋은가? 그래서 우리는 이 두 가지를 구별해야 하지 않을까 하고 생각하기 시작한다.

우리의 의식 생활에서 유래하고, 의식 생활의 성격을 가지고 있는 그 무엇(우리는 이것을 '낮의 잔재(Tagesreste)'라고 부르고 있다)과 무의식의 영역에서 나오는 그 무엇이 결부되어 꿈이 되는 것이다. 그리고 이 둘 사이에서 꿈의 작업이 행하여진다. 낮의 잔재가 뒤에 결부되는 무의식에 어느 정도 영향을 받는가가 퇴행의 조건이 될 것이다.

이것이 꿈의 본질에 대한 심오한 통찰인데, 우리가 마음의 영역을 다시 깊이 규명하기 전에는 그 진상을 뚜렷이 밝힐 수는 없다. 그러나 머잖아 꿈에 잠재된 사상의 무의식적 성격과 유아성의 영역에서 유래하는 무의식을 구별하는 다른 이름을 붙일 수 있을 때가 올 것이다.

무엇이 잠자는 동안의 마음의 활동을 이와 같이 퇴행시키는 것일까 하는 의문이 일어나는 것은 마땅하다. 무엇 때문에 마음의 활동은 잠을 방해하는 심리적 자극을 처리하기 위하여 퇴행의 도움을 빌리지 않으면 안 되는 것일까? 그리고 만일 마음의 활동이 꿈의 검열을 피하기 위해, 지금은 이해할 수 없는 옛 표현 방법을 사용해서 가장(假裝)해야 될 정도라면, 왜 인류가 극복한 심적 충동과 옛 소망의 성적 특징을 소생시키는 것일까?

다시 말하면, 마음의 활동에서 형식적 퇴행에 부가되는 실질적인 퇴행은 무슨 도움이 될까? 우리가 할 수 있는 단 하나의 대답은 이렇다. 이와 같은 방법으로만 꿈이 형성될 수 있기 때문이며, 역학적으로는 달리 꿈의 자극을 해소할 수 없기 때문이라고. 그러나 우리도 아직은 그와 같은 답을 자신만만하게 내놓지 못한다.

제2부
꿈

열네 번째 강의
소망 충족

지금까지 진행해 온 연구 과정을 여러분은 다시 한번 상기해 주기 바란다. 우리가 발견한 정신분석 기법을 적용했을 때 꿈의 왜곡이라는 문제에 부딪쳤지만 그것은 잠시 미루어 두고 어린아이의 꿈을 분석한 결과, 꿈의 본질에 대한 중요한 정보를 얻을 수 있었다. 아울러 우리는 그 연구 성과를 토대로 꿈의 왜곡을 직접 공략하여 한 걸음 한 걸음 극복해 왔다. 아니, 그렇다고 주장하고 싶다. 그러나 사실 이 두 가지 방법에서 발견한 각각의 성과는 반드시 일치하지는 않는다. 이 두 가지 성과를 종합하여 서로 조화를 이루게 하는 것이 우리의 새 과제이다.

두 방면의 연구에서 밝혀진 결과는 본질적으로 꿈작업이란, 사상(思想, 생각 또는 관념)을 환각적 체험으로 바꾸는 일이라는 것이다. 이것이 진행되는 방법은 수수께끼지만, 이는 오히려 일반심리학에서 다뤄질 문제이며 여기서는 상세하게 논할 여지가 없다.

우리는 어린아이의 꿈에서, 꿈의 작업의 목적은 잠을 방해하는 심리적 자극을 소망 충족으로 제거하는 일이라는 것을 배웠다. 왜곡된 꿈에 대해서는, 어린아이의 꿈과 같다고 주장하려면 먼저 그 꿈의 해석 방법을 알아내야만 했다. 그러나 우리는 처음부터 왜곡된 꿈이라도 어린아이의 꿈과 같은 관점에서 설명할 수 있다는 기대를 갖고 있었다. 모든 꿈은 실제로 어린아이의 꿈이며, 모든 꿈이 유아 시절의 자료를 바탕으로 어린아이다운 심적 욕구와 메커니즘 속에서 활동하고 있다는 견해에 도달했을 때, 그 예상은 비로소 적중했다. 꿈의 왜곡을 파악해 낸 지금, 우리는 꿈작업의 목적이 소망 충족이라는 견해가 왜곡된 꿈에도 들어맞는지 검토해 보기로 하자.

우리는 앞의 강의에서 꿈에 대한 분석을 하나하나 진행하면서 소망 충족의 문제는 전혀 고려하지 않았다. 그러나 "소망 충족은 대체 어디에 있는 것일까?" 하는 의문이 분명 여러분의 마음속에 쉼 없이 떠올랐을 것이다. 이 의문은 중요하다. 왜냐하면 이러한 의문은 아마추어 비평가로부터 흔히 나오는 것이기 때문이다. 잘 알다시피 인간이란 새로운 지식에 대해서는 본능적으로 반감을 품는 법이다. 이와 같은 새로운 지식을 빨리 최소한으로 줄이고, 될 수 있으면 하나의 표어로 압축해 버리는 것이 그 반감의 표현이다.

새로운 꿈의 이론에 대해서는 '소망 충족'이라는 말이 표어가 되었다. 일반적으로 꿈이 소망 충족이라는 말을 들은 사람은 즉각 "소망 충족은 대체 어디 있습니까?" 이렇게 질문하는데, 이 물음 뒤에는 소망 충족 따위는 아무 데도 없다는 부정적 대답을 기대하고 있다. 일반 사람은 순식간에 심한 불안에 휩싸일 만큼 불쾌감이 수반된 자기의 무수한 꿈을 상기하고는, 정신분석이 주장하는 꿈의 이론은 정말 엉터리라고 의심하기 시작한다. 그런 사람들에게 우리는 바로 "왜곡된 꿈에는 소망 충족이 저절로 나타날 리 없다. 그것은 찾아내야 하므로 꿈을 해석하기 전에는 소망 충족이 사람의 눈에 띄지 않는다"라고 대답할 것이다. 우리는 왜곡된 꿈에 포함된 소망은 검열로 제거된 금지된 소망이며, 이 소망의 존재야말로 꿈이 왜곡된 원인이고, 검열이 개입하는 동기임을 알고 있기 때문이다. 그렇지만 아마추어 비평가에게, 꿈의 해석을 하기 전에 그 꿈의 소망 충족에 대해서 의문을 품어서는 안 된다고 설득하기는 어렵다. 그런데 아무리 강조해도 아마추어들은 이 경고를 잊어버리고 만다. 소망 충족의 이론을 부정하고자 하는 태도는 분명히 꿈의 검열의 필연적 결과에 지나지 않는다. 다시 말해 검열을 받은 소망을 부정하는 태도의 대리적 결과인 것이다.

물론 우리도 어째서 고통스러운 꿈, 특히 불안한 꿈을 많이 꾸는가를 설명하고 싶다. 여기서 우리는 비로소 꿈속의 감정이라는 문제에 직면하게 되며, 이 문제는 독자적으로 연구할 만한 가치가 있지만, 유감스럽게도 상세하게 설명할 수는 없다. 만일 꿈이 소망 충족이라면 꿈속에 고통스러운 감정이 있다는 것은 있을 수 없는 일이라고 아마추어 비평가는 의문을 가질 수도 있다. 그러나 여기서 우리는 이들 아마추어 비평가가 생각해 보지도 않았던 세 가지 복잡한 문제부터 먼저 고찰해야 한다.

첫째로 고찰해야 할 것은, 꿈의 작업이 소망 충족을 만드는 데 완전히 성공하지 못하여, 그 결과 꿈의 사상 가운데 고통스러운 감정 일부가, 꿈속에 드러난 경우이다. 분석해 보면 알겠지만, 이와 같은 꿈의 사상은 그것을 자료로 만들어진 꿈보다 훨씬 고통스러웠을 것이다. 이것은 어느 예를 들더라도 똑같이 설명할 수 있다. 목마름이라는 자극에 의해 물을 마시는 꿈을 꾸지만, 실제로 갈증을 해소하지 못한다면, 우리는 꿈의 작업이 그 목적을 달성하지 못한 것을 인정한다. 물을 마시는 꿈을 꾸어도 목은 여전히 마르고, 물을 마시기 위해서 잠을 깨지 않으면 안 된다. 그러나 그것은 역시 어엿한 꿈이었으니, 이 꿈은 꿈의 본질이 결여되어 있지 않다. 이러한 꿈은 'ut desint vires, tamen est laudanda voluntas[1]'(그 힘이 미치지 못하더라도 의도는 칭찬할 만하다)'라고 말할 수밖에 없다. 적어도 분명히 인정되는 의도만은 칭찬받을 만하기 때문이다. 이와 같은 실패의 예는 흔히 발견된다. 그 실패의 한 원인이 꿈의 작업에서는 내용의 의미를 고치는 것보다 감정의 성질을 바꾸는 편이 훨씬 어렵다는 점이다. 감정은 저항력이 몹시 강한 경우가 많기 때문이다. 그러므로 꿈의 작업은 꿈의 사상에 포함된 고통스러운 내용을 소망 충족의 모습으로 바꾸려 하는데, 그 고통스러운 감정은 여전히 본래대로 남아 있는 것이다. 이런 꿈에서는 감정과 내용이 완전히 일치하지는 않는다. 이에 대해서 아마추어 비평가는, 꿈은 본래 소망 충족이 아니므로 꿈속에서는 무해한 내용조차 고통스럽게 느껴진다고 말할지도 모른다. 이런 몰이해한 주장에 대해서 나는 꿈의 작업의 소망 충족 경향은 내용과 감정이 분리된 꿈에서야말로 가장 뚜렷이 나타난다고 항의한다. 노이로제가 무엇인지 모르는 사람은 꿈에서도 내용과 감정의 결합이 긴밀하다고 생각하고, 내용이 변하더라도 그 내용에 속하는 감정은 본래대로 표현된다는 것을 모르기 때문에 이런 잘못된 생각을 갖게 된다.

둘째로 고찰해야 할 것은, 아마추어라면 누구나 등한시하지만 매우 중요하고 심각한 의문이다. 즉 소망 충족은 기쁨을 줄 것이 틀림없겠지만, 대체 누구에게 기쁨을 주느냐 하는 것이다. 물론 그 소망을 품고 있는 사람에게 주는 것인데, 꿈을 꾼 사람과 그의 소망은 아주 특수한 관계를 맺고 있다. 꿈을 꾼 사람은 자기의 소망을 비난하고 검열한다. 즉 꿈을 꾼 사람은 그 소망을 좋아하

---

1) 로마의 시인 오비디우스 〈흑해에서 온 편지〉.

지 않는다. 또한 소망의 충족은 꿈을 꾼 사람에게 기쁨을 주기는커녕 오히려 그 정반대의 것을 준다. 기쁨과 정반대의 것이 무엇인지는 설명을 좀 더 해야겠지만, 경험에 비추어볼 때 그것이 불안의 형태로 나타난다는 사실을 우리는 알고 있다. 그러므로 꿈을 꾼 사람과 그 꿈의 소망과의 관계는, 뚜렷한 공통점으로 굳게 결합되어 있는 두 사람의 합체에 비유할 수 있다. 이 사실을 상세하게 설명하는 대신 여러분에게 유명한 동화를 하나 소개하겠다. 여러분은 이 이야기 속에서 틀림없이 상호 연관성을 발견하게 될 것이다.

행복의 여신이 어떤 가난한 부부에게 세 가지 소망을 들어주겠다고 약속했다. 부부는 매우 기뻐하며 세 가지 소망을 골똘히 생각한다. 그런데 아내가 이웃집에서 소시지 냄새가 풍겨오자 "아아, 저런 소시지를 두 개만 가졌으면" 하고 바랐다. 그러자 곧바로 소시지가 눈앞에 나타났다. 이것으로 첫째 소망이 채워졌다. 이것을 본 남편은 화가 나서 "제기랄, 이따위 소시지, 여편네 코끝에나 매달려 버려라" 하고 말했다. 그러자 소시지는 아내의 코끝에 매달려서는 아무리 해도 떨어지지 않았다. 이것으로 두 번째 소망이 충족되었으며, 이 소망은 남편이 품은 소망이었다. 이 소망의 충족이 아내에게는 매우 불쾌한 일임은 말할 나위도 없다. 여러분은 이 동화의 마지막을 알고 있을 것이다. 일심동체의 부부인 두 사람은 결국 세 번째 소망으로 소시지가 아내의 코끝에서 떨어지도록 바랐을 것이 틀림없다. 이 동화는 여러 각도에서 그 의미가 이용되기도 하겠지만, 여기서는 단순히 양쪽의 의견이 서로 일치하지 않으면 한쪽의 소망 충족은 다른 쪽 사람에게는 불쾌한 것이 된다는 것을 설명하기 위한 것이었다.

불안한 꿈을 이해하는 데 이제 더 이상 어려움이 없을 것이다. 또 하나의 관찰을 이용해서 이에 대한 여러 가지 예들을 인용할 수 있는 가설을 세우기로 하자. 그 관찰이라는 것은 불안한 꿈은 전혀 왜곡되지 않은, 바꾸어 말하면 검열을 거치지 않은 내용을 담고 있는 경우가 많다는 것이다. 불안한 꿈은 흔히 노골적인 소망의 충족, 물론 꿈을 꾼 사람이 인정하려 들지 않는 소망의 충족이다. 즉 검열 대신에 불안이 나타난 것이다. 유아형(幼兒形) 꿈은 꿈을 꾼 본인이 인정하는 공공연한 소망의 충족이며, 일반적으로 왜곡된 꿈은 억압된 소망의 가장(假裝)된 충족이라고 말할 수 있다. 여기서 '불안한 꿈이란 억압된 소망의 공공연한 충족이다'라는 공식이 성립한다. 불안은 억압된 소망이 검열보다 더욱 강하게 나타나는 것, 즉 억압된 소망이 검열에 대항해서 그 소망 충족을 관철했거나, 하려고 한 표시이다. 이것이 꿈으로 봐서는 소망 충족이지만, 꿈의 검열 편에 서 있는 우리에게는 고통스러운 감정을 느끼게 하고 또 그것을 방어하려고 하는 원인이 될 뿐임을 우리는 알 수 있다. 그때 꿈에 나타난 불안은 평소에 눌려 있던 강한 소망들에 대한 불안이라고 말할 수 있을 것이다. 어째서 이 강한 소망에 대한 방어가 불안이라는 형태를 갖는가는 꿈의 연구만으로는 설명되지 않는다. 불안은 다른 곳에서 분명하게 연구되어야 한다.

왜곡되지 않은 불안한 꿈에 적용되는 이 가설은, 부분적으로 왜곡된 불안감이나 고통스러운 감정이 거의 불안에 가까운 모습을 띤 다른 불쾌한 꿈들에도 적용된다. 대개 불안한 꿈을 꾸면 잠에서 깬다. 즉 꿈의 억압된 소망이 검열에 대항해서 완전히 충족되기 전에 잠이 깨는 것이 보통이다. 이 경우 꿈은 그 목적을 달성하는 데 실패했다고는 하나, 그 때문에 꿈의 본질이 변화하지는 않는다. 우리는 꿈을 잠이 방해되지 않도록 감시하는 야경꾼, 즉 수면의 파수꾼에 비유했었다. 야경꾼이라도 자기 혼자서 방해나 위험을 쫓아버릴 자신이 없다고 느꼈을 때는 자고 있는 사람을 흔들어 깨우는 수가 있다. 그러나 꿈이 위험한 빛을 띠고, 불안으로 진행될 때라도 우리는 운 좋게 잠을 계속 자기도 한다. 우리가 수면 중에 "꿈이었구나" 하고 혼잣말을 중얼거리고는 다시 잠들어 버리는 것은 바로 이때이다.

꿈의 소망이 검열을 압도하는 상황은 언제 일어나는 것일까? 그 조건은 꿈의 소망에 의해 주어지기도, 꿈의 검열에 의해 주어지기도 한다. 그 원인은 뚜렷하지 않지만, 소망은 언제고 결코 저항할 수 없을 만큼 강해질 수 있다. 그러나 우리는 흔히 꿈의 검열 태도 쪽에 이 힘의 균형을 옮기는 책임이 있는 듯한 인상을 받는다. 우리는 앞에서 이미 검열의 강도는 꿈마다 다르다는 것, 또 꿈의 요소마다 그 엄격함의 정도가 다르다는 점을 말했다. 덧붙여 말하자면 검열의 힘은 일반적으로 매우 각양각색이며, 같은 꺼림직한 요소에 대해서도 언제나 엄격함의 정도가 같지 않다는 가설을 지금 덧붙여 두고 싶다. 검열은 꿈의 소망이 자기를 기습하려고 위협하여 스스로 무력함을 깨닫게 되면, 왜곡을 이용하는 대신 자기에게 남겨진 마지막 수단으로써 불안을 깨워 (이 상황이 현실이 아니라) 수면 상태임을 입증하는 것이다.

그런데 여기서 기묘하게 느껴지는 것은, 이 꺼림칙한 나쁜 소망이 꼭 밤중에만 활동하여 수면을 방해하는 이유를 아직 모르고 있다는 점이다. 이에 대한 대답으로는 수면 상태의 본성 때문이라는 가설을 내세울 수밖에는 없을 것이다. 낮 동안은 검열이라는 무거운 압력이 이 소망들을 누르고 있어서 실질적으로 소망은 그 영향력을 발휘하지 못한다. 그러나 밤에는 다른 마음의 활동과 마찬가지로 이 검열도 자고 싶다는 단 한 가지 소망에 부응하도록 그 영향력을 정지시키거나 훨씬 약화시킨다. 다시 말해 금지된 소망이 다시 활동하는 것은, 밤 동안에 검열의 간섭하는 힘이 약화되기 때문이다.

불면증을 호소하는 노이로제 환자 중에는 처음에는 불면을 바라고 있었다고 고백하는 사람이 있다. 이러한 환자는 꿈을 꾸기를 두려워하기 때문에, 즉 검열이 간섭하는 힘의 약화 결과가 두려워서 안심하고 잠들지 못하는 것이다. 그러나 검열이 간섭하는 힘의 약화는 큰 부주의를 뜻하는 것이 결코 아님을 여러분도 쉽게 알 수 있을 것이다. 수면 상태는 우리의 운동 기능을 마비시킨다. 그러므로 설령 나쁜 의도가 마음속에 움직이기 시작하더라도 실제로는 꿈을 만드는 일 말고는 어떠한 해도 끼치지 못한다. 그리고 "꿈이었구나" 하는, 밤에 속하면서 결코 꿈의 생활에는 속하지 않는 가장 이성적인 말은 안심할 수 있는 상황임을 입증한다. 따라서 우리는 그 꿈을 내버려 두고 계속 잠을 자는 것이다.

셋째로, 자기의 소망에 반항하는 꿈을 꾸고 있는 사람은 각기 다른 인물로 분리되어 있으면서도 무언가로 단단히 결합되어 있는 두 인물의 합체라는 견해를 상기한다면, 소망 충족으로 매우 불쾌한 일, 즉 징벌이 행해지는 이유도 이해할 수 있을 것이다. 여기서도 그 세 가지 소원에 관한 동화를 빌려서 설명하기로 하자. 쟁반 위의 소시지는 아내라는 제1의 인물이 품은 소망의 직접적인 충족이며, 아내의 코끝에 붙은 소시지는 남편이라는 제2의 인물의 소망 충족인 동시에 그것은 아내가 품은 어리석은 소망에 대한 징벌이기도 하다. 이 동화에 남아 있는 세 번째 소망의 동기를 우리는 노이로제 환자에게서 다시 발견할 것이다. 그런데 인간의 마음의 활동에는 이와 같은 징벌이 따르는 경향이 많다. 이 경향은 매우 강해서 일부 고통스러운 꿈은 이 징벌에 책임이 있다고 해도 무방하다.

이제 여러분은 이것으로 유명한 소망 충족의 이론은 설명이 완결되었다고 생각할지 모른다. 그러나 더 살펴보면, 여러분은 자기의 말이 옳지 않다는 것을 깨닫게 될 것이다. 나중에 인용하는 여러 가지 꿈의 방식에 대처하는 데 있어(많은 학자들이 의견을 같이하지만) 소망 충족, 불안 실현, 징벌 실현이라는 세 가지 해결로는 너무나 미흡하다. 한 가지 부연할 것은 불안은 소망과 반대되는 대립물이며, 이 대립은 연상에서는 특히 상호 밀접한 관계가 있으므로 앞서 말한 것처럼 무의식 세계 속에서는 일치한다는 점이다. 그리고 징벌도 사실 소망 충족이며, 이것은 다른 사람, 즉 검열을 하는 사람의 소망 충족이다.

총괄해 볼 때, 나는 소망 충족의 이론에 대한 여러분의 항의에 한 걸음도 물러서지 않았다. 그러나 왜곡된 꿈에 대해서 일일이 그 소망 충족을 입증할 과제에 관한 한 결코 회피할 생각은 없다. 그래서 전에 해석한 그 1플로린 50크로이처로 3장의 C석 입장권을 산 것을 다시 한번 상기해 주기 바란다. 어느 날 남편은 아내에게, 아내보다 불과 석 달 아래인 엘리제라는 여자 친구가 약혼했다는 말을 한다. 그날 밤 아내는 남편과 함께 극장에 가 있는 꿈을 꾼다. 좌석의 한쪽은 거의 비어 있다. 남편은 아내에게 말한다. 엘리제와 그 약혼자도 오고 싶어 했으나 3장에 1플로린 50크로이처 하는 C석 입장권을 사야 했으므로 올 수 없었다는 것이다. 부인은 두 사람이 올 수 없었던 것을 결코 불운이 아니라고 생각했다. 우리는 이 꿈의 사상 속에, 너무 빨리 결혼해 버렸다는 후회와 남편에 대한 불만이 포함되어 있는 것을 발견했다. 그러면 마음을 어둡게 하는 이 사상이 어떻게 소망 충족의 형태로 변형되었으며, 또 그 소망 충족의 흔적은 현재 내용의 어느 부분에서 발견되는가 하는 것이 우리의 호기심을 자극한다. 그런데 '너무 일찍 서둘러서'라는 요소는 꿈의 검열로 삭제되었다는 것을 우리는 이미 알고 있다. 빈 좌석은 이 점을 암시하고 있다. '1플로린 50크로이처에 3장'이라는 이상한 표현은 전에 연구한 상징의 도움을 빌리면 이해가 더 쉬울 것이다. 실제로 3은 남자를 의미한다. 그리고 드러난 요소는 '지참금으로 남자를 산다(나만큼의 지참금이라면 10배나 훌륭한 남자를 살 수 있다)'로 즉각 해석할 수 있다. 결혼은 분명히 연극 구경으로 변형되어 있다.

'너무 서둘러 입장권 걱정을 했다'는 것은 너무 빨리 결혼했다는 생각을 대신하고 있다. 그러나 이 대리 형성은 소망 충족의 작업이다. 이 여성은 평소에는 자기의 여자 친구가 약혼했다는 소식을 들은 날처럼 자기가 일찍 결혼한 것에 불만을 느끼고 있지는 않았다. 당시 그녀는 자기가 빨리 결혼한 것을 자랑으로 여겼고, 자기가 여자 친구 엘리제보다 더 행복하다고 생각하고 있었다. 순진한 처녀들은 약혼하는 즉시 지금까지 금하던 연극을 함께 구경하러 가도 좋다는 기쁨을 드러내는 수가 많다고 한다. 여기서 나타난 무엇이나 보고 싶다는 욕망, 즉 호기심은 확실히 처음에는 성생활을 향한 성적 호기심이며, 특히 부모의 성생활을 향한 성적 호기심이었다. 또한 이 호기심은 서둘러 결혼하도록 처녀를 몰아세우는 강한 동기가 된다. 따라서 연극 구경은 결혼이라는 것을 뚜렷이 나타내는 대리물이 된다. 다시 말해 그녀는 지금은 빨리 결혼한 것을 후회하고 있지만, 빨리 결혼하는 것이 소망 충족(결혼으로 그녀의 호기심이 채워졌으므로)이었던 그 시절로 되돌아가 있는 것이다. 그리고 지난날 그 소망의 충족으로 결혼이 연극 구경으로 변형된 것이다.

우리가 숨겨진 소망 충족을 증명하기 위해서 실례를 택한 것이 이상적이라고는 할 수 없다. 우리는 다른 왜곡된 꿈들도 이것과 동일한 방법으로 다루지 않으면 안 된다. 여러분에게 일일이 다뤄 보일 수 없으므로, 이제 여러분이 어떤 꿈이라도 소망충족에 성공한다는 확신을 갖도록 하는 것만으로 그치겠다. 실은 나는 이 부분의 꿈의 이론에 더 머물고 싶다. 내 경험에 의하면, 이 부분은 꿈의 이론 전체 중에서 가장 위험한 부분 가운데 하나이며, 많은 반대와 오해를 불러일으키기도 한다. 또한 꿈은 충족된 소망, 또는 그것과 정반대의 것인 현실화된 불안이나 징벌이라고 말함으로써 내가 이미 내 주장의 일부를 철회했다고 여러분은 생각할 것이다. 그리고 지금이야말로 그 주장을 더욱 약화시키는 절호의 기회라고 생각할지도 모른다. 나도 잘 알고 있는 사실이지만, 상대편이 충분히 이해할 수 없게 이를 너무나 간단하게 내뱉는다는 비난을 받은 적도 있다.

지금까지 꿈의 해석이 가져다준 모든 성과를 함께 받아들이던 사람도, 대개 소망 충족의 문제에 이르면 걸음을 멈칫하고 이렇게 질문을 던진다. "꿈은 언제나 의미를 가지고 있고, 그 의미가 정신분석의 기법으로 밝혀질 수 있음은 인정합니다. 그러나 왜 뚜렷한 증거가 있는데도 꿈을 언제나 소망 충족이라는 공식에 끼워 맞추어야 합니까? 어째서 밤의 사고는 낮의 사고만큼 의미가 복잡해서는 안 됩니까? 다시 말해서 어떤 때는 소망 충족과 일치하고, 어떤 때는 선생님이 말씀하시는 것처럼 그것과는 정반대의 것, 즉 현실화된 공포와 일치할 수 없는 것입니까? 또 왜 의도, 경고, 찬반에 대한 숙고, 비난, 양심의 가책, 눈앞에 다가온 일을 준비하는 노력 등도 표현할 수 없는 것입니까? 왜 언제나 소망이나, 기껏해야 그것과 정반대의 것만 표현하는 것입니까?"

이 점에서 의견의 차이가 있더라도 다른 점에서 일치한다면 상관 없다고 여러분은 생각할지 모른다. 꿈의 의미를 아는 방법을 발견한 것만으로 충분히 만족하지 않는가? 만일 우리가 꿈의 의미의 범위를 너무 좁게 잡았다면, 앞으로 나아가기는커녕 후퇴했을 것이다. 그렇지만 그런 일은 없다. 이 점에 대한 오해는 꿈에 대한 우리 인식의 본질에 저촉되며, 노이로제를 이해하는 데 필요한 꿈의 가치에 손상을 입힌다. 붙임성 좋다고 존중되는 상인들의 세계와 같은 영합적 태도는 학문의 세계에서는 있을 수 없을 뿐만 아니라 심지어 해를 끼친다.

"왜 꿈에는 의미가 복잡해서는 안 됩니까?" 이런 질문에 대한 나의 첫 대답은 "왜 안 되는지 나는 모른다"는 평범한 말이다. 설령 의미가 복잡하더라도 나는 이의가 없다. 아니 꿈의 의미가 복잡하다는 것을 스스로 알고 있더라도 상관 없다. 다만 어떤 사소한 일이 꿈에 대한 이 비교적 폭넓고 편리한 견해, 즉 실제로는 꿈의 의미가 매우 다의적이라는 견해에 저촉될 뿐이다.

나의 제2의 대답은 꿈이 가지각색의 사고 형식과 지적 조작에 대응한다는 가설이 내게도 전혀 새삼스러운 것이 아니라는 것이다.

언젠가 나는 어느 환자의 병력에, 사흘 밤 연거푸 나타났다가 그 뒤에는 나타나지 않았던 한 꿈을 보고했다.

나는 이것에 대해, 꿈이 이런 식으로 나타난 까닭은 어떤 '계획'이 실현되었으므로 두 번 다시 나타날 필요가 없어졌기 때문이라고 설명했다. 그 뒤에 나는 내 진술에 대응하는 꿈을 발표했다. 그런데 내가 이론을 내세워 꿈은 언제나 소망 충족일 뿐이라는 주장을 하는 것은 무슨 까닭일까?

내가 그렇게 주장하는 까닭은, 꿈에 대해 우리가 애써 얻은 성과를 잃게 될지도 모른다는 단순한 오해를 우려해서이다. 그 오해는 바로 꿈과 꿈의 잠재사상을 혼동하고, 잠재사상에만 적용되는 것을 꿈에까지 적용시키려 하는 태도이다. 꿈은 우리가 앞에서 열거한 계획, 경고, 숙고, 준비, 또는 어떤 과제를 해결하는 시도 등을 대리할 수 있으며, 또 대상이 될 수 있다는 것은 옳은 말이다. 그러나 여러분이 주의를 기울이면, 이러한 것들은 모두 꿈의 원천이 되는 잠재사상에만 적용된다는 것을 인정하게 될 것이다.

여러분은 꿈의 해석을 통해 인간의 무의식적 사고는 이와 같은 계획, 준비, 숙고 등을 다루며, 꿈은 이런 것을 자료로 하여 꿈의 작업으로 만든다는 것을 알게 된다. 만일 여러분이 분석할 때 꿈의 작업에는 관심이 없고, 인간의 무의식적 사고 쪽에 큰 관심을 가졌다면, 여러분은 꿈의 작업 같은 것은 제쳐 놓고 꿈이 경고, 계획 등에 대응한다는, 실제로는 조금도 틀림없는 판단을 내리게 될 것이다. 정신분석을 연구하고 있으면, 이런 예에 흔히 부딪친다. 우리는 대개 꿈의 형식을 다시 부수어, 그 꿈의 원료가 되는 잠재사상을 꿈 대신에 서로 맞추어서 연결을 지으려 한다.

따라서 여러분은 꿈의 잠재사상에 대한 평가에서 우리가 열거한 복잡한 심리적 행위는 모두 무의식적으로 일어날 수 있다는 것을 아주 우연히 배운 것이다. 이것은 굉장한 사실이지만 우리를 당황하게 만드는 결론이다.

그러나 문제를 다시 되돌려 보자. 여러분 스스로 간략하게 표현했다는 전제 아래, 또 여러분이 앞에서 예로 든 꿈의 갖가지 성질이 꿈의 본질과 관계있는 것은 아니라고 믿고 있다면, 여러분이 한 말은 확실히 옳다. 여러분이 '꿈'이라고 말할 때, 그 '꿈'이라는 말은 드러난 꿈, 즉 꿈의 작업의 산물을 의미하거나 고작 꿈의 작업 자체, 즉 꿈의 잠재사상에서 드러난 꿈이 만들어진 심리과정을 의미하거나 그 어느 편이어야 한다. 꿈이라는 말을 다른 뜻으로 사용하면 개념상 혼란이 생기는 것은 물론 백해무익한 일이다. 만일 여러분이 말하는 꿈이 꿈의 배후에 있는 잠재사상만을 가리킨다면, 여러분은 솔직히 그렇다고 인정하고 모호한 표현을 사용해서 꿈의 문제를 적당히 얼버무려서는 안 된다. 꿈의 잠재사상이란 꿈의 소재(또는 자료)를 말한다. 이 소재가 꿈의 작업에 의해 드러난 꿈으로 바뀌는 것이다. 어째서 여러분은 이 소재와 소재를 다루는 꿈의 작업을 혼동하려 하는가? 만일 여러분이 혼동한다면, 여러분은 꿈의 작업이 만들어 낸 결과만을 알고 그 결과가 어디에서 오며 어떻게 만들어지는지를 설명하지 못하는 사람들과 다를 바가 없는 것이다.

꿈에서 유일하게 본질적이라고 할 수 있는 것은 사상(생각 또는 관념)이라는 소재를 가공하는 꿈의 작업이다. 실제적으로 어떤 상황에서는 꿈의 작업을 등한시해도 무방하지만, 이론상으로 이를 무시할 수는 없다. 정신분석적으로 관찰하면, 꿈의 작업은 잠재사상을 여러분이 이미 배운 태곳적 혹은 퇴행적 표현 양식으로 해석하는 일에만 한정된 것이 아님을 알 수 있다. 그 뿐만 아니라 꿈의 작업은 낮의 잠재사상에는 속하지 않지만, 꿈을 만드는 원동력인 그 무엇을 이들 사상에 덧붙인다. 꿈을 만드는 데 없어서는 안 될 이 부가물은 또한 의식되지 않은 소망이며, 이 소망을 충족시키기 위해서 꿈의 내용이 변형된다. 따라서 여러분이 꿈에 의해 대리된 사상만을 고려한다면 꿈은 경고, 계획, 준비 등 무슨 일이라도 할 수 있다.

또 꿈은 언제나 무의식적인 소망 충족이기도 하지만, 이는 여러분이 꿈을 꿈 작업의 성과로 인정할 때에만 그러하다. 따라서 꿈은 다만 단순한 계획이나 경고가 아니라 항상 어떤 무의식적인 소망의 힘을 빌려 계획이나 경고 등을 태곳적인 표현 양식으로 해석하여 이 소망을 채우도록 변형한 것이다. 소망 충족이라는 이 하나의 성격은 언제나 불변하지만, 다른 성격들은 갖가지로 변형될 가능성이 있다. 그러나 이 또한 소망일 수 있다. 이때 꿈은 무의식적인 소망의 도움을 빌려 낮의 잠재적 소망을 충족된 모습으로 표현하는 것이다.

이상은 내가 이미 잘 알고 있었던 것인데, 여러분도 모두 이해할 수 있었는지 모르겠다. 나로서는 지금까지 말한 것을 여러분에게 증명해 보인다는 것이 매우 힘든 일이다. 그러기 위해서는 한편으로는 많은 꿈을 면밀히 분석해야 하며, 또 한편으로는 꿈에 대한 우리의 견해 가운데서 가장 까다롭고 중요한 이 소망 충족이라는 문제를 나중에 이야기하려 하는 문제와 결부해야 하는데, 그렇지 않으면 충분히 납득할 수 있도록 말할 수 없을 것이다. 모든 것이 서로 끊을 수 없는 관련이 있는 이상, 어떤 한 사물의 본질을 깊이 규명하기 위해서는 그와 비슷한 성격을 가진 다른 것들을 문제 삼지 않고서는 아무것도 규명할 수 없다. 우리는 꿈과 가장 비슷한 것, 즉 노이로제 증상에 대해서는 조금도 언급하지 않았으니, 지금까지의 지식으로 만족해야 한다. 그러나 나는 한 가지 예만 더 여러분에게 설명하고 이를 새로운 각도에서 고찰해 보기로 한다.

다시 한번 지금까지 여러 번이나 인용한 꿈, 그 1플로린 50크로이처로 3장의 입장권을 산 꿈을 한 번 더 예로 들어 보겠다. 사실 나는 처음에는 그다지 심각하게 생각하지 않고 이 꿈을 사례로 골랐었다. 이미 이 꿈의 잠재사상은 여러분도 알고 있을 것이다. 바로 자기의 여자 친구가 이제야 비로소 약혼했다는 소식을 듣고, 너무 서둘러서 결혼해 버렸다는 후회와 남편에 대한 경멸감, 즉 더 기다렸더라면 더 좋은 남성을 남편으로 가질 수 있었을 텐데 하고 불만스럽게 생각한다는 것이다. 이러한 사상을 소재로 하나의 꿈을 만든 소망이 무엇인가 하는 것도 우리는 이미 알고 있다. 그것은 연극 구경을 가고 싶다는 호기심, 극장에 갈 수 있게 됐으면 하는 소망이다. 이 소망은 결혼하면 무슨 일이 일어나는지 경험해 보고 싶다는, 옛날에 품었던 호기심에서 파생했다. 어린아이의 경우, 이 호기심은 언제나 부모의 성생활로 향해 있으므로, 나중에도 여전히 남아 있다는 것은 그 소망이 유아적인 것에 깊이 뿌리박은 욕망임을 나타낸다.

그러나 전날 들은 소식이 보고 싶다는 호기심을 부인에게 불러일으킨 원인이 된 것은 아니며, 다만 분함과 후회를 불러일으킨 데에 지나지 않는다. 이 보고 싶다는 소망은 처음에는 꿈의 잠재사상과 연관되지 않았고, 또 그런 소망을 고려해 넣지 않더라도 우리는 분석을 통해 꿈의 해석 결과를 얻을 수 있었다. 그러나 이 분함과 후회는 그 자체로는 꿈을 만들 수 없었다. '그렇게 서둘러서 결혼한 것은 바보짓이었다'라는 생각만으로 결코 꿈은 만들어지지 않는다. 결혼하면 어떤 일이 일어날 것인가 하는 과거에 가졌던 소망이 되살아나서 비로소 이 꿈이 만들어진 것이다. 이어 되살아난 과거의 소망은 결혼을 연극 구경으로 대치해 이 꿈의 내용을 만들었으며, 거기에 '나는 이제 극장에 가서 지금까지 못 보게 한 것을 무엇이든 다 볼 수 있지만 너는 아직 안 돼. 나는 결혼했지만 너는 더 참아야 하는 거야' 이런 소망 충족의 형식을 갖추었던 것이다. 이렇게 해서 현재의 상황은 정반대의 상황으로 바뀌고, 현재의 패배가 예전의 승리와 대치된 것이다.

그리고 이 밖에 이 호기심 충족은 이기적인 경쟁심 충족과 연관되어 있다. 그리하여 이기적인 경쟁심 충족이 꿈에서 드러난 내용을 구속하고 있다. 즉 드러난 내용 속에서 그녀는 극장의 좌석에 앉아 있고, 여자 친구는 극장에 들어갈 수 없었던 것으로 되어 있다. 호기심과 경쟁심의 충족을 가져다주는 이 장면에는 꿈의 잠재사상을 아직 포함하고 있는 꿈의 내용들이 부당하고도 이해할 수 없게 수식되어 있다. 꿈을 해석하는 것은 소망 충족을 나타내는 점을 도외시하고 은밀히 암시된 상징을 이용하여 고통스러운 꿈의 잠재사상을 재현하는 일이다.

내가 지금부터 고찰하고자 하는 또 하나의 것은, 지금 전면에 드러나 있는 꿈의 잠재사상에 대해 여러분이 반드시 주의해 주기를 바라는 데에 목적이 있다. 그러나 부디 다음 세 가지 점을 잊지 말기 바란다. 이 잠재된 사상은 첫째, 꿈을 꾼 당사자에게는 무의식이다. 둘째, 완전히 조리가 선 맥락이 있는 것이므로 꿈의 자극에 대한 명백한 반응으로만 이해할 수 있다. 셋째, 어떤 심리적 욕망, 또는 지적 조작으로서 가치를 가질 수 있다. 나는 지금 이 사상을 전보다 엄밀한 의미로서 '낮의 잔재(殘在)'라 규정하고 싶다.

이제부터 나는 이 낮의 잔재와 잠재사상을 뚜렷이 구별하여 사용하겠다. 다시 말해 지금까지 사용해 온 용어대로 꿈을 해석할 때 알게 되는 모든 것을 꿈의 잠재사상이라고 부르고, 한편 낮의 잔재는 꿈의 잠재사상의 일부분에 지나지 않는 것으로 한정한다. 그러면 우리의 견해는 다음과 같다. 낮의 잔재 위에 무의식에 속해 있던 것, 즉 강력하긴 하지만 억압된 어떤 소망의 움직임이 더해진다. 그리하여 이 소망의 움직임만이 꿈을 만들 수 있다. 낮의 잔재에 이 소망의 움직임이 작용하여 꿈의 잠재사상의 다른 부분이 만들어진다. 이 다른 부분은 더 이상 합리적인 것이 아닐 수도 있고 현실에서 이해할 수 없는 것일 수도 있다.

나는 이 경우에 가장 적절하다고 여겨지는 하나의 비유를 들어서 무의식적인 소망과 낮의 잔재와의 관계를 표시하고자 한다. 어떤 기업체에서도 자본을 제공하는 자본가와 아이디어를 가지고 그것을 실행에 옮길 수 있는 기업가가 필요하다. 꿈의 형성에 있어 자본가의 역할을 맡고 있는 것은 무의식적 소망이다. 무의식적 소망은 꿈의 형성에 필요한 정신적 에너지를 공급한다. 기업가의 역할을 하고 있는 것은 낮의 잔재로서, 자본가가 제공한 자본을 어떻게 이용할 것인가를 결정한다. 물론 자본가도 아이디어와 전문 지식을 가지거나 또 기업가도 자본을 소유하는 경우가 있다. 이런 경우 실제적으로 여러 가지 일들이 간단해지지만, 그러나 이것을 이론적으로 이해하기는 어렵다. 경제학에서는 언제나 한 사람을 자본가와 기업가의 두 측면으로 나누어서 생각한다. 그러므로 비유의 출발점이 된 기본적인 상황이 다시 설정된다. 꿈의 형성에서도 이것과 같은 변이가 나타난다. 더 이상 이 문제를 추구하는 일은 여러분에게 넘겨주기로 한다.

이 문제에 대해서 우리는 이제 더 이상 앞으로 나아갈 수 없다. 그 이유는, 오래전부터 여러분은 어떤 의문으로 마음이 교란되어 있을 것이기 때문이다. 그 의문은 귀를 기울일 만하다. "낮의 잔재는 실제로 꿈을 만들기 위해서 꼭 부가되어야 하는 무의식적 소망과 같은 것입니까?" 이 예감은 타당하며, 문제 전체의 핵심이 여기에 있다.

낮의 잔재는 이 무의식적 소망과 같은 의미의 무의식이 아니다. 꿈의 소망은 다른 무의식에 속한다. 즉 우리가 특별한 메커니즘을 가진 유아형(幼兒形)의 것에서 유래한다고 인정한 그 무의식에 속한다. 이러한 무의식의 종류를 구별하기 위해서는 각각 다른 이름을 붙이는 것이 편리하겠지만, 우리가 노이로제라는 현상의 연구를 끝낼 때까지 이름 붙이기를 보류하겠다. 아무튼 무의식이라는 것이 존재한다는 주장조차 환상적이라고 비난받는 상황에서, 사실대로 거기에 두 종류의 무의식이 존재한다고 가정해야 비로소 문제는 해결된다고 털어놓는다면 어떻게 받아들여지겠는가?

나는 여기서 이야기를 일단 멈추기로 한다. 지금까지 여러분이 알게 된 것은 불완전하기는 하지만, 이러한 지식이 이어져 우리 자신이나 우리 뒤를 따르는 사람들에 의해 완성될 것이라는 희망을 품어 볼 수 있지 않을까? 또한 우리도 충분히 놀랄 만한 새로운 지식을 얻은 것이 아닐까?

열다섯 번째 강의
불확실한 점과 비판

이제 우리가 지금까지 설명해 온 새로운 사실과 견해에 관한 일반적인 의문점과 불확실한 점을 논함으로써 꿈의 이야기를 마감해야겠다. 여러분 중에 내 강의를 주의해서 들은 사람이라면 스스로 여기에 대한 자료 몇 가지를 모았으리라 생각한다.

꿈의 해석 작업의 여러 결과는 아무리 분석 기법을 정확히 지키더라도 많은 불확실한 점이 있기 때문에, 여러분은 드러난 꿈을 잠재 사상으로 정확히 풀이하는 시도가 혹시라도 실패로 끝나는 게 아닐까 하는 의문을 품게 될 것이다.

여러분은 그에 대해서 다음과 같은 점을 제기할 것이다. 첫째, 특정한 꿈의 요소를 그 본래의 의미로 해석할지, 아니면 상징적으로 해석해야 할지를 알 수 없다. 왜냐하면 상징으로 사용된 사물도 그 자체의 의미만은 아니기 때문이다. 그러나 객관적인 근거로 그 어느 쪽을 결정할 수 없으므로, 이 점에 대한 해석은 오로지 해석자의 자의에 맡겨지게 된다. 둘째, 꿈의 작업에서는 상반되는 것이 도리어 일치되도록 하기 때문에 어떤 꿈의 요소를 긍정적인 의미로 풀이해야 할 것인가, 또 부정적인 의미로 풀이해야 할 것인가. 다시 말하면 그대로의 의미로 풀이할 것인가, 그 반대의 의미로 풀이할 것인가의 문제가 해결되어 있지 않다. 여기서도 해석자가 마음대로 택할 수 있는 기회가 있게 되는 셈이다. 셋째, 꿈에서는 갖가지 전도(뒤바뀜)가 사용되므로 해석자는 임의로 그와 같은 전도를 억지로 적용할 수도 있다. 그러므로 여러분이 어떤 꿈에 대해서 발견된 해석이, 있을 수 있는 유일한 해석이라고 단언할 수 있는 경우는 드물다. 예를 들어 "똑같은 꿈을 여러 가지 의미로 해석할 수 있다는 것을 간과할 위험이 있는 것은 아닐까?" 하고 질문하게 될 것이다. 이와 같은 형편에서는 얼마든지 해석자의 자의가 작용할 여지가 남아 있으며, 그것은 꿈 해석 결과의 객관적 확실성과 서로 용납되지 않는 것처럼 여겨진다고 여러분은 결론지을 것이다. 또는 여러분은 "꿈에는 잘못이 없습니다. 따라서 선생님의 꿈에 관한 해석이 불충분한 것은 선생님의 견해와 전제가 옳지 않기 때문입니다"라고 결론을 내릴지 모른다.

　여러분이 의문으로 삼은 자료는 모두 어디 하나 흠잡을 데가 없다. 그러나 첫째로, 우리가 하는 식의 꿈 해석은 해석자의 자의에 맡겨져 있다는 의견과 해석의 결과에 결함이 있음은 우리의 방법이 옳지 않았던 탓이 아닌가 하는 의견은 반드시 정당하게 보이지는 않는다. 만일 여러분이 해석자의 자의를 배척하고 그 대신 해석자의 숙련, 경험, 이해력을 든다면 나는 여러분에게 동의할 것이다. 이와 같은 개인적인 요소도 물론 무시할 수 없다. 더구나 꿈의 해석이 한층 어려운 것일 경우에는 특히 그러하다. 그러나 이것은 다른 학문에서도 흔히 있을 수 있다. 한 사람이 다른 사람보다 유달리 어떤 기법의 조작을 서툴게 하거나 혹은 덜 익숙하게 할 리는 없다. 이를 테면 상징을 해석할 때 일반적으로 꿈의 사상과 각 부분과의 관계, 꿈과 꿈을 꾼 사람의 생활과의 연관성, 그리고 꿈이 나타나게 된 심리 상황 전체를 고려해 넣고, 여러 가지 가능한 해석들 중에서 가장 적절한 하나를 고른다면, 임의의 선택이라는 비난을 벗어날 수 있는 것이다. 꿈의 모호함이나 불확실함은 오히려 필연적으로 존재하는 꿈의 특징이라는 것을 안다면, 꿈 해석의 불완전함은 우리의 전제가 잘못된 데에 기인하는 것이라고 단정한 근거는 자연히 무력해진다.

　꿈의 작업이란 꿈의 사상을 상형문자와 유사한 원시적인 표현 양식으로 해석하는 일이라는 말을 상기해 주기 바란다. 물론 이 원시적인 표현 형식에는 반드시 이와 같은 불확실함과 모호함이 따르지만, 그 이유만으로 그 표현 양식이 실용에 적합한지 아닌지 의심할 수는 없다.

　꿈의 작업에서는 상반되는 것이 일치하는데, 이것은 이른바 '원시어의 대립적 의미'와 유사하다는 것을 여러분도 알고 있을 것이다. 언어학자 아벨(1884년)(이 착안점은 그의 덕분이다)은 한 사람이 다른 사람에게 전달한 내용이 이와 같은 두 가지 상반된 의미를 가진 단어를 사용했다고 해서, 그 때문에 모호하다고 생각해서는 안 된다고 경고하고 있다. 오히려 어조나 몸짓은 이야기의 줄거리와 말하는 사람이 두 가지 대립되는 의미 가운데 어느 쪽을 전하려 하고 있는지 의심의 여지가 없을 만큼 뚜렷이 드러난다. 문자로 쓸 때는 몸짓으로 나타낼 수 없으므로, 그 고대어만으로는 발음할 수 없는 일정한 그림을 덧붙였다. 예를 들면 이집트 상형문자의 'ken'이라는 단어는 '강하다' 또는 '약하다'를 뜻하므로, 그 문자 뒤에 똑바로 서 있는 조그만 사나이나 힘없이 쭈그리고 있는 조그만 사나이의 그림을 덧붙였다. 이렇게 함으로써 발음이나 문자에는 몇 가지 의미가 공존하고 있음에도 오해의 여지가 없었다.

태곳적의 문자와 같이 오래된 표현 체계에서는 현대어에서는 허용되지 않을 듯한 많은 모호함이 발견된다. 예를 들면 셈족[1]의 문자는 자음만 표시된 것이 많았다. 그래서 읽는 사람은 자기의 지식과 앞뒤 관계를 따져서 생략된 모음을 보충해야 했다. 전부는 아니지만 상형문자는 이와 비슷한 원칙을 따르고 있었다.

그 때문에 고대 이집트어의 발음은 오랫동안 우리에게 알려지지 않았던 것이다. 신성한 이집트의 책에는 또 다른 모호함이 있었다. 예를 들면 상형문자의 배열을 오른쪽에서 왼쪽으로 혹은 왼쪽에서 오른쪽으로 늘어놓는 것은 오로지 쓰는 사람의 자의에 맡겨져 있었다. 그러므로 그것을 읽으려면 사람, 새 등의 얼굴 방향을 목표로 읽어야 한다는 규칙을 염두에 두어야 한다. 또한 문자를 쓰는 사람은 상형문자를 세로로 늘어놓아도 되었으며, 아주 작은 물건에 새겨넣는 비문 등에서는 아름답게 보이도록, 또는 잘 배열되도록 문자 배열을 다시 다른 식으로 바꾸기도 했다.

상형문자의 사용상 가장 곤란했던 점은 단어와 단어를 떼어놓을 줄 몰랐다는 점일 것이다. 그림은 같은 간격으로 배열되어 있으므로 어떤 문자가 앞 말에 속하는지 다음에 오는 새 말의 시작인지 일반적으로 알 수 없었다. 그와는 반대로 페르시아어의 설형문자(楔形文字)에서는 각 낱말을 떼어놓기 위해서 사선의 쐐기가 사용되었다.

가장 오래되었고, 오늘날에도 4억의 사람들이 사용하고 있는 언어는 중국어이다. 내가 중국어를 잘 아는 것은 아니다. 나는 중국어 속에서 꿈의 불확실

---

1) 히브리·아라비아·이디오피아어 등.

함과 유사한 점을 발견하고자 중국어를 약간 배웠을 뿐이다. 나의 기대는 결코 어긋나지 않았다. 중국어는 우리를 놀라게 할 만한 모호함으로 가득 차 있었다.

이미 알다시피 중국어는 많은 자음으로 이루어지며, 이와 같은 자음은 하나나 두 음이 결합하여 발음된다. 주요 방언(북경어, 광둥어 등) 가운데 어떤 것은 약 400가지의 이런 음을 가지고 있다. 그런데 이 사투리의 어휘는 약 4천 단어이므로 각 자음은 평균 약 10개의 다른 뜻을 가진 셈이 된다. 그중 두세 가지는 10개가 안 되지만, 나머지 것은 10개 이상의 뜻을 갖고 있다. 따라서 이 뜻의 불확실한 점을 보완하기 위해 많은 수단이 사용된다. 그것은 단지 글의 앞뒤 관계만으로는 말하는 사람이 듣는 사람에게 전달하고자 하는 뜻이 그 음절음 열 가지 뜻 중에서 어느 것인지 짐작할 수 없기 때문이다. 사용되는 수단으로는 두 가지 음을 결합시켜 하나의 합성어를 만드는 법과 다른 네 가지 '음조(4성)'를 이용하여 몇 가지 자음을 발음하는 방법이 있다.

중국어에 문법이 거의 없다는 점을 꿈과 비교하면 한층 더 흥미롭다. 한자음의 말은 어느 것이 명사인지 동사인지 형용사인지 구별할 수 없다. 성, 수, 어미, 시제, 화법을 판별하는 낱말의 변화가 전혀 없다. 말하자면 중국어는 소재만으로 형성되어 있는 것과 같다. 그것은 마치 꿈의 작업으로 우리의 사고언어가, 관계있는 표현이 탈락하여 그 원료로 분해되는 경우와 같다. 중국어에서 의미가 모호한 경우에는 모두 듣는 사람의 이해력에 따라 완전히 결정되는데, 이 경우 듣는 사람은 문맥으로 판단을 내린다. 나는 중국어의 속담 하나를 노트에 써 두었다. 독일어로 옮기면 'Wenig was sehen viel was wunderbar'가 된다. 이는 이해하기 쉬운 것으로, '식견이 얕은 사람일수록 놀라운 것을 많이 보게 된다'거나 '식견이 얕은 사람에게는 놀라운 것이 많다'는 뜻이다. 물론 문법상으로만 다른 이 두 가지 해석 가운데 어느 쪽을 택하는가는 거의 문제가 되지 않는다. 이와 같은 불확실함에도 중국어는 사상(思想, 생각 또는 관념)을 나타내는 수단으로 대단히 뛰어난 언어이다. 불명료성 때문에 뜻이 모호해진다는 논리는 부당하다.

한편, 꿈의 표현 체계는 이들 고대 문자보다 확실히 불리한 입장에 있다는 사실을 인정해야 한다. 왜냐하면 고대어나 문자는 어쨌든 의사(意思) 전달 수단으로 만들어진 것이기 때문이다. 다시 말해서 어떤 방법, 어떤 보조 수단을 사용하면 더 잘 이해되는가 하는 점을 고려해서 만들어졌다. 그런데 이러한 특징이 꿈에는 없다. 꿈은 누군가에게 무엇을 전달하려는 생각은 하지 않는다. 꿈은 전달의 도구가 아니다. 오히려 그 반대로 이해되지 않는 데에 꿈의 본질이 있다. 그러므로 꿈에는 다의성(多義性)이나 많은 불확실성 때문에 그 의미를 확신하기 어렵다는 점을 알더라도 놀라거나 당황할 필요는 없다. 이러한 비교에서 얻은 다음과 같은 견해는 믿을 만한 수확이다. 즉 사람들이 우리의 꿈에 관한 해석을 공격하는 무기로 이용하고 있는 이런 불확실성이야말로 오히려 모든 원시적인 표현 체계에 공통적인 성격이라는 것이다.

실제로 어느 정도까지 꿈을 이해할 수 있는가는 연습과 경험으로 결정된다. 나는 상당한 정도까지 이해할 수 있다고 생각하는데, 정식 훈련을 받은 분석자로부터 얻은 결과를 비교해 보면 내 견해가 틀림없다는 것이 입증된다. 이미 알다시피 문외한들이나 학문계의 비전문가들도 학문상의 어떤 난점과 의심스러운 점에 직면하면, 한참 숙고하고도 회의적인 태도를 보이며 자만하기 일쑤이다. 그러나 나는 그런 태도는 잘못된 것이라고 생각한다.

이러한 상황은 바빌론과 앗시리아 비문 해독의 역사에도 있었음을 아마 여러분은 알지 못할 것이다. 설형문자를 해독하는 사람은 '공상가'이며, 그러한 연구는 모두 '엉터리'라고 여론이 들끓던 시대가 있었다. 그런데 1857년 왕립아시아협회가 결정적인 실험을 했다. 이 협회는 유명한 설형문자 연구가인 롤린슨, 힌크스, 폭스 탤보트, 오페르트 이 네 사람에게 새로 발굴된 비문을 저마다 따로따로 해독케 하고, 그 결과를 밀봉하여 보낼 것을 당부했다. 그리하여 네 가지 해독을 비교해 본 결과, 네 사람의 해석에 많은 일치점들이 있음을 발견했다. 그리하여 지금까지 달성한 것이 믿을 만한 것임을 입증했을 뿐만 아니라 앞으로 이 분야의 진보를 예측하는 성명을 발표했다. 그 뒤로는 학자라고 자칭하던 아마추어들의 비난도 조금씩 자취를 감추고, 설형문자 문헌을 해독하는 방법도 정확해져서 점차 이 방면이 발달했던 것이다.

둘째, 제2의 의문점은 여러분도 틀림없이 품었으리라고 생각되는 인상과 깊은 관계가 있다. 즉 우리 꿈의 해석 방법으로 풀이한 결과는 어딘지 부자연스럽고 어색하며 억지처럼 보여서, 한마디로 무리하고 우스꽝스러운 장난 같은 인상을 준다는 점이다. 이와 같은 비평을 매우 자주 듣게 되므로, 최근의 보고들 중에서 이와 관련된 이야기를 하나 다루어 보기로 한다.

자유의 나라라 자만하는 스위스에서 최근 어느 사범학교 교장이 정신분석을 연구했다는 이유로 파면되었다. 그는 끝까지 항의했다. 그러자 베른의 한 신문이 이 판결에 대한 문교 당국의 견해를 실었다. 이 기사들 중에서 정신분석에 관계있는 몇 줄을 인용하기로 한다.

그리고 우리는 문제의 인물이 참고서로 삼고 있는 취리히의 피스터 박사의 책도 보았는데, 놀랍게도 그 책 속에 실린 실례는 참으로 억지이며 부자연스러웠다. 적어도 사범학교 교장쯤 되는 사람이 정신분석의 주장과 그 엉터리 증명을 무비판적으로 받아들였다는 것은 정말 놀라운 일이다.

이 글은 '냉정한 판단자'가 내린 판결이라고 지면에 발표된 것이다. 그러나 나는 이러한 냉정이 오히려 조작된 것이라고 생각한다. 어느 정도의 고찰과 전문 지식은 냉정한 판단을 내리는 데 결코 해롭지 않다고 보고, 이 말을 더 상세히 검토해 보기로 한다. 누군가가 심층심리학(일상적 의식 생활을 무의식으로 설명하고자 하는 심리학)의 미묘한 문제에 대해 자기의 첫인상으로 재빨리, 그리고 단호하게 판단을 내리는 것을 보면 확실히 통쾌할 것이다. 그의 눈에 해석은 모두 고의적인 억지로 보인다. 여러 해석들은 그의 마음에 들지 않는다. 그래서 해석은 모두 거짓이며, 아무런 도움도 되지 않는다고 비평가는 생각할 것이다. 그런데 그는 이런 해석이 자기 눈에 그렇게 보이는 것은 그럴 만한 이유가 있기 때문이라고는 생각조차 하지 않는다. 그럴 만한 이유는 무엇일까? 그것은 더 큰 문제와 결부된다.

비판을 초래한 이 사태는 여러분이 꿈의 검열의 가장 강력한 수단이라고 배운, 그 치환작용과 본질적으로 관계가 있다. 꿈의 검열은 치환작용의 도움을 빌려 우리가 암시라고 부르는 대리물을 만든다. 그런데 암시는 그것이 암시인지 아닌지 알기 어려운 경우가 있다. 다시 말해 암시로부터 그 본래의 것으로 돌아가는 길은 쉽게 찾아낼 수 없으며, 또한 매우 특이하고 보기 드문 외면적인 연상에 의해 본래의 것과 결부되어 있다. 이런 경우에는 모두 감추어야 하는 것, 감추어 두기로 결정한 것이 문제가 된다. 꿈의 검열은 이런 감추는 일을 하고 있는 것이다. 감추어진 것을 본래 있었던 장소에서 발견하려고 생각해서는 안 된다. 이 점에서는 국경 감시원이 스위스의 문교 당국보다 훨씬 빈틈이 없다 하겠다. 그들은 문서나 설계도를 수사할 때 서류가방이나 서류함을 검사하는 것만으로는 만족하지 않는다. 스파이나 밀수업자가 그런 금지 품목을 자기 몸에서 가장 눈에 띄지 않는 곳, 이를 테면 구두 밑창과 같이 실제로 물건을 넣을 수 없는 은밀한 장소에 감추고 있을지도 모른다는 가능성을 고려한다. 감춘 물건이 거기서 발견되면 그것은 물론 열심히 찾던 물건일 따름이지만 동시에 일종의 횡재이기도 한 것이다.

꿈의 잠재적 요소와 그 현재적인 대리물과의 관계는 가장 거리가 멀고 매우 특수한, 외관상 때로는 우스꽝스럽고 때로는 익살스러워 보일 수 있음을 인정한다면, 일반적으로는 해결이 안 되는 예에서 풍부한 경험을 얻을 수 있다. 이와 같은 해석을 혼자 힘으로 끌어낸다는 것은 종종 불가능한 경우가 있다. 아무리 머리가 좋은 사람이라도 잠재적 요소와 대리물과의 연관성을 빠짐없이 모두 추측해 낼 수는 없다. 꿈을 꾼 사람이 직접적인 연상으로 곧바로 그 꿈의 의미를 해석하거나(이 대리물은 그의 마음속에서 만들어졌으므로 그 스스로 해석할 수 있는 것이다) 또는 꿈을 꾼 사람이 우리에게 많은 자료들을 주어 특별한 통찰력이 전혀 필요 없이, 마치 필연적인 듯 해석이 되기도 한다. 꿈을 꾼 사람이 이 두 가지 방법 중 어느 하나로 우리를 도와주지 않는다면, 문제의 요소들은 영원히 이해할 수 없게 될 것이다. 덧붙여 최근에 경험한 한 가지 예를 여러분에게 이야기하기로 한다.

내가 맡고 있던 어떤 여성 환자가 치료 중에 아버지를 잃었다. 그 뒤부터 그녀는 기회가 있을 때마다 꿈속에서 아버지를 되살리려고 했다. 그러다가 한 번은 꿈에 이야기의 전개상 나오지 않을 부분에서 아버지가 나타나 "11시 15분이다. 1시 반이다. 12시 15분 전이다" 이렇게 말했다. 이 기괴한 꿈을 해석하는 단서로서 그녀는 단 한 가지 연상밖에 떠오르지 않았다. 즉 그녀의 아버지는 점심 식사 때, 성장한 자식들이 정확히 시간을 지켜 함께 식사를 하는 것을 좋아했다는 연상이었다. 확실히 이 연상도 꿈의 요소와 관계가 있지만 이것만으로는 이 꿈의 유래를 설명하기에는 불충분했다. 그런데 당시의 치료 상황에서, 이 꿈과 어떤 관계가 있을 만하다고 여겨지는 충분한 근거가 나타났다. 그것은 그녀가 사랑하고 존경하는 아버지에 대해서 품은 비판적인 반항심을 조심스레 억제하고 있었다는 점이었다. 그것이 꿈과 어떤 관계가 있지 않을까 하는 것이었다.

그리고 얼핏 보기에 꿈과는 관계가 없는 일을 그녀가 계속 연상하도록 하는 동안에 그녀는 다음과 같은 이야기를 털어놓았다. 어젯밤 그녀의 집에서 심리학 문제에 대해 토론의 꽃이 피었는데, 그때 친척 한 사람이 '원시인(Urmensch)은 우리 모두 속에 살아 있다'고 말했다는 것이다. 나는 이 이야기에서 곧 해결의 열쇠를 찾아냈다. 이것은 그녀에게 죽은 아버지를 다시 살아나게 하는 둘도 없는 기회를 주었다. 꿈속에서 그녀는 아버지에게 12시 전을 15분 간격으로 말하게 함으로써 아버지를 시계인간(Uhrmensch)이 되게 했던 것이다.

여러분은 아마 이런 예는 농담과 비슷하다고 말할 것이다. 실제로 꿈을 꾼 사람의 곁말이 해석자가 한 것으로 잘못 간주되는 경우도 종종 있다. 더욱이 농담을 문제로 삼고 있는지, 꿈을 문제로 삼고 있는지 정하기 어려운 경우도 많다. 여러분은 잘못 말하기의 많은 예들에서 그러한 의구심이 일어났었음을 기억할 것이다. 어떤 남자가 숙부의 자동차 안에서 숙부가 자기에게 키스하는 꿈을 꾸었다. 그는 자기 꿈을 곧바로 이렇게 해석했다. "꿈의 뜻은 자기성애[2]입니다." 그는 우리에게 농담 삼아 말했을까? 그의 마음에 떠오른 농담을 꿈이라고 말한 것일까? 나는 그렇게 생각하지 않는다. 그는 실제로 그런 꿈을 꾼 것이다. 그러나 꿈과 농담 사이에 존재하는 놀랄 만한 유사성은 어디서 오는 것일까? 나는 이 의문을 풀기 위해 한때 내 전문으로 삼았던 길에서 잠시 벗어났다. 왜냐하면 내게는 농담에 대한 깊은 연구가 다급했기 때문이다. 연구 결과 농담은 다음과 같이 발생한다는 것을 알았다. 즉 의식으로 떠오르기 전에 잠재되어 있던 사고의 흐름이 한순간 무의식의 가공을 받는다. 이 가공으로 인해 의식 전의 사고 과정이 농담의 형태로 떠오르는 것이다. 무의식의 영향 아래서 이것은, 무의식 영역을 지배하는 메커니즘, 즉 응축과 치환의 두 작용을 받는다. 다시 말해 꿈의 작업에 관여하는 것과 같은 과정의 영향을 받는다. 농

---

2) 이성의 대상 없이 혼자 즐기며 성적 만족을 얻는 일.

담과 꿈이 비슷한 것은 이 유사성 때문이다. 그런데 이러한 뜻밖의 꿈의 농담은 일반적인 농담처럼 쾌감을 주지 않는다. 그 이유는 여러분이 농담을 깊이 연구하면 저절로 알게 될 것이다. 꿈의 농담은 서툴다. 꿈의 농담은 우리를 웃기지도 않으며, 우리에게 어떤 느낌도 주지 않는다.

그러면 여기서 옛사람들의 꿈 해석에 관한 발자취를 살펴보기로 하자. 예전의 해몽은 형편없는 것도 많지만, 우리가 도저히 따라갈 수 없을 정도의 훌륭한 실례도 많이 남아 있다. 역사적으로 유명한 꿈을 하나 여러분에게 소개하기로 한다. 그것은 알렉산더 대왕의 꿈인데, 조금 차이는 있지만 플루타르코스와 다르디스의 아르테미도로스가 이에 대한 해석과 보고를 한 바 있다. 대왕이 완강하게 방어하는 티루스시를 포위하고 있던 어느 날(BC 322년), 그는 사티로스 신이 미친 듯이 춤을 추고 있는 꿈을 꾸었다. 대왕의 군대에 종군하고 있던 해몽가 아리스탄드로스가 이 꿈을 해몽하여 사티로스라는 말을 '티루스는 그대의 것'으로 분석하고, 티루스시가 곧 함락될 것이라고 예언했다. 알렉산더 대왕은 이 해몽에 따라 계속적인 공격을 결행하고, 마침내 티루스는 대왕의 손에 들어갔다. 이 해몽은 언뜻 보기에는 억지처럼 보이지만 실제 올바른 해몽이었던 것이다.

셋째로, 오랜 세월 동안 정신분석가로서 꿈의 해석에 전념해 온 사람에게서 꿈에 대한 우리의 견해가 항의를 받았다면, 여러분은 의외의 특별한 인상을 받을 줄 안다. 이처럼 선동성으로 가득한 말이 새로운 잘못을 저지르는 데에 이용되는 것은 당연한 일이었다. 이 주장은 개념을 혼동하고 부당하게 일반화한 결과로써, 꿈의 의학적 견해와 별 차이가 없는 잘못된 여러 주장들을 불러일으켰다.

여러분은 그 주장의 하나를 이미 알고 있을 것이다. 그것은 꿈을 현재에 적응하고자 하는 시도와 장래의 문제를 해결하고자 하는 시도이며 '예측 경향'을 추구하고 있다는 주장이다.[3] 이 주장은 앞서 이야기한 것처럼, 꿈과 그 꿈의 잠재사상을 혼동한 데서 유래했다. 즉 '꿈의 작업'의 무시가 전제되고 있다. 무의식적인 정신 활동[4]의 특징으로서 예측 경향은 새로운 것이 아니고, 또 그것으

---

3) 마에더 〈꿈 기능에 대해〉
4) 꿈의 잠재사상은 그 일부이다.

로 다 설명되지도 않는다. 왜냐하면 무의식적인 정신 활동은 미래에 대한 준비 외에 많은 것을 움직이고 있기 때문이다. 그리고 '죽음의 계약'이 어느 꿈에서 도 발견된다는 주장에는 더욱 심한 혼동이 바닥에 깔려 있는 것처럼 여겨진다. 나는 이 공식이 대체 무엇을 말하려는지 잘 알 수 없지만, 이 공식 뒤에는 꿈과 꿈을 꾼 사람의 인격 자체에 대한 혼동이 숨겨져 있다고 추측한다.

몇 가지 편리한 예들만을 근거로 부당하게 일반화한 좋은 예로 다음과 같은 명제를 들 수 있다. 즉 어느 꿈이라도 두 가지로 해석할 수 있다. 그 하나는 우리가 지금까지 설명한 것과 같은 정신분석적 해석이며, 또 하나는 욕망의 충동을 무시하고 한층 높은 정신 작용의 표현으로 귀결하려는 신비적·상징적 해석이다.[5] 하기야 후자의 꿈도 있기는 하지만, 여러분이 이 견해를 다른 많은 꿈들에 적용하려는 일은 헛수고일 뿐이다.

여러분이 들은 것 가운데서 그중 석연찮은 주장은 모든 꿈을 남녀 양성적으로 구분해서 해석해야 한다는 주장일 것이다. 바로 남성적 또는 여성적이라고 불러야 할 두 가지 경향의 합체를 꿈으로 보아야 한다는 주장이다.[6] 물론 이런 꿈도 더러는 있다. 그러나 이와 같은 꿈은 히스테리 증상과 어느 면에서 같은 구조를 가지고 있음을 알게 될 것이다. 내가 꿈의 새로운 일반적인 특징에 관한 주장을 모두 이야기하는 것은 여러분이 이런 새로운 발견을 경계해 주기를 바라는 마음과, 또한 내가 이런 주장에 대해 어떤 판단을 내리고 있는가 하는 것을 여러분이 의문점을 갖지 않게 하기 위해서이다.

넷째로, 분석 요법을 받고 있는 환자는 자기를 치료하는 의사의 이론에 자기 꿈의 내용을 맞추려고 하기 때문에, 이를테면 어떤 사람은 오로지 성적인 충동이 일어나는 꿈을 꾸고, 어떤 사람은 권력 추구의 꿈을 꾸며, 또 어떤 사람은 다시 이 세상에 태어나는 꿈마저 꾸게 마련이다. 그리하여 꿈 연구는 그 객관적 가치가 의심스럽다고 주장하는 사람이 있다.[7] 그러나 환자들의 꿈을 좌우한다는 정신분석 요법이 존재하기 전부터 인간은 꿈을 꾸고 있었고, 현재 치료를 받고 있는 사람이 치료 전에도 꿈을 꾸고 있었다는 것을 생각하면, 이 주

---

5) 질버러 H. Silberer.
6) 아들러 A. Adler.
7) 슈테켈 W. Stekel.

장은 설득력을 잃는다. 이 사실의 진상도 바로 밝혀져서 결국 꿈의 이론으로서는 중요한 것이 아님을 알게 될 것이다. 꿈을 일으키는 계기가 되는 낮의 잔재는 깨어 있을 때 강하게 흥미를 끈 것의 유물이다. 만일 의사의 이야기나 의사가 준 자극이 환자에게 중요한 것이 되었다면, 그런 것들은 낮의 잔재 영역 내에 침입하여 마치 전날의 강한 감정을 가진, 아직 소멸하지 않은 다른 관심사와 마찬가지로 꿈을 만드는 심리적 자극이 될 수 있다. 그리고 그것은 자고 있는 동안 영향을 주는 신체 자극과 똑같은 작용을 할지도 모른다. 의사에 의해 자극된 사고 과정 또한 꿈을 유발하는 다른 유인과 마찬가지로 꿈으로 드러난 내용에 나타나거나, 아니면 잠재 내용 속에 있음이 증명될 것이다. 사람은 꿈을 실험적으로 만들 수 있다. 더 정확히 말해서 꿈의 자료의 일부를 꿈속에 끼워 넣을 수 있다는 것을 우리는 알고 있다. 그러므로 정신분석자는 환자에게 영향을 준다는 점에서, 모울리 볼드처럼 피실험자에게 수면 중에 팔다리를 어떤 일정한 위치에 두게 하는 실험자와 같은 역할을 하고 있는 것이다.

어떤 사람이 다른 사람에게 '무엇에 관해서' 꿈꾸느냐에 대해 영향을 줄 수도 있지만, 그 사람이 '무엇을' 꿈꾸느냐 하는 점에서는 아무런 영향도 줄 수 없다. 꿈의 작업의 메커니즘과 꿈의 무의식적인 소망은 어떤 외부의 영향에도 아랑곳하지 않는다. 우리가 앞에서 신체 자극이 주는 꿈을 고찰했을 때, 꿈속 생활의 특수성과 자주성은 잠자고 있는 사람에게 가해진 육체적 심리적 자극에 대한 반응의 일부로 형성된다는 점을 발견했다. 따라서 꿈 연구의 객관성을 의심하려고 하는 위의 주장은 꿈과 꿈의 자료를 혼동하는 데서 비롯된 것이다.

나는 여러분에게 꿈의 문제를 더 설명해 줄 생각이었다. 내가 많은 것을 생략했다는 것을 여러분도 어느 정도 알아차렸을 것이다. 또 모든 점에서 설명 방법이 매우 불완전하다는 것도 느꼈을 것이다. 그러나 꿈의 현상이 노이로제 현상과 깊은 관계가 있는 이상, 완전하게 이야기할 수가 없었다. 우리는 꿈을 노이로제 연구의 입문으로 고찰한 것이다. 노이로제 연구에서 꿈으로 들어가는 것보다 꿈에서 노이로제 연구로 들어가는 편이 옳다. 그러나 꿈이 노이로제를 이해하는 바탕이 되었던 것과 마찬가지로 노이로제라는 현상을 안 다음에야 비로소 꿈을 올바르게 이해할 수 있을 것이다.

이에 대한 여러분의 생각이 어떤지는 알 수 없지만, 내가 여러분의 관심을 꿈의 문제로 많이 돌렸다는 것과 우리의 중요한 시간을 이 문제에 많이 소비했다는 것을 결코 후회하지 않는다. 꿈 이외의 것에서 정신분석의 존망에 관계되는 여러 주장의 정당성을 이토록 쉽게 입증할 수는 없기 때문이다. 독자적인 의미를 가진 노이로제 증상들이 어떤 의미를 지니며 어떤 의도에 소용되며, 또 환자가 처한 어떤 상황들로부터 비롯되는가를 증명하려면 몇 달, 아니 몇 해에 걸친 치밀한 연구가 필요하다. 이에 반해서 이것과 같은 사태를 언뜻 보기에 무슨 뜻인지 알 수 없는 혼란스러운 꿈의 작용으로 증명하고, 이 길을 더듬어서 정신분석학의 모든 전제, 즉 정신적 과정의 무의식성, 이 정신적 과정을 지배하는 특수한 메커니즘과 거기에 나타나는 욕망의 힘을 확증한다면, 불과 몇 시간의 노력으로 훌륭히 성공할 수 있다.

그리고 꿈과 노이로제 증상의 구조 위에 나타나는 철저한 유사성을, 꿈꾸고 있던 사람이 잠에서 깨자마자 바로 이성적인 사람으로 바뀐다는 점과 비교해 보면, 노이로제도 마찬가지로 정신생활에 작용하는 갖가지 힘과 힘 사이의 균형의 변화에 근거하는 것임을 확신하게 될 것이다.

제3부

노이로제 총론

열여섯 번째 강의
정신분석과 정신의학

여러분을 다시 만나, 정신분석 강의를 계속하게 되어 매우 기쁘다. 지난해에는 착오와 꿈의 정신분석적인 취급 방법을 강의했는데, 올해는 노이로제(신경증)라는 현상을 여러분에게 강의해 보겠다. 이제 곧 밝혀지겠지만, 이 노이로제라는 현상은 착오나 꿈과 많은 공통점을 갖고 있다. 그러나 이번 강의에서는 여러분이 지난해와 다른 태도를 가져야 한다는 것을 미리 말해두고 싶다. 다시 말해 지난해에는 여러분이 받아들이지 않으면 진행을 중단했었다. 나는 여러분과 자주 토론하고, 여러분의 이론(異論)을 받아들여 여러분의 '건전한 오성'을 최종 판결문인 듯 그 판단에 따랐다. 그러나 이제부터는 그러한 방법으로 진행하지 않는다. 그 이유는 간단하다. 착오와 꿈은 여러분에게 친숙한 현상이었다. 나와 마찬가지로 여러분도 거기에 대해서는 경험이 많고, 또 쉽게 경험할 수 있다. 그러나 노이로제라는 현상의 영역은 여러분과 인연이 멀다. 여러분이 의사가 아닌 이상, 내가 말하지 않으면 그것을 알 방법이 없고, 앞으로 내가 비판하고자 하는 자료에 정통하지 않으면 아무리 훌륭한 판단이라도 헛수고가 되는 것이다.

그러나 내 말을 곡해해서 내가 독단적인 강의를 한다든가, 여러분에게 무조건 믿도록 강요한다고 의심해서는 안 된다. 그런 오해를 받는다는 것은 천부당만부당한 일이다. 나는 여러분에게 확신을 주겠다는 생각은 없다. 나는 여러분의 연구심을 북돋아 주고, 여러분의 선입관을 제거해 주고 싶다. 자료에 대해 아무것도 알지 못하는 여러분은 비판할 입장에 있지 않다. 따라서 그대로 믿어도 안 되고, 또 무조건 비난해서도 안 된다. 여러분은 귀를 기울이고, 내가 하는 말을 있는 그대로 받아들이지 않으면 안 된다. 확신은 그리 쉽게 얻어지는 것이 아니다.

아무런 노력 없이 확신에 이른다면, 이 같은 확신은 곧 무가치한 것이 되어 버리므로 자신의 주장을 끝까지 지켜 나갈 수가 없다. 오랫동안 같은 자료에 대해 계속 연구해 오고, 새롭고 놀라운 경험을 자신이 직접 경험한 사람만이 확신을 가질 권리가 있다. 도대체 지식이라는 영역에서 그와 같은 급속한 확신, 전광석화(電光石火) 같은 전향, 순간적인 반발이 어떻게 일어날 수 있는가? 여러분은 첫눈에 반한다는 것과 같은 감정이 지식과는 전혀 다른 영역에서 온다는 것을 깨닫지 못하는가?

우리는 환자에게 정신분석을 믿으라든가, 정신분석의 지지자가 되라고 요구한 적은 한 번도 없다. 만일 그런 짓을 하면, 환자는 의심스러운 눈으로 우리를 보게 된다. 호의적인 회의야말로 우리가 환자에게 가장 필요로 하는 태도이다. 그러므로 여러분도 통속적인 견해나 정신의학적인 견해와 병행하여 정신분석적 견해가 마음속에 자리잡도록 노력해 주기 바란다. 그러면 둘이 서로 영향을 주고받으면서 우열을 겨루고, 서로 일치되어 하나의 결론에 도달할 기회가 찾아올 것이다.

그러나 내가 정신분석적인 견해로서 강의하는 것이 사변적(경험에 의하지 않고 지나치게 이론적인)인 체계라고 간주해서는 안 된다. 정신분석이란 오히려 관찰의 직접적인 표현이거나, 관찰한 것을 가공한 결과이다. 이와 같은 가공이 충분히 정당한 방법으로 행해졌는가는 학문이 더 진보하면 밝혀질 것이다. 그리고 이제 거의 25년째에 접어들어 꽤 노령에 이른 나는 이와 같은 관찰이 참으로 어렵고, 격렬하고, 전심전력을 기울인 연구였음을 솔직히 단언한다.

정신분석을 반대하는 이들은 우리가 주장하는 이유를 전혀 고려해 보지도 않은 채, 정신분석은 주관적인 착안일 뿐이므로 누구든 마음대로 이러한 착안에 반대할 수 있다고 생각한다. 나는 그와 같이 적의에 찬 태도를 도무지 이해할 수 없다. 아마도 노이로제 환자에 대한 연구가 부족하고, 의사로서 환자가 호소하는 말에 주의를 기울이지 않고 흘려들음으로써 환자의 말에서 귀중한 어떤 것을 감지해 낼 수 있는 기회, 즉 노이로제 환자에 대해 더 세밀하게 관찰할 수 있는 좋은 기회를 놓쳤기 때문일 것이다.

나는 이번 강의 중에는 적어도 여러분 개개인과 너무 논쟁하지 않을 작정이라는 것을 미리 언급해 둔다. 사실 나는 '투쟁은 만물의 아버지'라는 명제가 진리라는 것을 믿지 않는다. 이 명제는 그리스의 소피스트[1]에게서 나왔으며,[2] 틀림없이 소피스트와 마찬가지로 이 격언 또한 변증법을 과대평가하여 생긴 오해일 것이다. 이와 반대로 이른바 학문상의 논쟁은 별로 효과가 없는 것처럼 여겨진다. 단, 논쟁이 언제나 상대편의 인격을 존중하면서 행해질 경우는 예외이다. 2~3년 전 나는 딱 한번 한 학자[3]와 정식으로 학문적인 논쟁을 벌인 적이 있는데, 나는 그것을 자랑으로 삼고 있다. 논쟁 뒤에 두 사람은 친구가 되었으며, 지금까지도 우리의 우정은 변하지 않고 있다. 그러나 논쟁의 결과가 언제나 이렇게 되리라는 확신이 없으므로 나는 오랫동안 논쟁을 시도한 적은 없다.

여러분은 어쩌면 학문적인 논쟁을 이처럼 피하는 것은 다른 이론을 완강히 배척하는 고집쟁이, 또는 학문의 세계에서 흔히 사용되는 속어로 말한다면 '고루함'이라고 판단할지도 모른다. 그러나 나는 이렇게 대답하고 싶다. 만일 여러분이 한 번 열심히 노력해서 어떤 확신을 얻었을 때에는, 여러분에게도 이 확신을 끝내 지켜야 할 권리가 마땅히 주어지게 되리라고.

그리고 나는 연구를 진행하면서 두세 가지 중요한 점에 대해서 내 견해를 수정하거나 새로운 견해로 바꾸었으며, 물론 그때마다 널리 공표했다. 그런데 이렇게 솔직한 태도를 보인 결과는 어떠했는가? 어떤 사람은 내 견해가 수정된 것을 조금도 알지 못한 채, 이제는 다른 주장을 들고 나와서 지금도 여전히 나를 비판하고 있다. 그 때문에 나를 믿을 수 없다고 하는 것이다. 견해를 한두 번 바꾸어도 세상 사람들은 바로 받아들여 주지 않는다. 그 사람의 새 주장도 역시 잘못되어 있을지 모른다는 것이 그 이유이다. 그런데 한 번 발표한 주장을 외곬으로 고집하거나 무슨 비판을 받아도 쉽게 철회하지 않는 사람은 결국 고집쟁이라든가 고루하다는 공격을 받는다. 이와 같이 서로 정반대되는 비판에 직면할 때 우리는 대체 어떻게 해야겠는가? 그대로 밀고 나가서, 자신의 판단이 가장 옳다고 믿는 것을 지켜 나가는 수밖에 없다. 나도 그렇게 할 생각이다. 그리고 나의 모든 이론들을, 내 연구가 조금씩 진보할 때마다 자꾸 수정해 나갈 작정이다. 그러나 근본적인 내 통찰에 대해서는 지금까지 수정할 필요를 발

---

1) 기원전 5세기 그리스에서 각종 학문, 특히 변론술과 화술 등을 가르친 교사의 일단.
2) 이 말은 소피스트가 한 말이 아니라 헤라클레이토스의 말인데 프로이트는 착각하고 있다.
3) 뮌헨의 뢰벤펠트 L. Löwenfeld : 프로이트의 제자로 노이로제에 대해 논쟁함.

견하지 못했다. 그리고 앞으로도 그럴 필요가 없으리라고 생각한다.

　이제 나는 노이로제라는 현상에 대한 정신분석적인 견해를 여러분에게 이야기할 때가 되었다. 그러기 위해서는 이미 다룬 바 있는 여러 현상들과 결부해 유추하고 비교하면서 이야기하는 것이 가장 빠를 것이다. 그러면 내 진찰 시간 중에 일어나는 환자들의 증상행위를 한 가지 들기로 한다. 지난 일생의 고민을 15분 동안에 고백하기 위해 진찰실을 찾는 사람에게 정신분석의가 해 줄 수 있는 일은 없다. 보통 의사들은 환자를 보고 "나쁜 곳은 없군요" 하고 진단을 내리거나, "글쎄요, 수욕(水浴) 치료를 좀 해 보십시오"라는 처방을 내리겠지만, 깊은 지식이 있는 정신분석의는 오히려 그렇게 말하기가 어렵다. 우리 동료 한 사람이 "대체 자네는 외래 환자를 어떻게 다루는가?"라는 질문을 받았을 때, 그는 쑥스러워하며 "나는 환자에게 몇 크로네(1크로네는 10마르크)의 까닭 없는 벌금을 부과해 줄 뿐이야" 이렇게 대답했다는 것이다. 그러므로 가장 바쁘다는 정신분석의조차 그 치료 시간은 그다지 길지 않다는 말은 놀랄 만한 일이 아니다.

　나는 대기실에서 진찰실과 치료실을 겸한 방 사이에 있는 문을 이중으로 하고, 거기에 가죽을 대어 튼튼하게 해 두었다. 이 조그만 장치의 목적은 뚜렷하다. 그런데 내가 대기실에서 환자를 불러들였을 때, 환자는 들어오면서 문 닫는 것을 잊어버린다. 더구나 거의 이 이중의 문을 열어둔 채 들어온다. 나는 그것을 보면 점잖은 신사이든 잘 차려입은 숙녀이든, 즉각 무뚝뚝한 말투로 들어온 환자에게 가서 문을 닫고 오라고 명령한다. 내 방법은 지나치게 사무적인 인상을 준다. 나는 그런 명령을 내리고 창피를 당한 적이 더러 있었다. 그 이유는 환자가 손잡이를 잡지 못해서 그와 동행한 사람이 문을 닫아 주어야 하는 경우도 있었기 때문이다. 그러나 대개의 경우 나의 방법은 옳았다. 대기실과 진찰실 사이의 문을 열어둔 채 들어오는 사람은 대개는 하류 사회에 속하며, 그와 같은 무뚝뚝한 취급을 받을 만한 사람들이기 때문이다. 그러나 여러분은 이야기를 끝까지 듣고 나서 동의해야 된다. 환자의 이와 같은 부주의한 행위는 그가 대기실에서 혼자 기다리고 있다가 자기 이름이 불린 뒤, 대기실에 기다리고 있는 사람이 아무도 없을 경우에만 나타난다. 기다리고 있는 사람이 있을 때는 결코 그런 일이 없다. 다른 사람이 있을 경우, 그는 자기가 의사와 이야기를 하는 동안 누가 엿들으면 곤란하다는 것을 충분히 알고 있다. 그러므로 결코 이 중문을 닫는 것을 잊지 않는다.

그러므로 환자의 부주의는 우연도 아니고, 의미가 없지도 않다. 아니, 중요한 것이다. 이 부주의는 의사를 대하는 환자의 태도를 나타낸다. 대부분의 환자는 권위자라는 명성을 동경하고 대가의 이름에 현혹되어 겁을 집어먹지만, 권위자에게 관심을 끌고 싶어 하는 보통사람들과 같다. 아마 환자는 미리 전화로, '몇 시에 찾아뵈면 좋겠는가'고 문의했을 것이다. 그는 율리우스 마이늘의 지점[4]에 몰려들 듯이, 외래 환자가 인산인해를 이루어 기다리고 있을 것으로 생각하고 있었던 것이다. 그러나 찾아와 보니, 기다리는 사람이 하나도 없는 데다가 대기실이 초라한 것에 실망한다. 환자는 의사에게 터무니없는 존경심을 품고 있었으므로, 의사에게 분풀이를 하지 않고는 직성이 풀리지 않는다. 그래서 이때 그는 부주의하게 대기실과 진찰실 사이의 문을 닫지 않는 것이다. 이 동작으로 의사에게 "흥, 여긴 아무도 없잖아. 내가 진찰을 받는 동안에도 찾아오는 사람이 아무도 없을 거야" 이렇게 말하고 싶은 것이다. 그러므로 만일 의사가 심한 질책으로 환자의 불손한 태도에 대해 바로 공격해 두지 않으면, 환자는 면담하는 동안에도 계속 무례하고 오만하게 굴 것이 틀림없다.

이런 사소한 증상행위의 분석에서는 여러분이 이미 알고 있는 사실을 확인시켜 줄 뿐이다. 다시 말해 그 증상행위는 우연이 아니라 하나의 동기, 즉 하나의 의미와 의도를 가지며, 또 뚜렷이 지적할 수 있는 심리적 현상의 하나라는 것, 나아가 그것은 꽤 중요한 심리적 경과의 한 징후를 나타낸다는 것이다. 그러나 더 중요한 점은 이와 같이 표면에 나타난 결과는 그것을 행한 당사자는 의식하지 못한다는 것이다. 왜냐하면 문을 열어둔 채 들어온 환자들 중 그 누구도 이 부주의로 의사에게 경멸적인 태도를 나타내려고 했음을 스스로 인정하지 않을 것이기 때문이다. 물론 그들 가운데 상당수는 아무도 없는 대기실에 들어왔을 때 느낀 실망감은 생각나겠지만, 그 인상과 이어 일어난 증상행위와의 연결은 확실하게 의식할 수 없을 것이다.

그런데 여기서 이 조그마한 증상행위의 분석을, 어떤 부인 환자를 관찰하는

---

4) 식품가게의 이름. 당시는 제1차 세계대전 중이라 식료품이 부족했으므로 이 가게 앞에 줄을 지어 물건을 샀다.

데에 적용해 보기로 한다. 지금도 여전히 내 기억에 생생히 남아 있는 관찰을 하나 골라 보겠다. 이 실례는 비교적 짧게 묘사할 수 있기 때문이다. 그러나 상세하게 설명한다는 것은 이런 강의에서는 참으로 필요하다.

며칠 동안의 휴가를 얻어 고향에 돌아온 젊은 장교가 장모를 치료해 달라고 내게 부탁했다. 그 장모는 매우 행복하게 살고 있었는데, 터무니없는 어떤 관념 때문에 자신은 물론 가족의 생활까지 저주하기 시작했다. 만나 보니 장교의 장모는 53세의 점잖은 부인이었으며, 상냥해 보이고 소박한 인상을 주었다. 그녀는 주저하지 않고 다음과 같은 이야기를 들려주었다. 여인은 시골에서 큰 공장을 경영하고 있는 남편과 함께 매우 행복한 부부 생활을 보내고 있었다. 그리고 남편의 애정 깊은 마음씨를 진심으로 칭찬하고 있었다. 두 사람은 30년 전에 연애결혼을 했으며, 그 후 두 부부 사이에는 파란도, 불화도, 질투도 전혀 없었다. 두 자녀도 행복한 결혼생활을 하고 있다. 남편으로서 또 아버지로서의 책임감에서 남편은 아직 은퇴하려 하지 않았다. 그런데 1년 전에 부인이 이해할 수 없는 하나의 사건이 생겼다. 부인이 그토록 믿고 있는 남편이 젊은 여자와 연애 중이라는 익명의 편지를 받은 것이다. 부인은 곧 그 편지의 사실을 믿었고, 그 뒤부터 그녀의 행복은 엉망이 되어 버렸다.

자세한 사정은 대략 다음과 같다. 부인의 집에는 가정부가 한 사람 있었다. 부인은 이 가정부와 자주 집안 내막 이야기를 한 모양이다. 이 가정부는 어떤 여자에게 노골적으로 적의를 품고 있었다. 그 여자는 집안이 좋지 않은데도 자기보다 훨씬 성공했다는 것이 그 이유였다. 실제로 그 여자는 남의집살이라는 길을 택하지 않고 실업 교육을 받아 공장에 들어갔다. 마침 전쟁 중이라 남자 사원들이 출정하여 일손이 부족해지는 바람에 좋은 지위까지 올라갔다. 그리하여 지금은 공장 기숙사에 살면서 신사들과 교제하고, 심지어 사람들한테 아씨라고 불리고 있었다. 출세하지 못한 이 가정부가 지난날의 동창에 대해 뒤에서 험담을 하는 것은 당연했다. 어느 날 부인과 가정부는 이 집에 손님으로 왔던 어떤 노신사의 이야기를 했다. 그 노신사는 아내와 별거하며 첩을 두고 있다는 소문이 있었다. 무엇 때문에 이런 말을 하게 되었는지 부인도 알 수 없지만, "만일 우리 주인양반에게 애인이 있다는 말을 듣는다면 얼마나 끔찍할까?"

하고 불쑥 말을 꺼냈던 것이다.

그다음 날 부인은 우편으로 익명의 편지 한 통을 받았다. 편지는 위필(僞筆)로 씌어 있었으며, 거기에는 그녀가 어제 한 말과 같은 내용이 씌어 있었다. 그 부인은(반신반의했지만) 이 편지가 그 사악한 가정부의 짓이라는 것을 간파했다. 왜냐하면 남편의 애인이란 여자의 이름이 바로 하녀가 몹시 미워하고 있는 그 여자였기 때문이다. 부인은 음모를 즉각 알아차렸다. 이런 비겁한 밀고가 아무 근거 없는 일이라는 것을 주위의 여러 사정으로 충분히 알고 있었음에도 이 편지는 한순간에 부인을 사로잡아버렸다. 부인은 굉장히 흥분해서, 즉각 남편을 불러다 심한 비난을 퍼부었다. 남편은 이 밀고를 일소에 붙였다. 그리고 오해를 풀어 주기 위해 최선을 다했다. 남편은 주치의를 불러서 불행한 부인을 진정시켜 주도록 했다. 두 사람이 취한 그 뒤의 조치는 매우 합당했다. 가정부는 파면되었지만, 애인이라는 말을 들은 상대의 그 여자는 파면되지 않았다.

그 뒤 환자는 그 익명의 편지를 더 이상 믿지 않을 만큼 냉정해졌다고 거듭 강조했지만, 진정으로 냉정을 완전히 되찾은 것은 아니었다. 남이 그 여자의 이름을 말하거나 길거리에서 그 여자만 보면, 그만 시기심, 고통, 굴욕으로 발작이 다시 시작되는 것이었다.

이상이 그 훌륭한 부인의 병력이다. 부인이 다른 노이로제 환자에 비해서 자기의 병증을 너무 간단히 묘사했다는 것, 다시 말해 우리의 상용어를 빌리면 병력을 속이고 있다는 것, 부인이 익명의 편지에 씌어 있는 음모 내용을 잠재의식 속에 여전히 믿고 있으며 그 생각을 떨쳐 버릴 수 없다는 것, 이러한 것들은 정신의학의 경험 없이도 파악할 수 있다.

그러면 이와 같은 병적 사례에 접했을 때, 정신과 의사는 어떤 태도를 취할 것인가? 대기실의 문을 닫지 않는 환자의 행위에 대해서 정신과 의사가 어떻게 조처해야 할 것인지는 이미 알고 있다. 심리학에 관심이 없는 의사는 노이로제 증상의 환자와는 전혀 관계가 없는 하나의 우연이라고 설명한다. 그러나 질투로 번민하는 이 부인에게 그와 같은 태도가 우연일 수는 없다. 증상으로 인한 행위는 중요하지 않은 것처럼 여겨지지만, 이 증상은 어떤 의미심장한 문제로 우리에게 다가온다. 증상은 심한 주관적인 고뇌를 수반하고 있으며, 객관적으로는 가정의 공동생활을 위협한다. 그러므로 증상은 중대한 정신의학적 관심의 대상이다. 정신과 의사는 먼저 증상을 본질적인 속성으로 분류하려고 한다. 이 부인을 괴롭히고 있는 관념, 즉 나이 먹은 남편이 젊은 여자와 연애하는 일은 세상에 흔히 있는 일이다. 그러나 그 일로 일어난 어처구니없는 일은 이해하기가 곤란하다. 환자가 품행이 단정하고 상냥한 남편을 세상에 흔히 있는 남편들의 부류라고 믿는 데는 그 익명의 편지 이외에는 아무 증거가 없다. 부인은 편지의 사연이 전혀 근거도 없다는 것을 알고 있다. 부인은 이 편지의 출처를 훌륭하게 증명할 수 있다. 즉 그녀는 자기가 질투할 만한 뚜렷한 이유가 없다고 말하지 않을 수 없다. 부인도 스스로 그렇게 말하고 있다. 그럼에도 부인은 이 질투가 충분한 근거가 있는 것처럼 고민하는 것이다. 현실에서는 추론해도 논증할 수 없는 이런 종류의 관념을 '망상(근거가 없는 주관적 신념)'이라고 한다. 그러므로 이 부인은, '질투망상'에 사로잡혀 있다는 것이 아마 이 증상의 본질적인 특징이라 하겠다.

이렇게 뚜렷이 규정해 놓으면, 우리의 정신의학적 관심은 다시 활발해진다. 망상이 현실과의 관계가 결여되어 있다면, 그 망상은 현실에서 만들어진 것이라고 말할 수 없다. 그렇다면 망상은 어디서 생긴 것일까? 망상이라고 해도 그 내용은 천차만별이다. 지금의 사례에서는 어째서 망상의 내용이 질투일까? 어떤 사람에게 망상, 특히 질투망상이 나타나는 것일까? 이 점에 대한 정신과 의사의 의견을 듣고 싶다. 그런데 정신과 의사는 보통 이런 질문에 대해 단 한 가지 대답만을 해준다. 그는 이 부인의 가족 내력을 조사해 보고, "망상은 한 가계(家系)에서 그것과 비슷한 정신장애나 또는 그것과 다른 정신장애가 몇 번이나 되풀이해서 나타나는 증상입니다"라고 대답할 것이다. 다시 말하면 이 부인의 망상은 그와 같은 망상에 사로잡힐 유전적인 소인을 그녀가 갖고 있기 때문에 생긴 것이라는 것이다. 사실 그럴 수도 있겠지만, 이 설명이 우리가 알고 싶어 하는 전부일까? 이것이 증상의 원인으로 작용한 전부일까? 어떤 다른 망상 대신에 이 질투망상이 발생한 것이라든가, 우연한 현상이라든가, 설명할 수 없다든가 하는 추측만으로 우리는 만족해야 할 것인가? 그리고 유전적인 영향의 위력을 역설하는 그 명제를 이 정신에 어떤 체험이 끼어들더라도 그것은 아무 상관도 없다든가, 그녀의 망상은 언젠가 한 번은 일어날 숙명적인 것이었다는 식으로 부정적으로 해석해도 좋을 것인가? 여러분은 과학이라고 자칭하는 정신의학이 우리에게 더 나은 설명을 해주려고 하지 않는 이유가 무엇인지 궁금할 것이다. 그러나 나는 여러분에게 단언하건대, 분수에 맞지 않는 진단을 내리는 자는 사기꾼이다. 정신과 의사는 이와 같은 증상 사례를 더 진보적으로 설명하는 방법을 모른다. 그들은 진단과 풍부한 경험이 있는데도 불구하고 불확실한 예측을 하는 것으로 만족하고 있을 뿐이다.

그러면 정신분석은 더 나은 해석과 설명을 할 수 있는가? 틀림없이 할 수 있다. 이와 같이 접근하기 어려운 증상 사례에서도 정신분석은 더 상세한 이해를 가능케 할 수 있다는 것을 여러분에게 보여 주고 싶다. 우선 여러분은 별로 두드러지지 않는 미세한 점, 바로 망상의 근거가 된 그 익명의 편지는, 부인이 이 사건 전날, 음모자인 그 가정부에게 만일 남편이 젊은 여자와 연애 중이라면 그야말로 최대의 불행일 거라고 말함으로써, 바로 환자 자신이 선동해서 만들게 한 것이라는 사실에 주목해 주기 바란다. 바꾸어 말하면 이것은 부인 스스로 가정부에게 익명의 편지를 보내게 하는 착상을 준 것이다. 그러므로 어느 점에서는 부인의 망상은 이 편지와 관계가 없다고 할 수 있다. 망상은 전부터 이미 질투망상(Eifersuchtswahn)이 부인의 마음속에 있었던 것이다. 그리고 이밖에 불과 두 시간의 분석으로 밝혀진 더 작은 징후도 여러분에게 이야기하겠다. 환자가 자기의 신상 이야기를 한 뒤에, 내가 그 밖의 생각, 연상, 기억 등을 말해 달라고 했을 때, 환자는 매우 냉담하게 반응했다. "나한테는 아무 연상도 떠오르지 않아요. 할 말은 다했습니다" 하고 부인은 말했다. 그리고 두 시간 뒤, 실제로 나는 부인에 대한 분석을 중지해야 할 처지가 되었다. 왜냐하면 "나는 이제 완전히 건강해진 것 같은 개운한 기분이에요. 그런 병적인 생각은 이제 두 번 다시 하지 않을 거예요"라고 말했기 때문이다. 물론 부인은 나에 대한 저항감과 계속되는 분석에 대한 불안감에서 이렇게 말한 것이다. 그런데 이 두 시간 동안 부인은 어떤 해석의 실마리가 될 만한, 또는 내 해석과 꼭 들어맞게 하는 몇 마디를 말했다. 그 말을 해석해 보면, 부인의 질투망상이 발생한 원인에 어떤 해결의 빛을 줄 것이다. 부인은 어떤 청년, 즉 환자인 그녀 자신을 나에게 데려온 자기 사위에게 깊은 연정을 품고 있었다. 부인은 이 사랑을 거의 의식하고 있지 않았다. 혈연관계라는 현상에서 이러한 사랑은 쉽게 친족 간의 순수한 애정이라는 가면을 덮어써 버렸다.

우리가 지금까지 겪어온 경험을 전부 동원하면, 53세가 되는 정숙한 부인이며 선량한 모친인 이 여성의 정신생활에, 우리의 감정을 이입하는 것은 어렵지 않을 것이다. 연애는 무서운 것, 있을 수 없는 것이므로 의식의 표면에 떠오르지 못하고 줄곧 무의식인 채로 존재하여 무거운 압력을 가하고 있었던 것이다. 그 결과 무슨 일이든 부인의 마음에 일어나지 않으면 안 되었다. 무언가 죄악감을 씻어줄 어떤 구원을 찾아내야만 했다. 그리하여 가장 손쉬운 완화책으로서 '치환의 메커니즘'이 이용된 것이다. 이 치환은 망상적 질투를 형성하는 데에 늘 관여한다. 나이 든 여자인 자기가 젊은 남자를 사랑하고 있다 하더라도, 자기의 늙은 남편이 젊은 여자와 연애 관계를 맺고 있다면, 자신이 부정하다고 느끼는 양심의 가책은 분명히 가벼워질 것이다. 따라서 남편이 부정을 저지르는 공상은 부인의 괴로운 마음을 덜어주는 위안이 되었던 것이다. 부인은 자신의 사랑을 의식하지는 않았지만, 이 사랑의 영상, 즉 남편의 부정에 대한 환상은 이제 강박관념으로 망상적이고 의식적인 것이 된 것이다. 이 연정을 부정하는 증명은 모두 아무런 효력이 없다. 왜냐하면 그런 증명은 외적인 영상에만 향하여 이 영상을 짙게 하는 데는 도움이 되지만, 다가가기 어려운 무의식의 밑바닥에 잠겨 있는 원상(原像, 본래 모습)을 향하지는 않았기 때문이다.

짧은 시간이었지만, 힘들었던 정신분석의 노력으로 이 병적 사례에 대해서 얻어낸 결과를 종합해 보기로 한다. 물론 우리의 발견이 옳았다는 가정 아래에서의 일이다. 이 점에 대해 나는 여러분의 비판을 받아들일 수 없다. 첫째, 망상은 이제 무의미한 것, 또는 이해할 수 없는 것이 아니다. 망상은 의미심장한 것, 합리적으로 동기가 부여된 것, 환자가 겪은 강한 감동의 체험과 인과관계를 가진 것이다. 둘째, 망상은 반드시 다른 징후로 추측되는 어떤 무의식적인 심리과정의 반응으로 나타나는 것이며, 망상적인 성격이나 논리적이고 현실적인 공격에 끝내 저항하려고 하는 성질을 갖고 있는 것은 바로 이러한 관계 때문이다. 망상은 그 자체가 원했던 것이며, 일종의 위안이다. 셋째, 이 망상은 바로 '질투망상'이며 그 이외의 다른 것이 아니라는 사실은 질병 속에 숨어 있는 체험으로 움직일 수 없도록 규정되어 있다. 그러나 어떤 사람은 그 부인이 바로 사건 전날 음모자인 그 가정부를 보고, "만일 남편의 품행이 나쁘다면 그 이상 끔찍한 일이 있을까?" 하고 외친 것이 생각날 것이다. 여러분은 또 우리가 분석한 그 질투 행동과의 두 가지 중요한 유사점, 바로 증상행위 뒤에 숨어 있는 뜻과 그 의도적인 해명이 무의식과 관계가 있음을 간과할 수 없을 것이다. 하기야 우리가 이 증상 사례로 모든 의문이 해결되었다고는 할 수 없다. 오히려 이 증상 사례는 의문을 계속 낳는다. 의문들 가운데 어떤 것은 아직 해결될 수 있는 단계까지 이르지 않았고, 또 다른 문제들도 특수한 상황에서 오는 불편함 때문에 해결되지 않았다. 이를테면, 왜 행복한 결혼 생활을 하고 있는 부인이 사위에게 연정을 느끼게 되었을까? 괴로움을 더는 다른 방법도 있었을 텐데 굳이 그런 영상의 형태로, 즉 자기 마음의 상태를 자기 남편에게 '투사(projektion, 投射)'한다는 형태로 완화하려 했을까? 하는 것 등이다. 이러한 질문이 부질없다든가 바람직하지 않다고 생각해서는 안 된다. 이 질문에 대답하기 위해 필요한 자료를 우리는 충분히 준비해 놓고 있다. 이 부인은 때마침 갱년기였다. 갱년기에는 여성의 성욕이 본의 아니게 갑자기 높아진다. 이것만으로 충분한 대답이 될지 모른다. 덧붙이자면 부인의 선량하고 성실한 남편은 이미 몇 해 전부터 원기 왕성한 아내의 욕구를 충족시켜 줄 정력이 없어졌다고 해도 좋다. 우리는 경험으로 이런 부부의 남편은 당시 분명히 품행이 방정했고, 이런 남편이야말로 특히 더 아내에게 정답게 굴고, 아내의 노이로제에 대해 남달리 관대함을 나타낸다는 것을 알고 있다. 그런데 병의 원인이 되는 이 연정의 상대가 딸의 젊은 남편이라는 것은 도무지 그냥 지나칠 수 없는 일이다. 딸에 대한 심한 에로틱한 애착(이것은 어머니의 성적 취향에 기인한다)은 흔히 이처럼 형태만 바꾸어서 계속되는 일이 종종 있다. 이와 관련해서 장모와 사위의 관계는 예로부터 인간에게는 아주 미묘한 것으로 간주되어 왔으며, 이 관계는 원시인에게 매우 강력한 터부, 즉 '금기'를 만드는 동기가 되었다는 점을 상기해 주기 바란다.[5] 두 사람의 관계는 자칫하면 적극적인 면에서나 소극적인 면에서 문화(文化)라는 범위를 벗어나기 쉽다. 부인의 증상 사례에서는 이 세 가지 요소들 중 어느 것이 작용했는지, 혹은 이 요소들 중의 두 가지 또는 세 가지가 동시에 작용했는지 단언할 수 없다. 그 이유가 증상 사례의 분석을 두 시간 이상 계속하지 못했기 때문만은 아니다.

---

5) 프로이트 《토템과 터부(Totem und Tabu)》, 1913년 참조.

내가 지금까지 말한 사항은 여러분에게는 아직 이해가 안 되는 것 같다. 나는 정신의학과 정신분석학을 비교해 보고자 위의 이야기를 한 것뿐이다. 이제 나는 여러분에게 한 가지 질문을 해 보겠다. 바로 정신의학과 정신분석학 사이에 어떤 모순이 있음을 발견했느냐는 것이다. 정신의학은 정신분석의 기법을 응용하려 하지 않으며, 정신의학은 망상을 어떤 내용과 관련지으려 하지 않고 있다. 그리고 정신의학은 우리에게 가장 가까이 있는 특수한 원인을 제시하는 대신, 유전이라는 것을 들먹여 아주 일반적이고 관계가 먼 병의 원인을 강조한다. 그러나 정신의학과 정신분석 사이에 어떤 모순이나 대립이 과연 있는 것일까? 오히려 둘은 서로 보완함으로써 완전하게 되는 것은 아닐까? 유전적인 요소와 체험의 의의는 모순되는 것일까? 오히려 둘은 서로 협력하여 작용하는 것이 아닐까? 여러분은 정신의학적 연구의 본질에는 정신분석의 결과에 대해 거부할 만한 요인이 없다는 내 의견에 동의할 것이다. 따라서 정신분석학에 반기를 드는 것은 정신과 의사이지 결코 정신의학이라는 학문이 아니다.

정신분석학과 정신의학과의 관계는 마치 조직학과 해부학의 관계와 유사하다. 해부학은 기관의 외부 형태를 연구하고, 조직학은 조직과 세포로 구성된 기관의 구조를 연구한다. 이 두 연구 방법에 모순이 있다고는 생각할 수 없다. 한쪽의 연구는 다른 쪽 연구의 연속이다.

이미 알고 있다시피 오늘날 해부학은 과학적 의학의 기초로 여겨지고 있다. 그러나 과거 어느 때에는 몸의 내부 구조를 알기 위한 시체의 해부가 금지되어 있었다. 이것은 오늘날 정신생활의 심층을 연구하는 데 정신분석 사용이 금지된 것과 마찬가지이다. 모름지기 앞으로는 정신생활의 심층에 있는 무의식 과정에 대한 지식이 충분하지 않으면 과학적이고 심원한 정신의학은 불가능하다는 의견이 나오게 될 것이다.

여러분 중에는 무자비하게 공격받고 있는 정신분석학에 대해 두터운 우정을 갖고 있는 사람이 있을지 모른다. 그런 사람은 정신분석학이 다른 측면, 즉 치료의 측면에서도 옳다고 인정받는 것을 기뻐할지 모른다. 여러분도 이제까지의 정신의학에 의한 치료법으로는 망상 같은 것은 치료할 수 없다는 것을 인정할 것이다. 그렇다면 망상이라는 증상의 메커니즘에 대해서 독특한 견해를 갖고 있는 정신분석은 망상을 치료할 수 있겠는가? 아니, 할 수 없다. 정신분석학은 이런 병에 대해서(적어도 당분간은) 다른 치료법과 마찬가지로 무력하다. 우리는 환자의 마음속에 무엇이 일어나고 있는가는 이해할 수 있지만, 그것을 환자 자신에게 이해시킬 방법은 모른다. 여러분도 이미 알고 있듯이 나는 망상의 분석을 처음에 설정했던 것 이상으로 나아갈 수 없다. 그렇다면 이와 같은 분석은 그 결과가 아무 소득이 없으니 비난받아야 한다고 여러분은 주장하겠는가? 그렇지 않으리라고 나는 믿는다. 우리는 즉각적인 효용성을 떠나서 학문 연구를 할 권리, 아니 의무가 있다고 믿고 있다. 지식의 한 조각 한 조각이 자꾸 쌓여서 마침내는(언제, 어디서인지는 모르지만) 하나의 힘, 즉 치료 능력으로 바뀔 때가 올 것이다.

정신분석이 망상의 경우처럼 다른 형태의 노이로제나 정신질환에 무력하다 하더라도, 더할 나위 없는 연구 수단으로써 그 정당성은 영원히 사라지지 않을 것이다. 그러나 그런 경우엔 말할 것도 없이 우리는 정신분석을 행할 수 없을 것이다. 우리가 연구 자료로 하여 이해하고자 하는 인간은 살아 있는 생물이며, 나름대로의 의지를 갖고 있으므로, 작업에 협력하기 위해서는 그만한 동기가 수반되어야 한다. 그러므로 효과가 없다는 것을 알면 틀림없이 우리가 원하는 해 주기를 거부할 것이다.

오늘의 강의는 다음 사실을 말하는 것으로 마무리하겠다. 이 세상에는 여러 종류의 신경장애가 있는데, 이런 신경장애에 대한 지식이 깊어지면 이 지식은 실제적인 치료의 힘으로 바뀐다는 사실이다. 또 이렇듯 접근하기 어려운 병이라도 어떤 조건이 형성되면, 어떤 내과 치료법에도 결코 뒤지지 않는 효과를 거둘 수 있다는 것이다.

열일곱 번째 강의
증상의 의미

지난번 강의에서 임상 정신의학에서는 개개의 증상에 대한 형식과 내용에는 거의 관심을 보이지 않았지만, 정신분석학에서는 바로 이러한 점을 단서로 하여 증상은 의미심장한 문제이고 환자의 경험과도 밀접한 관련이 있다는 정리를 가장 먼저 세웠다고 말했었다. 노이로제 증상이 의미를 갖고 있다는 것은, 브로이어[1]가 히스테리의 사례를 연구하여 성공적으로 치료했을 때 발견되었고 그때부터 유명해졌다. 실제로는 브로이어와는 별도로 쟈네[2]도 같은 사실을 입증했다. 그러므로 이 프랑스 학자가 문헌상의 선취권을 가지고 있다. 왜냐하면 브로이어는 나와 공동 연구를 하고 있을 무렵인 1893~1895년, 쟈네보다 10년 이상이나 늦게 그의 관찰을 발표했기 때문이다. 이 발견이 누구에 의해 이루어졌는가 하는 것은 아무래도 좋다. 이미 알고 있다시피 어떤 발견이든 반드시 한 번에 그치는 것이 아니고, 단번에 이루어지는 것도 아니며, 또한 한 성공자에게 그 공적이 다 돌아가는 것도 아니다. 미국이 콜럼버스의 이름을 따서 불리지 않은 것과 같다. 브로이어와 쟈네 이전에 위대한 정신의학자 류레(F. Leuret)가, 정신병자의 섬망도 해석할 수 있다면 의미가 있음을 발견할 것이라는 견해를 발표했다. 나는 솔직히 말해 오랜 동안 쟈네의 노이로제 증상 설명에 대한 공적을 너무 높이 평가해왔다. 왜냐하면 쟈네는 히스테리 증상을 환자를 지배하고 있는 '무의식적 관념(idées inconscientes)'의 표현으로 풀이했기 때문이다. 그런데 쟈네는 그 뒤 매우 소극적인 태도로 변해서, 무의식은 단지 단순한 언어표현에 지나지 않는다는 견해를 비쳤다. 쟈네는 무의식이 실재하는 것이라고

---

1) J. Breuer 1842~1925. 프로이트 정신분석학의 선구자로 볼 수 있는 오스트리아의 생리학자 겸 의사.
2) P. Janet 1859~1947. 프랑스의 정신병리학자. 샤르코의 문하생으로 프로이트와 동문.

는 생각하지 않았다. 이때부터 나는 쟈네의 말에 의혹을 품게 되었다. 부질없는 이 한마디 때문에 쟈네는 그의 위대한 공적을 헛되게 만들어 버렸다고 생각한다.

그러므로 노이로제 증상은 잘못(착오 행위)이나 꿈과 같이 의미를 갖고 있으며, 또 그것을 일으키는 사람의 생활과 관계가 있다. 그러면 이 중대한 견해를 두세 가지 실례를 들어서 여러분에게 상세히 설명하기로 한다. 그러나 어떤 경우에나 항상 그러한 의미를 입증할 수 있는 것은 아니다. 아무튼 스스로 관찰해 본 사람은 내 말을 이해할 수 있을 것이다.

그러나 나는 의도적으로 히스테리에서 실례를 가져오지 않고 히스테리와 매우 가깝고 주목할 만한 다른 노이로제를 사례로 들겠다. 이 노이로제에 대해 여러분에게 몇 가지 전제해 둘 것이 있다. 내가 이제 사례로 들 노이로제란 강박 노이로제이다. 강박 노이로제는 일반적으로 히스테리만큼 잘 알려져 있지 않다. 한마디로 말하자면 강박 노이로제는 집요하고 소란스러운 게 아니라 오히려 환자의 사사로운 일 같은 형태를 가지며, 신체적인 현상을 거의 나타내지 않고, 그 증상이 모두 심리적 영역에서 만들어진다. 강박 노이로제와 히스테리는 그 연구 결과를 바탕으로 해서야 정신분석의 이론이 정립되며, 정신분석 요법으로 치료에 성공한 노이로제 증상의 두 가지 형태이다. 강박 노이로제는 거기에서 심리적인 요소가 육체적인 요소로 이행하는 신비한 비약을 찾지는 못했으나, 정신분석의 노력으로 히스테리 증상보다 더 정체가 뚜렷하고 친근하게 되었다. 또 강박 노이로제는 히스테리 환자의 극단적인 특징을 눈부실 만큼 똑똑히 나타내고 있음을 알았다.

강박 노이로제는 다음과 같은 형태로 나타난다. 환자는 실제로 관심도 없는 생각으로 꽉 차 있고, 자기와는 아무 관련도 없는 충동을 자기 내부에 느끼며, 그걸 해봐야 자기는 아무런 기쁨을 느끼지 않으면서도 그 행위를 그만둘 수 없는 처지에 몰리고 만다. 이 관념(강박관념)은 그 자체가 무의미하고, 환자에게 아무런 흥미도 주지 못하는 것이다. 그런데도 이 관념은 아주 어이없게 나타날 때가 많으며, 대개의 경우 이 관념이 실마리가 되어 생각이 꼬리를 물고, 그 때문에 환자는 지쳐서 내키지 않는 마음으로 그 관념의 포로가 되어 버린다. 환자는 자신의 의지와는 반대로, 마치 그것이 자신의 가장 중대한 인생 문제이기나 한 것처럼 거기에 빠져들어 고민한다. 환자가 마음속에 느끼는 충동 또한 철없고 어처구니없는 것들이지만, 대개는 큰 범죄를 저지르고 싶은 유혹처럼 두려운 내용을 갖고 있으므로 환자는 그 생각을 자기는 짐작도 못할 일이라고 부정한다. 그뿐 아니라 전전긍긍하면서 그 충동에서 달아나려고 애쓰며 그 충동을 실행에 옮기지 못하도록 자신을 억압하고, 포기하고, 제한하며, 자기 몸을 지킨다. 그러나 그 충동이 실행에 옮겨지는 일은 결코 없다. 그리하여 언제나 도피와 경계가 승리를 차지한다.

환자가 실제로 행하는 일(이른바 강박 행위)은 전혀 해가 없는 아주 하찮은 것이며, 대개 일상생활에서 반복하는 동작과 그 의례적인 수식들에 불과하다. 그러나 그 때문에 취침, 세면, 옷 입기, 산책 같은 꼭 필요한 동작이 극도로 지리하고 힘든 과제가 되어 버린다. 강박 노이로제의 형태나 증상 사례의 경우, 이 병적인 관념과 충동, 행동이 같은 비중을 차지하는 것은 아니다. 오히려 일반적으로 이 행위들 가운데 어느 하나가 지배적 요소로 작용하며, 그에 따라 병명이 붙는다. 그러나 그 모든 형태가 뚜렷한 공통점을 갖고 있다.

그것은 확실히 광기라 할 만한 병이다. 아무리 극단적인 정신병적 공상이라도 이러한 증상을 만들어 내지는 못한다고 나는 믿고 있다. 그리고 날마다 눈앞에서 그런 광경을 보지 못한다면 그것을 믿으려 하지도 않을 것이다. 그렇다고 여러분이 그런 환자들에게, 마음을 가다듬어서 그런 어리석은 생각에 잠기지 말고 더 이성적인 행동을 하도록 충고하고 설득함으로써 환자를 치료할 수 있다고 생각해서는 안 된다. 환자 자신도 그렇게 하고 싶은 마음이 간절하다. 환자도 뚜렷이 자기 마음의 상태를 알고 있고, 자신의 강박 증상에 대해서 여러분과 같은 의견을 갖고 있을 뿐만 아니라, 스스로 그렇게 하고 싶다고 여러분에게 말하기도 한다. 단지 환자도 달리 어떻게 할 수 없을 따름이다.

강박 노이로제의 경우, 하나의 에너지에 의해서 행동으로까지 나타나지 않고 지탱된다. 정상적인 정신생활에는 이러한 종류의 에너지는 없다. 환자가 취할 수 있는 방법은 단 한 가지, 치환하거나 교환하는 일이다. 어이없는 관념 대신 약화된 다른 관념을 택할 수 있고, 하나의 조심이나 금지에서 다른 조심이나 금지로 옮길 수 있다. 하나의 의례적인 반복행위 대신 다른 의례적 행위를 할 수 있다. 그러나 환자는 강박 관념을 바꿀 수는 있지만, 결코 제거하지는 못한다. 모든 증상을 그 원래 형태와 다른 어떤 것으로 대치할 수 있는 것은 이 병의 참으로 중요한 성격이다.

또 정신생활을 일관하고 있는 여러 대립성(對立性 : Polaritäten)이 이 상태에서 특히 뚜렷이 나타난다. 다시 말해, 적극적 내용과 소극적 내용을 가진 강박 관념과 병행하여 지적인 면에서 의혹을 일으켜 가장 확실하다고 여겨지는 생각까지 서서히 좀먹어 들어간다. 그리하여 마침내는 모든 면에서 더욱 결단력이 없어지고 무기력해져서 환자 자신이 스스로 자유를 구속하게 된다. 그러나 강박 노이로제 환자는 본래 매우 정력적인 성격을 가졌고 남달리 자기 집착이 강하며, 지성은 일반적으로 평균보다 높다. 그는 대개 뛰어나게 높은 도덕적 수준에 도달해 있으며, 대단히 양심적이고 일반사람 이상으로 정의감에 불타고 있다. 이처럼 모순되기 짝이 없는 성격상의 특징과 병의 증상 속에서, 이 둘의 올바른 관련성을 발견하기 위해서는 많은 연구가 필요하다고 여러분도 생각할 것이다. 우리는 우선 이 병의 두세 가지 증상을 이해하고 해석하는 것 이상을 기대해서는 안 된다.

아마 여러분은 지난번에 우리가 했던 토론을 생각하고, 현대의 정신의학이 강박 노이로제의 문제를 어떤 식으로 다루고 있는지 궁금해할 것이다. 그런데 그것은 아주 초라하기 그지없다. 정신의학은 강박 관념에 여러 가지 이름을 붙였다. 그리고 그 이상 아무 일도 하지 않고 있다. 그 대신 정신의학에서는 그런 증상을 가진 사람을 '변질자(變質者)'라고 강조한다. 실제로 변질자란 하나의 도덕적 가치 판단이며, 설명이 아니라 비난이므로 별로 신통치 못하다. 사람에게는 갖가지 이상한 일이 나타난다고 생각하는 것이 당연하다. 다시 말해 그런 증상을 나타내는 사람은 태어날 때부터 일반사람과 틀림없이 뭔가 다를 것이라고 우리는 믿고 있다. 그러나 이와 같은 사람이 다른 노이로제 환자, 이를테면 히스테리 환자라든가 정신병 환자 이상으로 '변질적'인가 반문하고 싶다. 강박 노이로제의 특징으로 묘사되고 있는 것은 지나치게 일반적이다. 이런 증상이 뛰어나고 사회에 뜻깊은 공적으로 이름을 남긴 사람들에게도 나타난다는 것을 안다면, 이런 특징으로 규정해 버리는 것이 과연 정당한 것인지 의심스러워진다. 그 사람 자신의 분별 있는 태도와 전기 작가(傳記作家)의 위장 덕분에 그 사람의 사생활에 대해서는 거의 아는 바가 없지만, 에밀 졸라(Émile Zola) 같은 진리의 광신자도 그중의 한 사람이다. 우리는 졸라가 한평생 많은 기괴한 강박벽 때문에 괴로워했다는 것을 알고 있다.[3]

정신의학에서는 편의상 이런 사람에 대한 우수성 변질(優秀性變質 : Dégénérés superieurs)이라는 도피 문구를 끌어왔다. 참으로 교묘한 표현이다. 그러나 정신분석으로 우리는 이 기괴한 강박 증상도 다른 병과 같이, 또 변질자가 아닌 사람과 마찬가지로 영구히 제거할 수 있다는 것을 경험했다. 나도 이와 같은 일에 여러 번 성공했다.

그러면 지금부터 강박 증상의 분석에 대한 사례를 두 가지만 들어보기로 한다. 하나는 오래된 관찰이지만, 나는 이 이상 좋은 사례를 알지 못한다. 나머지 하나는 최근에 연구한 것이다. 그리고 이야기는 이 두 가지 사례에만 한정하기로 한다. 왜냐하면 이와 같은 사례를 들 때는 대부분의 경우 아주 넓은 범위까지 상세하게 이야기해야 되기 때문이다.

환자는 30세 정도 되는 부인이며, 심한 강박 관념에 괴로워하고 있었다. 만일 내 연구가 운명의 장난으로 헛수고가 되지 않았더라면(이 일은 나중에 이야기하겠지만) 아마 나는 그 부인을 고칠 수 있었을 것이다. 부인은 하루에 몇 번이나 다음과 같은 주목할 만한 강박 행위를 했다. 부인은 자기 집 거실에서 옆방으로 달려간다. 그리고 그 방에 들어가면, 한가운데 놓여 있는 테이블 곁에서 일정한 자세를 취하고 벨을 울려 하녀를 부른다. 그러고는 하찮은 일을 시키거나, 어떤 때는 아무 일도 시키지 않고 돌려보낸다. 그리고 부인은 다시 거실로 돌아온다. 확실히 이것은 심한 증상은 아니었지만, 우리의 호기심을 끌기에는 충분했다. 그리고 의사인 나의 처방을 받지 않더라도 환자 스스로 재빨리, 꽤 명료하게 설명할 수 있었다. 어떻게 내가 이 강박 행위의 의미를 짐작하게 되었는지, 어떻게 그것을 해석하게 되었는지는 알 수 없다.

나는 환자에게 "왜 그런 행동을 하셨습니까? 거기에 무슨 의미가 있습니까?" 하고 몇 번이나 물어보았다. 그때마다 그녀는 "난 모르겠어요" 하고 대답할 뿐이었다. 그러던 어느 날 나는 그녀의 마음속에 있는 크고 뿌리 깊은 망설임을 굴복시키는 데 성공했다. 그 순간, 그녀는 갑자기 깨닫고 자기의 강박 행

---

3) 툴루즈(F. Toulouse)〈에밀 졸라, 의학적 심리학적 연구〉 파리, 1896년.

위와 관계있는 사건을 이야기했다. 그녀는 10년 전에 매우 나이 많은 남자와 결혼을 했다. 그런데 결혼 첫날밤에 그 남자가 성 불구자라는 것을 알았다. 남자는 그날 밤 자기 방에서 신부의 방으로 뛰어들어 몇 번이나 시도를 되풀이했지만 번번이 실패했다. 아침이 되자 남자는 "잠자리를 치우는 하녀에게 내가 창피를 당해야 한단 말이야" 하고 화가 난 듯이 말하고는, 마침 그 방에 있던 붉은 잉크병을 집어 들어 시트 위에 끼얹었다. 그런데 붉은 잉크의 얼룩은 묻어야 할 자리에 묻지 않았다는 것이다.

나는 처음에 이 기억이 현재의 강박 행위와 어떤 관계가 있는지 알지 못했다. 왜냐하면 자기 방에서 다른 방으로 몇 번이나 달려가는 것과 하녀가 등장하는 것 말고는 아무런 유사성도 발견하지 못했기 때문이다. 그때 환자는 나를 옆방 테이블로 데리고 갔는데, 나는 그 테이블보 위에 큼직한 얼룩이 묻어 있는 것을 발견했다. 부인은 "나는 하녀가 들어와서 저 얼룩을 반드시 보도록 테이블 곁에 서 있는 거예요" 하고 설명했다. 나는 이제 의심할 여지없이 그날 밤의 광경과 그녀가 현재 가리고 있는 강박 관념 사이의 밀접한 관계를 알게 되었고, 이 강박 행위에서 더욱 많은 것을 배우게 되었다.

우선, 이 환자는 분명히 자기를 남편과 동일시하고 있다. 그녀는 남편의 역할을 하고 있다. 다시 말해 그녀는 남편이 한 방에서 다른 방으로 뛰어 들어가는 것을 흉내 내고 있는 것이다. 이로 미루어볼 때, 침대와 시트가 테이블과 테이블보로 대치되었다고 가정할 수 있다. 이것은 억지처럼 여겨지지만 우리는 장난으로 꿈의 상징을 연구한 것은 아니다. 꿈에서 종종 나타나는 테이블은 침대로 해석할 수 있다. 테이블과 침대는 모두 결혼을 의미하므로, 테이블은 쉽게 침대를 대신한다.

강박 행위에 의미가 포함되어 있다는 증거는 이것으로 충분하다. 강박 행위는 그 중대한 광경의 묘사이자 반복이다. 그러나 우리는 이 외적인 것만으로 연구를 끝낼 수는 없다. 이 두 상황의 관계를 더 파고들어가서 검토한다면, 더 의미심장한 것, 즉 강박 행위의 목적에 대해 설명할 수 있을 것이다. 이 부인의 강박 행위의 핵심은 분명히 자기 남편이 한 "내가 하녀 앞에서 창피를 당해야 한단 말이야" 이 말과 정반대의 것을 입증하기 위하여 하녀에게 얼룩을 보인다는 데 있다. 그렇게 해서 남편(그녀는 남편의 역할을 흉내 내고 있다)은 하녀 앞에서 창피를 당하지 않아도 되는 것이다. 얼룩은 확실히 제자리에 묻어 있다. 따라서 그녀는 그 광경을 그저 되풀이한 것이 아니라 그 광경을 계속 연출하고, 정정하고, 올바른 방향으로 돌린 것이다. 동시에 이것으로 그녀는 붉은 잉크까지 필요했던, 그날 밤에 일어난 매우 안타까운 일, 즉 남편의 성 불능증까지 정정한 셈이 된다. 다시 말해 이 강박 행위는 "아니에요. 어째서 내 남편이 하녀 앞에서 창피를 당하겠어요? 남편은 성 불능증이 아니에요" 하고 말하고 있는 것이다. 그녀는 이 소망을 꿈속에서와 마찬가지로 현재의 행동 속에서 실현된 것으로 표현하고 있다. 이 행동은 남편을 그날 밤의 불행에서 구해내려는 목적을 갖고 있다.

내가 이 부인에 대해 알고 있는 것은 모두 위의 해석과 완전히 일치한다. 더 정확히 말하면, 우리가 그녀에 대해 모두 알게 됨으로써, 그 자체로는 영문을 알 수 없는 이 강박 행위에 대해 방금 말한 해석이 옳다는 것이 입증되었다. 부인은 몇 해 전부터 남편과 헤어져 살고 있다. 그리고 남편과 정식으로 이혼해야 할 것인가 고민하고 있다. 그렇다고 그녀가 남편한테서 해방되었다고는 결코 말할 수 없다. 그녀는 남편에게 정숙해야 하고, 유혹에 빠지지 않도록 세상으로부터 도피해 있다. 그녀는 자기의 공상 속에서 남편의 모습을 이상화(理想化)하고 있다. 그녀 병의 가장 깊은 비밀은 그녀가 자기 병으로써 세상의 악의적인 험담으로부터 남편을 보호하고, 남편과의 별거를 합법적인 것으로 만들어 그가 마음 편한 생활을 보낼 수 있도록 해주는 데 있다.

따라서 보기에는 아무런 해도 없는 강박 행위의 분석은, 한 질환의 핵심을 곧장 적중시킨 셈이 된다. 동시에 일반적인 강박 노이로제의 비밀도 밝혀진 것이 된다. 나는 여러분이 이 사례를 상당한 시간 동안 연구해 주기를 바란다. 왜냐하면 이 사례는 다른 사례에서는 결코 얻을 수 없는 여러 가지 조건들을 모두 갖추고 있기 때문이다. 지금의 경우는 증상의 해석이 분석의의 지도나 간섭 없이 환자 쪽에서 갑자기 발견되었다. 그리고 증상의 해석은 다른 경우처럼 기억 속에서 잊어버린 소아기와 관련된 것이 아니라, 환자의 성인기 생활에서 일어나 그녀의 기억 속에 명확히 새겨져 있는 경험과 관련되어 이루어졌다. 증상에 관한 우리의 해석에서 언제나 거론되고 있는 항의는 지금의 사례에는 아무것도 적용되지 않는다. 실제로 해석이 반드시 이렇게 잘 되는 것만은 아니다.

다시 또 하나의 사례를 들기로 한다. 여러분은 그다지 특별하지 않은 이 강박 행위에서 그 환자의 비밀이 드러난 데 깜짝 놀라지 않았는지? 결혼 첫날밤의 사건만큼 여성에게 비밀 중의 비밀은 없다. 더욱이 우리가 다름 아닌 성생활의 비밀에 이르렀다는 것은 사실 이렇다 할 다른 의미가 없는 것일까? 아니면 성생활의 비밀에 이른 것은 실제로 내가 그런 사례를 선택했기 때문인지도 모른다. 우리는 너무 서둘러서 판단을 내려서는 안 된다.

두 번째 사례를 들어보기로 하자. 두 번째의 사례는 먼저 말한 것과는 전혀 다른 종류이며, 흔히 볼 수 있는 종류의 전형, 즉 잠들기 전 습관의 사례이다.

환자는 19세 된 건강하고 영리한 소녀로 외동딸이다. 그녀는 교양과 총명함에서는 부모보다 뛰어났다. 어릴 때의 그녀는 말괄량이였고 명랑했지만, 최근에는 뚜렷한 원인도 없이 완전히 신경질적으로 변해 버렸다. 특히 어머니에게 말대답을 곧잘 하게 되었고, 언제나 불평을 하며, 우울하고 우유부단할 뿐만 아니라 의심이 강해졌다. 그리하여 마침내 광장이나 한길을 자기 혼자서는 걸어다닐 수 없다고 호소하기에 이르렀다.

우리는 이와 같은 복잡한 증상에 대해서는 적어도 광장 공포증(廣場恐怖症)과 강박 노이로제라는 두 가지 진단을 내릴 수 있다. 그러나 처녀의 병상에 대해서는 언급을 피하기로 하고, 그녀가 잠들기 전 습관을 나타내기 시작하여 부모를 무척 괴롭히게 된 점에 주의를 돌려 살펴보기로 하겠다.

사람들은 이렇게 말할지 모른다. "어떤 의미에서는 정상적인 사람에게도 누구나 잠들기 전의 습관이 있다. 혹은 적어도 자기의 취침을 방해받지 않을 만큼 어떤 조건을 요구한다. 사람은 규칙적인 습관으로 각성 생활에서 수면상태로 옮긴다. 그리고 이 습관을 밤마다 똑같이 되풀이한다." 그런데 정상인이 취침의 조건으로서 요구하는 것은 모두 합리적으로 이해할 수 있는 것들이다. 설령 외부의 사정 때문에 변경해야 할 때라도 사람은 쉽게 그 조건에 순응한다. 그런데 병적인 취침 습관은 매우 완고해서 어떤 희생을 치르더라도 그대로 유지되어야 하며, 동시에 합리적인 동기가 있는 것처럼 가장되어 표면적인 관찰로는 어처구니없이 꼼꼼한 점이 정상인과 다른 것처럼 보인다. 그런데 더 자세히 관찰해 보면, 그 가면은 불충분해서 습관은 합리적인 동기로는 설명할 수 없으며, 더구나 합리적인 동기와는 전혀 모순된 다른 의식을 포함하고 있다는 것을 알 수 있다.

그녀는 밤마다 되풀이하여 조심하게 되는 동기로서 자기는 조용해야만 잠들 수 있다는 것, 그래서 소음과 그 소음을 일으키는 근원을 모두 제거해야 한다는 것을 들고 있다. 이 때문에 그녀는 두 가지 동작을 한다. 하나는 자기 방에 있는 큰 시계의 추를 멎게 하고, 다른 시계는 모두 방 밖에 내놓으며, 심지어 서랍 속에 넣어 둔 손목시계까지 마음이 안 놓여서 밖에 내놓는다. 또 하나는 화분과 꽃병이 밤중에 뒤집어지거나 부서져서 잠이 깨는 일이 없도록 그것들을 책상 위에 안전하게 늘어놓는다.

주위를 조용하게 만들기 위해서 이와 같은 방법을 쓰는 것은 표면적으로만 합리적이라는 것을 그녀도 알고 있다. 작은 시계는 머리맡 책상 위에 두어도 똑딱거리는 소리가 들릴 까닭이 없다. 벽시계의 규칙적인 똑딱거림은 수면을 방해하기는커녕 오히려 잠을 재촉하는 역할을 한다는 것을 우리는 경험에 비추어 알고 있다. 또 그녀는 화분이나 꽃병에 다리가 생겨서 밤중에 저절로 굴러 떨어지거나 부서지거나 할지도 모른다는 걱정은 기우에 지나지 않는 일임을 충분히 알고 있다. 그리고 잠들기 전 습관의 이 밖의 규정들에 대해서도 세밀하게 들여다보면 조용하게 만든다는 구실은 터무니없는 것이 되어버린다. 이를테면 자기 거실과 부모의 거실 사이에 있는 문을 절반쯤 열어 놓아 달라고 요구하고는 여러 가지 도구로 괴어 닫히지 않도록 하고 있는데, 이러한 요구는 조용히 만들기는커녕 오히려 시끄러운 잡음을 불러들이는 것과 다름없다.

그런데 가장 중요한 조건은 침대에 관한 것이다. 침대 머리맡에 놓아두는 베개 받침은 목제 침대의 테두리 널빤지에 닿아서는 안 된다. 커다란 쿠션 위에 놓이는 작은 베개는 꼭 마름모꼴이 되어야 한다. 그리고 그녀는 자기의 머리를 똑바로 이 마름모의 세로 대각선상에 놓는다. 새털이불은 덮기 전에 반드시 털어야 마음이 놓인다. 그러면 속의 깃털이 발 있는 쪽으로 모두 몰리게 되는데, 그녀는 이것을 반드시 꼭꼭 눌러 다시 편편하게 만든다.

그 밖의 자질구레한 점들에 대한 설명은 생략하기로 한다. 말해 봐야 배울 만한 새로운 것도 없고, 우리의 목적에서 벗어나기만 할 뿐이다. 다만 여러분이 주의해야 할 것은, 그녀가 이 모든 일을 결코 순조롭게 하지 않았다는 점이다. 모든 것이 정확하고 빈틈없이 되었을까 하는 염려가 항상 뒤따랐다. 그래서 다한 뒤에는 모두 확인해 보고 '나쁜 데가 있으면' 되풀이해야만 했다. 어떤 때는 A에, 어떤 때는 B에 의혹이 생겨 일일이 그것을 확인하러 다니기 때문에 두 시간씩 소비되었다. 그동안 그녀는 물론이고 조마조마해하는 부모도 잠을 잘 수 없다는 것이다.

이 고민의 분석은 바로 앞에서 말한 부인 환자의 강박 행위에 관한 분석처럼 간단하지는 않다. 나는 그녀에게 여러 암시를 주어 해석의 힌트를 얻지 않으면 안 되었다. 그런데 그녀는 언제나 이 힌트나 실마리를 전적으로 거부하거나 경멸하는 태도로 의심했다. 처음의 거부적인 반응 기간이 지나자, 다음에는 내가 암시한 여러 가지 가능성에 대해서 주의를 기울이고, 그 일에 대한 연상을 수집하고 기억을 일깨워서 관련을 짓는 듯하더니, 마침내 모든 해석을 혼자 힘으로 해내게 되었다. 그러면서 점점 그녀는 그 강박적인 의례를 덜 하게 되었으며, 그 잠들기 전 습관을 치료가 끝나기 전에 모두 멈추어 버렸다. 그러므로 여러분은 분석이라는 작업이 우리가 지금 하고 있는 것처럼 개개의 증상이 확실하게 밝혀질 때까지 철저히 추구할 일이 아니라는 것을 알아야만 한다. 그렇지 않으면 부득이 제시된 주제를 여러 번 포기해야 한다. 그러면 다른 여러 연관에서 새로운 앞의 주제로 되돌아올 수 있는 자신이 생긴다. 다시 말해 내가 지금 여러분에게 이야기하는 증상의 해석은 여러 성과의 종합으로서, 중간에 다른 작업이 개입되어 이러한 결과를 내기까지는 몇 달이나 걸렸던 것이다.

이 환자가 시계를 모두 침실에서 내놓은 것은 그 장치로 보아서 시계가 여성 성기의 상징이기 때문이라는 것을 점차 깨닫게 되었다. 보통은 시계를 다른 상징으로 해석하고 있지만, 시계가 이처럼 성적인 뜻을 갖는 것은 주기적인 바늘의 진행과 똑같은 시간 간격을 갖고 있다는 것과 관련이 있다. 여성은 자기의 월경이 시계 장치처럼 규칙적으로 오는 것을 자랑으로 생각할 수도 있다. 그런데도 이 환자는 특히 시계의 똑딱거리는 소리 때문에 잠이 방해되는 점에 불안해하고 있었다. 시계의 똑딱똑딱 하는 소리는 성 흥분 때의 음핵의 꿈틀거림에 비유할 수 있다. 그녀는 이 괴로운 감각 때문에 실제로 여러 번 잠에서 깼으며, 이제는 자기의 음핵 발기에 대한 불안이, 움직이고 있는 시계를 밤이면 곁에서 멀리하라는 명령으로 나타났다.

또 화분과 꽃병도 다른 용기와 마찬가지로 여성의 상징이다. 그러므로 화분이나 꽃병이 밤중에 떨어지거나 부서지거나 하면 안 된다고 조심하는 데에는 중대한 의미가 있다. 우리는 약혼 때 용기나 쟁반을 깨는 풍습이 널리 퍼져 있다는 것을 알고 있다. 이 자리에 모인 여러분은 이 관습에 대한 상식들을 갖고 있겠지만, 이 관습을 우리는 일부일처제의 관점에서 신랑은 신부에게 청구권을 내세우지 않겠다는 서약의 상징으로 풀이해도 좋을 것이다. 그녀는 자기가 한 습관 가운데 이 부분에 대한 또 다른 기억을 불러일으켰으며, 그 기억에서 몇 가지 연상을 해냈다. 어릴 때, 그녀는 유리병이나 찻잔을 떨어뜨려서 손가락이 베어 피를 몹시 흘린 적이 있었다. 어른이 되어 성교에 대한 것을 알았을 때, 그녀는 만일 신혼 초야에 출혈하지 않고 처녀의 증거가 없다면 어떻게 하나 하는 불안을 느꼈다.

그러므로 꽃병을 깨지 않도록 하는 그녀의 조심성은 처녀성과 첫 성교 때의 출혈에 관련된 콤플렉스를 모두 제거하는 것을 의미한다. 그것은 출혈한다는 불안과 정반대로 출혈하지 않으면 어떻게 하나 하는 반대의 불안감을 동시에 거부하는 것을 뜻하고 있다. 그리고 이 조심과 그녀가 이러한 의례를 행하는 이유가 소음을 방지하기 위함이었다는 것과는 그다지 깊은 관계는 없었던 것이다.

그녀는 어느 날 자기가 하고 있는 의례의 중심적인 의미를 발견했는데, 그것은 그녀가 쿠션과 베개 받침은 침대의 테두리 널빤지에 닿아서는 안 된다는 명령의 의미를 갑자기 깨달았을 때였다. 그녀는 "쿠션은 나에게는 언제나 여성을 뜻하며 곧게 선 나무로 된 침대 테두리는 남성입니다"라고 말했다. 즉 그녀는 (우리는 마술적 의례에 의해서라는 말을 삽입해도 좋을 것이다) 남성과 여성을 떼어 놓고 싶었던 것이다. 다시 말해 부모를 떼어 놓아서 부부 관계를 하지 못하도록 한 것이다. 그녀는 이와 똑같은 목적을, 잠들기 전의 의례를 하지 않던 어린 시절에는 더 직접적인 행동으로 달성하려고 시도했다. 무섭다는 구실을 만들거나, 실제로 무서운 기분을 구실로 부모의 침실과 자기 침실 사이의 문을 닫지 않도록 했다. 이 명령은 그녀의 현재 습관 속에도 남아 있다. 이렇게 해서 그녀는 부모의 동정을 엿듣는 기회를 만들었는데, 엿들으려다 몇 달이나 계속 불면증에 걸려 버린 적도 있었다. 이와 같이 부부관계를 방해하는 것에만 만족하지 않고, 이번에는 가끔 부모의 침대에서 부모 사이에 재워 달라는 데까지 성공했다. 그 결과 실제로 '쿠션'과 '침대 테두리'는 접촉할 수 없었다. 마침내 그녀는 성장하여, 이제는 부모의 침대에서 편히 잘 수 없게 되었다. 그래서 그녀는 불안이라는 의식적인 가면을 이용해서 어머니와 자는 장소를 바꾸어 아버지 옆에서 자게 되었다. 이 상황은 확실히 여러 가지 공상의 출발점이 되었으며, 잠들기 전 습관 속에서 그 공상의 결과가 나타나고 있다.

쿠션은 여성을 상징하는데, 새털이불을 흔들어서 속의 털을 모두 아래로 모아 불룩하게 만드는 것도 하나의 의미를 갖고 있었던 것이다. 이것은 여성을 임신시킨다는 의미를 갖고 있다. 그런데 그녀는 이 임신의 상징인 불룩해진 이불을 열심히 도로 펴곤 했다. 그것은 부모의 성교 결과, 또 하나의 아이가 태어남으로써 자기의 경쟁자가 나타나지 않을까 하는 공포 때문에 그녀가 몇 해 동안 힘들어했기 때문이다. 한편 큰 쿠션이 여성, 즉 어머니라면, 작은 베개는 딸을 표시한 것이다. 왜 이 작은 베개를 밑받침 쿠션 위에 마름모꼴로 놓고, 다시 자기의 머리를 정확히 이 마름모꼴의 중앙선에 얹지 않으면 안 되는가? 그녀는 어떤 벽에나 흔히 있는 낙서를 보고, 마름모꼴은 여성의 벌린 음부를 의미한다는 것을 쉽게 생각해 냈다. 이 경우 그녀 자신은 남성, 즉 아버지의 역할을 하여 자기의 머리로서 음경을 대용하고 있었던 것이다.

'그런 망측한 생각이 숫처녀의 머릿속에 달라붙다니' 하고 여러분은 말할 것이다. 나도 그것을 인정한다. 그러나 여러분은 내가 이와 같은 생각을 조작한 것이 아니라 단순히 해석했을 뿐임을 잊지 말기 바란다. 이와 같은 잠들기 전 습관은 어디로 보나 기괴하다. 그리고 여러분은 공상과 이 의례의 대응 관계(이 습관은 해석으로 분명해지는 것이지만)를 부인해서는 안 된다. 여기서 여러분은 의례 속에는 단지 하나의 공상이 침전되어 있는 것이 아니라 어느 한 점과 연결된 몇 개의 공상이 침전되어 있다는 데 주목해야 하며, 이는 매우 중요하다. 또 하나 중요한 것은 의례의 명령은 성적 소망을 어떤 때는 적극적으로, 어떤 때는 소극적으로 재현하고, 일부는 성적 소망의 대리가 되며, 일부는 그 성적 소망을 막기 위해 사용되었다는 점이다.

만일 여러분이 환자의 이 의례와 다른 증상을 옳게 결부시킨다면, 이 의례의 분석에서 많은 지식을 얻을 수 있을 것이다. 그러나 이것은 지금 우리의 목적이 아니다. 그러므로 여러분은 이 처녀가 아버지에게 성적인 애착을 품고 있었다는 것과 그 애착이 유아기 초기에 시작되었다는 것으로만 만족해 주기 바란다. 그녀가 어머니에게 그와 같이 무뚝뚝하게 대했다는 것은 이 때문일 것이다. 이 증상의 분석으로 다시 환자의 성생활에 도달했다는 것을 간과할 수 없다. 노이로제 증상의 뜻과 목적을 규명하는 일이 많아지면 많아질수록, 우리는 아마 그것을 이상하게 생각지 않게 될 것이다.

요컨대 나는 두 가지 사례로써 노이로제 증상은 실수행위나 꿈과 마찬가지로 어떤 뜻을 갖고 있다는 것과, 그 증상은 환자의 체험과 밀접한 관계가 있다는 것을 여러분에게 보여준 것이다. 이 두 가지 사례에서 끌어낸 이 중대한 명제를 여러분이 바로 믿을 것이라고 내가 기대해도 좋겠는가? 아니, 기대하지 않는다. 또 여러분은 충분히 이해가 될 때까지 여러 가지 많은 사례들을 이야기해 달라고 나한테 요구할 수 있겠는가? 이것도 할 수 없다. 왜냐하면 내가 개개의 증상 사례에 관한 치료를 상세히 말하게 되면, 노이로제에 관한 이론의 여러 문제점들을 해결하는 데만도 한 주에 다섯 시간씩 1학기분을 강의해야 하기 때문이다. 그러므로 내 주장의 증거로 위의 두 사례를 드는 데에서 그치기로 한다. 그리고 더 상세한 것을 알고 싶은 사람은 다음 문헌을 보라고 권하겠다. 바로 이제는 고전에 속해 버린 브로이어의 첫 증상 사례(히스테리)에 관한 해석, 융에 의한 이른바 조발성 치매의 몽롱한 증상에 대한 훌륭한 해명[4] 및 정신분석 잡지에 발표된 무수한 연구 보고이다. 이런 연구 보고는 그 밖에도 많다. 노이로제 증상의 분석, 해석, 번역은 정신분석가들의 마음을 크게 사로잡아, 노이로제 환자의 다른 문제들은 한때 등한시되었을 정도이다.

여러분들 중 이 같은 노력을 아끼지 않는 사람은, 병증에는 어떤 의미가 담겨져 있다는 것을 입증하는 자료가 풍부함을 보고 틀림없이 강한 인상을 받을 것이다. 그러나 또 어떤 어려움에 부딪치게 될 것이다. 병증의 의미는 우리가 배운 것처럼 환자의 경험과 관계가 있다. 그 증상이 다른 사람에게서 볼 수 없는 개인적 색채를 강하게 띠고 있으면 있을수록, 경험과의 연관성을 만들 수 있는 가능성이 크다. 따라서 현재로는 무의미한 관념이고 목적 없는 행동이지만, 그것이 적당하고 목적에 맞는다고 여겼던 과거의 상황을 찾아 주는 일이

---

4) 이 무렵 융은 단지 정신분석가였다.

바로 우리 연구의 과제가 된다. 테이블로 달려가서 하녀를 부르는 환자의 강박 행위는 이런 종류의 병증의 본보기이다. 그러나 이것과는 전혀 다른 성격의 병증들도 있다. 게다가 이것은 매우 많다. 이런 증상은 이 병의 '전형적'인 증상이라고 불러야 한다. 그리고 이 전형적인 증상들은 모든 경우에 거의 같으며, 개인차가 없거나, 있다고 하더라도 극히 미세하다. 이 때문에 증상을 환자의 개인적인 경험과 연결하거나 개인이 경험한 사건에 관련시키기가 어렵다.

다시 강박 노이로제로 눈을 돌리자. 두 번째 사례의 환자가 한 잠들기 전 의례에는 역사적 해석(우리는 이렇게 불러도 좋다)을 할 수 있을 만큼 개인적인 특징을 가지고 있지만, 한편으로는 전형적인 증상들도 많이 볼 수 있다. 이와 같은 강박 노이로제 환자에게는 반복해서 하는 경향, 동작을 리드미컬하게 하는 경향, 다른 동작에서 고립시키는 경향 등이 있다. 그러한 환자들은 대부분 손을 잘 씻는다. 광장공포에 괴로워하는 환자[5]는 지겨울 정도의 단조로움으로 같은 증상을 되풀이하는 일이 많다. 환자는 밀폐된 공간, 넓은 장소, 긴 외길이나 가로수 길에 겁을 먹는다. 환자는 아는 사람이 함께 가거나 자기 뒤에서 차가 오면 안심하고 갈 수 있다. 이런 기본적인 증상은 모든 환자들에게서 공통적으로 나타나는데, 이 토대 위에 환자마다 개인적인 조건(기분이라고 불러도 좋다)에 따라 약간씩 차이가 난다. 이를테면 어떤 환자는 좁은 길만 무서워하지만, 어떤 환자는 넓은 길만 무서워한다. 또 어떤 환자는 인기척이 드문 길만 걸을 수 있고, 어떤 환자는 복잡한 길밖에 걷지 못한다.

이와 마찬가지로 히스테리도 많은 개인적인 특징들 외에 역사적 유래를 쉽게 더듬을 수 없는 공통된 전형적인 증상이 많이 있다. 그리고 우리가 진단의 방침을 세울 수 있는 것은 이와 같은 전형적인 증상에 의해서임을 잊으면 안 된다.

그런데 히스테리의 한 증상 사례에서 하나의 전형적인 증상을, 하나의 체험이나 또는 비슷한 체험의 연쇄에 결부시켰다고 하자. 이를테면 히스테리성 구토를 그 구토를 일으키게 하는 어떤 인상 탓으로 돌렸다고 하자. 그런데 히스테리성이 아닌 구토의 증상 사례를 분석한 결과, 유인(誘因)으로 작용했다고 생

---

5) 이런 경우 강박 노이로제에 포함하는 대신 불안 히스테리라고 구분한다.

각한 경험과는 전혀 다른 종류의 경험을 발견했을 때 우리는 당황하게 된다. 그러나 곧 이 히스테리 환자는 어떤 뚜렷하지 않은 이유로 구토를 하지 않을 수 없었다는 것과, 분석으로 안 어떤 역사적 유인은 기회 있을 때마다 내부의 필연성에 이용된 구실에 지나지 않았음을 알 수 있다.

이상의 이야기에서 개인적인 노이로제 증상은 환자의 경험과의 관계에서 만족할 만큼 설명할 수 있지만, 정신분석의 기법은 그 증상 사례로 훨씬 자주 나타나는 전형적인 증상들을 설명하는 데는 전혀 소용이 없다는 비관적인 결론에 도달하게 된다. 그리고 이에 덧붙여서 철저하게 증상들의 상황에 따른 해석을 할 때 부딪치게 되는 많은 어려움을 나는 여러분에게 전혀 설명하지 않았으며 또 그럴 생각도 없다. 왜냐하면 나는 여러분에게 적당히 얼버무리거나 감출 생각은 없지만, 총론이라고 할 이 연구의 처음부터 여러분을 당혹시키거나 혼란에 빠뜨리고 싶지 않기 때문이다. 실제로 증상의 의미를 이제 가까스로 알았을 뿐이다. 나는 지금까지 얻은 것을 발판으로 삼아, 아직 알려지지 않은 것을 한 걸음 한 걸음씩 극복하지 않으면 안 된다. 그러므로 전형적인 증상과 개인적인 증상 사이의 근본적인 차이를 결국 인정할 수 없다는 말로 여러분을 달래고 싶다.

개인적인 증상이 분명히 환자 한 사람의 경험과 관계가 있다면, 전형적인 증상은 그 자체가 전형적인 모든 인간들에게 공통되어 있는 어떤 경험의 탓으로 돌릴 수 있을지도 모른다. 노이로제에서 언제나 볼 수 있는 특징, 이를테면 강박 노이로제 환자의 반복과 회의는 병적 변화라는, 성질상 환자가 어쩔 수 없이 보인 일반적인 반응인지도 모른다. 그렇다고 그렇게 빨리 절망할 이유는 없다. 아무튼 이제부터 앞으로 일어날 결과들을 살펴보기로 하자.

우리는 꿈의 이론에서도 지금의 경우와 비슷한 어려움에 직면한 적이 있다. 그에 대해서는 지난해 꿈에 대한 강의 때 말하지 못했다. 드러난 꿈의 내용은 천차만별이며 개인차가 크다. 그리고 우리가 분석으로 드러난 내용에서 얻은 것을 여러분에게 상세히 이야기했다. 그런데 이 밖에 '전형적'이라고 불러도 좋은, 모든 사람에게 똑같은 모습으로 나타나는 꿈이 있다. 이런 꿈의 내용은 언제나 같은 형태를 갖고 있으며, 그 해석에서는 똑같은 어려움이 따른다. 그것은 추락의 꿈, 날고 있는 꿈, 물에 떠 있는 꿈, 헤엄치는 꿈, 억눌려 있는 꿈, 발가벗는 꿈, 그리고 어떤 종류의 악몽이다. 이와 같은 꿈들은 개인에 따라 적절한 해석이 내려지고 있지만, 어째서 이런 꿈들은 천편일률적인지, 또 어째서 전형적으로 나타나는지는 설명되어 있지 않다. 그런데 우리는 이러한 꿈에서도 어떤 공통적인 토대가 개인마다 다른 부가물 때문에 생생해지는 것을 관찰하고 있다. 그리고 이 전형적인 꿈들도 우리의 견해를 넓히기만 한다면 다른 종류의 꿈들에서 얻은 꿈에 대한 지식에, 무리하지 않고 자연스럽게 끼워 맞출 수 있을 것이다.

열여덟 번째 강의
외상(外傷)에의 고착, 무의식

앞에서 나는 우리의 연구를 계속하는 데 있어 의문점으로 제기된 문제가 아닌, 우리가 발견한 결과와 결부시키겠노라고 말한 적이 있다. 앞의 두 가지 전형적인 사례의 분석에서 얻은 가장 흥미로운 두 가지 결론에 대해서 아직 토의해 보지 않았다.

첫째, 두 여자 환자는 마치 그들의 과거 어느 시절에 고착되어 있어서 그곳에서 벗어나는 방법을 찾지 못하고, 현재와 미래가 단절된 것 같은 인상을 준다. 다시 말해 그들은 옛날 사람이 수도원에 은거하여 거기서 불행한 인생의 운명을 참고 견디었던 것처럼 그들의 병 속에 숨어 있는 것이다.

'첫 번째 사례'의 부인 환자의 경우, 현실적으로는 이미 오래전에 단념해 버린 결혼생활에 고착(固着, 집착하여 벗어나지 못함)되어 있었다. 그 부인은 병을 통해서 남편과 계속해서 관계를 맺고 있었다. 우리는 그 증상 속에서 남편을 변호하고 용서하고 존경하며, 남편의 불행을 안타까워하는 마음의 소리를 들었다. 아직 젊은 그 부인은 다른 남자를 끌기에 충분한 매력이 있으면서도, 남편에 대한 정절을 지키기 위해 현실에서나 공상에서나 주의를 게을리 하지 않았다. 부인은 집 안에서 얼굴을 파묻고, 복장도 신경을 쓰지 않는다. 또 그 부인은 자기가 앉아 있는 의자에서 일어나는 일도 드물고, 자기의 이름을 서명하기를 꺼리며, 자기가 가진 것은 무엇이든 남이 가져서는 안 된다는 생각 때문에 누구에게도 선물을 하지 않는다.

'두 번째 사례'의 젊은 처녀 환자의 경우, 그 처녀를 고착시킨 것은 사춘기 이전에 생긴 아버지에 대한 에로틱한 집착이었다. 처녀는 스스로 '나는 이렇게 병들어 있는 한 결혼을 할 수 없다'고 결론지었다. 그러나 우리는 그녀가 결혼을 하지 않고 아버지 곁에 남아 있고 싶어서 그런 병에 걸렸다고 추측할 수 있다.

여기서 우리는 다음과 같은 질문을 하지 않을 수 없다. 무엇 때문에, 어떤 방법으로, 또 어떤 동기로 그처럼 놀랍고 불리한 삶의 태도를 취하게 되는가? 사실 그런 태도는 노이로제의 일반적인 특징이며, 결코 이 두 환자에게만 특별히 있는 특징이 아니다.

그것은 실제로 모든 노이로제에서 발견되는 공통적인 특징이며, 또 매우 중요한 의의를 갖고 있다. 브로이어가 취급한 첫 히스테리 환자도 중병에 걸린 아버지를 간호하던 시기에 이 경우처럼 고착되어 있었다. 그 여자는 병이 나았는데도 그 뒤 어느 정도는 세상과 절연해 버렸다. 그녀는 건강을 되찾고 활동적으로 일할 수 있게 되었지만, 여자로서의 정상적인 운명을 지니고 살아갈 수는 없었다. 우리는 분석을 통해서, 어느 환자나 증상과 그 증상의 결과에 의해 과거의 어느 한 시점에 다시 고착되어 있음을 알았다. 많은 증상 사례에서 환자는 아주 초기의 인생 단계, 즉 소아기나 심지어 유아기 정도까지 고착되어 있었다.

전쟁 때문에 생긴 특별한 병, 이른바 외상성 노이로제는 우리가 지금 다룬 노이로제 환자에게서 발견된 태도와 매우 비슷하다. 물론 외상성 노이로제는 세계대전 전에도 열차 충돌 사고라든가 그 밖에 생명에 관계되는 충격적인 사건 뒤에 발생하는 경우가 있었다. 외상성 노이로제는 우리가 정신분석으로 검토하여 치료하고 있는 자발성(自發性) 노이로제와 근본적으로 다르다. 우리는 외상성 노이로제를 정신분석적으로 설명하는 데 아직 성공하지 못했지만, 우리가 해결하지 못하는 문제점이 어디에 있는가를 나중에 여러분에게 밝힐 수 있게 되리라 믿고 있다. 그러나 어느 한 점에서는 양쪽이 완전히 일치한다고 확신한다. 외상성 노이로제에서는 분명히 외상적 사고가 일어난 순간에 대한 고착이 그 병의 바탕을 이루고 있다. 환자는 의례적으로 꿈속에서 반드시 외상의 상황을 되풀이한다. 정신분석이 가능한 히스테리성 발작의 경우, 이 발작은 그 외상의 상황을 완전히 재현한 것임을 알 수 있다. 환자는 외상의 상황에 아직 뒷처리를 하지 않은 것처럼 보이며, 또 이 외상의 상황은 아직 해결되지 않은 채 긴급한 과제로 남아 있는 것처럼 보인다. 우리는 진지하게 이 견해를 가정하고 있다. 또 그것은 우리가 심리 현상의 '경제적' 관점이라고 부르는 것을 파악하는 방법을 제시해 준다. 그렇다. 외상이라는 용어도 실제로는 이와 같은 경제적인 의미를 가지는 것이다. 아주 짧은 시간에 주어진 자극이 극대화되고 이 자극을 정상적인 방법으로 처리하고 극복할 수 없게 된 결과, 에너지 활동에 장애가 연속되었을 때 이것을 외상(外傷)이라고 부른다.

이러한 유추에 의해서 앞에서 말한 노이로제 환자가 고착된 것처럼 보이는 체험도 외상이라고 규정해도 좋지 않을까 하는 생각이 든다. 이렇게 하면, 노이로제 질환에 대한 병의 단순한 한 가지 조건이 주어질 것이다. 다시 말해서 노이로제는 외상적인 병과 비교될 수 있는 증상으로서, 심한 감정을 수반한 체험을 처리할 수 없기 때문에 발생한 것으로 본다.

실제로 이러한 내용은 브로이어와 내가 1893년부터 1895년에 걸쳐 새로운 관찰을 이론으로 설명한 최초의 공식이었다. '첫 번째 사례'의 환자, 즉 남편과 별거하고 있는 젊은 부인의 증상 사례는 이 견해를 훌륭히 입증한다. 부인은 정상적인 부부생활을 해나갈 수 없었기 때문에, 마침내 이 외상에 고착되어 버렸다. 그런데 '두 번째 사례', 즉 아버지에게 고착한 그 딸의 사례에서는 이 공식으로는 충분히 이해될 수 없다. 이와 같이 어린 딸이 아버지에게 반하는 일은 흔히 있는 일이고 또 쉽게 사라지므로, 외상이라는 이름은 그 내용을 모두 잃어버린다. 한편 환자의 병력을 보면, 이 최초의 성적 고착(性的固着)은 처음에는 겉으로 아무런 징후도 나타나지 않으며, 몇 해 뒤에야 비로소 강박 노이로제 증상으로 재발했음을 알게 된다. 그러므로 우리는 노이로제가 되는 조건은 복잡하며, 여러 종류의 요인이 작용한다고 예측한다. 그러나 외상의 관점을 잘못되었다고 단정해 버릴 수 없을 것 같은 예감도 든다. 외상의 관점은 어떤 다른 견해에는 적용되는 것이며, 또 종속되는 것임이 틀림없다.

여기 다시 한번 우리가 지금까지 해 온 방법을 바꾸기로 한다. 이 방법은 더이상 진행이 불가능하므로 올바른 방법을 발견할 수 있을 때까지 우리는 그밖에 여러 가지 것들을 경험해야 한다. 그리고 과거의 어느 시기에 대한 고착이라는 주제에 대해서, 그런 현상은 노이로제 이외의 세계에도 널리 존재한다는 데 주목해야 한다. 어느 노이로제에서나 이와 같은 고착은 존재하고 있다. 그러나 고착되어 있다고 해서 반드시 노이로제라고는 할 수 없다. 고착과 노이로제는 일치하는 것도 아니며, 어느 고착이나 다 노이로제에서 발생하는 것은 아니다. 과거의 어떤 일에 대한 감정적인 고착의 전형은 비애(悲哀)이다. 비애에 빠지면 현재와 미래에서 완전히 격리된 상태로까지 간다. 그러나 아마추어의 판단으로도 비애와 노이로제는 분명히 구별된다. 한편 노이로제 가운데에는 비애의 병적 형식이라고 할 만한 것도 있다.

인간은 이제까지 살아온 삶의 밑바탕을 뒤흔들어 놓는 외상적인 사건으로 인해 활동을 완전히 정지당한 뒤, 현재와 미래에 대한 관심을 완전히 포기하고 영원히 과거에 얽매이는 경우가 있다. 그러나 반드시 그 때문에 이 불행한 사람들이 노이로제 상태가 되는 것은 아니다. 따라서 비록 이 한 가지 특징이 아무리 결정적이고 의의가 중대하더라도, 우리는 이것을 노이로제의 특성으로서 지나치게 과대평가할 수는 없다.

그러면 이제부터 우리 분석의 제2의 결과를 설명해 보겠다. 이 결과에 대해서 나중에 제한을 둘 필요는 없다. 우리는 '첫 번째 사례'의 부인 환자가 얼마나 무의미한 강박 행위를 되풀이했으며, 은밀한 삶의 기억이 그 강박 행위와 얼마나 밀접한 관계가 있는가를 알아보았다. 다음에 우리는 강박 행위와 기억 사이의 관계를 검토하여, 강박 행위의 의도를 기억과 행위와의 관계에서 찾아냈다. 그런데 우리가 어떤 하나의 요인에 대해서 전혀 주의를 기울이지 않았는데, 이 요인이야말로 모든 주의력을 기울일 가치가 있다. 이 환자는 강박 행위를 되풀이하는 동안에는 그 행위가 이전에 자기가 체험한 것과 관련이 있다는 사실을 깨닫지 못했다. 그녀에게 감추어져 있는 둘 사이의 관련은 그녀가 어떤 충동으로 이런 강박 행위를 하고 있는지 알지 못한다는 고백을 하지 않을 수 없게 만들었다. 그러다가 치료 작용으로 갑자기 그녀는 둘 사이의 관련을 발견하고, 또 보고할 수 있게 되었다. 그러나 환자는 자기가 그 강박 행위를 하고 있는 목적, 즉 과거의 안타까운 사건을 바로잡고 사랑하는 남편을 더 훌륭하게 만들고자 했던 의도에 대해서는 여전히 깨닫지 못했다. 이러한 동기가 바로 강박 행위를 하게 한 원동력이었음을 이해하고 내게 고백하기까지에는 상당한 시일과 대단한 노력이 필요했다.

그 결혼 첫날밤의 실패 뒤에 일어난 일과, 환자가 남편에게 품고 있던 사랑의 동기가 결부되어 만들어진 것이 이른바 강박 행위의 '의미'를 싹트게 했다.

그러나 그녀가 강박 행위를 하고 있는 동안은 이 의미의 두 가지 측면, 즉 '유래'와 '목적'을 그녀는 깨닫지 못했다. 따라서 그녀의 마음속에는 어떤 정신적 과정이 작용하게 되었고, 강박 행위는 그 정신적 과정의 산물이었다. 그녀는 정상적인 심리 상태에서는 이 결과를 인정했지만, 그 전제 조건인 정신적 과정에 대해서는 조금도 의식하고 있지 않았다. 베른하임(H. Bernheim)이 어떤 사람에게 최면을 걸었다가, 깨고 나서 5분 뒤에 우산을 펴라는 명령을 내렸다. 그 사람은 눈을 뜬 다음 그대로 명령을 실행하긴 했지만, 자기가 그런 행동을 한 동기에 대해서는 말하지 못했다. 그녀의 행동은 이 경우와 같은 종류이다. 우리가 '무의식적인 마음의 과정'이 존재한다고 말할 때는 바로 이와 같은 상태를 가리키는 것이다. 아마 이 상태에 대해서 더 정확하게 과학적으로 설명할 수는 없을 것이다. 만일 더 훌륭한 설명이 있다면, 그때 우리는 기꺼이 무의식적인 마음의 과정이 있다는 가설을 철회하겠다. 그러나 그전까지는 이 가설을 고수하고 있을 것이다. 그리고 과학적인 의미로는 무의식이 실재하지 않는다든가, 단순한 임시방편적인 것에 지나지 않는다든가, 그럴듯하게 둘러대는 것이라든가 하고 이의를 내세우는 사람이 있다면, 우리는 어깨를 으쓱하며 납득이 가지 않는다는 태도로 그런 주장을 배척하지 않으면 안 된다. 실존하지 않는 것에서 어떻게 현실적으로 분명히 존재하는 강박 행위와 같은 결과가 나타나겠는가!

'두 번째 사례'의 처녀 환자에 있어서도 우리는 근본적으로 같은 상황에 직면한다. 그 처녀는 쿠션이 침대의 테두리 널빤지에 닿아서는 안 된다는 규정을 세워놓고 이 규정을 지켰다. 그러나 그 처녀는 이 규정이 어디에서 유래했으며 무엇을 의미하는지, 또 어디서 그것을 수행시키는 힘이 생겨나는지를 알지 못한다. 처녀 자신이 이 규정에 대해 아무런 신경도 쓰지 않는다든가, 아니면 그것을 거부하고 있다든가, 그렇지 않으면 그것을 맹렬히 배척하고 파괴하려고 결심하고 있다든가 하는 것 등은 그것을 실행하는 것과 전혀 관계가 없다. 이 규정을 지키지 않고는 견딜 수 없다고 해서 그 처녀 스스로에게 그 이유를 반문해 보는 일도 소용없다.

그럼에도 강박 노이로제의 이 증상, 즉 관념과 충동은 어디에선지 돌연히 솟아나서 정상적인 정신생활의 모든 영향력을 완강히 거역하고, 또 미지 세계에서 온 막강한 권력자나 죽을 수밖에 없는 자들의 무리 속에 섞인 살아 있는 자와 같은 인상으로 환자에게 다가오며, 다른 것에서 격리된 정신생활의 특수 지역이 있다는 것을 뚜렷이 입증하고 있음을 사람들은 솔직하게 인정하지 않으면 안 된다. 이러한 관념과 충동은 마음속에 무의식이 존재한다는 확신을 갖게 하는 근거가 된다. 그리고 바로 이 때문에 의식심리학(意識心理學)밖에 모르는 임상 정신의학에서는 이와 같은 병에 특수한 변질양식의 징표라는 진단밖에 내리지 못한다. 강박 관념이나 강박 충동은 그 자체가 무의식이 아님은 물론이다. 하물며 강박 행위가 의식적인 지각없이 수행될 리가 없다. 만일 강박 관념이나 강박 충동에 의식이 개재하지 않았다면 그것들은 증상이 되지 않았을 것이다. 그러나 우리가 정신분석으로 추론한 그런 심리적 전제 조건이나, 우리가 해석으로 그것들을 적용하는 여러 연관성들은 분석 작업으로 그것을 환자에게 의식시키기까지는 적어도 무의식인 것이다.

그런데 위의 두 가지 사례에서 나타난 사실들이 모든 노이로제의 각 증상에서 입증될 수 있으며, 언제 어디서나 이 증상들의 의미는 환자에게는 알려져 있지 않다는 것, 그리고 이 증상들은 무의식적인 과정에서 오지만, 이 무의식적 과정은 갖가지 편리한 조건에서는 의식화될 수 있다는 것 등을 정신분석으로 배울 수 있다고 한다면, 무의식적인 정신 요소 없이 정신분석은 아무것도 해결할 수 없으며, 무의식을 감각으로 파악할 수 있는 것과 같이 그것을 다루는 데 익숙해야 한다는 사실을 여러분은 알게 될 것이다. 그러나 무의식을 단지 개념으로 생각하는 사람, 분석을 해본 적도 없고 꿈을 해석한다든가 노이로제 증상을 의미나 목적으로 풀이한 적이 한 번도 없는 사람은 모두 이 문제를 비판할 자격이 없다는 것을 여러분도 이해할 수 있을 것이다.

우리의 목적을 위해서 다시 한번 말하겠다. 분석적 해석으로 노이로제 증상에 어떤 의미를 부여할 수 있다는 것은, 바로 무의식적인 마음의 과정이 존재한다는 것(여러분이 다음과 같이 말하고 싶다면, 무의식적인 마음의 과정의 존재를 필연적으로 가정하지 않을 수 없다는 것)이다. 이것은 반발의 여지가 없는 훌륭한 증거이다.

그러나 이것이 전부는 아니다. 브로이어의 제2발견(나는 이 발견이 제1의 발견보다 오히려 내용이 충실하다고 여기는데, 그가 이 발견의 유일한 공로자이다) 덕분에 무의식과 노이로제 증상과의 관계에 대해 우리는 더 많은 것을 배웠다. 증상의 의미는 언제나 무의식이라는 것을 알았을 뿐만 아니라 이 무의식성과 증상의 존재 가능성 사이에는 대리 관계도 있다. 여러분은 내가 한 말을 곧 이해하게 될 것이다. 나와 브로이어는 이렇게 주장하려고 한다. 우리가 어떤 증상에 직면했을 때마다 그 환자의 마음속에는 특정한 무의식적 과정이 존재하며, 바로 이 과정이야말로 이 증상의 의미를 내포하고 있다고 추측할 수 있다. 반면 증상이 나타나기 전까지는 이 의미가 무의식적이어야 한다. 의식적 과정에서는 증상이 나타나지 않았다. 그 무의식적인 과정이 의식적이 되면 곧바로 그 증상은 사라져 버린다.

여러분은 여기에서 치료에 대한 실마리, 즉 증상을 소멸시키는 방법을 곧 깨달을 것이다. 브로이어는 이러한 방법으로 히스테리 환자를 치료했다. 히스테리 환자에게서 그 증상을 제거해 준 것이다. 브로이어는 증상의 의미가 존재하고 있는 무의식적 과정을 환자에게 의식시키는 방법을 발견했다. 그 결과 증상이 사라져 버린 것이다.

브로이어의 이 발견은 생각의 결과가 아니라 환자의 협조로 관찰이 성공한 행운의 결과였다. 이 새로운 사실을 여러분은 이미 알고 있는 다른 일에 적용시켜 이해하려고 성급히 달려들어서는 안 된다. 먼저 여러분은 이 새로운 사실 속에 있는 하나의 새로운 기초적인 사실을 이해해야 한다. 그리고 이 기초적인 사실을 통해 다른 많은 일들을 분명히 이해하게 될 것이다. 그러므로 나는 이것을 말을 바꾸어 되풀이하도록 하겠다.

증상은 밖으로 드러나지 않는 숨어 있는 어떤 요인들에 의해 형성된다. 어떤 마음의 과정은 정상적인 상태에서 의식이 이 마음의 과정의 존재를 알고 있을수록 강하게 발달한다. 그런데 실제로는 그렇게 되지 않는다. 그 대신 어떤 방법으로든지 방해되고 저지되어 무의식에 머물러 있지 않으면 안 되었던 마음의 과정으로부터 증상이 생겨나게 되는 것이다. 따라서 교환이라는 것이 일어났다. 만일 이 과정을 거꾸로 거슬러 올라가는 데 성공한다면, 노이로제 증상의 치료는 그 성과를 이룬 것이다.

브로이어의 발견은 지금까지도 여전히 정신분석 요법의 기초가 되고 있다. 증상의 무의식적 전제 조건이 의식화하면 증상이 사라진다는 명제는, 실제 실험에서는 상당히 엉뚱하고 뜻밖의 놀라운 복잡성을 수반하게 되지만, 그 뒤의 광범한 연구로 실증되었다. 정신분석 요법은 무의식적인 것을 의식적인 것으로 바꿈으로써 그 효과를 나타내며, 이 변환을 해낼 수 있을 때에만 이 치료법이 성공적으로 수행된다.

이 치료 작업이 너무 소홀히 다루어질 위험을 방지하기 위해서 본 주제에서 약간 벗어나 생각해 보기로 한다. 내가 지금까지 상세하게 설명한 바에 의하면, 노이로제란 어떤 종류의 무지(無知), 즉 사람이 마땅히 알아야 할 마음의 과정을 모르는 데서 일어나는 결과였다. 이 사고 방식은 유명한 소크라테스의, 악덕도 무지의 결과라는 주장과도 일치한다.

그런데 분석의 경험이 많은 의사는 개개인의 환자에게 있어 어떤 마음의 움직임이 무의식적으로 남아 있는가를 매우 쉽게 추측할 수 있다. 그러므로 환자가 알고 있는 것을 말하게 하여 환자 자신을 무지에서 구제해 줄 수 있으며, 적어도 이 방법으로 무의식적 의미의 한 부분을 쉽게 해결할 수 있다. 그러나 다른 부분들, 즉 증상과 환자의 과거 체험이 어떻게 관련이 있는가에 대해서는 실제로 의사가 많은 것을 알아내기는 힘들다. 의사는 환자의 과거 체험들을 모르기 때문이다. 의사는 환자가 자기 체험을 기억해 내고 이야기할 때까지 기다리고 있어야 한다. 그러나 많은 경우, 그 체험 대신 체험에 대한 대리물을 발견할 수는 있다. 의사는 환자의 가족에게 환자의 체험을 물어볼 수 있다. 흔히 집안사람들은 종종 환자의 체험들 가운데 외상적인 성격을 띤 사건을 찾아낼 수 있으며, 또 매우 어릴 때 일어났기 때문에 환자가 모르는 체험들까지도 이야기할 수 있다. 따라서 이 두 가지 방법을 종합하면, 환자의 병인이 된 무지를 보다 쉽게 제거할 수 있을 것이다.

그렇다. 그렇게 순조롭게 나아가면 이야기는 간단하다. 그런데 우리는 처음에는 생각지도 않았던 발견을 하게 되었다. 지식은 모두 같은 듯해도 언제나 같은 것은 아니다. 지식에도 여러 종류가 있다. 지식이라고 해도 심리학적으로는 결코 가치가 똑같은 것이 아니다. "같은 듯해도 여러 가지로 다르다"고 한 몰리에르의 말처럼, 의사의 지식은 환자의 지식과 같지 않으며, 같은 효과를 발휘할 수도 없다. 그러므로 의사가 자기의 지식을 환자에게 전달하는 것이 어떤 효과를 반드시 가져오는 것은 아니다. 아니, 이렇게 말하는 것은 옳지 않을지도 모른다. 그것은 증상을 제거하는 작용은 갖고 있지 않지만 다른 작용, 이를테면 분석을 진행시키는 작용을 갖고 있다. 항변의 소리는 그것을 입증하는 첫 징후이다. 그때 환자는 자기가 지금까지 의식하고 있지 않았던 것, 바로 자기 증상의 의미를 알게 된다. 그러나 그는 자기 증상이 갖는 의미를 전과 같은 정도로밖에 알지 못한다. 이렇게 하여 우리는 무지의 종류도 몇 가지 있다는 사실을 발견하게 된다. 이러한 차이가 어디에 있는가를 알아보기 위해서는 심리학적 지식을 보다 깊이 쌓아야 한다. 그러나 '증상의 의미를 앎과 동시에 증상은 없어진다'라는 명제는 변함이 없다. 다만 이 지식은 환자의 내적 변화에 기초를 두어야 한다는 것이 필수조건이며, 이 내적인 변화는 일정한 목적을 가진 정신적 작업에 의해서만 일어나는 것이다. 여기서 우리는 증상 형성의 '역학(力學)'이라는 개념으로 총괄되는 여러 가지 문제들에 봉착하게 된다.

내가 지금까지 너무 모호하고, 또 너무 복잡하게 이야기하지 않았는지 여러분에게 물어보고 싶다. 내가 앞에서 한 말을 여러 번 취소하고, 제한하고, 사고의 흐름을 끼워 맞추기도 하고, 도중에서 잘라 버리기도 하는 등, 여러분의 머리를 어지럽게 하지는 않았는지 모르겠다. 만일 어지럽게 했다면 참으로 미안한 일이다. 그러나 나는 절대로 진리를 희생하면서까지 이 일을 단순화시키고 싶지 않다. 설령 여러분이 각 방면으로 대상이 서로 얽혀 있다는 인상을 받았더라도 나로서는 어쩔 수 없는 일이다. 그리고 여러분이 바로 소화할 수 없을 정도로 내가 모든 점에 대해 너무 많은 이야기를 했다 하더라도, 별로 해가 되지는 않을 줄 안다. 나는 강의를 듣는 여러분과 독자 여러분이 내가 한 이야기를 머릿속에서 정리하고, 생략하고, 간략하게 만들어서 기억해 두고 싶은 것만 발췌한다는 것을 알고 있다. 사실 많은 것을 이야기해 두면, 결국 많은 수확이 있다는 것은 어느 정도 인정해야 한다.

여러 가지 부수적인 것들을 빼놓고, 내 이야기 속의 본질적인 것, 즉 증상의 의의, 무의식 및 양자와의 관계를 확실히 파악해 두기 바란다. 여러분도 알다시피 우리의 노력은 다음 두 가지 방향으로 돌려지게 될 것이다. 첫째, 인간은 어떤 경과로 병에 걸리는가, 다시 말해 어째서 노이로제라는 생활 태도를 취하게 되는가 하는 임상의 문제이다. 둘째, 병적인 증상이 노이로제라는 조건들에서 어떻게 발전하는가? 이것은 심리역학의 문제에 해당된다. 이 두 문제는 어디에선가 서로 연결되는 부분이 있을 것으로 생각한다.

오늘은 더 이상 이야기를 진행시키지 않을 생각이지만, 아직 강의할 시간이 남아 있으므로 나는 그 두 가지 증상 사례의 분석에 관한 다른 특징(나중에 다시 이 특징에 대한 완전한 평가를 논할 생각이지만)인 기억의 결손, 즉 건망증으로 여러분의 주의를 돌리고 싶다. 앞서 말한 대로 정신분석 요법의 과제는 모든 병인인 무의식을 의식으로 바꾸는 일이라는 공식으로 요약될 수 있다. 그런데 이 공식이 다른 공식으로 대치될 수 있다는 것을 여러분이 안다면 아마 놀랄 것이다. 그 다른 공식이란, 환자의 기억 결함을 메움으로써 그의 건망증을 치료한다는 것이다. 그러나 결과는 마찬가지이다. 다시 말해 노이로제 증상의 발생에 중요한 관계를 갖고 있는 것은 사실 노이로제 환자의 건망증이다. 그러나 여러분이 그 '첫 번째 사례'의 증상 분석을 고찰한다면, 건망증을 이렇게 평가하는 것은 옳지 않음을 발견할 수 있을 것이다. 그 부인 환자는 자기의 강박 행위와 관련된 장면을 잊어버리지 않고 하나도 빠짐없이 생생하게 기억하고 있었다. 그리고 이 증상의 발생에는 잊어버린 그 밖의 다른 것들은 관련이 없다. '두 번째 사례', 즉 강박 의례를 행한 처녀의 경우는 '첫 번째 사례'에 비하면 덜 명확하지만, 대개 상황은 비슷하다. 그녀 또한 어렸을 때 한 행위, 즉 부모와 자기 침실 사이의 문을 열어 놓기를 고집했던 사실과 자기가 어머니를 더블베드에서 쫓아낸 사실을 결코 잊어버리지 않고 있었다. 주저하면서 내키지 않는 마음으로 한 것이기는 했지만, 처녀는 이 사실을 매우 뚜렷하게 회상했다.

여기에서 주목할 만한 것은 '첫 번째'의 부인 환자이다. 부인은 그 강박 행위를 수없이 되풀이하고 있었으면서도, 단 한 번도 그 강박 행위가 신혼 초야 이후의 체험과 비슷하다는 것을 기억해 내지 못했고, 또 강박 행위의 동기를 연구하기 위해서 부인에게 직접 질문했을 때조차 이 기억은 한 번도 떠오르지 않았다. 의례뿐만 아니라 그 의례를 하는 유인까지 밤마다 똑같이 되풀이하는 두 번째 사례의 처녀에게도 같은 일이 적용된다. 두 사람의 경우 본래 뜻의 건망증, 즉 기억의 소멸은 없었지만, 기억의 재생이나 기억의 회상을 이끌어 낼 만한 연결이 끊어져 있다.

강박 노이로제의 경우는 이런 종류의 기억장애만으로 충분한 이유가 되지만, 히스테리의 경우에는 그렇지가 못하다. 히스테리라는 노이로제는 보통 광범위한 건망증이라는 특징을 가진다. 히스테리의 개개의 증상을 분석하다 보면 반드시 과거의 인상과 연결된다. 그리고 그러한 인상이 되돌아왔을 때까지는 그 인상은 까맣게 잊어버렸던 것이라고 해도 무방하다. 이 잊어버렸던 일련의 인상들은 한편으로는 유아기까지 거슬러 올라가므로, 히스테리성 건망증은 정신생활의 초기 단계를 우리 정상인에게 숨기고 있는 유아형(幼兒刑) 건망증의 직접적인 계속이라고 생각할 수 있다.

또 한편, 환자는 극히 최근의 경험마저 잊어버릴 수 있고, 특히 병을 갑자기 일으키거나 악화시키는 유인(誘因)의 건망증에 의해 완전히는 아니더라도 일부가 소멸한다는 것을 알면 우리는 놀라게 된다. 이와 같이 새로운 기억의 전체 구조에서 중요한 세부 구조가 소멸되어 있다든가, 잘못된 기억으로 대치되는 일은 아주 흔하다. 또는 분석이 다 끝나기 직전, 오랫동안 억제되고 뚜렷한 공백으로 남아 있던 연관된 생생한 체험이 어느 정도 기억이 나는 것도 흔한 일이다.

이미 말한 것처럼 회상 능력이 이렇게 침해된다는 것은 히스테리의 한 특징이다. 히스테리의 경우, 아무런 흔적도 남기지 않은 기억의 상태가 증상(히스테리 발작)으로 나타난다. 여러분은 이것과는 다른 강박 노이로제의 경우, 이러한 건망증은 히스테리성 변화의 심리적 특징일 뿐 노이로제의 일반적 특징은 아니라고 결론지을 수도 있다. 그러나 이 차이점도 다음과 같은 것을 생각하면 의의가 줄어들 것이다.

우리는 하나의 증상의 '의미'를 두 가지로 총괄하여 생각해 보았다. 이 두 가지란 증상의 원천(어디서)과 증상의 목적(어디로) 또는 이유(무엇 때문에)이다. 다시 말하면 첫째는 증상을 발생시킨 인상과 체험, 둘째는 증상이 목표하고 있는 목적이다. 증상의 원천이란 결국 외계에서 와서 반드시 한 번은 인상에 심어지고, 그런 다음 망각으로 무의식이 된 인상을 말한다. 그런데 증상의 목적, 증상의 의도 쪽은 처음에는 의식되었는지 모르지만, 보통 한 번도 의식화되지 않은 것과 같은 과정, 즉 발단에서 무의식에 머물러 있는 마음속의 과정이다. 그러므로 히스테리의 경우와 마찬가지로 건망증의 유래, 다시 말해 증상을 지탱하고 있는 체험까지 침범했는지 어떤지는 그다지 중요하지 않다. 증상의 목적, 즉 처음부터 무의식적이었는지도 모르는 증상의 의도야말로 증상이 무의식적인 것에 좌우되어 있다는 근거가 되는 것이다. 더욱이 강박 노이로제의 증상은 히스테리의 경우만큼 무의식에 단단히 얽매여 있다.

그러나 정신적 생활에서의 무의식을 너무 강조한 나머지 정신분석에 대한 비판이라는 악령을 우리가 일깨워 놓고 말았다. 여러분은 이 말에 당황해서는 안 된다. 또 정신분석에 대한 항변의 원인은 단지 무의식을 손으로 붙잡기가 어렵다든가, 또는 무의식을 입증할 경험에 접근하기가 비교적 어렵다는 점에 있을 뿐이라고 생각해서는 안 된다. 항변의 소리는 더 깊은 데서 온다고 생각한다. 인간은 그 역사의 과정에서 과학으로 그 소박한 자만심이 커다란 모욕을 당한 적이 두 번 있었다. 최초의 모욕은 지구는 우주의 중심이 아니라 그 크기를 상상할 수 없을 만큼 큰 우주계의 아주 작은 한 조각이라는 것을 인류가 알았을 때였다. 이미 알렉산드리아 학파[1]가 이와 같은 말을 했다고는 해도, 이런 주장을 들으면 우리는 먼저 코페르니쿠스의 이름을 떠올린다.

두 번째 모욕은 생물학의 연구로 인간은 동물계에서 진화한 것이며, 그 동물적인 본성은 뿌리 뽑기 어렵다는 것을 지적받았을 때였다. 이로 인해 인간이 자칭하는 창조의 특권이 무효화되었던 것이다. 이 가치의 전도는 현대에 와서는 다윈과 월리스[2] 혹은 그 선구자에 의해 행해진 것으로, 그들은 동시대인들의 격렬한 저항을 받으면서 자신들의 이론을 세워 나갔다.

그러나 인간의 과대망상은 현대의 심리학적 연구에 의해 세 번째의 가장 심한 모욕을 받게 될 것이다. 다시 말해 이 심리학적 연구는 자아(自我)가 자기 집의 주인은 결코 될 수 없으며, 자기의 정신생활 중에서 무의식적으로 일어나고 있는 일에 대해서도 극히 적은 정보밖에 제공받지 못한다는 것을 증명해 보이려 하는 것이다. 인간의 반성을 촉구하는 이 경고를 정신분석자들이 가장 먼저, 또 유일하게 제기한 것은 아니지만, 이 경고를 가장 강력히 주장하고 모두의 가슴에 감동을 줄 경험 자료로 이를 증명하는 것은 우리에게 주어진 사명인 것처럼 여겨진다. 이것이 우리의 학문에 대해서 온 세상이 다 반대하는 원인이고, 학문적이고 품위 있는 자세를 완전히 포기해버리는 원인이며, 항변으로 이 공평한 논리를 모두 무시해 버리는 원인인 것이다. 이 밖에도 우리는 다른 방법으로 이 세계의 평화를 더욱 교란할 수 있는데, 이에 대해서는 곧 여러분들에게 말해 줄 것이다.

---

1) 기원전 4세기부터 기원후 4세기까지 이집트의 알렉산드리아에서 일어난 학문.
2) Alfred R. Wallace 1823~1913. 영국의 박물학자로 동물분포에 대해 '월리스 선'을 세웠다.

열아홉 번째 강의
저항과 억압

노이로제에 대한 이해를 좀 더 깊게 하기 위해, 이제 우리는 새로운 경험을 필요로 하게 되었다. 그리고 이 경험은 두 가지가 있다. 이 두 가지는 모두 특이한 경험으로 매우 주목할 만한 것이지만 한편 초심자에게는 좀 어리둥절할 것이다. 그러나 지난해의 강의를 들은 여러분은 이 두 가지 경험에 대한 마음의 준비가 이미 되어 있을 줄 안다.

첫째, 우리가 환자의 병을 고쳐서 그 괴로운 증상에서 해방시켜 주려고 하면, 환자는 치료의 모든 과정을 통해 의사에게 강하고 집요한 저항을 보인다. 이 현상은 매우 기괴해 보이므로 환자의 가족들에게는 사실대로 말하지 않는 편이 좋다. 왜냐하면 가족들은 우리의 치료법이 날짜가 지연되었다든가 실패했다든가에 대한 변명으로밖에 생각하지 않기 때문이다. 환자 자신도 그것이 저항인 줄 모르는 채 모든 저항 현상을 만들어 낸다. 우리가 환자에게 그것이 저항이라고 깨우쳐주고 그것을 미리 상상할 수 있게 해 줄 수 있다면, 그것만으로도 대성공이다.

환자는 자기의 증상을 괴로워하고, 주위 사람들에게도 괴로움을 주며, 그 괴로움에서 벗어나기 위해서 많은 시간, 돈, 노력, 자기 극복이라는 엄청난 희생도 감수하려 하면서도, 한편으로는 나으려는 생각이 없다는 듯이 구제자에게 반항한다. 이것은 터무니없는 말처럼 들리지만 사실이다. 만일 여러분이 이것은 절대 사실일 수 없다고 우리를 비난한다면, 우리로서는 이와 같이 대답하기만 하면 된다. "참을 수 없는 치통 때문에 치과 의사를 찾아간 사람이 의사가 충치에 핀셋을 갖다 대려고 하면 으레 의사의 손을 밀쳐 버리는 법이다"라고.

환자의 저항은 각양각색이며, 매우 미묘해서 종종 파악하기 어려우며 그 모습도 여러 가지로 변형된다. 의사는 끊임없이 이에 대해 의혹을 품고 속지 않도록 조심해서 다가가지 않으면 안 된다.

우리는 정신분석 요법에서도 이미 꿈의 해석에서 말한 바 있는 그 기법을 응용한다. 우리는 환자에게 꼼꼼히 생각하고, 반성하는 대신 조용히 자기 관찰을 하도록 해 그때 내부지각(內部知覺)에 저촉해 오는 모든 것, 다시 말해 마음에 떠오르는 모든 감정, 생각, 회상 등을 그대로 이야기하게 한다. 그때 우리는 환자에게 간곡하게 주의시켜 둔다. 그것을 입 밖에 내기에 너무나 '불쾌하다', 너무나 '점잖지 못하다', 별로 '중요하지 않다', 그러니 여기서는 적합하지 않다든가, '어리석은 일'이어서 말할 필요가 없다는 등의 이유로 떠오르는 연상(聯想)을 가리거나 없애려는 어떠한 동기에 굴복해서는 안 된다고. 환자는 언제나 자기의식의 표면에 떠오르는 것들에 유의하되, 떠오른 연상에 대해서는 어떤 이의도 말해서는 안 된다는 엄명을 내린다. 치료의 성패 여부, 특히 치료 기간의 길고 짧음은 환자가 이 근본 규칙을 양심적으로 얼마나 지켜주느냐에 달려 있다고 말해 둔다. 우리는 꿈의 해석에 관한 기법에서 수많은 의혹과 반항을 수반하는 연상이야말로 항상 무의식을 발견시켜 주는 자료를 내포하고 있다는 점을 알고 있기 때문이다.

이 기법상의 근본 규칙을 세움으로써, 그 근본 규칙이 우선적으로 저항의 공격점이 된다. 환자는 이 규칙에서 달아나려고 모든 수단을 다 쓴다. 어떤 때는 아무 연상도 떠오르지 않는다고 주장하고, 어떤 때는 너무 많은 생각이 밀어닥쳐 무엇이 무엇인지 모르겠다고 말한다. 그러면 우리는 환자가 어떤 때는 이것, 또 저것의 비판적 항의에 굴복해 버린 것을 알고 화가 나서 불쾌감을 느낀다. 환자는 입을 열기 전의 긴 침묵으로써 굴복해 버렸다는 자기의 심중을 우리에게 보여 준다. 그런 다음 실제로 "그런 것은 말할 수 없습니다. 입 밖에 내기가 부끄럽습니다"라는 고백을 한다. 그리고 처음에 한 약속을 깨고 부끄럽다는 동기를 순순히 인정한다. 혹은 자기에게 어떤 연상이 떠오르기는 했지만 이 연상은 남의 일에 관련된 것이지 자기 일이 아니므로 보고할 필요가 없다고 생각한다. 또는 방금 떠오른 연상은 실제 별로 중요하지 않고 너무 하찮은 것이며 너무나 어이없어서 아마 선생님은 이런 관념에 개입하지 않으리라고 생각했다고 말한다. 이처럼 횡설수설하지만, 여기에서 의사는, 모든 것을 말한다는 것은 문자 그대로 모든 것에 대해 숨기지 않고 전부 말한다는 뜻임을 잘 설명해 주지 않으면 안 된다.

우리가 만나는 환자 중에, 치료의 손이 미치지 않도록 하기 위해 자기만 아는 어떤 영역을 숨겨 두려 하지 않은 환자는 하나도 없었다. 어느 모로 봐도 최고의 지식 계급이라고 생각되는 한 환자가 몇 주일 동안이나 어떤 은밀한 연애 관계에 대해서 입을 다물고 있었다. 내가 신성한 규칙을 어긴 데 대해 항의했더니, 자기는 그 이야기를 자기의 사사로운 일로 여겼기 때문에 잠자코 있었다고 변명했다. 분석 요법에서는 마땅히 이와 같은 비호권을 인정할 수 없다. 빈 같은 도시 사람들은 호엘 마르크트 광장이나 성 스테판 교회 같은 장소에서 범인 체포를 허용하지 않는다는 예외를 인정하려 하고 있다. 그러므로 범인을 체포하기가 힘이 들 것이다. 범인이 이 성역의 장소에 숨어 있을 것이 뻔하기 때문이다. 전에 나는 일하는 능력을 객관적으로 높이 평가받고 있는 어떤 사람에게 이러한 예외권을 허용해 주려고 결심한 적이 있었다. 왜냐하면 그는 제삼자와 일정한 사항에 대해서 비밀을 꼭 지키겠다는 복무선서를 하고 있었기 때문이다. 물론 환자는 치료의 효과에 만족하고 있었지만, 나는 만족할 수 없었다. 그래서 앞으로는 이와 같은 조건 아래서는 결코 분석을 하지 않겠다고 마음속으로 결심했다.

강박 노이로제 환자는 이러한 기법상의 규칙에 대해 지나친 양심과 의혹을 불러일으킴으로써 교묘히 이 기법의 규칙을 쓸모없는 것으로 만드는 요령을 알고 있다. 불안성 히스테리 환자는 의사가 찾고 있는 것과는 전혀 동떨어지고 분석에도 도무지 소용없는 연상만을 제시함으로써, 이 원칙을 불합리한 것같이 만들어 버리는 경우도 종종 있다.

그러나 여기서는 치료 기법상의 어려움을 처리하는 문제에 대해 여러분과 토론할 생각은 없다. 결국 결단과 인내로 저항을 파괴하고 근본 규칙에 어느 정도 따르게 하는 것은 가능하며, 그렇게 되면 저항은 다른 형태로 변형된다. 다시 말해 저항은 지적인 저항이 되어 나타나고, 증명을 가지고 도전하는 형태를 취하며, 정상적이기는 해도 아직 강의를 듣지 않은 사람이 정신분석을 비판하는 데 사용하는, 어렵다든가 사실 같지 않다든가 하는 말로 비꼬아 댄다. 그때야말로 과학 문헌 속에서 합창이라도 하듯이 우리에게 갖가지 비판과 항의가 퍼부어진다. 밖에서 우리에게 외치는 비평 따위는 별로 새삼스러운 것이 아니다. 실제로 그것은 '컵 속의 폭풍' 같은 것이다. 환자는 혼잣말을 계속하지만, 시간이 흐르면서 기꺼이 우리의 강의, 설명, 반박을 듣게 되고, 또 문헌을 통해 지식을 얻고 싶어 한다. 또 분석이 개인적으로 자기를 괴롭히지 않는다는 조건 아래에서라면, 환자는 기꺼이 정신분석의 지지자가 된다. 그러나 우리는 이 지식욕 역시 저항이라고 생각한다. 이와 같은 지식욕은 우리의 특수한 사명에서 빗나가 있다. 그래서 우리는 그것을 배격한다.

강박 노이로제 환자의 경우에는 어떤 특수한 저항 술책을 사용하리라고 예측하고 있어야 한다. 흔히 환자는 분석을 방해하지 않고 그것을 진행시킨다. 그래서 그 증상 사례의 수수께끼는 분석으로 점차 밝혀지지만, 결국에는 어째서 실생활에서는 그에 대응한 효과가 나타나지 않는가. 다시 말해 증상이 왜 나아지지 않는가를 우리는 이상하게 생각한다. 그 경우 저항은 강박 노이로제 고유의 의혹 속에 숨어 버리며, 그런 태도로 우리에게 효과적인 반항을 한다. 이에 따라 환자는 대개 다음과 같은 말을 하려 하는 것이다.

과연 모두 지당하고 재미있다. 나도 기꺼이 연상을 더 계속해 나가겠다. 만일 그것이 사실이라면, 내 병은 훨씬 좋아질지도 모른다. 그러나 아무리 생각해도 사실같이 여겨지지 않는다. 그리고 내가 사실로 받아들이지 않는 한, 나와는 아무 관계가 없다.

오랫동안에 걸쳐 얻은 것이 겨우 이런 냉담한 태도였으므로, 이제는 바야흐로 환자와 의사 사이에 결전이 벌어지게 된다. 지적 저항이 반드시 가장 다루기 어려운 저항은 아니다. 의사는 언제나 지적 저항에 이길 수 있지만, 환자는 분석요법을 받는 동안에 저항하는 방법을 알고 있다. 그리고 가장 어려운 기법상의 과제 가운데 하나가 이 저항을 극복하는 것이다.

환자는 연상하는 대신 이른바 감정의 '전이(轉移 또는 轉位)'에 의해서, 의사의 치료에 저항하는 데 사용하는 태도와 감정을 실생활 속에서 되풀이한다. 환자가 남성이라면 그는 틀림없이 이 자료를 자기와 아버지와의 관계에서 빌려 오고, 의사를 아버지의 지위에 놓는다. 그리고 인격의 독립과 판단의 독립을 얻고자 하는 노력과, 아버지와 동등해지고 싶다거나 아버지를 압도하고자 하는 어린 시절의 야심, 인생에서 두 번씩이나 감사해야 할 무거운 짐을 져야 하는 데 대한 불만으로부터 환자는 저항을 만들어 낸다. 이러한 환자의 마음속에는 병을 고치고자 하는 의도가 의사에게 잘못을 저지르게 하고, 의사가 과오를 인정하며 무력감을 느끼게 하여 의사에 대해 승리감을 맛보려는 의도로 완전히 바꾸어 버린 듯한 인상을 주기도 한다.

여성은 저항을 하기 위해서 의사에 대한, 상냥하고 에로틱한 색채를 띤 전이법을 천재적으로 터득하고 있다. 의사에 대한 이 애착이 어느 정도에 이르면, 현재의 치료 상황에 대한 어떠한 관심도 환자가 분석 요법을 받을 때 약속한 의무감과 함께 사라져 버린다. 그리고 환자의 불타는 질투심과 의사의 부득이한 거절의 말(비록 의사가 체면을 차리고 얌전하게 한 말이라도)로 상처받은 감정은 의사와의 인격적인 관계를 그르치게 되고, 그 결과 분석을 함에 있어서 가장 중요한 추진력을 잃게 된다.

그러나 이러한 종류의 저항을 일방적으로 비난해서는 안 된다. 여기에는 환자의 과거 생활의 가장 중요한 자료가 많이 포함되어 있다. 따라서 그것을 납득할 수 있도록 재현함으로써 우리가 이 저항을 올바른 방향으로 돌리는 교묘한 수법을 알고만 있다면, 이 저항이야말로 분석의 가장 뛰어난 발판이 된다. 단지 이 자료는 처음에는 언제나 저항에 사용되며, 또 치료를 방해하는 가면을 쓰고 나타난다는 것이다. 저항은 강요된 변화에 반항하기 위해서 동원된 그 사람의 성격적 특성이며, 자아의 여러 가지 태도라고 보아도 좋다. 그때 성격적 특성들이 노이로제라는 조건과 결부되어 어떻게 형성되었는지, 노이로제의 요구에 반응하여 어떻게 형성되었는지를 알게 될 것이다. 또 평소에는 전혀 나타나지 않거나, 이토록 뚜렷이 나타나지 않는, 다시 말해 잠재성이라고 부를 수 있는 성격적 특징들을 알 수 있을 것이다.

우리가 이와 같은 저항을 분석의 영향력을 막는 위험물이라고 간주하고 있다고 생각하지 말기 바란다. 오히려 우리는 저항이 나타나지 않으면 안 된다고 생각하고 있다. 만일 우리가 이러한 저항들을 분명하게 일으킬 수도 없고, 이것들을 환자 스스로 시인할 수 있도록 이끌어 갈 수도 없다면, 우리는 매우 불만족스러운 결과만을 얻게 될 것이다. 결국 이와 같은 저항의 극복은 분석의 본질적인 작업이며, 우리가 환자를 위해서 무언가 완수했다는 것을 스스로에게 확신시켜 주는 작업의 일부분이라고 할 수 있다.

더욱이 환자는 치료 중에 나타나는 모든 우연적인 일들을 치료를 방해하기 위해 이용한다. 예를 들면 그의 마음을 다른 데로 돌리게 하는 외부적인 사건이나 분석에 적의를 갖고 있는 환자 주위의 유력한 사람들의 여러 가지 얘기, 어떤 우연적인 질환이나 노이로제에 병발하고 있는 기질적 질환 등이 있다. 게다가 환자는 병이 가벼워지는 것조차도 자기의 노력을 포기하는 동기로 삼는다. 이 모든 것을 아울러 생각한다면, 여러분은 어떠한 분석에서도 싸우지 않으면 안 된다는 저항의 여러 가지 형태와 방식에 대해서, 불충분 하지만 대강은 알 수 있을 것이다.

나는 이 점을 매우 상세하게 다루었다. 그 까닭은, 증상을 치료하는 데 대항하여 나타나는 노이로제 환자의 저항에 대해 얻은 우리의 이러한 경험이야말로, 사실은 노이로제에 대한 정신분석의 역학적인 견해의 기초가 되는 것임을 여러분에게 알리고 싶었기 때문이다.

브로이어와 나는 원래 최면술을 이용하여 정신요법을 했다. 브로이어의 첫 번째 여자 환자는 처음부터 끝까지 최면술로 치료를 받았다. 처음에는 나도 이 방법을 따랐다. 솔직히 말하면 작업은 그 당시 분석요법보다 쉽고 유쾌하게, 더욱이 짧은 시간에 진행되었다. 그런데 그 효과는 믿을 수 없었으며 오래 가지도 않았으므로 마침내 나는 최면술을 더 이상 사용하지 않았다. 그리고 최면술을 사용하는 한 노이로제 상태에 대한 역학적인 통찰 같은 것을 얻을 수 없음을 깨달았다. 최면 상태에서 의사는 저항의 존재를 파악해 낼 수가 없다. 최면 상태는 저항을 몰아내고 분석 작업을 할 수 있도록 어떤 영역을 열어 주지만, 그 이상 나아가려고 하면 이 영역의 경계에서 가로막혀 한 걸음도 나아가지 못한다. 그것은 강박 노이로제에서 나타나는 의혹과 비슷하다. 그러므로 내게 진정한 정신분석은 최면술의 사용을 단념함과 동시에 시작되었다고 해도 좋을 것이다.

그러나 저항의 존재를 인정하는 것이 이토록 중대한 문제가 된 이상, 우리는 저항이라는 것을 너무 경솔하게 가정하지는 않았는지 신중히 검토해 보아야 한다. 실제로 다른 이유로 연상이 떠오르지 않는 노이로제의 증상 사례가 있을지도 모르고, 우리의 가설에 반대하는 논증이 내용면에서 실제로 살펴볼 만한 가치가 있을지도 모르며, 또 분석을 받은 사람의 지적인 비판을 간단히 저항으로 단정해 버리는 것이 잘못일지도 모른다. 그러나 여러분! 우리는 그렇게 간단히 환자의 지적 비판을 저항이라고 판단한 것은 아니다. 이렇게 비판적인 환자에 대해서도 모두 저항이 나타났을 때와 사라진 뒤에 관찰하는 기회가 있었다. 저항은 치료가 진행되고 있는 사이에 끊임없이 그 강도를 달리한다. 우리가 새로운 주제에 접근하려고 하면 예외 없이 저항이 커지고, 그 주제를 한창 진행시키고 있을 때 저항은 가장 강해지는데, 그 주제가 처리되면 다시 없어진다. 그러므로 우리가 기법상 어떤 실수를 하지 않는다면, 환자가 보일 수 있는 가장 강한 저항에 부딪치는 일은 결코 없다. 우리는 분석하고 있는 동안에 한 환자가 몇 번이나 비판적 태도, 즉 저항을 버렸다가 다시 나타내는 것을 확신했다.

우리가 환자에게는 고통스러울 새로운 무의식적 자료를 의식의 표면에 떠올리려고 하면, 환자는 극단적으로 비판적이 된다.

비록 전에는 환자가 여러 가지를 이해하고 받아들였다 할지라도 이런 경우에 직면하면, 전에 이해하고 인정한 일을 씻은 듯이 잊어버린다. 환자는 어떤 희생을 감수하고라도 반항하려고 발버둥 치며, 완전히 감정을 억제할 수 없는 것처럼 행동하는 일도 있다. 환자에게 새로운 저항을 잘 굴복시키도록 도와주면, 환자는 다시 본래의 분별과 이해력을 되찾는다. 따라서 그의 비판은 그 자체가 존중할 만한 독립된 가능은 아니다. 그 비판은 그 사람의 감정적인 태도에 굴복하여 저항의 뜻대로 움직인다. 자기의 마음에 들지 않는 일이 생기면 그는 그에 대해서 매우 교묘히 자기 몸을 보호하고, 외적으로 매우 비판적인 태도가 된다. 그러나 그의 마음에 맞는 일이 생기면, 그는 갑자기 태도를 바꾸며 아주 쉽게 잊어버린다. 아마 우리도 이 점에서는 모두 비슷할 것이다. 그러나 분석 중에는 피분석자가 매우 곤란한 궁지에 몰려 있기 때문에, 피분석자에게 지성(知性)은 감정에 완전히 종속해 버리는 것이다.

그런데 환자가 자기의 증상을 없애고 자기의 정신적 과정에서의 정상적인 흐름을 회복시키는 상황에서 이렇게 심한 저항을 나타낸다는 사실을 어떻게 생각해야 할 것인가? 여기에서 우리는 상태의 변화에 저항하고자 하는 강력한 힘이 거기에 작용하고 있다는 것을 발견할 수 있었다. 이 힘은 과거 이 상태를 억지로 만들어낸 것과 같은 힘임에 틀림없다. 증상이 사라져 갈 때 우리가 경험으로 재구성할 수 있는 것은 틀림없이 증상의 형성 때 일어난 것이다. 브로이어의 관찰로 알 수 있었듯이, 증상이 존재한다는 것은 그 전제로 뭔가 어떤 정신적 과정이 정상적인 방법으로 완성될 수 없었기 때문에 증상으로서 의식에 나타난 것이다. 그러므로 증상은 거기서 중단된 어떤 것의 대리물이다. 이제 우리는 추측하여 가정한 그 힘의 작용을 어느 곳에 두어야 하는지를 알게 되었다.

다시 말해 문제의 정신적 과정이 의식에까지 나타나는 것을 막기 위해서, 어떤 심한 반항이 일어났음에 틀림없다. 그 결과 이 정신적 과정은 언제까지나 무의식에 머무른다. 이는 무의식적 과정으로서 어떤 증상을 만드는 힘을 갖고 있다. 이와 비슷한 반항이 분석 요법 중에도 작용하며, 무의식을 의식으로 옮기려 하는 노력에 대해 다시 반항하는 것이다. 우리는 이를 저항으로 느끼는 것이다. 저항을 통해서 우리에게 명백히 제시되는, 이 병인(病因)이 되는 과정을 우리는 억압(Verdrängung, repression)이라 부르고 있다.

그런데 우리는 이 억압 과정의 개념에 대해서 더 확실히 이해해야 한다. 억압의 과정은 증상 형성의 전제 조건이지만, 동시에 유례가 없는 술어이다. 이를테면 하나의 충동(Impuls)을 어떤 행동에 옮기려 하는 하나의 정신적 과정을 그 예로 생각해 보자. 우리는 이 충동이 때로 거부라든가 비난이라고 불리고 있는 것들에 의해 격퇴되는 것을 알 수 있다. 그런데 이 충동에서 에너지가 없어져 버리면, 그 결과 충동은 무력해지고 만다. 그러나 충동은 기억의 형태로 존속한다. 이러한 결정을 내리는 전 과정은 자아의 충분한 인지(認知) 아래에서 일어난다. 그런데 이 충동이 억압을 받을 때는 양상이 완전히 다르다. 억압을 받은 충동은 그 에너지를 여전히 갖고 있으며, 그 충동에 대한 기억 같은 것은 남아 있지 않다. 또 억압 과정은 자아가 깨닫지 못하는 사이에 일어난다. 그러므로 이런 비교로는 억압의 본질에 접근하지 못한다.

이 억압이라는 개념을 더 분명히 하기 위해서 어떤 이론적 관념이 소용되는가 하는 것을 내가 어떻게 알았는지 여러분에게 설명하기로 한다. 우선 무의식적이라는 말에 있어, 순수한 기술적(記述的, 열거하여 서술하는)인 의미에서 이말의 체계적인 의미로 나아갈 필요가 있다. 정신적 심적 과정의 의식성이라든가 무의식성이라든가 하는 것이 그 정신적 과정의 한 가지 속성에 지나지 않으며, 반드시 절대적인(무조건적인) 속성은 아니라고 단언할 수 있다. 어떤 과정이 이처럼 계속 무의식으로 머물러 있었다고 하더라도, 의식에서 이렇게 차단되어 있는 것은 운명의 한 표시에 지나지 않으며, 결코 운명 자체는 아니다. 이 운명을 구체적으로 알기 쉽게 설명하기 위해, 어떠한 정신 과정(예외가 하나 있지만 나중에 설명하기로 한다)도 처음에는 무의식적인 단계, 혹은 무의식적인 위상에 존재하고 있으며, 이 단계에서 점차 의식적인 단계로 옮겨간다고 가정해 보자. 이를테면 처음에는 음화인 사진의 영상이 인화 과정을 거쳐 양화가 되는 것과 같다. 그러나 어느 음화나 모두 양화가 되어야 할 필요는 없는 것과 마찬가지로, 모든 무의식적인 마음의 과정이 반드시 의식적인 마음의 과정이 될 필요는 없다. 좀 더 합당하게 말한다면, 개개의 과정은 처음에는 무의식이라는 정신적 조직 체계에 속해 있으며, 경우에 따라 의식이라는 정신적 조직 체계로 옮겨갈 수 있다고 말하는 편이 합리적이다.

이 체계에 대해 지극히 대범하게 생각을 하는 것이 우리에게는 편리할 것이다. 그것은 공간적으로 생각하는 일이다. 무의식의 조직 체계를 하나의 큰 대기실에 비유해 보자. 이 대기실 안에는 많은 마음의 움직임이 하나하나의 인간처럼 바쁘게 소용돌이치고 있다. 이 대기실에는 제2의 좁은 방, 일종의 살롱 같은 것이 붙어 있다. 이 살롱에는 의식이 도사리고 있다. 그런데 두 방의 문지방에 각각 한 사람의 문지기가 버티고 서서, 개개의 움직임을 검사하고 검열하며, 그것이 마음에 들지 않을 때는 살롱에 못 들어가게 한다. 여러분도 곧 깨닫겠지만, 문지기가 개개의 마음의 움직임을 일찌감치 문지방에서 쫓아버리든, 일단 살롱에 들어온 뒤에 나가라고 명령하든 별 차이는 없다. 그것은 문지기의 경계의 정도와 식별하는 속도에 달려 있다.

그런데 이와 같은 비유를 확실히 기억해 두면, 술어를 만드는 데 도움이 될 것이다. 무의식이라는 대기실 안에 있는 여러 가지 움직임은 다른 방에 있는 의식의 눈에는 띄지 않는다. 다시 말해 이들 마음의 움직임은 처음에는 무의식적인 움직임에 머무르지 않을 수 없다. 만일 움직임이 문지방까지 돌진해 와서 문지기에게 쫓겨났다면, 이는 의식 불가능을 뜻한다.

우리는 이것을 '억압되었다'고 부른다. 그 마음의 움직임이 이미 문지방 앞에까지 다가온 것을 문지기가 밀어냈다 해도 반드시 의식적이 되는 것은 아니다. 그 움직임이 우연히 의식으로 떠올랐을 때만 의식적이 되는 것이다. 그러므로 이 제2의 방을 '전의식(前意識, 현재는 의식으로 떠오르지 않지만 생각해내려고 노력하면 떠오를 수 있는 지식이나 정서. 프로이트는 이를 의식과 무의식 사이에 두었음)'이라고 부르는 것은 마땅할 것이다. 그렇다면 의식적이 된다는 것은 순전히 기술적인 뜻을 갖고 있는 셈이 된다. 그런데 개개의 마음의 움직임에서 억압의 운명이란, 그것들이 무의식 체계에서 전의식 체계로 들어가는 것을 문지기가 허용하지 않는 데 있다. 우리가 분석 요법으로 억압을 없애려고 할 때, 저항이라는 형태로 인식하게 하는 것이 바로 이 문지기에 해당된다.

여러분이 이와 같은 표현 방법은 조잡하며 동시에 공상적이므로 과학적 표현으로서는 도저히 용납되지 않는다고 항변하리라는 것을 나는 잘 알고 있다. 그뿐 아니라 이것이 옳지 않다는 것도 알고 있다. 그리고 아주 잘못되어 있지 않다면, 우리는 이와 같은 표현 방법을 대신하는 더 훌륭한 것을 준비하고 있다. 이와 같은 표현 방법이 아직도 여러분의 눈에 공상적으로 비치는지 어떤지는 알 수 없지만, 그것은 당분간은 전기회로 속에 흐르는 암페어의 소인(素因)과 같은 보조 개념이다. 그리고 관찰을 이해하는 데 도움이 되는 이상, 이와 같은 표현 방법을 무시해서는 안 된다. '두 개의 방과 그 경계선인 문지방 앞에 있는 문지기, 그리고 제2의 방 구석에 있는 구경꾼으로서의 의식'이라는 이 조잡한 가설은 실제 사항에 매우 근접하고 있음을 여러분에게 보증할 수 있다.

그리고 우리가 붙인 '무의식', '전의식', '의식'이라는 이름은 지금까지 제창되었거나 현재 사용되고 있는 이름, 다시 말해 '하(下)의식', '부(副)의식', '내(內)의식' 등과 같은 것보다는 훨씬 편견이 적고 시인하기 쉽다는 것을 여러분도 인정해 주길 바란다.

그러므로 여러분이 내가 여기서 노이로제 증상을 설명하기 위해 가정한 이와 같은 마음의 장치 구조(心的裝置構造)가 일반적으로 통용되는 것이어서 틀림없이 정상적인 기능까지도 설명해 줄 것이라고 말해 준다면, 그것은 나에게는 한층 의미 깊은 것이 된다. 여러분의 이런 생각은 물론 옳다. 우리는 지금 이와 같은 추론을 추구해 갈 수는 없지만, 암흑에 싸여 있는 정상 상태의 마음에 일어나는 일들을 병적인 상태의 연구를 통해 해석하고 설명할 가능성만 있다면, 증상 형성의 심리학에 대한 우리의 관심은 매우 높아질 것이다.

그건 그렇다 치고 무의식 및 전의식의 두 체계, 이 체계들 사이의 관계에 대한 우리의 주장이 무엇에 근거하는지 여러분은 깨닫지 못하는가? 무의식과 전의식(前意識) 사이에 있는 문지기는 드러난 꿈의 형성에서 간섭한 바로 그 '검열'일 뿐이다. 우리가 꿈을 일으키는 것으로 인정한 '낮의 잔재'는 전의식적인 자료였다. 이 전의식적인 자료는 밤의 수면상태에서 억압된 무의식적인 소망 활동의 영향을 받아, 다시 그 소망 활동과 함께 그 활동이 가지는 에너지 덕분에 잠재된 꿈을 만들 수 있었다. 무의식 체계의 지배 아래서 이 자료는 하나의 가공, 바로 응축과 치환을 받았다. 그러나 가공은 정상적인 실생활, 다시 말해 전의식 체계에서는 알려져 있지 않거나 예외적으로밖에 허용되어 있지 않다. 우리는 이와 같은 기능의 차이로 두 체계의 특질을 구별했다. 어떤 과정이 전의식과 무의식의 체계에 속하느냐는 것은 의식과의 관계로 알 수 있다. 왜냐하면 의식은 전의식에 속하기 때문이다.

꿈은 병적 현상이 아니다. 꿈은 모든 건강한 사람에게 수면 상태라는 조건에 따라 나타난다. 마음의 구조에 관한 앞의 가설은 꿈의 형성과 노이로제 증상의 형성을 동시에 우리에게 이해시켜 주는 것이지만, 정상적인 정신생활에도 고려해 볼 것을 단호히 요구하고 있는 것이다.

이 정도로 해두고, 이번에는 억압(抑壓)에 대해 이야기하고 싶다. 그러나 억압이란 증상 형성의 전제 조건에 지나지 않는다. 증상이 억압으로 방해된 어떤 것의 대리물이라는 것은 우리도 알고 있다. 그러나 억압에서 이 대리 형성을 이해하는 데까지 가려면 아직도 상당한 거리가 있다. 억압이라는 문제와 관련하여 다음과 같은 의문이 일어난다. 바로 어떤 종류의 욕구가 억압에 굴복하는가, 어떠한 힘에 의해 어떠한 동기에서 억압이 완수되는가 하는 것이다. 이 의문에 대해서는 아직까지 하나밖에 대답이 주어지지 않았다. 저항에 대해 검토했을 때, 저항은 자아의 힘, 우리가 잘 알고 있으면서도 잠재하고 있는 여러 성격적 특성에서 나온다고 말했다. 다시 말하면 억압을 하는 것도 이 힘이다. 적어도 이 힘이 억압에 관여하고 있는 것이다. 그 이상의 것을 우리는 아직 알고 있지 않다.

내가 전에 말한 두 개의 증상 사례는 지금 우리에게 도움이 된다. 우리는 정신분석을 통해 노이로제 증상의 목적을 발견할 수 있다. 이것도 여러분에게 새삼스러운 말이 아니다. 나는 노이로제의 그 두 가지 증상 사례에서 이미 여러분에게 보여 주었다. 그러나 실제로 두 가지 사례로 무슨 말을 할 수 있겠는가? 그것을 입증하기 위해 여러분은 200가지, 아니 무수히 많은 사례들을 보여 달라고 요구할 권리가 있다. 그러나 나는 여러분의 요구에 응할 수가 없다. 그러므로 여러분은 이에 대해 자신이 경험하거나, 아니면 다른 정신분석가가 찬성하고 있는 증언에 따르는 수밖에 없다.

우리가 상세하게 증상을 검토한 그 두 가지 증상 사례에서 정신분석이 환자의 성생활의 가장 은밀한 부분을 고백시킨 것을 기억할 것이다. 그리고 '첫 번째 사례'에서 우리는 증상의 목적, 즉 증상의 의도 내지 의향을 뚜렷하게 알았다. 아마도 '두 번째 사례'에서는 증상의 목적이 뒤에 이야기할 어떤 요소 때문에 어느 정도 감추어져 버린 듯하다.

어떤 사례를 분석하더라도 이 두 가지 증상 사례에서 발견한 것과 같은 것이 발견될 것이다. 우리는 언제나 분석에 의해 환자의 성적 체험과 성적 소망에 도달할 것이며, 또 언제나 환자의 증상은 같은 목적을 지향하고 있다고 확신하게 될 것이다. 이 목적이란 성적 소망을 채우는 일이다. 증상은 환자로 봐서는 성적 만족을 얻는다는 목적을 지향하고 있다. 증상은 곧 실생활에서는 결여되어 있는 성적 만족의 대리물이다.

그 '첫 번째 사례'에서 부인 환자의 강박 행위를 생각해 보라. 부인은 열렬히 사랑하는 남편과 별거하지 않으면 안 되었다. 남편의 성적 결함과 허약함 때문에 남편과 함께 살 수가 없었다. 그러나 부인은 남편에게 줄곧 정절을 지켜야만 했고, 남편의 위치에 다른 남자를 둘 수는 없었다. 부인의 강박 증상은 그녀가 열망하고 있는 것을 그녀에게 주었으며, 남편을 존경하고, 남편의 허약함, 특히 남편의 성적 무능력을 부인하고 바로잡아 주고 있다. 이 증상은 근본적으로 꿈과 완전히 같은 소망 충족이다. 그러나 꿈에서는 언제나 그렇다고 할 수는 없으나, 그 부인의 증상 사례는 에로틱한 소망의 충족이다.

'두 번째 사례'의 여자 환자에게 있어, 그녀의 잠들기 전 의례는 부모의 성적 교섭을 방해하거나, 성교의 결과 새 아기가 생기지 않도록 하는 것을 목표로 삼고 있다는 것을 여러분은 짐작할 수 있었다. 나아가서 이 의례는 결국 자신을 어머니의 지위에 두려는 것을 목표로 삼고 있는 것이라고 아마 추측했을 것이다. 다시 말해 여기서도 성적 만족의 방해물을 제거하는 것이며, 자신의 성적 소망을 채우는 것이 문제가 된다. 이와 관련해서 암시되어 있는 복잡한 사항은 나중에 기회를 보아 이야기하기로 한다.

여러분, 나는 지금 여기서 이 주장이 일반적으로 적용되는 것이 아니라고 말함으로써 나중의 사태를 미리 방지해 두고 싶다. 그러므로 내가 여기서 억압, 증상 형성 및 증상의 해석에 대해서 이야기한 것은 모두 노이로제의 세 가지 형태, 즉 불안 히스테리, 전환 히스테리(Konversionhysterie), 강박 노이로제에서 얻은 것이며, 당분간은 이 세 가지 형태에만 적용되는 것이라는 데 주의해 주기 바란다. 이 세 개의 형태를 하나로 하여, 우리는 '감정전이(感情轉移) 노이로제(Übertragungsneurose)'라고 부르는데, 이 세 가지 병적 증상은 정신분석 요법이 활약할 수 있는 영역이기도 하다.

이들에 비해 다른 노이로제들은 그리 정신분석 연구의 대상이 되고 있지 않다. 그중에 어떤 종류의 노이로제는 아무리 정신분석 요법을 시도해 봐도 낫지 않았으며, 이는 정신분석을 소외시킨 이유 가운데 하나가 되었다. 그러나 정신분석은 아직 극히 새로운 학문이며, 정신분석이 형성되려면 많은 노력과 시일이 필요하다는 것, 그리고 불과 얼마 전까지도 정신분석을 하는 사람은 단 한 사람밖에 없었음을 잊지 말아 주기 바란다. 그러나 우리는 모든 방면에서 감정전이 노이로제가 아닌 다른 병을 더 깊이 이해하려 하고 있다.

그리하여 이 새로운 자료에 적용시킬 때, 우리의 가설과 결과가 어떻게 확대되는가를 여러분에게 이야기할 수 있을 것이다. 또 이것들을 더 연구하는 것이 모순을 일으키기는커녕 우리의 지식을 더 고도로 통일시켜 주었다는 것을 여러분에게 알려 주고 싶다. 그러므로 지금 여기서 말한 것이 모두 세 가지 감정전이 노이로제에 해당된다면, 우선 하나의 새로운 보고를 덧붙여서 증상의 중요성을 높이기로 한다. 즉 발병의 여러 유인을 비교하고 검토하면 다음과 같은 공식으로 마무리하여 하나의 결론을 얻을 수 있다. 현실이 성적 소망의 만족을 그들에게 주지 않는 경우 '좌절 체험(Versagung)' 때문에 병에 걸린다는 것이다. 여러분은 이 두 가지 결과가 얼마나 잘 일치하는가를 인정할 수 있을 것이다. 이제 비로소 증상은 실생활에서 채워지지 않는 소망의 대상적인 만족이라고 해석될 수 있는 것이다.

　노이로제 증상이 성의 대상적 만족이라는 명제는 아직도 여러 항의를 받고 있다. 나는 오늘 그중의 두 가지 항의를 음미해 보고 싶다.

　여러분 자신이 많은 노이로제 환자를 분석적으로 연구한다면 아마 고개를 갸우뚱하고 나에게 이렇게 보고할 것이다.

　"그런데 선생님이 하시는 말씀은 어떤 종류의 증상 사례에는 전혀 적용되지 않습니다. 오히려 증상은 성적 만족을 배제한다든가 포기한다든가 하는 정반대의 목적을 갖고 있는 것 같습니다."

　나는 여러분의 해석이 옳다는 데에 이의를 내세울 생각은 없다. 정신분석에서는 '그 사태가 이러했으면 좋았을 것'을 하고 우리가 바라는 것보다 훨씬 복잡한 것이 보통이다. 그렇게 간단하다면 그것을 세상에 드러내는 데 정신분석 같은 것은 필요하지 않았을 것이다.

　그 '두 번째 사례' 환자의 경우, 잠들기 전 의례의 두세 가지 특색은 분명히 성적 만족에 반대되는 금욕적인 성질의 것임을 인정할 수 있다. 이를테면 시계를 밖에 내놓는 것은 밤중의 음핵 발기를 피한다는 마술적인 뜻을 갖고 있고, 꽃병이 떨어지거나 깨지거나 하지 않도록 조심하는 것은 처녀성을 지키는 것과 같다. 내가 분석할 수 있었던 잠들기 전 의례를 가진 다른 여러 증상 사례들에서는 이와 같은 소극적인 성질이 더 두드러지게 나타나 있었다. 그 의례는 모두 성적인 기억이나 유혹에 대해 자기 몸을 지키는 방위책으로 이루어져 있었다. 그런데 우리는 몇 번이나 정신분석에서는 정반대가 결코 모순을 의미하지 않는다는 것을 경험했다. 그러므로 증상은 성적 만족이나 성적 만족의 방위를 목표로 하고 있다고 우리의 주장을 확대할 수 있을 것이다. 더욱이 히스테리에 있어서는 적극적인 소망 충족이라는 성질이 우세하며, 강박 노이로제에서는 소극적, 금욕적인 성격이 우세하다.

　만일 증상이 성적 만족이라는 목적과 동시에 그것과 정반대의 목적을 지향할 수 있다면, 이 양면성, 양극성은 우리가 아직도 말할 수 없는 증상의 메커니즘의 어떤 부분에 훌륭한 논거가 될 것이다. 다시 말해 증상은 지금부터 이야기하려는 것처럼 두 가지 상반되는 지향의 간섭에서 비롯된 타협의 산물이다. 그리고 증상은 타협의 성립에 협력한 '억압된 것'과 '억압당한 것'을 동시에 나타내고 있다. 이 경우 한쪽이나 다른 쪽이 증상 속에 우세하게 나타나서, 둘 중 한쪽의 영향이 완전히 탈락되는 일은 극히 드물다. 히스테리에서는 대개 하나의 증상 속에 두 가지 목적이 동시에 들어 있으며, 강박 노이로제에서는 두 가지 목적이 흔히 따로따로 떨어져 있다. 그러므로 강박 노이로제에서는 증상이 두 시기로 나타나며 서로 지향하면서 차례로 나타나는 두 행위로 성립된다.

제2의 의혹을 해결하는 것은 그리 쉬운 일이 아니다. 만일 여러분이 증상의 해석 사례를 살펴본다면, 성의 대리 만족이라는 개념을 최대한으로 확대할 수 있을지 모른다는 의견을 가질 것이다. 이러한 증상은 아무런 현실적인 만족을 제공하지 않으며, 성적 콤플렉스를 근거로 관능(官能)을 약동시킨다든가 하는 식의 어떤 공상적 묘사에 한정되어 있다는 것을 잊어서는 안 된다.

그리고 여러분은 이른바 성적 만족은 흔히 유치하고 품위 없어 보이며, 단지 가치도 없는 성질을 나타낸다는 점을 강조할 것이다. 자위행위와 비슷하거나 지저분한 느낌을 주는 행동들은 이미 우리가 아이들에게 금지하고, 잘못된 습관으로 여겨 바로잡으려 하는 것들이다. 또 잔인하거나 무참한 욕망의 만족, 또는 부자연스럽다고까지 부를 만한 정욕의 만족을 우리가 성적 만족이라고 말하려는 데 대해 여러분은 아마 깜짝 놀랄 것이다.

여러분, 여기서 인간의 성생활을 근본적으로 검토하여, 성이라고 불러도 좋을 것을 뚜렷이 규명하기 전에는, 이 제2의 사항에 대해 여러분의 완벽한 이해를 바라는 것은 무리한 요구일 것이다.

스무 번째 강의
인간의 성생활

성적(性的)이란 말이 대체 무엇을 의미하는가. 여러분은 이를 구태여 언급하지 않더라도 다 아는 일이라고 생각할지 모른다. 그건 사실이다. 성이란 사람이 입 밖에는 내기 어려운 외설스러운 것이다. 나는 이런 말을 들은 적이 있다. 전에 어떤 유명한 정신과 의사의 제자들이 '히스테리 증상은 대개 성적인 것의 표현'이라는 것을 선생에게 납득시키려고 애를 썼다. 그런 의도로 제자들은 선생을 어느 히스테리 여환자의 병상에 데리고 갔다. 여환자의 발작은 누가 보아도 분만 과정을 흉내낸 것이었다. 그런데 선생은 "해산이 분명하군. 그런데 해산은 성적인 것이 결코 아니야" 하면서 제자들의 주장을 일축해 버렸다. 확실히 그렇다. 분만은 어디로 보더라도 외설적인 것은 아니다.

'이런 심각한 문제에 대해서 무슨 농담이람.' 이러면서 여러분은 불쾌해했을 줄 안다. 그러나 이것은 결코 농담이 아니다. '성적'이라는 개념 속에 무엇이 내포되어 있는가를 아무리 심각하게 생각해 보아도 그리 쉽게 그 내용을 알 수는 없다. 남녀 양성의 차이에 관련된 것을 모두 성이라고 하면, 아마 그 정의는 매우 적절할 것이다. 그러나 이 정의만으로는 너무 무미건조하고 포괄적이어서 만족을 느끼지 못할 것이다. 여러분이 성행위를 성적인 것의 중심이라고 규정하면, 성(性)이란 이성의 육체 가운데에서 특히 성기를 통해서 쾌감을 찾으려하는 일에 관심을 갖는 모든 것, 궁극적으로는 성기의 결합과 성교의 수행을 목적으로 하는 모든 행위라고 말할 것이다. 그러나 이렇게 말을 하면 여러분은 성을 표현하는 것은 외설스러운 일이라거나, 분만 자체는 성이라고 볼 수 없다고 말하는 사람들과 다를 바가 없다.

한편 여러분이 생식 기능을 성의 중심에 둔다면, 생식을 목적에 두지 않는 모든 성적인 행위, 이를테면 자위나 키스조차 성이 아니라고 규정하게 될 우려가 있다.

그러나 이미 오래전부터 정의를 내리는 일에 상당히 곤란함을 느끼곤 했고, 또 그것에서 벗어날 수 없음을 각오하고 있었다. 그러므로 지금은 논의를 진전시키기 위해 정의를 내리는 것은 단념하기로 한다. '성적'이라는 개념의 발전에는 질베러의 뛰어난 표현을 빌리면, '경계선을 긋는 방법의 어긋남'을 불러일으킨 어떤 일이 일어나고 있었던 것 같은 느낌을 받는다. 인간들이 일반적으로 성적이라고 부르는 것이 무엇인지 가늠하지 못하는 것은 아니다.

일상생활을 꾸리는 데 있어서 성에 대한 지식은 양성의 차이, 쾌감 획득, 생식 기능 및 극비로 간직해야 할 외설스러운 것에 관련된 것 등등으로 충분할지 모른다. 그러나 학문에서는 이것만으로는 충분하지 못하다. 왜냐하면 정상적인 성생활의 욕구를 완전히 버리고 성행위를 완전히 연구대상으로 놓음으로써, 우리는 일반적으로 성생활이라고 알고 있는 정상적인 모습에서 아주 벗어난 예외의 한 무리가 있음을 발견했기 때문이다. 이와 같은 '성도착자' 가운데 한 무리는 두 가지 성의 구별을 성의 프로그램에서 말살해 버린 것처럼 보이며, 자기와 동성의 사람만이 그들의 성적 소망을 자극한다. 이성, 특히 이성의 성기는 그들에게는 전혀 성의 대상이 되지 않는다. 또 그것이 혐오의 대상으로 변한 극단적인 사례도 있다. 따라서 그들은 생식 활동의 일체를 스스로 포기한 것이다. 우리는 이런 사람을 동성애자, 또는 성 도착자(Invertierte, 性倒錯者)라고 부르고 있다. 그들은 이 하나의 운명적인 이상성(異常性)을 제외하면, 흔히(반드시 그렇다고는 할 수 없지만) 어디 하나 흠잡을 데 없을 만큼 교양이 있고, 보통 사람들보다 지적이고 도덕적이라 할 만큼 빼어난 남녀들이다. 그들은 동성애를 옹호하는 사람의 학문적 이론을 들어, 자기들은 인류의 특별한 변종이며 다른 양성과 동일한 권리가 있는 '제3의 성'이라 주장한다.

나중에 그들의 주장을 비판할 기회가 있을 것이다. 물론 그들이 주장하듯이 그들은 인류의 '선택된 자'들은 아니다. 선택된 사람이기는커녕 별종의 변태자와 마찬가지로 성적으로 열등한 자이며, 적어도 무능한 사람들을 포함하고 있다.

이와 같은 성도착자는 정상인이 자신의 성적 대상에게 보이는 태도와 마찬가지로 자기들의 성 대상에게 동일한 일을 하려고 한다. 그러나 이 성도착자들 가운데에는 여러 형태의 많은 부류들이 함께 포함되어 있다. 이와 같은 사람들의 성 활동은 이성적인 인간이 성적 감흥을 받는 것과는 점점 멀어져 간다. 그것이 나타내는 천차만별의 모습을 보면, 그들은 브뤼겔(P. Bruegel)의 〈성 안토니우스의 유혹〉이라는 그림 속에 나오는 기괴한 괴물이나, 플로베르(G. Flaubert)가 경건한 속죄자의 눈앞에 전개시킨 지칠 대로 지친 신과 신앙자의 긴 행렬에나 비유할 수 있다. 각기 다른 수많은 부류들로 말미암아 성도착자에 대한 사고에 혼돈이 생길지도 모르므로, 이들을 정리할 필요가 있다. 우리는 이들을 둘로 구분한다. 하나는 동성애자처럼 성적 대상이 바뀌어 있는 자들이고, 하나는 성적 목표물이 바뀐 자들이다.

남녀 양성의 성기를 결합하는 일을 포기한 사람들은 제1의 그룹에 속한다. 이런 사람들은 성행위 때 상대의 성기 대신에 몸의 다른 기관이나 몸의 다른 부분으로 대용한다. 이때 그들은 다른 기관이 성기의 대용으로는 충분하지 않다는 것에 아랑곳하지 않고, 욕지기가 나도록 더러우니 그만두자는 것 등은 아예 안중에 없다.

그리고 제2의 그룹에게는 여전히 성기가 성의 대상이 되어 있지만, 그것은 성기능 때문이 아니라 다른 기능, 즉 해부학적으로 닮았다는 이유나 가까이 있다는 이유 때문이다. 이와 같은 사람은 어릴 때 이미 천하다고 교육받아 추방한 배설 기능에 여전히 성적 관심을 갖고 있음을 발견할 수 있다, 또 어떤 사람의 경우에는 성기에는 전혀 관심을 보이지 않고 몸의 다른 부분, 예를 들면 여성의 유방, 다리, 땋은 머리카락 등이 욕구의 대상이 된다. 더 나아가서는 몸의 부위에는 어떤 느낌도 받지 못하고 몸에 지니고 있는 물건, 이를테면 구두라든가 속옷의 일부가 성적인 욕망을 채운다. 이런 사람들을 페티시스트(fetischist : 성욕 도착자)라고 부른다. 더 극단적인 경우로 나아가면 물론 대상 전체를 요구하기는 하지만, 그 대상에 아주 특수하고 기묘한, 어떤 경우에는 전율할 만한 요구를 하는 사람이 나타난다. 어떤 사람에게는 방어력이 없는 시체가 대상이 되고, 어떤 사람은 성적 대상으로부터 쾌감을 맛보기 위해서 범죄적인 폭력을 감행하기까지 한다. 이와 같은 소름끼치는 이야기는 이 정도로 끝내고 싶다.

다른 한 그룹에는 정상인에게 있어서는 성적 관계의 출발이며 준비가 되는 전희적(前戲的) 행위를 성적 소망의 목표로 삼는 도착자가 포함된다. 다시 말해 이성을 세세히 바라보기만 한다든가, 이성을 만지고 싶어 한다든가, 이성의 비밀스러운 곳을 들여다보고 싶어서 안절부절 못하는 사람, 혹은 감추어둔 자신의 육체 일부를 노출하여 상대편도 같은 행동으로 자기를 따라 줄 것을 은근히 기대하는 사람 등이다.

이에 비해서 풀리지 않는 의혹의 사디스트, 바로 학대 음란자가 있다. 그들이 갖는 애욕의 충동은 자기 상대에게 고통과 괴로움을 주는 것뿐 그 외의 목적은 없다. 거기에는 모욕을 느끼게 하는 일에서 육체를 학대하는 것까지 여러 단계가 있다. 이것과 대조적인 것으로 마조키스트, 바로 피학대 음란자가 있다. 마조키스트가 얻을 수 있는 유일한 쾌감은 사랑하는 대상으로부터 상징적, 또는 현실적 형태의 모든 모욕과 괴로움을 받는 데 있다. 또 이런 이상 성격의 여러 가지가 뒤섞여서 혼재된 사람도 있다.

마지막으로 이들 그룹은 각각 두 종류로 구분된다. 자기의 성적 만족을 현실에서 구하는 사람과, 상상만으로도 만족을 느껴 일반적으로 실제 대상이 전혀 필요치 않으며 공상으로 대체할 수 있는 사람이 있다.

이렇게 무서울 만큼 어이없고 기괴한 것들이 실제로 그런 사람들의 성 활동을 구성하고 있다는 것은 이제 의심할 여지가 없다. 그들 자신은 그 기괴한 것들을 적절한 성적 대체물로 인정하고 있을 뿐만 아니라, 우리도 그것들이 실제로 그 사람들에게 정상적인 성적 만족과 똑같은 역할을 맡고 있으며, 또 그들은 좀 더 큰 희생을 감수하고 있음을 인정해야 하는 것이다. 우리는 그 이상 상태가 어디서 정상 상태와 접하고 있는가, 그 이상 상태는 정상 상태의 어디서 발생한 것인가를 광범위하면서도 아주 세세하게 살펴볼 수 있다. 성적 활동에 끈질기게 따라붙는 그 외설이라는 성질과 여기서 다시 마주치는 것은 어쩔 수 없는 일이다. 더욱이 이 외설이란 성질은 대개 파렴치한 정도까지 높아지는 것이다.

그런데 이렇게 비정상적인 성적 만족의 형태에 대해 우리는 어떤 태도를 견지해야 하는 것일까? 분노하거나 개인적으로 혐오감을 드러내거나, 그런 병적인 성욕과는 아무런 관계가 없다고 반박하는 것은 아무 의미도 없는 일이다. 그렇다. 우리는 그런 것을 회피하려 않는다. 요컨대 이것도 다른 것과 마찬가지로 현상(現象)의 한 영역이다. 이것이 기묘하고 진귀한 것에 불과하다고 규정하여 현실에서 도피하려는 구실은 쉽게 반박할 수 있다. 아니 그와는 정반대로, 그것은 우리가 흔히 볼 수 있는, 또 이 세상에 널리 분포하고 있는 현상이다. 그러나 사람들이 이런 현상은 모두 성본능의 혼란이며 탈선을 의미하므로 굳이 그런 것 때문에 일부러 성생활에 대한 지금까지의 견해를 바꿀 필요는 없다고 말한다면, 우리는 진지하게 대답해 둘 필요가 있다. 만일 우리가 이런 성욕의 병적인 형태를 이해하지 못하고, 또 성도착을 정신적인 성생활과 연관시켜 설명하지 못한다면, 마땅히 정상적인 성생활도 이해하지 못하고 있는 셈이 된다. 한마디로 말해 앞에서 설명한 성도착은 현실 속에서 흔히 볼 수 있는 일이며, 이른바 정상적인 성욕과의 관련성을 충분히 이론적으로 설명하는 것은 어디까지나 거부할 수 없는 우리의 사명인 것이다.

여기에 하나의 통찰과 두 가지 새로운 경험이 도움이 된다. 하나의 통찰에 대해서는 이반 블로흐[1]에게서 얻은 바가 크다. 블로흐는, 성적 목표나 성 대상의 이 같은 일탈 사례는 아득한 옛날부터 우리에게 알려진 모든 시대를 통해서 원시적인 민족에서나 고도의 문명을 가진 민족에서나 구분 없이 나타나고 있으며, 시대에 따라서는 그것을 관대하게 대하고 또 일반적으로 용인되어 성행했다는 근거에서 이런 도착을 모두 '변태성욕'이라고 생각하는 것은 잘못이라고 주장하고 있다. 다음으로 후자, 즉 두 가지 새로운 경험은 노이로제 환자의 정신분석연구에서 얻은 것인데, 이 경험은 성도착에 대한 우리의 관념에 결정적인 영향을 미치는 것이다.

우리는 앞서 노이로제 증상은 성의 대리적 만족이라고 말했다. 그리고 나는 이 명제를 증상의 분석으로 입증하기에는 많은 어려움이 있을 거라고 여러분에게 암시해 두었다. 이른바 도착된 성욕을 '성적 만족' 속에 포함시켜야만 비로소 앞의 명제는 옳은 것이 된다. 왜냐하면 어떤 방식을 채택하더라도 증상을 이렇게 해석하지 않을 수 없는 경우가 너무나도 많기 때문이다. 어느 노이로제 환자에게서나 동성애적인 충동을 찾을 수 있으며, 또 대다수의 증상들이 이와 같은 잠재성 도착의 표현이라는 것을 알면, 동성애자나 성 대상도착자가 이례적인 인간이라는 주장은 의미가 없어진다. 동성애자라고 자칭하는 사람은

---

1) Ivan Blocho 1872~1923. 독일의 피부과 의사. 성과학 창시자 중의 한 사람.

바로 의식적인 현재성 성 대상도착자에 지나지 않으며, 잠재성 동성애자의 숫자에 비하면 문제도 되지 않는다. 그런데 동성에서 대상을 고른다는 것은 연애 생활에서 흔히 찾을 수 있는 하나의 일탈로 간주할 수밖에 없으므로, 동성애에 특별히 높은 의의를 부여하지 않으면 안 된다는 것을 우리는 점점 깨닫게 된다. 그러나 이렇게 정의를 내려도 현재성 동성애와 정상 상태의 구별은 없어지지 않는다. 이 구별은 실생활에서는 중요하지만, 이론적으로는 특별한 가치가 없다. 감정 전이 노이로제 속에는 들어가지 않는 어떤 병, 이를테면 파라노이아(Paranoia : 편집병)는 언제나 강한 동성애적 충동을 억지로 막으려는 시도로 인해서 발생한다. 아마 여러분은 그 부인 환자가 강박 행위 속에서 한 사람의 남자, 즉 별거한 남편의 역할을 하고 있었다는 것을 아직 기억할 것이다. 남자의 역할을 하는 증상이 생기는 것은 노이로제에 걸린 부인들 사이에서는 매우 흔한 일이다. 이것은 동성애 속에는 들어가지 않지만, 동성애의 가설과는 관계가 깊다.

여러분도 알고 있겠지만, 히스테리성 노이로제는 모든 기관계(신경계, 호흡계, 소화계 등)에 증상을 나타내며, 그 결과 모든 기능에 장애를 초래하는 일이 있다. 정신분석을 해보면 도착이라고 불러도 좋은 모든 충동이 이때 모습을 드러내어, 다른 기관을 성기의 대리로 삼으려 하고 있음을 알 수 있다. 즉 이 신체기관들은 성감대와 유사한 역할을 한다. 우리는 이 히스테리 증상에 관한 연구를 통해서 신체의 기관은 그 본래의 기능 외에 성적, 즉 성감적인 의의를 갖고 있으며, 만일 그 기관에 성감적인 요구가 너무 커지면 본래의 기능이 손상된다는 견해에 이르렀다.

외견상으로는 성과 전혀 관계가 없는 여러 기관들에서의 히스테리 증상은 도착된 성욕 충족의 본성을 우리에게 보여주는데, 이 도착된 성 충동에서는 성기의 의의가 다른 기관에 빼앗기고 있다. 그리고 우리는 영양 섭취 기관이나 배설 기관이 성 흥분의 담당자가 되는 일이 매우 많다는 것도 알고 있다. 이것은 성적 도착에서 볼 수 있었던 것과 꼭 같다. 그런데 성도착에서는 전혀 힘들이지 않고 매우 뚜렷이 알 수 있었던 것도 히스테리에서는 증상 해석이라는 우회적인 방법을 통해서야 비로소 알 수 있다. 그리고 문제의 도착된 성 충동은 그 사람의 의식 속에 있는 것이 아니라 무의식 속에 들어 있다.

강박 노이로제의 많은 증상들 가운데서 가장 중요한 것은 강한 사디즘적 성충동, 즉 성 목표가 도착되어 있는 성 충동에서 비롯된 증상이다. 더욱이 이러한 증상은(강박 노이로제의 구조와 일치되는 것처럼) 주로 그런 소망을 방해하고 있거나, 만족과 방해와의 싸움을 보여주고 있다. 이 경우 반드시 만족을 얻는다. 만족은 우회해서 환자의 행동 속에 들어갈 줄 알고, 그 사람에게 반항하는 것을 즐기며, 환자를 자학자로 만든다. 노이로제의 다른 형태, 이를테면 천착증(穿鑿症)에서는 보통은 정상적인 성적 만족을 얻기 위한 준비에 지나지 않는 행위나 또는 성적 만족을 얻는 도중에 행하는 행위, 즉 보고 싶어 하고 만지고 싶어 하고 탐색해 보고 싶어 하는 행위 등에서 지나치게 성적인 성향을 갖는다. 접촉불안(Berührungsangst)이라든가 세척강박(Waschzwanges)의 큰 의의는 이것으로 충분히 설명된다. 강박 행위의 상상도 못 할 큰 부분은 변장된 자위의 반복과 변형이다. 그리고 다 알다시피 자위란, 행위로서는 단순하지만 여러 가지 성적 공상을 수반하고 있다.

성도착과 노이로제와의 관계를 더 상세하게 여러분에게 이야기하는 것은 나로서는 쉬운 일이지만, 우리의 목적에는 지금까지 말한 것으로 충분하다고 생각한다. 그러나 증상 해석의 이와 같은 설명을 듣더라도 인간의 도착 성향의 빈도나 강도를 과대평가하지 않도록 조심해야 한다. 정상적인 성적 만족이 저지당하면 사람은 노이로제에 걸린다. 그러나 이것이 현실적으로 저지될 경우, 욕구는 성욕을 흥분시키기 위해 비정상적인 길로 간다. 왜 그런 일이 일어나는가는 나중에 알게 될 것이다. 아무튼 이와 같은 '부행적(副行的) 정체현상' 때문에, 도착적 충동은 정상적인 성적 만족이 현실에서 전혀 방해를 받지 않을 때보다 훨씬 강하게 나타난다는 것을 이해해 주기 바란다. 더욱이 유사한 영향은 현재성 도착증에서도 볼 수 있다. 현재성 도착증은 일시적 상황에서 또는 영속적인 사회 제도 때문에 정상적인 방법으로 성 본능을 채우기가 매우 곤란해질 때 유발되며, 활발하게 되는 경우가 많다. 그러나 도착적 성향이 실제로 이와 같은 조건과는 전혀 관계없이 나타나는 수도 있다. 이때의 도착증은 그 사람으로 봐서는 정상적인 성생활이다.

정상적인 성욕과 도착적인 성욕의 관계를 설명하는 바람에 여러분에게 오히려 혼란을 가져오게 했을 수도 있다. 그러나 여러분은 다음의 사항을 한번 생각해 주기 바란다. 정상적인 성적 만족을 현실에서 얻기 어려워지거나 전혀 얻을 수 없게 되면, 보통 때는 도착적 성향이 나타나지 않던 사람에게도 이러한 도착적 성향이 나타난다. 이 말이 옳다면 도착증을 쾌히 받아들이는 그 무엇인가가 이 사람들 속에 있다고 가정해야 한다. 또 여러분이 희망한다면 이렇게 말해도 좋다. 도착적 경향은 잠재된 형태로 이런 사람에게 존재하고 있는 것이 틀림없다고.

이렇게 우리는 앞서 여러분들에게 보고한 제2의 새로운 사실에 도달했다. 즉 정신분석 연구는 어린이의 성생활에도 관심을 가질 필요가 생겼다. 더욱이 증상을 분석할 때에는 환자의 추억과 연상이 언제나 유아기의 아주 초기 때까지 거슬러 올라갔기 때문이다. 우리가 추론했던 것은 어린이를 직접 관찰함으로써 하나하나 입증되었다. 여기서 이번에는 도착 성향은 유아기에 뿌리박고 있다는 것, 어린이에게는 도착될 성향의 소질이 있다는 것, 어린이는 미성숙의 정도에 따라 그 소질을 발휘하고 있다는 것, 다시 말해 도착적인 성욕이란 개개의 욕망으로 분해된 유아성욕이 확대된 것이란 점 등이 분명해졌다.

이제 여러분은 도착을 다른 눈으로 바라보게 될 것이다. 그리고 인간의 성생활과 도착과의 관련성을 무시하지 않을 것이다. 그러나 이 결론을 인정하려면 여러분은 대단한 놀라움과 심한 감정적 고통을 참지 않으면 안 된다. 어린이에게도 성생활이라고 일컬을 만한 무언가가 있다는 사실, 우리가 실험하고 관찰한 것들의 진실, 그리고 어린이의 행동 속에는 도착적이라는 판결이 내려질 만한 것과 밀접한 관계가 있는 점이 발견된다는 주장의 근거 등, 이 모든 것에 여러분은 아마 먼저 이의를 내세우고 싶을 것이다.

그러므로 나는 먼저 여러분이 느끼는 저항감의 동기를 밝히고, 이어 우리의 관찰을 종합하여 말하려 한다. 어린이에게는 성생활(성적 흥분, 성욕 및 어떤 종류의 성적 만족감)이라는 것이 없으며, 그것은 12세부터 14세 사이에 갑자기 눈뜨는 것이라는 주장은(모든 관찰은 도외시하고) 생물학적으로 생각해 보아도 믿을 수 없는 것이다. 이 주장은 어린이는 이 세상에 태어났을 때 성기를 갖고 있지 않으며, 사춘기가 되어서야 비로소 성기가 생긴다는 주장과 마찬가지로 불합리하다. 사춘기에 그들이 눈뜨는 것은 생식 기능이다. 이 기능은 이미 존재하고 있는 모든 육체적 정신적 자료들을 자기의 목적을 위해서 이용하는 것이다. 여러분은 성욕과 생식을 혼동하는 과오를 범하고 있다. 스스로 범한 이 과오 때문에 여러분은 성애, 성도착 및 노이로제를 이해할 수 없게 된 것이다. 그러나 이러한 과오는 교육의 결과이다. 여러분 스스로가 전에는 어린이였고, 어린 시절부터 교육의 감화를 강하게 받았다는 데에 이 과오의 근원이 있는 것이다. 왜냐하면 사회는 성욕의 움직임이 생식 충동으로서 심하게 나타났을 때, 이것을 속박하거나 제약하여 사회적 명령과 동일하게 의지에 복종시키는 일을 가장 중대한 교육 방침으로 삼고 있기 때문이다. 어린이가 지적 성숙의 어느 단계에 이를 때까지, 성 본능의 완전한 발달을 지연시키는 것은 사회의 이익이 된다. 왜냐하면 성 본능이 완전히 드러나 버리면 교육을 실시하기가 실제로 불가능하기 때문이다. 만일 그렇게 하지 않으면 성 본능은 모든 둑을 무너뜨리고, 고심하여 건설한 문화라는 전당도 떠내려 보내고 말 것이다. 그러나 성 본능을 제어하려는 사명은 결코 쉬운 일이 아니다.

그것은 극단적으로 성공하지 못하는 경우도 있고, 완전히 성공하는 수도 있다.

인간 사회를 움직이는 동기는 궁극적으로는 경제적인 동기이다. 사회는 그 성원이 노동하지 않고도 생활할 수 있을 만큼의 충분한 식량은 갖고 있지 않으므로, 그 성원의 인구를 제한하고, 그 에너지를 성생활에서 노동으로 돌려야만 한다. 원시 시대부터 현재에 이르기까지 생활난이 계속되고 있기 때문이다.

새로운 세대의 성적 욕망을 조종하기 쉽게 만드는 작업은 훨씬 어릴 때부터 교육적 감화를 주기 시작하여, 사춘기의 폭풍우를 기다리지 않고 그 준비 단계인 어린이의 성생활에 일찌감치 간섭할 때에만 달성할 수 있다는 것을 교육자는 경험으로 틀림없이 알았을 것이다. 이 때문에 거의 모든 어린이의 성생활은 금지되고 좋지 않은 것으로 취급된다. 어린이의 생활을 성이 아닌 것으로 구축하려 하는 이상적인 목적을 세운 결과, 시대의 흐름과 더불어 사람들은 마침내 어린이에게는 성이 없다고 생각하게 되었고, 결국 학문까지도 그것을 학설로서 보고하게 되어 버렸다. 이와 같은 그들의 믿음과 의도가 모순되게 보이지 않게 하기 위해서, 어린이의 성 활동은 간과되고 있다. 대단한 수완이다. 또 학문은 어린이의 성 활동을 다른 식으로 해석하고는 만족해한다. 어린이는 순수한 존재, 죄가 없는 존재로 간주되고 있다. 그리고 그렇지 않다고 말하는 사람은 인간성의 우아하고 신성한 감정을 손상시키는 고약한 인간으로 매도당하는 것이다.

그런데 어린이는 이런 편의주의와는 상관 없이 천진난만하게 그 동물적 권리를 드러내며, 자기들이야말로 순결한 자임을 되풀이하여 증명해 주고 있다. 그렇기 때문에 어린이의 성욕을 부정하는 사람은 교육의 손을 늦추지 않고, '어린이의 못된 짓'이라고 부르며, 자기들이 부정하려고 하는 성욕의 발현을 가장 엄하게 단속한다. 성욕이 없는 유아라는 선입견에 가장 모순되는 시기, 즉 5~6세까지의 나이가 대개의 사람의 경우, 기억 망각(amnesia)의 베일에 싸여 있음은 이론적으로 매우 흥미롭다. 그러나 이미 앞에서 본 것처럼 개개의 꿈은 이 베일도 통과해 버리고 형성되었다.

그러면 어린이의 성생활 중에서 가장 눈을 끄는 것을 여러분에게 이야기하기로 하자. 아울러 '리비도'라는 개념을 소개하는 것도 유용할 것이다.

리비도란 '굶주림'과 아주 비슷하며, 본능(굶주렸을 때의 섭식 본능처럼, 여기서는 성적 충동)을 발현시키는 내재적 힘을 말한다. 성 흥분이라든가, 성적 만족 같은 다른 개념을 설명할 필요는 없다. 그중에서도 유아의 성 활동의 경우, 가장 많은 해석을 해야 한다는 것은 여러분도 쉽게 알 수 있을 것이다. 그리고 여러분은 어쩌면 이 점을 우리에게 항의의 자료로 이용할지도 모른다. 이 해석은 분석적 연구를 기초로 증상을 거슬러 올라감으로써 얻어진다.

유아에 있어서는 성의 첫 충동이 생활에 필요한 다른 기능에 의존해서 나타난다. 여러분도 알다시피 유아의 중요한 관심은 영양 섭취에 있다. 유아는 젖을 배불리 먹고 어머니의 젖가슴에서 잠들 때 가장 행복한 표정을 짓는다. 그 표정이야말로 뒤에 어른이 되어 성적 오르가슴의 절정에 도달했을 때 반복되는 것이다. 이것만을 가지고 어떤 추론을 내린다는 것은 너무 모험적일지도 모른다. 그러나 실제로는 먹고 싶은 생각도 없으면서 유아가 영양 섭취의 동작을 되풀이하려 하는 것을 우리는 관찰할 수 있다. 그때 유아는 굶주림의 충동을 결코 느끼지 않는 것이다. 우리는 '유아가 젖꼭지를 빤다'[2]고 말한다. 유아는 이

---

2) 원래 쪽쪽, 쩝쩝에 해당하는 의성어에 지나지 않았으나 나중에 린드너(S. Lindner)에 의해 뚜렷한 개념을 갖게 되었다. 즉 물건(자기 입술, 손가락, 속옷, 고무젖꼭지 등)을 빨거나 핥는 것을 말

런 동작을 한 다음 다시 편안한 표정으로 잠든다는 데에서, 빤다는 행위 자체가 유아에게 만족을 주었다는 것을 보여 주고 있다. 이윽고 유아에게는 젖꼭지를 빨지 않으면 잠들지 않는 습관이 붙게 되어 버린다. 부다페스트의 소아과 의사 린드너 박사가 처음으로 이와 같은 행위에 성적인 색채가 있다고 주장했다. 어린이를 보살피는 사람들은 이에 이론적인 주장을 내세울 생각은 없다 하더라도, 똑같은 판단을 하고 있는 것 같다. 이런 사람들은 젖꼭지를 빤다는 것이 쾌감 획득에만 소용이 된다는 것을 확인하면, 그것을 어린이의 나쁜 버릇으로 간주하고, 어린이 스스로가 이 나쁜 버릇을 그만두지 않을 때에는 따끔하게 억지로라도 그만두게 하려고 한다. 이런 행동에서 우리는 유아가 쾌감 획득의 목적밖에 없는 행동을 하고 있음을 알게 된다. 유아는 이 쾌감을 영양 섭취 때에 처음으로 체험하며, 영양 섭취 상태로부터 쾌감을 재빨리 분리시키게 된다고 우리는 믿고 있다. 이와 같이 하여 얻은 쾌감은 입과 입술 부분에만 관계가 있다. 우리는 몸의 이 부분을 '성감대'라고 이름 짓고, 젖꼭지를 빠는 것으로 얻어진 쾌감을 성적 쾌감이라고 부르고 있다. 이처럼 이름을 붙이는 것이 과연 옳은지 어떤지는 확실히 더 논의가 있어야 될 것이다.

만일 유아가 말을 할 줄 안다면, 어머니의 젖꼭지를 빠는 행위는 삶에서 가장 중대한 것이라고 말할 것이다. 유아는 이것을 나쁜 짓이라고는 생각지 않는다. 왜냐하면 유아는 젖을 빤다는 이 행위로 두 가지의 커다란 생활 욕구를 채우고 있기 때문이다. 그리고 우리는 정신분석으로 일생을 통해 이 동작의 심리적 의의가 얼마나 크게 훨씬 뒤에까지 계속 남아 있는가를 알고 크게 놀랄 것이다. 어머니의 젖꼭지를 빠는 것은 성생활 전체의 출발점이 되며, 나중의 성적 만족에 다시없는 표본이 된다. 그리고 부족감을 느낄 때는 공상 속에서 흔히 이 표본으로 되돌아간다. 젖을 빤다는 것은 성의 첫 대상인 어머니의 유방이 포함되어 있다. 이 최초의 대상이 뒷날의 어떤 대상 발견에 얼마나 중요한 영향을 미치고 있는지, 또 이 첫 대상이 전환되고 대리되어 우리 정신생활의 멀리 떨어진 영역에까지 얼마나 깊은 영향을 미치는지에 대해서는 도저히 말로는 다 표현할 수가 없다.

한다.

그러나 우선 유아가 젖을 빤다는 활동을 하게 되면, 어머니라는 대상은 버려지고, 자기 몸의 일부로 그것을 대용하게 된다. 다시 말해 유아는 자기 혀로 엄지손가락을 빤다. 이 결과 외부 세계의 동의 없이도 쾌감을 얻을 수 있는 데다가 신체의 어떤 제2 성감대의 흥분을 강화하려고 한다. 성감대라고 모두가 다 같은 정도의 쾌감을 준다고는 할 수 없다. 그러므로 린드너가 보고한 것처럼, 유아가 자신의 몸을 만지작거리다가 성기가 특히 흥분하기 쉬운 곳이라는 것을 발견하고, 그로 인해 빠는 동작에서 자위에 이르는 길을 발견했다면, 이것이야말로 참으로 중대한 체험이라고 할 수 있을 것이다.

빠는 행위를 이와 같이 평가하면, 이제 유아 성욕의 두 가지 결정적인 특징을 알 수 있다. 유아 성욕은 유기체의 욕구 충족과 결부되어 일어나며 자기성애적(自己性愛的) 반응을 나타낸다. 즉 유아의 성욕은 대상을 자기 자신의 몸에서 찾고 자신의 몸에서 발견한다. 음식물 섭취에서 가장 뚜렷이 나타난 현상은 배설에서도 어느 정도 되풀이된다. 유아는 소변이나 대변을 볼 때 쾌감을 느끼며, 또 성감대의 점막을 자극하여 되도록 많은 쾌감을 얻으려다 마침내 배설 행위를 잘 조절하게 되는 것이라고 우리는 추론한다. 이 점에 대해서 섬세한 감각의 소유자인 루 안드레아스 살로메[3]가 상세하게 말한 것처럼, 먼저 외부 세계는 유아에게 쾌감 추구에 적대하는 저지적인 힘으로써 유아 앞에 막아서는데, 이것은 나중에 경험하는 안팎의 싸움을 어렴풋이나마 유아에게 느끼게 한다. 유아는 자기가 하고 싶을 때 배설하는 것이 허용되지 않고, 남이 정한 때에 배설해야 한다. 유아에게 이 쾌감의 원천을 단념시키기 위해서 배설 기능에 관한 모든 것이 천한 것, 숨겨두어야 하는 것으로 유아에게 설명된다. 여기서 비로소 유아는 쾌감과 사회적 품위를 교환해야 한다.

배설물 자체에 대한 유아의 태도는 처음부터 매우 다르다. 유아는 자기의 대변에 대해서 조금도 혐오감을 느끼지 않는다. 오히려 대변을 자기 몸의 일부라고 생각하며, 자기 몸에서 떼어 놓기를 싫어한다. 그리고 자기에게 특별히 중요한 사람이라는 표시로 보내는 제1의 '선물'로서 대변을 사용한다. 교육이 유아의 이러한 경향을 떼어놓는 목적을 달성하는 데 성공한 뒤에도 유아는 역시

---

3) Lou Andreas Salomé : 니체의 연인, 릴케의 친구, 나중에 프로이트파가 된 유명한 여성.

대변을 '선물', '돈'으로서 계속 평가한다. 한편 유아는 배뇨 동작을 특별히 자랑스러운 것으로서 간주하고 있는 것처럼 여겨진다.

여기서 여러분들은 꽤 오래전부터 내 말을 중지시키고, 다음과 같이 외치고 싶은 심정일 것이다. "정말 놀라운 일이군요. 대변 보기가 유아가 이용하는 쾌감 만족의 원천이라니 말입니다. 대변은 매우 귀중한 물질이고, 항문은 성기의 일종이라고요? 그런 건 도저히 믿을 수 없습니다. 소아과 의사나 교육자들이 정신분석과 그 결과를 엄하게 배척한 까닭이 이제 겨우 납득이 갑니다." 아니, 그렇지는 않다. 여러분은 내가 성적 도착의 사실과 결부시켜 유아의 성생활에 대한 여러 가지 사실을 이야기하려 하고 있다는 것을 까맣게 잊고 있다. 항문이 동성애자나 이성애자를 불문하고 많은 어른들에게 성교 때의 질과 같은 역할을 하고 있음을 여러분이 알아서 안 될 이유는 없다. 그리고 대변 볼 때의 쾌감을 평생토록 잊지 못하고, 그런 쾌감을 상당히 중시하는 사람들이 있다는 것을 여러분이 어째서 알아서는 안 되는 것일까?

배변 행위에 대한 관심과 남의 대변을 들여다볼 때의 기쁨에 대해서는, 어린이가 두세 살이 되어 스스로 생각을 표현할 수 있게 되면, 어린이 자신의 이야기로 직접 듣고 확인할 수 있을 것이다. 물론 여러분은 이 어린이를 미리 꾸짖어서는 안 된다. 꾸짖으면 어린이는 그런 것을 입 밖에 내서는 안 되는 일인 줄 알게 되기 때문이다. 그리고 여러분이 믿고 싶지 않은 다른 일들에 대해서는 분석의 결과와 어린이의 직접 관찰에서 얻은 결과를 참조해 주기 바란다. 또 이와 같은 모든 것이 눈에 띄지 않거나 다른 식으로 보게 된다든가 하는 것은 바로 작위(作爲)라고 여러분에게 말하고 싶다.

여러분이 유아의 성적 활동과 성적 도착 사이의 근연 관계를 기이하게 생각해도, 나는 전혀 이의를 말하고 싶지 않다. 이 친근함은 실제로 명백한 것이다. 만일 어린이에게 성생활이라는 것이 있다면, 그것은 도착적인 성질의 것이다. 왜냐하면 두세 가지 모호한 전조를 제외하고는 성욕이 생식 기능으로 바뀌기에는 아직 불충분한 점이 많기 때문이다. 한편 생식 목적이 포기되어 있는 것은 모든 도착에 공통된 성격이다. 성 활동이 생식목적을 버리고 그것과는 독립된 목표로서 쾌감 획득을 추구할 경우, 이 성 활동을 우리는 '도착'이라고 부른다. 따라서 여러분은 성생활의 발달에서의 단절과 전환점은 생식이라는 목표

아래 성생활을 종속시키는 데 있음을 알았을 것이다. 이 전환점 이전에 나타난 모든 것, 이 전환을 거부하고 쾌감 획득만을 목표로 하는 것은 모두 도착이라는 명예롭지 못한 이름이 붙어서 추방되는 것이다.

그러므로 유아 성욕에 대해서 간결한 설명을 계속하게 해주기 바란다. 내가 두 기관(器官) 계통에 대해서 보고한 것은 다른 기관을 참조함으로써 더 완전한 것이 될 것이다. 어린이의 성생활은 바로 일련의 부분적 본능 활동에 국한되어 있는데, 이 부분 본능이란 서로 독립적으로 일부는 자기 자신의 몸에서, 일부는 벌써 외계의 대상으로부터 쾌감을 얻으려는 본능이다. 이러한 기관 중에서도 성기는 매우 빨리 눈에 띈다. 세상에는 남의 성기나 그 밖의 대상의 도움을 빌리지 않고 자신의 성기로 쾌감을 찾고, 유아기의 자위에서 사춘기의 어쩔 수 없는 자위에 이르기까지 줄곧 자위를 계속하여, 사춘기가 지난 뒤에도 언제까지나 이를 그만두지 못하는 사람이 있다. 아무튼 자위 문제는 그리 간단하게 논할 수는 없다. 자위는 여러 면에서 관찰해야 하는 문제이다.

나는 이 문제를 더 간략하게 말하고 싶지만, 어린이의 '성적 탐구'에 대해서 몇 가지 더 이야기해야겠다. 성적 탐구는 유아 성욕의 특징을 잘 나타내고 있으며, 또 노이로제의 증상 연구에도 중요한 것이다. 어린이의 성적 탐구는 매우 빠르며, 때로는 세 살이 되기 전에 시작된다.

성적 탐구는 성별과 관계가 없다. 어린이에게는 성별이 아무 의미가 없는 것이다. 왜냐하면 어린이(적어도 남자아이)는 남녀 양성이 모두 동일한 성기, 즉 남성 성기를 갖고 있는 줄 알고 있기 때문이다. 그런데 남자아이는 어린 누이동생이나 소꿉동무에게 질이 있다는 것을 발견했을 때, 그는 즉각 자기 지각을 부정하려고 한다. 왜냐하면 남자아이로선 자기와 같은 모습을 한 인간이 자기에게 매우 귀중한 것으로 여겨지는 성기라는 부분을 갖고 있지 않다고는 도저히 믿어지지 않기 때문이다. 나중에 남자아이는 만일 자기의 성기가 그 어떤 기회에 없어지나 않을까 하고 걱정한다. 그리고 어린이가 자기의 조그마한 성기에 대해 너무 신경을 쓴다고 해서 일찍부터 너무 꾸짖으면, 이는 나중에까지 두고두고 영향을 끼친다. 그는 결국 '거세(去勢) 콤플렉스(Kastrationkomplex)'에 지배당하게 된다. 이 거세 콤플렉스는 그가 건강하면 그 성격 형성에 크게 영향을 끼치며, 그가 병에 걸려 있는 경우라면 노이로제에, 그리고 분석 요법을 받는 경우라면 저항에 크게 영향을 미친다.

어린 여자아이에 대해서 우리가 알고 있는 것은 다음과 같다. 여자아이는 자기가 눈으로 똑똑히 볼 수 있는 큼직한 음경을 갖고 있지 않기 때문에 매우 손해를 보고 있다고 생각하며, 그것을 가진 남자아이를 시기하며, 이 동기로 인해 남자가 되고 싶다는 소망[4]을 품는다. 또 여자아이의 음핵은 유아기에는 음경과 똑같은 역할을 하고 있다. 그것은 특히 흥분하기 쉽고, 또 자기성애적인 만족이 얻어지는 부위이다. 여자아이가 여성이 되려면, 음핵의 이 민감함을 적당한 시기에 완전히 질구에 양보하는 것이 중요하다. 이른바 여성 불감증의 증상 사례에서는 음핵이 이 민감함을 완강히 지속하고 있음을 알 수 있다.

어린이의 성적 호기심은 먼저 아기는 어디에서 태어나느냐 하는 문제(그 테베의 스핑크스의 수수께끼 뒤에 있는 것과 마찬가지 문제)로 향한다. 그리고 이 호기심은 대개 다른 아기가 태어날 때의 이기적인 근심으로 눈뜬다. 황새가 아기를 데려온다는 유모의 판에 박은 대답은 우리가 상상하는 이상으로 어린아이의 의혹을 자아내게 한다. 어른들에게 정말로 속고 있다는 느낌은 어린이의 고독감과 독립심의 발달을 크게 자극한다. 그러나 어린이는 이 문제를 자기의 머리로 해결할 수가 없다. 성적 요소들이 발달하지 않았기 때문에 그것을 이해하는 능력에는 한계가 있다.

그래서 어린이는 우선 어른이 무슨 특별한 음식을 먹기 때문에 아기가 생기는 것이라고 생각한다. 그리고 여성만이 아기를 낳을 수 있다는 것을 알지 못한다. 뒤에 여성만이 아기를 낳을 수 있다는 것을 알면 아기가 음식물에서 생성된다는 생각을 버린다. 그러나 이러한 생각은 여전히 동화 속에 남아 있다. 다 큰 아이는 드디어 아버지가 아이를 만드는 데 어떤 역할을 담당하는 것이 틀림없다고 깨닫지만, 구체적으로 어떤 역할을 하는지는 짐작하지 못한다. 만일 아이가 우연히 성교를 목격하면, 그는 그것을 넘어뜨리고 있는 것이라든가 싸우고 있는 것으로 믿어 성교를 사디즘적으로 오해해 버린다. 그리고 아직은 그 행위를 아기가 생기는 일과 결부시키지 못한다. 만일 어린이가 어머니의 침대나 속옷에서 핏자국을 보게 되면, 그는 이 피를 아버지에 의해 피해를 입은

---

4) 이 소망은 나중에 불행히도 여자로서의 역할을 잘 할 수 없었기 때문에 일어나는 노이로제 속에 다시 나타난다.

부상의 증거라고 생각한다. 아이가 더 자라게 되면 어린이는 남자의 음경이 아기가 생기는 것과 근본적인 관계를 갖고 있다고 어렴풋이 느끼지만, 음경에 배뇨 이외의 다른 작용이 있을 거라는 생각은 하지 못한다.

처음부터 어린이는 아기는 창자에서 생기는 것, 즉 아기는 대변처럼 나오는 것이라는 생각에 동조하고 있다. 항문에 대한 흥미가 없어졌을 때 비로소 이 생각은 사라지며, 다음에는 배꼽이 찢어진다든가, 양쪽 유방의 가운데 부분이 분만의 자리라는 가정으로 변해간다. 이런 방식으로 언제나 호기심에 가득 차 있는 어린이는 점차 성적 지식에 다가가거나 아니면 무지한 상태로 성적 지식에 접근하지 못하고 자라나는데, 대부분의 아이가 사춘기 이전에 불완전한 설명을 대강 듣게 된다. 그리고 이 설명은 흔히 외상(外傷)으로 작용하는 경우가 많다.

여러분은 '노이로제는 발생 원인이 성적인 데 있다는 명제와 그 증상에는 성적인 뜻이 있다는 명제를 고집하기 위해서, 성이라는 개념이 정신분석에서 매우 확대되어 있다'는 이야기를 들었을 것이다. 이제 여러분은 이 확대가 정당한 것인지 아닌지 스스로 비판할 수 있을 것이다. 우리는 성의 개념에 도착자의 성생활과 어린이의 성생활까지 포함할 수 있게 되었다. 다시 말해 우리는 성이라는 개념의 정당한 영역을 복구한 셈이다. 정신분석 이외에서 성이라고 부르는 것은 생식기능에 속하며, 정상이라고 보아 온 한정된 성생활을 가리키고 있는 것뿐이다.

스물한 번째 강의
리비도의 발달과 성의 조직

성에 대한 우리의 견해에 '도착증'이라는 것이 얼마나 중요한 위치를 차지하는가를 여러분에게 제대로 이해시키지 못한 것이 아닐까 하는 생각이 든다. 그러므로 가능한 한 그 문제에 대해 보충하고 정정해 나가기로 한다.

그렇게 엄청난 반대를 불러일으켰던 성이란 개념을 변경해야 했던 이유가 단지 도착증 때문이라고 생각해서는 안 된다. 유아 성욕의 연구는 도착증에 대한 연구 이상으로 성의 개념을 변화시켰다. 그리고 성도착과 유아 성욕이 일치한다는 것을 우리는 이제 명확히 깨닫게 되었다. 유아 성욕은 유아기 후기에는 확연히 드러나지만, 유아기 초기에는 어렴풋이 생기는 듯하다. 개체 발달의 연구 분석적 연관에 주의를 집중하지 않는 사람들은 유아기 초기에 성이라는 특질이 있다는 것에 반대하고, 무언가 미분화된 성격이 있음을 인정받으려 할 것이다.

우리가 너무나도 작고 의미를 갖기 어렵다고 해서 받아들이지 않는 그 정의, 즉 하나의 현상에 성(性)이라는 성질이 들어 있는지 없는지를 판별하는 일반적으로 인정된 기준이 아직 없다는 것을 잊지 말아야 한다. 생물학적 기준, 이를테면 플리스(W. Fliess)가 제기한 23일과 28일의 주기성도 아직 의견이 분분한 상태이다. 성적 과정의 화학적 특이성도 예측할 수는 있지만, 보다 높은 단계로의 발전을 바랄 수밖에 없는 상황이다.[1] 이에 반해서 어른의 성적 도착은 구체적으로 알려져 있고 또 뚜렷한 사실이다. 이미 보편적으로 인정받고 있는 그 명칭에 표현되어 있듯 성적 도착은 두말할 여지없이 성이다. 성적 도착에 변질징후(또는 변태)라는 명칭을 붙이든 아니면 다른 어떤 명칭으로 부르든 간에, 이 성

---

1) 성 호르몬이 발견된 것은 1931년 그 뒤의 일이다.

적 도착을 감히 성생활의 현상이 아닌 다른 현상 속에 넣으려는 사람은 아무도 없었다. 이와 같은 태도를 갖는다면 성과 생식은 반드시 일치하는 것은 아니라고 주장할 수 있다. 성도착은 생식이라는 목표를 완전히 부정하고 있다는 것은 누구에게나 통용되는 사실이기 때문이다.

여기서 나는 흥미를 불러일으킬 만한 하나의 병행적 현상을 비교해 보겠다. 사람들 대부분은 일반적으로 '의식적'과 '심리적'이 동일한 내용을 의미한다고 생각하지만, 우리는 '심리적'이라는 개념을 확대시켜 의식과는 다른 정신적인 영역도 받아들여야 했다. 이와 마찬가지로 다른 사람들은 '성적'과 '생식 기능에 속하는 것'(단정적으로 '생식기적(的)'이라고 해도 좋다)을 같은 것으로 여기는데, 우리는 생식적이 아닌, 즉 생식 작용과 전혀 관계가 없는 성적인 것을 생각하지 않을 수 없다. 그것은 형식적으로 비슷한 것일 뿐이지만 상당한 근거가 있다.

그러나 성적 도착의 존재가 이 문제에 관해서 확고부동한 증거라고 한다면, 어째서 오래전에 성적 도착의 본질이 연구되어 이 문제가 해결되지 않았을까? 나는 그 이유를 정확히 밝힐 수는 없지만, 다음과 같은 점에 그 이유가 있는 것 같다. 다시 말해 성적 도착은 옛날에 아주 특수한 사회적 제재를 받았는데, 이것이 학설에까지 간섭하여 그 학문적 평가를 억제한 듯싶다. 성적 도착이 더러운 것일 뿐만 아니라 무서운 것, 위험한 것임은 누구도 잊을 수 없는 것 같다. 또한 그럼에도 사람들은 성적 도착을 매력적인 것으로 여기는 듯하며, 성적 도착을 향락하고 있는 사람들에게 은밀한 질투를 느끼며 마음속에서 억제하고 있는 것처럼 보인다. 바그너(Wagner)의 그 유명한 악극 탄호이저(Tannhäuser) 속에서 재판관이 된 영주가 이와 거의 같은 감정을 고백하고 있다.

베누스산[2]에 이르러, 그는 명예도 의무도 잊었노라!
그와 같은 일이 내 몸에는 일어나지 않다니!

실제로 성적 도착자는 쉽게 이룰 수 없는 만족을 구하기 위해 매우 가혹한

---

2) Venusberg : 몬스 베네리스 '비너스의 산'으로, 흔히 여성의 음부를 가리킴.

벌을 받고 있는 불쌍한 인간이라고 할 수 있다.

그 대상과 목표가 부자연스러움에도 불구하고 도착적인 만족 행위가 대개 완전한 오르가슴과 사정으로 끝나기 때문이다. 이것은 물론 그 도착자가 성인이기 때문이다. 어린이는 오르가슴이나 사정은 아직 거의 할 수 없으므로 그것과 비슷한 정도의 방법으로 대신하는데, 이것 또한 확실히 성적인 것이라고는 할 수 없다.

성적 도착의 평가를 철저하게 하기 위해서 이에 대해 더 설명을 덧붙여야겠다. 성적 도착이 세상 사람들에게 혹평을 받아도, 정상적인 성행위와 완전히 구별되어야 한다고 해도, 정상인의 성생활을 잠시만 주시해 보면 그들에게도 한두 가지 도착된 특징이 있음을 알 수 있다. 먼저 키스는 도착 행위라고 할 만한 근거가 있다. 왜냐하면 키스는 두 사람의 성기 대신 성감대라고 할 수 있는 두 입을 접합시키는 행위이기 때문이다. 그러나 아무도 키스를 성적 도착이라고 비난하지는 않는다. 오히려 연극에서는 키스를 성행위의 은근한 암시로서 허용하고 있다. 그러나 키스도 사정과 오르가슴에 직접 결부될 만큼 심해지면, 완전한 성적 도착이라고 할 수 있다. 이것도 결코 드물지 않은 사례이다. 그리고 대상에 접촉하거나 대상을 바라보는 것은 성적 향락에 없어서는 안 되는 조건이라는 것, 어떤 사람은 성 흥분의 절정에 이르면 상대편을 꼬집거나 물거나 한다는 것, 연인 사이에서 가장 큰 흥분은 반드시 성기에 의해서만 일어나는 것이 아니라 오히려 상대의 다른 신체 부위를 통해 불러일으켜진다는 것 등을 사람들은 경험으로 알고 있다. 그러나 이와 같이 하나의 특징만을 가진 사람을 정상인들 속에서 끌어내 성도착자들 속에 포함시킨다는 것은 의미 없는 일이다. 도리어 도착의 본질은 성적 목표를 잘못 갖거나, 성기를 다른 것으로 대신하는 것이 아니다. 도착은 대상이 좀 어긋난 정도가 아니다. 도착의 본질은 다른 것을 모두 밀어젖히면서까지 도착이라는 일탈 행위만을 실현시키며, 생식 작용을 위해 있는 성행위를 밀어내려는 배타성에 있다. 사람들은 이것을 확실하게 인식하고 있다.

이를테면 도착 행위라도 그것이 정상적인 성행위를 위한 준비로써 한다거나 또는 성행위를 강화하는 수단이라면, 그것은 실제로 도착이 아니다. 이 사실로 정상적인 성욕과 도착된 성욕 사이에 가로놓인 도랑은 매우 좁아진다. 이상의 것을 통해 정상적인 성욕이란, 그 이전에 존재하던 자료에서 각 특징을 쓸모없는 것으로 배제하고, 한 가지 새로운 목표, 말하자면 생식이라는 목표에 종속시키는 것으로서 만들어진 것임이 분명해진다.

우리는 지금까지 얻은 성도착의 지식을 이용해서 뚜렷한 가설을 가지고 다시 한번 유아 성욕의 연구에 몰두할 작정이지만, 그전에 도착 성욕과 유아 성욕의 주요한 차이에 대해 관심을 돌리겠다. 일반적으로 도착 성욕은 집중적인 것이 특징이다. 모든 행동은 하나의, 오직 하나의 목표를 향해서 달린다.

거기에는 하나의 부분본능이 우세하다. 부분본능의 단 하나가 우세하여 그것이 증명할 수 있는 유일한 것이거나, 또는 하나의 부분본능이 자기의 목적에 다른 부분본능을 종속하고 있는 경우가 있다. 이 점에서는 지배적인 부분본능, 즉 성적 목표가 달라진 것 말고는 도착 성욕과 정상 성욕 사이에 아무 차이가 없다. 이를테면 둘 다 훌륭하게 조직된 전제정치라고 할 수 있다. 다만 다른 것은 도착 성욕은 한 일족이, 정상 성욕은 다른 일족이 지배권을 독점한다는 점이다.

이에 반해서 유아 성욕에는 일반적으로 이와 같은 집중과 조직이 없다. 다시 말해 각 부분본능이 각기 동일한 권리를 주장하고, 저마다 멋대로 쾌감 획득을 추구하고 있다. 물론 집중이 없다거나 있다는 것은 도착 성욕이나 정상 성욕이나 둘 다 유아 성욕에서 발생한 것이라는 사실에 일치한다. 그리고 또 유아 성욕과 가장 닮은 도착 성욕의 사례가 있다. 이 경우 무수한 부분본능들이 서로 독립하여 각각의 목표를 관철하려 하고 있다. 더 제대로 표현한다면, 각각의 목표를 계속 추구하고 있는 것이다. 이런 사례는 도착적이라기보다는 유아적인 삶의 태도라고 말하는 편이 더 적절하다.

이와 같은 사례를 준비해 두면, 그대로 지나칠 수 없는 제안에 대해 상세하게 논한다 해도 상관 없을 것이다. 여러분은 우리에게 이렇게 말할 것이다.

"선생님 자신이 불확실하다고 인정하고 계시는 유아기의 현상─거기서 후년에 성욕이 생긴다고 합니다만─을 어째서 선생님은 성욕이라고 불러야 한다고 완강히 주장하시는 것입니까? 선생님이 오히려 생리학적인 서술로 만족하고, 이미 유아에게 관찰되는 젖을 빤다든가 배설하기를 참는다든가 하는 행동들은 유아가 기관쾌감을 구하고 있는 증거라고 간단히 말할 수는 없을까요? 그렇게 하신다면, 선생님은 어린이에게도 성생활이 있다는 등, 모든 사람의 감정을 상하게 하는 주장을 피하실 수 있었을 텐데요."

마땅한 말이다. 나는 기관쾌감에 대해서 결코 반대하지 않는다. 성적 결합에서 최고의 쾌감이 성기의 활동과 연결된 기관쾌감에 지나지 않는다는 것도 잘 알고 있다. 그렇다면 처음에는 미분화된 이 기관쾌감이 발달된 후기 단계에서도 확실히 존재하는 그 성적 성격을 언제 얻게 되는 것인지 여러분은 나에게 대답할 수 있겠는가? 또 성욕에 대한 지식 이상으로 기관쾌감에 대한 지식을 갖고 있는가? 여러분은 "성기가 그 역할을 하기 시작하는 바로 그때, 이 성적 특질, 바로 성적이라는 것과 생식적이라는 것이 일치된다"라고 대답할지 모른다. 여러분은 대개의 도착이 성기의 결합과는 다른 방법으로 성기의 오르가슴을 달성하는 것이라고 내게 맞서면서, 도착에 대한 반론조차 거부할지 모른다. 그러면 도착이라는 것이 있으므로 '성은 생식이다'라고 하는 정의의 근거가 없어지는 것이니, 성의 특질을 말할 때 이 불편한 생식의 관계를 삭제하고, 그 대신 성기의 활동을 전면에 내세운다면 실제로 여러분의 입장은 유리해진다. 그러나 이때 여러분의 입장과 나의 입장은 그다지 멀지 않다. 다시 말해 성기와 다른 여러 기관과의 대립이 되어 버린다.

그러나 정상적인 키스, 화류계의 성도착 행위, 또는 히스테리의 증상처럼 쾌감 획득을 위해서 다른 기관이 성기를 대신하고 있다는 것을 대체 어떻게 설명할 작정인가? 히스테리라는 노이로제에서는 자극 현상, 감각, 신경지배, 그리고 성기에 속하는 발기 현상까지도 멀리 떨어진 신체의 다른 부위(이를테면 위쪽으로는 머리나 얼굴)로 대치되는 일이 흔히 있다. 이와 같은 논법으로 나간다면, 여러분이 말하는 성이라는 개념을 고집하더라도 아무 소용없다는 것을 깨닫게 될 것이다. 그리하여 여러분은 나와 같이 '성'이라는 표현이 유아기 때의 기관쾌감을 추구하는 행위로까지 적용된다는 사실을 받아들여야만 한다.

내 주장이 정당하다는 것을 변호하기 위해서 다른 두 가지를 이야기할 테니 양해해 주었으면 한다.

여러분도 알다시피 쾌감을 얻으려고 하는 유아기 초기의 불확실한 쾌감활동을 우리는 성적이라고 불렀다. 왜냐하면 우리는 분석의 방법으로 증상을 출발점으로 하여 이론의 여지가 없을 만큼 명료한 성적 자료를 통해 쾌감 활동에 도달했기 때문이다. 그러므로 이 활동은 성 자체라고 해서는 안 될지도 모른다. 그러나 여러분은 이와 비슷한 경우를 한번 생각해 주기 바란다. 두 가지 쌍자엽식물, 이를테면 사과나무와 누에콩이 씨에서 어떻게 성장하는가를 관찰할 방법은 없다고 치더라도 이 두 가지 사례로, 완전히 성장한 식물의 개체에서 두 개의 배엽을 가진 첫 배아로까지 거슬러 올라가 볼 수 있다.

이 두 가지 배엽은 외관상으로는 차이를 볼 수 없고 둘 다 똑같은 종류로 보인다. 그렇다고 이 두 가지가 실제로 똑같으며, 사과나무와 누에콩의 특성이 식물의 성장 후기에야 비로소 나타난다고 가정하겠는가? 그렇지는 않을 것이다. 배엽으로는 분간을 못 하더라도 배아 속에 이미 차이가 있다고 생각하는 편이 생물학적으로 옳을 것이다. 우리가 쾌감을 얻으려고 하는 유아의 활동을 성적 쾌감이라고 부르는 것도 이와 같다. 나는 여기서 모든 기관쾌감을 성적 쾌감이라고 불러도 좋은지, 또는 성적인 기관쾌감과 함께 이 이름과 맞지 않는 다른 기관쾌감이 있는지 어떤지는 논의할 수가 없다. 그리고 기관쾌감과 그 여러 조건에 대해서는 거의 모른다. 게다가 분석이라는 것은 일반적으로 과거로 거슬러 올라가는 특성을 갖고 있기 때문에, 우선은 내가 뚜렷이 분류할 수 없는 요소에 도달하더라도 나는 조금도 놀라지 않는다.

또 하나, 설령 여러분이 유아의 활동은 성적인 것으로 간주하지 않는 편이 낫다고 나를 설득할 수 있다고 하더라도, 어린이의 성적 순결에 대해서는 전체적으로 얻는 것이 매우 적을 것이다. 어린이에게는 세 살부터 분명히 성생활이 있기 때문이다. 이 나이가 되면 이미 성기의 흥분이 시작된다. 이 결과 유아성자위, 즉 성기에 의한 만족의 한 시기가 오는 것이 보통이다. 성생활의 정신적 사회적 발현이 인정되지 않는 것을 불만스럽게 여길 필요는 없다. 다시 말해 대상의 선택, 특정인에 대해 사랑이 담긴 태도를 취하는 것, 아니 오히려 남녀 양성 중 어느 한쪽으로 기우는 것, 그리고 질투를 나타내는 것 등은 정신분석이 창시되기 이전에 정신분석과는 관계없이 독자적으로 확인된 사실이며, 이에 대해 관심이 있는 관찰자라면 누구나 입증할 수 있다.

이에 대해서 여러분은 이렇게 반대할 것이다. "매우 어릴 때 사랑에 눈뜨는 것은 의문의 여지가 없지만, 그런 사랑이 '성적인' 성격을 갖고 있다는 데에는 의문이 갑니다."

물론 어린이는 세 살부터 여덟 살 사이에 이 성적인 성격을 숨기는 방법을 배우는데, 여러분이 주의해 본다면, 이 사랑에는 '관능적'인 의도가 있다는 데 대해서 많은 증거를 찾을 수 있을 것이다. 또 여러분의 눈에 아직 띄지 않은 것은 분석적 연구에 의해 어렵지 않게 손에 넣을 수 있을 것이다. 이 시기의 성적 목표는 성적 호기심과 가장 밀접한 관계가 있다. 이에 대해서 나는 전에 두세 가지 견본을 보였다. 이러한 두세 가지 목표의 도착적 성격은 물론 성교라는 행위 목적을 아직 발견하지 않은 어린이의 체질적인 미성숙 때문이다.

약 여섯 살에서 여덟 살 이후에 성적 발달의 정지와 후퇴를 볼 수 있다. 이것은 교육상 가장 잘 되었을 경우, 이 시기를 잠재기(Latenzzeit)라 이름 붙일 가치가 있다. 그러나 이 잠재기가 완전히 결여되어 있을 때도 종종 있다. 잠재기라고 하더라도 성 활동과 성적 호기심이 전면적으로 중단되는 것은 아니다. 잠재기가 시작되기 전의 대개의 체험이나 심적 본능은 유아성 망각(우리 첫 유년기를 덮어 버리고, 우리를 거기서 멀리 떼어놓는, 이미 말한 망각)에 빠지고 만다. 정신분석의 과제는 잊어버린 이 시기를 기억 속에서 되살리는 것이다. 그러므로 우리는 잠재기 이전의 시기에 성생활이 시작되었다고 하는 것이야말로 이 망각을 일으키는 동기라는 것, 즉 망각은 억압의 결과라고 추론하지 않을 수 없게 된다.

어린이의 성생활은 세 살 이후부터 여러 가지 점에서 어른의 성생활과 비슷하다. 이미 말한 것과 같이 둘의 차이점은 어린이에게는 성기를 으뜸으로 하는 견고한 성적인 체제가 결여되어 있으며, 도착의 성격이 역력하고, 두말할 것도 없이 욕구 전체의 강도가 약하다는 점이다. 그러나 성욕의 발달 단계, 즉 리비도의 발달이 이론적으로 가장 흥미 있는 시기는 이 시기 이전이다. 리비도는 매우 급속히 발달하기 때문에 직접 관찰하는 것만으로는 이 변하기 쉬운 모습을 잘 포착하지 못한다. 정신분석으로 노이로제를 철저히 연구함으로써 비로소 리비도의 발달 훨씬 이전의 단계를 추측할 수 있다. 이것은 물론 이론으로 만들어낸 것에 지나지 않는다. 그러나 실제로 여러분이 정신분석을 하게 되면, 그것이 필연적으로 유용한 이론이라는 것을 알게 될 것이다. 우리가 정상적인 상황에서는 지나쳐 버리게 되는 여러 사정이 병적 상태에서는 어떻게 발견될 수 있는가에 대해서 이해할 수 있게 될 것이다.

따라서 이제 우리는 성기가 우위성(優位性)을 차지하기 전에 어린이의 성생활이 어떻게 형성되는가를 말할 수 있다. 이 성기의 우위성은 잠재기 이전의 유아기 초기에 준비되어 사춘기부터 점차 체제가 갖춰지는 것이다. 그런데 이 성기 우위 시기의 전기(前期)에는 전성기적(前性器的)이라고 부를 만한 일종의 완만한 성적 체제가 존재한다. 그리고 이 시기에는 성기의 부분본능이 아니라 사디즘적인 부분본능과 항문을 통해 쾌감을 느끼려는 본능이 매우 두드러지게 나타난다. 이 시기에는 '남성적', '여성적'이라는 대립 관계는 아무 역할도 하지 않으나, '능동적', '수동적'이라는 대립 관계는 존재한다. 이 대립을 성적 대극성(性的對極性)의 선구라고 불러도 좋다. 다시 말해 이 남녀라는 양극성은 나중에 이 남성과 여성의 대극성과 접합하는 것이다. 성기기(性器期)의 단계에서 관찰해보면, 이 시기의 활동으로서 남성적인 것으로 여겨지는 것은 잔인성으로 쉽게 이행하는 지배욕의 발현이라는 것을 알 수 있다. 수동적인 목적을 가진 욕구는 이 시기에서는 매우 중대한 의의가 있으며, 항문의 성감대와 결부되어 있다. 또 들여다보고 싶다는 욕망과 알고 싶다는 욕망이 강하게 나타난다. 그러나 성기는 실제로 단지 배뇨기관으로서의 역할을 하는 데 있어서만 성생활에 관여하고 있을 뿐이다. 이 시기의 부분본능에 대상이 없는 일은 없지만, 그 대상은 반드시 모여서 하나의 대상이 되지는 않는다.

사디즘적인 행위나 항문을 통해 쾌감을 느끼는 시기는 성기가 우위를 차지하는 단계의 바로 이전 단계이다. 한 걸음 더 깊이 연구하면 이 체제 중의 얼마만큼 많은 것이 나중의 최종적인 구성 중에 남아 있는지, 또 어떤 길을 통해서 이 단계의 부분본능이 새로운 성기기 체제(性器期體制) 속에 강제로 갇혀 버리는지를 알 수 있다.

우리는 리비도 발달의 이 가학적 항문 성애 단계가 형성되기 이전에 초기의 더 원시적인 체제 단계가 있다는 것을 발견할 수 있다. 그리고 이 단계에서는 입의 성감대가 주역을 맡고 있다. 빤다는 성 활동은 이 단계에 속한다고 생각해도 좋다. 그리고 어린이뿐 아니라 호루스신[3]까지도 입으로 손가락을 빨고 있는 것을 묘사한 고대 이집트인의 지혜에 경탄해도 좋다. 아브라함[4]은 최근 이

---

3) Horus : 이집트의 태양신. 입에 손을 물고 태어났다고 한다.
4) K. Abraham 1877~1925. 프로이트가 독일 최초의 정신분석의라고 부른 뛰어난 정신과의사.

원시적인 구순기(口脣期)가 뒷날의 성생활에 어떤 흔적을 남기고 있는가에 대해 여러 가지를 보고했다.

성의 체제에 대한 이 마지막 보고는 여러분을 계발시키기보다 오히려 여러분에게 무거운 짐을 지운 것같이 생각된다. 그러나 다시 한번 상세히 설명할 작정이니 너그럽게 보아 주기 바란다. 여러분이 지금 듣는 것도 앞으로 이용할 때는 훌륭한 도움이 될 것이다. 우선 성생활(리비도 기능이라고 우리는 말하고 있지만)이라는 것은 처음부터 완성된 것으로 나타나는 것도 아니고, 또 언제나 같은 모습으로 성장해 가는 것도 아니다. 오히려 서로 다른 일련의 단계들을 하나하나 통과해 가는, 이를테면 애벌레가 나비가 되듯이 발달 단계를 몇 번이나 되풀이한다는 것을 기억에 새겨 두기 바란다.

그리고 발달의 전환점은 모든 성적인 부분본능이 성기의 우위성 아래 종속될 때, 즉 성욕이 생식 기능 아래 복종할 때이다. 그 이전의 성생활은 토막이 난 성생활로, 각 부분본능이 멋대로 활약하고 있는 때이다. 이 무질서의 상태는 성생활의 전성기적 체제[5]의 출현으로 완화되어 간다. 그리고 이 밖에 오늘날 아직도 자세하게 알지 못하는 여러 과정들이 있는데, 이 과정들을 거친 하나의 체제 단계가 바로 윗 단계로 옮겨가는 것이다. 리비도가 이렇게 긴 몇 단계의 발달 과정을 진행하는 것이 노이로제를 이해하는 데 어떤 의의를 갖는가는 다음에 이야기하기로 한다.

오늘은 리비도 발달의 다른 면, 즉 성적인 부분본능과 대상과의 관계를 살펴보자. 나는 이 발달의 훨씬 뒤에 나타나는 사건을 상당히 자세히 이야기할 것이므로, 이 발달에 대해서는 한번 훑어보는 정도로 그치고 싶다.

다시 말해서 성본능 중의 몇 가지 요소, 즉 지배욕(사디즘), 엿보고 싶은 본능, 호기심 등은 처음부터 하나의 대상을 갖고 있고 그것을 계속 간직한다. 그런데 다른 요소들, 즉 몸의 어떤 특정 성감대와 결부되어 있는 본능들은 성적이라고 할 수 없는 기능에 의지하고 있을 때만 대상을 갖고 있다. 그러나 이 기능에서 독립하면 그 대상을 버린다. 그러므로 성욕의 구순기적 요소와 관련된 첫 대상은 유아의 영양 섭취 욕구를 채워 주는 어머니의 젖가슴이다. 그러나 빠

---

5) 사디즘적 항문기 이전의 가장 원시적인 구순기가 있다.

는 동작을 하게 되면, 젖을 빨 때 함께 만족되는 에로틱한 부분은 독립하여 대상은 젖가슴이라는 외계에 버려지고, 이것을 자신의 몸으로 대체한다. 구순 성애의 본능은 자기성애적인 본능이 된다. 항문 성애나 다른 성감대의 본능은 처음부터 자기성애적이다.

그 뒤의 발달은(되도록 간결하게 말하면) 두 가지 목적을 갖고 있다. 첫째, 자기성애를 버리고 자신의 몸에 있는 대상을 외계의 대상과 다시 바꾼다. 둘째, 각 본능의 여러 가지 대상들을 통일하여 단 하나의 대상으로 바꾸는 일이다. 이는 물론 이 단 하나의 대상이 자기 몸과 비슷한 완전한 하나의 몸일 때에만 성공한다. 그리고 다수의 자기성애적 충동들이 쓸모없는 것으로 버려지기 전에는 이 통일은 이루어지지 않는다.

대상을 발견해 가는 이 과정들은 꽤 복잡하므로 아직까지 개관적으로 설명된 적이 없다. 만일 잠재기 전의 유아기 때 이 과정이 어느 정도 완결된 경우, 거기서 발견된 대상은, 구순기 쾌감 욕망과 충동이 다른 기능에 의존함으로써 얻어진 최초의 대상과 거의 같은 것이라고 역설하고 싶다. 이 첫 대상은 어머니의 젖가슴은 아니지만, 어머니임에는 분명하다. 우리는 어머니를 최초의 '사랑의 대상'이라고 부르고 있다. 그렇다면 우리는 사랑을 어떻게 생각하고 있는가? 성적인 욕구의 정신적 측면을 중시하고, 성욕의 밑바닥에 있는 육체적 또는 관능적 충동의 요구를 억제하거나 잠시 잊고 싶을 때, 우리는 이것을 사랑이라고 부른다.

어머니가 사랑의 대상이 될 무렵에는 이미 어린이의 마음에 억압이라는 심리적 작용이 시작된다. 그리고 이 억압으로 어린이는 성적 목표(대상)에 대한 어느 부분의 지식을 의식화하지 않으려 한다. 이와 같이 사랑의 대상으로 어머니를 고르는 것은 우리가 오이디푸스 콤플렉스(Ödipus Komplex)라고 부르는 것과 밀접한 관계가 있다. 오이디푸스 콤플렉스는 노이로제를 정신분석으로 설명하는 데 중요한 의의를 지니고 있는 반면, 정신분석에 대한 반대를 불러일으키는 데에도 적지 않게 기여하고 있다.

제1차 세계대전 때 일어난 한 조그만 사건을 들어주기 바란다. 정신분석의 열렬한 신봉자 가운데 한 사람이 독일군의 전방부대 소속 군의관으로 폴란드에서 근무하고 있었다. 이 의사가 가끔씩 환자들에게 뜻밖의 치료 효과를 보여 준다는 사실이 동료들 사이에 주목을 끌었다. 어떻게 된 거냐고 그 이유를 질문하자, 정신분석을 환자에게 응용하기 때문이라고 그는 고백했다. 그리고 동료에게 자기 지식을 나누어 줄 것을 쾌히 승낙했다. 그래서 밤마다 군의관, 동료, 상관이 모여서 정신분석이라는 신비로운 가르침에 귀를 기울였다. 한동안은 매우 순조롭게 이야기가 진행되었는데, 어느 날 그가 오이디푸스 콤플렉스를 이야기하자, 갑자기 상관이 일어서서 "나는 오이디푸스 콤플렉스인가 뭔가 하는 것을 믿지 않아. 조국을 위해서 싸우고 있는 용감한 전사이며 한 가장인 우리에게 그런 말을 한다는 건 실로 비천하기 짝이 없는 일이야" 이렇게 호통을 쳤다. 상관은 이 강의를 금지해 버렸다. 강의는 중단되고 이 정신분석가는 다른 곳으로 좌천되었다. 독일군의 승리가 이러한 학문의 통제를 필요로 한다면, 그것은 한심하기 짝이 없는 일이다. 독일은 이러한 통제 아래에서는 결코 발전하지 않을 것이다.

여기서 여러분은 이 불쾌하기 짝이 없는 오이디푸스 콤플렉스가 무엇을 뜻하는지 알고 싶어 할 것이다. 그러나 이 이름이 이미 여러분에게 모든 것을 말하고 있다. 여러분들은 그리스 신화에 나오는 오이디푸스왕의 전설을 알고 있을 것이다. 오이디푸스는 아버지를 죽이고 어머니를 아내로 삼는다는 운명을 지니고 태어났다. 이 신탁(神託)에서 벗어나려고 그는 온갖 노력을 다했다. 그럼에도 본의 아니게 이 두 가지 죄를 저질렀음을 알았을 때, 그는 스스로 자기 눈을 도려내 자기를 벌한다.

여러분 가운데 많은 사람들은 이것을 제재로 한 소포클레스의 비극을 보고 깊은 감동을 받았을 것이다. 이 아테네 시인 소포클레스의 작품은 교묘하게 이루어지는 심문의 과정을 통해 새로운 증거를 끈질기게 찾아냄으로써, 오이디푸스가 오래전에 저지른 행위를 폭로하고 있다. 이 묘사법은 정신분석의 진행 방법과 어느 정도 유사성을 띤다. 대화의 진행 중에 오이디푸스의 어머니이자 아내인 이오카스테가 심문을 계속하는 것에 반대하는 장면이 나온다. 그녀는 많은 사람들이 꿈속에서 어머니와 성교를 하지만 그런 것은 문제 삼지 않는다고 주장한다. 사실 우리는 꿈을 경시하지는 않는다. 적어도 많은 사람에게서 일어나는 전형적인 꿈들은 중요하다고 생각하고 있다. 그리고 이오카스테가 말하는 이 꿈이, 이 신화의 기괴하고 불쾌한 내용과 밀접한 관계가 있음은 의심할 나위도 없다.

소포클레스가 쓴 이 비극에 대해서, 관중이 분노에 찬 반감을 일으키지 않는 일이야말로 이상하다. 오히려 관중이 그 단순한 군의관을 좌천시킨 상관과 같은 반응을 나타내는 것이 마땅할 것이다. 왜냐하면 이 비극은 그 밑바탕에 부도덕한 것을 포함하며, 인간의 도덕적인 책임을 무시하고 있고, 또 신이야말로 범죄의 명령자이며, 범죄를 저지르지 않으려고 안간힘을 쓰는 인간의 도덕적인 욕구도 신의 힘 앞에서는 무력하다는 것을 보여 주기 때문이다.

이 신화의 소재는 마치 신과 운명에 죄를 돌리고 탄핵할 것을 목적으로 하는 듯한 느낌을 주고 있다. 이것이 여러 신들과 불화를 일으킨 비판적인 에우리피데스의 손으로 쓰였더라면, 아마 그와 같은 탄핵의 대상이 되었을 것이다. 그러나 경건한 소포클레스에게는 그와 같은 의도가 조금도 없었다. 설령 신들의 의지가 범죄를 명령하더라도 그 의지에 복종하는 것이야말로 최고의 도덕이라는 아주 신앙적인 구실로, 그는 이 궁지를 빠져나가고 있다. 나는 이 도덕이 이 극의 장점이라고는 생각지 않는다. 아니, 이 도덕은 극의 효과로 보아 아무래도 좋은 것이다. 관객은 이 도덕에 반응하는 것이 아니라 이 신화의 신비로운 뜻과 내용에 반응하는 것이다. 관객은 마치 자기 분석으로 오이디푸스 콤플렉스를 자신의 마음속에서 인정하고, 신의 의지와 신화도 자기 자신의 무의식이 숭고한 가면을 쓴 채 나타난 것임을 간파했다는 듯 반응한다. 관객은 아버지를 없애고 아버지 대신 어머니를 아내로 삼으려 했던 자신의 소망을 떠올리고, 그 생각에 놀라움을 감추지 못하는 것이다.

관객은 또 이 시인의 소리를 마치 "네가 책임을 거부하고, 이 범죄적인 의도를 피하려고 얼마나 안간힘을 썼는지 모른다고 주장해 봐야 헛일이다. 어쨌든 너는 죄인이다. 너는 이 범죄적인 의도를 포기 못하지 않았느냐. 그 의도는 아직도 무의식이 되어 네 마음속에 여전히 도사리고 있기 때문이다" 이렇게 말하고 있는 것처럼 받아들이는 것이다. 그리고 이 말속에는 심리학상의 진리가 포함되어 있다. 인간은 자기의 나쁜 충동을 억압하여 무의식으로 만들고 그 충동에 대해 책임이 없다고 우기지만, 역시 이 책임을 자기도 알 수 없는 죄악감으로써 느끼지 않을 도리가 없다.

이 오이디푸스 콤플렉스는 많은 노이로제 환자들이 종종 괴로워하는 죄악감의 가장 중요한 원천의 하나임이 확실하다. 아니, 그 이상이다. 나는 1913년에 인류의 종교와 도덕의 원시형태에 대한 〈토템과 터부〉라는 논문을 발표했다. 그 논문 속에서, 인류는 대체로 인류 역사의 초기에 오이디푸스 콤플렉스를 통해 종교와 도덕의 궁극의 원천인 죄책감을 얻은 것으로 추측한다고 말했다. 나는 이 문제에 대해서 여러분에게 더 이야기하고 싶지만, 지금은 언급하지 않는 편이 좋을 것 같다. 이 문제에 일단 손을 대면 이야기를 끊기가 어려워지므로 역시 개인심리학으로 돌아가지 않으면 안 되겠다.

잠재기(潛在期) 전의 대상 선택 시대에, 오이디푸스 콤플렉스라고 하는 관점에서 어린이를 직접 관찰해 보면 어떤 것이 인식될까? 여러분은 어린 남자아이가 어머니를 독점하려 하여 아버지의 존재를 방해자라고 느끼며, 아버지가 어머니에게 애정을 보이면 기분 나빠하고, 아버지가 여행을 떠나거나 집에 없으면 흐뭇해하는 것을 쉽게 볼 수 있을 것이다. 어린이는 흔히 자기의 감정을 직접 표현하여, 어머니에게 "나는 엄마랑 결혼할 거야"라고 말한다. 이런 것을 오이디푸스의 소행과 비교하는 것은 당치 않다고 사람들은 말하겠지만, 실제로 그것은 충분히 비교할 수 있는 것이며 그 본질은 같다. 이 관찰을 종종 흐리게 하는 것은, 같은 어린이가 다른 기회에는 아버지에게 친밀한 애정을 보이기 때문이다. 그러나 이와 같이 서로 반대되는, 더 적절히 표현해서 '암비발렌츠'[6]의 감정은 어른에게는 흔히 갈등을 일으키지만, 어린이에게는 마치 뒷날 무의식 속에 계속 병존하듯이 함께 의좋게 존재할 수 있다.

여러분은 "어린 남자아이의 행동은 이기적인 동기에서 나오므로 에로틱한 콤플렉스라는 개념을 내세울 아무런 이유가 없다. 어머니가 자기의 모든 욕구에 맞추어 보살펴 주고, 자기 이외에 다른 사람을 그렇게 해주지 않는 데에 어린이는 호의를 갖는 것이다"라고 반대하고 싶을지도 모른다. 이 생각은 옳지만, 이 경우에나 이와 비슷한 경우에나 자기중심적 관심은 에로틱한 욕구가 포착하는 기회에 지나지 않음이 곧 뚜렷해질 것이다. 어린아이가 어머니에 대해 노골적인 성적 호기심을 나타내고 밤마다 어머니 곁에서 자겠다고 조른다면, 또 어머니가 화장실에 갈 때도 쫓아가겠다고 우긴다면, 지나친 경우에는(이것은 어

---

6) 같은 사람을 사랑하고 동시에 미워하는 것.

머니가 흔히 자기 경험으로 확인하고 웃으면서 보고하는 것인데) 어린이가 어머니를 유혹하려고까지 한다면, 어머니에 대한 어린이의 애착이 에로틱한 성질의 것이라는 주장은 더욱 확실해진다.

어머니가 어린 여자아이에게 남자아이와 마찬가지로 시중을 들어주어도 같은 결과가 나타나지는 않으며, 아버지가 어머니와 경쟁해서 남자아이의 시중을 들어주는 경우에도 아버지는 결국 남자아이에게 어머니와 똑같이 중요한 인물로 받아들여지지는 않음을 깨닫게 될 것이다. 요컨대 어린아이가 이성을 좋아한다는 요소는 어떤 비판을 받는다 해도 이 상황에서 없앨 수 없다. 사실 부모 가운데 어느 한 사람보다 두 사람이 함께 자기 시중을 들어주는 편이 좋을 텐데도, 남자아이의 경우에는 오히려 그렇게 해주는 것을 좋아하지 않는다. 그것을 단순히 자기중심적인 관점에서 어리석다고만은 말할 수 없다.

나는 남자아이와 부모의 관계만 이야기했지만 여러분도 깨달았듯이, 어린 여자아이에 대해서도 필요한 부분만 바꾸면 똑같은 말을 할 수 있다. 아버지에 대한 정다운 애착으로 인해서 어머니를 필요 없다고 배척하고 어머니를 대신하고 싶어 한다. 그리고 벌써 뒷날의 여자다움과도 비슷한 수법을 쓰는 애교를 부린다. 이러한 것들은 어린 여자아이를 귀엽게 보이게는 하지만, 이 귀여운 모습 때문에 우리는 여기에 중대한 뜻이 담겨 있다는 것과, 이 상황에서 뒷날 중요한 결과가 일어날 가능성이 있다는 것을 잊어버리고 만다. 부모가 어린이의 오이디푸스적 태도를 눈뜨게 하는 데 결정적인 영향을 미치고 있다는 것을 덧붙여 두어야겠다. 다시 말해 부모 스스로가 성의 매력에 끌려, 아이가 몇이라도 되면 아버지는 딸 쪽에, 어머니는 아들 쪽에 특히 애정을 쏟게 된다. 그러나 부모가 일깨워 준다는 이상과 같은 이유에 의해서도 오이디푸스 콤플렉스가 저절로 눈뜬다는 자발적인 성질은 흔들리지 않는다.

다른 아이가 태어나게 되면, 오이디푸스 콤플렉스는 확대돼 가족 콤플렉스 (Familien Komplex)가 된다. 가족 콤플렉스의 동기로 어린이는 새로 이기심이 침해당하므로 남동생이나 누이동생을 증오의 눈으로 보고, 두말할 것 없이 배척하려는 의도를 갖는다. 어린이는 보통 이 증오감을 부모 콤플렉스에서 나온 증오감보다 말로 나타내는 일이 훨씬 더 많다. 이와 같은 소망이 이루어져 만일 자기가 싫어하던 어린이가 태어나서 곧 죽어버리게 되면, 이 죽음은 비록 어린이의 기억에 남아 있지 않더라도 그로 봐서는 얼마나 중대한 사건이었나를 뒷날의 분석으로 알 수 있다.

아기의 탄생으로 제2의 지위로 밀려나 처음으로 어머니에게 버림받은 어린이는, 자기에게 이런 의붓자식 취급을 한 것에 대해 어머니를 용서하지 못한다. 어른의 경우 원한이라고 불러도 좋을 감정이 어린이의 마음에 싹트는 것이다. 이것은 두고두고 계속되는 불화의 원인이 되는 수가 많다. 성적 탐구심과 그 결과가 모두 이처럼 어린이가 겪은 삶의 경험과 결부되어 있다는 것은 이미 말했다. 남동생이나 누이동생이 커감에 따라 그들에 대한 태도는 더 두드러진 변화를 갖는다. 남자아이는 자기에게 성실하지 않은 어머니를 대신해 누이동생을 애정의 대상으로 삼는다. 어린 누이동생 한 사람의 사랑을 얻기 위해서 형제는 어린이 방에서 벌써 적의에 찬 경쟁을 벌인다. 그리고 이것은 더 나이가 든 뒤의 삶에도 중요한 영향을 끼친다. 반대로 어린 여자아이는 오빠를 옛날처럼 자기를 귀여워해 주지 않는 아버지의 대리물로 삼으려 하며, 또 가장 나이어린 누이동생을, 아버지에게서 바랐지만 얻지 못했던 갓난아기의 대상으로 택하기도 한다.

어린이를 직접 관찰하거나, 또 분석의 영향을 받지 않은 유아기의 명료한 기억을 고찰해 보면, 지금 말한 이런 일이나 이와 비슷한 일들을 많이 발견할 수 있다. 이로써 여러분은 형제자매의 서열에서 어린아이에게 위치가 그 아이가 어른이 된 뒤의 삶을 형성하는 데 매우 중요한 요인이 되며, 이 요인은 어떤 사람의 전기를 쓸 때도 고려되어야 함을 알아야 할 것이다.

그러나 이와 같이 쉽게 얻을 수 있는 해석과 설명을 앞에 놓고, 근친상간의 금지를 설명하려는 학문상의 여러 이론들을 떠올리게 된다면, 여러분은 아마 웃음을 터뜨리고 말 것이다. 근친상간 금지를 설명하기 위해서 참으로 여러 이론들이 제기되었다. 이를테면 어릴 때부터 함께 살고 있었기 때문에 가족 중 이성에는 성적 매력을 느끼지 않는다든가, 근친상간을 피하고자 하는 생물학적 경향이 심리적으로 선천적인 근친상간 혐오가 되어 나타난다든가 하는 이론이 있다. 만일 근친상간의 유혹에 대해서 믿을 만한 자연적인 장벽이 존재한다면, 굳이 법률이나 관습으로 엄하게 금지할 필요가 없지 않았겠느냐 하는 것을 위의 학설을 세운 사람은 잊고 있다. 이와는 반대의 이론 속에 진리가 있다.

인간에게 최초의 성적 대상은 언제나 근친상간과 연결된다. 남자아이의 경우에는 대상은 어머니나 누이들이다. 그 뒤에도 늘 활동하고 있는 이 유아기적 경향이 실현되지 않게 하기 위해서 매우 엄한 금지가 필요했다. 오늘날 아직 생존하고 있는 미개인이나 야만인에게 있어서 근친상간의 금지는 우리보다 훨씬 엄격하다. 그리고 최근 라이크[7]는 한 뛰어난 연구를 통해서, 다시 태어나는 것을 상징하는 야만인의 성 인식이, 어머니와 남자아이의 근친상간적인 결합을 끊어버리고 아버지와의 화목을 구한다는 뜻을 갖고 있다고 설명했다.

인간이 이토록 금지해야 하는 것으로 보이는 근친상간이 여러 신들 사이에서는 허용되고 있었다는 것을 신화를 통해 알 것이다. 또 고대의 역사에서 여러분은 누이동생과의 근친상간적인 결혼이 왕자에게는 가장 신성한 법도(고대 이집트 왕이나 페루, 잉카 제국의 왕 등)였다는 것을 알 수 있다. 다시 말해 그것은 일반 국민에게는 금지된 특권이었다.

어머니와의 결혼은 오이디푸스에게 하나의 범죄이며, 아버지를 죽인 것이 또 하나의 범죄이다. 이것들은 또한 인류 최초의 사회적·종교적 제도인 토테미즘이 금지한 2대 범죄이다.

어린이를 직접 관찰한 것에서 이번에는 노이로제에 걸린 어른들의 분석 연구로 옮겨 보자. 정신분석학은 오이디푸스 콤플렉스를 더 깊이 이해하는 데 무슨 도움이 되었을까? 이야기는 간단하다. 신화에 나타나듯이 분석에도 이 콤플렉스가 나타난다. 분석은 이들 노이로제 환자 자신이 오이디푸스였다는 것, 또는 결국 같은 말이지만, 콤플렉스에 대한 반응에서 햄릿(어머니를 빼앗아 결혼한 숙부에게 복수한다)이 되어 있음을 보여 주고 있다. 물론 오이디푸스 콤플렉스의 정신분석적 묘사는 거의 유아기의 오이디푸스 콤플렉스에 대한 스케치를 거칠게 확대한 것이다. 아버지에 대한 미움이나 아버지가 죽어 주었으면 하는 소망은 이미 은근히 암시되는 정도가 아니다. 어머니에 대한 애정은 어머니를 아내로 삼으려는 목적을 공공연히 드러내고 있다.

우리는 이 기분 나쁜, 그리고 이 극단적인 감정의 움직임을 귀여운 유년 시절의 탓만으로 돌려도 괜찮겠는가? 또는 분석으로 새로운 요인이 섞였기 때문

---

7) 프로이트 초기 때 의사가 아닌 제자의 한 사람.

에 우리가 속은 것일까? 이러한 요인의 혼입을 발견하는 것은 그리 어려운 일이 아니다. 어떤 사람이 과거에 대해 보고할 때는 그가 역사가라 하더라도 자신도 모르는 사이에 무언가를 언제나 현재에서 과거로, 또는 그 중간에 가로놓인 시대에서 과거로 옮겨서 바꾸어 놓은 사실을 고려하지 않으면 안 된다. 그는 그렇게 바꾸어 놓음으로써 과거를 위조하는 것이다.

노이로제 환자의 경우, 과거에 대한 이러한 이입이 고의인지 아닌지는 알 수 없다. 나중에 그 동기를 이야기할 생각이다. 우리는 먼 과거로 거슬러 올라가는 '퇴행적 공상'을 바르게 평가해야 한다. 또 아버지에 대한 미움이 뒷날 다른 관계에서 온 많은 동기들에 의해 심해지고, 한편 어머니에 대한 성적 소망이 어린이에게는 아직 적합하지 않은 형태로 주어진다는 것을 어렵지 않게 발견한다. 그러나 오이디푸스 콤플렉스 전체를 퇴행적 공상(Rückphantasieren)으로 설명하여 뒷날 결부시키는 것은 모두 헛일일 것이다. 어린이를 직접 관찰해 입증되고 있듯이, 유아기의 핵심과 그 부속물 일부는 계속 남아 있는 것이다.

분석으로 확인된 오이디푸스 콤플렉스 형식의 배후에서 우리가 만나는 임상적인 사실은 이제 실제적인 의의를 지니고 있다. 성 본능이 처음으로 강력히 자기주장을 하는 사춘기에 옛날의 근친상간적인 대상이 다시 부각되고, 리비도가 새로이 집중되고 충적된다. 유아기의 대상 선택은 미약한 형태이지만 사춘기의 대상 선택 방향을 결정한다.

그리하여 사춘기에는 매우 강한 감정적 과정이 오이디푸스 콤플렉스 방향으로 향하거나, 아니면 그 반동 형태로 움직이기 시작한다. 그러나 이 감정의 흐름은 그 심리적 내력을 감내하지 못하므로, 대부분 의식에서 멀리 떨어져 있어야 한다. 이 시기부터 하나하나의 인간은 부모로부터 떨어져 나와 독립해야 한다는 큰 과제에 몰두하지 않으면 안 된다. 부모로부터 떨어져서 비로소 어린이는 사회공동체의 일원이 된다. 이 과제가 아들에게는 자기의 리비도 소망을 어머니에게서 돌려, 아직 누구인지 모르는 현실의 연애 대상을 선택하는 데 사용하도록 만드는 것이다. 이때 아들이 아버지와의 적대 관계에 있다면 아버지와 화해하고, 또 만일 유아적 반항에 대한 반동으로 아버지에게 굴종하고 있었다면 아버지의 위압으로부터 탈출하는 것이 된다. 이러한 과제는 누구에게나 주어져 있지만, 이 해결이 이상적으로, 다시 말해 심리적으로나 사회적으로 올바르게 행해지는 일이 얼마나 드문가 하는 것은 주목할 만하다.

일반적으로 노이로제 환자는 이 해결이 잘 되지 않는다. 아들은 한평생 아버지의 권위 아래 굴복하고, 자기의 리비도를 가족 이외의 성 대상으로 옮기지 못한다. 관계는 다르지만, 딸의 운명에 대해서도 같은 말을 할 수 있다. 이런 뜻에서 오이디푸스 콤플렉스가 노이로제의 핵심이라고 간주하는 것도 마땅하다. 여러분들도 내가 오이디푸스 콤플렉스와 관련이 있는, 실제로나 이론적으로 중요한 많은 관계들을 얼마나 조급하게 처리했나 하는 것을 알아차렸을 것이다. 나는 오이디푸스 콤플렉스의 변종이라든가, 생각할 수 있는 역전형(逆典型)에 대해서는 언급하지 않을 작정이다.

오이디푸스 콤플렉스와 비교적 인연이 먼 여러 관계들 가운데 하나만을 여러분에게 시사해 두고 싶다. 즉 오이디푸스 콤플렉스는 문학 작품의 창작에 결정적인 영향을 미쳤다는 것이다. 오토 랑크는 이에 공헌한 바가 컸던 한 책 속에서, 모든 시대의 극작가들은 희곡의 자료를 주로 오이디푸스 콤플렉스, 근친상간 콤플렉스 및 그 변종과 위장된 형태들로부터 가져왔음을 증명해 주었다. 그리고 오이디푸스 콤플렉스의 두 개의 범죄적 소망은 정신분석이 발달되기 훨씬 이전부터 분방한 본능 생활의 어김없는 표현으로 알려져 있었다는 것은 주목할 만하다. 백과전서 학파인 디드로[8]의 저서 속에, 《라모의 조카》라는 유명한 대화체 소설이 있다. 이 책은 바로 괴테가 독일어로 번역했다. 이 대화 속에는 다음과 같은 놀라운 글이 있다.

이 작은 미개인이 통제받지 못하고 끝까지 그대로 방치되어, 만일 젖먹이의 의식 상태로 30세 남자의 열정만 주어지게 된다면, 아마 아버지의 목을 조르고 어머니와 동침할지도 모른다.

그러나 여기 그대로 둘 수 없는 다른 일이 있다. 오이디푸스의 아내이며 동시에 어머니인 이오카스테가 꿈을 상기시켜 준 것은 헛된 일이 아니다. 여러분은 꿈을 형성하는 소망은 흔히 도착적인 것이며, 근친상간적인 것이거나 또는 자

---

8) 1713~1784. 프랑스의 계몽사상가, 문학가.

기가 사랑하고 있는 가장 가까운 사람에게 생각지도 못할 적의를 나타내고 있다는 꿈의 분석 결과가 생각나지 않는가? 나는 이 나쁜 충동이 어디서 유래했는가를 그때 설명하지 않았지만, 지금 여러분은 스스로 대답할 수 있을 것이다. 그것은 유아기의 훨씬 초기에 속하며, 의식적 생활에서는 오래전에 포기한 리비도 집중과 대상 리비도 집중(objeketbesetzung)의 욕망이 합쳐져 모여 있는 것이다. 이 요소들이 밤이면 여전히 존재하며, 어떤 의미에서는 그 영향력을 발휘할 수 있다.

그러나 노이로제 환자뿐 아니라 모든 인간이 이처럼 도착적이고 근친상간적인, 또 살인광적인 꿈을 꾸고 있으므로 우리는 다음과 같은 결론을 내려도 좋을 것이다. 오늘날 정상적인 사람이라 할지라도 성적 도착과 오이디푸스 콤플렉스의 대상 리비도 집중이라는 발달과정을 거쳐서 현재에 이르게 된 것이다. 이 길은 정상적인 발달의 길이며, 노이로제 환자는 건강한 사람의 꿈 분석에서도 발견되는 것을 단지 확대하여 보여준 데 지나지 않는다. 그리고 이 사실이야말로 우리가 꿈의 연구를 노이로제 증상의 연구에 선행시킨 동기들 가운데 하나이다.

발달과 퇴행의 관점—병인론(病因論)

이제까지 앞장에서 우리는 리비도의 기능이 여러 방면을 거치며 우회하여 발전하고, 정상이라고 통용되는 방법으로 생식 기능에 작용할 수 있다는 말을 했다. 이제 나는 여러분에게 이 사실이 노이로제의 원인에 대해서 어떤 의의를 가지고 있는지 설명하려 한다.

리비도 기능의 발달이 두 가지 위험, 즉 '억제(Hemmung)'의 위험과 '퇴행(Regression)'의 위험을 어느 순간에나 동반한다고 가정하면, 우리의 견해는 일반 병리학에서 이야기하는 내용과 일치한다고 생각한다. 다시 말해 생물학적인 과정에는 변이가 일어나는 것이 일반적인 경향이므로, 반드시 모든 준비 단계가 철저하게 순수한 과정을 겪고 완전히 극복된다고는 볼 수 없다. 그 결과 기능의 어떤 요소들은 이 초기 단계에서 영구히 억제된다. 그러므로 발달이라는 전체적인 모습 속에는 어느 정도 발달의 억제가 혼재되어 있다.

이 과정과 유사한 내용을 다른 영역에서 찾아보자. 인류 역사의 초기에 흔히 일어났던 일인데, 어떤 민족 전체가 새로운 땅을 찾아 본래의 땅에서 떠났다고 하자. 이 경우, 민족 전원이 한 사람도 낙오자 없이 새로운 땅에 도착한다고는 말할 수 없다. 물론 여러 원인으로 떨어져 나간 사람이 생기겠지만, 그 모든 경우 가운데 단 하나의 경우를 살펴보기로 한다.

이민을 하는 이들 가운데 작은 무리, 혹은 작은 단체는 도중에 정지하여 그 자리에 정착하고, 한편 주류 쪽은 더 전진을 계속할 경우가 있었을 것이 틀림없다. 조금 더 가까운 곳에서 비유를 찾아보자. 여러분도 이미 알고 있듯이, 고등 포유동물의 경우 복강의 안쪽 깊숙이 위치한 수컷의 생식선은 태내 생활의 어느 시기에 운동하기 시작하여 마지막에 골반 끝의 피하에 이르게 된다. 생식선이 이와 같이 위치를 바꾼 결과, 몇몇 소수의 남성에게는 한 쌍의 생식선 중

한쪽이 골반강(骨盤腔) 속에 남아 있기도 하고, 원래는 둘 다 통과해야 하는 서혜관(鼠蹊管) 속에 한쪽만이 통과하지 못하고 그곳에 정착하기도 한다. 또는 정상적인 경우라면 생식선이 통과해 버리면 서혜관은 유착돼 버리는데, 그것이 열린 채 남는 기형이 발견된다.[1]

나는 젊은 학생 시절에 브뤼케 선생의 지도로 처음 학문적인 연구를 시작했는데, 그때의 주제는 매우 원시적 형태의 작은 어류(칠성장어) 척추 뒤쪽에 있는 신경세포의 기원이었다. 나는 그 뿌리의 신경섬유가 척수 회백질의 후각(後角)에 위치한 큰 신경세포에서 나와 있음을 발견했다. 이와 같은 일은 다른 척추동물에서는 찾을 수 없다. 그런데 곧 나는 이 신경세포가 그 회백질 밖으로 퍼져서, 후근(後根)의 척수신경절에까지 뻗어나가 있는 것을 발견했다. 이것을 근거로 나는 이 신경절군(群)의 신경세포는 척수에서 신경근까지 옮겨간 것이라고 추론했다. 발생학도 이 사실을 뒷받침하고 있는데, 이 작은 어류에서는 옮겨간 통로 전체가 남겨진 세포로부터 뚜렷이 그 과정을 추적할 수 있게 되어 있었다.

그러나 자세히 살펴보면, 여러분은 이 비유가 허술하다는 것을 쉽게 알아차릴 수 있을 것이다. 그래서 우리는 설령 성욕의 어떤 부분이 마지막 목표에 도달해 버려도 다른 부분은 발달 초기 단계에서 정지해 있을 수 있으며, 이것은 성적 욕구의 어떤 경우에도 가능하다는 것을 솔직히 말하고 싶다. 이 경우 여러분은 우리가 이와 같은 성적 욕구를 탄생의 처음부터 계속되고 있는 흐름으로 생각하고 있다는 것, 그리고 이 흐름을 연속해서 일어나고 있는 개개의 운동으로, 말하자면 인위적으로 분류했다는 것을 알 수 있을 것이다. 이와 같은 생각은 더 상세하게 설명될 필요가 있다는 인상을 마땅히 받게 되겠지만, 이야기가 너무 본론에서 벗어나므로 그만두기로 한다. 여기서 부분욕구가 이와 같이 초기 단계에 정지하는 것을 고착(固着)이라고 이름을 지어 주자.

이와 같은 단계적인 리비도 발달의 두 번째 위험은 발달해서 전진한 부분들이 퇴행 운동을 일으켜서 쉽게 초기 단계로 되돌아갈 수 있다는 점에 있다. 우리는 이것을 퇴행이라고 부르고 있다. 나중의 형태, 즉 더 고도로 발달한 형태

---

1) 이른바 탈장(脫腸). 헤르니아는 이 기형의 결과로 나타난 것이다.

에서는 욕구의 기능 발휘(바꾸어 말하면 만족이라는 목적에 도달하는 것이)가 외부의 강한 장애 때문에 막혀 버리면, 이렇게 퇴행 현상을 일으키게 된다. 고착과 퇴행이 서로 관계가 있다고 가정하는 것은 우리에게는 마땅한 일이다. 발달 과정에서 고착이 강하면 강할수록 기능은 그 고착점까지 퇴행하여 외부의 장애물을 점점 더 피하게 된다. 다시 말해 고착이 강하면 강할수록 완성된 기능은 발달 과정에 나타나는 외부의 장애물에 대해 저항이 적다. 만일 이동해 가는 민족이 그 도중의 주둔지에 큰 부대를 남겨 놓고 왔다 하자. 이때 더 전진해 가는 민족이 패배하거나 강적에 부딪쳤다면 이 주둔지까지 퇴각하는 것이 마땅하다. 그러나 또 민족이 그 대부분을 이동 도중에 남겨 두면 둘수록 패배의 위험은 커진다.

노이로제를 이해하려면, 고착과 퇴행의 이 관계에서 눈을 떼지 않도록 하는 것이 중요하다. 그러면 여러분은 우리가 머지않아 언급하려 하는 노이로제의 원인 문제, 즉 노이로제의 병인론(病因論) 문제에 대해 확실한 실마리를 얻을 수 있다.

그러나 조금 더 퇴행 문제를 생각해 보고 싶다. 리비도 기능의 발달에 대한 설명을 들은 여러분은 두 종류의 퇴행이 있다고 예상해도 좋다. 제1의 퇴행은 리비도가 집중된 성적 대상으로 퇴행하는 일이다. 알다시피 이 대상은 근친상간적인 성질을 띠고 있다. 제2의 퇴행은 성 체제 전부가 여러 초기 단계들로 되돌아가는 일이다. 이 두 가지 퇴행은 감정전이(感情轉移, 어떤 대상에 대한 감정이 이와 어느 정도 관련성이 있는 다른 대상으로 옮겨지는 것) 노이로제 환자에게 나타나서, 그 메커니즘에 큰 역할을 한다. 특히 리비도가 근친상간적인 최초의 대상으로 퇴행하는 일은 노이로제 환자에게는 너무나 흔히 볼 수 있는 특징이다.

만일 노이로제의 다른 종류, 이른바 나르시시즘적 노이로제를 함께 살펴본다면 리비도의 퇴행에 대해서 더 많은 이야기를 하지 않을 수 없게 되는데, 우선 그것은 우리의 목적이 아니다. 이들 병증으로 말미암아 이제까지 말하지 않았던 리비도 기능의 다른 발달 과정이 뚜렷해질 것이다. 따라서 퇴행의 새로운 종류도 알 수 있게 될 것이다.

그러나 나는 이제 '퇴행'과 '억압'을 혼동하지 않도록 여러분에게 특히 주의해 두고 싶다. 두 과정의 관계를 여러분이 뚜렷이 파악할 수 있게 도와주려 한다. 기억하겠지만 억압이란 의식이 될 수 있는 행위, 즉 전의식(前意識, 현재는 의식되지 않지만 약간의 노력으로 떠올릴 수 있는 지식이나 정서. 프로이트는 이를 의식과 무의식 사이에 둠) 체계에 속하는 행위를 무의식적인 것, 즉 무의식 체계로 다시 되돌리는 과정이다. 그리고 일반적으로 무의식적인 정신적 행위가 바로 이웃하고 있는 전의식 체계로 들어가는 것이 허용되지 않고 검열의 문지방에서 밀려날 때에도, 우리는 마찬가지로 이것을 억압이라고 부른다. 그러므로 억압이라는 개념은 성(性)과 아무 관계가 없다. 이 점을 충분히 주의해 주기 바란다. 억압이라는 개념은 순수한 심리적인 과정이다. '국소적(局所的)' 과정이라고 부르는 편이 이 특징을 더 잘 표현하는 말일 것이다. 국소적이라는 의미는 그것이 심리적 공간이라는 가설과 관련이 있다는 뜻이다. 또는 이 조잡한 보조 개념을 쓰지 않기로 한다면, 그 과정은 개별적인 심리적 계통으로 성립된 심리적 장치 구조와 관련되어 있다는 뜻이다.

지금 든 비교에서 우리는 지금까지 퇴행이라는 말을 일반적인 뜻이 아닌, 아주 특수한 뜻으로 사용하고 있었다는 것을 비로소 깨닫게 된다. 퇴행에 일반적인 뜻(발달의 높은 단계에서 낮은 단계로 되돌아가는 일이라는 뜻)을 부여한다면, 억압도 퇴행 속에 들어가 버린다. 왜냐하면 억압이란 심리적 행위 발달의 좀 더 빠르고, 좀 더 깊은 단계로 역행하는 일이라고도 말할 수 있기 때문이다. 그러나 억압의 경우, 우리는 이 심리적 행위가 후퇴하는 방향을 문제로 삼고 있지 않다. 왜냐하면 어떤 심리적 행위가 무의식의 훨씬 낮은 단계에 고착되어 있는 경우도 역학적(力學的, 부분을 이루는 요소들이 서로 의존 관계를 이루며 서로 제약하는)인 의미로 우리는 억압이라고 부르기 때문이다. 그러므로 억압은 국소적이고 역학적인 개념이며, 퇴행은 단순히 설명적인 개념이다.

그러나 우리가 지금까지 퇴행이라고 부르고 또 고착과 관련해서 고찰한 것은, 오로지 리비도가 그 발달의 초기 단계로 되돌아가는 것을 의미하고 있었다. 다시 말해 억압이란 본질적으로 전혀 다른, 억압과 전혀 관계가 없는 것을 가리키고 있었다. 우리는 리비도의 퇴행을 순수한 심리적 과정이라고 부를 수는 없으며, 또 그것을 심리적 장치의 어느 위치에 놓아야 하는지도 알지 못한다. 설령 리비도의 퇴행이 심리적 활동에 가장 강한 영향을 미치더라도, 그 경우에는 기질적 인자가 가장 뚜렷하다.

이런 말을 늘어놓으면 대체로 무미건조해지기 쉽다. 그래서 이 문제를 더 인상적으로 적용하기 위해서 임상 사례로 한번 방향을 바꾸기로 하자.

여러분은 히스테리와 강박 노이로제가 감정전이 노이로제의 주된 두 요소들임을 알고 있을 것이다. 그런데 히스테리에 있어, 근친상간적인 첫 성적 대상에 대한 리비도의 퇴행은 언제나 존재하지만, 성 체제 초기 단계로의 퇴행은 매우 드물다. 그 대신 히스테리의 메커니즘에서는 억압이 주된 역할을 맡고 있다. 만일 히스테리에 대한 지금까지의 실증적인 지식을 이론적으로 구성함으로써 완전한 것으로 만들 것을 허용한다면, 나는 지금 논하고 있는 상황을 다음과 같이 설명할 것이다. 부분적 본능들은 통합되어 성기 우위 단계의 상태가 완성되는데, 이 통합의 결과로 만들어진 것이 의식에 결부된 전의식 체계의 저항에 부딪친다. 다시 말해 성기 우위의 단계는 무의식으로부터는 인정을 받지만, 전의식으로부터는 이것과 같은 정도로 인정을 받지 않았다. 이 통합이 전의식 단계에서 거부되는 결과, 성기 우위 단계가 나타나기 전의 상태와 어떤 점에서 비슷한 하나의 상황이 일어난다. 그러나 비슷하다고는 하지만, 그것과는 아주 다르다.

즉 후자에서는 리비도의 두 가지 퇴행 현상 가운데 성 체제의 초기 단계로의 퇴행 쪽이 훨씬 뚜렷하다. 그런데 히스테리에서는 이와 같은 퇴행이 없다. 또 노이로제에 대한 우리의 견해가 모두 시간적으로 먼저 이루어진 히스테리 연구의 영향을 강하게 받고 있기 때문에 리비도 퇴행의 의미는 억압의 의미보다 훨씬 나중에 우리에게 밝혀졌다. 만일 우리가 히스테리나 강박 노이로제 외에 다른 노이로제, 즉 나르시시즘적 노이로제를 고찰하게 되면, 이 리비도 퇴행의 의의는 더욱 확대되고 지금까지와는 다른 가치를 줄 것임을 각오해 둘 필요가 있다.

이에 반해서 강박 노이로제에서는 사디즘적, 항문 성애적 단계라는 전 단계에 대한 리비도의 퇴행이 가장 두드러지고, 또 이것이 증상 발현의 형태를 결정한다. 이때 사랑의 충동은 사디즘적 충동의 가면을 쓰고 나타난다. '나는 너를 죽이고 싶다'는 강박관념은(이 관념에서 우연이 아니라 반드시 부가되어 있는 혼합물을 제거하면) 결국 '나는 당신을 사랑하고 싶다'는 뜻이 된다. 그리고 대상에 대한 퇴행이 동시에 일어나고, 그 결과 이 충동은 자기에게 가장 가깝고 가장 사랑하는 사람에게만 향한다고 가정한다면, 이들 강박관념이 환자에게 얼마나 놀라움을 불러일으키고 또 의식적 지각에는 얼마나 이상하게 느껴지고 있는지 여러분도 상상할 수 있을 것이다.

억압 역시 이 노이로제의 메커니즘에는 크게 관여하고 있다. 그렇기는 해도 이처럼 간략하게 피상적인 논의만으로는 물론 쉽게 설명할 수 없다. 억압이 없는 리비도의 퇴행은 결코 노이로제를 일으키지 않고, 오히려 성도착이 되어 버린다. 이것으로 해서 여러분은 억압이라는 것이 노이로제를 도착 증세와 가장 재빨리 구별시키며, 노이로제의 가장 뚜렷한 특징이 되는 과정이라고 생각할 것이다. 그러나 앞으로 성적 도착의 메커니즘에 대해 우리가 알고 있는 것을 여러분에게 소개할 기회가 있겠지만, 그때 성도착도 우리가 생각하는 것만큼 간단한 과정이 아니라는 것을 알게 될 것이다.

만일 여러분이 노이로제의 원인을 탐구하는 준비로 리비도의 고착 및 퇴행에 동의한다면 방금 든 이 두 가지 것에 대한 논술을 곧 이해하리라고 생각한다.

나는 이 문제에 대해 그저 하나를 보고했을 뿐이다. 말하자면 리비도를 만족시키는 가능성을 빼앗기면, 다시 말해 거부(나는 이렇게 부르지만)에 빠지면 인간은 노이로제 상태가 되며, 그 증상은 바로 거부된 만족에 대한 대체 현상으로 나타난다. 물론 그것은 리비도의 욕구불만이 언제나 모든 사람들을 노이로제로 만든다는 뜻은 아니다. 단지 노이로제의 증상 사례들을 연구해 보니, 그 모든 경우에 거부 인자가 입증된다는 뜻이다. 그러므로 이 명제의 반대가 반드시 진리는 아니다. 여러분도 이 명제가 노이로제의 병인에 관한 수수께끼를 전부 드러낸 것이 아니라, 그 필수 조건을 역설한 데 지나지 않음을 이해할 것이다.

이 명제에 대해 더 논의하기 위해서 거부의 본성, 또는 거부된 것의 특성에 의해 근거를 찾아야 하는지를 지금은 알 수 없다. 그러나 거부가 전면적이고 절대적일 때는 매우 드물다. 또 그것이 병인으로서 힘을 발휘하려면, 그 당사자만이 열심히 구하고 있는 만족을 얻는 방법, 당사자만이 그렇게 할 수 있는 능력을 가진 방법이 거부되어야 한다.

병에 걸리지 않고, 리비도를 만족시키지 못하고 참고 견디는 방법은 일반적으로 아주 많다. 특히 우리 주위엔 이와 같은 만족 결핍을 태연하게 참을 수 있는 사람들이 있다. 물론 그 사람은 그때 행복하지 않으며, 성적 만족을 갈구하며 고민하지만 결코 병이 나지는 않는다. 그러므로 이렇게 말할 수 있을지 모르겠지만, 우리는 성적 본능의 활동[2]이 매우 '탄력적'인 것임을 고려하지 않으면 안 된다. 그러므로 이들 성 본능은 어떤 하나의 것이 다른 것의 대리를 할 수 있고, 다른 충동의 강렬함을 스스로 짊어질 수 있다. 만일 한쪽의 만족이 현실적으로 거부되었을 때에는, 다른 충동을 만족시켜 이를 완전히 보상할 수도 있다. 이들 상호 관계는 물을 가득 채운 관처럼 서로 연결된 수로망 같은 것이다. 더욱이 성기 우위의 성 충동의 지배 아래 종속되어 있으면서도 이와 같은 상태에 있는 것이다. 이 상태는 쉽게 하나의 관념으로 정리할 수가 없다.

그리고 성적 충동과 같이, 하나의 성적 대상을 다른 대상, 즉 쉽게 목표를 달성할 수 있는 다른 대상과 바꾸는 능력을 다분히 갖고 있다. 이와 같이 바꿀 수 있는 능력과 대리물을 곧바로 받아들이는 준비 체제는 거부의 병인 작용에 대해 큰 저지력으로 움직일 것이 틀림없다. 리비도 만족의 결핍 때문에 병이 나는 것을 막고 있는 이 과정 중의 어떤 것은 특수한 문화적 의의를 지닌다. 이 과정의 본질은 성욕이 부분쾌감 혹은 생식쾌감의 목표를 포기하고, 발생적으로는 그 포기된 목표와 관계가 있지만 이미 그 자체는 성적이 아니라 오히려 사회적이라고 불러야 할 다른 목표를 갖는 데 있다. 우리는 이 과정을 '승화 작용(昇華作用)'이라고 부르고 있다. 이 경우 우리는 결국 자기 추구적인 성적 목표보다 사회적인 목표 쪽을 더 높이 보는 일반의 평가에 동의하고 있는 셈이다. 아무튼 승화 작용은 성애의 욕구가 성적 욕구가 아닌 다른 욕구에 도움을 구하는 하나의 특수한 예에 지나지 않는다. 다른 것과 관련시켜서 승화 작용에 대해 다시 한번 이야기해야겠다.

이제 여러분은 리비도를 만족시키려 하는 결핍이 그것을 참고 견디는 이와 같은 여러 가지 수단이 있기 때문에 무의미한 것으로 변해 버렸다는 인상을 받았을 것이다. 그러나 그렇지 않다. 그것은 그 특유의 병인작용을 갖고 있다.

---

2) 육체적인 과정 혹은 (이 과정의) 탄력적인 상태를 말한다. 미국 심리학에서 말하는 욕구, 즉 니드(need)에 해당한다. 이것이 심리적으로 나타난 것, 즉 심리적 상징이 프로이트가 말하는 욕망, 미국 심리학에서 말하는 동인(動因), 즉 드라이브이다.

대항 수단 같은 것은 일반적으로 충분한 것이 못 된다. 일반 사람이 평균적으로 참을 수 있는, 만족시키지 못한 리비도의 양(量)에는 한계가 있다. 리비도의 탄력성, 즉 리비도의 자유로운 이동성도 결코 모든 사람에게 완전히 부여되어 있는 것은 아니다. 많은 사람이 승화 능력을 아주 조금밖에 갖고 있지 않다는 것은 둘째로 치고서라도, 승화 작용은 언제나 리비도의 한 작은 부분만을 방출하는 데 지나지 않는다. 이와 같은 한계 가운데 가장 중요한 것은 분명히 리비도의 적응 능력에서의 한계이다. 왜냐하면 개인의 만족과 희열이 아주 사소한 목표와 대상에만 의존하기 때문이다. 리비도의 발달이 불완전하면 리비도는 성적 체제 단계나 대상 발견의 초기 단계에 매우 큰 규모로, 때로는 몇 겹으로 겹쳐서 고착되고, 그 결과 현실에서 만족을 얻을 수 없게 된다. 이것을 여러분이 잠깐 상기한다면, 리비도의 고착 속에 거부 또는 좌절경험과 함께 질병의 원인이 되는 제2의 유력한 인자를 인식하게 될 것이다. 도식적으로 간단히 말하면, 노이로제의 병인론에서는 리비도의 고착이 노이로제의 소인적(素因的), 내적 인자를 대표하며 거부는 우발적, 외적 인자를 대표한다고 말할 수 있다.

이 기회에 나는 여러분에게 전혀 무익한 논쟁에 가담하지 말라고 주의해 두고 싶다. 학문의 세계에서 학자들은 진리의 일부를 끄집어내어 이 일부의 진리가 전체의 진리를 대신한다면서, 자기에게 편리하도록 진리 외의 부분에 적잖이 반대한다. 이렇게 해서 벌써 정신분석학의 운동도 여러 방향으로 갈라진 것이다. 이를테면 어떤 사람은 이기주의적인 충동만을 인정하고 성애(性愛)의 충동을 부정하며, 다른 사람은 현실적인 생활에서의 영향만 존중하고 개인의 과거의 영향을 무시하고 있다.

그런데 여기서 이것과 비슷한 대립과 논쟁이 생길 수가 있다. 다시 말해 노이로제는 외부에서 발생한 질환인가, 아니면 내부에서 생겨난 질환인가, 또는 특수체질의 불가피한 결과인가, 아니면 어떤 해로운 외상적(外傷的) 느낌의 산물인가 하는 것이다. 특히 그중에서도 노이로제는 리비도의 고착(거기에 덧붙여진 그 밖의 성적 요소)에 의해서 일어나는가, 아니면 거부의 압력으로 일어나는가 하는 논쟁이었다. 이 딜레마는 내가 여러분에게 지적할 수 있는 다른 딜레마, 즉 아기는 아버지의 생식 행위로 만들어지느냐, 혹은 어머니의 수태로 만들어지느냐 하는 딜레마보다 어리석은 것으로 생각된다. 두 조건은 양쪽이 다 없어서는 안 되는 것이라고 여러분도 생각할 것이다. 노이로제의 원인에도 이것과 완전히 같다고는 할 수 없지만 매우 비슷한 조건들이 있다.

노이로제의 원인을 이 견지에서 보면 노이로제의 증상은 하나의 계열을 이루어 나란히 있다는 것을 알 수 있다. 이 계열에서는 두 가지 요인(성적 요소와 경험, 여러분이 다르게 부르고 싶다면 리비도의 고착과 거부)이 한편이 감소할 때는 다른 편이 증가하여 나타난다. 이 계열 내에서는 극단적인 증상들이 있다. 이 증상들에 대해서 여러분은 "이 사람들은 리비도의 발달이 매우 특수하기 때문에 무엇을 경험하건, 살아가면서 아무리 조심을 하더라도 병이 나게 되어 있다"고 확신을 가지고 말할 수 있다. 또 이 계열의 다른 끝에는 다음과 같은 증상들이 있다. 바로 인생에 있어서 "이 사람이 살아가면서 이러이러한 상태에 놓이지 않았더라면, 확실히 병에 걸리지는 않았을 것이다" 하고 그 반대의 판단을 내려야 하는 증상들이 그것이다. 이 계열 속에 있는 여러 증상들에는 소인적(素因的, 병에 걸리기 쉬운 내적 요인을 가진)인 성적 요소가 많은가 적은가, 삶에서 해로운 필요조건들이 적은가 많은가 하는 것이 일치하고 있다. 그들이 이와 같은 경험을 하지 않았더라면 그들의 성적 성향은 노이로제를 일으키지 않았을 것이고, 또 리비도와 관련된 내적 상황이 달랐더라면 이 경험은 그들에게 외상적으로 작용하지 않았을 수도 있다. 나는 이 계열에 대해서는 소인적인 요인 쪽을 더 중시하고 있지만, 이것을 인정하느냐는 여러분이 노이로제의 경계를 어디에 두느냐에 달려 있다.

여러분! 나는 여러분에게 이와 같은 것을 상보적(相補的, 상호보완적) 관계라고 부르기를 제안한다. 그리고 앞으로 이와 비슷한 다른 계열을 세울 계기를 발견할 때의 준비를 해주기 바란다.

일정한 방향으로 발전하고 대상에 집착하는 리비도의 끈적끈적한 성질, 이른바 리비도의 점착성(Klebrigkeit)은 개인차가 있는 독립된 인자인 것 같다. 이 인자가 무엇에 좌우되는지 알 수 없지만, 노이로제의 병인으로서 중요하다는 것을 앞으로 과소평가하지 않도록 하자. 그러나 이 둘 사이에 밀접한 관계가 있다고 과대평가해서도 안 된다. 이와 같은 리비도의 '점착성'은 정상적인 사람에게도 많은 조건 아래에서 나타나며, 또 어느 의미에서는 노이로제 환자와 정반대의 사람, 즉 성도착자에게서도 결정적 요인으로 나타난다. 성도착자의 병력에서는 성적 충동의 비정상적 방향이나 비정상적 대상 선택을 가진 매우 초기의 인상을 흔히 볼 수 있고, 또 성도착자의 리비도가 평생을 통해서 아주 어릴 때의 인상에 줄곧 고착되어 있다는 것은 정신분석이 발견되기 전부터 알려져 있었다.[3] 우리는 무엇이 그와 같은 인상에 리비도를 그토록 심하게 끌어당기는 힘을 주었는지 말할 수 없는 경우가 많다. 나는 여러분에게 내가 관찰한 이런 종류의 예를 이야기할까 한다. 한 남자가 있었다. 그에게는 지금 여성의 성기나 다른 부분의 매력은 아무런 의미도 없고, 신발을 신은 어떤 모양을 한 발만이 그에게 참을 수 없는 성적 흥분을 불러일으켰다. 그는 리비도를 고착시킨 여섯 살 때의 한 경험을 회상할 수 있었다. 그는 그에게 영어를 가르쳐 주던 여자 가정교사와 나란히 의자에 걸터앉아 있었다. 그 여자 가정교사는 무척 여위었고, 얼굴도 못생겼으며, 빛바랜 파란 눈에, 들창코를 가진 노처녀였다. 마침 그날 그녀는 다리를 다쳐서 벨벳 슬리퍼를 신고 쿠션 위에 다리를 뻗고 있었다. 그녀의 다리는 아주 얌전하게 놓여 있었다. 이 가정교사의 힘줄이 드러난 여원 다리는, 사춘기의 정상적인 성적 충동을 조심스럽게 시도한 뒤에, 마침내 그의 유일한 성적 대상이 되어 버렸다. 만일 이런 다리에 그 영국인 여자 가정교사를 연상하게 하는 다른 특징이 덧붙여지면, 이 남자는 누를 수 없이 흥분하게 되었다. 그런데 이와 같은 리비도의 고착 결과, 그는 노이로제 환자가 되지 않고 성도착자, 우리의 술어를 사용하면 '다리 페티시스트'가 되었다. 물론 리비도의 아주 심한, 그리고 너무 빠른 고착은 노이로제를 일으키는 큰 원인이 되지만, 그것이 작용하는 범위는 노이로제의 영역을 훨씬 뛰어넘는다는 것을 알 수 있을 것이다. 이 조건도 이것만으로는 앞에서 말한 거부의 조건과 마찬가지로 결정적인 것이 아니다.

그러므로 노이로제의 원인에 대한 문제는 더 복잡한 것 같다. 사실 정신분석의 연구로 우리는 하나의 새 요인을 발견했다. 그것은 그 병인(病因)의 계열에서는 고려하지 않았지만, 지금까지 건강했던 사람이 갑자기 노이로제에 걸려 교란된 것 같은 증상에서 가장 잘 찾아볼 수 있다. 이런 사람들에게서는 반드시 소망 충족에 대한 저항의 발현(우리는 다음과 같이 말하기로 하고 있지만), 바로

---

3) 비네(A. Binet)의 《심리적 실험에 대한 연구 : 사랑 속의 절편음란증 *Études de psychologie expérimentale : le fétichisme dans l'amour*》(1888).

심리적 '갈등'의 발현이 발견된다. 인격의 일부는 어떤 소망을 주장하고, 한 부분이 어떤 소망의 편을 들고 있는데, 다른 한 부분은 이것에 저항하여 막으려 한다. 이와 같은 갈등이 없으면 노이로제 같은 것은 일어나지 않는다. 그런데 이런 것은 굳이 새삼스레 말할 것까지는 없는 것처럼 보일지 모른다. 알다시피 인간의 심리적 활동은 늘 갈등에 의해 움직이고, 그 갈등의 해결을 스스로 강구하지 않으면 안 된다. 그러므로 이 갈등이 병의 원인이 되려면, 특별한 조건이 충당되지 않으면 안 된다. 그 조건이 어떤 것인지, 그 병적인 갈등은 어떤 심리적인 힘 사이에 일어나는지, 그 갈등은 병을 일으키는 다른 인자와 어떤 관계가 있는지를 살펴보지 않으면 안 된다.

이 의문에 대해서는 비록 도식적으로는 간단하다고 하지만, 나는 충분한 대답을 할 수 있다고 생각한다. 갈등은 욕구의 거부에 의해 일어난다. 그때 만족을 얻지 못한 리비도는 다른 대상과 방법을 찾을 수밖에 없다. 그런데 이 다른 대상과 방법은 인격의 다른 부분에서는 마음에 들어하지 않는다. 그 결과 거부권이 발동되어 새로운 만족을 얻기가 불가능해진다. 이것이 갈등의 조건이다. 여기서 증상들이 나타나게 되는데, 이 과정을 더듬는 일은 다음에 말하기로 한다. 물리쳐진 리비도의 욕구는 우회로를 거쳐 역시 자기가 생각한 것을 관철한다. 물론 이때 왜곡되고 완화된 모습으로 일어난 반대의 소리에 비위를 맞추지 않는 것은 아니다. 이 우회적인 방식이 증상을 형성하는 길이다. 증상이란 거부에 의해 필연적으로 생긴 새로운 만족, 즉 대리 만족이다.

이 심리적 갈등의 의의는 또 다른 표현으로 나타낼 수 있다. 다시 말해 '외적' 거부가 병인이 되려면, 내적 거부도 첨가되지 않으면 안 된다. 물론 이때 내적 거부와 외적 거부는 서로 별개의 방법과 대상들과 관계가 있다. 외적 거부는 만족의 한 가능성을 빼앗고, 내적 거부는 만족의 다른 쪽 가능성을 몰아내려고 한다. 이로써 갈등이 발생한다. 이와 같은 표현이 더 낫다고 생각한다. 왜냐하면 이 표현은 어떤 신비로운 내용을 포함하기 때문이다. 즉 내적인 방해는 인류 발달의 태고 시대에 현실의 외적 장애에서 발생한 것임을 암시하고 있기 때문이다.

그러면 리비도의 욕구에 반대하는 힘, 즉 병인이 되는 갈등에서 나머지 부분은 어떤 것들인가? 일반적으로 말하면 그 힘은 성적 충동의 힘이 아니다. 우리는 이 힘을 '자아 본능(Ichtriebe)'이라는 이름으로 총괄하고 있다. 감정전이 노이로제의 경우 정신분석에서는 이 성분을 상세히 분석할 계기가 주어지지 않는다. 우리는 분석에 대항하는 저항에서 이 자아본능의 지식을 기껏해야 아주 조금 알 수 있을 뿐이다. 그러므로 병인이 되는 갈등은 결국 자아 본능과 성적 충동 사이에 있는 갈등이다. 다수의 증상들에서는 여러 가지 종류의 단순한 성적 충동들 사이의 갈등 같은 모습을 띠고 있지만 그 근본은 모두 같다. 즉 갈등에 있는 두 성적 욕구 중에서 한쪽은 자아에 충실한 데 반해, 나머지 한쪽은 자아의 방위를 요구하고 있는 것이다. 따라서 그것은 어디까지나 자아와 성욕 사이의 갈등이 된다.

여러분! 정신분석학이 어떤 심리적인 사건을 성적 충동이 하는 짓이라고 주장했을 때마다 세상 사람들은 분개해서, 인간은 성욕만으로 되어 있는 것이 아니라느니, 정신적 활동에는 성욕 이외에도 다른 욕구나 관심도 존재한다느니, '모든 것'을 성욕으로 설명하는 것은 언어도단이니 하고 공격했다. 그런데 이렇게 반대하는 분들과 어떤 한 가지 점에서라도 의견이 일치한다는 것은 매우 유쾌한 일이다. 정신분석은 성적인 것이 아닌 다른 본능의 힘도 존재한다는 것을 결코 잊지 않고 있다. 정신분석은 성적 충동과 자아 본능의 뚜렷한 구별 위에 세워진 것이다. 정신분석은 온갖 반대를 앞에 놓고, 노이로제는 성욕에서 나오는 것이 아니라 자아와 성욕 사이의 갈등 때문에 발병하는 것이라고 주장한 것이다. 정신분석은 자아 본능의 존재나 의의를 부정할 생각을 한 번도 한 적이 없다. 정신분석은 성적 충동이 병과 실생활에서 어떤 역할을 하고 있는가를 연구하고 있는 것이다. 먼저 성적 충동의 연구가 정신분석의 대상이 되었을 뿐이다. 그 까닭은 감정전이 노이로제에서 가장 빨리 성적 충동을 연구하는 실마리가 풀렸기 때문이고, 또 다른 사람들이 등한시하는 것을 연구하는 것이 정신분석의 사명이기 때문이다.

정신분석학이 인격 중에서 성적인 것이 아닌 다른 부분에 대해서는 전혀 고려하지 않았다는 주장도 옳지 않다. 자아와 성욕을 구별함으로써 우리는 자아 본능도 역시 중대한 발달을 이루었다는 것, 이 발달은 리비도의 발달과 관계가 있으며 리비도의 발달에 반작용을 미쳤다는 것을 아주 명확하게 알게 되었다. 물론 우리는 리비도의 발달에 비하면, 자아의 발달에 대해서는 그다지 알고 있지 않다. 왜냐하면 나르시시즘적 노이로제를 연구함으로써 비로소 자아의 구조에 대한 통찰을 얻을 수 있었기 때문이다. 그러나 이미 자아의 발달단계를 이론적으로 구성하려 했던 페렌치(S. Ferench)의 주목할 만한 연구가 있다. 그리고 자아의 발달을 검토하는 든든한 발판을 두 군데에서 얻었다. 한 인간의 리비도적 관심이 처음부터 그 사람의 자기 보존의 관심과 대립하고 있다고는 생각되지 않는다. 오히려 자아는 어떤 단계에서나 그때그때의 성적 체제와 조화하도록 하고, 이것을 자기에게 맞추어 나가려고 노력한다. 리비도 발달에 있어서 나뉜 각 단계들의 순서는 미리 정해진 프로그램에 따른다. 그러나 이 과정이 자아로부터 영향을 받는다는 것은 부정할 수 없다. 자아와 리비도 사이에는 어떤 평행 관계, 즉 양자의 발달 단계의 일정한 대응 관계가 똑같이 예견된다. 아니, 도리어 이 대응이 교란되면 병을 일으키는 요인조차 생길 수 있다는 것도 부인할 수 없다.

리비도가 발달하다가 어떤 곳에서 강한 고착을 보였을 때, 자아가 어떤 태도를 취할 것인가 하는 의문은 우리에게는 좀 더 중요한 문제이다. 자아는 이 고착을 묵인하기 쉬우므로 그에 따른 정도로 고착되거나(결국 같은 말이지만) 유아적 기질을 보이게 될 것이다. 그러나 또 자아는 리비도의 이 고착을 거부하는 태도를 취하고 있을 때도 있다. 그때 리비도가 고착된 곳에서 자아는 억압을 하는 것이다.

이런 식으로 우리는 노이로제의 병인이 되는 제3의 인자인 '갈등 경향'은 리비도의 발달과 관계되는 것과 똑같이 자아의 발달에도 관계가 있다는 결론에 이르게 된다. 이리하여 노이로제의 원인에 대한 우리의 통찰은 모두 완성되었다. 우선 가장 일반적인 조건은 거부이다. 둘째는 리비도의 고착이다. 이 때문에 리비도는 일정한 방향으로 밀려간다. 셋째로 자아의 발달에서 생긴 갈등 경향이다. 그리고 이 자아의 발달 때문에, 이와 같은 리비도의 충동은 거부된다. 그러므로 내 강의 중에 여러분이 느낀 것만큼 실제로는 그렇게 복잡한 것도 아니고, 전망이 흐릿한 것도 아니다. 그러나 솔직하게 말해서 우리의 지식은 아직 미완성 단계이다. 우리는 다시 더 새로운 사실을 덧붙여서 이미 알고 있는 사실까지 분석하지 않으면 안 된다.

자아의 발달이 갈등 형성에 따라 노이로제의 원인이 되는 것에 미치는 영향을 실증하기 위해 여러분에게 한 가지 예를 들겠다. 이 예는 창작한 것이지만, 어느 모로 보나 현실에서 일어날 수 있을 법한 일이다. 나는 네스트로이[4]가 쓴 《1층과 2층》이라는 희극의 제목을 빌릴 생각이다.

1층에는 집 관리인이 살고, 2층에는 집주인이 살고 있었다. 집주인은 부자이고 귀족이었다. 두 사람에겐 자식이 있었다. 그런데 집주인의 딸은 무산 계급인 집 관리인의 딸과 마음대로 노는 것이 허락되어 있었다고 가정하고 싶다. 그러면 아이들의 놀이가 우스운 놀이, 즉 성적인 특징을 띠게 되는 것은 있을 수 있는 일이다. 아이들은 사이좋게 '아빠 엄마 놀이'를 하면서 지긋이 서로를 바라보거나, 또 성기를 자극하는 일이 있을 수 있다. 관리인의 딸은 아직 대여섯 살밖에 안 되었지만 어른의 성생활을 어느 정도 보아 왔으므로, 이 놀이에서도 마땅히 유혹자의 역할을 하게 될 것이다. 이 놀이는 비록 오래 계속되지 않더라도, 두 아이에게 성적 흥분의 그 무엇을 충분히 눈뜨게 한다. 함께 노는 것을 그만둔 뒤, 이삼 년 동안 성적 흥분은 줄곧 자위의 형태로 나타난다. 여기까지는 같지만, 그 결과는 매우 다르게 나타난다.

관리인의 딸은 아마 첫 월경이 시작될 때까지 자위를 계속하겠지만, 이후에는 아무런 힘도 들이지 않고 그 버릇을 버릴 것이다. 그리고 몇 해가 지나서 연인을 만들어 아기까지 낳았을지 모른다. 그리고 인생의 비탈길을 헤매다가 그 끝에 인기 있는 예술가가 되어, 마침내 귀족 부인이라도 되었을지 모른다. 또는 그녀의 운명은 그리 화려한 것이 아니었을지도 모른다. 아무튼 그 어릴 때의 성적 활동 때문에 지장을 받는 일은 없고, 노이로제에도 걸리지 않고 평생을 보낼 것이다.

한편 집주인의 딸은 이와는 전혀 다르다. 그녀는 아직 어린아이인데도 벌써 자기가 좋지 않은 짓을 하지 않았나 하고 겁을 먹는다. 그리고 몹시 고민한 끝에 가까스로 자위의 만족을 단념한다. 단념은 했지만, 소녀의 마음속 깊숙이 억압된 것이 줄곧 남는다. 처녀가 되어 인간의 성교에 대해 무슨 말을 듣게 되면, 그녀는 입으로 표현할 수 없는 두려움에 감싸여서 그런 이야기에 귀를 가리고, 언제까지나 아무것도 모르는 채 있고 싶다고 생각한다. 이제 그녀는 다

---

4) J. Nestroy : 1813~1863. 독일의 극작가. 헤벨의 희곡 《유디트》에 등장하는 인물.

시 고개를 든 누를 수 없는 자위의 충동에도 아마 굴복하고 말 것이다. 처녀는 이 충동에 대해 고백할 용기가 없다. 이윽고 성숙한 여자로서 남편을 가져야 할 나이에 갑자기 노이로제가 폭발한다. 노이로제 때문에 그녀에게 결혼생활과 인생의 행복은 헛된 것이 되어버린다. 교양 있고 지적이며 품위 있는 이 처녀는 분석을 통해서 자신의 노이로제를 인식하게 되면, 자신이 성적 충동을 완전히 억압해 왔다는 것을 알게 된다. 그 성적 충동은 그녀에게는 무의식이지만 그 소꿉동무와의 하찮은 체험과 결부되어 있다는 것을 알 수 있다.

같은 체험을 했는데도 두 소녀의 운명이 이렇게 다른 것은, 한쪽 소녀의 자아는 다른 한쪽 소녀에게는 나타나지 않은 발달을 더듬었기 때문이다. 관리인의 딸에게는 성행위가 뒷날에도 그 어린 시절과 마찬가지로 자연적인 것, 죄가 없는 것으로 보였다. 그런데 집주인의 딸은 교육의 영향을 받았으며 교육이 요구하는 것을 받아들였다. 그녀의 자아는 이 자아에 주어진 요청을 기초로 여성의 순결과 무욕(無慾)이라는 이상을 형성했다. 그러나 성적 행위라는 것은 이 이상에 일치하지 않는다. 즉 그녀의 자아는 도덕적으로나 지적으로 높이 발달했기 때문에 자기의 성욕과의 갈등에 빠진 것이다.

오늘은 자아의 발달에 대해서 또 한 가지 점을 고찰하고 싶다. 왜냐하면 그것으로 넓은 시야가 펼쳐질 것이고, 그 결과가 바로 자아 본능과 성적 충동 사이에 우리가 그어 보고 싶어 하는 뚜렷한(물론 바로 눈에 띄지는 않지만) 경계선이 정당한 것임을 입증해 주기 때문이다.

자아와 리비도의 두 발달 과정을 고찰함에 있어, 지금까지 조금도 그 가치가 인정되지 않았던 하나의 착안점을 미리 말해 두어야겠다. 두 발달 모두 인류 전체가 원시 시대부터 매우 긴 세월을 거쳐서 더듬어 온 발달을 계승했으며, 그 발달을 단축하여 되풀이한 것이다. 리비도의 발달에는 이 '계통발생적'인 유래가 뚜렷이 나타나 있다고 생각한다. 어떤 동물의 생식기는 입과 가장 밀접한 관계가 있고, 다른 동물의 생식기는 배설기와 뚜렷이 분리되어 있지 않으며, 또 어떤 동물의 생식기는 운동기와 결합되어 있음을 생각해 주기 바란다. 이런 일들은 뵐셰(W. Bölsche)가 쓴 훌륭한 책에 흥미롭게 써 있다.[5] 여러분은 많은 동

---

5) 《자연의 애정 생활, 사랑의 진화 역사》(1900년)를 말한다. 당시 독일의 베스트셀러로 15만 부가 팔렸다고 한다. 해파리는 입과 생식기가, 오징어는 운동기와 생식기가 붙어 있는 것 등을 가리

물에 있어, 말하자면 모든 도착이 그 성적 체제에 깊이 뿌리 박혀 있음을 보게 될 것이다. 그런데 인간에게는 계통발생적인 관점이 일부는 뚜렷하지 않다. 그것은 결국 유전된 것이라도 개체의 발달 중에 새로이 획득한 것이기 때문이다. 그리고 새로 획득하는 것은 아마 그 당시 획득하지 않을 수 없었던 상황이 오늘에도 여전히 계속되고 있어서, 각 개체에 영향을 미치고 있기 때문일 것이다. 이 상황은 그 당시에는 새로운 것을 창작하도록 작용했지만, 오늘날에는 잠자고 있는 것을 깨우는 작용을 하고 있다고 나는 말하고 싶다.

그리고 이 밖에 앞에서 말한 각 개인의 발달 과정은 외부에서 온 새로운 영향으로 자주 방해받고, 변화되고 있는 것이 확실하다. 그러나 우리는 인간에게 이와 같이 발달을 강요하고, 오늘날에도 발달의 방향으로 여전히 압력을 걸고 있는 힘을 알고 있다. 그것은 또한 현실의 거부이다. 만일 우리가 그것에 이름을 붙인다면 인생의 '필요성', 즉 그리스어로 아낭케[6]이다. 이 아낭케야말로 엄격한 교육자이며, 우리를 여러 가지로 성장하도록 만들었다. 노이로제 환자는 이 교육이 지나치게 엄격해서 나쁜 결과를 초래한 어린아이와 같다. 이는 어떤 교육이라도 피할 수 없는 일이다. 위에서 말한 것처럼 '삶의 필요성'을 발달의 추진력으로 평가했다고 해서, 우리는 '내적인 발달 경향'(가령 이런 것이 존재한다면)의 의의를 경시하고 있는 것은 아니다.

그런데 성적 본능과 자기 보존 본능(Selbsterhaltungstrieb)이 현실의 궁핍함에 대해 똑같이 행동하지는 않는다는 것은 주목할 만하다. 자기 보존 욕구와, 이 욕구에 결부된 모든 욕망은 훨씬 교육하기 쉽다. 자기 보존 욕구는 생의 요구에 재빨리 순응하여 현실의 명령에 따라 발전해 나아가도록 배운다. 이런 것은 마땅한 일이다. 왜냐하면 이 욕구는 그 필요 대상을 다른 수단으로는 구할 수 없기 때문이다. 그 대상이 없으면 개체는 죽어 버려야 한다.

그런데 성적 본능 쪽은 교육하기 어렵다. 성적 본능에는 애초부터 대상 결핍이 없기 때문이다. 즉 성적 본능은 기생충처럼 육체의 한 기능에 기생하여, 자신의 몸을 통해 자기 성애로 만족을 얻는다. 그러므로 현실적 필요성이라는 교육의 영향과는 처음부터 인연이 없는 것이다. 이 성욕은 대부분의 인간에게 있

킨다.
6) Ananke : 필연, 폭력, 강제, 운명의 뜻이 있다.

어서 한평생을 통해서, 어느 경우에서 보면 자기중심적이고 남에게서 영향을 받기 어려운 특징, 즉 우리가 '무분별'이라고 부르는 것을 줄곧 지속한다. 성적 본능이 결정적인 강도에 달하면, 젊은이에 대한 교육의 가능성도 대개 끝난다. 교육자는 이것을 알고 이 사실에 입각하여 행동한다. 그러나 교육자는 앞으로 정신분석의 결과에 영향을 받아 교육의 중점을 유아기로 옮기게 될 것이다. 흔히 네댓 살이 되면 벌써 조그만 인간이 완성된다. 그리고 그 뒤에는 그의 안에 감추어져 있던 것이 서서히 밖으로 드러날 뿐이다.

두 본능 사이의 이런 차이가 어떤 의미를 갖고 있는가를 충분히 평가하기 위해서, 우리는 본류에서 벗어나 '경제적'이라고 부르기에 적당한 하나의 고찰 방법을 소개해야겠다. 그 결과, 우리는 정신분석 가운데에서 매우 중요한 부분이지만 가장 명확하지 못한 영역에 발을 들여 놓게 된다. 다시 말해 '심리적 장치'의 작용에 중요한 목적이 있느냐고 묻고 싶다. 그리고 이 질문에 바로, 그 목적은 쾌감의 획득을 향하고 있다고 대답하고 싶다. 우리의 심리적 활동은 모두 쾌감을 찾고 불쾌감을 피하는 방향으로 향하고 있으며, 그 활동은 자동적으로 쾌감 원칙(Lustprinzip)에 의해 조정되고 있는 것 같다. 그런데 이 세상에 일어나는 모든 일들에 대해서 쾌감과 불쾌감을 일으키는 조건이 무엇인가를 알고 싶지만, 우리는 아직 이에 대해서 아무것도 알지 못한다. 아무튼 우리는 쾌감이 심리적 장치 속에 있는 자극량의 감소·저하·소실과 관계가 있으며, 한편 불쾌감은 자극량의 증가와 관계 있다고 주장할 뿐이다. 인간이 경험할 수 있는 최고의 쾌감, 즉 성교에서 얻는 쾌감을 연구하면 이 점은 확연히 드러난다. 이 같은 쾌감을 얻는 과정에서는 심리적인 흥분, 혹은 심리적 에너지의 양이 문제가 되므로 이런 종류의 고찰을 우리는 경제적 관점에서의 고찰이라고 부른다.

우리는 심리적 장치의 과제와 작용을 쾌감 획득의 강조와는 다른 식으로, 또 그보다 훨씬 일반적으로 설명할 수 있음을 깨닫는다. 심리적 장치는 안팎에서 오는 자극량과 흥분의 강도를 제압하고, 그것을 처리하는 목적에 작용할 수 있다. 성 본능은 그 발달의 처음부터 끝까지 쾌감 획득이 목적인 것은 분명하다. 성 본능은 이 근원적인 기능을 별다른 변화 없이 줄곧 유지하고 있다. 자아 본능도 처음에는 이와 같은 것을 목적으로 삼지만 필요성이라는 교육자의 영향 아래 곧 쾌감 원칙을 변용해서 바꾸도록 배운다. 불쾌감을 막는 임무는 자아 본능으로 봐서는 쾌감 획득의 임무와 거의 맞먹는 가치가 있다. 자아는 직접 만족을 얻기를 단념하고 그 원천을 완전히 포기하는 것도 부득이하다고 생각하게 된다. 이와 같이 교육된 자아는 '이성적(理性的)'이 된다. 그리고 이제 쾌감 원칙의 지배를 받지 않고 '현실 원칙'을 따르게 된다. 이 현실 원칙도 결국은 쾌감을 지향하지만, 그 쾌감은 비록 연기(延期)되고 감소된 것이라도 현실을 고려하고 보장한다.

쾌감 원칙에서 현실 원칙(Realitätsprinzip)으로 이행한다는 것은 자아의 발달에서 가장 중요한 진보의 하나가 된다. 우리는 성욕이 뒤늦게나마, 더욱이 내키지 않는 마음으로 자아 발달의 이 단계에 달려 올라온 것을 이미 알고 있다. 그리고 성욕이 외부의 현실에 이렇게 든든하지 않은 관계로 결부되는 데 만족하고 있는 것이, 인간에게 어떤 결과를 가져다주는가를 여러분은 나중에 알게 될 것이다. 그러면 결론으로 이것과 관계있는 것을 또 하나 설명해 두기로 한다. 인간의 자아가 리비도와 같은 발달사를 갖고 있다면 마땅히 '자아의 퇴행'이 있어야 할 것이라는 말을 들어도 여러분은 놀라지 않을 것이다. 그리고 자아가 이와 같이 발달의 초기 단계로 역행하는 것이 노이로제에서는 어떤 역할을 하는지 여러분은 알고 싶을 것이다.

스물세 번째 강의
증상 형성의 길

일반적으로 초보자들은 병의 본질은 증상으로 나타나며, 증상을 제거하면 병은 완치된 것과 같다고 생각한다. 그런데 의사는 병과 증상을 분리해서 구별하는 것이 중요하다고 생각하고, 증상을 제거해도 병은 아직 완쾌된 것이 아니라고 말한다. 그러나 증상을 제거한 뒤에 남아 있는 것은 새로운 증상들을 만드는 능력뿐이다. 그러므로 우선은 이 초보자의 관점을 가지고 증상을 규명하는 것이 병을 이해하는 것이라고 생각해두자.

증상(여기서는 물론 심리적 증상과 심리적인 질병상태를 가리킨다)은 삶 전체를 놓고 볼 때 해롭거나 적어도 무익한 작용으로서, 이는 흔히 환자들이 호소하듯이, 불쾌감이나 고통과 연결되어 있다. 증상이 주는 커다란 해악은 증상 자체가 소비시키는 심리적 소모와, 증상과의 싸움에 필요한 심리적 소모이다. 증상이 강하게 형성되면 이 두 소모 때문에 환자의 정신적 에너지는 극히 적어지고, 그 결과 삶을 꾸려가는 데 필요한 여러 가지 활동들을 제대로 할 수 없게 되어 버린다. 이와 같은 단계는 주로 위에서 서술한 과정을 통하여 에너지를 얼마나 빼앗겼느냐에 달려 있으므로, 여러분은 '병'이라는 것 자체가 원래 실용적인 개념임을 쉽게 알 수 있을 것이다. 그러나 여러분이 이론적인 태도만을 취하고 이 에너지의 양을 무시한다면, 우리는 모두 병들어 있는 셈이 된다. 다시 말해 노이로제에 걸려 있다고 말할 수 있다. 왜냐하면 증상 형성의 조건은 정상적인 사람에게서도 찾아낼 수 있기 때문이다.

우리는 이미 노이로제의 증상은 리비도가 새로운 종류의 만족을 구할 때 일어나는 갈등의 결과임을 알고 있다. 적대 관계에 있는 두 힘은 증상 속에서 다시 교류해 증상 형성이라는 새로운 형태로 타협한다. 그러므로 증상은 그만큼 저항력을 갖고 있으며 어느 쪽에서나 지지를 받고 있다. 우리는 갈등에 상관하는 이 둘 가운데 한쪽은 현실에서 거부되어 자리를 얻지 못하는 리비도이며, 이 리비도는 이제 만족을 구할 수 있는 다른 길을 찾지 않으면 안 된다는 것을 알고 있다. 설령 리비도가 거절된 대상 대신 다른 대상을 찾아 소유하려 해도 현실이 여전히 이 소망을 거부하면, 리비도는 결국 퇴행할 수밖에 없어, 이미 극복한 체제 중의 어떤 단계로 되돌아가거나 아니면 옛날에 버린 대상의 하나로 만족을 구하려고 노력할 것이다. 다시 말해 리비도는 그것이 발달했을 때 각 발달단계에서 남기고 온 고착에 의해 퇴행의 길로 들어가고 만다.

그런데 도착과 노이로제의 길은 엄격히 구분되어 있다. 이 퇴행이 자아의 반항을 불러일으키지 않으면 노이로제는 일어나지 않는다. 그리고 리비도는 정상적인 만족에는 모자라더라도 그 어떤 현실적 만족을 얻는 데 성공한다. 그러나 의식뿐 아니라 운동 신경을 뜻대로 지배할 수 있고 또 심리적 욕구 실현을 향한 길도 뜻대로 할 수 있는 자아가 이 퇴행에 순응하지 않으면, 그때는 갈등이 일어나게 된다. 리비도는 쾌감 원칙의 요청에 일치되는 에너지 집중을 위한 출구를 찾아서 달아나려고 할 것이 틀림없다. 리비도는 자아에서 멀리 떨어져야 한다. 그러나 이와 같은 도피는, 리비도가 발달의 과정에서 고착됨으로써 일어난다. 그런데 이 고착은 자아가 전에 억압을 하면서 방어하려 했던 것이다. 리비도는 역류하면서 이 억압된 장소를 점거함으로써 자아와 자아의 법칙에서 벗어난다. 그러나 그때 이 자아의 영향을 통해서 얻은 교육의 모든 것을 모두 포기하기에 이른다.

리비도는 만족이 눈앞에 있는 한 온순하고 다루기 쉬운 것이다. 그러나 안팎으로부터의 거부(욕구 불만)라는 이중의 압력을 받고, 리비도는 순종하지 않게 되어 지나간 좋은 시절을 회상한다. 이것이 리비도의 근본적으로 변하지 않는 성격이다. 리비도가 에너지를 집중하려고 움직여 가는 여러 표상(상징 또는 관념)들은 무의식 체계에 속해 있어서, 이 체계로서만 가능한 과정, 특히 응축과 대치 작용을 받는다. 여기서 꿈의 형성과 아주 닮은 관계가 이루어진다. 다시 말해 무의식적인 소망과 공상을 충족시켜 주는 역할을 하는, 무의식으로 만들어진 잠재된 꿈이, 겉으로 드러나는 꿈을 형성하며 검열하는 의식적(또는 전의식적)인 일부 활동과 타협이라는 형식으로 만나는 것처럼, 무의식 체계 중에서 리비도를 대표하는 관념들도 전의식적인 자아의 권력을 고려하지 않으면 안 된다. 자아 속에서 고개를 쳐들기 시작한, 리비도에 대한 저항은 '역집중'[1]으로서 리비도를 좇아가며, 동시에 자아의 반발도 나타낼 수 있는 그 어떤 표현을 리비도에 억지로 선택하게 한다.

그 결과, 증상은 무의식적인 리비도의 소망 충족에 몇 겹이나 왜곡된 유도체가 되고, 서로 모순되는 두 가지 뜻을 교묘히 택한 모호한 형태가 된다. 그러나 '꿈 형성'과 '증상 형성'은 이 후자의 점에서만 다르다. 왜냐하면 꿈 형성 때의 전의식적인 의도는 수면을 지속시키고, 수면을 방해하는 것은 의식에 접근시키지 않는 것만을 목적으로 하고 있기 때문이다. 이 전의식적인 의도는 무의식적인 소망 충족에 대해서 날카롭게 "안 돼, 들어가 있어!" 하고 말을 건네지는 않는다. 이 전의식적인 의도가 이렇게 관대한 것은 자고 있는 사람은 덜 위험한 존재이기 때문이다. 즉 현실을 향한 출구는 수면 상태에 의해 닫혀 있기 때문이다.

갈등이라는 조건 아래서 리비도의 회피가 가능한 것은 고착(固着)이라는 것이 있기 때문이다. 고착이라는 이 퇴행적인 집중은 결국 억압을 우회시켜 리비도를 방출(또는 만족)시키게 되는데, 그때 역시 타협이라는 조건은 지켜지지 않으면 안 된다. 무의식과 낡은 고착이라는 우회로를 지나서, 리비도는 마침내 현실적인 만족을 얻는 데 성공한다. 그렇기는 하나, 이 경우의 현실적 만족은 극히 한정된 것이며, 거의 알아볼 수 없을 정도의 것이다. 이 마지막 결말에 관련해서 다시 두 가지 의견을 설명하겠다.

첫째는 여러분은 한편에서는 리비도와 무의식이, 또 한편에서는 자아와 의식, 그리고 현실이 처음부터 밀접하게 결부되어 있었던 것에 주목해 주기 바란다. 물론 이 둘은 처음부터 관계가 있었던 것은 아니다. 둘째로, 여기서 지금 말한 것과 앞으로 말하는 것은 모두 히스테리성 노이로제의 증상 형성에 관계하고 있다는 것을 머리에 넣어 두기 바란다. 그런데 리비도는 억압의 돌파구를 만드는 데 필요한 고착을 어디서 발견하는 것일까? 리비도는 그 고착을 유아 성욕의 활동과 체험 속에서, 즉 유아기에 버려진 부분본능과 포기한 대상 속에서 발견한다. 말하자면 리비도는 그러한 것으로 되돌아간다. 그런데 이 유아

---

1) Gegenbesetzung : 어떤 욕구가 의식에 떠오르지 않도록 자아가 끊임없이 압력을 가하는 것. 저항은 그 발현이다.

기에는 이중의 뜻이 있다. 첫째는 어린이가 그 선천적인 기질과 더불어 갖고 태어난 충동의 방향성들이 처음 모습을 나타냈다는 뜻이고, 둘째는 다른 충동이 외적인 영향과 우연한 체험으로 눈뜨고 활동하기 시작했다는 뜻이다. 이와 같이 둘로 나누는 것이 옳다는 것은 의문의 여지가 없다고 생각한다.

선천적인 소인(素因)이 밖으로 드러난다는 데는 아무 비판할 여지가 없지만, 분석 경험에 의하면 유아기의 순전히 우연적인 체험이 리비도의 고착을 뒤에 남긴다는 사실을 우리는 부득이 수용하지 않을 수 없다. 나의 주장에는 이론적인 난점 같은 것은 전혀 없다고 생각한다. 타고난 기질은 확실히 옛날 조상이 겪은 체험의 유물이며, 과거에 획득된 것이다. 이와 같이 획득물이 없다면, 유전이라는 것은 없었을 것이다. 그리고 이와 같은 유전하는 획득물이 우리가 관찰하고 있는 현재라는 시대에서 갑자기 사라진다고는 좀처럼 생각할 수 없다. 하지만 조상의 체험이나 성년기의 체험을 중시하여 유아기의 체험의 의의를 별것 아닌 듯이 무시해 버려서는 안 된다. 아니 반대로, 이 유아기의 체험이야말로 특별히 중시해야 할 일이다. 유아기의 체험은 중대한 결과를 남긴다. 왜냐하면 이 체험은 발달이 미완성인 시기에 일어나기 때문이다. 그리고 바로 이때문에 유아기의 체험은 외상적(外傷的)으로 작용하는 것이다.

룩스[2]나 다른 학자가 발표한 발육 메커니즘에 대한 연구에 의하면, 세포분열이 진행 중인 수정란을 바늘로 찌르면 중대한 발생 장애가 일어난다. 그런데 애벌레나 성숙한 동물에 같은 상해를 입힐 경우, 아무런 장애도 나타나지 않는다.

그러므로 우리가 노이로제의 병인 방정식 속에 체질적 인자의 대표로 도입한 어른의 리비도 고착은 이제 두 가지 요인, 즉 유전적인 소인과 유아기 초기에 획득한 소인으로 나누어진다. 도식(圖式)이라는 것은 배우는 사람에게 이해되기 쉬우므로 이 관계를 하나의 도식으로 종합해 본다.

유전적인 성적 기질은 여러 가지의 부분 충동들이 단독으로 또는 다른 부분 충동과 결부하여 특별히 강해짐에 따라 갖가지 소인을 드러낸다. 성적 기질과 유아기의 경험이라는 인자는 '상호보완적 관계'를 다시 형성한다. 이 상보적 계

---

2) W. Roux : 독일의 해부학자.

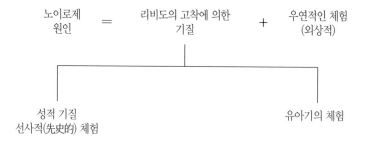

열은 어른의 기질과 우발적인 경험 사이에서 우리에게 처음 알려진 계열 관계와 비슷하다. 어른이나 어린이나 마찬가지로 극단적인 증상을 볼 수 있으며, 같은 대리 관계를 볼 수 있다. 여기서 여러분이 리비도의 퇴행 가운데에서 가장 뚜렷한 것, 즉 성 체제의 초기 단계로의 리비도의 퇴행은 주로 유전적 기질이라는 요인에 좌우되고 있는 것은 아닐까 하는 의문을 갖는 것은 마땅하다. 그러나 이 의문에 대한 대답은 여러분이 노이로제라는 질환의 많은 형태를 고찰할 수 있게 될 때까지 미루는 것이 좋을 것이다.

그런데 분석적 연구에 의하면, 노이로제 환자의 리비도는 그 환자의 유아기의 성적 체험과 결부되어 있음이 확실하다. 이 사실에 우리는 잠시 머물러 있기로 하자. 이 견지에서 보면, 유아기의 성적 체험은 인간의 삶과 건강에 매우 중대한 영향을 준다는 인상을 받는다. 치료라는 점에서 보면 그 중요성이 감소되는 일은 없다. 그러나 치료라는 작업에서 눈을 돌리면, 우리는 노이로제라는 병의 각도에서 삶을 너무 일방적으로 바라본다는 오해를 받을 우려가 있음을 깨닫는다. 리비도가 그 뒷날의 지위에서 쫓겨난 뒤 퇴행적으로 유아기의 경험으로 되돌아간다는 것을 생각하면, 유아기 경험의 의의는 역시 감소시켜 보아야 한다. 그러나 거꾸로 리비도 체험은 유아기에는 전혀 중요하지 않았으나, 퇴행하여 비로소 중요해졌다는 결론은 참으로 그럴듯하게 여겨진다. 여러분은 전에 오이디푸스 콤플렉스를 논했을 때, 우리가 이와 같은 양자택일에 대비해서 뚜렷한 태도를 정한 것이 생각날 것이다.

이 점을 결정하는 것은 이번에도 어렵지는 않다. 리비도의 퇴행이 유아기의 체험에 대한 리비도의 집중(즉 병인적 의의)을 매우 강화시킨다는 주장은 어디까지나 옳다. 그러나 이 주장만을 유일하게 결정적인 것이라고 생각한다면 잘못일 것이다. 이 외에도 다른 것을 고려하지 않으면 안 된다.

관찰해 보면, 첫째, 유아기의 경험은 그 자체가 의의를 가지며, 유아기에서도 그 중요성은 이미 증명되었음을 똑똑히 알게 된다. 실제로 소아 노이로제라는 것도 있다. 물론 소아 노이로제에서 시간적 후퇴라는 요인은 매우 흐릿하거나 아주 탈락되어 있다. 다시 말해 이 병은 외상적인 체험에 직접 이어서 일어난다. 이와 같은 소아 노이로제를 연구하면, 마치 어린이의 꿈이 어른의 꿈을 이해하는 열쇠가 된 것처럼, 어른의 노이로제에 대해서 착각을 일으키지 않게 된다. 그런데 어린이의 노이로제는 사람들이 생각하고 있는 것 이상으로 많다. 소아 노이로제는 버릇이 없다든가, 장난꾸러기의 표시로 잘못 판단되어 대수롭지 않게 여기며, 육아의 대가(大家)조차도 문제로 삼지 않는다. 그러나 나중에 돌이켜보면 곧 깨닫는 일이다. 소아 노이로제는 대개 불안 히스테리의 형태로 나타난다. 이 '불안 히스테리'에 대해서는 다른 기회에 이야기하기로 하자. 성인이 된 뒤에 나타난 노이로제는, 베일을 쓴 것처럼 몽롱한, 암시와도 같은 그 소아 노이로제의 직접적인 계속임을 알 수 있다. 그러나 앞에서 말한 것처럼, 이 소아 노이로제가 중단되지 않고 고질병처럼 한평생 줄곧 계속되는 수가 있다. 극히 적은 예에 지나지 않지만, 우리는 현실적으로 병에 걸려 있는 상태의 어린이를 대상으로 소아 노이로제를 분석할 수 있었다. 그러나 성년기에 노이로제에 걸린 환자에게서 얻은 지식을 기초로, 소아 노이로제에 대한 견해를 얻는 데 만족하지 않으면 안 되는 경우가 훨씬 많았다. 이때 우리는 정정하고 주의하는 것을 게을리해서는 안 된다.

둘째, 리비도를 이토록 소아기로 끌어당기는 것이 거기에 없는데도, 리비도가 규칙적으로 소아기로 되돌아간다는 것은 정말 모를 일이라고 말할 사람이 있을 것이다. 발달 과정의 어떤 곳에 대한 고착(우리는 이렇게 가정하고 싶다)이라는 것은, 리비도 에너지의 어느 일정량이 그 장소에 고정되는 일이라고 생각할 때만 의미를 갖게 된다.

마지막으로 유아기와 뒷날의 체험의 강도와, 병을 유발하는 원인의 의의 사이에는 마치 우리가 앞에서 연구한 계열과 같은 상보적 관계가 있음을 여러분에게 지적해 두고 싶다. 병의 원인의 모든 중심이 유아기의 성적 체험에 걸려 있는 증상들이 있다. 이 경우, 성적 체험의 인상들은 확실히 외상적인 작용을 발휘한다. 그리고 이것을 보충하는 것으로서는 보통의 성 기질과 미숙함에서 생기는 것뿐이다. 이와 같은 증상과 나란히 뒷날의 갈등에 역점이 놓이는 증상도 있다. 이 경우, 분석에서는 유아기의 경험이 강조되어도 그것은 퇴행의 결과로 생긴 것처럼 여겨진다. 그러므로 '발달의 정지'와 '퇴행'의 두 양극이 있고, 그 사이에서 이 두 요인이 갖가지로 함께 작용하고 있는 것이다.

이것은 어린이 성의 발달에 일찍 간섭하여 노이로제를 예방하려고 시도하는 교육학에서는 얼마쯤 흥미를 가질 것이다. 사람들이 유아기의 성적 체험에만 주의를 기울이고 있는 한, 성의 발달을 늦추게 하거나 어린이가 이런 체험을 하지 못하게 하면, 노이로제 예방에는 만반의 준비를 강구한 셈이 된다. 그러나 우리는 이미 노이로제를 일으키는 조건은 복잡해서, 단 하나의 인자를 고려하는 것만으로는 일반적으로 의미가 없다는 것을 알았다.

유아기의 엄격한 예방은 오히려 예방의 가치를 잃는다. 왜냐하면 이와 같은 예방은 기질적인 인자에 대해서는 무력하기 때문이다. 그리고 이와 같은 예방은 교육가가 상상하는 것만큼 쉽게 실행되지 않는다. 또 이와 같은 예방은 반드시 두 가지 새로운 위험을 수반하는데, 그 위험은 가볍게 볼 것이 아니다. 첫째, 예방의 도가 지나칠는지 모른다. 즉 이와 같은 예방은 성의 억압을 조장하는데, 이것이야말로 해로운 결과를 가져온다. 둘째, 어린이는 이와 같은 예방 때문에 사춘기에 마땅히 찾아오는 성욕의 습격에 대해 아무런 저항력도 없이 삶에 내던져진다는 위험이 있다. 그러므로 유아기의 예방이 얼마나 효과가 있는가는 정말로 의심스럽고, 또 현실에 대한 태도를 바꾸는 것이 노이로제를 예방하는 데 과연 뛰어난 수단이라고 할 수 있는지는 쉽게 단정할 수 없다.

그러면 증상 문제로 되돌아가기로 하자. 증상은 이를테면 거부된 만족을 더 옛 시기로 리비도를 퇴행시킴으로써 만족을 대신하는 일이다. 대상 선택의 초기 단계나, 혹은 체제의 초기 단계와 끊으려고 해야 끊을 수 없는 어린 시절로 리비도가 퇴행하기 때문에 증상은 만족의 대체물이 되는 것이다. 우리는 이미 노이로제 환자는 그의 과거 어느 시기인가에 고착되어 있는 것이라고 말했다. 이제 그 과거의 어느 시기란 리비도가 만족을 얻고 있었던 시기, 즉 리비도가 행복했던 시기임을 알 수 있다, 환자는 오랫동안 자기의 지나간 삶을 뒤진 끝에 마침내 그와 같은 행복한 시대를 발견한다. 어떤 경우엔 유아기로까지 거슬러 올라가야 한다. 그는 그 시대를 회상하는 것처럼 보이고, 또 나중에 일어난 사건에 자극을 받아 그 시대를 공상하고 있는 것처럼도 보인다.

그러나 아무튼 증상은 그 유아적인 만족을 얻는 방법을 되풀이한다. 그리고 그 만족은 갈등에서 비롯된 검열로 왜곡되고, 대개 고통스러운 감각으로 바뀌어 있으며, 다른 발병 유인(誘因)이 된 요소들과 뒤섞여 있다. 증상이 가져다주는 만족의 종류는 매우 기묘한 것이다. 이 만족은 당사자가 깨닫지도 못하는 것이며, 오히려 당사자는 우리가 만족이라고 말하는 것을 고통으로 느끼고, 이를 호소한다. 그러나 우리는 여기서 눈을 돌리자. 이렇듯 만족이 고통으로 바뀌는 것은 증상을 일으키는 압력이 된 심리적 갈등 때문이다. 일찍이 개체로 봐서 만족스러웠던 것이 현재는 그의 저항이나 혐오를 일깨울 것이 틀림없다.

이와 같은 감각의 변화에 대해, 우리는 그다지 눈에 띄지 않으나 교훈에 찬 실례를 알고 있다. 이를테면 어머니의 가슴에 안겨 마음껏 젖을 먹은 아이도, 이삼 년이 지나면 보통 우유에 심한 반감을 나타낸다. 이것은 교육으로도 극복하기 힘들다. 만일 우유라든가 우유가 든 음료에 얇은 껍질이 덮여 있으면, 이 반감은 혐오로까지 높아진다. 이와 같은 껍질이 옛날에 몹시 갖고 싶어 한 어머니의 젖가슴을 상기시켰다는 것은 아마 부정할 수 없을 것이다. 그 속에 젖을 떼는 과정에서 외상적으로 작용한 체험이 섞여 있음은 물론이다.

또 주목할 만한 것으로서 증상을 리비도를 만족시키는 수단으로 해석하지 못하게 가로막는 것도 있다. 증상은 보통 만족이라고 부르는 것을 우리에게 조금도 상기시키지 않는다. 증상은 대개 대상에서 완전히 독립해 있고, 또 외적인 현실과의 관계를 포기한다. 우리는 이것을 현실 원칙을 버리고 쾌감 원칙으로 돌아간 결과라고 생각하지만, 그것은 또 넓은 뜻으로 일종의 자기성애로 돌아가는 일이기도 하다. 자기성애는 성욕에 처음으로 만족을 준 것이다. 자기성애는 외부 세계에 변화를 일으키는 대신 육체에 변화를 일으킨다. 즉 외적 활동 대신에 내적 활동, 행동 대신에 적응을 가져온다. 이것은 또한 계통발생적 관점에서 보아 매우 중요한 퇴행현상과 일치한다. 우리가 증상 형성에 대한 분석적 연구에서 앞으로 배워야 할 새로운 요소(factor)와 결부시킬 때, 비로소 이것을 뚜렷이 이해할 수 있을 것이다.

더 나아가, 우리는 증상 형성 과정에서도 꿈 형성의 경우와 같은 무의식 과정, 즉 응축과 치환(置換)이 공동으로 작용하고 있음을 기억해야 한다. 증상은 꿈과 마찬가지로 실현된 그 무엇, 어떤 종류의 유아성 만족을 묘사하고 있는데, 이 만족은 극단적인 응축 작용으로 단 하나의 감각 또는 신경 지배로 압축되어 버리며, 또 극단적인 치환 작용으로 이 만족은 리비도적 복합체(der libidinöse Komplex) 전체의 아주 작은 부분에만 한정되어 버린다. 따라서 예측되고 또 언제라도 입증될 수 있는 리비도의 만족을 증상 속에서 발견하기 어려운 일이 많더라도 전혀 놀랄 것은 없다.

우리는 아직도 어떤 새로운 요소를 배워야 한다고 여러분에게 조금 전에 말했다. 이 새로운 요소는 확실히 놀랄 만한 것이며, 우리를 당혹스럽게 하는 것이다. 우리는 증상에 대한 분석으로, 리비도가 고착되어 있다는 것과 증상을 일으킨 유아기 체험에 관한 것을 알았다. 그런데 놀랄 만한 것은 유아기의 이 장면은 반드시 진실한 것만은 아니라는 점이다. 대부분의 경우 진실한 것이 아니며, 어떤 경우는 이야기의 진실과 정반대이다. 진실이 아니라는 이 발견만큼 이러한 결과를 가져다준 정신분석의 신용을 떨어뜨리거나, 또는 분석과 노이로제에 대한 이론의 토대가 된 환자 진술의 신빙성을 떨어뜨리는 것은 없다고 여러분은 생각할 것이다.

그러나 이 밖에도 우리를 매우 당혹스럽게 하는 것이 있다. 만일 분석으로 밝혀진 유아기 체험이 언제나 현실의 것이었다면, 우리는 튼튼한 기반 위를 걸어왔다는 느낌을 가질 것이다. 그런데 유아기 체험이 언제나 환자가 지어낸 것이며 공상이라는 것을 알게 되면, 우리는 이 흔들리는 불안정한 기반을 버리고 더 튼튼한 장소로 피하지 않으면 안 될 것이다. 그러나 그 어느 쪽도 아니다. 오히려 분석 과정에서 떠올랐거나 재구성된 유아기 체험들은 어떤 때는 의심할 것도 없이 지어낸 이야기이고, 어떤 때는 확실한 사실이며, 대개의 경우는 진실과 거짓말을 혼합한 것임을 알 수 있다. 그러므로 증상은 어떤 때는 실제로 있었던 체험의 묘사이며, 그 체험이 영향을 주어서 리비도가 고착한 것이라고 말해도 좋다. 또 어떤 경우는 병인적(病因的)인 의의를 아무것도 갖고 있지 않은 환자의 공상을 묘사한 것이다. 여기서 나아갈 길을 발견하기는 어렵다. 그러나 이것과 비슷한 발견 속에 아마 최초의 단서가 있을 것이다. 인간이 옛날부터, 아직 아무런 분석도 하기 전부터 의식적으로 지니고 있었던 개별적인 어린 시절의 기억은 이것과 마찬가지로 가짜이거나, 아니면 적어도 많은 진실과 거짓말을 혼합한 것이다. 이 경우, 어린 시절의 기억이 진짜가 아닌 것을 지적하는 것은 그리 어렵지 않다. 그러므로 지금과 같은 뜻밖의 실망은 분석의 책임이 아니라, 어느 점에서 환자의 책임이라고 생각하면 조금은 마음이 풀린다.

조금만 생각해 보면, 무엇이 이렇게 복잡한 상황을 만들었는지 알 수 있다. 현실을 경시하고, 현실과 공상의 구별을 등한시했기 때문이다. 이런 환자의 지어낸 이야기를 열심히 연구한다는 것은 모욕도 이만저만이 아니라는 기분이 든다. 우리에게는 현실과 지어낸 이야기는 하늘과 땅만큼 다르다는 생각이 든다. 그리고 우리는 현실과 지어낸 이야기를 아주 다른 식으로 평가하고 있다. 아무튼 환자 자신도 보통 때에는 이와 동일한 관점을 갖는다. 만일 환자가 결국은 소망하고 있는 상황(그것은 증상 배후에 있으며, 더욱이 유아기 체험의 묘사이다)인 자료를 들고 나올 때, 우리는 물론 처음에는 그 자료가 과연 현실의 것인지 공상의 산물인지 분간하지 못한다. 나중에야 어떤 특징으로 어느 쪽이라고 정할 수 있다. 그리고 환자에게도 이 결정을 알리는 작업을 시작한다. 그러나 이것을 어느 환자에게나 쉽게 할 수는 없다.

만일 우리가, 마치 모든 민족이 잊어버린 원시 시대를 감싸듯이 당신이 어린 시절의 역사를 감싸려 하며, 지금 바야흐로 공상을 펼치려 한다고 처음에 솔직하게 일러 주면, 이 주제를 더 깊게 추구하려 하던 환자의 관심이 뜻밖에도 갑자기 식어 버리는 것을 깨닫는다. 환자 스스로도 사실을 알고 싶어 하며, '공상의 산물'을 경멸한다. 그런데 연구의 이 부분이 해결될 때까지 "우리는 당신이 어릴 때 실제로 일어난 일을 연구하고 있는 것입니다" 하고 이렇게 그가 믿도록 해두면, 환자는 나중에 우리의 착각을 비난하고, 우리가 쉽게 속는 것을 비웃게 된다. 공상과 현실을 같은 계열에 두고, 지금 문제로 삼고 있는 유아기 체험이 그중의 어느 쪽에 속하는가는, 당장은 염두에 둘 필요가 없다는 제안을 환자가 이해하려면 오랜 시간이 걸린다. 그러나 이 제안이야말로 분명히 심리적인 결과물에 대한 옳은 태도이다. 심리적인 결과물도 또한 일종의 현실성을 갖고 있다. 환자가 이와 같은 공상을 창작했다는 것 역시 하나의 사실이다. 그리고 이 사실은 노이로제 증상에 있어서는 환자가 이 공상의 내용을 실제로 체험한 경우 못지않게 중요한 의미를 지니고 있다. 이와 같은 공상은 물질적

(materielle) 현실성에 대한 심리적(psychische) 현실성이기 때문이다. 그리고 우리는 노이로제의 세계에서는 심리적 현실성이 결정적인 요소임을 점차 깨닫게 된다.

노이로제 환자의 어릴 때 생활 속에 언제나 되풀이되고, 거의 예외 없이 볼 수 있는 사건 가운데 특별히 두세 가지 중요한 것들이 있다. 나는 다른 사건 이상으로 이 사건들을 가치 있는 것으로 본다. 이런 사건의 견본으로서 부모의 성교 목격, 어른에 의한 유혹, 거세 위협의 세 가지를 들겠다. 이와 같은 사건들이 결코 물질적 현실성이 아니라고 가정하는 것은 큰 잘못일 것이다. 이것과 완전히 반대로, 나이 먹은 가족들을 조사해 보면 이와 같은 사건이 있었다는 것을 흔히 뚜렷이 증명할 수 있다. 이를테면 아직 아무것도 모르는 어린이가 사람들 앞에서 자기의 음경을 만지작거리기 시작하면, 부모나 보모가 "그런 짓을 하면 고추를 떼어 버릴 테야"라든가 "그런 짓을 한 손은 잘라 버릴 테야" 하고 위협하는 일은 흔히 있다. 나중에 물어보면, 부모는 이런 일이 흔히 있었음을 인정한다. 왜냐하면 그들은 이와 같은 위협이 가장 좋은 방법이라고 믿기 때문이다. 많은 사람들은 이 협박을 정확히 의식적으로 기억하고 있다. 좀 나이가 든 뒤에 이런 위협을 받으면 아주 똑똑하게 기억한다. 어머니나 다른 여자들은 이와 같이 위협할 때, 아버지가 안 된다고 했다든가 의사의 명령이라든가 하며, 보통 다른 사람 탓으로 돌린다. 프랑크푸르트의 소아과 의사 호프만[3]이 쓴 유명한 《더벅머리 페터(struwwelpeter)》라는 책 속에서, 여러분은 손가락을 '빠는 것'을 그만두지 않는 벌로 거세 대신 엄지손가락을 자르는 것으로 완화되어 대치된 것을 볼 수 있을 것이다.

그러나 노이로제 환자를 분석했을 때 발견되는 것만큼 자주 거세 위협이 어린아이에게 가해지는 일은 있을 수 없을 것이다. 어린이는 어떤 암시들이나 자기성애적 만족이 금지되어 있다는 사실, 여성의 성기를 처음 봤을 때 받은 인상들을 토대로, 이와 같은 위협을 공상 속에서 구성한 것이라고 생각하고 우리는 만족하고 있다.

이것과 마찬가지로 어린이의 이해력이나 기억력은 믿을 수 없다고 하지만, 지위가 높고 가풍이 엄한 가정의 어린이라도 부모나 어른의 성교를 목격할 가능

---

3) Hoffmann : 1800~1894. 아동문학가로도 유명하다. 유아기의 성적 콤플렉스나 그 밖의 콤플렉스에 대한 연구로 세상에 이름이 알려졌다.

성은 얼마든지 있다. 그리고 나이가 들어 어린 시절에 본 이러한 인상이 무엇을 뜻하는지를 깨닫고, 이 인상에 반응한다는 사실은 부정할 수 없다. 그러나 만일 어린이가 성교를 관찰할 수 없는 세밀한 데까지 자세히 설명한다면, 또는 어린이가 뒤에서의 성교, 즉 동물형 성교를 말한다면(이렇게 말하는 일은 매우 많다) 이 공상은 동물(특히 개)의 교미를 관찰한 데 기인하고 있으며, 그 공상의 동기가 사춘기에 이른 아이의 채워지지 않는 들여다보고 싶은 욕망(호기심)에서 나왔음은 의심할 여지가 없다.

이런 종류의 공상 속에서 가장 극단적인 것은, 자기가 아직 태어나지 않고 어머니의 태내에 있을 때 부모의 성교를 보았다는 공상이다. 특히 흥미로운 것은 유혹을 받았다는 공상이다. 왜냐하면 이것은 공상이라기보다 차라리 현실의 기억이기 때문이다. 다행인 것은 분석의 결과를 잠깐 들여다보면, 이 공상들이 모두 현실에 있었던 것 같으나 대부분은 현실에 있었던 것이 아니라는 점이다. 나이가 위인 어린이라든가 같은 또래의 어린이에게 유혹받는 편이 어른에게 유혹받는 경우보다 언제나 많다. 어릴 때 이야기 속에 이런 사건을 들고 나오는 여자아이의 경우, 아버지가 유혹자가 되어 나타날 때는 이와 같이 아버지에게 죄를 덮어씌우는 이 공상적 성격도, 또한 아버지에게 죄를 덮어씌우게 만드는 동기도 뚜렷이 알 수 있다. 어린이는 언제나 유혹 공상(현실에서는 유혹 같은 것이 없는데도)으로 자기 성 활동의 자기성애적인 시기를 감싸서 감추는 것이 통례이다. 어린이는 자기가 연모하던 대상을 초기 유아 시대로 소급하여 공상함으로써 자위에 대한 수치심에서 벗어나는 것이다.

실제에 있어서 어린이가 자기와 가장 가까운 친척 남자에게 성적으로 유혹을 받았다고 말할 때는, 여러분은 그것을 공상의 나라에서 본 것이라고 믿어서는 안 된다. 대개의 분석가는 이와 같은 일이 현실에서 일어나서 그것을 한 점의 의혹도 남지 않을 만큼 확증할 수 있었던 환자를 치료한 일이 있다. 그러나 그때도 이런 일은 유아의 맨 나중 시기에 속해 있다가 유아기로 옮겨진 것이다.

이와 같은 유아기의 사건들은 어린이에게는 냉혹한 현실로서, 어떤 점에서는 노이로제의 변함없는 요소들이라는 인상은 여러분도 받았을 것이다. 이와 같은 사건이 현실에 있었다면 할 말이 없지만, 현실에 없었다면 그것은 암시에 의해서 만들어지고, 공상으로 보충되었으리라. 결과는 어느 쪽이라도 마찬가지이다. 우리는 공상, 또는 현실이 이와 같은 유아기의 사건 속에 큰 비중을 차지하고 있더라도, 현실이냐 공상이냐에 따라서 그 결과에 어떤 차이가 생기는가를 증명하는 데 아직은 성공하고 있지 않다. 여기에도 또한 몇 번이나 말한 그 상호보완적 관계들 가운데 하나가 있다. 물론 이 상보적 관계는 우리가 배운 것 가운데서 가장 기괴한 것이다. 그러면 이런 공상에 대한 욕구와 그 공상을 만드는 자료는 어디서 온 것일까? 이것이 충동의 원천에서 나왔다는 것은 의심할 것도 없지만, 같은 공상이 같은 내용을 가지고 만들어진다는 점은 설명되어야만 한다. 나는 이에 대해서 하나의 대답을 미리 마련해 놓고 있다. 내 대답을 들으면, 여러분은 그 대담성에 놀랄 것이다. 물론 다른 이름이 몇 가지 있을지 모르지만, 나는 이것을 근원적 공상이라고 부르고 싶다. 이 근원적 공상은 생물의 계통적 발생에 따른 소산(결과물)이라고 생각한다. 개체는 자신의 체험이 너무나 발육이 완전하지 못한 상태로 있을 때, 자기 자신의 체험을 뛰어넘어 이 근원적 공상에 의해 원시 시대의 체험으로 들어가는 것이다. 오늘의 분석으로 우리에게 공상이라는 형태로 이야기되는 것은 모두, 이를테면 어린이를 유혹하는 것, 부모의 성교를 보고 성적 흥분이 일어난 것, 거세 위협 또는 거세 등은 원시 시대에 인간의 가족에게 한 번은 현실적으로 있었던 것이라는 것, 또 공상을 마음대로 하는 어린이는 개인적인 진실 체험의 틈바구니를 선사적(先史的)인 진실의 체험으로 메우고 있을 뿐이라는 것, 이와 같은 일은 나에게는 어디까지나 사실 같은 기분이 든다. 노이로제의 심리학에는 다른 모든 원천보다 더 많은 인류 발달사의 유물이 보존되어 있는 것이 아닐까 하고 우리는 다시금 의심하게 되었다.

여러분! 이상 말한 것 때문에, 우리는 아무래도 공상이라고 이름 붙인 정신 활동의 발생과 의의를 더 깊게 연구하지 않을 수 없게 되었다

여러분도 알듯이 정신적 생활에서 공상의 위치는 밝혀져 있지 않다. 그러나 공상이라는 것은 일반적으로 높은 평가를 받고 있다. 나는 여러분에게 이 점에 대해서 다음과 같이 말할 수 있다. 여러분도 알다시피 인간의 자아는 외부 세계의 필요성의 작용을 받아 차츰차츰 현실을 존중하고 현실 원칙에 따르도록 교육받지만, 그때 자아의 쾌감 추구(성적인 것만은 아니다)의 갖가지 대상과

목표를 일시적으로나 영구적으로 포기하지 않으면 안 되었다. 그런데 쾌감 추구를 포기한다는 것은 인간에게는 언제나 어려운 일이다. 이를 대신할 만한 것이 없다면, 인간은 쾌감 추구를 완전히 버리지 못한다. 그러므로 인간은 하나의 정신적 활동을 보류해 놓고 있었다. 그리고 이 정신적 활동 속에서는 그 포기한 쾌감의 모든 원천들과 쾌감 만족을 위한 수단이 오랫동안 존속하도록 허용된 것이다. 바꾸어 말하면 우리가 현실성의 음미라고 부르는 것과 현실의 요구로 전혀 속박되지 않는 존재의 한 형식을 갖도록 허용된 것이다. 어떤 욕구도 곧바로 충족된 형태로 변형된다. 공상에 의한 소망 충족에 시간을 소비하는 것은, 그것이 현실적인 것이 아님을 뚜렷이 알고 있더라도 어떤 만족감을 주는 것은 의심할 여지가 없다. 그러므로 인간은 공상이라는 활동 속에서 현실에서는 오랫동안 단념해 온 외적 속박으로부터의 자유를 향락하는 것이다.

이리하여 인간은 마침내 어떤 때는 쾌감을 구하는 동물, 또 어떤 때는 지성적 존재가 될 수 있었다. 인간은 현실에서 쟁취해 온 얼마 안 되는 만족만으로는 아무래도 부족함을 느낀다. "일반적으로 보조해주는 장치들이 없으면 되는 일이 없다"라고 폰타네[4]가 언젠가 말한 적이 있다. 공상이라는 심리체계의 창조물은, 농업·교통·공업 때문에 바야흐로 지구의 원시적인 면모가 순식간에 흔적도 없이 사라져 버리려 하는 곳에 만들어진 '보호림(保護林)'이나 '자연 보호 공원'과 같다. 거기서는 본래 모습을 볼 수 있다. 자연보호 공원은 옛 상태를 그대로 간직하고 있지만, 그 밖의 곳에서는 유감스럽게도 필요에 의해서 그런 옛 모습은 희생되어 버렸다. 거기서는 모든 것이, 소용없는 것도 해로운 것도 제멋대로 무성하게 자라고 있다. 공상이라는 마음의 나라도 현실 원칙의 속박을 벗어난 이런 보호림이다.

공상의 가장 잘 알려진 산물은 우리가 이미 말한 '백일몽'이다. 그것은 야심에 찬 소망, 과대망상적 소망, 에로틱한 소망 등의 관념적 만족이다. 현실이 체념과 인내를 강요하면 할수록, 이와 같은 소망은 점점 더 무성해진다. 공상이라는 행복의 본질, 즉 현실의 동의를 얻지 않더라도 쾌감을 다시 획득할 수 있다는 것은 이 백일몽 속에 뚜렷이 나타나 있다. 이와 같은 백일몽이야말로 밤

---

4) Fontane 1819~98. 독일의 소설가.

에 꾸는 꿈의 핵심이며 표본이라는 것을 우리는 알고 있다. 밤에 꾸는 꿈이란 결국 밤이 되어 성적 본능이 자유롭게 되었기 때문에 활동하기 시작한 백일몽, 또는 정신 활동이 밤의 형식을 취함으로써 왜곡된 백일몽이다. 우리는 이미 백일몽 역시 반드시 의식되지는 않으며, 무의식적인 백일몽도 존재한다는 생각에 익숙해졌다. 이와 같은 무의식적 백일몽은 밤에 꾸는 꿈의 원천이며, 동시에 노이로제 증상의 원천이다.

공상이 증상 형성에 어떤 중요한 의미를 갖고 있는가 하는 것은 다음의 보고로 분명해질 것이다. 우리는 거부로 인한 좌절을 겪게 될 경우, 리비도는 퇴행하여 과거에 비워 둔 장소를 점거하는데, 그 장소에는 리비도의 일부가 아직도 정착되어 남아 있다고 앞에서 말했다. 이 이야기를 취소하거나 정정할 생각은 없지만, 한 가지 빠진 부분을 덧붙이려고 한다. 리비도는 어떻게 하여 이 고착점으로 되돌아가는 길을 발견하는 것일까? 포기되었다는 리비도의 대상이나 방향은 어떤 의미에서 아직도 포기된 것이 아니다. 그 대상과 방향, 혹은 그러한 것들의 파생물은 어떤 강도를 가지고 아직도 공상의 표상(表象, 관념) 속에 살아 있다. 그러므로 억압된 모든 고착을 향한 길을 트려면 리비도가 공상으로 물러나기만 하면 된다. 이 공상은 어떤 종류의 인내를 즐기고 있었던 것이다. 이 공상과 자아 사이에는 비록 심한 대립이 있더라도, 어느 일정한 조건이 엄수되고 있는 한 갈등은 일어나지 않는다. 이 조건은 양적인 성질의 것이다. 그런데 이 조건은 이제 리비도가 공상으로 역류함으로써 방해를 받는다. 리비도의 작용으로 공상을 향한 에너지 집중은 높아지고, 그 결과 공상의 요구는 많아지고 현실화 방향으로 심한 압력을 일으킨다. 그러나 이 때문에 공상과 자아 사이의 갈등은 피할 수 없게 된다. 이전에 전의식적(前意識的)이었든 의식적이었든 간에 이제 공상은 자아에 의해 억압당한 채로, 한편으로는 무의식의 유혹에 이끌리게 된다. 이리하여 리비도는 이제 무의식이 된 공상에서 무의식 속에 있는 공상의 근원, 즉 리비도 자체의 고착점으로 되돌아가는 것이다.

리비도가 공상으로 되돌아가는 것은 증상 형성에 이르는 길의 중간 단계이다. 이 단계는 특별한 이름을 붙일 가치가 있을 것이다. 융(G. Jung)이 이에 대해서 '내향성(Introversion)'이라는 적절한 이름을 지어 주었다. 그러나 융은 이 이름을 적절하지 않은 다른 뜻에도 사용했다. 우리는 내향이라는 말을, 리비도가 현실적인 만족의 가능성을 포기하고, 지금까지 무해한 것으로서 너그럽게 보아온 공상에 그 에너지를 지나치게 집중한다는, '리비도 과잉집중'의 뜻으로 사용할 것이다.

자신의 내면을 향해 있는 이는 아직 노이로제 환자는 아니지만 불안정한 상태에 있다. 따라서 정체되어 있는 리비도를 위해서 다른 배출구를 발견하지 못한다면, 균형이 조금만 깨져도 증상이 발생하지 않을 수 없을 것이다. 이에 반해서 내향의 단계에서 걸음을 멈추면 노이로제적 만족은 비현실적 특성을 지니게 되고, 공상과 현실의 차이가 없어진다.

이 마지막 논의에서, 내가 병인론(病因論) 연쇄의 구성 속에 하나의 새로운 인자(因子), 즉 지금 문제로 삼고 있는 에너지의 양, 에너지의 크기를 포함한 사실을 아마 깨달았을 것이다. 우리는 이 인자를 앞으로 어디서나 고려하지 않으면 안 된다. 병인론적 조건을 순전히 질적으로 분석하는 것만으로는 충분하지 않다. 다른 표현을 빌리면, 이러한 심리적 과정을 단지 '역동적'으로 파악하는 것만으로는 부족하다. 여기에 '경제적'인 관점이 필요하다. 두 욕망 사이의 갈등은 비록 질적 조건들이 오래전부터 강하게 자리 잡고 있었더라도, 에너지의 집중이 어느 강도에 도달하지 않으면 폭발하지 않는다고 말하지 않을 수 없다. 이와 마찬가지로 기질적 인자가 병의 근원적 의의를 가지는지 어떤지는 기질 속에 있는 하나의 부분충동이 다른 부분충동보다 훨씬 많으냐 적으냐에 따라 정해진다. 모든 인간의 기질은 질적으로는 같은 종류이지만, 이 양적 단계에 있어서만 각기 다르다고조차 생각할 수 있다.

노이로제에 대한 저항력으로 봐서는 이 양적인 요인은 상당히 결정적이다. 그것은 사람이 사용하지 않았던 리비도 중에서 어느 정도의 분량을 어느 쪽에도 관련이 없는 상태대로 가지고 있을 수 있는가, 또 리비도의 어느 정도의 부분을 성적인 것에서 분리해 승화의 목적으로 돌릴 수 있는가에 달려 있다. 질적으로는 쾌감을 얻고 불쾌감을 피하려는 노력이라고 설명되는 심리적 활동의 최종 목적도, 경제적 관점에서 보면 심리적 장치 속에 작용하는 엄청난 충동성을 극복하고 불쾌감의 원인이 되는 정체 현상을 막기 위한 하나의 사명으로 표현할 수 있다.

나는 노이로제에서의 증상 형성에 대해서 여러분에게 많은 것을 이야기하고 싶었다. 그러나 여기서 이야기한 것은 모두 히스테리의 증상 형성에 관한 것뿐이라고 역점을 두어 다시 한번 강조하려 한다. 강박 노이로제의 경우에도 근본 원칙은 동일하지만, 많은 경우의 히스테리와 다른 점이 눈에 띈다. 욕망의 요구에 대한 역집중(이에 대해서는 히스테리 대목에서도 말했지만)은 강박 노이로제에서는 더 강하게 나타나서 이른바 '반동 형성(Reaktionsbildung)'에 의해 임상상(臨床像)을 지배한다. 우리는 이와 같은 경우의 변이, 그리고 보다 큰 변이를 다른 노이로제에서 발견하고 있다. 그와 같은 노이로제에서는 증상 형성의 메커니즘의 연구가 완성되지 못했음을 어느 점으로 보아도 쉽게 알 수 있다.

오늘 여러분과 헤어지기 전에, 나는 일반의 관심을 많이 끄는 가치 있는 공상 생활의 어떤 면에 대해서 잠시 주목해 주기를 바란다. 즉 공상에서 현실로 돌아가는 길이 있다고 하는 것이다. 이것은 바로 예술이다. 예술가는 내향자가 될 소질을 충분히 갖고 있다. 내향자는 노이로제 환자와 큰 차이를 보이지 않는다. 예술가는 명예·권력·재물·명성·여성의 사랑 등을 얻고 싶어 하는 강한 욕구에 시달린다. 그러나 그는 이것을 만족시킬 수 있는 수단을 알지 못한다. 그래서 예술가는 다른 불평가처럼 현실에서 도피하여, 그의 모든 관심을(심지어 리비도까지도) 노이로제의 초입이라고 할 수 있는 공상 생활의 소망 형성에 돌린다. 그러나 노이로제가 그의 발전의 결말이 되지 않도록 하기 위해서는 여러 가지 인자가 서로 결합되어 있어야 한다. 예술가 노이로제 때문에 그 능력이 부분적으로 억압되고 괴로워한 예가 많다는 것은 잘 알려져 있는 일이다. 아마 예술가의 기질에는 승화하는 능력이 강하고, 갈등의 해결 수단인 억압은 어느 정도 약한 모양이다.

그러나 예술가는 현실로 돌아가는 길을 발견한다. 공상 생활을 하는 자는 예술가뿐이 아니다. 공상이라는 중간 지역은 일반적으로 인간의 합의에 의해 인정하고 있다. 그리고 스스로 부족하다고 느끼는 자는 모두 이 공상에서 기쁨과 위안을 얻고 싶어 한다. 그러나 예술가와는 다른 일반 사람들은 공상의 세계에서 쾌감을 얻는 것에 제한을 받고 있다. 이런 사람들은 너무나 심한 억압을 받아 할 수 없이 가까스로 의식에 올라갈 수 있는 조잡한 백일몽으로 만족을 얻지 않으면 안 된다. 그런데 참된 예술가의 경우는 그 이상의 것을 뜻대로 할 수 있다. 예술가는 우선 자기의 백일몽을 만드는 방법을 알고 있다. 그리하여 남의 마음에 거슬리는, 너무나 개인적인 백일몽은 없애고 누가 읽어도 재미있는 것으로 만든다. 둘째로 예술가는 또한 백일몽이 금지된 세계에서 얻은 것이라는 점을 남이 쉽게 알지 못하도록 완화시키는 방법도 알고 있다. 셋째로 그는 어떤 하나의 소재가 자기의 공상의 표상과 동일하게 보이도록 이 소재에 형태를 부여하는 이상한 능력을 갖고 있다. 넷째로 그는 무의식적인 공상의 이 표현에 많은 쾌감 획득을 결부시키는 방법도 알고 있어, 그 결과 억압은 적어도 잠시 동안 이 표현에 압도되어 포기되고 만다. 만일 예술가가 이와 같은 일을 모두 해낼 수 있다면, 그는 다른 사람들이 무의식이라고 하는, 엄격하게 제한받고 있는 쾌감의 샘에서 다시 기쁨과 위안을 얻을 수 있게 만들어 타인의 감사와 경탄을 차지한다. 그리하여 처음에는 단지 자기의 공상 속에서만 손에 넣었던 것, 즉 명예·권력·여성의 사랑 등을 자기의 공상에 의해 이제 실제로 획득할 수 있게 되는 것이다.

스물네 번째 강의
일상적인 신경질환

지난번 강의에서 우리는 정신분석의 아주 까다로운 일을 끝마쳤다. 그러므로 이 문제를 잠시 뒤로 돌려놓고 여러분의 문제로 관심을 돌려 보고 싶다.

나는 여러분의 마음속에 불만이 있다는 것을 잘 알고 있다. 정신분석학 입문이라는 것은 지금까지의 설명 진행과는 전혀 다른 것이라고 여러분은 생각하고 있었고, 이론이 아니라 생생한 사례를 듣고 싶어 했음을 알고 있다. 그리고 여러분은 그 '1층과 2층'이라는 비유가 조작된 이야기가 아니고 실제 관찰이었다면, 그 이야기에서 노이로제의 원인에 대해서도 무엇이든지 배울 수 있었으리라고 말했다.

또는 내가 올해 강의 초에 두 가지 증상(그것을 만들어낸 이야기라고 의혹을 품지 않기를 바란다)을 여러분에게 이야기하고, 그 증상의 해석 방법은 어떤 것인가, 환자의 실생활과 어떤 관계가 있는가를 설명했을 때, 여러분들은 그 증상의 '의미'라는 것을 알았다고 말했다. 그리고 그와 같이 이야기를 계속 진전시켜 줄 것을 내게 희망했다.

그런데 나는 여러분에게 지루하고 꽤 까다롭기만 한, 아직 완성되지도 않은 이론을 늘어놓았다. 게다가 잇따라 새로운 사실을 덧붙이고, 여러분에게는 전혀 설명하지도 않은 여러 개념을 구사하여 이야기를 진행시켰고, 서술 형식의 묘사에서 역동적인 견해로 옮아갔는가 하면 다시 '경제적'인 견해로 옮겨가곤 했다. 이때 사용한 많은 술어가 동일한 의미를 나타내는 것인지, 그 어조가 아름답다고 다른 술어 대신 사용할 수 있는 것인지 이해하기 힘들었을 줄 안다. 게다가 나는 쾌감 원칙이니 현실 원칙이니 하는 추상적인 관념과 계통발생적 유물까지 보여 주었고, 새로운 것을 소개하는 대신, 여러분의 기대와 매우 동떨어진 것을 눈앞에 늘어놓았다.

어째서 나는 노이로제의 출발을 이미 여러분들도 노이로제라고 쉽게 판단할 수 있는 것, 즉 이전부터 여러분이 관심을 가지고 있던 것을 가지고 시작하지 않았을까? 신경질적인 사람의 독특한 성질 및 대인 관계와 외부 영향에 대한 이해할 수 없는 반응, 그 과민성, 변덕 및 무능 등에서 출발하지 않았을까? 어째서 신경질의 단순하고 평범한 유형을 먼저 이해시키고 한 걸음 한 걸음 불가사의한 신경질의 극단적인 형상의 문제로 진행하지 않았을까? 하고 물을 것이다.

확실히 그렇다. 여러분, 나는 여러분의 말이 옳다고 인정한다. 나의 화술에서 나타나는 결점은 모두 그럴 만한 가치가 있다고 말할 만큼 특별하다고 자랑하지 않는다. 나 자신도 다른 식으로 말하는 편이 여러분이 이해하기에 훨씬 수월했을 줄 알고 있고, 또 그것이 내 의도이기도 했다. 그러나 인간이 분별이 있는 의도를 반드시 수행할 수 있는 것은 아니다. 자료 자체 속에 있는 그 무엇에 좌우되어, 애초의 시도를 변경해야만 되는 일이 자주 일어나게 마련이다. 잘 아는 자료를 늘어놓는 것 같은, 얼른 보기에 어렵지 않은 일이라도 저자의 생각대로는 좀처럼 되지 않는 법이다. 그것은 자꾸만 제멋대로 되어간다. 그리고 나중에야 어째서 이렇게 되고 저렇게 되지 않았는가 하고 스스로 자문하곤 한다.

'정신분석학 입문'이라는 제목은 노이로제를 다루는 부분에서는 적합하지 않다는 것이 아마 이유 가운데 하나일 것이다. 정신분석 입문은 실수 행위나 꿈의 연구에 있다. 노이로제 이론은 이미 정신분석 그 자체이다. 이렇게 한정된 시간으로는 노이로제 이론의 내용을 여러분에게 이와 같이 압축된 형태로 가르칠 수밖에 없다. 그러므로 여러분에게 증상의 의미와 의의를 증상 형성의 내부 조건과 외부 조건 및 그 메커니즘을 결부시켜서 강의하는 것이 관심이 된 것이다. 나는 그렇게 하려고 했다. 그것은 오늘 정신분석이 가르칠 수 있는 것의 핵심에 상당히 가깝다. 그때 리비도와 리비도의 발달에 대해서는 많은 것을 이야기했지만, 자아의 발달에 대해서는 몇 가지밖에 이야기하지 못했다. 여러분은 이미 입문에 의해서 우리의 기법에 대한 가설, 즉 무의식과 억압(저항)이라는 개념에 포함된 큰 관점에 대해서 준비했다. 여러분은 다음 강의 중에서 한 강의를 통해 정신분석의 연구가 그것과 어디서 유기적으로 연결되어 있는지 듣게 될 것이다. 우리의 보고는 전부 노이로제라는 병의 한 가지 그룹, 즉 감정전이 노이로제의 연구에서 나오고 있다는 것을 여러분에게 미리 말해 두었다. 그런데 나는 증상 형성의 메커니즘을 히스테리성 노이로제 속에서만 추구해 왔다. 여러분이 설령 확실한 지식을 얻을 수 없더라도, 또 자세한 것을 알지 못하더라도 정신분석은 어떤 방법을 사용하고 있는지, 또 어떤 문제를 다루고 있는지, 어떤 업적을 올렸는지에 대해서 여러분은 하나의 개념을 얻었을 줄 안다.

나는 노이로제를 묘사할 때 먼저 노이로제 환자의 행동, 즉 환자가 어떻게 그 병으로 괴로워하고 어떻게 그것에서 몸을 지키고, 어떻게 그것에 적응하려 하고 있는가 하는 데서 시작하고 싶다고 말해 두었다. 그것은 확실히 흥미가 있고, 연구의 보람이 있는 주제이며, 또 다루기도 그리 어렵지 않다. 그러나 거기서 시작한다는 것은 좀 생각해 봐야 할 문제이다. 왜냐하면 무의식을 발견할 수 없고, 리비도의 중대한 뜻을 놓치게 되며, 모든 상태는 노이로제 환자 자신의 '자아의 발현'이라고 판단을 내릴 위험이 있기 때문이다.

환자의 자아가 믿을 만한 공평한 심판관이 아닌 것은 분명하다. 이 자아는 무의식을 부정하고, 그것을 억압해 버린 힘이다. 무의식을 그에 알맞게 다루는 데 있어서 어떻게 이 자아에 의지할 수 있겠는가?

억압된 것 가운데 일차적인 것은 성욕의 거부된 요구이다. 우리가 자아의 입장에서 이 요구의 크기와 의의를 알 수 없는 것은 분명한 일이다. 억압이라는 관점이 어렴풋이 나타나기 시작한 순간부터 우리는 더욱 서로 반목하고 있는 두 당파의 한쪽을, 더욱이 큰 승리를 거둔 당파를 이 투쟁의 심판관으로 세우지 말도록 주의해 두었다.

우리는 자아의 진술에 현혹되지 않을 만한 준비가 되어 있다. 만일 우리가 자아의 주장을 믿는다면, 자아는 모든 점에서 능동적이었던 것처럼 보인다. 그러므로 자아 자체가 증상을 바라고 또 만든 셈이 된다. 그런데 우리는 자아가 상당히 수동적인 역할을 했으며, 그때 자아는 이 수동성을 감추거나 적당히 얼버무리려 한 것을 알고 있다. 물론 자아는 이 시도를 반드시 감행하는 것은 아니다. 강박 노이로제 증상에서 자아는 강력히 저항하여야 할 낯선 것에 부딪힌다고 고백할 수밖에 없다.

나의 이런 주의를 듣고도 자아의 거짓말에 귀를 기울이는 것을 그만두지 않는 사람이 분명히 있다. 그런 사람은 정신분석이 무의식과 성욕과 자아의 수동성을 강조했기 때문에 받은 모든 저항을 받지 않고 있다. 그런 사람은 알프레드 아들러[1]처럼, '신경질적 성격'이 노이로제의 결과가 아니라 원인이라고 주장할 것이다. 그러나 그 사람은 증상 형성의 극히 세밀한 점이나 단 하나의 꿈도 설명할 수 없을 것이다.

여러분은 이렇게 질문할 것이다. "정신분석이 발견한 요소를 아주 무시하지 않고, 자아가 신경질이나 증상 형성에 관여하고 있다고, 자아를 알맞게 인정할 수는 없는 것일까요?" 나는 이에 대해서 다음과 같이 대답하겠다. "확실히 그렇게 할 수 있을 것이고, 또 언젠가 어디에선가 그렇게 될 것이오. 그러나 거기서 시작하는 것은 정신분석의 연구 방침이 아니오." 이 작업이 언제 정신분석 속에 들어올 것인가를 예언할 수 있다. 우리가 지금까지 연구해 온 노이로제보다 더 심하게 자아가 관여하고 있는 노이로제가 있다. 우리는 이 노이로제를 '나르시즘적 노이로제'라고 부른다. 이 병을 분석적으로 연구하면, 노이로제에 자아가 관여하고 있다는 것을 확실하게 알 수 있다.

그러나 자아와 노이로제와의 관계는 매우 뚜렷하므로, 처음부터 고려할 수밖에 없었다. 이 관계는 언제나 있는 것처럼 여겨진다. 오늘날의 정신분석에 관한 지식으로는 아직 접근하기 어려운 질환인 '외상성(外傷性) 노이로제(die traumatische Neurose)'에서 이 관계를 가장 뚜렷이 발견할 수 있다. 즉 여러분은 갖가지 형태로 나타나는 노이로제의 원인과 메커니즘에서 언제나 동일한 요인이 활동하고 있으며, 어떤 형태의 노이로제에서는 그중의 한 요소가, 다른 형태의 노이로제에서는 다른 요소가 증상 형성에 주역을 맡고 있다는 것을 알아야 한다. 이것은 한 유랑극단의 단원과 같은 것이다. 이 극단에는 저마다 주연이라든가 심복 부하라든가 악당이라든가 저마다 잘 소화해 내는 일정한 배역이 있다. 그러나 자선 공연(이익을 한 특정 배우에게 마련해 주기 위한 공연)에서는 배우들이 다른 각본을 고를 것이다. 그래서 증상으로 바뀌어버리는 공상은 히스테리의 경우에 가장 뚜렷이 나타난다. 강박 노이로제에서는 자아의 역집중, 또

---

1) Alfred Adler, 1870~1937. 오스트리아의 정신분석학자로서 나중에 프로이트에게서 분리되어 나갔음.

는 자아의 반동 형성이 강박 노이로제 때의 병의 상태를 압도적으로 지배하고 있다. 파라노이아(편집증) 등에서는 우리가 꿈의 대목에서 '2차적 가공'이라고 부른 것이 망상이라는 형태로 상위를 차지하고 있다.

외상성 노이로제, 특히 전쟁의 공포에서 생긴 외상성 노이로제에서는 보호와 개인적 이익을 얻으려는 자기 추구적인 자아 동기가 인상적이다. 하기야 자아 동기만으로는 병을 만들 수 없지만, 자아 동기는 그 병에 찬성하여, 일단 병이 완성되면 그것을 지속시킨다. 그리고 그 위험이 되풀이되지 않게 될 때까지, 혹은 받은 위험에 대한 배상이 손에 들어올 때까지 이 병이 회복될 가능성은 없다.

그러나 자아는 다른 경우에 있어서도 노이로제가 발생하고 지속하는 데 마찬가지의 관심을 보인다. 증상이 자아에 의해 유지되는 것은 그것이 억압을 향한 자아의 기질적 성향에 만족을 주는 일면을 갖고 있기 때문이라는 것은 이미 말했다. 게다가 증상을 만들어 갈등을 해결한다는 것은 가장 편리하고 쾌감 원칙에도 가장 적합한 도피 방법이다. 이것에 의해 자아는 의심할 바 없이 고통스러운 심리적인 큰 작업에서 빠져나올 수 있는 것이다.

갈등의 결과가 노이로제가 되는 것은 가장 해가 없고, 사회적으로 가장 안전한 해결법이라고 의사 스스로 고백해야 하는 경우가 있다. 그러므로 의사 자신이 자기가 맞서 싸우고 있는 병의 편을 들어 옹호하는 일이 있다고 말해도 여러분은 놀라서는 안 된다. 인생의 갖가지 상황에서 의사는 자기의 역할을 건강의 광신적인 전사(戰士)로서만 한정하지 말아야 한다. 의사는, 이 세상에 노이로제 말고도 비참한 일이 존재하는 것이어서 현실적으로 피할 수 없는 고통이 있다는 것, 또 필요라는 것은 건강을 희생하도록 인간에게 요구할 수조차 있다는 것을 알고 있다. 또 의사는 단 한 사람의 인간에게 있어서 이와 같은 희생으로, 많은 인간에게 접근하려 하고 있는 상상도 못 할 불행을 막을 수 있다는 것도 알고 있다. 그러므로 노이로제 환자는 갈등에 직면할 때마다 언제나 '질병에 대한 도피'를 하는 것이라고 말할 수 있다면, 많은 경우 그와 같은 도피는 적당한 것으로서 인정해 주지 않으면 안 될 것이다. 이와 같은 상황을 인식한 의사는 위로하는 기분으로 잠자코 물러날 뿐이다.

그러나 우리는 이러한 예외적인 사례에서 눈을 돌려 더 논의를 진행시켜보고자 한다. 노이로제로 도피함으로써 어떤 내부적인 '질병을 통한 이익'이 자아에게 주어진다는 것을 우리는 일반적인 상태에서는 인정하고 있다. 어떤 조건 아래서는 현실에서 얼마쯤 높이 평가되고 있는, 분명히 외부적인 이익이 이 내부적인 이익에 부가된다. 이런 종류 가운데에서 가장 흔한 실례를 고찰해 보도록 하자. 자기 남편에게 난폭하게 취급받고 냉혹하게 혹사당하고 있는 아내가 있다. 그 아내가 너무 내성적이거나 도덕적이어서 몰래 다른 남자의 위안을 받을 수 없다면, 또 그녀가 모든 외부적인 속박에 저항하여 남편과 헤어질 용기가 없다든가, 그녀에게 스스로의 힘으로 살아갈 수 있는 가능성 또는 현재의 남편 이상으로 훌륭한 남자를 손에 넣을 가능성이 없다면, 그리고 그녀가 어디까지나 성적인 기쁨 때문에 이 잔인한 남편에게서 연결고리를 뗄 수 없다면, 그녀는 반드시 노이로제 증세에 빠질 것이다. 그 아내의 병은 이제 강압적인 남편에게 도전하는 무기가 된다. 그녀는 이 무기를 자기 몸을 지키기 위해서 사용하고, 복수하기 위해서 남용할 수 있다. 그녀는 아마 자기 결혼 생활의 불행을 호소하지는 않겠지만, 자기 병을 호소할 수는 있다. 그녀는 의사와 동맹을 맺는다. 보통 때는 따뜻한 배려를 할 줄 모르는 남편도 부득이 그녀에게 관대한 태도를 보이고, 그녀를 위해서 돈을 쓰며, 그녀에게 외출할 여유를 준다. 다시 말해 그녀를 결혼 생활의 압박에서 해방시켜 주지 않을 수 없게 된다. 이 같은 질병을 통한 외부적이거나 우연적인 엄청난 이득에 대신할 만한 것이 현실에서 발견되지 않을 경우에는 치료로써 노이로제에 영향을 줄 가능성은 매우 적다고 여러분은 예측할 수 있을 것이다.

내가 지금 질병을 통해 얻는 이익에 대해서 여러분에게 이야기한 것은 부정한 견해, 즉 자아 스스로 희망하여 노이로제를 만든다는 견해에 편리한 것이 아니냐고 여러분은 나를 비난할지 모른다. 그렇다면 잠시 좀 마음을 가라앉혀 주기 바란다. 이것은 자아가 노이로제를 저지할 수 없어서 감수하는 것으로, 만일 노이로제로 어떤 것이 만들어진다면 자아는 그것을 자료로 가장 잘 사용하고 있다는 것을 뜻할 뿐이다. 이것은 방패의 한쪽 면에 지나지 않는다. 물론 바람직한 한쪽 면이다. 노이로제가 이익을 취하고 있는 한, 자아는 노이로제에 동의하고 있어야 할 것이다. 그러나 노이로제에는 이익만 있는 것이 아니다. 자아는 노이로제와 관련을 갖는 바람에 어처구니없는 손해를 봤음을 곧 깨달게 된다. 자아는 갈등의 해결을 너무 비싼 값으로 산 것이다. 증상에 수반되는 고통은 아마 갈등의 고민과 같은 가치의 대용물일 것이며, 게다가 불쾌감이라는 덤까지 받은 셈이 된다. 자아는 증상에 수반하는 이 불쾌감에서 달아나고 싶지만, 질병을 통해 얻는 이익을 버리고 싶지도 않다. 그러나 그렇게 뜻대로는 되지 않는다. 그러므로 자아는 자기가 이제까지 믿고 있던 것만큼 능동적이 아니었음을 폭로한다. 우리는 이것을 단단히 가슴에 새겨 두어야 한다.

여러분이 의사로서 노이로제 환자와 교류를 갖는다면, 자기 병을 가장 심하게 한탄하고 호소하는 환자가 의사의 도움을 스스로 구하는 사람이고 또 의사의 도움에 전혀 저항하지 않는 사람이라는 예측을 곧 버리게 될 것이다. 오히려 정반대이다. 질병을 통해 이익을 얻는 데 기여하는 것은 모든 억압에서 온 저항을 강화하고 치료의 어려움을 증대시키는 것임을 여러분은 곧 알게 될 것이다. 우리는 말하자면 증상과 더불어 생긴 질병을 통한 이익에 다른 질병을 통한 이익을 덧붙이지 않으면 안 된다. 병 같은 심리적 체제가 오랜 세월 지속된다면, 그 체제는 마지막에 가서 독립된 존재처럼 행동할 것이다. 이 체제는 자기 보존 본능 같은 것을 발휘한다. 이 체제와 정신생활의 다른 구성 요소들 사이에는 일종의 공조체제(modus vivendi)가 맺어진다. 그 밑바탕에 이 체제에 대한 적대감이 깔려 있을 때에도 그러하다. 그리고 이 체제가 다시 유익하고 가치 있는 것임을 알 기회가 반드시 온다. 말하자면 이 체제는 2차적인 기능을 획득하고, 이 '2차적인 기능'으로 자기의 지위를 다시금 강화한다. 병리학에서 사례를 빌려오는 대신 일상생활에서 뚜렷한 예를 하나 들어 보자. 자기의 생활비를 벌고 있는 한 숙련공이 있었다. 이 숙련공이 작업 중에 다쳐서 불구가 되었다. 이제 이 사람은 노동을 할 수 없게 되었다. 그러나 그는 달마다 상해보험사에서 얼마간 돈을 받게 되었다. 그리하여 이번에는 자기의 불구 상태가 구걸의 도구로 이용될 수 있다는 것을 알았다. 비록 전보다 악화되기는 했지만, 이 사람의 새로운 생활은 그의 본래 생활을 파괴한 바로 그것에 의해 유지되게 되었다. 만일 여러분이 그의 불구를 본래대로 건강한 상태로 돌려준다면, 여러분은 아마도 그에게서 생활비를 빼앗아버리는 셈이 될 것이다. 왜냐하면 그가 그전의 일을 다시 할 수 있게 될지 의심스럽기 때문이다. 노이로제에 있어 병의 이와 같은 2차적 이익에 해당되는 것을, 1차적 질병을 통한 이익에 대해 2차적 질병을 통한 이익이라고 부를 수 있다.

그러나 일반적으로 말해서 질병을 통해 얻는 이익의 실제적인 의의를 과소평가하지 않도록, 그러나 이 이론적 관점에서는 그 의의에 경탄하지 말라고 말해 두고 싶다. 전에 본 예외는 일단 문제 밖으로 하고, 질병을 통한 이득이라는 것은 오버랜더(oberländer)가 《플리겐데 블레터》[2]에 실은 '동물의 지혜에 대해서'라는 만화를 생각나게 한다. 한 아라비아인이 낙타를 타고 좁은 외길을 걸어온다. 길 한쪽에는 험한 산이 치솟아 있다. 길이 막 굽어 도는 모퉁이에서 사나이는 뜻밖에 사자를 만난다. 사자는 곧바로 그에게 덤벼들려고 한다. 남자는 아무 데도 달아날 길이 없음을 알았다. 한쪽은 병풍 같은 산이고, 한쪽은 깊은 낭떠러지이다. 뒤돌아 설 수도 없고 달아날 수도 없다. 그야말로 진퇴유곡이 되었다. 그러나 낙타는 그와는 달랐다. 낙타는 그를 등에 태운 채 골짜기를 향해서 뛰어내린다. 그리고 사자는 멍청하게 그 뒤를 지켜보고 있다.[3] 노이로제라는 구조(救助) 수단은 대개 환자에게 좋은 결과를 가져다주지 않는다. 그 까닭은, 증상 형성으로 갈등을 해결하는 것은 자동적인 과정이지만, 이 과정은 삶의 요구에 맞지 않는 형태를 갖기 때문이며, 또 그것은 인간의 최선이며 최고의 힘을 그 사람이 이용할 수 없게 만들기 때문이다. 만일 선택을 할 수 있다면, 사람은 아마 운명과의 정정당당한 싸움에 뛰어드는 쪽을 택할 것이다.

여러분! 그러나 내게는 노이로제 총론에 대한 이야기를 보통의 신경질에서 시작하지 않은 이유를 여러분에게 더 들려줄 의무가 있다. 여러분은 아마도 그렇게 하면, 노이로제가 성적인 원인에서 일어난다는 것을 입증하기 어려워지기 때문에 지금까지의 설명 방법을 썼다고 생각할 것이다. 그러나 그렇게 생각한다면 잘못이다. 감정전이 노이로제의 경우, 노이로제는 성(性)에서 생긴다는 전망에 도달하려면 먼저 증상을 해결하지 않으면 안 된다. 이른바 '현실 노이로제'[4]의 보통 형태에서는 성생활의 병인론적 의의는 관찰에도 일치하는 하나의 중대한 사실이다. 나는 20여 년 전, 어째서 사람들은 노이로제 환자를 조

---

2) 오스트리아의 풍자만화 잡지.

3) 아라비아인을 자아, 낙타를 인간 전체, 사자를 갈등, 골짜기를 노이로제로 바꿔 놓으면 된다.

4) 신경쇠약반응, 불안 노이로제 등을 일컫는다. 병의 뚜렷한 원인적 갈등을 인정할 수 없는 노이로제적 반응.

사하면서 환자의 성 활동에는 관심을 가지지 않는 것일까 하는 의문을 품었을 때 이것을 깨달았다. 그 당시 나는 그런 것을 조사했기 때문에 환자의 인기를 모두 잃어버리고 말았다. 그런데 잠시 연구해 보니, 정상적인 성생활의 경우에는 노이로제(나는 현실 노이로제를 지칭하고 있었다)가 일어나지 않는다는 명제를 세울 수 있게 되었다. 확실히 이 명제는 인간의 개인차를 너무나 가볍게 무시하고 있었으며, 또 '정상'이라는 말에 붙어 다니는 모호함에 난점이 있었다. 그러나 이 명제는 대강의 방향을 보여 주고 있는 점에서 오늘날에도 그 가치를 여전히 갖고 있다. 그 무렵 나는 더 나아가서 노이로제의 어떤 형태와 성적 장애 사이의 특수한 관계를 발견하려고 했다. 그리고 내가 자료로서 같은 종류의 환자를 자유로이 만날 수 있다면, 아마 오늘날에도 같은 관찰을 되풀이할 수 있을 것이다. 나는 어떤 종류의 불완전한 성적 만족, 이를테면 자위로 만족하고 있던 사람은 어떤 특이한 현실 노이로제에 걸려 있었다는 것, 그리고 만일 그 사람이 자위 대신 그것과 비슷한 채워지지 않는 다른 성적 습관을 갖게 되면, 이 노이로제는 곧 사라지고 다른 노이로제로 대치되는 것을 흔히 보았다. 그리고 환자의 증상 변화로서 환자의 성생활 방식의 변화를 추측할 수 있게 되었다. 그 당시 나는 내 추측을 완강히 관철시키는 데 자신감이 생겨서 마침내 내 환자들의 속임수를 밝혀 내어 억지로 환자에게 사실을 실토시켰다. 그 결과 환자들은 나에게서 떠나 자기의 성생활을 나처럼 꼬치꼬치 캐묻지 않는 다른 의사 쪽으로 옮겨갔다. 당연한 일이었다.

물론 나도 그 당시, 병의 원인을 언제나 성생활 속에서 찾을 수 있는 것이 아님을 잘 알고 있었다. 어떤 환자는 성적 장애 때문에 노이로제가 되어 있었지만, 어떤 환자는 재산을 잃었거나 소모성 기질 질환 때문에 노이로제가 되어 있었다. 이와 같은 천차만별의 모습은 자아와 리비도 사이에 우리가 가정한 상호 관계에 대한 어떤 전망을 얻었을 때 비로소 설명할 수 있었다. 그리고 이 견해가 깊어짐에 따라 점차 만족할 만한 설명을 할 수 있게 되었다. 자아가 그 어떤 방법으로 리비도를 다루는 능력을 잃었을 때에만 노이로제가 되는 사람도 있다. 자아가 강하면 강할수록 자아의 임무 수행은 쉽다. 그러나 그 어떤 원인 때문에 자아가 약해지면, 리비도의 요구가 매우 높아졌을 때와 같은 작용을 미칠 것이 틀림없다. 즉 노이로제가 발병한다.

그리고 자아와 리비도 사이에는 그 밖에 더 밀접한 관계가 있는데, 이 관계는 아직 이야기할 단계가 아니다. 그러므로 여기서는 이에 대한 설명을 하지 않겠다. 그러나 어떤 경우에 어떤 길을 통해서 발병하건, 노이로제 증상은 리비도에 의해 일어나고, 따라서 리비도의 비정상적인 이용이라는 것은 우리에게는 역시 가장 근본적이고 교훈적인 일이다.

그런데 이제 나는 현실 노이로제의 증상과 심인(心因) 노이로제[5] 증상의 결정적인 차이를 이야기하지 않으면 안 된다. 심인 노이로제 가운데 첫 번째 부류는 우리가 지금까지 아주 상세하게 연구해 온 감정전이 노이로제이다. 그런데 두 경우 다 그 증상은 리비도로부터 온다. 그 증상은 리비도의 비정상적인 이용이며 대리 만족이다. 그러나 현실 노이로제의 증상인 머리가 무겁다든가 고통스러운 느낌, 어떤 기관의 자극 상태, 어떤 기능의 감퇴 또는 억제 등은 아무 '의미'가 없다. 다시 말해 거기에 아무런 정신적인 의의가 없다. 그 증상은 이를테면 히스테리의 증상처럼 오로지 육체에 나타날 뿐만 아니라 그 자체가 육체적인 과정이다. 그리고 이 과정은 우리가 지금까지 배운 복잡한 심리적 메커니즘이 결여되어 있어도 일어난다. 실제로 이 육체적인 과정은 오랫동안 심인 노이로제 증상의 원인으로 간주되어 왔다.

그러나 우리가 정신 속에서 작용하는 힘으로서 알게 된 리비도의 이용과 이 증상을 어떤 식으로 일치시킬 수 있을까? 그런데 이것은 매우 간단하다. 정신분석에 대해 제기된 최초의 항의를 떠올려 보겠다. 당시 세상 사람들은 정신분석은 노이로제라는 현상의 순수 심리학적인 이론만 세우려 하고 있는데, 그와 같은 심리학적 이론만으로는 결코 어떤 질병을 설명할 수 없으므로 정신분석의 전도는 가망이 없다고 말했었다. 성기능은 순전히 정신적인 것도 아니고, 단순히 육체적인 것도 아니라는 것을 세상 사람들은 자칫 잊어버리기 쉽다. 성기능은 육체에도 정신에도 영향을 미친다. 만일 우리가 노이로제의 증상 속에 성기능의 심리적 장애가 나타나는 것을 인정했다면, 현실 노이로제가 성적 장애의 직접적인 육체적 결과라는 것을 발견했다고 해서 놀랄 것은 없다.

현실 노이로제를 이해하는 데 있어서 임상의학은 (각 방면의 학자들에게 인정

---

5) 현실 노이로제와 대비되는 것, 일반적으로 정신 신경증이라고 불린다.

된) 유익한 단서를 제공해 주었다. 현실 노이로제는 그 증상의 세부적인 것에서나, 모든 기관 계통과 기능에 영향을 미치는 점에서나, 외래 독물(毒物)의 만성 작용으로 일어나는 병의 상태, 즉 중독이나 외래 독물을 갑자기 주지 않을 때 생기는 금단 증상과 분명히 비슷하다. 이 두 병은 바제도병처럼 아무튼 독물의 작용과 관계가 있다는 것을 알고 있는 병적 상태, 단 다른 물질로서 몸 안에 도입되는 것이 아니라 그 사람 자신의 물질대사에서 생긴 독물 작용으로 인한 병적 상태를 매개시키면 더 유사할 것이다. 이와 같은 유추에 따르면 우리는 노이로제를 성 물질대사 장애의 결과로 간주하지 않을 수 없을 줄 안다. 어떤 때는 그 사람이 처리할 수 있는 것 이상으로 다량의 성적 독물(性的毒物)이 만들어지기 때문에 노이로제가 일어나고, 또 어떤 때는 내부 기관의 상태와 심리적 상태로 말미암아 이 독물이 올바른 방향으로 이용되는 것이 저해되기 때문에 일어난다. 민간 사람들은 아득한 옛날부터 성욕의 본성에 대해 이와 비슷한 생각을 갖고 있었다. 그들은 사랑을 '도취상태'라고 이름 붙이고, 사랑에 빠지는 것을 '사랑의 묘약' 때문이라고 보았는데, 그들은 이와 같이 생각함으로써 사랑에 작용하는 동인(動因)을 어느 정도 외계 쪽으로 옮긴 것이다. 여기서 성적 흥분이 여러 가지 기관에서 일어난다는 주장과 성감대라는 것이 생각날 것이다. 그러나 아무튼 '성 물질대사'라든가 '성의 화학작용'이라는 말은 우리에게 알맹이가 없는 선물에 지나지 않는다. 우리는 이에 대해서 아무것도 알지 못한다. 과연 '남성적'인 것과 '여성적'이라고 부를 수 있는 두 가지 성 물질을 가정해야 할 것인지, 리비도의 모든 자극 작용의 담당자로서 단 하나의 성적 독물을 가정하는 것만으로 만족해야 할 것인지, 우리는 이것도 결정하지 못한다. 우리가 창조한 정신분석이라는 이론은 실제로 하나의 상부 구조이며 언젠가는 그 밑에 기질적인 토대를 두어야 한다. 그러나 우리는 이에 대해 아직 아무것도 모르고 있다.[6]

　학문으로서의 정신분석의 특징은 그것이 다루는 소재(또는 자료)들에 있는 것이 아니라 그것을 구사하는 기법에 있다. 정신분석의 기법은 그 본질을 훼손함 없이 그대로 문화사, 종교학, 신화학 등에 적용할 수 있다. 정신분석학은 정

---

6) 이때 성 호르몬은 아직 발견되지 않았었다.

신생활 속에 있는 무의식을 발견하는 것만 목적으로 삼으며, 그 이외에는 아무것도 하지 않으며 바로 그것을 완수한 것이다. 독물의 직접 상해로 증상이 일어나는 것처럼 여겨지는 현실 노이로제의 문제는 정신분석으로 공격할 수는 없다. 이 문제는 정신분석으로는 조금밖에 설명할 수 없다. 이것을 설명하는 작업은 오히려 생물학적, 의학적 연구에 넘겨야 한다. 여러분은 내가 왜 지금까지 해온 것처럼 자료를 늘어놓지 않으면 안 되었나 하는 이유를 충분히 이해할 수 있을 것이다.

내가 여러분에게 '노이로제론 입문'을 이야기하려 했었다면, 현실 노이로제의 간단한 증상에서 출발하여 리비도의 장애로 일어나는 복잡한 정신질환으로 들어가는 것이 확실히 옳은 방법일 것이다. 나는 현실 노이로제에 대해서는 내가 각 방면에서 경험한 것, 또는 내가 알고 있다고 믿는 것을 모으지 않으면 안 되었을 것이다. 그리고 심인 노이로제에 대해서는 정신분석이야말로 이 상태를 분명히 하는 데 있어서 가장 중요한 기법상의 보조수단이라고 선언했을 것이다. 그런데 나는 '정신분석학 입문'을 목적으로 이야기했다. 여러분이 노이로제에 대해서 어떤 지식을 얻는 것보다 정신분석에 대해서 하나의 관념을 얻는 편이 나에게는 훨씬 중요하다. 그 때문에 나는 정신분석에는 별로 소용이 되지 않는 현실 노이로제를 그렇게 전면에 내세울 수가 없었다. 그러나 나는 여러분에게 편리하도록 자료를 골라 주려고 생각하고 있다. 왜냐하면 정신분석은 그 심오한 전제와 광범위한 관련 때문에 모든 교양 있는 사람들의 흥미를 끌 만한 가치가 있기 때문이다. 그러나 노이로제론은 다른 여러 이론들과 마찬가지로 의학의 한 장(章)에 지나지 않는다.

현실 노이로제에 대해서도 얼마쯤 흥미를 가져야 한다고 여러분이 기대하는 것은 잘못이 아니다. 현실 노이로제는 심인 노이로제와 임상적으로 밀접한 관계가 있으므로 우리는 부득이 현실 노이로제에 흥미를 갖지 않을 수 없게 된다. 따라서 나는 여러분에게 현실 노이로제를 세 가지 순수한 형태, 즉 '신경쇠약' '불안 노이로제' 및 '심기증(心氣症)'으로 구별하고 있음을 알린다. 이 분류도 반대가 없는 것은 아니었다. 세 가지 이름은 일반적으로 사용되고 있지만, 그 내용은 불확실하며 아직도 정설이 없다. 노이로제라는 혼란된 현상계(現像界)를 분류하거나 임상상의 단위인 병의 형태를 구별하는 데 반대하고, 현실 노이로제와 심인 노이로제의 구별조차 인정하려 하지 않는 의사들도 있다. 그런 의사들은 너무 극단으로 치우쳐서 진보를 향한 길을 막는다고 생각된다. 방금 든 노이로제의 형태는 때로 순수한 것으로 나타난다. 물론 병의 형태는 서로 섞이고 또 심인 노이로제적 질환과 섞이는 수도 있다. 이런 형태로 나타났다고 해서 분류 시도를 단념할 것은 없다.

여러분, 광물학이라는 분야에서 광석학과 암석학의 구별을 생각해 보라. 광물은 개체로서 기술된다. 그것은 두말할 필요도 없이 광물들이 흔히 결정체로서, 주위와는 완전히 구별된 상태로 발견되기 때문이다. 암석은 광물의 혼합물인데, 그 성분인 광물은 우연히 혼합된 것이 아니라 그 생성 조건들 때문에 혼합된 것이다. 노이로제 이론에서 노이로제의 발전 과정을 우리가 정확히 이해한다고는 아직 말할 단계가 아니어서 암석학과 비슷한 이론들을 만들어 내기에는 많은 무리가 따른다. 그러나 개개의 광물에 비교할 수 있을 만큼 식별이 어렵지 않은 임상적인 요소들을 질환의 큰 덩어리에서 분리한다면, 이는 확실히 올바른 방향으로 나아가고 있을 것이다.

현실 노이로제와 심인 노이로제 증상 사이에 나타나는 주목할 만한 관계는 다시 심인 노이로제의 증상 형성에 대한 우리의 지식에 커다란 도움을 줄 것이다. 다시 말해 현실 노이로제의 증상은 흔히 심인 노이로제 증상의 핵심이며, 전(前) 단계이다. 신경쇠약과 우리가 전환 히스테리라고 부르는 감정전이 노이로제 사이에, 불안 노이로제와 불안 히스테리 사이에, 그리고 심기증과 장차 파라프레니[7]로 부르려 하는 병의 형태와의 사이에 이와 같은 관련이 가장 뚜렷이 관찰된다. 예를 들면 히스테리성 두통, 혹은 히스테리성 동통(疼痛)은 응축과 치환에 의해 모든 종류의 리비도적 공상이나 리비도적 회상에 대한 대리만족임을 알 수 있다. 그러나 이 동통은 이전에는 현존했던 것이다. 그 당시 그것은 직접적인 성 독물 증상으로서, 리비도적 흥분의 육체적인 표현이었다. 우리는 히스테리 증상이 모두 이와 같은 중핵(中核)을 포함한다고는 결코 주장하지 않는다. 그러나 이런 경우는 흔히 볼 수 있으며 리비도적 흥분(성 흥분-정상적이건, 병적이건)이 육체에 미치는 영향은 쉽게 히스테리의 증상을 이끌어 내는

---

7) 조발성 치매와 파라노이아.

데 많은 영향을 끼친다. 이 영향은 진주조개가 분비하는 진주 모질의 외피로 싸여 가는 그 모래알 같은 역할을 하고 있다. 성교에 따르는 성 흥분의 일시적인 징후는 증상 형성에 가장 편리하고 유용한 자료로서 정신 노이로제에 의해 마찬가지 방법으로 이용되고 있다.

　이것과 비슷한 과정은 진단에서나 치료에서나 특별히 관심을 불러일으키는 것이다. 증상이 심한 노이로제에 걸리지 않았더라도 아무튼 노이로제에 걸리기 쉬운 사람들 사이에서는 병에 의한 육체 변화(이를테면, 염증이라든가 외상)에 의해 증상 형성의 과정이 드러나게 되고, 그 결과 이 증상 형성 작업은 현실에서 주어진 증상을 붙잡아, 이것을 하나의 표현 수단으로 삼으려고 하는 무의식적인 공상 전체의 표본으로 만들어 버리는 일을 드물지 않게 볼 수 있다. 의사는 이와 같은 경우, 어떤 때는 이 치료법을, 다른 때는 저 치료법을 시도하여 기질적(器質的)인 병변이라는 토대만 제거하고는, 노이로제라는 번잡한 부산물은 그대로 내버려 두거나, 혹은 경우에 따라 눈에 드러나는 노이로제를 극복하여 그 기질적 유인(誘因)을 과소평가하고 있다. 그 결과 어떤 때는 이 치료법으로, 어떤 때는 저 치료법으로 성공도 하고 실패도 한다. 따라서 이와 같이 복합적인 증세의 경우에는 일반적인 법칙을 세울 방법이 거의 없다.

스물다섯 번째 강의
불안

여러분은 지난번 강의에서 '보통의 신경질'에 대한 설명이 아마도 나의 강의 중에서 가장 불완전하고 불충분한 것이었다고 느낄 것이다. 이는 나 스스로도 인정한다. 나아가 여러분은 노이로제 환자들 대부분이 호소하는 이른바 '불안'이라는 것에 대해 내가 단 한마디도 언급하지 않은 점을 매우 궁금하게 여길 것이다. 환자들 스스로 가장 무서운 고통이라고 말하는 불안(Angst), 그것은 사실 환자들에게 아주 위력적인 것으로써 환자들의 마음을 거의 미칠 정도로 죄고 있다. 이렇게 심각한 불안이라는 문제는 나에게 쉽게 언급할 여유를 주지 않는다. 오히려 나에게 노이로제 환자의 불안 문제에 초점을 모아 좀 더 상세한 설명을 필요로 한다는 생각을 굳히게 했다.

불안이 어떤 것인가는 새삼스럽게 소개할 필요도 없을 것이다. 여러분은 모두 이 감각, 좀 더 명확한 단어를 사용하면 이러한 감정 상태를 언제 어디서고 체험했을 것이다. 그러나 어째서 노이로제 환자가 일반 사람의 경우보다 더 복잡하고 심한 불안을 느껴야 하는지 그 이유를 진지하게 고찰한 적은 없을 것이다. 아마 사람들은 이것을 당연한 일로 여기는 것 같다. 보통 '신경질적인 (nervös)'이라는 말과 '불안한(ängstlich)'이라는 말은 동일한 의미처럼 혼용되고 있다. 그것은 잘못된 것이다. 어느 면으로 보나 신경질이 아닌데도 불안한 사람이 있고, 여러 가지 증상으로 괴로워하고 있으나 그 여러 가지 증상 속을 아무리 뒤져 보아도 불안 경향이 발견되지 않는 노이로제 환자도 있다.

그렇지만 불안이란 바로 가장 중요한 온갖 문제들이 서로 연결되어 있는 매듭이라는 점만은 확실하다. 불안이란 확실히 수수께끼이다. 이 수수께끼를 풀면, 우리 정신생활의 모든 것이 어느새 확연해질 것이 틀림없다. 여러분은 아마 내가 이 수수께끼를 완전히 해결할 수 있다고 말하지 않아도, 정신분석은 이 불안이라는 주제까지도, 대학에서 강의하는 의학과는 전혀 다른 방법으로 풀어 나가려는 것이라고 예상할 것이다. 학교 의학에서는 무엇보다도 어떤 해부학적인 경로를 따라 불안 상태가 일어나는가가 관심의 표적이 되고 있다. 다시 말해 골수의 한 부분인 연수(延髓, Medulla oblongata)가 자극을 받고 있는 것이라고 말한다. 그리고 의사는 환자에게 '당신은 미주신경(迷走神經, Nervus vagus)의 노이로제에 걸려 있다'고 말한다. 연수는 매우 중요하고 아름다운 대상이다. 나 역시 몇 해 전에 이 연수 연구에 얼마나 많은 시간과 열정을 쏟았는지 확실히 기억하고 있다. 그러나 이제 나는 불안을 심리학적으로 이해하려면 자극을 전달하는 불안이라는 신경계에 대한 지식보다 더 중요한 것은 없다고 단언한다.

이제부터 나는 노이로제 일반은 제외해 두고 긴 시간에 걸쳐 불안을 다루기로 하겠다. 내가 이런 종류의 불안을 '노이로제적 불안'과 대비시켜 '현실불안'이라고 부른다면, 여러분은 곧 내 말의 뜻을 이해할 수 있을 것이다. 사실 우리에게는 현실불안이 매우 합리적이고 쉽게 이해할 수 있는 일로 여겨진다. 나는 먼저 불안이란 외계의 위험, 바꾸어 말하면 예지되고 예견된 상해를 감지한 데 대한 반응으로서 도피적인 반사작용과 결부되어 있으며, 또 자기 보존 본능의 발현으로 간주해도 좋을 것이라고 말해 두겠다. 어떤 기회에, 즉 어떤 대상에 대해서, 또 어떤 상황에서 불안이 나타나는가는 물론 대부분 우리의 지식 상태와 외부 세계에 대한 우리의 지배력 정도에 달려 있다. 미개인은 대포에 떨고 일식에 놀라지만, 이 무기를 다룰 줄 알고 일식이라는 자연 현상을 예측할 수 있는 현대인은 그와 같은 조건 아래에서도 불안을 느끼지 않는다. 그렇지만 어떤 경우에는 지식이 더 많기 때문에 오히려 불안이 일어난다. 왜냐하면 빨리 위험을 인정하기 때문이다. 이를테면 밀림 속 맹수의 발자국을 본 미개인은 두려움에 떠는데, 이것은 그 발자국이 맹수가 가까이 있음을 알려 주기 때문이며, 아무것도 모르는 사람은 이것을 개의치 않는다. 노련한 선원은 수평선상의 한쪽에 떠오르는 구름 한 조각을 발견하고도 두려워하지만, 승객에게는 구름 따위는 아무렇지도 않게 생각된다. 선원이 불안에 떠는 것은 그 구름이 태풍의 내습을 알려 주는 것이기 때문이다.

생각해 볼수록 현실불안이 합리적이고 합목적적이라는 판단에는 근본적인 수정이 필요하다고 말하게 된다. 다시 말해 위험이 가까울 때 취하게 되는 목적에 맞는 유일한 태도란 가까운 위험의 크기와 비교하여 자기 힘을 냉정히 평가해 본 다음, 달아나는 편이 좋은가, 방위하는 편이 좋은가, 또는 나아가서 공격하는 편이 좋은가, 즉 그 어느 것이 좋은 결과를 가져올 가능성이 큰가를 결정하는 일이다. 그런데 대부분의 경우 불안은 이 테두리 속에 들어 있지 않다. 그러한 태도는 아마도 불안이 발생하지 않은 사람 쪽에서 더 잘 취하게 되는지 모른다. 여러분도 알다시피 불안이 아주 심해지면 불안이라는 것은 거의 목적에 맞지 않는다는 것을 알게 된다. 즉 불안이라는 것은 모든 행위, 심지어 도주 행위마저 마비시켜 버리고 만다. 위험에 대한 반응은 보통 불안이라는 감정과 방어 동작의 혼합으로 되어 있다. 깜짝 놀란 동물은 불안에 떨고 달아나 버리는데, 이 경우의 합목적성은 '달아난다'는 것이지 불안에 떤다는 것이 아니다.

그러므로 불안의 발생은 결코 목적에 맞는 것이 아니라고 주장하고 싶은 기분이 든다. 불안의 상황을 면밀히 분석해 보면 불안에 대해서 아마 더 좋은 견해를 얻을 수 있을 것이다. 불안에 있어서 첫 번째 요소는 위험에 대한 준비 상태(Bereit schaft)로서, 이 준비 상태는 고도의 감각적인 주의력과 운동성 긴장이라는 형태로 나타난다. 이런 대기 준비 상태는 분명히 유익한 것이라고 인정하지 않을 수 없다. 이와 같은 준비 상태가 없다면 중대한 결과가 닥친다. 그런데 이 준비 상태에서 운동성의 행동, 즉 '도망'이 나타나고 더 높은 단계에서는 활발한 '방어'가 나타나며, 다른 편에서는 우리가 불안 상태로 여기는 것이 나타난다. 불안의 발생이 단순히 발단 신호라면, 불안 준비 상태는 그만큼 원활히 행동으로 바뀌게 되며, 모든 과정은 그만큼 목적에 맞게 진행되어 간다. 따라서 불안에서 비롯되는 준비 상태는 합목적적이라고 말할 수 있으나, 우리가 불안이라고 부르는 것 속에서는 그렇지 않은 요소가 또한 존재한다.

불안(Angst), 공포(Furcht), 경악(Schreck)이라는 용어가 같은 것을 가리키는지 다른 것을 가리키는지의 문제를 상세하게 이야기하는 것은 그만두기로 한다. 다만 불안은 상태와 관련되어 있어서 그 대상에 구애받지 않으며, 공포는 주의가 대상을 향했을 때 사용하는 말이라고 생각한다. 이에 반해서 경악은 실제로 특별한 뜻을 가지고 있다. 경악은 미리 불안 준비 상태가 만들어지기 전, 다시 말해 갑자기 위험에 맞닥뜨린 상태를 강조한다. 그러므로 인간은 불안으로 경악을 미리 막는다고 해도 무방하다.

'불안'이라는 말을 사용할 때, 여러분은 어떤 모호함과 불확실함에서 벗어날 수 없을 것이다. 사람은 대개 불안이라는 말을 '불안 발생'을 지각함으로써 비롯된 주관적인 상태를 뜻한다고 보고, 이 상태를 감정이라고 부르고 있다. 그러면 감정이란 역동적 의미에서 무엇인가? 아무튼 그것은 매우 복잡한 것이다. 감정은 첫째, 어떤 운동성 신경지배나 발산을 포함하며, 둘째, 두 종류의 어떤 감각, 즉 발생한 운동성 활동의 지각과 유쾌함이나 불쾌감의 직접적인 감각(이것이 이른바 감정의 기본적인 부분이 되어 있지만)을 포함하고 있다. 그러나 나는 이와 같이 하나하나 요소를 헤아린다고 해서 감정의 본질에 접근한다고는 믿지 않는다. 몇 가지 감정에서는 이른바 전체를 연결시키고 있는 핵심이 어떤 중요한 체험의 반복이라는 것을 간파할 수 있고, 또 그것을 인정할 수도 있다고 생각한다. 이 체험은 개체의 선사시대(先史時代)가 아니라 종족의 선사시대에 받은 매우 보편적 성격의, 극히 초기의 인상에 지나지 않을는지 모른다. 내 말을 더 똑똑히 이해시키기 위해서, 이 감정 상태는 마치 히스테리 발작과 같은 구조를 가진 것, 즉 회상(回想)의 침전물(결과물)이라고 해도 좋을지 모른다. 그러므로 히스테리 발작은 새로 만들어진 개인적인 감정에 비교할 수 있고, 정상적인 감정은 유전적인 일반적 히스테리에 비교할 수 있다.

지금 내가 감정에 대해 말하는 것은 일반 심리학에서 보통 인정하고 있는 이론이라고 생각해서는 안 된다. 오히려 지금의 견해는 정신분석이라는 토양에서 성장하여 생긴 견해이다. 여러분이 심리학에서 감정에 대해서 배운 것, 이를테면 제임스-랑게 이론은 우리 정신분석가에게는 도무지 이해할 수 없는 것이며, 논할 가치조차 없다. 그렇지만 우리는 감정에 대한 우리의 지식을 아주 확실한 것으로 간주하고 있지는 않다. 그것은 이 캄캄한 영역에서 빙산의 일각임을 짐작하게 해준 첫 시도일 뿐이다.

그러면 이야기를 계속해 보자. 우리는 불안 감정의 경우, 어릴 때의 어떤 인상을 되풀이하는 것이라고 믿고 있다. 그것은 '출산 행위(Geburt sakt)'라 할 수 있다. 분만 때의 불쾌감, 출산의 흥분 및 육체 감각의 집약화가 한꺼번에 나타난다. 이것이 생명의 위험에 직면하게 될지 모르는 모든 경우의 원형이 되는 것으로, 그 뒤로 불안 상태로서 우리에게 되풀이된다. 출생 당시 새로운 혈액의 공급 중단에 의한 심한 자극의 증가는 불안을 체험하는 원인이 되었다. 그러므로 최초의 불안은 독성을 가진 것이었다. 불안이라는 말[1]은 호흡이 좁아진다는, 출산 때 현실적으로 보는 상황의 결과로써 현존하는 특징을 특히 강조하고 있다. 오늘날에는 감정 속에서 거의 언제나 되풀이되고 있다. 또한 이 최초의 불안 상태가 어머니한테서 떨어졌기 때문에 일어났다는 사실은 매우 의미 깊은 일이다. 최초의 불안 상태를 반복하는 소인은 헤아릴 수 없을 만큼 수많은 세대를 지나서도 유기체에 깊이 뿌리박고 있으므로, 설령 전설의 맥더프처럼 '어머니의 배를 가르고 나와서' 분만 행위 자체를 경험하지 않는다 하더라도, 각 개체가 불안이라는 감정을 피할 수 없다는 우리의 확신은 마땅한 것이다. 그러나 우리는 포유동물 이외의 동물에서는 무엇이 불안 상태의 원인인지를 말할 수 없다. 그뿐 아니라 그들에게 어떤 감각의 복합체가 우리의 불안에 해당하는지도 모르고 있다.

이제 출산 행위가 불안 감정의 원천이며 원형이라는 생각을 내가 어떻게 하게 되었는지 들어보는 것도 여러분에게는 흥미로울지 모른다. 이것은 개인적인 생각과는 아무 관계가 없다. 나는 이를 오히려 사람들의 소박한 생각에서 빌려 왔다. 오래전, 병원에 근무하는 젊은 의사들이 점심 식사를 하려고 식당에 모였을 때, 산부인과의 조교가 최근의 산파 시험 때 일어난 유쾌한 이야기를 들려주었다.

선생이 한 수험생에게 출산 때 양수 속에서 태변이 보이는 것은 어떤 뜻이냐고 물어보았다. 그러자 그 수험생은 즉각 "그 아기는 불안했던 거예요" 이렇게 대답했다. 그 결과 수험생은 놀림을 받고 보기 좋게 떨어지고 만 이야기였다. 그러나 나는 마음속으로 혼자 그 수험생의 편을 들었다. 그리고 나는 때 묻지 않은 서민 출신의 이 가엾은 여자가 어떤 중요한 연관성을 들추어냈다고 처음으로 느꼈다.

그러면 지금부터 '노이로제의 불안' 문제로 이야기를 돌리기로 하겠다. 노이로제 환자의 불안은 우리에게 어떤 새로운 현상의 형태와 관계를 보여 주는 것일까? 이에 대해서는 여기서 이야기할 것들이 산더미처럼 있다.

첫째, 일반적인 불안, 이른바 '부동성 불안(freiflottierende Angst)'이라는 것이 있

---

1) 라틴어 angustiae는 '좁다'는 뜻이다.

다. 이런 종류의 불안은 적당한 표상(또는 관념) 내용에 붙어서 판단을 좌우하고, 예측을 선택하며, 모든 기회를 포착하여 자기를 정당화하려고 한다. 우리는 이 상태를 '예측불안' 또는 '불안한 예측'이라고 부른다. 이런 종류의 불안에 괴로워하는 사람은 모든 가능성들 가운데에서 언제나 가장 두려운 것을 예측하고, 뜻밖의 사건을 모두 불행의 전조로 해석하며, 불확실한 사건을 모조리 나쁜 의미로만 생각한다. 이와 같이 불길한 것을 예상하는 경향은 병자라고 할 수 없는 많은 사람들에게서도 볼 수 있는 성격적인 특성이다. 그리고 이런 사람들은 겁쟁이라든가 '비관주의자'라고 불린다. 그러나 도가 지나친 예측불안은 대개 어떤 노이로제로 나타난다. 나는 이 노이로제를 '불안 노이로제'라고 이름을 붙여 현실 노이로제 속에 포함시켜 두고 있다.

불안의 두 번째 유형은 방금 말한 것과는 반대로 오히려 심리적으로 제한이 정해져 있어서 어떤 일정한 대상, 일정한 상황과 연결되어 있다. 이것은 온갖 것에 해당되는, 흔하면서도 기괴한 '공포증'이라는 불안이다. 미국의 유명한 심리학자 스탠리 홀[2]은 최근 처음으로 고심하여 이 공포증을 분류하고, 거기에 당당한 그리스명을 붙여 주었다. 이 분류는 이집트의 열 가지 재앙을 세는 방법과 비슷하나, 수가 열 가지 이상인 점이 다르다. 어떤 것이 공포증의 대상 혹은 내용이 될 수 있는가를 한번 들어주기 바란다. 암흑, 야외의 공기, 광장, 고양이, 거미, 송충이, 뱀, 쥐, 벼락, 뾰족한 것, 피, 닫힌 방, 혼잡함, 고독, 다리를 건너는 일, 항해, 기차 여행 등이다.

이와 같은 잡다한 것들 가운데 방향을 잡기 위한 첫 시도로, 우선 이들을 셋으로 분류하는 일이 편리할 것이다. 첫 번째 부류는 두려움의 대상과 두려운 상황의 대부분이 우리들 정상인에게도 기분 나쁜 것들이며 위험과 관계가 있는 경우이다. 그러므로 이와 같은 공포증은 설령 그 강도가 매우 강하더라도 우리가 충분히 이해할 수 있는 것처럼 여겨진다. 보통 사람들은 뱀과 마주쳤을 때 기분이 나빠진다. 뱀 공포증이라고 불리는 것은 인류 일반에 볼 수 있는 것이며, 다윈도 이 공포증을 매우 생생하게 그리고 있다.[3] 즉 두꺼운 유리판으로 단단히 칸막이가 되어 있는 줄 알면서도 뱀이 자기 쪽으로 머리를 쳐들고 다가

---

2) Stanley Hall, 제임스의 제자로 프로이트를 미국에 초청한 사람.
3) 《인간 및 동물의 표정》 제1장.

올 때는 여지없이 마음속으로 공포감을 누르지 못한다고 말하고 있다.

두 번째 부류는, 위험과의 연관성은 여전히 있지만 여느 때는 그 위험을 경시하거나 예상을 하지 않는 습관이 붙어 있는 경우이다. 개개의 상황에서 일어나는 공포증은 여기에 속한다. 기차 여행을 하고 있을 때는 집에 있을 때보다 불행이 일어날 기회, 즉 열차 충돌의 위험이 많다는 것을 우리는 잘 알고 있다. 또 배는 침몰하는 경우가 있으며, 침몰하면 승객은 대개 다 빠져 죽는다는 것도 잘 알고 있다. 그런데도 우리는 이와 같은 위험을 전혀 생각하지 않고 예사로 기차나 배에 오른다. 다리를 건널 때 다리가 한순간에 부서져서 물속으로 떨어져 버리는 것도 가능한 일이지만, 이런 것은 극히 드문 사건이므로 위험하다고는 생각하지 않는다. 혼자 있는 것에도 마찬가지로 위험은 따르며, 또 우리는 어떤 상황 아래서는 혼자 있는 것을 피한다. 그러나 어떤 조건 아래에서나 한 순간도 혼자 있는 것을 견디지 못한다는 일은 있을 수 없다. 혼잡함, 닫힌 방, 벼락 등에도 같은 말을 할 수 있다. 노이로제 환자가 품는 이와 같은 공포증에 대해 우리가 이상하게 생각하는 점은 일반적으로 공포증의 내용이 아니라 그 강도이다. 공포증이라는 불안은 얼마나 묘사하기 어려운 것인지! 그리고 어떤 조건에서는 우리에게조차 불안을 불러일으키는 대상이나 상황에 노이로제 환자 쪽이 오히려 전혀 불안을 느끼지 않는 듯한 인상을 자주 받는다.

공포증의 세 번째 부류가 남아 있다. 이 부류는 이해하기 어려운 것이다. 어떤 건장한 사나이가 구석구석 잘 알고 있는 고향 마을의 어느 거리라든가 어느 장소를 불안해서 걸어가지 못할 경우, 또는 당당한 체격의 건강한 여성이 고양이가 옷자락을 스쳐 지나갔다든가 쥐가 방 안을 기어갔다든가 하는 이유로 소스라치게 놀라며 불안해할 경우, 이 사람의 눈에 역시 분명히 존재하는 위험과 공포를 대체 우리는 어떻게 결부시켜야 좋을 것인가? 이 동물 공포증이라는 것은 그 중심이, 인간에게 흔히 있는 고도의 혐오감은 아니다. 왜냐하면 고양이를 보면 지나치지 못하고 쓰다듬어주고 애무해 주지 않고는 못 견디는 사람이 많다는 반증도 있기 때문이다. 여성이 무서워하는 쥐는 동시에 가장 가까운 애칭으로 되어 있다. 자기 연인이 '생쥐 아가씨'라고 불러 주면 좋아하는 처녀가, 자기와 같은 이름을 가진 이 조그만 동물이 살살 기어 나올 때는 너무나 무서워서 비명을 지르는 것이다.

거리 공포증이나 광장 공포증을 가진 사나이에 대해서는 꼭 어린이 같다는 말밖에 할 수 없다. 어린이는 교육으로 직접 이런 경우는 위험하니 피해야 한다고 배운다. 그리고 광장 공포증을 지닌 사나이도 누군가와 함께 그곳을 지나갈 때는 불안을 느끼지 않는다.

이제까지 말한 불안의 두 가지 형태, 즉 부동(浮動)하는 '예측불안'과 '공포증'이 결부된 불안은 저마다 다르다. 이 형태는 다른 형태가 심해진 것이라고 말할 수도 없다. 둘은 아주 드물게 우연인 것처럼 결부되어 나타난다. 일반적인 불안이 아주 심하다고 반드시 공포증이라는 혐오로 나타나는 것은 아니다. 생활 전체가 광장 공포증이라는 병으로 묶여 있는 사람에게 염세적인 예측불안이 전혀 나타나지 않는 수도 있다. 공포의 대부분은, 예를 들면 광장 공포라든가 기차 공포는 어른이 되어 비로소 나타나는 것이고, 암흑, 벼락, 동물에 대한 공포는 태어날 때부터 줄곧 존재하는 것으로 여겨진다. 앞의 것에 대한 공포증은 중대한 병증이라는 의의를 갖고 있지만, 암흑이나 벼락, 동물에 대한 공포증은 오히려 기이한 결벽이나 성품인 것 같다. 암흑이나 벼락, 동물에 대한 공포증을 나타내는 사람의 경우, 인간에게는 일반적으로 이와 비슷한 다른 공포증도 있는 것이 아닐까 하고 예상해도 좋다. 우리는 이와 같은 공포증을 모두 한데 뭉쳐서 '불안 히스테리' 속에 넣고 있다고 덧붙여야겠다. 다시 말해 우리는 이런 공포증을 그 유명한 전환 히스테리와 아주 닮은 병으로 간주하고 있다.

노이로제적 불안의 세 번째 부류는 우리의 눈에 하나의 수수께끼로 비친다. 즉 불안과 가까운 위험 사이의 관련을 전혀 볼 수가 없다. 이를테면 이 불안은 히스테리의 경우에 히스테리 증상에 수반되어 나타나거나, 또는 흥분의 여러 가지 조건 아래에서 나타난다. 그리고 우리는 이 흥분 때 어떤 감정이 나타나는 것이 아닐까 하고 예상했지만, 그것은 적어도 불안 감정이나 다른 어떤 상태에 결부시키지 않는 한, 우리도 환자와 마찬가지로 이해할 수 없는 자연 발생적인 불안 발작이다. 이러한 불안 발작을 설명하기 위해서 자칫하면 과장될 경향이 있는 위험이나 원인을 발견하지 않더라도 우리는 폭넓고 깊게 논할 수 있다. 이와 같은 자연 발생적인 발작의 경우, 우리가 불안 상태라고 부르는 복합체는 분열할 가능성이 있다는 것을 알고 있다. 발작의 전체적인 모습은 개별적이며 강렬하게 나타나는 증상들, 다시 말해 떨림, 현기증, 심계항진(心悸亢進), 호흡 곤란 등으로 대표될 수 있다. 그리고 우리가 불안이라고 말하는 일반 감정은 이 경우에는 없거나, 혹은 나타나 있더라도 선명하지 않은 모습을 가진다. 그러나 우리가 '불안의 등가물'이라고 이름을 지은 이 상태는 모든 병의 임상적 원인적인 관계에서 불안과 같은 계열에 둘 수 있는 것이다.

이제 두 가지 의문이 제기된다. 첫째는 위험이 전혀 역할을 하지 않거나 혹은 아주 적은 역할밖에 하지 않는 노이로제적 불안을 어디까지 위험에 대한 반응인 현실불안과 관련지을 수 있느냐는 점, 둘째는 노이로제적 불안은 어떻게 생각하면 좋은가 하는 점이다. 그러나 우리는 우선 다음과 같은 예측을 세워 보고 싶다. 즉 불안이 있는 곳에는 반드시 사람이 두려워하는 것이 존재할 것이라는 전제다.

임상적인 관찰은 노이로제적 불안을 이해하는 데 많은 실마리를 준다. 그러면 여러분에게 임상적 관찰의 의의에 대해서 상세하게 설명하기로 한다.

1. 예측불안, 또는 일반적인 불안이 성생활의 어느 과정(우리는 리비도의 어떤 종류의 사용법이라고 말하고 있지만)과 밀접한 관계가 있다는 것을 입증하기는 별로 어려운 일이 아니다. 이런 종류의 실례 중에서 가장 단순하고 배울 점이 많은 것은, 이른바 욕구불만으로 끝나는 흥분에 직면한 사람, 즉 심한 성적 흥분을 해결할 배출구가 없어서 만족한 결말에 이르지 못하는 사람의 경우이다. 그러므로 예를 들면 약혼 중인 남성이라든가, 정력이 부족한 남편의 아내라든가, 임신에 대한 걱정 때문에 성교를 빨리 끝마쳐 버리거나 불완전하게만 행하는 여성의 경우 등이 있다. 이런 조건들 아래에서는 리비도의 흥분은 소실되고 그 대신 불안이 발생한다. 이런 경우 불안은 예측불안이나 불안 발작, 혹은 발작과 동등한 의미를 지닌 감정의 형태를 갖는다. 임신 등을 두려워해 조심스럽게 행하는 성교의 중단, 더욱이 상습적으로 하는 것은 남성, 아니 특히 여성에 있어서는 언제나 불안 노이로제의 원인이 된다. 그러므로 이와 같은 종류의 증상에 부딪쳤을 때는 먼저 이러한 것들의 원인을 찾아야 한다고 임상가에게 충고해 두지 않으면 안 될 정도이다. 성적인 악습이 교정되면, 불안 노이로제 역시 사라지는 경우는 무수히 경험할 수 있다.

내가 아는 한, 이제는 정신분석을 깊이 생각하지 않는 의사도 성욕의 억제와 불안 상태가 서로 관계가 있다는 사실에 다른 견해를 내세우지 않는다. 그러나 의사들은 이 두 관계를 거꾸로 하여 "그런 환자는 처음부터 불안에 대한 경향이 있었다, 그래서 성적인 일에 소극적인 태도를 갖는 것"이라는 의견을 주장하기도 한다. 그러나 여성의 태도는 이와 반대의 것을 말해 준다. 여성의 성 활동은 근본적으로 수동적이다. 바꾸어 말하면 남성의 태도에 따라서 결정된다. 아내 쪽이 열정적이면 열정적일수록, 바꾸어 말해서 아내 쪽이 성교를 하고 싶어하는 일이 많고 성교에서 만족을 얻는 능력이 크면 클수록, 아내는 남편의 성 불능증(不能症) 혹은 중절성교(中絶性交, Coitus interruptus)에 대해 불안 현상으로 반응하는 것은 확실하다. 한편 불감증의 여성이나 리비도가 적은 여성의 경우는 이와 같은 대우를 받아도 아무 반응이 없다.

오늘날 의사들이 열렬히 권하고 있는 금욕(禁慾)이 불안 상태를 일으키는데 중요한 의의를 가지는 것은, 만족을 얻을 수 있는 배출구에 도달하는 것을 거부당한 리비도가 강해지고, 더욱이 그 대부분이 승화 작용에 의해 방출되지 않을 때에 한한다. 어떤 사람이 병에 걸리고 안 걸리고 하는 것은 언제나 리비도의 양적인 요인으로 정해진다. 병은 제쳐놓고 성격 형성을 고찰하면, 성적 제한은 어떤 종류의 불안 상태나 의혹감과 평행하며, 한편 대담무쌍하고 용감하고 적극적인 기상에는 성적 요구에 대한 자유방임이 수반된다는 것을 알 수 있다. 이 관계는 문화의 변화에 따라 복잡한 것이 되었다고는 하나, 보통 사람에게는 불안이 성적인 제한과 많은 관계가 있는 것이다.

나는 지금까지 여러분에게 리비도와 불안 사이에는 발생상의 관계가 있다는 것을 보여 주는 관찰을 이야기하지 않았다. 그 한 예는 인생에서 어떤 시기라는 것이 불안의 발생에 영향을 미친다는 사실이다. 즉 사춘기나 갱년기에는 리비도의 생산 활동이 높아지기 때문에 불안이 발생하는 것이라고 말해도 좋다. 흥분 상태의 대부분의 경우에서 리비도와 불안이 섞여 있거나 마지막으로 리비도가 불안에 의해 대체되는 것을 직접 관찰할 수 있다. 우리가 이러한 사실에서 받는 인상에는 두 가지가 있다. 첫째 정상적인 사용을 저지당한 리비도가 쌓이는 것이고, 둘째는 여기서는 육체적인 과정을 문제시할 수밖에 없다는 점이다. 어떻게 리비도에서 불안이 발생하는지는 아직 알 수 없다. 확실한 것은 리비도가 없어지고, 그 대신 불안만이 그곳에 나타난다는 것뿐이다.

2. 두 번째 암시는 심인(心因) 노이로제의 분석, 특히 히스테리의 분석으로 얻어진다. 불안은 흔히 증상에 수반하여 나타난다는 말을 했지만, 이 병에서는 증상과 결부되지 않고 불안이 나타나거나 혹은 지속적으로 나타나는 경우도 있다. 환자는 자기가 무엇을 두려워하고 있는지 말하지 못한다. 환자는 명백한 2차적 가공(또는 상상)으로 불안을 신변에 가까운 공포증, 이를테면 죽는다든 가 미친다든가 졸도한다든가 하는 공포증과 결부시킨다.

만일 우리가 불안이나 불안을 수반하는 증상이 발생한 상황을 분석한다면, 대개 정상적인 어떤 심리적 과정이 막혀서 불안 현상으로 바뀌었는지 제시할 수 있을 것이다. 이것을 달리 표현해 보자. 무의식 과정을 아무런 억압도 받지 않고 자유롭게 의식으로 진행하고 있는 것이라고 생각하자. 이 과정은 어느 일 정한 감정을 수반하고 있었을 것이다. 그런데 의식으로의 정상적인 흐름에 수 반되는 이 감정이 억압을 받으면 그 원래의 성질이 무엇이거나 상관 없이 놀랍 게도 어떤 경우에나 불안으로 바뀌는 것이다. 그러므로 히스테리성 불안 상태 에 직면했을 때 그 무의식의 상관물은 그와 비슷한 성격의 것, 이를테면 불안, 수치, 당황 같은 흥분일 수도 있지만, 격분이나 분노 같은 적극적인 리비도의 흥분 또는 적대적이고 공격적인 흥분일 수도 있다. 그러므로 불안은 어디에 내 놓아도 통용되는 화폐와 같다. 만일 감정의 흥분에 속해 있는 표상(관념) 내용 이 억압을 받으면, 그 감정적인 흥분은 어떤 것이라도 모두 불안으로 대체될 수 있으며, 이로써 불안은 어디서나 교환이 가능한 화폐와 같은 의미가 될 수 있 는 것이다.

3. 우리는 주목할 만한 방법을 사용하여 불안에서 빠져나오려 강박 행위를 나타내는 것으로 보이는 환자에게서 세 번째 관찰을 할 수 있다. 만일 우리가 환자의 강박 행위, 예를 들면 손을 씻거나 일정한 의식을 행하려는 것을 방해 하려고 하거나, 환자 자신이 자진해서 그 강박 증상을 그만두려고 하면, 환자 의 마음속에는 두려움과 같은 불안이 고개를 쳐들어 부득이 그 강박 행위를 하지 않고는 못 견딘다. 그러므로 불안은 강박 행위 뒤에 은폐되어 있으며, 환 자를 불안에서 달아나게 하기 위해서 이 강박 행위를 한다는 것을 알게 된다. 강박 노이로제에서는 보통 때면 발생해야 할 불안이 이 증상 형성에 의해서 대체되는 셈이다.

그리고 우리는 히스테리에 대한 관찰에서도 이와 같은 관계가 있다는 것을 안다. 다시 말해 억압 과정의 결과로 어떤 때는 순전한 불안 발생이, 어떤 때는 증상 형성을 수반한 불안이, 어떤 때는 불안 없는 완전한 증상 형성이 발견된다. 그래서 추상적인 뜻에서 본다면, 일반적으로 증상은 보통 때라면 피할 수 없는 불안 발생을 피하기 위해서만 만들어진다고 생각된다. 이렇게 생각하면, 불안은 노이로제 문제에 대한 우리의 흥미에 있어 그 중심점에 위치하게 된다.

불안 노이로제의 관찰을 통해 우리는 리비도가 정상적으로 이용되는 길에서 방향을 바꾸는 것은(그 결과 불안이 발생한다) 육체적인 과정이라는 토대 위에서 행해진다고 결론을 내렸다. 또 히스테리와 강박 노이로제의 분석으로, 이와 마찬가지의 결과를 수반하는 동일한 방향 전환은 마음속 재판소에서의 거부 작용이라는 것을 알아냈다. 그러므로 우리는 이제까지 노이로제 불안의 발생에 대해서 많은 것을 알게 되었지만, 아직도 상당히 모호한 점이 많다. 그러나 나는 아직 이 이상 접근한 길을 발견하지 못하고 있다. 우리에게 부과된 두 번째 과제, 즉 비정상적으로 이용된 리비도인 노이로제적 불안과, 위험에 대한 반응인 현실불안 사이에 어떠한 것을 결부시킨다는 것은 훨씬 해결이 어려운 것처럼 여겨진다. 이 둘은 완전히 다른 것이라고 여러분은 생각할지 모른다. 그러나 우리로서는 현실불안과 노이로제적 불안을 감각에 의해 구별하는 방법은 알지 못한다.

그렇지만 우리가 이제까지 몇 번이나 주장한 자아와 리비도의 대립을 빌린다면, 현실적 불안과 노이로제적 불안 사이에서 구하고 있었던 연결도 마침내 이루어질 수가 있다. 우리가 알고 있듯이 불안 발생은 위험에 대한 자아의 반응이며, 도망가도록 알려주는 신호이다. 그러므로 노이로제적 불안에서 자아는 리비도의 요구에 대해 이와 같이 도망갈 것을 시도하고, 이 내부의 위험을 마치 외부의 위험인 듯 다룬다는 견해가 마땅히 생긴다. 이 견해로 불안이 있는 곳에는 사람들이 두려워하는 어떤 것이 존재한다고 하는 우리의 예상은 실현되었는지도 모른다. 그러나 이 유추는 더 진행될 수가 없다. 외부의 위험으로부터 달아나려는 시도가 진지(陣地)를 굳게 지키는 일이나 목적에 맞는 방위책을 세우는 일로 바뀌듯이, 노이로제적 불안의 발생 또한 불안을 묶어놓는 증상 형성에 길을 양보한다.

이제 다른 곳에 이해하기 어려운 점이 나타난다. 리비도에서 자아의 도주를 뜻하는 불안은 이 리비도 자체로부터 나온 것이어야 한다. 이 주장은 막연하지만, 어떤 사람의 리비도이든 그것은 결국 그 사람의 일부이며, 리비도가 무언가 외계에 있는 것처럼 그 사람과 대립하고 있는 것은 아님을 잊지 말도록 주의해 둔다. 우리가 여전히 모르는 것은 불안 발생의 국소론적 역학(力學)이다. 즉 그때 어떤 종류의 심리적 에너지가 소비되며, 또 그것은 어떤 심리적 체계에 속하는가 하는 문제이다. 나는 여러분에게 이 의문에 대해서도 대답할 수 있다고 약속할 수는 없지만, 다른 두 가지 실마리를 더듬어서 우리의 사색을 돕기 위해 직접적 관찰과 분석적 연구를 다시 한번 이용하고 싶다. 지금부터 어린이에 있어서의 불안의 발생과, 공포증에 결부된 노이로제적 불안의 출발점으로 돌아가 보겠다.

어린이의 불안감은 아주 흔한 것으로 그 두려움이 노이로제적 불안인지, 현실불안인지 구별하기는 매우 어렵다. 아니, 어린이의 태도를 보면 이런 구별을 할 가치가 있는지조차 의심스러워진다. 왜냐하면 어린이가 모르는 사람, 새로운 장소, 새로운 물건을 모두 무서워하더라도 그것을 이상하게 생각하지 않기 때문이다. 그리고 우리는 이 반응을 어린이의 약함과 무지로 쉽게 설명할 수가 있다. 그래서 우리는 어린이가 강한 현실불안을 갖고 있다고 말하고, 만일 어린이의 이 불안이 천성적인 것이라면 그것은 참으로 목적에 맞는 것이라고 간주한다. 어린이는 이때 단지 원시인이나 오늘날의 미개인과 같은 태도를 되풀이하고 있는 것이리라. 원시인이나 미개인은 무지하고 무력하기 때문에 낯선 것들이나, 또는 오늘날 우리에겐 이미 아무런 불안을 느끼게 하지 않는 여러 가지 눈에 익은 사물들에 대해서도 불안감을 품는다. 만일 어린이의 공포증 가운데 적어도 그 일부가 인류 발달의 그 원시시대에 있었던 것과 같은 것이라면 우리의 예상과 보기 좋게 일치하는 것이 된다.

그러나 다른 한편에서 우리는 모든 어린이가 두려워하는 정도가 같지 않다는 것, 모든 사물과 상황을 특별히 두려워하는 어린이야말로 나중에 노이로제 환자가 된다는 것을 무시할 수 없다. 그러므로 노이로제의 소인(素因)은 현실불안에 대한 뚜렷한 경향으로도 간파할 수 있는 것이다. 즉 불안 상태가 첫 징조로서 나타난다. 그리고 우리는 그 사람이 어릴 때뿐만 아니라 어른이 되어서도 모든 사물에 대해 불안해하는 것으로 보아 자기의 리비도가 높아짐을 불안해하는 것이라고 결론짓는다. 이와 같은 결론으로는, 리비도에서 불안이 발생한다고는 할 수 없다. 만일 우리가 현실불안의 조건을 검토해 본다면, 자기의 약함과 무력감(아들러의 용어를 빌리면 열등성)은 만일 그것이 유아기부터 성인기까지 줄곧 계속될 경우, 노이로제의 궁극적 원인이 된다는 견해에 반드시 이르고 말 것이다.

이 사실은 지극히 간단하고 그럴듯하여 우리에게 다시 한번 자세히 살펴보게 한다. 물론 이 사실에 의해서 노이로제라는 수수께끼의 중심도 움직이기 시작한다. 열등성은 어른이 되어서도 줄곧 계속된다(따라서 불안 조건과 증상 형성이 지속된다)는 것은 거의 확실시되는데, 여기서 건강상태라고 인정되는 것이 나타난다면 도리어 그것은 예외라고 할 수 있으며, 설명을 할 필요성마저 느끼게 된다.

그러나 어린이가 지닌 불안감을 면밀히 관찰해 볼 때, 거기서 우리가 또 알 수 있는 것은 무엇일까? 어린이는 우선 낯선 사람을 두려워한다. 상황은 그것이 사람을 포함하고 있을 때 비로소 중요한 것이 되고, 사물은 더 나중이 되어서야 비로소 문제가 된다. 그러나 어린이가 남을 두려워하는 것은 남이 자기에게 악의를 갖는다고 해서, 또는 남과 강약을 비교해 보기 때문은 아니다. 다시 말해서 남을 자기의 생존, 안전 및 고통 없는 상태를 위협하는 존재로 인식했기 때문이 아니다. 전 세계를 지배(당시는 제1차 세계대전 때)하는 공격성 충동에 위협받고 있다고 할 정도로 두려워 떨고 있는 어린이는 없다. 그런 견해는 비극적인 이론의 조각물이다. 결코 그렇지는 않다. 어린이 스스로 낯선 사람을 두려워하는 것은 어린이가 믿고 아주 사랑하고 있는 사람(결국은 어머니)만을 안중에 두고 있기 때문이다. 불안으로 바뀌는 것은 어린이의 실망이며 동경이다. 즉 사용할 수 없는 리비도가 부동(浮動) 상태로 있을 수가 없어 불안으로 발산되고 마는 것이다. 어린이의 불안에 대한 전형적인 이 상황 속에서 출산 행위 중에서 불안 상태의 조건, 즉 모체에서 떠나는 일이 반복되고 있는 것도 우연이라고만 할 수는 없다.

어린이가 처음 느끼는 상황 공포증은 어두움과 혼자 있을 때 발생한다. 그리고 이 어둠에 대한 공포증은 한평생 계속되는 수가 많다. 이 두 가지 다 공통적인 것은 자기를 돌봐 주는 사랑하는 사람, 즉 어머니를 놓쳐버리는 데에 있다. 어둠을 두려워하는 어린이가 옆방에서 외치는 말을 들은 적이 있다. "아줌마, 이야기해 줘. 나 무서워." "하지만 이야긴 해서 뭘 하지? 내 얼굴도 안 보이는데." 어린이는 이에 대해서 "누가 이야기를 해주면 이 근처가 환해지는걸" 하고 말했다. 어둠에 대한 동경은 이렇게 하여 어둠에 대한 공포로 변한다. 여기서 우리는 노이로제적 불안이 단지 2차적인 것이며 현실불안의 특수한 경우에 지나지 않는다는 사실을 넘어서서, 정반대로 어린이의 경우는 사용되지 않는 리비도에서 발생한 노이로제적 불안의 그 본질적 특징이 현실불안이라는 형태로 작용하고 있음을 알게 된다.

어린이는 참된 뜻의 현실불안을 조금도 지니지 않은 채 이 세상에 태어난 것 같이 보인다. 나중에 공포증의 조건이 될 수 있는 모든 상황들, 이를테면 높은 곳, 강에 걸려 있는 좁은 다리, 기차 여행, 배 타기 등은 어린이에게 아무런 불안도 일으키지 않는다. 더욱이 어린이가 아무것도 모르면 모를수록 두려워하는 것이 적다. 생명을 보호하는 이와 같은 본능의 대부분이 유전된다면 그것은 매우 바람직한 일일 것이다. 만일 그렇다면, 어린이를 위험으로부터 보호하는 감시 임무는 훨씬 편해질 것이다. 그러나 실제로 어린이가 처음에 자기 힘을 믿고 두려운 것이 없는 것처럼 행동하는 것은 위험을 모르기 때문이다. 어린이는 강변을 달리고, 창가에 기어오르며, 뾰족한 물건이나 불을 갖고 논다. 어린이는 자기가 다치거나 보호자를 아찔하게 만드는 일들을 뭐든지 해치운다. 그런 뒤에 어린이의 마음이 현실불안에 눈을 뜨는 것은 오로지 교육의 결과이다. 왜냐하면 어린이가 교훈적인 경험을 스스로 맛보는 따위의 일을 어른들은 잠자코 보고 있을 수가 없기 때문이다.

그런데 만일 불안에 대한 이러한 교육을 순순히 받아들이고, 이어 어른이 주의시켜 주지 않는 위험까지도 자기 힘으로 발견하는 어린이가 있다면, 그런 아이는 태어날 때부터 기질적으로 다량의 리비도 욕구를 갖고 있다거나 혹은 리비도의 만족이라는 악습에 어릴 때부터 물들어 있었다는 설명이 된다. 이런 어린이 가운데서 뒤에 노이로제 환자가 나온다 해도 이상할 것이 없다. 막대한 리비도의 정체를 오랜 기간 동안 견뎌내지 못해 노이로제가 발병하는 것을 우리는 이미 알고 있기 때문이다. 이 경우 기질적 요인 역시 그 한 원인을 이루고 있으며, 또 우리가 그 사실을 부정할 수 없다는 점은 여러분도 인정할 것이다. 그러나 기질적 인자만 역설하고 다른 모든 인자를 등한시하거나, 관찰과 분석 양쪽에서 일치하고 있는 결과로 보아 기질적인 인자 같은 것은 전혀 없거나 또는 있어도 매우 흐릿한 그림자인 경우에도 이것을 들고 나오려 한다면, 거기에 대해서 단호히 반대할 뿐이다.

여러분은 어린이의 불안상태에 대해 관찰한 것으로 다음과 같은 결론을 끌어낼 것이다. 어린이의 불안은 현실불안과 전혀 관계가 없지만, 어른의 노이로제적 불안과 매우 비슷하다고 말이다. 어린이의 불안은 노이로제적 불안처럼 이용되지 않는 리비도에서 발생하여, 잃어버린 사랑의 대상을 외부의 사물이나 상황으로 대체하고 있는 것이다.

여러분은 여기서 '공포증'을 분석해 보아도 더 이상 새로운 사실을 배울 수 없다는 말을 듣고 안심할 것이다. 공포증의 경우에서도 어린이의 불안과 같은 상황이 발생한다. 말하자면 방출되지 않고 사용되지 않는 이 리비도는 표면적으로만 현실불안으로 바뀐다. 그 결과 하찮은 외부의 위험이 리비도의 요구를 대표하는 것이다. 이 일치는 결코 놀랄 일이 아니다. 왜냐하면 유아기의 공포증은 우리가 '불안 히스테리' 속에 넣고 있는 뒷날의 공포증의 원형일 뿐만 아니라 그 직접적인 준비 조건이며 서곡이기 때문이다. 히스테리성 공포증을 거슬러 올라가면 모두 어린이의 불안에 도달한다. 그리고 비록 내용이 달라서 다른 이름을 붙이지 않으면 안 되더라도, 히스테리성 공포증은 어린이의 불안에서 비롯된다.

두 가지 병의 차이가 있다면 메커니즘의 문제이다. 어른에게 있어서 리비도가 불안으로 바뀌는 것은 동경과 같이 리비도를 잠시 이용할 수 없게 만드는 것만으로는 충분하지 않다. 어른은 오래전에 이와 같은 리비도를 부동 상태로 그대로 두거나, 또는 다른 식으로 이용하는 것을 배웠다. 그러나 만일 리비도가 억압을 받은 심리적 충동에 속한다면, 의식과 무의식의 구별이 아직 없는 어린이에서와 같은 상태가 다시 만들어진다. 그리하여 유아성 공포증으로 퇴행함으로써 이른바 길이 열리고, 이 길을 지나서 리비도는 쉽게 불안으로 바뀌는 것이다.

기억하고 있겠지만 우리는 억압에 대해서 많은 것을 이야기했다. 그러나 그

때는 언제나 억압되는 관념의 표상(겉으로 드러난 상징)에만 관심을 갖고 있었다. 그 편이 알기 쉽고 이야기하기 쉽기 때문임은 물론이다. 억압된 관념을 내포한 감정은 어떻게 되는가 하는 문제는 언제나 보류해 두었다. 지금 비로소 우리는 어쨌든 불안으로 변하는 것이 이 감정의 주어진 운명임을 알게 된다. 그러나 이 감정의 변화는 억압 과정 속의 훨씬 중요한 부분이다. 우리는 무의식적인 감정의 존재를 무의식적인 관념과 같은 뜻으로는 주장할 수 없으므로, 이 점을 상세히 이야기하기는 쉬운 일이 아니다. 의식적이건 무의식적이건 관념은 역시 관념이다. 우리는 무엇이 무의식적인 관념에 해당하는가 말할 수는 있다. 그렇지만 감정은 관념과는 전혀 다른 식으로 판단해야 하는 하나의 발산 과정이다. 무의식으로서 감정에 해당하는 것이 무엇인가 말하려면, 먼저 심리적 과정에 관한 우리의 전제에 대해서 깊이 생각해 보고 분명히 해두지 않으면 안 되는데, 아직 우리로서는 그와 같이 할 수는 없는 실정이다. 그러나 아무튼 불안 발생이 무의식 체계와 밀접하게 결부되어 있다는 지금의 인상을 존중하고 싶다.

나는 불안으로 변하는 것, 다시 말해 불안의 형태로 발산하는 것은 억압을 받는 리비도가 당장 겪을 운명이라고 말했다. 덧붙여서 말하면 이것이 단 하나의 운명, 또는 최종적인 운명은 아니다. 노이로제에서는 이 불안 발생을 어떤 수단을 쓰든 막으려는 과정이 진행되고 있다. 그리고 이 과정은 여러 가지 방법으로 성공한다. 이를테면 공포증에서는 노이로제적인 과정의 두 단계를 뚜렷이 구별할 수 있다. 첫 단계는 억압하여 리비도를 불안으로 변화시키고, 불안을 외부의 위험으로 결부시키는 일이다. 두 번째 단계는 외부에 존재하고 있는 것처럼 인정된 위험을 온갖 조심성과 안전수단을 사용하여 피하는 일이다. 억압이라는 것은 위험한 것으로 느껴진 리비도에 직면하여, 자아가 도주하는 시도에 해당한다. 공포증은 외부의 위험을 방어하기 위해 방어막을 형성하는 일에 비유할 수 있을 것이다. 이 경우 외부의 위험은 두려워했던 리비도와 대치된다. 공포증에서의 이 방어 조직의 약점은, 물론 외부를 향해서는 매우 강한 방어막이 내부에서 붕괴를 일으키는 일이다. 외부에 리비도라는 위험물을 투영하는 일은 결코 쉽게 성공하지 못한다. 그러므로 다른 노이로제에서 일어날지 모를 불안에 대해서는 다른 방어 조직이 사용되고 있다. 이것은 노이로제 심리학의 흥미로운 부분인데, 유감스럽게도 이 부분의 논의에 깊이 들어가면 본론에서 벗어나게 되고, 또 이것을 이해하기 위해서는 미리 전문적인 기초 지식을 가져야 한다. 다만 나는 다시 몇 가지만 더 덧붙이겠다. 나는 여러분에게 억압 때 자아가 행하는 역집중에 대해서 이미 설명했다. 자아는 억압이 줄곧 계속되듯이 역집중을 중지해서는 안 된다. 억압 뒤의 불안 발생에 대해서 여러 가지 형태의 방어를 하는 것은 바로 이 역집중의 사명이 된다.

이야기를 공포증으로 옮겨 가 보기로 하자. 공포증의 내용만을 설명하려 하거나, 온갖 대상 혹은 임의의 상황이 공포증의 주제가 되는 이유 등에만 관심을 갖는 것은 너무나 불충분하다는 것을 여러분도 깨달아 주기 바란다. 공포증의 내용은 드러난 꿈의 내용, 즉 겉모습과 마찬가지로 중요하다. 이와 같은 공포증의 내용 속에는 스탠리 홀이 강조한 것처럼, 계통 발생적인 유전에 의해 불안의 대상이 되는 경우가 많다는 사실을 인정해야 한다. 또 이것을 인정하더라도 어느 정도 제한을 두어야 한다. 그러나 이와 같이 불안을 일으키는 많은 것들은 상징적인 관계들뿐이며, 위험과 결부되어 있다는 사실은 계통발생적으로 유전됐다는 그의 주장과 일치한다.

이리하여 우리는 불안 문제가 노이로제 심리학의 중심 지위를 차지할 수 있다고 확신하게 된다. 또 불안 발생이 리비도의 운명과 무의식체계에 결부되어 있다는 사실에서 커다란 감동을 받았다. 물론 우리는 아직도 단 한 가지 사실만은 결부시키지 못했다. 이것은 우리가 아직 해석을 통해 채우지 못한 미완의 부분이다. 바로 이 현실불안이라는 것은 자아의 자기 보존 본능의 발현이라고 보아야 한다는 것이다.

스물여섯 번째 강의
리비도 이론과 나르시시즘

나는 이미 몇 번인가 자아 본능과 성 본능의 구별에 대해서 설명했다. 가장 먼저 우리는 억압 작용에서 두 본능이 서로 대립해 있고, 외형상으로 성 본능이 자아 본능에 눌리고 있는 것 같지만 퇴행이라는 우회를 거쳐 어떻게든 만족을 구하려 하며, 결국은 결코 정복되지 않는 성질이 성 본능을 패배에 빠지지 않도록 지탱하고 있다는 것을 알았다. 다음으로 이 두 본능은 그 필요성이라는 가르침과의 사이에 애초부터 서로 다른 태도를 보임으로써 동일하게 발달하지 않으며, 현실 원칙에 대해서도 역시 서로 다른 관계가 나타난다는 것을 배웠다. 나아가 성 본능은 자아 본능보다 훨씬 더 불안이라는 감정과 밀접하다는 것도 알았다(이 결과는 어느 중대한 점에서 아직도 불완전한 것처럼 여겨진다). 그 증거로 우리는 눈여겨볼 만한 심리적 사실, 즉 가장 기본적인 자기 보존 본능인 굶주림과 갈증을 느낀다고 해서 불안해지는 일은 없지만, 채워지지 않는 리비도가 불안으로 변한다는 것은 널리 알려져 있고, 또 쉽게 관찰되는 현상 가운데 하나라는 사실이다.

그러나 자아 본능과 성 본능을 구별하려고 하는 우리의 주장이 옳다는 사실에는 조금도 변함이 없다. 이와 같은 구별의 근거는 개체의 특별한 활동으로서 성 활동이라는 것이 있다는 데에서 찾을 수 있다. 다만 이와 같은 구별이 의미가 있는 일인가, 우리는 얼마나 이 둘을 뚜렷이 구별하려 하는가가 문제일 뿐이다. 이 문제는 성 본능의 육체적, 정신적인 발현이 우리가 성 본능에 대립시킨 다른 본능의 발현과 어떤 차이가 있는가, 또 이 차이의 결과가 얼마나 중요한가가 확인되는 대로 대답할 수 있다. 우리에게는 물론 이 두 본능 사이에 근본적인 차이가 있다고 주장할 근거도 없고, 그 차이도 알지 못한다. 이 두 본능은 개체의 에너지원에 대한 이름으로 우리 앞에 나타난 것에 불과하다.

또 두 본능은 결국 하나인지, 아니면 근본적으로 다른 것인지, 만일 하나의 것이라면 언제부터 두 종류로 구분되었는지에 대한 논의는 성 본능이라든가 자아 본능이라는 개념 위에서 이루어질 수 있는 게 아니라, 이 개념 뒤에 있는 생물학적 사실에 근거해서 해야 한다. 이에 대해서 우리는 아직 아무것도 모른다. 또 우리가 많은 것을 알고 있다 하더라도 그런 것은 정신분석 연구의 사명으로써 고려할 필요가 없다.

융처럼 모든 본능이 처음에는 하나였다고 주장하고, 모든 것에 나타나는 에너지를 리비도라고 부른다 해도 우리가 얻을 수 있는 소득은 별로 없다. 또 아무리 잔재주를 부려 봐야 성기능을 정신생활에서 제거할 수는 없으므로, 우리는 성적인 리비도와 성적이 아닌 리비도를 나눌 필요에 쫓길는지도 모른다. 그러나 리비도라는 이름은 우리가 지금까지 사용해 온 것처럼, 성생활의 원동력이 되는 것이므로 보류해 두는 것이 옳다.

따라서 정신분석적으로 성 본능과 자기 보존 본능을 어느 정도까지 제대로 구별할 수 있느냐는 문제는 그다지 중요하지 않다고 생각한다. 정신분석은 그런 문제를 다룰 자격이 없다. 물론 생물학적 관점에서 보면 이 구별이 중요하다는 것을 말해주는 여러 가지 근거들이 있다. 왜냐하면 성욕은 개체를 초월하여 종족을 이어 주려는 생체의 유일한 기능이기 때문이다. 이 기능을 작용시키는 것은 다른 기능을 작용시키는 것처럼 개체에 반드시 이익을 가져다주지는 않는다. 아니, 이익을 가져다주기는커녕 이 기능이 갖고 있는 비할 데 없는 심한 쾌감 때문에 개체는 때로는 생명까지 빼앗길 위험에 직면한다. 개체는 자기 생명의 일부를 자손을 위한 소인으로서 보존해 두기 때문에 다른 것과 구별되는 특수한 물질대사의 과정도 필요로 할 것이다. 그리고 마지막으로 개체는 자기 자신을 가장 소중한 것으로 간주하고 성욕을 다른 여러 본능과 마찬가지로 자기만족에 대한 하나의 수단으로 보고 있다. 그러나 생물학의 관점에서 보면 개체라는 것은 영원히 계속되는 계열(系列, 여기서는 세대들) 내부의 하나의 삽화(揷畵)에 지나지 않으며, 마치 죽은 뒤에까지 남는 세습재산의 일시적인 소유주와 마찬가지로, 실질적으로 영원히 죽지 않는 생식세포에 매달려 있는 부속품에 지나지 않는 것이다.

그러나 노이로제를 정신분석적으로 설명하는 데 구태여 포괄적인 관점은 필요하지 않다. 우리는 성 본능과 자아 본능을 따로따로 연구하여 감정전이 노이로제라는 부류를 이해하는 열쇠를 손에 넣었다. 그리고 이 감정전이 노이로제를 성 본능과 자기 보존 본능이 충돌하고 있는, 혹은 생물학적(이 말은 엄밀하지 않은 표현이지만)으로 말하면 독립된 개체로서의 자아라는 위치와 연속적인 세대계열(世代系列)의 구성원으로서 위치 사이의 갈등이라는 근본적인 상황으로 귀착시킬 수 있었다.

이와 같은 불화는 인간에게만 존재하는 것일 것이다. 그러므로 대체적으로 보면 노이로제는 동물보다 우수한 인간의 특권이라고 말할 수 있을지도 모른다. 인간의 리비도가 지나치게 강하게 발달했다는 것과, 아마도 리비도가 이와 같이 발달했기 때문에 인간의 정신생활 구조가 풍부하게 짜여짐으로써 바로 이러한 갈등이 일어나는 조건이 만들어진 것 같다. 이것은 또한 분명히 인류가 동물과의 공통점을 한 걸음 넘어서 일대 진보를 이룩한 조건이기도 하다. 그러므로 인간이 노이로제를 지닐 수 있다는 것은 인간이 가진 타고난 능력들의 한 부분에 지나지 않는지도 모른다. 그러나 이런 것도 단순히 궤변에 지나지 않는다. 그리고 이와 같은 궤변은 우리를 당면 문제로부터 벗어나게 할 뿐이다.

자아 본능과 성 본능은 그 발현으로 구별할 수 있다는 가설 아래서 우리의 연구는 이제까지 진행되어 왔다. 감정전이 노이로제에서는 이 가설을 쉽게 입증할 수 있었다. 우리는 자아가 성 충동의 대상에 주는 에너지 집중을 '리비도'라고 이름을 짓고, 자기 보존 본능에서 나온 다른 모든 에너지 집중을 '관심'이라고 불렀다. 그리고 리비도의 집중, 리비도의 변화 및 리비도의 마지막 운명을 연구함으로써 정신적인 힘의 작용을 이해할 수 있었다. 감정전이 노이로제는 이 방면의 연구에 가장 편리한 자료를 제공해 주었다. 그러나 갖가지 조직으로 구성된 자아와 그 구성 요소들과 기능은 우리에게 감추어져 있었다. 그래서 우리는 다른 노이로제적 장애들을 분석함으로써 그 베일을 벗겨 나갈 수 있을 거라고 생각했다.

오래전에 우리는 이와 같은 다른 질환들에까지 정신분석의 견해를 응용하기 시작했다. 벌써 1908년에 아브라함은 나와 의견을 교환한 뒤, 대상에 대한 리비도 집중이 결여되어 있는 것이(정신병의 하나로 생각되고 있는) 조발성 치매

(早發性痴呆, 정신분열병)의 중요한 특징이라는 주장을 발표했다.[1] 그렇다면 조발성 치매 환자에게 있어서 대상에서 방향을 바꾸어 나간 리비도는 대체 어떻게 되는 것일까 하는 의문이 생긴다. 아브라함은 아무 주저함 없이 이렇게 대답했다. "이 리비도는 자아로 되돌아간다. 그리고 이 반사적인 복귀가 조발성 치매의 과대망상의 원천이다." 연애 관계에서 흔히 볼 수 있듯이 대상을 성적으로 과대평가하는 것은 모든 점에서 이 과대망상과 아주 닮았다. 이렇게 하여 우리는 정상적인 연애와 관련시켜서 정신병의 한 특징을 이해할 수 있음을 처음으로 알게 되었다.

아브라함의 이 최초의 견해가 정신분석에 채용되어, 정신병에 대한 우리 주장의 토대가 되었음을 여러분에게 미리 말해 두고 싶다. 이리하여 우리는 대상에 집착하며 또 그 대상으로 만족을 얻으려는 노력의 표현인 리비도가, 또한 대상을 버리고 그 대상 대신 자아를 둘 수 있다는 주장을 점차 갖게 되었다. 그리하여 이 주장은 계속 일관해 왔다. 리비도를 이렇게 처리한 방식을 나르시시즘(Narzissmus)이라고 부른다. 이 명칭은 네케[2]가 기록한 어떤 도착(倒錯)에서 빌려온 것인데, 보통 같으면 성장한 개체는 타인이라는 성 대상에만 애정을 쏟는데, 이 도착에서는 모든 애정을 자기 육체에 쏟는다.

우리는 어떤 대상 대신 자기 자신이나 자신의 육체에 이와 같이 리비도가 고착하는 것은 보기 드문 일도 아니고 하찮은 일도 아니라는 것을 곧 깨닫게 된다. 오히려 나르시시즘이야말로 흔히 있고 또 최초에 있었던 상태이며, 뒷날 이 상태에서 비로소 대상에 대한 사랑이 생기는 것이다. 그러나 이 때문에 나르시시즘이 사라져 버려야 할 필요는 없다. 많은 성 본능은 처음에는 자기 자신의 육체로(우리는 자기 성애적이라고 말하고 있지만) 만족을 얻고 있으며, 또 이와 같이 자기 성애적으로 만족을 얻을 수 있기 때문에 현실 원칙에 복종시키고자 하는 교육이 성애의 발달을 더디게 한 근거가 되었음을 여러분은 대상 리비도의 발달사에서 상기하게 될 것이다. 그러므로 자기 성애는 리비도를 처리하는 나르시시즘적 단계에서의 성 활동이었던 것이다.

간단히 말하기 위해서 우리는 '자아 리비도'와 '대상 리비도'의 관계에 대해,

---

1) 《히스테리와 조발성 치매의 성 심리적 차이》.
2) P. Näcke, 독일의 정신과 의사.

하나의 관념을 만들어 보았다. 나는 이 관념을 동물학에서 빌려온 비유로 여러 분에게 구체적으로 설명할 수 있다. 그러면 거의 분화하지 않은 원형질의 조그마한 덩어리에서 생긴 가장 단순한 생물(아메바를 말함)을 생각해 주기 바란다. 이 생물은 위족(僞足, Pseudopodien)이라고 불리는 돌기를 뻗어내어 그 속에 자기 몸의 원형질을 흘려보낼 수 있다. 이 돌기를 뻗어내는 작용을 리비도를 대상에 보내는 것에 비유하자. 한편 리비도의 대부분은 자아 속에 남을 수 있다. 그리고 정상적인 상태에서 자아 리비도는 아무 방해 없이 대상 리비도가 되며, 또 이 대상 리비도를 다시 자아 속에 받아들일 수 있다고 가정해 보자.

위와 같은 가정에 의해 우리는 많은 심리적 상태들을 설명할 수 있을 것이다. 아니, 좀 더 소극적으로 말하면 우리는 정상적인 생활의 하나로 헤아려야 하는 상태, 이를테면 연애할 때라든가 기질적 질환의 경우라든가 수면 중일 때의 심리적 상태 같은 것을 리비도 이론의 용어로 설명할 수 있는 것이다.

우리는 수면 상태란 외부 세계로부터 도피하여 마음을 수면의 소망에 맞추는 것이라는 가설을 세웠다. 밤에 일어나는 심리적 활동으로서 꿈속에 나타나는 것은 수면 소망에 작용하고 있을 뿐만 아니라 완전히 자기중심적인 동기에 지배되어 있음을 알았다. 수면에 대해서 우리는 전에 리비도적인 것이든 이기적인 것이든 아무튼 모든 대상 집중을 포기하고 자아 속에 갇혀 있는 상태라고 설명했다. 이렇게 말하면 수면에 의한 피로회복과 피로의 일반적인 본질에 새로운 빛이 비치지 않겠는가? 이렇게 생각하면 자고 있는 사람에게 밤마다 찾아오는 태내 생활의 편안히 격리된 모습은 정신적인 측면에서 보아도 완전한 것이 될 것이다. 자고 있는 사람에게서는 리비도 분포의 원시 상태, 즉 자기 자신에 만족하고 있는 자아 속에서 리비도와 자아에 대한 관심이 아직 분리되지 않은 채 하나가 되어 살고 있는 완전한 나르시시즘이 다시 만들어지고 있는 것이다.

이 시점이 바로 두 가지 문제를 고찰하는 데 안성맞춤인 때이다. 첫째, 나르시시즘과 이기주의는 개념상 어떻게 구별되느냐 하는 문제이다. 나는 나르시시즘이란 이기주의에 리비도를 보충한 것이라고 생각하고 있다. 이기주의라고 말할 때는 개인의 이익에만 주의가 집중된다. 나르시시즘이라고 말할 때는 개인의 리비도에 대한 만족도 포함하고 있다. 실제 생활의 동기로서는 이 둘을 완전히 따로따로 추구할 수 있다. 사람은 절대적인 이기주의자가 될 수 있지만, 대상으로 리비도를 만족시키는 것이 자아의 욕구인 한, 동시에 강한 리비도의 대상 집중을 줄곧 지속할 수 있다. 따라서 이기주의란 대상을 추구하면서도 자아에 아무런 손상을 주지 않도록 주의하는 일이다. 사람은 이기주의적이며 동시에 극도의 나르시시즘적인, 바꾸어 말하면 거의 대상 욕구를 갖지 않는 수도 있다. 나르시시즘은 또 직접적인 성적 만족이나 혹은 성욕에서 유래하지만 그보다 더 높은 단계에 속하는 욕망, 즉 우리가 이따금 '관능'에 반대되는 뜻에서 '사랑'이라고 부르는 것 속에 나타난다. 이기주의는 이 모든 경우에 뚜렷하고 어느 정도 불변한 것이지만, 나르시시즘은 변화하기 쉬운 요소이다. 이기주의와 정반대의 것, 즉 이타주의(利他主義)는 개념상 리비도의 대상 집중과 같은 것이 아니다. 이타주의는 성적 만족을 추구하지 않는 점에서 리비도의 대상 집중과 다르다. 그러나 연애 상태가 그 극에 이르면 이타주의와 리비도적 대상 집중은 일치된다. 성 대상은 보통 자아의 나르시시즘 일부를 자기 쪽으로 끌어당긴다. 이것은 이른바 대상의 '성애적 과대평가(상대의 성기 같은 것을 불결하게 생각하지 않는다)'로 나타난다. 그리고 성 대상을 이기주의에서 나아가 이타주의로 다루는 것이 덧붙여지면, 성 대상은 강력한 것이 될 것이다. 그리하여 성 대상은 자아를 흡수해 버린 것처럼 된다.

이제 과학의 무미건조한 공상은 뒤로 미루고, 나르시시즘과 연애와의 경제적 대립을 표현한 시를 읽으면서 기분 전환을 해 보자. 나는 그것을 괴테의 《서동시집(西東詩集), West-östlicher Divan》에서 빌려 오기로 한다.

줄라이카 :

국민도 노예도 지배자도
언제나 모두 말하지요.
이 땅 위 사람들의 높은 행복은
오직 인격에만 있노라고.
만일 자기만 잃지 않으면
그 어떤 삶도 참을 수 있고,

자기의 본성을 잃지 않으면
모든 것 잃어도 후회 없다고.

하템 :

그것은 그러리라, 그러하리라.
그러나 나의 길은 그와 다른 길.
이 세상의 행복은 하나가 되어
줄라이카에만 있음을 본다.
그대가 아낌없이 나에게 줄 때
나는 거룩한 자아가 되고,
그대가 얼굴을 돌릴 때는
어느새 자아를 잃어버린다.
그리고 하템은 몸을 망친다.
그러나 내 마음 정해졌으니
나는 재빨리 모습 바꾸어,
그대의 사랑하는 연인이 되련다.

두 번째 고찰은 꿈의 이론을 보충하는 것이다. 억압된 무의식은 어느 점에서
자아로부터 독립한다. 그 때문에 비록 자아에 종속하고 있는 대상 집중이 모
두 수면에 편리하도록 물러가더라도, 억압된 무의식은 자고 싶다는 소망에 항
복하지 않고 계속 그 집중을 계속한다는, 이러한 가설을 덧붙이지 않는다면,
우리는 꿈의 발생을 설명할 수 없다. 이때 비로소 우리는 무의식이라는 것은
검열관의 힘이 밤에 없어지거나 저하되는 것을 기회로 삼는다는 것과, 무의식
은 '낮의 잔재'를 붙잡아 이것을 소재(자료)로 금지된 '꿈의 소망'을 만들 수 있
다는 것을 처음으로 이해할 수 있다. 또 다른 한편에서는 낮의 잔재와 이 억압
된 무의식 사이에 이미 연결이 있기 때문에 리비도는 수면 소망에서 물러나라
는 명령을 받고도 물러가지 못하겠다고 반항하고 있는지도 모른다. 그래서 우
리는 이 중대한 역동적 특징을 지금 꿈의 형성에 대한 우리의 견해에 끼워 넣

고 싶은 것이다.

기질적 질환이나 아픈 자극, 기관의 염증은 리비도를 그 대상으로부터 뚜렷이 격리시키는 작용이 있다. 이와 같이 떨어져 나온 리비도는 다시 자아로 되돌아가서 병이 난 신체 부위에 좀 더 더 강하게 충당된다. 이와 같은 조건 아래서는 리비도가 대상에서 물러나는 것은 이기적인 관심이 외부 세계로부터 물러나는 것보다 훨씬 사람의 눈을 끈다고 우리는 감히 주장하고 싶다. 여기서 심기증(心氣症, 건강염려증)을 이해하는 길이 열리는 듯이 보인다. 심기증에서는 겉보기에 병이 들지 않은 기관이 자아에 걱정의 씨가 된다.

나는 심기증을 더 연구하고 싶은 유혹이나, 대상 리비도가 자아로 되돌아온다고 가정할 경우 우리가 이해할 수 있거나 묘사할 수 있는 다른 상황을 논하고 싶은 유혹에 사로잡히지만, 그런 유혹에는 지지 않을 작정이다. 왜냐하면 나는 이제 여러분의 마음을 차지하고 있으리라 생각되는 두 가지 항의를 처리하지 않을 수 없기 때문이다. 첫째는 자유로이 운동하여 어떤 때는 대상에 어떤 때는 자아에 집중되며 또 하나의 본능 혹은 다른 본능을 움직이는 데 사용되는 오직 하나의 에너지를 가정하면 관찰된 현상을 충분히 설명할 수 있는데, 어째서 수면이나 병이나 이와 비슷한 상황을 설명할 때 리비도와 관심, 성 본능과 자아 본능을 끝내 구별하려 하는지 대답해 달라고 여러분은 말할 것이다. 그리고 둘째로, 만일 대상 리비도에서 자아 리비도(혹은 일반적으로 자아 에너지)로의 이와 같은 전환이 정신역학에서 날마다 밤마다 되풀이되는 정상적인 과정의 하나라면, 왜 내가 감히 리비도가 대상에서 떨어져 나가는 것을 병리 상태의 근원이라고 말하게 되었는지 알고 싶다고 말할 것이다.

그러면 이 두 의문에 대답하기로 한다. 여러분의 첫 번째 항의는 타당한 것처럼 들린다. 수면, 병, 연애의 상태를 자세히 살펴보아도 우리는 아마 자아 리비도와 대상 리비도, 리비도와 관심을 구별할 필요를 느끼지 못할 것이다. 그러나 여러분은 이와 같은 항의를 제기할 때, 우리의 출발점이 된 연구를 무시하고 있었다. 이 연구를 길잡이로 해서 우리는 지금 문제가 되는 정신 상태를 고찰하고 있는 것이다. 즉 감정전이 노이로제의 원인인 갈등을 고찰하기 위해서 우리는 부득이 리비도와 관심, 즉 성 본능과 자기 보존 본능을 구별하지 않으면 안 되게 되었다. 그래서 우리는 이 구별을 버릴 수 없게 되어 버렸다. 대상 리비도는 자아 리비도와 바뀔 수 있다는 가설, 바꾸어 말하면 자아 리비도를 고려하지 않으면 안 된다는 가설은, 이른바 나르시시즘적인 노이로제, 예를 들면 조발성 치매의 수수께끼를 풀수 있는 유일한 열쇠처럼 여겨진다. 또 이 가설에 의해 나르시시즘적인 노이로제가 어떤 점에서 히스테리나 강박 노이로제와 비슷하거나 다른지 설명할 수 있다.

그러면 우리가 이와 같은 증상들에서 부정할 수 없을 정도로 확실하게 된 것을 그대로 병, 수면, 연애 상태에 적용해 보자. 이와 같은 적용을 계속적으로 진행해 나아가면서 어떠한 작용이 일어나는지 지켜 보아도 좋을 것이다. 분석적 경험에 직접적인 논박이 되지 않는 유일한 주장은, 리비도가 대상을 향하거나 자기 자신을 향하거나 리비도는 역시 리비도일 뿐 결코 이기적인 관심이 되지 않으며, 또 반대로 이기적인 관심은 리비도가 되지 않는다는 점이다. 이 주장은 이미 비판적으로 평가한 그 성 본능과 자아 본능의 구별을 말만 바꾸어 했을 뿐이다. 그러나 우리가 발견한 이와 같은 구별이 가치가 없다는 말을 들을 때까지 이것을 줄곧 지속해 가고 싶다.

여러분의 두 번째 항의도 일단은 그럴듯하게 들리지만 과녁을 빗나가 있다. 확실히 대상 리비도가 자아로 물러가는 것은 병의 원인은 되지 않는다. 이와 같이 물러간다는 것은 밤마다 잠들기 전에 일어나서 눈을 뜨면 다시 본래로 돌아가는 것임을 우리는 알고 있다. 원형질로 된 미생물은 위족을 움츠리다가도, 어느 순간 다시 그것을 뻗는다. 그러나 어떤 일정하고 강력한 과정 때문에 리비도가 대상에서 억지로 격리되었을 때는 사태가 완전히 달라진다. 이때 나르시시즘적이 된 리비도는 대상으로 되돌아가는 길을 찾지 못한다. 그리고 리비도의 운동성이 이와 같이 장애를 받는 것은 물론 병의 원인으로 작용한다. 나르시시즘적인 리비도는 어느 정도 쌓이는 것을 견디지 못하는 모양이다. 우리는 이것이 처음에 대상 집중을 가져온 것이며 또 리비도의 축적 때문에 병이 나지 않도록 자아가 이 리비도를 놓아주지 않으면 안 된다고 생각해도 좋다.

만일 조발성 치매에 대해 깊이 연구할 계획이었다면, 리비도를 대상에서 떼어 놓고 그것이 다시 대상으로 되돌아가는 길을 차단하는 과정은 억압 과정과 밀접한 관계가 있으며, 또 억압 과정의 한 측면으로 해석할 수 있다고 여러분에게 보여줄 수 있었을 것이다. 그러나 무엇보다도 여러분이 이 과정의 조건이 억압 조건과 거의 같다(우리가 오늘날 알고 있는 한은)는 것을 경험한다면, 여러분은 익숙한 토대 위에 서 있음을 알게 될 것이다. 그 갈등은 동일한 것으로서 같은 힘과 힘 사이에서 벌어지고 있는 것이다. 설령 그 결말이, 이를테면 히스테리에서의 결말과는 다른 것이라고 하더라도 둘의 차이는 단지 소인(素因)의 차이에 지나지 않는다. 이런 환자에게 리비도 발달의 약점은 발달의 다른 단계에 있다. 여러분이 기억하듯이 증상 형성을 돌발시킨 결정적인 고착(固着)은 어딘가 다른 곳에서 발원하는 것으로, 그것은 아마도 원시적 나르시시즘의 단계일 것이라고 생각된다. 이 원시적 나르시시즘이야말로 조발성 치매가 궁극적으로 되돌아오는 과정이다.

주목해야 할 것은 모든 나르시시즘적인 노이로제에 대해서 리비도의 고착점을 히스테리나 강박 노이로제보다 발달의 훨씬 초기 단계에 있다고 가정해야 한다는 것이다. 그러나 우리가 감정전이 노이로제를 연구했을 때 발견한 개념들은, 실제로 매우 어려운 나르시시즘적인 노이로제를 연구하는데도 충분히 도움이 된다. 둘의 공통점은 매우 크며, 그것은 결국 같은 현상계(現象界)에 있는 것이다. 그러나 여러분은 본래 정신의학에 속한 이 병을 해석하는 사명이, 감정전이 노이로제에 대한 분석적인 지식을 갖고 있지 않은 자에게 얼마나 가망 없는 것인지 예상할 수 있을 것이다.

조발성 치매의 병증 상태(아무튼 이것은 매우 다채로운 것이지만)는 리비도가 억지로 대상에서 격리되어 그것이 나르시시즘적인 리비도가 된 자아 속에 쌓였기 때문에 생긴 증상으로만 채색되어 있는 것은 아니다. 오히려 다른 현상이 큰 자리를 차지하고 있다. 그리고 이와 같은 현상은 결국 다시 원래 대상에 환원하려고 하는 리비도의 노력·때문이다. 이 리비도의 노력은 회복과 치유의 시도와 일치하고 있다. 이런 증상이야말로 사람의 눈에 띄는 것이고 소란스러운 것이며, 히스테리의 증상, 드물게는 강박 노이로제의 증상과 분명히 닮았지만, 어느 점으로 보나 역시 다르다. 조발성 치매에서는 다시 한번 대상에, 즉 그 대상의 표상(表象)에 도달하려고 애를 쓰는 리비도가 실제로 대상에서 그 무엇을 붙잡고는 있지만, 그것은 그 대상의 그림자(그림자라는 것은 그 대상에 소속하는 언어 관념이다)만 붙잡고 있는 데 지나지 않는다. 그에 대해서 여기서는 이제 더 이야기할 수 없지만, 대상에 되돌아가려고 애쓰는 리비도의 이러한 작용에서 우리는 의식적인 표상(관념)과 무의식적인 표상(관념)의 구별을 실제로 결정하는 것이 무엇이냐는 점에 어떤 통찰을 얻을 수 있었다고 생각한다.

이제 나는 분석적 연구의 다음 진보를 기대할 수 있는 영역에 여러분을 안내했다. 우리가 자아 리비도라는 개념을 자진해서 다루게 되고부터 우리는 나르시시즘적인 노이로제에 접근할 수 있게 되었다. 그래서 이 질환을 역동적으로 설명하고 동시에 정신생활에 대한 우리의 지식을 자아의 연구로 완전하게 만드는 것이 우리의 사명이 되었다. 우리가 구하고 있는 자아심리학은 우리가 자기 자신을 바라봄으로써 얻은 자료 위에 구축되어야 할 것이 아니라, 리비도의 경우처럼 자아의 장애와 붕괴의 분석 결과에 근거하지 않으면 안 된다. 감정전이 노이로제에서 얻은 리비도의 운명에 대해 이제까지 쌓아온 우리의 지식도 더 위대한 이 연구가 완성되는 날에는 아마 보잘것없는 것이 되어 버릴 것이다.

그러나 우리의 연구는 그 정도로 진행되어 있지 않다. 우리가 감정전이 노이로제에서 이용한 기법을 사용해도 나르시시즘적인 노이로제에는 거의 손대지 못한다. 여러분은 머지않아 그 이유를 듣게 될 것이다. 나르시시즘적인 노이로제에서는 우리가 조금만 나아가도 벽에 부딪혀서 멈추지 않을 수 없다. 알다시피 감정전이 노이로제에서도 우리는 이와 같은 저항에 부딪쳤지만 그것을 하나하나 부술 수가 있었다. 그러나 나르시시즘적인 노이로제에서는 그 저항을 깨뜨릴 수가 없다. 고작해야 막아서는 벽에 호기심에 찬 눈을 던져서 성벽 저쪽에서 무엇이 일어나고 있는지 살필 수 있을 뿐이다. 그러므로 우리의 기법은 다른 방법으로 바꾸지 않으면 안 된다. 그러나 과연 잘 바꿀 수 있을는지 아직은 알 수 없다. 물론 이런 환자에 대한 자료가 우리 손에 없는 것은 아니다. 비록 우리의 질문에 대한 대답은 아니지만 환자는 여러 가지 표현을 한다. 그러므로 우리는 우선 감정전이 노이로제 증상에서 얻은 지식으로 그 표현을 해석할 수는 있다. 이 둘은 매우 많은 점에서 일치하여 좋은 출발을 보장해 주지만, 이 기법으로 어디까지 나아갈 수 있을지는 알 수 없다.

그리고 다른 어려움이 여기에 덧붙여져서 우리의 앞길을 막는다. 나르시시즘적인 질환과 이에 관련되어 있는 정신병 사이의 수수께끼는 감정전이 노이로제를 분석적으로 연구하는 훈련을 받은 관찰자에 의해서만 풀릴 수 있다.

그런데 우리나라의 정신과 의사들은 정신분석을 연구하지 않으며, 우리의 정신분석가들은 정신병의 증상들을 거의 보지 못하고 있다. 예비 과학으로서의 정신분석에 대한 훈련을 받은 한 무리의 새로운 정신과 의사들이 먼저 성장해야 한다. 그 선구는 이미 현재 미국에 나타났다. 미국에서는 많은 지도적인 정신과 의사들이 학생들에게 정신분석을 강의하고, 연구소장이나 정신병원장은 환자를 정신분석적으로 관찰하고 있다. 그러나 이런 사람들과 마찬가지로 우리도 나르시시즘적인 노이로제의 벽 저편을 보는 데 몇 번 성공할 수 있었다. 그래서 여러분에게 우리가 포착했다고 믿고 있는 몇 가지를 보고하기로 한다.

만성적, 계통적 정신이상인 편집증의 병 유형은 아직까지 현대 정신의학의 분류에 있어 확연하지 못하다. 그러나 이것이 조발성 치매와 유사하다는 것은 의심할 여지가 없다. 나는 전에 편집증과 조발성 치매를 파라프레니(이상 정신)라는 공통의 이름으로 부르자고 제의한 적이 있다. 파라노이아(편집증)의 형태를 그 내용에 따라 분류하면 과대망상, 피해망상, 애정망상, 질투망상 등이 있다. 우리는 이와 같은 망상을 설명하는 시도를 정신의학에 기대하고 있지는 않다.

나는 이와 같은 예로서(물론 진부한 예로서 가치는 없지만) 지적 합리화에 의해 하나의 증상을 다른 증상으로부터 이끌어내는 시도를 여러분에게 이야기하겠다. 즉 본래의 성격적 경향으로 자기가 괴롭힘을 당하고 있다고 믿는 환자는 이 괴롭힘으로부터 '나는 특별히 중요한 인물이 틀림없다'는 결론을 이끌어내고, 이 결론에서 과대망상을 발전시킨다. 정신분석의 견해에 의하면, 과대망상은 리비도적 대상 집중이 자아로 물러감으로써 자아가 확대되는 직접적 결과이며, 유아 초기의 근원적 나르시시즘으로 되돌아가는 결과로 일어나는 2차적 나르시시즘이다.

그러나 피해망상의 증상 중에서 우리는 몇 가지를 관찰했는데, 이것은 어떤 실마리를 잡는 계기가 되었다. 우선 첫째, 압도적으로 많은 증상들 중에서, 기롭히는 사람은 괴롭힘을 당하는 사람과 같은 성이라는 데에 주목했다. 이것은 힘들이지 않고 설명할 수 있었다. 그런데 자세히 연구된 몇 가지 증상들 중에서는 건강할 때 자기가 가장 사랑하던 동성의 사람이 병이 난 후로는 박해자가 되어 버린다는 것이 밝혀졌다. 그리고 이것이 발전하면 사랑하고 있던 그 사람이 친근성의 정도에 따라 다른 인물로 바뀌어 있는 수도 있다. 예를 들면 아버지가 선생이라든가 상관으로 바뀐다. 우리는 나날이 증가하는 이와 같은 경험으로, 피해망상성 편집증이라는 것은 과대해진 동성애적 충동에 대하여 개체가 자기를 방위하기 위해서 갖는 수단이라는 결론에 이르렀다.

사랑이 미움으로 바뀌는 것은, 흔히 알려져 있듯이 전에는 사랑했지만 지금은 미워하는 대상의 생명을 진심으로 위협하는 것이 될 수 있는데, 이것은 리비도적인 충동이 불안으로 바뀌는 것(이는 억압 과정에 언제나 수반되는 결과이지만)과 일치한다. 이에 대해서 내가 관찰한 최근의 사례를 들겠다.

한 젊은 의사가 고향에서 추방당하게 되었다. 왜냐하면 그는 둘도 없는 친구였던, 그곳의 한 대학교수의 아들을 죽이려고 했기 때문이다. 그는 이 옛 친구가 틀림없이 흉악한 의도와 악마적 힘을 갖고 있다고 생각했다.

그래서 최근 자기 가정에 덮친 모든 불행들, 그리고 개인적이거나 사회적인 모든 불운을 친구 탓으로 돌렸다. 그뿐 아니라 이 얄미운 친구와 그 부친인 대학교수가 전쟁을 일으켜서 러시아군을 국내에 침입시켰다고 생각했다. 이 때문에 "그는 사형에 처해도 모자란다. 이 악인만 죽으면 모든 불행이 사라질 것이다" 이렇게 확신했다. 그러나 그에 대한 옛 우정은 아직도 강해서, 이 원수를 가까이에서 쏘아 죽일 기회가 있었음에도 손이 마비되어 뜻대로 되지 않을 정도였다.

나는 이 환자와 짧은 대화를 나눈 뒤 두 사람의 우정은 멀리 고등학교 시절까지 거슬러 올라간다는 것을 알았다. 그들은 적어도 한 번은 우정의 선을 넘었다. 어느 날 밤 함께 잠을 잔 두 사람은 성관계를 가졌다. 이 환자는 아직도 그의 나이와 매력 있는 인격에 적합한 여성에게 끌린 적이 없었다. 그는 한 번 아름다운 상류 가정의 딸과 약혼했으나, 그가 냉담하다는 이유로 처녀가 약혼을 파기해 버렸다.

몇 해 뒤 그가 한 여성에게 태어나 처음으로 완전한 만족을 주는 데 성공한 바로 그 순간에 지금의 병이 생겼다. 그 여성이 절정에 달해서 정신없이 그를 껴안았을 때, 갑자기 그는 이상한 아픔을 느낀 것이다. 아픔은 예리하게 절개하듯 두개골 주위를 달려갔다. 그는 나중에 이 감각을, 시체 해부 때 뇌를 꺼내기 위해서 하는 바로 그 절개가 자기 머리에 이루어진 것 같았다고 말했다. 그리고 마침 자기 친구가 병리해부학자였기 때문에 이 친구가 자기를 유혹하기 위해서 여자를 보냈을 거라고 생각했다. 이때부터 옛 친구의 음모 때문에 자기가 여러 가지 희생을 당하게 되었다고 생각하게 된 것이다.

그러면 괴롭히는 자가 괴롭힘 당하는 사람과 동성이 아닌 경우, 바꾸어 말하면 동성애적 리비도의 방위라는 우리의 설명과 겉보기에 모순되어 보이는 증상들은 대체 어떻게 하면 좋은가? 얼마 전, 나는 그런 증상들을 연구할 기회가 있었다. 그리하여 그 외면적인 모순에서 하나의 확증을 끌어낼 수 있었다. 한 젊은 처녀가 어떤 남자(그녀는 이 남자와 두 번 데이트를 했다고 고백하고 있다)에게 괴롭힘을 당하고 있다고 믿고 있었다. 그러나 실제로 처녀는 처음에는 어머니의 대리물이라 생각할 수 있는 한 여성에게 망상 관념을 돌리고 있었다. 남자와 두 번째 데이트를 한 뒤에 곧바로, 처녀는 그 망상 관념을 그 여성에게서 남자에게로 적용했다. 그러므로 박해하는 사람이 동성이라는 조건은 이 증상에서도 처음부터 갖추어져 있었던 것이다. 이 여성 환자는 망상의 이 앞선 단계를 변호사나 의사에게 고백할 때 말하지 않았다. 그러므로 이 증상은 편집증(파라노이아)에 대한 우리의 견해와 모순되는 듯한 외관을 띠었던 것이다.

동성애적인 대상 선택은 본래 이성애적 대상 선택보다 나르시시즘과 관계가 깊다. 그러므로 달갑지 않은 강한 동성애적 충동이 거부되면 나르시시즘으로 돌아가는 길은 더 쉽게 발견된다. 나는 지금까지 애정 생활의 근거에 대해 내가 아는 범위에서 여러분에게 이야기할 기회가 없었고, 앞으로도 그런 기회는 없을 것이다. 다만 나는 나르시시즘의 단계 뒤에 나타나는 대상 선택과 리비도의 발달은 두 가지 서로 다른 형태를 갖는다는 것만은 강조해 두고 싶다. 두 가지 형태란, 하나는 자기 자신의 자아 대신 닮은 것을 대상으로 선택하는 '나르시시즘 유형'이고 또 하나는 '의존 유형'이다. 의존 형태라는 것은 다른 욕구를 채워 주기 때문에 중요해진 인물(예를 들면 어머니)을 리비도가 대상으로서 선택하는 일이다. 나르시시즘 형태의 대상 선택에 강하게 리비도가 고착되는 것은 현재성 동성애 가운데 하나의 이유이다.

내가 이번 학기 초에 부인의 질투망상에 대한 증상들에 대해서 이야기한 것을 여러분은 기억할 것이다. 그런데 내 강의도 이제 거의 끝이 가까워졌으므로 여러분은 정신분석에서는 망상을 어떻게 설명하는지 듣고 싶을 것이다. 그러나 나는 여러분이 기대하는 것보다 훨씬 적은 이야기밖에 할 수 없다. 논리적 주장과 실제 경험으로 망상에 맞서지 못하는 것은 강박관념과 마찬가지로 무의식(그것은 망상관념, 혹은 강박관념에 의해서 대체되고 또 이러한 관념에 의해서 억눌려 있다)과의 관계로 설명된다. 다만 망상관념과 강박관념이 다른 것은 두 질환이 생기는 장소와 역학(力學) 관계가 다르기 때문이다.

편집증의 경우와 마찬가지로 여러 가지 임상적인 유형으로 분류되고 있는 우울증(Melancholie)의 경우에도 우리는 감정의 내적 구조를 통찰할 수 있는 가능성을 발견했다. 이런 우울증 환자들을 가장 잔인하게 괴롭히는 자책감은 다른 사람, 즉 그들이 잃어버린 성 대상이나 혹은 실수로 가치를 잃게 된 성 대상과 관계가 있다는 것을 발견했다. 이것으로 우리는, 환자는 리비도를 대상으로부터 거두어들였지만, '나르시시즘적인 동일시'라고 불러야 할 하나의 과정에 의해 대상이 자아 속에 만들어졌거나 또는 대상이 자아에 투영되었다고 결론지을 수 있다.

나는 여기서 이 과정을 국소론적이고 역동적인 관점에서 질서 있게 설명할 수는 없지만, 어느 정도 비유적으로 설명할 수는 있다. 즉 자기 자신의 자아는 마치 버려진 대상처럼 취급되고, 또 자아는 돌려져야 할 모든 공격과 복수의 표현을 기꺼이 받는다. 우울증 환자에게 있는 자살 경향도, 사랑하는 동시에 미워한 대상을 괴롭힌 것과 똑같이 격렬하게 자기 자신의 자아를 괴롭히고 있다고 생각하면 더 알기 쉬워질 것이다. 다만 나르시시즘적인 질환과 마찬가지로 우울증에서도 브로이어[3] 이래 우리가 암비발렌츠라고 불러온 감정생활의 한 특징이 매우 뚜렷이 나타난다. 암비발렌츠라는 것은 동일한 인물에 대해서 정반대의 감정을 품는 일이다. 유감스러운 일이지만 나는 이번 강의에서 여러분에게 감정의 암비발렌츠에 대해 더 이상 이야기할 입장은 아니다.

나르시시즘적인 동일시 이외에 훨씬 전부터 알려져 있는 히스테리성 동일시가 있다. 그럴 생각이 있었다면 나는 이 두 동일시의 차이를 몇 가지 명료한 사실로 이미 설명할 수 있었으리라고 생각한다. 우울증의 주기적, 순환적인 병의 유형에 대해서는 여러분이 확실히 듣고 싶어 하는 사실을 이야기할 수 있을 것

---

3) 정신 분열증을 기재한 스위스의 정신과 의사.

이다. 다시 말해 편리한 조건 아래에서 발작이 없는 중간시기에 분석요법을 했더니, 전과 동일하거나 혹은 전과 정반대의 기분으로 되돌아가는 것을 막을 수 있었다. 나는 꼭 두 번 경험했다. 이것으로 우리는 우울증에서나 조병(躁病)[4]에서나 갈등에 대한 특별한 종류의 해결책이 강구되어 있으며, 그 갈등의 전제 조건은 어디까지나 다른 노이로제 갈등의 전제 조건과 일치한다는 것을 알게 되었다. 또 이 영역에서 앞으로 얼마나 많은 것들이 정신분석에 의해 연구되어져야 하는가를 여러분은 상상할 수 있을 것이다.

우리는 나르시시즘적인 질환의 분석으로 인간의 자아와, 또 몇 개 부분으로 되어 있는 자아의 구조에 대한 지식을 얻고 싶다고 여러분에게도 말해 두었다. 강의 한 부분에서 이것에 손을 댄 적이 있었다. 관찰 망상(Beobachtungswahn)의 분석을 통해서 우리는 실제로 자아 속에는 하나의 재판소가 있으며, 이것은 줄곧 관찰하고, 비판하고, 비교하면서 자아의 다른 부분에 대립하고 있다는 결론을 끌어냈다. 즉 환자가 자기의 일거수일투족이 모두 경계당하고 감시되고 있다거나, 자기가 생각하는 것은 모두 알려져서 비난받고 있다고 호소한다면, 이 환자는 아직 분명히 그 가치가 인정되지 않은 진리를 우리에게 가져다주었다고 생각한다. 환자는 이 불쾌한 힘을 밖으로 옮겨서 자기와는 아무런 관계도 없는 것으로 바라본 점에서만 잘못되어 있는 것이다. 환자는 자기 자신의 자아 내부가, 자기의 현실자아와 그 활동을 이상 자아(理想自我)라는 자로 재고 있는 재판소에 의해 지배되고 있는 것을 느낀다. 그리고 이 이상 자아야말로 성장하는 동안에 환자가 만든 것이다. 우리는 또 이 창조물은 최초의 유아적인 나르시시즘과 결부되어 있으나, 그 뒤에 많은 장애와 굴욕을 받은 자기만족을 회복하려는 목적으로 만들어진 것이라고 생각하고 있다. 자기 관찰을 하는 자아 검열, 이는 곧 양심이다. 그리고 이 양심이야말로 꿈에서 검열의 역할을 하고, 온당치 않은 소망 충동을 억압한다. 만일 이 재판소가 관찰 망상의 경우에 붕괴하는 것을 보게 되면 이 재판소는 부모, 교사 및 사회적 환경의 영향에서 오는 것이며, 또 이를 본받을 만한 어떤 인물과의 동일시에서 온다는 것을 알 수 있을 것이다.

---

4) 기분이 들뜨고 의욕이 지나치게 넘치며 관념이 제멋대로 움직이는 상태를 보이는 정신장애.

이상은 우리가 정신분석을 나르시시즘적인 질환에 응용하여 이제까지 얻은 몇 가지 성과이다. 아직도 너무나 수가 적은 것은 틀림없으며, 여러 군데에서 둔한 감이 있다. 그러나 우리에게 부족한 예리함은 새로운 영역에 정통함으로써 얻을 수 있을 것이다. 이와 같은 성과는 우리가 자아 리비도라든가 나르시시즘적인 리비도라는 개념을 이용한 덕분에 얻을 수 있었던 것이다. 이러한 개념의 도움으로, 우리는 감정전이 노이로제 때 내세운 견해를 나르시시즘적인 노이로제까지 적용할 수 있었다. 그런데 여러분은 '나르시시즘적인 질환과 정신병의 모든 장애들을 리비도 이론으로 설명하는 데 성공할 수 있는가'라든가, '선생님은 어디서나 정신생활의 리비도적 인자를 병의 원인으로 인정하는가'라든가, '자기 보존 본능의 기능 변화에 책임을 지지 않아도 되는가' 하고 질문할 것이다.

이 점에 대해서 하나의 결정을 내리는 일을 조급하게 서두를 필요는 없다고 생각되며, 또 그런 결정은 아직 시기상조이다. 그런 결정은 과학 연구의 진보에 온전히 맡기기로 하자. 만일 실제로 병을 일으키는 원인 작용이라는 능력이 리비도적 본능의 특권이며, 그 결과 리비도 이론이 가장 간단한 현실 노이로제에서 개체의 가장 무거운 정신병적 착란에 이르기까지 전 영역에 걸쳐서 성취를 이룰 수 있다고 해도 우리는 조금도 놀라지 않을 것이다. 우리는 이 세상의 현실, 즉 아낭케[5]의 종속에 대항하는 것이 리비도 특유의 특성이라는 것을 이미 깨달았기 때문이다. 그러나 나는 자아 본능이 리비도의 병인적(病因的)인 자극 때문에 2차적으로 마음을 빼앗기고 기능 장애에 빠지는 일은 얼마든지 가능한 일이라고 생각한다. 그리고 만일 우리가 중증의 정신병에서는 자아 본능 자체가 1차적으로 착란을 일으킨다는 것을 인정한다면 우리의 연구 방침은 옳았음을 믿게 될 것이다.

적어도 이 부분은 앞으로 명확해질 것이 분명하다. 그러나 내가 우리가 정확히 밝히지 않고 온 점들을 분명히 하기 위해서 잠시 불안에 대한 문제로 돌아가는 것을 이해하기 바란다. 위험에 직면했을 때의 현실 불안은 자기 보존 본능의 발현이라는, 이제 논쟁의 여지가 없는 가설은 평소에 쉽사리 찾아볼 수

---

5) Ananke 운명의 신, 외부의 힘, 심연이라는 뜻.

있는 불안과 리비도 사이의 관계와 일치하지 않는다고 앞에서 말했다. 그렇다면 불안 감정이 이기적인 자아 본능에서가 아니라 자아 리비도에서 나온다고 생각하면 어떻게 되겠는가? 어떤 경우에나 불안 상태가 목적에 맞는 것은 아니다. 불안 상태가 더 고도의 상태에 다다르면 그 비합목적성은 뚜렷해진다. 이 경우 불안 상태는, 목적에 맞고 자기 보존에 도움이 되는 단 하나의 행위(도피 혹은 방어)를 방해한다. 그러나 만일 현실불안의 감정적인 부분을 자아 리비도의 탓으로 돌리고, 그때 나타나는 행위를 자기 보존 본능 때문이라고 한다면, 이론상의 어려움은 모두 제거될 것이다.

그래도 여러분은 인간이 불안을 느끼기 때문에 달아나는 것이라고 완고하게 믿고 있을까? 그렇지 않을 것이다. 인간은 먼저 불안을 느끼고, 그리고 위험을 깨달았기 때문에 일깨워진 공통적인 동기로 달아나는 것이다. 커다란 생명의 위험에 맞닥뜨린 일이 있는 사람은 "나는 조금도 무섭지 않았다. 다만 행동했을 뿐이다. 이를테면 맹수에게 총을 겨누었을 뿐이다" 이렇게 말한다. 이것이야말로 확실히 목적에 맞는 행동이다.

스물일곱 번째 강의
감정전이

이제 내 강의도 거의 끝에 다다랐는데 여러분은 무엇을 생각하고 있는가? 여러분은 이 생각에 넘어가서는 안 된다. 여러분은 아마 이렇게 생각하고 있을 것이다. '선생님은 아직도 정신분석을 아주 세밀하게 소개해 주지 않았다. 그러니 정신분석을 실행에 옮길 수 있다는 그 근거, 즉 치료에 대해서는 한마디의 언급도 없이 결국은 우리와 헤어지려는 모양이다.'

하지만 내가 치료라는 주제를 여러분에게 설명하지 않고 넘어간다는 것은 생각할 수도 없다. 그 이유는 여러분이 그러한 관찰을 통해서 새로운 사실을 배우기 때문이고, 또 이 새로운 사실에 대한 지식이 없으면 우리가 연구하고 있는 질환을 제대로 이해할 수 없기 때문이다.

여러분이 치료를 위해서 분석을 하려는데 그 방법은 무엇인가, 그 기법을 가르쳐 달라고 말하는 것이 아님을 나는 잘 안다. 여러분은 다만 정신분석 요법이 어떤 방법으로 작용하며, 또 정신분석 요법이라는 것은 대체 어떤 일을 하는 것인가 하는 가장 일반적인 것을 알고 싶어 할 것이다. 그리고 그것을 알려고 하는 것은 여러분의 마땅한 권리이다. 그러나 나는 여러분에게 그 대답을 주지 않으려 한다. 여러분 스스로 그 치료법을 추정하는 과정을 가졌으면 좋겠다고 말하고자 한다.

잠시 사색에 잠겨 보라. 여러분은 발병의 조건들 중에서 본질적인 것, 병에 걸린 사람들에게 작용하는 모든 인자(요소)들에 대해 배웠다. 그렇다면 치료의 힘이 작용할 여지는 어디에 있는가?

첫째로 유전적인 소인이 있다. 그러나 우리는 이 부분은 언급하지 않고 넘어가려 한다. 그 까닭은 유전적인 소인은 다른 분야에서 크게 강조되어, 새삼스럽게 우리가 말할 필요가 없기 때문이다. 그렇다고 여러분은 우리가 유전적인 요인을 과소평가하고 있다고 결론지어서는 안 된다. 치료자로서 우리는 유전적인 요인의 영향력을 충분히 깨닫고 있다. 그렇지만 우리는 그 소인을 변화시킬 수는 없다. 유전적인 요인은 우리들로 봐서는 이미 주어진 것, 즉 우리의 노력에 한계를 지어주는 것이다.

둘째로 우리가 분석할 때면 늘 먼저 주시하는 습관이 붙은 유아기 체험의 잔재이다. 이 체험은 과거에 속하므로 우리는 그것을 거슬러 올라갈 수가 없다.

셋째로 우리가 '현실적인 거부'라는 한 가지 의미로 종합할 수 있는 것들이 있다. 사랑의 결핍에서 생기는 인생의 불행, 빈곤, 가정불화, 배우자 선택에 있어서의 실패, 자기에게 바람직하지 않은 사회 상태, 사람에게 압력을 가하는 엄한 도덕적 요청 등이다. 그리고 이러한 삶의 불행으로 애정의 결여가 생긴다. 여기에는 분명히 효과가 확실한 치료 수단이 있을 것이다. 그러나 그와 같은 수단은 빈의 민간전승인 요제프 황제의 치료법 같은 것이어야 할 것이다. 전제 군주의 자비로운 수술! 그 군주의 의지 앞에 사람들은 굴복하고, 모든 어려움은 사라진다. 우리는 그 같은 자선행위를 우리의 치료법 속에 도입할 수 있을지도 모른다고 말하는데, 그런 우리는 대체 어떤 자들인가? 가난하고 사회적으로 무력하며, 의료 행위로 간신히 호구지책을 얻고 있는 우리는(다른 의사라면 분석 요법이 아닌 다른 치료법으로 해 줄 수 있겠지만) 가난한 사람들을 위해 우리의 노력을 쏟을 수 있는 처지도 못된다. 우리의 치료법은 다른 치료법들에 비해서 오랜 시간이 소요되며 너무 까다롭고 불편하다.

그런데 여러분은 이미 말한 요인 중의 하나에 매달려서 거기에 정신분석요법의 공격 지점이 있다고 믿고 있다. 만일 환자가 겪은 결여의 일부가 사회가 요구하는 도덕적인 속박에 유래한다면, 치료를 통해서 환자에게 용기를 주고, 어떤 때는 넘어선 안 될 울타리를 넘어—사회가 높이 표방하고 있으면서도 그다지 실현되지 않은 이상 실현을 단념하고—만족과 치유를 얻도록 충고할 수 있을 것이다. 성적으로 삶을 '마음대로 즐기는' 것으로 사람은 건강해질 것이라고 말이다. 물론 이때 분석 요법은 세상 일반의 도덕에 어긋난다는 오명을 뒤집어쓰게 될 것이다. 분석 요법은 사회에서 빼앗은 것을 개인에게 준다고.

그러나 여러분, 대체 누가 이런 엉터리 이야기를 여러분에게 했는가? 성적으로 충분히 삶을 마음대로 즐기라는 조언이 분석 요법의 요령이라니 천부당만

부당한 말이다. 환자에게서는 리비도의 본능과 성적 억압, 육욕적인 방향과 금욕적인 방향 사이에 집요한 갈등이 있다고 우리 스스로 보고 있기 때문에 이런 평판이 난 것은 아니다. 이 갈등은 두 방향의 하나에 승리를 주는 것만으로는 사라지지 않는다. 아니, 우리는 노이로제 환자에게 있어서 금욕 쪽이 우위를 차지하고 있음을 알고 있다. 그러기에 억눌린 성 흥분이 증상 속에서 울분을 터뜨리는 결과가 된 것이다. 만일 우리가 반대로 육욕 쪽을 이기게 해주었더라면, 그때는 한쪽 구석으로 밀려간 성적 억압이 증상으로 바뀔 것이다. 두 해결의 어느 쪽도 내부 갈등을 종식시키지 못한다. 언제나 채워지지 않는 일부가 남는다.

의사의 충고 같은 요인이 영향을 줄 수 있을 만큼 갈등이 불안정한 경우는 매우 드물다. 그리고 이런 경우 실제로 분석 요법 같은 것은 필요 없다. 의사한테서 이와 같은 영향을 받을 수 있는 사람은 의사의 힘을 빌리지 않더라도 같은 길을 발견할 것이다. 금욕하고 있는 어떤 젊은이가 비합법적인 성교를 하려고 결심할 때, 혹은 욕구 불만의 아내가 다른 남자에게서 성욕을 충족시키려고 할 때, 대개의 경우 일부러 의사나 분석가의 허가를 구하지는 않을 것이다.

이 문제를 고찰할 때, 사람들은 노이로제 환자는 병의 원인이 되는 갈등을 동일한 심리학적 기반 위에 있는 심리적 충동들 사이의 정상적인 싸움과 혼동해서는 안 된다는 중요한 점을 간과하고 있다. 병의 원인이 되는 갈등이란, 한편은 전의식(前意識)과 의식의 단계에 나타나 있고, 한편은 무의식의 단계에 억제되어 있는 두 힘 사이의 충돌인 것이다. 따라서 이 갈등은 결코 해결되지 않는다. 서로 싸우는 두 사람은 그 유명한 이야기에 나오는 북극곰과 고래처럼 서로 만날 기회가 없다. 둘이 서로 같은 기반 위에서 만날 때라야 비로소 훌륭하게 화해할 수 있다. 나는 이것을 가능케 하는 것이 치료의 유일한 과제라고 생각한다.

그리고 이 밖에 삶의 문제에 대해서 충고하고 지도하는 것이 분석요법의 불가결한 부분이라고 생각한다면, 여러분은 어디선가 잘못된 이야기를 들었던 것이라고 나는 확신한다. 이야기는 정반대이다. 우리는 되도록 그와 같이 지도적 역할을 하기를 거부한다. 오히려 환자가 남의 손을 빌리지 않고 해결하는 것이야말로 우리가 바라는 것이다. 이와 같은 목적을 위해서는 환자에게 직업 선택, 사업, 결혼, 이혼 등에 대한 삶의 중대한 결정을 내리는 일을 삼가게 하고, 모든 것은 치료가 끝난 뒤에야 결정해야 한다고 우리는 말하고 있다. 여러분은 자신들이 상상한 것과는 완전히 다르다고 고백할 것이다. 다만 아주 젊은 사람이라든가, 친척이나 의논 상대가 없는 사람에게만은 우리도 바람직한 이 제도를 실시하지 못한다. 그런 사람들에 대해서 우리는 의사의 일 이외에 교사의 일까지 겸해야 한다. 그런 때 우리는 우리의 책임을 충분히 자각하고 주의를 기울여서 행동하려 한다.

그러나 노이로제 환자는 분석 요법 중에 마음껏 향락을 즐기도록 안내를 받는다는 비난에 대해서 내가 너무 열심히 변명하는 바람에, 거꾸로 우리가 사회의 도덕에 맞도록 그들에게 감화를 주고 있다는 결론을 여러분이 내려서는 안된다. 적어도 그것 또한 우리와는 관계없는 일이다. 우리는 개혁자가 아니라 단순한 관찰자이다. 우리는 인습적인 성도덕의 편을 들 수도 없고, 또 사회가 성생활 문제를 실제로 해결하려고 채택한 방법을 높이 평가할 수도 없음을 깨닫는다. 사회가 도덕이라고 일컫는 것은, 그 때문에 마땅히 치러야 하는 희생보다 훨씬 많은 희생을 치르게 한다는 것, 또 사회가 선택하는 방식은 진실에 의거해 있지도 않고 현명하지도 않다는 것을 우리는 사회에 솔직히 지적해 줄 수 있다. 이런 비판의 말을 환자가 여러분과 함께 들어도 전혀 상관 없다. 우리는 환자가 다른 문제와 마찬가지로 성적인 문제도 편견 없는 눈으로 평가하는 습관을 기르게 하고 있다. 그리하여 치료가 완료되고, 환자가 남의 손을 빌리지 않아도 되고, 자기 자신의 판단으로 완전한 방탕과 절대적인 금욕 사이의 한가운데를 택하게 되면, 그 결말이 어떻게 되건 우리는 양심에 조금의 가책도 받지 않는다. 자기 자신에 대해서 성실하라는 교육을 받은 사람은, 설령 그 사람의 도덕적 기준이 사회 일반에서 시행되는 기준과 어느 점에서는 벗어나 있더라도 부도덕한 짓을 할 위험에서 몸을 지킬 수 있다고 우리는 스스로에게 타이르고 있다. 아무튼 우리는 노이로제에 영향을 주는 것으로서 금욕의 의의를 과대평가하지 않도록 주의하고 있다. 욕구불만이라는 병적인 상태와 그 결과로서의 리비도의 정체가 가벼운 성교로 사라져 버리는 경우는 다만 극히 소수에 지나지 않는다.

그러므로 여러분은 성욕의 향락을 인정함으로써 정신분석 요법의 치료를 설명할 수는 없다. 다른 것을 찾아야 한다. 나는 위와 같은 여러분의 억측을 물리치고, 여러분을 올바른 길로 데려왔다고 생각한다. 우리가 이용하는 것은 무의식을 의식으로 대체하는 것, 즉 무의식을 의식으로 번역하는 일이 틀림없다고 여러분은 말할 것이다. 확실히 그렇다. 우리는 무의식을 의식으로 확대하여 억압을 해제하고 증상 형성의 조건을 제거했으며, 병의 원인이 되는 갈등을 그 어떤 방법으로도 해결할 수 있는 정상적인 갈등으로 바꾸었다. 우리가 환자의 마음에 불러일으킬 수 있는 것은 이와 같은 심리적 변화로써, 이 변화를 일으킬 수 있는 한 우리의 도움도 결실을 볼 것이다. 그러므로 억압, 혹은 그것과 닮은 심리적 과정이 없는 경우에는 우리의 치료를 적용할 방법이 없다.

우리는 이 노력의 목적을 여러 가지 공식으로 표현할 수 있다. 다시 말해 무의식의 의식화라든가, 억압의 해소라든가, 건망증의 결손을 메운다든가 하는 것이 그것이다. 그런 것은 결국엔 모두 같은 것이다. 그러나 아마도 여러분은 이런 말에 대해서는 불만일 것이다. 여러분은 노이로제가 낫는 것을 달리 상상하고 있을 것이다. 예를 들면 환자가 정신분석의 귀찮은 요법을 받은 뒤에는 인간이 완전히 변해 버린다고 상상하고 있을 것이다. 그리고 환자는 치료 전보다 무의식적인 요소가 적어지고 의식적인 요소가 많아지며 이것이 치료 결과의 전부라고 여러분은 생각하고 있을 것이다. 이제 여러분은 이와 같이 내부 변화의 의의를 어쩌면 과소평가하고 있는지도 모른다. 완쾌된 노이로제 환자는 실제로 다른 사람이 되었다 하더라도 근본에서는 역시 같은 인간이다. 즉 가장 유리한 조건 아래서 최선의 상태가 된 것뿐이다. 그래도 그만하면 대단한 일이다. 내면적인 삶 안에서 얼른 보기에는 하찮은 그 변화를 이룩하기 위해 무엇을 해야 하는가, 또 어떤 노력을 기울일 필요가 있는가를 여러분이 듣는다면, 심리적 영역에서의 이와 같은 차이가 갖는 의의를 아마 뚜렷이 알게 될 것이다.

여러분이 원인 요법이라는 것을 알고 있는지 물어보기 위해서 잠시 길을 벗어나야겠다. 병의 발현(증상)을 문제 삼지 않고 병의 원인을 제거할 목적으로 하는 방법을 원인 요법이라고 한다. 그러면 정신분석 요법은 원인 요법인가, 아닌가? 그 대답은 간단하지 않지만, 이와 같은 질문이 바람직한 것은 아님을 알게 될 기회가 아마 있을 것이다. 분석 요법이 증상의 제거를 첫째 사명으로 삼고 있지 않다면 분석 요법은 원인 요법처럼 보인다. 다른 점에서는 분석 요법은 원인 요법이 아니라고 여러분은 말할 수 있을 것이다. 즉 우리는 인과의 연결 고리들을 추구한 결과 이미 억압을 넘어서 본능적 소질, 기질에 따른 이들 소질의 상대적 강도 및 그 발달에서의 차이에까지 이르게 됐다. 그런데 어떤 화학적인 방법으로 이 심리적 기능에 간섭하여 그때 그곳에 있는 리비도의 양을 증감시키거나 또는 하나의 본능을 희생시키고 다른 본능을 강하게 할 수 있다고 가정한다면, 이 방법이야말로 진정한 뜻의 원인 요법일 것이다. 우리의 분석은 이 방법에 대한 정찰이라는 불가결한 예비 작업을 하고 있다. 여러분도 알다시피 아직은 리비도 과정에 이와 같은 영향을 미칠 수는 없다. 정신분석 요법은 연결 고리들의 다른 곳을 공격하고 있다. 다른 곳이라는 것은 현상(現象)의 근원이라고 우리가 인정하고 있는 곳이 아니라, 증상에서 훨씬 멀리 떨어져 있는 주목할 만한 관계로 우리가 접근할 수 있는 어떤 장소이다.

그렇다면 환자의 무의식을 의식으로 바꾸려면 무엇을 해야 할 것인가? 일찍이 우리는 이것이 매우 간단하며, 또 이 무의식을 추측하여 환자에게 이것이 무의식이라고 일러 주는 것만으로 충분하다고 생각했다. 그런데 이 생각은 근시안적인 잘못임을 이미 깨달았다. 무의식에 대해서 우리가 알고 있는 것과 환자가 알고 있는 것은 같지 않다. 환자에게 우리가 알고 있는 것을 보고해 주어도 환자는 그것이 무의식인 것과 '바뀌는' 것으로 받아들이지 않고, 자기의 무의식과 '병렬하는(나란히 존재하는)' 것으로 받아들인다. 그러므로 변화는 거의 일어나지 않는다. 우리는 이 무의식을 오히려 '국소적으로' 머리에 그리고, 환자의 기억 속에 있는 억압에 의해 무의식이 이루어진 그 장소에서 이 무의식을 찾지 않으면 안 된다. 이 억압은 제거해야 한다. 이때야말로 무의식은 의식으로 원활하게 대체된다. 그러면 이 같은 억압을 없애려면 어떻게 해야 하는가? 우리의 작업은 여기서 두 번째 단계로 들어간다. 먼저 억압을 찾아내야 하고, 이어 이 억압을 지탱하고 있는 저항을 제거해야 한다.

어떻게 이 저항을 제거할 것인가? 그것은 저항을 추측하여 환자에게 일러 주는 것이다. 그렇다. 저항은 억압, 즉 우리가 쫓아버리려 하고 있는 것, 혹은 과거에 일어난 것에서도 온다. 저항은 외설스러운 충동을 억압하기 위해서 행해지는 역집중으로 만들어진다. 그러니 우리가 처음에 의도한 것과 같은 일을 지금 하면 되는 것이다. 다시 말해 해석하고 추측하고 그것을 환자에게 일러 주면 되는 것이다. 그러나 우리는 이제 그것을 올바른 장소에서 하지 않으면 안 된다. 역집중, 즉 저항은 무의식에 속해 있지 않으며 우리의 협력자인 자아에 속해 있다. 그리고 이런 정황이 자아에게 의식되지는 않더라도 자아는 어디까지나 우리를 도와주는 존재이다.

이 경우 문제가 되는 것은 '무의식적'이라는 말이 두 가지 뜻을 갖고 있다는 것이다. 하나는 현상(現象)으로서의 무의식, 또 하나는 조직체로서의 무의식이다. 이 문제는 매우 어려워서 분명하지 않은 것처럼 여겨진다. 그러나 앞에서 말한 것의 되풀이에 불과하지 않을까? 우리는 계속 그 준비를 하고 있었던 것이다. 우리가 해석을 통해서 자아에게 이것이 저항이라고 인식시켜 줄 수 있다면, 이 저항은 포기되고, 역집중은 철수되고 말 것으로 예측하고 있다. 그러면 이런 경우, 우리는 환자의 어떤 원동력을 작용시키면 될 것인가? 첫째로 건강해지고 싶다는 환자의 의욕을 작용시키면 된다. 이 의욕은 환자에게 우리에게 협력하겠다는 기분을 갖게 만든다. 둘째로 우리의 해석으로 지원을 받고 있는 환자의 지성을 빌리면 된다. 우리가 환자에게 적당한 예측 관념을 준다면, 환자는 그 지성으로 저항이라는 것을 곧 깨닫고, 억압된 것에 대응하는 반역을 틀림없이 발견할 것이다. 내가 여러분에게 "하늘을 쳐다봐요. 저기 기구가 보이네요" 하고 말한다면, "하늘에 뭐가 있는지 보시오" 하고 다만 명령하는 경우보다 훨씬 쉽게 기구를 발견할 수 있을 것이다. 생전 처음 현미경을 들여다본 학생도 무엇을 보아야 할 것인지 선생에게 배우는 법이다. 아니면 현미경 아래 어렵지 않게 볼 수 있는 것이 있더라도 볼 수 없다.

그러면 사실을 이야기하기로 한다. 히스테리라든가, 불안 상태라든가, 강박 노이로제의 여러 가지 형태에도 우리의 전제는 적용된다. 이와 같이 억압을 찾아내어 저항을 발견하고, 억압된 것을 암시함으로써 저항을 정복하고, 억압을 제거하고, 무의식을 의식으로 바꾼다는 사명은 훌륭하게 성공한다. 이 경우 우리는 모든 저항을 극복하기 위해 환자의 마음속에서 얼마나 심한 투쟁이 벌어지고 있는가, 즉 역집중을 견지하려고 하는 동기와 역집중을 바야흐로 포기하려고 하는 동기 사이에 동일한 심리적 기반 위에서 정상적인 심리 투쟁이 얼마나 심하게 벌어지고 있는가에 대해서 생생한 인상을 받을 것이다. 전자는 당시 억압을 완수한 낡은 동기이다. 후자는 새로 덧붙여진 것으로서, 우리 편을 들어 갈등을 해결해 주리라고 우리가 기대를 걸고 있는 동기이다. 우리는 낡은 억압 갈등을 되살려서 그 당시 해결된 과정을 수정하는 데 성공한다. 우리는 새로운 자료로, 첫째, 그전의 해결이 병을 일으켰다는 충고와 다른 방법이 완쾌에 이르는 길이라는 확신을 덧붙이고, 둘째, 본능이 거절된 첫 순간 이후 모든 관계에 대규모의 변화가 일어난 것이라고 지적해 준다. 그 당시에는 아마 자아가 약하고 유아성(幼兒性)을 띠고 있었으며, 리비도의 요구를 위험하게 느끼는 이유가 있었겠지만, 오늘날 자아는 강해지고 체험을 쌓았으며 의사를 조력자로 갖고 있다. 그러므로 우리는 되살아난 갈등을 억압보다 훨씬 뛰어난 출구까지 데려가고 있다고 기대해도 좋다. 그리고 이미 말한 것처럼 히스테리, 불안, 노이로제 및 강박 노이로제에서도 우리가 주장하는 결과는 원리상 옳다.

그런데 사정은 같지만, 우리의 치료법이 전혀 효과가 없는 다른 유형의 질병도 있다. 이와 같은 병에서도 자아와 억압된(이 억압은 국소적으로 다른 특징을 갖고 있다) 리비도 사이에 근원적인 갈등이 있었다. 이 경우에도 환자의 생애 중에서 억압이 일어난 시기를 발견할 수 있다. 우리는 앞의 것과 같은 방법을 응용하고 같은 약속을 하여 예측 관념을 알려주는 등 마찬가지로 도움을 준다. 또 억압이 일어났을 때와 현재 사이의 시간적 간격은 갈등을 다른 출구로 데려오는 데 편리하다. 그러나 이 경우 우리는 저항을 쫓아버리거나 억압을 제거하는 데는 성공하지 못한다. 망상, 우울증, 혹은 조발성 치매 환자는 일반적으로 정신분석요법에 영향을 받지 않으면 그 억압을 접근시키지 않는다. 이것은 어째서일까? 지능이 모자라기 때문이 아니다. 어느 정도의 지적 능력은 이런 환자에게도 물론 필요하지만, 예를 들어 예리한 종합적 판단력을 지닌 망상증 환자에 있어서는 이 점에 확실히 결함이 없다. 지능 이외의 원동력에 있어서도 결핍되어 있다고 볼 수는 없다. 예를 들면 우울증 환자는 자신이 병에 걸려 있으면, 그 때문에 괴로워하고 있다는 의식을 강하게 갖고 있다. 편집증 환자에게는 이와 같은 의식이 없다. 그렇다고 우울증 환자의 경우에는 정신분석 요법으로 치료하기가 더 쉽다고는 말할 수 없다. 여기서 우리가 아직 이해하고 있지 않은 하나의 사실에 직면한다. 그래서 우리는 다른 노이로제에서 성공한 조건을 정말로 이해하고 있었던가 하는 의문이 생기게 된다.

히스테리 환자와 강박 노이로제 환자의 연구에 머문다면 아직 준비해 두지 않았던 제2의 사실에 곧 맞닥뜨리게 된다. 즉 조금 시간이 지나면 이 환자들은 우리에게 아주 특별한 태도를 갖게 되는 것을 깨닫는다. 실제로 우리는 치료할 때 문제가 되는 원동력을 모두 설명하고 우리들 의사와 환자 사이에 있는 상황을 완전히 논리적으로 논했으므로 계산 문제처럼 답이 정확히 맞는다고 믿고 있다. 그런데 이 계산에 예측하지 못했던 그 무엇이 끼어드는 듯한 기분이 든다. 이 같은 예측을 넘어선 새로운 것은 그 자체가 갖가지 모습을 띠고 있다. 나는 무엇보다도 이 현상 속에서 가장 잘 나타나고 비교적 이해하기 쉬운 형태를 설명하기로 한다.

우리는 자신이 괴로워하는 어떤 갈등으로부터 달아날 길을 열심히 찾고 있는 환자가 의사의 인품에 대해 특별한 흥미를 갖기 시작하는 것을 깨닫는다. 그 의사와 관련된 모든 것은 환자에게는 자기 자신의 일 이상으로 중요한 것으로 보이며, 자기의 병을 잊게 해주는 것처럼 여겨진다. 그 뒤 얼마 동안 환자와의 교류는 매우 즐겁게 진행된다. 환자는 아주 상냥해지고 될 수 있는 대로 감사의 마음을 나타내려고 하며 의사들이 예상도 하지 않았던 자상한 인품과 장점을 보여 준다. 그 결과 의사는 환자에게 호의적인 생각을 갖게 되고, 이와 같이 특별히 뛰어난 인품에 도움의 손길을 내밀 수 있는 자기의 행운에 감사한다. 만일 의사가 환자의 가족들과 이야기할 기회가 있으면 저쪽도 같은 감사의 기분을 갖고 있음을 알고 기뻐한다. 환자는 집에서도 의사를 칭찬하고 잇따라 발견한 의사의 장점을 칭송한다. 가족들은 말한다. "저 사람은 선생님에게 홀딱 반했어요. 마치 장님처럼 선생님에게 의지하고 있답니다. 선생님 말씀이라면 무엇이나 마치 하느님 말씀처럼 듣고 있어요." 그러나 날카로운 눈으로 이리저리 살펴본 이런 사람들 중의 한 사람은 이렇게 말할 것이다. "저 사람은 이제 선생님 이야기밖에 하지 않습니다. 밤낮 선생님에 대한 이야기만 하지요. 그래서 우리는 이제 지겨워하고 있습니다."

의사의 인격이 환자에 의해 이와 같이 존경받는 것은 의사가 환자에게 줄 수 있는 회복에 대한 희망과 환자를 해방시켜 줄 놀라운 계시(이것은 치료에 반드시 수반된다) 때문에 환자의 지적 시야가 넓어진 까닭이라고 의사 스스로 겸허하게 생각하기를 우리는 희망한다. 이 조건 아래서 분석은 훌륭하게 진행된다. 환자는 자기에게 암시된 것을 이해하고 치료로써 지시받는 과제에 열중한다. 기억과 연상(聯想)의 자료는 환자의 마음에 넘치도록 솟아오르고, 환자는 정확하게 적절한 해석을 하여 의사를 놀라게 하며, 의사도 바깥 세계에서 건강한 사람이 언제나 심하게 반대하는 심리학 분야의 모든 새로운 사실들을 환자가 기꺼이 받아들이는 것을 보고 명예를 만회했다고 생각한다. 병의 상태가 어디로 보나 객관적으로도 좋아진 것은 분석 중 환자와 의사 사이에 이와 같이 잘 협조한 데 기인하고 있다.

그러나 이렇게 훌륭한 날씨가 언제까지나 계속되지는 않는다. 흐린 날이 온다. 치료에 어려움이 나타나기 시작하는 것이다. 환자는 이제 하나도 연상이 떠오르지 않는다고 불평을 늘어놓기 시작한다. 환자는 이제 분석이라는 작업에 관심이 없다. 머릿속을 스쳐간 것은 무엇이나 숨김없이 말해야 하며, 이 거역하고 싶고 비판적인 기분에 결코 굴복하지 말라고 미리 일러준 규칙을 자꾸만 잊어버리고 있다는 인상을 강하게 받게 된다. 환자는 마치 치료를 받지 않는 것처럼, 또 마치 의사와 그 계획을 신뢰하지 않는 것처럼 행동한다. 환자의 머릿속은 분명히 자기 자신을 위해서 숨겨 두려고 하는 생각들로 가득 차 있다. 이것이야말로 치료를 위해서는 위험하기 짝이 없는 상황이다. 우리는 분명히 강력한 저항에 직면하고 있는 것이다. 그러면 대체 무슨 일이 일어난 것일까?

이 상황을 분명히 할 수 있으면 환자가 의사에게 강한 애정을 쏟은 것이 방해의 원인임 발견할 것이다. 그러나 의사의 행동으로도, 치료 중에 일어난 상호 관계로도 이 애정을 설명할 수는 없다. 이 애정이 어떤 형태로 나타나고 어떤 목적을 달성하려 하고 있는가 하는 것은 물론 두 당사자의 인간관계에 달려 있다. 만일 환자가 젊은 처녀이고 의사가 젊은 남자라면, 우리는, 두 사람이 정상적인 연애 관계에 있다는 인상을 받을 것이다. 처녀가 단둘이 있을 때 마음의 비밀을 고백할 수 있는 남자, 더욱이 훌륭한 구조자라는 유일한 자리에서 자기를 바라보는 남자에게 호감을 갖게 되는 것은 마땅한 일이다. 우리는 아마도 노이로제에 걸린 이런 처녀는 오히려 연애 능력에 장애가 있음을 간과하고 있었던 것이다.

의사와 환자의 인간관계가 방금 가정한 경우와 동떨어져 있는데도 역시 같은 감정 관계가 언제나 만들어지고 있는 것을 발견하면, 우리는 점점 더 이상하게 생각하게 된다. 불행한 결혼 생활을 보내던 젊은 유부녀가 아직 독신인 의사에게 진지한 열정을 품고 있는 듯이 보이고, 나아가 의사의 아내가 되기 위해 지금 당장이라도 이혼할 각오를 하며, 혹은 사회적인 장애가 있을 경우에 서슴지 않고 그 의사와 비밀 연애 관계를 맺으려 하는 것은 있을 수 있는 일일지도 모른다. 아니, 이와 같은 일은 정신분석 이외의 세계에서도 일어난다. 그런 상황에서 유부녀나 처녀들이 하는 고백을 들으면 여러분은 놀랄 것이다. 그 고백은 치료 문제에 대한 아주 특수한 의견을 보여 준다. 즉 "우리를 건강하게 만들어 주는 것은 애정뿐이라고 언제나 생각하고 있었어요. 그래서 치료가 시작될 때부터, 지금까지 살아오면서 삶이 우리에게 주지 않았던 것을 선생님과 가까이함으로써 간신히 얻을 수 있으리라고 기대하고 있었지요. 오직 이 희망으로 우리는 치료과정 중의 온갖 어려움을 달게 견디고, 고백에 따르는 곤란을 극복한 거예요." 여기에 우리는 다음과 같은 말을 덧붙일 수 있다. "그리고 우리는 보통 때 같으면 도저히 믿을 수 없는 일을 모두 쉽게 이해한 거예요." 그러나 이와 같은 고백은 우리를 놀라게 하는 것이고, 우리의 계산을 벗어나는 것이다. 그런데 우리가 가장 중요한 항목을 우리의 가설에서 빠뜨릴 수가 있겠는가?

사실 그랬다. 우리가 경험을 쌓으면 쌓을수록(정정(訂正)이라는 것은 우리 이론의 과학적인 성격에 먹칠을 하는 것이라고 하더라도) 우리는 자신의 견해를 수정하지 않을 수 없게 된다. 여기서 비로소 여러분은 분석 요법은 우연적인 장애, 바꾸어 말하면 치료의 의도에 들어 있지 않고 치료 그 자체에서 비롯된 것도 아닌 하나의 사건 때문에 장애를 받은 것이라고 생각할지도 모른다. 그러나 환자가 의사와 그와 같은 애정으로 결부되는 것이 어떤 새로운 증상에서나 늘 되풀이되는 사건이라면, 또 만일 사랑이 싹트는 데 가장 불리한 조건 아래에서도, 예를 들면 그런 것이 어울리지 않는 사람들(늙은 여자와 백발 의사)의 망측한 관계에서도, 아무런 유혹도 없었다고 우리가 판단할 수 있는 경우에 있어서도 언제나 그와 같은 애정이 나타난다면, 그때야말로 우리는 어떤 우연적인 장애라는 생각 대신에 병의 본질 그 자체와 가장 밀접하게 결부되어 있는 어떤 현상이 문제의 중심이라는 것을 인정하지 않을 수 없게 된다.

우리가 내키지 않는 마음으로 인정하려 하고 있는 이 새로운 사실을 우리는 '감정전이(感情轉移)'라고 부르고 있다. 의사에게 감정이 옮겨진다는 뜻이다. 왜냐하면 치료라는 상황에서 이와 같은 감정이 생긴다는 것으로는 설명이 되지 않는다고 생각하기 때문이다. 오히려 우리는 이런 감정이 생기는 준비상태는 다른 장소에서 만들어진 것이며, 다시 말해 환자의 마음에 미리 준비되어 있어서 분석 요법의 기회에 의사에게 옮겨진 것이라고 추측하고 있다. 감정전이는 어떤 때는 격렬한 사랑의 요구로 나타나고 어떤 때는 온화한 모습으로 나타난다. 젊은 여자와 늙은 남자 사이에는 연인이 되고 싶다는 소망 대신 저 사람의 딸이 되어 귀여움을 받고 싶다는 소망이 솟는다. 이 경우 리비도의 요구는 영원히 변하지 않고, 관능적이 아닌 플라토닉한 우정의 형태로 완화된다. 많은 여성은 감정전이를 승화시켜, 그것이 어떤 종류의 존재 권리를 얻게 될 때까지 변형시키는 방법을 알고 있다. 또 어떤 여성은 이 전이를 소박하고 원시적인, 대개는 실행 불가능한 모습으로 나타낸다. 그러나 그것이 결국은 언제나 같으며 같은 원천에서 나왔다는 것은 틀림이 없다.

이 감정이라는 새로운 사실을 어디에 끼워 넣을 수 있는가 자문하기 전에 우선 이것을 완전히 설명해 두고 싶다. 그러면 남자 환자의 경우는 어떻게 되는가. 남자 환자의 경우는 성별과 성적 매력이라는 귀찮은 문제를 결합하지 않도록 해야겠다. 남자 환자의 경우도 여자 환자의 경우와 별로 다를 것이 없다고 대답하지 않으면 안 될 것이다. 즉 의사에게 똑같이 집착하는 것, 의사의 인격을 똑같이 과대평가하는 것, 의사에 대한 관심에 똑같이 빠지는 것, 의사의 생활 가까이에 있는 모든 것에 똑같이 질투하는 것 등이 나타난다.

감정전이의 승화된 형태는 남성과 남성 사이에서는 훨씬 자주 볼 수 있지만 직접적인 성적 요구는 현재성 동성애가 이 충동 요소를 다른 형태로 사용하는 것보다 희박하다. 또 의사는 여자 환자의 경우보다 남자 환자에게서 감정전이 현상의 한 형태를 관찰하는 일이 많다. 이 감정전이는 얼른 보기에 지금까지 말한 모든 것과 모순되는 것처럼 보인다. 그것은 적대적인 감정전이, 즉 음성 감정전이다.

그러나 우리가 먼저 인정해 둘 것은 감정전이가 치료 초기에는 환자에게 있어서 얼마간은 가장 강력한 원동력이 된다는 사실이다. 전이가 의사와 환자가 서로 협력하여 수행하고 있는 분석에 이롭게 작용하는 한은, 이를 서로 깨닫지 못하며 또 신경 쓸 것도 없다. 그다음에 감정전이가 저항으로 바뀐다면, 그

때야말로 이에 주목하지 않으면 안 된다. 그리고 다음 두 가지 정반대 되는 상황 아래에서는 치료에 대한 감정전이의 관계가 변화하는 것을 깨닫는다. 첫째는 감정전이가 강한 애정의 경향을 띠었을 뿐만 아니라 그것이 성욕에서 나오고 있다는 표시를 뚜렷이 나타냈기 때문에 내적인 반항을 일깨우지 않으면 안 되게 되었을 경우이고, 둘째는 감정전이가 사랑의 충동이 아니라 적의의 충동에서 나오고 있을 경우이다.

이때 적대적 감정은 대개 애정보다 늦게, 애정 뒤에 숨어서 나타난다. 적의와 애정이 동시에 존재하는 것은 감정의 암비발렌츠의 좋은 실례인데, 이것은 다른 사람들과의 친밀한 관계 대부분을 지배하는 것이다. 적의의 감정은 애정과 마찬가지로 감정의 결합을 뜻한다. 이것은 마치 반항이 정반대의 표현을 갖고 있더라도, 복종처럼 의존을 뜻하는 것과 마찬가지이다. 의사에 대한 적대적 감정도 '감정전이'라는 이름을 붙일 가치가 있다는 것은 나에게는 의심의 여지가 없다. 왜냐하면 치료라는 상황은 확실히 감정전이가 발생하는 데 있어 충분한 원인이 되지 않기 때문이다. 우리가 음성 감정전이를 필연적인 것으로 파악할 때 양성 감정전이, 즉 애정의 감정전이라는 우리의 판단은 결코 틀리지 않았음을 확신하게 되는 것이다.

감정전이는 어디서 오는가. 감정전이는 우리에게 어떤 어려움을 가져다주는가. 이 감정전이를 우리는 어떤 방법으로 극복하는가. 그리고 마지막으로 감정전이에서 우리는 어떤 이익을 얻고 있는가 등 이러한 것들은 분석의 기법을 안내할 때 상세히 다루기로 하고, 여기서는 대략적인 윤곽만 이야기하는 것으로 그친다. 감정전이의 결과로 생기는 환자의 요구에 우리가 양보한다는 것은 부당한 일이다. 그렇다고 그런 요구를 어떤 때는 무뚝뚝하게 어떤 때는 분노하여 거절한다는 것은 철없는 짓일 것이다. 우리는 그와 같은 경우, "당신의 감정은 현재의 상황에서 생긴 것도 아니고 의사 개인에 관계된 것도 아닙니다. 다시 말해 당신의 마음속에서 과거에 한 번 나타났던 감정을 지금 되풀이하고 있는 것입니다" 이렇게 환자에게 일러주어 감정전이를 극복시킨다. 같은 방법으로 우리는 이 반복을 회상(回想)으로 바꾸어 버리기도 한다. 그 결과 애정적인 것이건 적대적인 것이건 어떤 경우에나 치료를 가장 강하게 위협하는 것처럼 보이던 감정전이가 치료의 가장 훌륭한 도구가 된다. 그리고 우리는 이 도구의 도움을 얻어 닫혀 있던 마음의 문을 열 수 있게 된다.

그러나 여러분이 이와 같은 뜻밖의 현상에 직면하여 당황하지 않도록 한마디 해두고 싶다. 우리가 분석한 환자의 병은 완성된 것, 혹은 굳어 버린 것이 아니라 생물처럼 성장을 계속하고 발달을 계속하고 있는 것임을 잊어서는 안된다. 치료를 시작했다고 해서 곧바로 병의 진전을 막을 수는 없다. 그러나 치료가 환자를 꽉 붙들어 버렸을 때 비로소 병의 새로운 산물은 모두 하나의 장소, 즉 의사와의 관계에 집중되는 것이다. 따라서 감정전이는 나무의 목질(木質)과 피질(皮質) 사이에 있는 형성층에 비유할 수 있다. 형성층이라는 것은 새로운 나무 조직을 생겨나게 하며 나무둥치가 직경으로 성장하도록 다스린다. 감정전이가 이런 뜻을 가져야 비로소 환자의 회상이라는 작업을 배경으로 물러가는 것이다. 이때 우리는 이제 그 환자의 지난날의 병을 다루고 있는 게 아니라, 지난날의 병에 대체되어 새로이 형태를 바꿔 만들어진 노이로제 증상을 다루고 있는 거라고 말해도 잘못이 아니다.

의사는 새로운 형태로 나타난 옛날의 그 병을 그 발단에서부터 좇고 있는 셈이며, 그 병이 발생하여 성장해 가는 모습을 바라본 셈이고, 의사 자신이 그 병의 중심인물이므로 그 병에 대해서는 특히 내용을 잘 알고 있는 셈이 된다. 환자가 나타내는 모든 증상은 그 본래의 의미를 버리고 감정전이와 관계가 있는 새로운 의미를 갖게 된다. 또는 이와 같은 수정에 성공한 증상만이 존속하여 있게 된다. 그러나 새로 인공적으로 만들어진 이 노이로제를 정복하는 것은 치료 전에 존재한 병을 고치는 것과 일치하며, 우리의 치료라는 사명을 완수하는 것과도 일치한다. 의사와의 관계가 정상적이고, 또 억압된 욕망 충동의 작용에서 해방된 사람은 의사와의 관계가 다시 없어질 때도 그 자신의 생활은 정상 상태를 유지한다.

히스테리, 불안 히스테리, 강박 노이로제에서의 감정전이는 치료에서 중심적이며 중요한 의의를 갖는다. 그러므로 이와 같은 병을 '감정전이 노이로제'라는 이름으로 종합하는 것은 옳은 일이다. 분석 연구에서 감정전이라는 사실에 깊은 인상을 받은 사람은 이러한 노이로제 증상 속에 나타나 있는 억압된 충동이 어떤 종류의 것인지 이제 의심할 수 없을 것이다. 그리고 그런 사람은 이 충동이 리비도적인 성질의 것이라는 데 대해서도 더 확실한 증명을 요구하지 않을 것이다. 증상은 '리비도의 대체 만족'이라는 의미를 지니고 있다는 우리의 확신은, 마침내 이러한 감정전이라는 설명에 의해 더욱 다져졌다고 할 수 있다.

이제 우리는 치유의 과정에 대한 과거의 역동적 견해를 개선하여 그것을 지금 새로 발견한 것과 조화를 이루게 할 수가 있다. 환자에 대한 분석 중에 드러난 정상적인 갈등에 대해 환자 스스로 억압에 맞서 싸워 내지 않으면 안 될 때, 그는 우리가 희망하는 방향, 즉 회복을 가져다주는 방향으로 갈등을 해결시키도록 영향을 미칠 강력한 추진력이 필요하다. 그렇지 않으면 환자는 그전의 결과를 반복할 결심을 하고 모처럼 의식에 떠오른 것을 다시 억압해 버리는 일이 일어날 것이다. 이 투쟁의 결과는 환자의 지적 분별에 의해 정해지는 것이 아니라(지적 분별이라는 것은 이와 같은 작업을 할 만큼 강하지도 자유롭지도 않다) 환자와 의사의 관계만으로 정해진다. 환자의 감정전이가 양성으로 나타나는 한 감정전이는 의사를 권위의 옷으로 둘러싸서 의사의 보고와 견해에 대한 신뢰로 바뀐다. 이와 같은 감정전이가 없거나 혹은 음성일 경우의 환자는 결코 의사나 의사의 논증에 귀를 기울이지 않을 것이다. 이때 믿음은 그 믿음 나름대로의 고유한 역사를 되풀이할 것이다. 믿음은 사랑의 유도체이며 처음에는 논증들을 필요로 하지 않는다. 또 그 논증들이 그 사람이 사랑하는 사람에게서 나온 것이면 그 논증들은 나중에 받아들여지며, 비판적으로 검토하게까지 된다. 이와 같은 지지가 없는 논증들은 이제까지 효용이 되지 않았으며, 대부분의 사람에 있어 삶에서는 결코 도움이 되지 않는다. 삶은 일반적으로 그 사람이 리비도적인 대상 집중을 할 수 있는 경우에만 지적인 측면으로부터 영향을 받을 수 있는 것이다. 따라서 우리는 환자의 나르시시즘의 정도에 따라 가장 좋은 분석적 기법을 사용하더라도 그 효력에 한계가 있는 것을 깨닫게 되며, 또 한계가 있지 않을까 하고 걱정하는 근거가 충분히 있는 것이다.

남에게 리비도적인 대상 집중을 하는 능력은 정상적인 인간에게 모두 주어져 있는 것이 틀림없다. 이른바 노이로제 환자의 감정전이 경향은 이 일반적인 특징이 비정상적으로 높아진 것일 뿐이다. 그런데 이와 같이 많은 사람들이 가진 중요한 인간의 특징을 오늘날까지 깨닫지 못하고 한 번도 이용하지 않았다면, 매우 기묘한 일일 것이다. 실제로는 옛날에 깨닫고 이용하고 있었던 것이다. 베르네임은 그 무엇에도 현혹되지 않는 날카로운 통찰력으로 최면 현상에 대한 이론을 다음과 같은 명제로 표현했다. '모든 인간은 어떤 방법으로든지 암시에 걸릴 수 있다.' 즉 '피암시성이 있다'라는 명제를 토대로 구축했다. 베르네임이 말하는 피암시성은 바로 감정전이 경향이다. 그런데 그는 감정전이를 너무 좁게 해석해서 음성 감정전이를 이 피암시성 속에 넣지 않았다. 그러나 베르네임은 암시의 본질이 무엇인지, 또 암시라는 것은 어떻게 생기는 것인지 대답하지 못했다. 그에게 있어 암시는 하나의 기본적인 사실일 뿐, 그 근원에 대해 아무것도 설명하지 못했다. 그는 피암시성이 성욕에 의존하며, 리비도의 활동에 의존한다는 것을 인식하지 못했다. 한편 우리는 최면술을 버리고 우리의 기법만으로 즉 감정전이라는 형태로 암시를 재발견했다는 것을 인정하지 않으면 안 된다.

그러나 여기서 잠시 멈추고, 여러분의 주장을 듣기로 하자. 항의하고자 하는 분노가 여러분의 마음속에 꽉 차 있으므로 여러분에게 발언을 허락하지 않으면 내 말을 아무것도 이해할 수 없으리라고 느끼기 때문이다.

"결국 선생님은 그 최면술사와 별 차이가 없이, 암시의 도움을 빌려서 분석하는 것이라고 실토하신 셈이군요. 우리는 이미 오래전에 그런 해답이 나올 줄 알고 있었습니다. 그러나 암시만이 유효한 것이라면, 굳이 과거의 체험을 회상하기 위해서 우회로를 따라왔던 것이라든가, 무의식을 발견한 것이라든가, 왜곡을 해결하거나 번역한 것이라든가, 노력과 시간과 돈을 막대하게 소비한 것 등은 대체 어떻게 됩니까? 어째서 선생님은 그 정직한 최면술사가 보여준 것처럼 증상에 직접 암시를 걸지 않으십니까? 그리고 만일 선생님이 그동안 걸어왔던 우회로의 길목에서 직접적인 암시로는 찾을 수 없었던 중요한 심리학적 사실들을 무수히 발견했다고 변명하시려고 한다면, 그렇게 발견하신 것이 사실임을 대체 누가 보장할 수 있습니까? 그러한 발견도 암시의 결과물, 다시 말해서 선생님이 목표로 삼지 않았던 암시의 결과물이 아닙니까? 선생님이 바라고 계시는 것, 선생님의 눈에 옳다고 보이는 것을 이 영역에서도 선생님은 환자에게 강요하신 게 아닙니까?"

여러분이 나의 견해에 반대하고 있다는 사실은 너무나 흥미롭다. 그리고 나는 여러분의 반대에 답을 주어야 한다. 그러나 오늘은 시간이 없으므로 대답할 수가 없고 다음 강의에서 이야기하기로 하겠다. 이 말에서 내가 곧 답변하리라는 것을 짐작할 수 있을 것이다. 오늘은 내가 손댄 일에 결말을 지어야 한다. 나는 감정전이라는 사실의 도움을 빌려 우리의 치료 노력이 나르시시즘적인 노이로제에는 왜 효과가 없는지 그 이유를 여러분에게 설명하기로 약속했다.

이것은 두어 마디의 설명으로 가능한 일이다. 그리고 여러분은 얼마나 간단히 이 수수께끼를 풀 수 있는지, 모든 일이 매우 일치된다는 것을 보게 될 것이다. 관찰을 통해서 나르시시즘적인 노이로제에 걸린 사람은 감정전이 능력이 전혀 없거나 혹은 감정전이 능력이 아주 조금밖에 남아 있지 않다는 것을 알게 된다. 이와 같은 환자는 적의 때문이 아니라 오히려 본인이 스스로 느끼지 못할 만큼 무감각하기 때문에 의사가 접근하기 어렵다. 따라서 이런 환자는 의사의 영향도 받지 않는다. 의사가 하는 말에 환자는 냉담하게 대하며, 의사의 진단은 환자에게 어떤 인상도 주지 못한다. 그러므로 우리가 다른 노이로제에서 성공한 치유의 메커니즘, 즉 병의 원인이 되는 갈등의 재생, 억압에 대한 저항의 극복이 환자에게 발생하는 것은 기대하지 못한다. 환자는 여전히 전과 마찬가지이다. 환자는 몇 번이나 혼자 힘으로 회복을 시도해 보지만, 결국 병리적인 결과로 끝나 버린다. 우리는 이 결과 앞에서 무력하다.

이런 환자한테서 얻은 임상적인 인상들을 기초로, 우리는 그들이 대상에 대한 집중을 포기하고 대상 리비도를 자아 리비도로 대체했다고 주장했다. 이 특징에 의해서 우리는 이런 노이로제를 첫 번째 부류(히스테리, 불안 노이로제, 강박 노이로제)와 구별한 것이다. 치료를 해보면 이와 같은 증상은 우리의 구별이 타당함을 증명해 줄 것이다. 이는 전혀 감정전이를 보이지 않는다. 그러므로 우리의 노력은 허사로 돌아간다. 그들은 우리에 의해서는 낫지 않는다.

정신분석 요법

여러분은 오늘 내가 하려고 하는 말이 무엇인지 잘 알 것이다. 정신분석 요법은 결국 감정전이, 즉 암시에 의한다고 내가 인정했을 때, 여러분은 우리가 어째서 직접 암시를 채택하지 않느냐고 물었다. 그리고 또 여러분은 암시라는 것이 이토록 중시되고 있는데도 여전히 우리의 심리학적 발견이 객관적이라고 보장할 만한 근거가 있느냐는 의문을 그 질문에 덧붙였다. 나는 여러분에게 자세히 대답하겠다고 약속했다.

직접 암시라는 것은 증상의 발현에 대한 암시이며, 여러분의 권위와 병을 일으키는 동기와의 싸움에 대한 암시이다. 여러분은 이 경우 전혀 동기를 주목하지 않고 증상이라는 형태로 드러난 것을 억누르라고 환자에게 요구하고 있다. 그래서는 여러분이 환자를 최면 상태에 두건 두지 않건 결국 거의 차이가 없다. 베르네임은 그의 독특하고 예리한 통찰로, 암시는 최면술이라는 현상의 본질이지만 최면 그 자체가 암시의 결과, 즉 암시된 상태라고 수차례에 걸쳐 계속 주장했다. 그리고 베르네임은 암시를 종종 각성 상태에서 걸었다. 그 결과는 최면 상태에서 건 암시와 동일했다.

그러면 여러분은 경험담과 이론적 고찰 가운데 어느 쪽을 먼저 듣고 싶은가? 경험담부터 출발하기로 하자. 나는 1889년, 낭시에 있는 베르네임을 찾아가서 그의 제자가 되었다. 그리고 베르네임의 암시에 대한 책을 독일어로 번역했다. 몇 해 동안 나는 최면 요법을 썼다. 처음 나는 그것을 금지 암시[1]에 연관시켰으며, 나중에는 브로이어의 탐문 조사법과 연결시켰다. 그러므로 나는 최면 요법 혹은 암시 요법의 효과에 대해서 나 자신의 오랜 경험에서 출발해도

---

1) 禁止暗示. 이제 이런 증상은 일어나지 않는다는 암시.

좋을 것이다. 옛날 의사들의 말에 의하면 이상적인 치료법이란, 신뢰할 만하며 힘이 덜 들고 환자가 불쾌하게 생각하지 않아야 한다고 한다. 만일 그렇다면 베르네임의 방법은 물론 이 중의 두 가지 조건을 만족시키고 있다. 그의 방법은 아주 단시간에 실행될 수 있다. 분석 요법과는 비교가 안될 만큼 재빨리 처리한다. 그리고 환자를 고생시키거나 불쾌감을 주지 않는다. 의사에게 이와 같은 방법은 결국 단조로운 것으로, 어떤 환자에게나 같은 방법과 같은 형식을 사용해서 여러 가지 증상들이 나타나지 못하게 하기만 하면 되는 것이다. 물론 증상의 의미라든가 의의는 가질 필요도 없다. 그러니 그것은 기계적인 작업과 마찬가지이며 결코 과학적인 작업이라고는 할 수 없었다. 또 그것은 마술, 주문, 요술과 동일한 것이었다. 이 치료법은 또 환자의 기분을 상하게 하지 않았다.

그러나 베르네임의 방법은 하나의 조건이 결여되어 있었다. 이 방법은 어느 점으로 보나 믿을 만한 것이 못되었다. 한 환자에게는 적용되지만, 다른 환자에게는 아무 의미도 없었다. 한 환자에게서는 큰 성과를 거두었지만 다른 환자에게서는 거의 반응을 얻지 못했다. 그리고 그 원인이 무엇인지 전혀 알 수 없었다.

이 암시 요법의 효과가 영속하지 않은 것은 이 요법이 일부에서만 통용되었던 것만큼이나 불편했다. 얼마 뒤 환자에게 물어보면, 그전의 고통이 재발해 있거나, 그전의 고통이 새로운 고통으로 변해 있었다. 그래서 의사는 계속해서 최면을 걸지 않으면 안 되었다. 이 치료법에 대해 경험을 쌓은 의사는 몇 번이나 되풀이하여 최면을 걸어서 환자의 자주성을 빼앗거나 마약처럼 이 치료법에 습관이 붙어서는 안 된다고 경고하고 있다. 그러나 예상대로 성공하는 일도 많았다. 조금만 고생하면 영속하는 완전한 효과를 올릴 수가 있었다. 그러나 그와 같이 좋은 결과가 어떤 조건 아래서 이루어졌는지는 끝내 알지 못했다.

한 번 나는 이런 경험을 한 적이 있다. 단기간의 최면 요법으로 한 여자 환자의 무거운 병을 깨끗이 고쳐 주었다. 그런데 그 환자가 이렇다 할 까닭도 없이 내게 원한을 품은 뒤에는 고스란히 병이 재발했다. 그러다가 내가 환자와 화해를 하자 병은 다시 완전히 사라져 버렸으며, 환자가 내게 다시 반감을 품게 되자 병도 재발했다.

또한 이런 경험을 한 적도 있다. 내가 최면술로 몇 번이나 노이로제 상태에서 구해 준 어느 환자가, 특히 완고한 어떤 발작을 치료하고 있는 동안 갑자기 내 목에 매달렸다. 이상과 같은 사실을 보면, 사람이 바라건 바라지 않건 암시적 권위의 본질은 무엇인지, 또 그것은 무엇에 유래하는지에 대해 생각하지 않을 수 없게 된다.

경험담은 이것으로 충분하다. 이상의 경험담은 우리가 직접 암시를 포기하더라도 아주 소중한 것을 포기한 것이 아님을 보여 준다. 그러면 이에 대해서 몇 가지 점을 생각해 보자. 최면 요법은 의사나 환자의 경우에도 그리 힘들지 않다. 이 치료법은 많은 의사들이 지금도 여전히 인정하고 있는 노이로제에 대한 견해와 꼭 일치한다. 의사는 노이로제 환자에게 "나쁜 데는 없어요. 단순한 신경성입니다. 그러니 당신의 괴로움 같은 것은 내가 몇 마디만 하면 몇 분 안에 날려 버릴 수 있어요" 이렇게 말한다. 그러나 그에 알맞은 장치의 힘을 빌리지 않더라도 직접 무거운 짐에 손을 대고 아주 적은 힘만 내면 그 짐을 움직일 수 있다고 하는 것은 에너지에 대한 우리의 생각과 어긋난다. 지금의 상황이 이와 같으므로 우리는 경험으로도 그와 같은 잔재주는 노이로제의 경우 성공하지 못한다는 것을 배우게 된다. 나는 이 논법이 공격을 받을 성질의 것임을 알고 있다. 이 논법에는 '환기(喚起)' 최면암시에 의해 격한 감정이나 행동이 일어나는 것이 포함되어 있다.

정신분석에서 얻은 지식의 관점에서 우리는 최면술의 암시와 정신분석의 암시 사이에 있는 차이를 다음과 같이 설명할 수 있다. 최면 요법은 정신생활 속에 있는 것을 숨기고 장식하려고 하지만, 분석 요법은 이것을 들추어내고 제거하려고 한다. 최면 요법은 미용 기술 같은 일을 하고, 분석 요법은 외과 치료와 같은 일을 한다. 최면 요법은 증상을 금지하기 위해서 암시를 사용하고, 억압을 강화하며, 증상 형성을 가져온 모든 과정을 그대로 둔다. 그런데 분석 요법은 더 깊게 병의 근원을 향하며 증상을 일으킨 갈등을 공격한다. 그리고 이 갈등의 결과를 바꾸기 위해서 암시를 이용한다.

최면 요법은 환자를 활동이나 변화가 없는 상태에 머물게 한다. 그러므로 환자는 병의 어떤 새로운 유인(誘因)에 대해서 전과 마찬가지로 저항하지 않는다. 분석 요법은 환자에게나 의사에게나 많은 노력을 필요로 하게 만든다. 그리고 이 노력은 내부 저항을 제거하는 데 소비된다. 이 내부 저항을 제거함으로써 환자의 정신생활은 영구히 바뀌고, 더 높은 발달 단계로 올라가며, 새로운 발병의 가능성에서 벗어나게 된다. 저항을 극복한다는 이 작업이 분석 요법의 근본을 이루는 것이다. 따라서 환자는 이 작업을 완수하지 않으면 안 되며, 의사도 교육이라는 뜻으로 작용하고 있는 암시의 도움으로 환자에게 이 작업을 완수하도록 해주어야 한다. 따라서 정신분석 요법은 일종의 '재교육'이라고 할 수 있다.

나는 이제 여러분에게 암시를 치료에 사용하는 정신분석의 방법과 최면 요법만을 사용하는 방법이 어떤 점에서 다른가를 분명히 밝혔다고 생각한다. 암시를 감정전이로 만들어 버림으로써 여러분은 최면 요법 때 우리 눈에 기괴하게 비친 그 변덕스러움의 원인을 알았을 것이며, 한편 분석 요법은 그 한계 내에서는 믿을 수 있다는 이유를 알게 되었을 것이다. 최면 상태를 사용할 경우 우리는 환자의 전이 능력에 따라 좌우되지만, 전이 능력 자체에는 아무 영향을 미치지 못한다. 최면술에 걸린 환자의 감정전이는 음성이거나, 혹은 대개 그렇듯이 양립 상극적이다. 어떤 경우는 특별한 태도를 가짐으로써 환자가 자기의 감정전이를 미리 방지할 수 있을지 모른다. 그러나 우리는 그런 것을 경험한 기억이 없다. 정신분석에서 우리는 감정전이 자체로 작업을 하고, 감정전이를 방해하는 것을 쫓아 버리며, 우리가 활용하고자 하는 도구를 준비한다. 이와 같이 우리는 암시라는 힘을 다른 식으로 사용할 수 있게 된다. 우리는 암시를 뜻대로 사용할 수 있다. 다시 말해 환자는 자기 마음대로 자신에게 암시를 걸 뿐만 아니라, 환자가 일반적으로 암시의 영향을 받는 한에서 우리는 환자의 암시를 조종하는 것이다.

그런데 여러분은 "우리가 정신분석의 원동력을 '감정전이'라고 부르건 '암시'라고 부르건 그것은 아무래도 좋은 일이다. 그러나 우리가 발견한 것의 객관적 확실성이 의심받게 될 위험이 있다"라고 말할 것이다. 치료에 도움이 되는 것이 연구에는 해로운 것이 되어 버린다. 이것은 정신분석에 가장 잘 제기되는 항의이다. 그리고 여러분은 비록 이 항의가 엉뚱한 것이라 할지라도 이 항의를 불합리한 것이라고 일축해 버릴 수는 없다고 고백할 것이다. 그러나 이 항의가 정당한 것이라면, 정신분석이라는 것은 교묘하게 위장하는 특별한 작용을 가진 일종의 암시 요법에 지나지 않을 것이다. 그리고 우리는 생활의 감화나 심리적 역학이나, 무의식에 대한 정신분석의 주장을 모두 가볍게 생각해도 좋을 것이다. 정신분석에 대해 반대하는 이들도 그와 같이 생각하고 있다. 특히 성적 경험의 의미에 대한 것은 모두(비록 성적 경험 그 자체가 아니더라도) 우리 자신의 타락된 공상 속에서 그와 같이 여러 가지로 짜 맞추어서 환자에게 '믿게 만든' 것이라고 생각되고 있다.

이와 같은 비난은 이론의 도움에 의해서라기보다 경험의 도움으로 훨씬 쉽게 반박할 수 있다. 자기 자신이 정신분석을 해 본 사람이라면 환자에게 그와 같이 암시하는 것은 불가능하다고 몇 번이나 스스로 확신할 수 있었을 것이다. 환자를 어떤 학설의 신봉자로 만들어서 의사의 그릇된 생각에 동의하게 하는 것은 물론 쉽다. 이와 같은 경우에 환자는 환자가 아닌 사람, 예를 들면 학생과 같은 태도를 갖는다. 그러나 의사는 그것으로 환자의 지성에는 영향을 줄 수 있지만, 그 환자의 병에는 영향을 줄 수 없다.

환자가 갈등을 해결하고, 그의 저항을 극복하는 데 성공하는 것은 환자의 마음에 현재 존재하는 것과 일치하는 예측 관념을 환자에게 주었을 때뿐이다. 의사의 추측과 일치하지 않은 것은 분석 진행 중에 다시 사라져 버린다. 그것은 철회되어 더 올바른 것으로 바뀌어야 한다. 의사는 신중한 기법을 사용해서 암시의 효과가 일시적인 데 그치지 않도록 해야 한다. 그러나 이와 같은 일시적인 효과가 나타나더라도 걱정할 필요는 없다. 왜냐하면 우리는 맨 처음의 결과로 만족하지 않기 때문이다. 우리는 증상에서 분명치 않은 부분이 밝혀지지 않고 기억의 결손이 메워지지 않으며 억압의 동기가 발견되지 않았다면 분석이 끝난 것으로 간주하지 않는다. 너무 빨리 결과가 나타나면, 우리는 분석 작업이 진척되었다고 생각하기보다 오히려 분석 작업이 방해되었다고 생각하고, 그 결과가 된 전이를 몇 번이나 해소시킴으로써 그 결과를 무산시켜 버린다. 분석 요법이 순수하게 암시 요법과 구별되며, 또 분석의 결과는 암시의 결과가 아닐까 하는 의혹이 사라지게 되는 것은 결국 방금 말한 그 특징에 의해서이다. 다른 모든 암시 요법에 있어 감정전이는 주의 깊게 보호되고 손을 대지 않도록 해둔다. 그런데 분석요법에서는 전이 그 자체가 치료의 대상이 되고, 전이는 여러 가지 현상 유형으로 분해된다. 분석 요법이 끝날 때는 전이 그 자체가 소멸되어 있어야 한다. 그리고 좋은 결과가 나타나서 그것이 줄곧 계속되는 것은, 암시에 의하는 것이 아니라 암시의 도움으로 성취된 내부 저항의 극복이라는 작용, 즉 환자의 마음속에서 이루어진 내부 변화에 의해서이다.

우리는 치료 중에 적대적으로 바뀔 수 있는 감정전이와 싸워야 하기 때문에, 개개의 암시가 생겨날 때 방해를 받을 것이다. 그러면 보통 같으면 암시로 생긴 것이 아닐까 하고 의심될 분석의 많은 결과가 이론의 여지가 없는 다른 방법으로 확인되는 증거를 보여 주겠다. 이 증인은 조발성 치매와 파라노이아(편집증) 환자이다. 이런 환자는 암시의 영향을 받은 것이 아닐까 하는 의혹을 가질 필요가 조금도 없다. 이들 환자가 의식에 떠오른 상징의 번역이나 공상에 대해서 우리에게 이야기해 주는 것은 감정전이 노이로제 환자의 무의식에 대한 우리의 연구 결과와 일치하며, 또 흔히 의심받고 있는 우리의 해석이 객관적으로 옳다는 것을 보장해 준다. 그러므로 이 점에 대해서, 여러분은 분석을 믿어도 잘못이 아닐 줄 안다.

이제 우리는 치유의 메커니즘에 대한 이야기를 리비도 이론의 공식을 사용해서 완성하고 싶다. 노이로제 환자에게는 향락의 능력도, 일을 하는 능력도 없다. 향락하는 능력이 없는 것은 그 사람의 리비도가 현실의 대상을 향하고 있지 않기 때문이며, 일할 능력이 없는 것은 리비도를 계속 억압하여 그것이 솟아오르는 것을 막기 위해서 다른 에너지를 대량으로 사용하지 않으면 안 되기 때문이다. 만일 환자의 자아와 리비도 사이의 갈등이 끝나고, 그의 자아가 다시 리비도를 뜻대로 할 수 있게 되면 그는 건강해질 것이다. 따라서 치료의 사명은 자아에서 멀어져 있는 현재의 속박에서 리비도를 해방하여 리비도를 다시 자아에 종속시키는 데 있다.

그러면 노이로제 환자의 리비도는 어디에 있는 것일까? 그것을 찾아내기는 쉬운 일이다. 그 리비도는 증상(이것은 우선 단 하나 가능한 대리만족을 리비도에 주고 있다)에 결부되어 있다. 그러므로 증상을 극복하고 그것을 해소시켜야 하며 그것은 환자가 우리에게 요구하는 것과 똑같은 일이다. 증상을 없애려면 그 발생의 근원으로까지 거슬러 올라가서, 증상을 만들고 있는 갈등을 다시 불러일으켜, 그 당시는 뜻대로 되지 않았던 본능의 도움을 받아, 증상이 아닌 다른 방식으로 갈등이 해결되도록 해주는 일이 꼭 필요하다. 억압 과정에 대한 이러한 수정 일부는 억압되어 버린 과정의 흔적을 따라감으로써 이루어진다. 그러나 이 작업의 결정적인 부분은 의사에 대한 관계, 즉 '감정전이'에 의해 지나간 갈등을 새로 엮어나감으로써 이루어지는 것이다. 그리고 이 옛 갈등에 대해서 환자는 지난날 그가 행동한 것처럼 행동하고 싶어 한다. 한편 의사는 환자가 뜻대로 할 수 있는 모든 정신적인 힘을 환자 스스로 끌어내도록 시켜서 이 갈등을 의도적으로 해결하려고 한다. 따라서 감정전이는 서로 대립하는 모든 힘이 부딪치는 싸움터라고 할 수 있다.

리비도와 리비도에 대한 모든 저항은 의사와의 관계에 집중된다. 그 결과 마땅히 리비도적 증상들은 사라진다. 그리고 환자가 본래 가지고 있던 병 대신 감정전이에 의해 인공적으로 만들어진 병, 즉 감정전이성 질환이 나타난다. 갖가지 비현실적인 리비도의 대상 대신 의사라는 존재가 공상적인 대상으로서 다시 나타난다. 그러나 이 대상에 대한 새로운 싸움은 의사의 암시에 힘입어 최고의 심리적인 단계에까지 높여지고, 정상적인 심리적 갈등으로서 진행한다.

이렇게 새로운 억압을 피함으로써 자아와 리비도 사이의 불안은 사라지고, 인격의 정신적 통일이 다시 이루어진다. 리비도가 의사라는 일시적 대상으로부터 또다시 분리되면 리비도는 지난날의 대상으로 되돌아가지 못하고 자아의 명령에 따르게 된다. 이 치료의 작업 중에 극복된 힘은 한쪽은 리비도가 어떤 방향으로 나아가려고 하는 데 대한 자아의 혐오이며(이것은 억압 경향으로서 나타났던 것이다), 또 한편에선 일단 집중된 대상에서 떠나기를 싫어하는 리비도의 집착하는 성질, 즉 점착성이다(이 때문에 리비도는 전에 집중한 대상에서 떨어지고 싶어 하지 않는 것이다).

따라서 치료라는 작업은 두 단계로 나뉜다. 제1단계는 모든 리비도를 증상에서 감정전이로 밀어 주어 감정전이에 집중시키는 일이다. 제2단계는 이 새로운 대상과 맞서 싸워서 리비도를 이 대상으로부터 자유롭게 하는 일이다. 그리하여 이 새로운 갈등에서 억압이 일어나지 않으면 좋은 결과를 얻을 수 있다. 그 결과 리비도는 무의식 속으로 달아남으로써 자아에서 다시 멀어질 수 없게 된다. 그리고 이 억압 배제는 의사의 암시를 받고 이룩된 자아의 변화로 성취된다. 무의식을 의식으로 바꾸려고 하는 해석 작업 과정에서 자아는 이 무의식의 희생으로 말미암아 확대된다. 교육에 의해 자아는 리비도와 화해하게 되고, 어느 정도의 만족을 양보할 기분이 된다. 자아는 리비도의 일부를 승화작용에 의해 방출할 수 있기 때문에 리비도의 요구를 두려워하는 일이 적어진다.

이상에서 설명한 바와 같이 치료 과정이 일치하면 할수록 정신분석 요법의 효과는 크다. 치료를 방해하는 것은 대상에서 떨어지지 않으려고 저항하는 리비도의 운동성 결여와, 대상에 대한 전이가 어떤 한계 이상으로 증대되는 것을 허용치 않는 나르시시즘의 완고함이다. 우리가 감정전이에 의해 리비도의 일부를 우리 자신에게 끌어당겨 자아의 지배를 벗어나 리비도를 모두 포착한다고 말하면, 치유 과정의 역학은 더 분명해질 것이다.

치료 중에, 그리고 치료로 회복되는 리비도의 분포에서 병적인 리비도의 정도를 직접 추측해서는 안 된다는 경고가 마땅히 나온다. 어떤 환자가 아버지에 대한 감정을 의사에게 옮기는 강한 부친 감정전이를 만들어 놓고 이것을 제거함으로써 다행히도 훌륭히 병이 나았다고 하자. 이 경우, 환자의 리비도가 무의식적으로 아버지에게 그와 같이 결부되어 있었기 때문에 병이 난 것이라고 추론하는 것은 잘못이다. 이 경우 부친 감정전이는 우리가 리비도를 포착하려 하고 있는 싸움터에 지나지 않는다. 환자의 리비도는 다른 위치에서 이곳으로 이동해 온 것이다. 이 싸움터는 반드시 적의 중요한 요새와 일치하지는 않는다. 적에 대한 수도 방위는 수도의 문 앞에서 행해질 필요는 없다. 전이를 다시 한번 그만두어야 비로소 우리는 병중에 존재하고 있었던 리비도의 분포를 관념 속에서 재구성할 수 있는 것이다.

리비도 이론의 관점에서 우리는 다시 한번 꿈에 대해 마지막 결론을 내리고 싶다. 노이로제 환자의 꿈은 그 환자의 잘못이나 자유연상처럼 증상의 뜻을 추측하고, 리비도의 처리 방법을 발견하는 데 도움이 된다. 꿈은 어떤 소망 충동이 억압을 받는가, 또 자아에서 물러난 리비도가 어떤 대상에 정착돼 있었는가를 소망 충족의 형태로 우리에게 제시해 준다. 그러므로 꿈에 대한 해석은 정신분석 요법에서 큰 역할을 하며, 또 많은 증상들에서 장기간에 걸쳐 분석 작업의 가장 중요한 수단이 된다. 우리는 이미 수면 상태에서는 억압이 어느 정도 완화된다는 것을 알고 있다. 억압에 가해지는 압력이 얼마쯤 줄어들기 때문에 억압된 충동은 낮 동안에 증상을 통해서 나타나는 것보다 훨씬 뚜렷하게 꿈속에 나타난다. 따라서 꿈에 대한 연구는 자아에서 물러난 리비도가 속해 있는 억압된 무의식을 아는 데 가장 편리한 길이 되는 것이다.

노이로제 환자의 꿈은 본질적으로는 정상인의 꿈과 다르지 않다. 아마 대개는 이 둘을 구별할 수 없을 것이다. 정상인의 꿈에 통용되지 않는 방법으로 노이로제 환자의 꿈을 설명한다는 것은 터무니없는 일이다. 이에 우리는 노이로제 증세와 건강한 심리 상태의 차이가 낮에만 해당되며, 꿈에는 해당되지 않는다고 말할 수 있다. 노이로제 환자의 꿈과 증상 사이에는 관련이 있기 때문에 그것으로써 분명해진 많은 가설들을 우리는 건강한 사람에게도 옮겨 오지 않을 수 없게 된 것이다. 우리는 건강한 사람도 꿈이나 증상을 일으킬 수 있는 요소들을 정신생활 속에 갖고 있음을 부정할 수 없다. 또 우리는 건강한 사람도 억압을 만들어 내며 그것을 계속하기 위해서 에너지를 어느 정도 소비하지 않으면 안 된다는 것, 그 무의식 체계에는 억압되고 게다가 에너지가 집중된 충동을 감추고 있으며, 그리고 그의 리비도 일부는 자아의 뜻대로 되지 않는다는 것 등의 결론을 내려야 한다. 그러므로 건강한 사람도 잠재적으로는 노이로제 환자이다. 그러나 꿈은 겉보기에는 건강한 사람이 만들 수 있는 오직 하나의 증상인 것처럼 여겨진다. 만일 우리가 깨어 있는 상태에서 생활하는 모습을 날카로운 눈으로 관찰한다면, 이 의견과 모순되는 점을 실제로 발견하게 될 것이다. 즉 겉보기에 건강하다고 할 수 있는 그 생활에는 보잘것없고 실제로는 중요하지 않은 무수한 증상들이 섞여 있는 것이다.

그러므로 신경질적인 건강과 노이로제 사이의 차이는 실용적인 점에만 제한된다. 그 구별은 자유로운 에너지의 양과 억압에 의해 속박된 에너지의 양과의 상대적 관계로 결정된다. 다시 말해 이 차이는 질적인 것이 아니라 양적인 것이다. 이 견해는 기질적인 소인에 토대를 두기는 하나, 노이로제란 원칙적으로 치유될 수 있다는 우리의 확신에 이론적 근거를 제공해 주는 것임을 여러분에게 새삼스레 상기시킬 것도 없을 것이다.

건강한 사람의 꿈과 노이로제 환자의 꿈이 같다는 사실에서 우리는 건강한 마음에 대한 정의를 여러 가지로 생각해 보아도 좋을 것이다. 그러나 꿈 그 자체에 대해서는 다음과 같은, 아니 그 이상의 결론을 끌어낼 수 있을 것이다. 즉 우리는 꿈을 노이로제 증상과의 관련에서 떼어내서는 안 되고, 또 꿈의 본질은 사상을 아주 오래전부터 내려오는 표현 형식으로 번역하고 설명해서도 안 되며, 꿈이라는 것에서 우리는 현존하는 리비도의 처리 방법과 대상 집중을 나타내고 있다고 가정하지 않으면 안 된다.

드디어 이야기는 결말에 이르렀다. 내가 정신분석 요법의 장(章)에서 이론적인 것만 설명하고, 치료가 실시되는 조건 및 치료가 거두는 효과에 대해서 아무 말도 하지 않은 데 대해 여러분은 아마 실망했을 줄로 안다. 그러나 이 두 가지는 이야기하지 않기로 한다. 치료가 진행되는 조건을 이야기하지 않는 것은 여러분에게 정신분석을 위한 실제적인 지도를 해 줄 생각은 아예 처음부터 하지 않았기 때문이며, 치료가 거두는 효과를 말하지 않는 것은 여러 가지 동기가 나를 가로막기 때문이다. 이 강의 초반에 정신분석 요법이 편리한 조건 아래서는 내과적 치료법들의 가장 훌륭한 치료에 못지않은 치료 효과를 거둔다고 역설했다. 그리고 나는 이 효과는 다른 어떤 방법으로도 거둘 수 없었을 것이라고 덧붙이겠다. 그러나 만일 내가 더 이상 말한다면, 과대한 선전으로 떠들썩해진 저 경멸의 소리를 흩날려 버리려 하고 있는 것이 아닐까 하는 혐의를 받게 된다.

정신분석가를 향한 공격은 공식적인 회합 석상에까지 나타났다. 의학교수들은 분석에 실패하거나 해독을 끼친 사례들을 모아, 분석 요법이라는 것은 가치가 없다는 것을 공표하여 갈팡질팡하는 사람들의 눈을 뜨게 해 주자고 으름장을 놓았다. 그러나 그와 같은 사례들을 모아 봐야, 그 방법이 악의에 찬 밀고적인 성질을 띠고 있는 점은 도외시하더라도, 분석의 치료 효과에 대해 올바른 판단을 내리는 데 적당한 일이라고는 생각되지 않는다. 여러분도 알다시피 분석 요법은 아직 시작 단계이다. 우리가 그 기법을 확립할 때까지 참으로 오랜 세월이 걸렸다. 그리고 이것을 연구하는 동안에 또 점차 증가해 가는 경험의 영향을 받아 완성된 것이다. 정신분석 분야는 기법을 가르치기가 어렵기 때문에, 신참 의사들이 기술을 연마할 때, 다른 부분의 전문가들보다 자기 자신의 능력에 의지하지 않으면 안 되었다. 그러므로 그 사람이 첫 해에 거둔 효과는 결코 분석 요법의 효과라고 판단할 수가 없을 것이다. 정신분석의 초기에는 치료 시도가 실패로 끝난 일이 많았다. 그것은 일반적으로 이 방법이 적당치 않은 사례들을 대상으로 삼았기 때문이며, 오늘날에는 그런 사례를 우리가 적용할 수 없는 것이기에 분석 대상에서 제외하고 있다. 그러나 이 분석에 적합한 요건들은 분석을 해보고 나서야 비로소 안 것이다. 뚜렷한 형태를 가진 파라

노이아라든가 조발성 치매에 효과가 없다는 것을 처음에는 알지 못했다. 그러나 여러 가지 질환에 이 방법을 시도한다는 것은 역시 옳은 일이다. 첫 해의 실패는 대체로 의사의 실수나 부적당한 자료를 골랐기 때문에 생긴 것이 아니라, 외적 조건이 나빴기 때문에 일어난 것이다

우리는 지금까지 반드시 나타나는, 정복할 수 있는 환자의 내부 저항에 대해서만 이야기했다. 분석 중에 환자의 처지나 환경으로 일어나는 외부 저항은 이론적으로는 거의 흥미가 없지만 실제로는 가장 중요한 것이다. 정신분석 요법은 외과 수술에 비유할 수 있다. 즉 외과 수술처럼 성공하는 데 가장 좋은 조건 아래서 실시할 필요가 있다. 수술을 할 때, 보통 외과의사가 어떤 준비를 하는지 여러분은 알고 있을 것이다. 적당한 수술실, 훌륭한 조명, 조수, 가족을 멀리하는 조치 등등이다. 그런데 외과의사가 환자의 가족이 다 입회한 자리에서 수술을 해야 하고, 더욱이 그들이 수술대를 둘러싸고 들여다보면서 메스를 가할 때마다 큰 소리를 지른다면, 이 수술이 과연 잘 되겠는가? 한번 생각해 보기 바란다. 정신분석 요법에서는 가족이 자리를 함께 하는 것이 매우 위험하다. 더욱이 그것은 막을 수 없을 정도의 큰 위험이다.

우리는 환자의 내부 저항을 각오한다. 내부 저항은 부득이한 것이라고 생각한다. 그러나 외부 저항은 어떻게 막으면 좋을 것인가? 우리가 아무리 설명해도 환자의 가족은 우리 뜻대로 되지 않으며, 그들에게 모든 문제에 대해 초연한 태도를 갖게 할 수도 없다. 또 환자의 가족과 협력해도 안 된다. 왜냐하면 자기가 믿는 사람이 자기편을 들어줄 것을 바라는(그것은 마땅한 일이지만) 환자의 신뢰를 잃을 우려가 있기 때문이다

어떤 불화 때문에 가정이 파괴되는가를 알고 있는 사람은 분석가의 입장에서, 환자의 가족은 흔히 환자가 건강해지는 것보다 그대로 병들어 있는 쪽에 관심을 나타낸다는 것을 알아도 놀랄 것이 없다. 세상에 흔히 있듯이, 노이로제 증상이 가족들과의 갈등 관계에 있을 경우, 건강한 사람은 자기 이익과 환자의 회복 중 하나를 고르라고 하면 자기 이익을 택한다. 남편이 자기의 잘못이 드러날 것이 예상되는 치료를 좋아하지 않는다고 해도 놀랄 것은 없다. 우리도 이런 예에는 놀라지 않으며, 남편의 저항이 병든 아내의 저항에 더해지는 바람에 우리의 노력이 수포로 돌아가거나 처음부터 꺾여 버려도, 우리는 스스

로를 조금도 책망할 수 없다. 우리는 현존하는 상황 아래서 실행 불가능한 것을 실행하려 한 데 지나지 않았던 것이다

많은 증상들을 설명하는 대신, 내가 의사로서의 양심 때문에 매우 난처했던 사례 하나를 이야기하겠다.

몇 해 전에 나는 한 젊은 처녀에게 분석 요법을 실시하고 있었다. 이 처녀는 오래전부터 불안해서 길을 나다니지도 못하고 집에 혼자 있지도 못했다. 이 처녀 환자는, 자기의 어머니와 돈 많은 어느 남자와의 정사를 우연히 목격했기 때문에 공상이 생겼다고 점차 고백하기 시작했다. 그런데 처녀는 경솔하게도 (아니 서둘러) 분석 시간에 주고받은 말을 어머니에게 암시했다. 다시 말해 딸은 어머니에 대한 태도를 바꾸어, 혼자 집을 지키고 있을 때의 불안은 어머니밖에 막아 줄 수가 없다고 주장했다. 그러고는 어머니가 외출하려고 하면 불안에 가득 차서 방문을 막아섰다. 어머니도 전에는 신경증에 걸린 적이 있었는데, 몇 해 전에 물리 치료를 하는 어느 요양원에 다니고 난 뒤 완전히 치유되었다. 아니, 어머니는 그 병원에 다닐 때, 한 남자와 알게 되어 모든 점에서 자기를 만족시켜 주는 관계를 그와 맺을 수 있었다고 감히 추정해도 좋다. 딸이 열렬히 요구하는 바람에 놀란 그 어머니는, 문득 자기 딸의 불안이 무엇을 뜻하는지 깨달았다. 딸은 어머니를 집에 가두어, 어머니가 애인과 교제하는 데 필요한 행동의 자유를 빼앗기 위해서 병이 난 것이었다. 그래서 어머니는 즉각 딸에게 해로운 치료를 해주는 병원에 보내지 않기로 결심했다. 딸은 어느 병원의 신경과로 보내지면서, 오랜 세월 '정신분석 요법으로 가엾게도 희생당한 사람'으로 알려지게 되었다.

나의 치료법이 뜻밖의 결과가 되었기 때문에 그동안 줄곧 나에 대한 악평이 내 귀에도 들려왔다. 그러나 나는 침묵을 지켰다. 의사로서 비밀을 지킬 의무가 있다고 믿었기 때문이다. 그런데 몇 해 뒤에 내 동료가 그 병원을 방문하여 광장공포증에 걸린 이 처녀를 만났다. 처녀의 어머니와 어느 돈 많은 남자와의 관계가 온 동네에 소문이 나 있으며, 두 사람은 마치 부부처럼 아이까지 생겼다는 이야기를 들었다. 결국 이 '비밀' 때문에 분석치료가 희생된 것이었다. 제1차 세계대전 전 몇 해 동안 외국에서 많은 환자들이 나를 찾아왔다. 따라서 나는 내가 살고 있는 빈시의 좋고 나쁜 평판에 별 신경을 쓰지 않았다. 그때 나

는 자기의 기본적인 삶에 관계된 일에 대해 타인에게 의존하고 있는 환자, 즉 독립해 있지 않은 환자는 결코 치료하지 않는다는 규칙을 만들었다. 그러나 정신분석가라고 다 이 규칙을 지킬 수는 없었다. 아마 여러분은 가족에 대한 경계 때문에 정신분석은 가정에 있는 환자에게 실시해서는 안 된다고 생각할 것이다, 즉 이 요법은 병원의 신경과에 입원한 환자에게만 한정해야 한다고 결론지을 것이다. 그러나 나는 여러분의 말에 찬성하지 않는다. 환자가 아주 쇠약한 단계에 있지 않는 한 치료 중에는 실제 생활이 그들에게 부과하는 과제와 싸우지 않을 수 없는 상황 속에 있는 편이 훨씬 유리하다. 다만 가족은 이 유리한 점을 방해하는 행동을 해서는 안 되며, 또 무엇보다도 의사의 노력에 적의를 갖고 반대해서도 안 된다. 그러나 여러분은 우리의 손이 미치지 않는 이 요소들(가족들)을 어떻게 해서 이 방면으로 움직이게 하겠는가 생각할 것이다. 치료의 가능성이라는 것은 사회적인 환경과 그 가정의 문화적인 조건들에 크게 좌우되는 것이라고 여러분들은 추측할 것이다.

방해적인 이 외적 요인을 이렇게 평가하면 우리가 겪은 실패의 대부분이 설명되지만, 이상의 말이 치료법으로서 정신분석의 유효성에 대해서 암담한 미래를 약속하는 것이라고 말하는 것은 옳지 않다. 정신분석에 호의를 가진 사람들은 분석의 성공률과 실패율의 통계를 내도록 우리에게 충고해 주었다. 그러나 나는 이 충고를 듣지 않았다. 왜냐하면 통계는 비교와 대조 단위가 같지 않으면, 또 치료를 실시한 노이로제 질환의 증상들이 여러 가지 점에서 동일하지 않으면 어떠한 가치도 얻을 수 없다고 판단했기 때문이다. 그리고 우리는 너무나 짧은 기간에 관찰한 것이어서 치료의 효과가 언제까지 계속될지 가늠할 수 없었고, 또 많은 증상들을 일반적으로 보고할 수도 없었다. 왜냐하면 이와 같은 증상들은 자기의 병, 자기의 치료조차 비밀로 해두려 하며, 자기가 치유된 것도 역시 비밀로 해야 하는 사람들이기 때문이었다. 그러나 통계를 거부한 가장 큰 이유는 사람들이 분석 요법 문제에 대해서는 심각할 정도로 비합리적인 태도를 보여 합리적인 수단으로 통계 자료를 만들 방법이 아예 없다고 생각했기 때문이다. 새로운 치료법이란 것은 마치 코흐가 결핵에 대해 처음으로 투베르쿨린 처방의 효과를 발표했을 때처럼 대대적인 환영을 받았다가는 곧 연기처럼 사라져 버리거나, 혹은 제너의 면역 요법(오늘날에도 아직 완고한 반대자가 있긴 하지만)처럼 그 당시에는 누구도 주목하지 않았지만 실제로 큰 희망을 안겨 주는 것과 같은 두 가지 경우 가운데 하나이다. 정신분석에 대해서는 분명히 편견이 널리 퍼져 있다. 만일 우리가 어려운 증상을 고치면 사람들은 "그런 것은 증명이 되지 않는다. 환자는 치료를 받을 무렵에 이미 자신도 알지 못하지만 어떤 자연적인 경로로 완쾌 상태에 도달했는지도 모른다"라고 말할 것이다. 그리고 우울증과 조증의 네 주기를 거친 환자가 우울증 뒤의 휴지기(休止期)에 나의 치료를 받고 3주일 뒤에 다시 조증이 재발되면, 가족들은 모두, 아니 입회 초청을 받은 권위 있는 의사들마저도 이 새로운 발작을 환자에게 실시한 정신분석의 결과라고 확신하고 만다. 이러한 편견은 어쩔 수 없는 것이다. 여러분은 현재 전쟁 상태에 있는 한 민족이 다른 민족에 대해 온갖 편견들을 갖게 되는 것과 같은 상황을 바라보고 있는 것이다. 이에 대처하는 가장 이상적인 수단은 그 편견이 시간의 경과와 더불어 자연히 사라지기를 기다리는 것이다. 언젠가는 같은 사람들이, 같은 상황들에 대해 이제까지와는 전혀 다른 방식으로 생각하게 될 것이다. 인간이 어째서 훨씬 옛날에 그와 같이 생각하지 않았는지는 오늘날에도 역시 의문으로 남을 뿐이다.

정신분석에 대한 편견은 이제 차츰 사라져 가고 있다. 정신분석에 대한 지식이 여러 나라에 보급되었다는 것과, 정신분석 요법을 시행하는 의사의 수가 늘어났다는 것은 이를 가장 잘 표현해 준다. 마치 오늘날 '냉정한 사람들'이 정신분석에 반대하고 있는 것처럼, 최면술의 암시 요법에 대한 의사들의 강한 비난의 소리가 있었다. 실제로 최면술은 처음에 기대했던 치료 효과를 얻지는 못했다. 우리 정신분석가들은 이 최면술파의 정통 후계자라고 자칭해도 좋다. 그리고 우리가 그 최면술에서 수없이 많은 격려와 이론적인 계몽을 받았다는 것을 결코 잊어서는 안 된다.

정신분석에 대해서 여러 가지 비난을 듣게 되는 경우는, 대체적으로 분석을 제대로 하지 못했거나 중도에 분석을 포기했을 때 나타나는 갈등이 증대하기 때문에 생기는 일시적 현상에 지나지 않는다. 여러분은 우리가 환자에게 행하는 일에 대해서 설명을 들었다. 따라서 우리 노력이 과연 지속적인 해를 끼치는 것인지 여러분 스스로 판단을 내릴 수 있을 것이다.

물론 정신분석의 남용은 다양한 분야에서 일어날 수 있다. 특히 전이(轉移)

는 비양심적인 의사의 수중에 있을 때는 위험한 무기가 된다. 하지만 의약에서나, 의사의 치료법에서나 이 악용을 막을 수단은 없다. 수술용 칼은 그것을 들지 않는 한 치료와는 아무런 상관이 없다.

여러분, 강의는 이것으로 끝났다. 형식적인 인사의 말이 아니라 그동안의 내 강의에서 나타난 여러 가지 결점들을 돌이켜보면 한없이 부끄럽다. 간단히 언급한 주제를 다른 부분에서 다시 다루겠다고 몇 번이나 약속해 놓고는 그 약속을 지킬 수 있는 부분에 와서 지키지 못한 것을 특히 유감으로 생각하고 있다.

나는 여러분에게 발전의 길에 있는 미완성 문제를 보고할 작정이었으므로, 짧게 요약된 논술 자체가 불완전한 것이 되고 말았다. 많은 부분에서 결론을 이끌어낼 수 있는 자료를 마련했으나, 나 스스로 결론을 내리지 않았던 부분도 있었다. 이는 나로서는 여러분을 전문가로 만들 생각이 전혀 없었기 때문이었다. 다만 나는 여러분의 흥미를 돋우려고 했을 뿐이다.

프로이트 생애와 사상

프로이트의 생애

프로이트의 탄생

모라비아의 봄

모라비아[1]의 봄은 빨리 찾아온다. 먹을 만한 채소도 모자라고 눈을 즐겁게 해 주는 꽃이나 신록도 없이 어둡고 냉혹한 겨울은 길기만 하다. 한 달 평균기온이 영하 5도 이하로 식물도 활동을 멈춘 것 같은 몹시 추운 계절이 다섯 달이나 계속되니, 겨울은 바로 회색의 계절이다. 그 지루한 겨울이 끝나면 꽃과 나무들은 급하게 활동을 시작하여 햇살도 볕을 더해 간다. 그 고대하던 햇살이 빛나던 봄날, 1856년 5월 6일 오후 6시 30분, 지크문트 프로이트는 모라비아의 작은 도시 프라이베르크(현재의 프리볼)에서 태어났다. 이해에 유럽에서는 나이팅게일의 이름이 알려진 크림 전쟁이 끝났다.

시대의 숨결

프로이트가 탄생하기 몇 년 전인 1848년 2월 22일 파리 시민의 봉기로 시작된 2월혁명이 이틀 간의 시가전 끝에 성공을 거두고 왕정을 무너뜨렸다. 이렇게 세워진 프랑스 제2공화국은 유럽 여러 나라들에 심각한 영향을 끼쳤다. 이혁명이 이미 사회주의적 배경을 가지고, 계급투쟁의 성격을 띤 것은 시대의 변화를 뚜렷이 말해 주는 것으로, 이 혁명의 성공은 봉건세력의 결정적인 괴멸과 자유주의 세력의 최종적 승리를 뜻하는 것이었으므로, 뒤떨어진 사회체제를 가진 나라들에 급속히 혁명이 파급되어 간 것이다. 즉 2월혁명의 다음 달에 먼저 오스트리아의 수도 빈에서 혁명운동이 일어나(3월혁명) 반동시대의 주

---

1) 현재는 슬로바키아 중부에 있는 지방이지만 예전에는 오스트리아의 왕령이었다. 그 면적은 약 2만 7000km², 인구는 약 350만 명이다.

역이었던 재상 메테르니히가 영국으로 망명하고, 이어서 헝가리·보헤미아 등에도 민족독립 운동이 일어나, 새로운 시대의 물결이 프로이트가 태어난 고향에까지 거세게 밀어닥쳤다. 그리고 '모든 인간은 자유와 평등을 누릴 권리를 갖는다'는 자각과 '민족의 자유와 통일, 발전을 요구한다'는 이 새로운 시대정신은 곧 자본주의가 차츰 뚜렷하게 이익 추구를 위해 발전함에 따라 더욱 고조되어 대세를 이루었다. 이와 같은 시대를 배경으로 태어난 프로이트는 바야흐로 획기적 사상을 낳기에 알맞은 조건을 갖추었다고 할 수 있을 것이다.

다음으로, 프로이트가 탄생한 시대를 장식한 문화의 특색을 살펴보자. 말할 것도 없이 근대사의 담당자는 부르주아(시민계급)이며, 따라서 프로이트의 시대에 문화를 이룩한 것은 산업혁명을 수행한 주역인 시민계급이었다. 그러므로 정치·경제·사회에 걸쳐 낡은 제도를 타파하고, 개인의 자유와 해방을 갈망하던 그들의 열정이 그대로 새로운 시민문화 창조의 에너지가 된 것이다. 이렇게 이루어진 19세기 후반의 근대 시민사회 문화의 가장 큰 특징은 자연과학의 놀라운 발달이었다. 물론 그 그늘에는 자본주의 경제의 강렬한 요구와 거기에 바탕을 둔 근대 시민계급의 활발한 에너지가 작용했다. 이것에 의해 물질문명은 고도로 발전하고 인간생활은 다방면에 걸쳐 풍부하고 편리해져 갔다. 그 때문에 사상과 예술 분야에도 영향이 뚜렷하게 나타나고, 자연과학적 사고방식은 이제까지의 철학을 대신해 거의 유일하고 절대적이며 확실한 지식의 원천인 것처럼 신뢰를 받게 되었다. 그것은 마치, 중세의 문화에서 종교가 차지한 것과 같은 분위기를 자아낸 것이다. 그리고 이것이야말로 프로이트의 탄생을 고대하는 문화적 토양이며, 그의 사상을 자라게 한 기반이었다. 이 자연과학 존중의 풍조 속에서 프로이트에게 가장 큰 영향을 준 것은 《에너지론》과 《진화론》이었다. 이것들이 그의 사상에 영향을 크게 미친 것은 다음에 자세히 말하기로 한다.

아버지와 어머니

지크문트 프로이트의 아버지 야콥 프로이트는 나폴레옹이 워털루싸움에서 운명의 패배를 당한 1815년에 갈리시아의 튜스메니츠에서 탄생했다. 그의 선조는 오랜 세월 쾰른에서 살고 있었는데, 14~15세기 무렵의 유대인 박해 때 동쪽

아버지 야콥 프로이트   어머니 아말리아 나탄존

으로 이주했으며 19세기에 이르러 갈리시아를 거쳐 오스트리아로 돌아온, 수
난의 역사를 겪은 순수한 유대인이었다.

아버지 야콥 프로이트는 주로 모직물(양털) 판매에 종사하며 가족을 부양했
다고 한다. 그는 중년에 아내를 잃고, 1855년 40세 때에 아말리아 나탄존이라
는 20세의 젊고 아름다운 여성과 재혼했다. 지크문트 프로이트는 아버지의 재
혼으로 맞은 아내의 첫째 아들로 태어났던 것이다.

첫아들을 낳아 기뻐하는 젊은 엄마에게 어느 날, 한 노파가 "이 아기는 세계
적 인물이 된다"고 예언했다. 그때 프로이트의 어머니는 불과 21세, 게다가 전
처의 아들이 둘이나 되고, 나이 차이가 많은 야콥에게 시집왔기에 처음 태어
난 아들 지크문트를 얼마나 귀여워했는지 상상하고도 남음이 있다. 그래서 노
파의 예언을 들었을 때, 젊은 어머니는 말할 수 없는 행복을 느끼고 끊임없이
아들을 축복하며 어느새 자기는 물론, 아들이 세계적인 인물이 된다는 것을
온 가족이 믿도록 만들었던 것이다. 그러므로 뒷날 프로이트도 그의 저서 《꿈
의 해석》에서 "……내가 뭔가 훌륭한 사람이 되려고 열망한 것도 바로 이 때문
이었는지 모른다……"고 쓰고 있다. 곧 노파의 예언은 뒤에 프로이트의 삶을 지
배하는 암시적인 힘이 되었다. 어머니는 프로이트가 74세가 될 때까지 살았으
니, 95세의 천수를 다했다. 노모는 늘 프로이트의 곁에서 그를 격려하는 힘이

되었다. 어머니는 늙어서 백발로 뒤덮인 프로이트를 붙잡고 변함없이 "내 보배 지키(지크문트의 애칭)!" 이렇게 불렀다 한다. 어머니에게 받은 이와 같은 깊은 사랑과 믿음이 뒷날 프로이트의 학문과 삶에 든든한 힘이 되었다는 것을 프로이트 자신도 인정했다.

그럼 야콥 프로이트는 어떤 사람이었을까. 당시의 유럽사회는 부권이 지배하는 사회였기에 프로이트 집안에서도 아버지는 하나의 엄숙한 권위로서 아버지를 중심으로 예의범절이 엄격하게 지켜지고 있었다. 그러나 야콥은 본디 마음이 부드러운 사람이었다. 더욱이 그는 지크문트를 믿고 또 존중했다. 야콥은 아버지와 말다툼을 하면서 거리를 지나가는 지인인 피아니스트를 만났을 때, "……아버지에게 말대답을 하다니 무슨 버릇이야. 우리 집 지크문트는 나보다 훨씬 머리가 좋지만 절대로 나에게 말대답을 하는 법이 없어……" 했다는 일화가 이를 잘 말해 준다. 이처럼 부모의 믿음과 기대를 한몸에 받게 된 것이 그의 영혼이 발전하는 데 크게 뒷받침이 되었다.

유대인의 아들

지크문트 프로이트가 열 살이나 열두 살쯤이던 어느 날, 아버지는 산책을 하면서 자기의 인생관을 띄엄띄엄 말했다.

"내가 젊은 시절에 겪은 일이란다. 좋은 옷을 입고 모피 새 모자를 쓰고 토요일 거리를 산책하고 있을 때였지. 그때 한 그리스도 교도가 맞은 쪽에서 다가오더니 느닷없이 내 모자를 빼앗아 진창으로 내동댕이치는 거야. 그러면서 '이 유대인 놈아! 보도를 걷지 말앗!' 이렇게 외쳤단다."

"그래서 아빠는 어떻게 했지요?"

지크문트가 다그쳐 묻자, 아버지는 태연하게 대답했다.

"나 말이냐? 차도로 내려가서 모자를 주웠지."

이 대답은 아무리 생각해 보아도 아들의 손을 잡고 걷고 있는 딱 벌어진, 체격이 좋은 아버지에게는 어울리는 말 같지가 않았다. 그리고 불만과 분함으로 가득 찬 지크문트의 가슴속에는, 제1차 포에니 전쟁에서 패한 카르타고의 귀족 하미카르 바스카스가 소년 한니발에게 선조의 영전에서 로마인에 대한 복수를 맹세케 한 정경이 떠오르는 것이었다. 한니발과 로마는 각각 유대인의 끈

지크문트 프로이트의 생가 당시 오스트리아, 현재 체코의 프라이베르크(프리볼).

기와 그리스도 교회의 상징처럼 여겨진 것이다. 그래서 로마를 방문했을 때, 한니발이 지나간 길을 걸어보고 싶다는 염원이 싹터, 뒷날 그는 그것을 실행했다. 어머니 또한 유대인이었으므로 지크문트 프로이트는 그야말로 순수한 유대인의 혈통이었다. 이것이 그의 생애에 얼마나 큰 의미를 가졌던 것인가! 이에 대해서는 앞으로도 여러 번 언급할 것이다.

반유대주의

도대체 유럽인들의 유대인 혐오는 어디에서 오는 것인가. 이를 요약하면 종교와 경제, 그리고 민족주의라는 세 가지 문제로 정리될 것이다. 종교는 말할 것도 없이 유대교이다. 유대인들은 스스로 선택받은 백성이라 믿고(선민사상), 구약성서의 가르침을 굳게 지키며, 오늘날까지도 돼지고기나 새우·게 따위를 먹지 않는다(구약에서 금기로 삼고 있음). 이스라엘에서는 금요일 저녁, 하늘에 세 개의 별이 반짝일 때부터 안식일이 시작되면 상점은 가게문을 닫고, 교통수단이 멈추어 비행장도 폐쇄된다. 유대인 중에서도 정통파라고 부르는 가장 열광적인 사람들은 날붙이로 면도를 하지 말라는 여호와의 말을 충실히 지키기 위해 구레나룻이 자라도 손대지 않는다. 이 완고하기 짝이 없는 종교적 믿음! 나라를 잃은 유대의 백성이 국가도 없이 2천 년 이상이나 살아남았다는 세계사적 기적을 이루어 낸 것도 이 때문이며, 다른 종교의 신자들로부터 혐오를 받은 것도 이 때문이다. 그리스도교가 현세의 권력과 타협하면서 세계적인 종교로 탈바꿈했다고 하면, 유대교는 완강히 타협을 거부하고, 종교개혁의 기회도 스스로 피하며, 옛 신앙을 그대로 지키면서 2천 년이 넘는 장구한 세월을 살아남았다는 것은 놀라운 일이 아닐 수 없다.

그리스도가 유다 때문에 은화 30냥에 팔려 죽음을 당했을 때, 그리스도 교도의 유대인 박해는 시작되었다고 해도 될 것이다. 바로 그런 까닭에 그리스도교의 성직자들은 외치는 것이다.

"유대인이 우리의 예언자인 그리스도를 죽였다. 그 죄 때문에 그들은 집을 잃고, 영원한 유랑자 신세로 운명 지어진 것이다. 언젠가 그리스도가 다시 나타나 유대인을 용서할 때까지는!"

이와 같은 박해를 당하고, 법률의 보호도 없이, 조국도 없는 유대 민족이 살아 남기 위해 의지할 곳은 신과 돈과 단결밖에 없었던 것은 마땅하다. 그들은 어디에 있든 늘 단결하며, 뛰어난 상술을 발휘해 차츰 부를 쌓았다. 제4차 십자군이 베니스에서 활동하는 유대 상인의 간계에 걸려, 동맹국인 동로마의 수도 콘스탄티노플에 상륙해 약탈한 것은 유명한 이야기이지만, 십자군 뒤로 유럽에서 상업이 부활해 발달하기 시작하자 유대인의 경제력은 갈수록 강대해져 갔다. 그러나 이에 따라 유대인 박해도 더욱 격화되고, 유대인이 마법을 써서 돈을 번다는 소문이 퍼져 나갔다. 눈치가 빠르고, 상대의 비위를 잘 맞추며, 결코 상대가 화를 내지 않도록 하면서도 최대의 이익을 취하는 것이 유대인의 상법이라고 한다. 이것은 한편으로는 2천 년 이상의 박해를 겪은 결과이며, 또 한편으로는 그들이 미움을 받는 까닭이기도 하다.

19세기에 들어와서부터는 독일을 중심으로 한 범게르만주의가 그 공격의 화살을 유대인에게 돌렸다. 이를 이어받아 광신적인 정도로까지 드높인 것이 히틀러였다. 그 과정에서 중세 이래 유대인에 대한 악마적인 전설들이 모두 되살아나, 마침내 프로이트 자신도 그 희생이 되어 런던으로 망명하지 않을 수 없게 된 것이다.

히틀러 일파는 이렇게 외쳤다.

"아리아인은 세계에서 가장 훌륭한 민족으로 인류를 지배하도록 약속받은 민족으로서 인류의 궁극적인 아름다운 모습이다. 여기에 반하여 유대인은 그 아름다움을 더럽히고, 오늘날 독일의 완전한 파괴를 목표로 부추기는 자들이

다. 독일을 비난하는 온 세계의 글들은 모두 유대인이 쓴 것이다. 따라서 반 유대주의는 우리의 민족적 이데올로기의 주축이 되지 않으면 안 된다!”

이 광신! 이 증오! 참으로 유대의 아들은 비극 속의 아들이었다.

프로이트 집안사람들

지크문트가 태어난 지 불과 11개월 뒤에 동생 율리우스가 태어났으나 그는 1년도 살지 못하고 죽었다. 그 뒤에도 어머니는 잇따라 아이를 낳았으니 여동생 다섯에 남동생 한 명이었다. 그래서 지크문트 프로이트는 어머니의 사랑을 흠뻑 받았다고는 하지만 잇따라 태어난 동생들 때문에 어머니의 관심이 거기에 쏠려, 자기를 돌아볼 겨를이 없을 것 같아 불안한 마음을 자주 체험했다. 어머니에게 응석을 부리고, 어머니를 독점하고 싶다는 무의식적인 바람을 가져보지만 현실은 그렇게 되지 않는다는 사실을 늘 체험했던 것이다. 게다가 프로이트의 가정은 복잡했다. 지크문트가 태어났을 때, 아버지 야콥에게는 죽은 전처와의 사이에 난 장남 이마누엘 프로이트가 있었는데, 그에게는 이미 요하네스라는 한 살짜리 아들이 있었다. 따라서 지크문트 프로이트는 요하네스의 연하의 숙부로 태어난 것이다. 더구나 임마누엘 일가는 지크문트와 거의 동거 상태였으므로 가정적으로 갖가지 문제가 일어나게 된 것은 어쩌면 당연했다. 지크문트는 부모에게 중요한 존재로서 언제나 가족의 중심으로 인정을 받고 있었으므로, 요하네스의 입장에서 볼 때는 기분이 좋지 않았을 것이다. 요하네스는 자기가 조카이지만 나이는 위라는 생각이 있었다. 그래서 가끔 프로이트를 견제했다. 사이가 좋을 때는 괜찮지만 못마땅한 일이 생기면 서로 미워하고 으르렁거릴 때도 있었다. 프로이트는 뒷날 이 무렵의 심리상태를 되돌아보고 다음과 같이 말했다.

"세 살이 다 되어갈 무렵까지는 서로 떨어질 수 없는 존재였다. 우리는 서로 아끼고 경쟁했다. 어린 시절의 이 인간관계는 그 뒤의 내 삶에서 나와 같은 또래의 남자와 교류할 때 느끼게 되는 나의 모든 감정을 결정짓게 했다."

지크문트 프로이트의 경우, 이와 같은 가정환경과 그 속에서 겪은 갖가지 체험이 모든 생각을 낳게 한 것이다. 나이 든 아버지와 젊은 어머니, 아저씨뻘 되는 이복형, 사랑과 미움의 대상이었던 요하네스, 잇따라 태어난 동생들, 이런 환경에서 어머니에게 가장 사랑을 받았던 그는, 가정에서 자기의 지위를 확보하기 위해 불만스러운 일에 부딪칠 때마다 용감하게 맞섰던 것이다. 이것이 뒤에 학문에 대해서나 세상에 대하여도 자기가 믿는 것을 관철하기 위해서는 끝까지 맞서서, 그토록 빛나는 업적을 이룩할 수 있는 지크문트 프로이트를 형성하게 했다.

그의 형제간의 관계는 지크문트 자신과 여동생 로자가 자주 신경쇠약에 걸렸다는 것 말고는 특기할 만한 것이 없다. 그 자신이 신경쇠약에 걸리기 쉬웠던 결점은 다음에 그가 신경증을 연구해 정신분석학을 창설하는 데 큰 보탬이 되었을 것이다. 지크문트와 가까운 혈연자 가운데에는 정신박약자가 한 명, 19세에 정신장애에 걸린 남자가 한 명, 간질로 죽은 남자도 한 명이 있었다고 한다. 지크문트가 존경했던 아버지, 이탈리아 통일의 영웅 가리발디를 닮은 야콥은, 그가 《히스테리 병인론(病因論)》 가운데 처음으로 '정신분석'이라는 말을 쓴 기념할 만한 해인 1896년 10월 23일 세상을 떠났다.

고향을 떠나다
프라이베르크는 모라비아의 동남부, 실레지아 국경에서 가깝고, 빈의 북동

150마일의 지점에 있는 조용한
곳이었다. 지크문트 프로이트
가 탄생한 무렵에는 인구가 약
5000명쯤 되었던 곳으로, 그 대
다수는 로마가톨릭 교도들이
며 유대인은 20%에 지나지 않
았다. 그러므로 유대인의 아들
에게는 성 마리 교회의 종소리
도 역겹게 들렸을 것이다. 아버
지인 야콥은 이 동네의 모직물
상인이었으며, 이곳의 주요 수
입원인 직물업은 지난 20년 간
내리막길을 걷고 있었다. 산업혁
명의 결과, 수공업이 급속히 위
협을 받게 된 것이다. 1840년대
에는 빈에서 오는 새로운 북방

1873년 빈세계박람회 전경　프로이트는 '지각 없는 자들
의 구경거리에 불과하다'며 세계박람회를 폄하했다.

철도가 프라이베르크를 우회해 지나간 데다 1851년의 왕정복고(王政復古) 뒤에
는 인플레이션 때문에 야콥의 장사도 몹시 어렵게 되었다. 그러나 그 앞에 나
타난 또 다른 불길한 전조는 그를 더욱 불안하게 했다. 그것은 이 고장의 피륙
제조업자인 체코인들이 자신들이 어려운 처지에 몰린 것은 전적으로 유대계의
직물상인들 탓이라고 생각하기 시작했던 것이다. 유대인과 그들의 재산에 직접
위해를 가하는 일은 없었다고 하지만, 프라하의 혁명은 유대인 직물업자들에
대한 체코인들의 폭동에 의해 시작되었다. 경제적인 곤경은 융성하고 있던 민
족주의와 결부해, 전통적으로 희생의 대용물이 되어 온 유대인들에 대해 적의
를 낳게 되었다.

　설령 그런 일이 없다고 해도 쇠퇴해 가는 곳의 교육기관에서 지크문트 프로
이트에 대한 노파의 예언을 실현시킬 가망은 없었다. 아버지 야콥은 어느 모로
보나 이 프라이베르크에서는 자기와 가족의 미래는 없다고 생각했다. 그래서
1859년, 지크문트가 세 살 때 온 가족이 빈으로 옮겨갔다.

예술이 숨 쉬는 숲의 도시 빈

숲의 도시 빈, 음악의 도시 빈. 프로이트가 그의 생애 대부분인 약 80년을 보낸 빈. 이 도시의 역사는 기원전 1세기 무렵인 로마시대로부터 시작되었다. 중세에 들어와서는 주로 시장으로서 번영했으며, 11~13세기의 십자군 시대에는 그 통로로서, 1439년부터 1806년에 이르는 동안은 거의 신성 로마제국의 수도로서 번영을 구가하며 제국의 경제와 문화의 중심이 되었다. 인구가 200만에 가까운 오늘날, 이 나라를 관광하는 나그네는 거리의 끝자락까지 바짝 다가와 낙엽수의 숲(빈의 숲)을 서성거려도 좋고, 지하로 들어가 카타콤베(지하 묘지)를 구경해도 좋을 것이다. 고풍스러운 카페들을 끼고 좁은 길을 걸어가다 보면 여기저기 눈에 띄는 집에는 구리 동판이 아로새겨져 있고, 오스트리아의 국기가 하늘높이 휘날린다. 발을 멈추어 자세히 살펴보면 거기에 일찍이 슈베르트가 살았던 집이 있고, 베토벤이 살았던 집도 있다. 음악가만 더듬어 보아도 요한 슈트라우스, 하이든, 모차르트, 베토벤 등 훌륭한 음악가의 유적이 수없이 많다. 아름다운 음악이라면 언제든지, 그리고 계절에 따라 멋진 종교음악이 울려오는 곳이 빈이다. 빈 사람들은 하루에 한 번은, 카페에 들르며 때로는 아침식사도 카페에 가서 한다고 한다. 접시 위에는 보통 계란과 빵이 놓여 있다. 천천히 커피를 마시면서 신문을 보고 잡담을 하기도 하며, 흥이 나면 트럼프나 체스, 당구에서 댄스에 이르기까지, 그래서 카페에는 언제나 왈츠의 멜로디가 흐르고 있다. 그러면서도 어쩐지 쓸쓸함이 감도는 빈의 분위기. 거기에는 오랜 세월에 걸쳐 이민족의 지배가 교체되었던 그늘진 역사가 새겨져 있다. 지크문트 프로이트는 이 도시에 살면서 자신의 사상을 키운 것이다.

학생 시절 프로이트

소년 프로이트

프로이트의 소년시절에 대해서는 그의 유년시절보다 알려진 것이 적다. 아무튼 빈에서 생활을 시작한 몇 년 간은 몹시 불쾌한 것이었다. 세 살 때부터 일곱 살 때까지의 시기를 프로이트는 "그것은 곤란한 시기였고, 기억하고 싶지도 않다"고 말했다. 그래서 그는 열 살이 될 때까지 학교도 다니지 않고, 집에서 아버지의 가르침을 받으면서 성장했다. 그때에 아버지는 그의 머리가 비상하고 기억력이 뛰어난 것에 경탄해 아들을 더욱 존중하게 되었다. 프로이트는 어려서 라틴어나 그리스어를 정복했을 뿐만 아니라, 다음으로 영어와 프랑스어도 익숙해지고, 이탈리아어와 에스파냐어도 다룰 수 있게 되었다고 하니, 그의 기억력이 얼마나 뛰어났던가. 그러므로 열 살이 되어 김나지움(중·고등학교)에 입학한 뒤 처음 2년을 빼고는 6년 동안 언제나 1등을 했다. 그 무렵 김나지움 교실은 너무나 살풍경한 상태였다. 벽에 액자 하나도 걸려 있지 않고, 딱딱한 벤치에 앉아서 몇 시간 동안 모래알을 씹는 것처럼 재미없는 강의를 들어야 했다. 그것만으로도 대단한 인내심이 필요했으나, 프로이트 소년은 참으로 성실하고 근면한 생활을 하고 있었다. 그가 바라는 것은 언제나 남에게 지지 않는 것이었다. 이것은 뒷날 그가 자유연상법을 엮어 내기 위해 장시간에 걸쳐 환자가 말하는 것을 참을성 있게 들어주어야 하는 까다로운 작업을 이루어 내도록 강한 끈기를 형성하는 데 큰 도움이 되었다고 한다.

프로이트는 집에서 작은 독방을 쓰도록 배려되었고, 식사도 여기서 하며 공부에 열중했다. 그가 기분 전환하는 데 쓰는 방법은 공부하다가 틈을 내어 숲속을 산책하는 것이었다. 이 산책 습관은 늙도록 계속했다 한다. 여동생인 안나는 음악에 재능과 취미가 있어서 집에서 피아노 공부를 했다. 그런데 음악에 취미가 없는 프로이트는 언제나 피아노 소리를 귀찮게 여겼다. 그래서 끝내는 '여동생에게 피아노를 그만두게 하든지, 자기를 집에서 내보내든지 양자택일을 하도록' 요구했다.

본디 프로이트를 소중히 여기던 부모이기에, 딸에게 피아노를 그만두도록 할수밖에 없었다. 이것으로도 알 수 있듯이 그는 무슨 일이나 자기가 생각한 대로 하지 않으면 물러서지 않았고, 또 그렇게 해 주는 가정이기도 했다. 이와 같은 삶의 경험 속에서, 뒷날 그의 지배적이고 편협한 성격이 형성되었던 것 같다. 융, 아들러 같은 유능한 제자들이 그에게 반대하고, 그에게서 떠난 것도 이런 삶의 경험이 하나의 원인이 되었을 것이다.

첫사랑

열여섯 살 때, 프로이트는 평생에 오직 한 번 자기가 태어난 고향을 찾아갔다. 그때에 그는 부친의 친구이며, 직물상을 하고 있던 프르스 아저씨댁에서 묵었다. 그리고 어려서부터 소꿉 친구였던 그 집 딸인 기젤라와 사랑에 빠졌다. 그러나 그는 부끄러워서 자기의 마음을 전하기는커녕 한마디 말도 못한 채 2, 3일 뒤에 헤어질 수밖에 없었다. 그러므로 기젤라 프르스와의 이 첫사랑은 아무 관계도 없는 짝사랑으로 끝나고 만 것이다. 하지만 마음을 가라앉히지 못한 이 젊은이는, 혹시 그 아가씨와 결혼할 수 있었다면 얼마나 행복했을까 하는 환상을 가슴에 품은 채, 숲속을 헤매며 스스로를 달랬다. 그로부터 10년, 그가 미래의 아내를 만날 때까지는 사랑이라는 감정이 다시는 그의 마음을 움직이는 일이 없었다.

대학 생활

빈에서 사는 유대인은 살아가기 위해서 사업이나 법률 아니면 의학을 선택할 수밖에 없었다. 이 중에서 사업은 프로이트처럼 지성이 풍부한 정신적인 사람에게는 맞지 않았다. 법률 연구에 대해서는, 한때 정치가가 되고 싶은 야심도 있어, 대학 입학 직전까지는 법과를 지망하려고 했다. 그가 10여 세 되었을 때, 음식점에 온 손님이 낸 제목으로 시를 지어 돈을 몇 푼 받아가는 구걸 즉흥시인이 "이 아이는 앞으로 장관이 될 것이다"라고 읊조리던 일도 있어, 그것이 법과 지망에 심리적으로 영향을 받았던 것도 같다. 게다가 그때의 오스트리아는 마침 평민내각의 시대여서 유능하고 근면하면 유대인의 아들도 장관이될 수 있다는 희망을 가질 수 있었다. 아버지인 야콥도 평민 출신 장관들의 초상화를 사다가 벽에 걸어 놓고 흐뭇해하곤 했다. 그리고 그중에는 유대인 장관초상화도 섞여 있었다.

그러나 갑작스러운 전기가 찾아왔다. 그것은 대학 입학시험 직전에 괴테의논문인 〈자연〉의 낭독을 듣고, 그중에서 '……무엇보다도 중요한 것은 자기 자신의 생각이다'라는 이 말에 가슴을 울리는 감동을 받은 것이다. 그렇다. 중요한 것은 자기 자신의 문제다! 겨우 자신을 되돌아보게 된 청년 프로이트는 깊이 자기 자신을 성찰하고, 자연과학 방면으로 나아가기를 결심한다. 그리고 비스마르크가 이웃나라 독일에서 문화투쟁을 시작한 해인 1873년 가을, 프로이트는 17세 때 빈 대학에 입학했다. 다음에 아버지의 희망이기도 하여 자연과학 연구에서 의학으로 옮겼지만, 그것은 어디까지나 개업의가 되기 위한 것이 아니라 의학이라는 과학을 연구하기 위해서였다. 그래서 그는 인턴을 포함, 13년이나 연구실에서 살게 된 것이다.

대학에 들어간 프로이트는 우수한 청년이면 누구나 느끼는 것처럼 처음에 몹시 환멸을 느꼈다. 첫째 유대인이라는 불리한 조건이 그에게 중압감을 주었다. 그 무렵 빈 사람들은 이 점에서 매우 너그러웠으나, 프로이트는 이것을 실제 이상으로 확대 해석하고 자기가 아무리 업적을 쌓는다 해도 인정받기는 대단히 어렵다고 여긴 것이다. 그렇기 때문에 그의 승부 근성이 자극을 받아 초인적인 노력으로 이어졌다. 그는 이렇게 일찍부터 이미 '굳게 맺어진 다수의 동료들'로부터 따돌림을 받고, 주위의 냉엄한 반대를 이겨내야 산다는 '숙명'이 몸에 배었기에, 뒷날 많은 사람들의 혹독한 비난과 조소의 풍설(風雪)을 견디며 정신분석학을 꽃피우게 한 불굴의 정신이 다져졌던 것이다. 두 번째 환멸은 말하자면 '수재 프로이트의 생기발랄한 초조감'에서 비롯된 것이었다. 그는 이렇게 썼다.

'대학에 들어가서 몸에 배도록 느껴진 것은 자신의 타고난 천부성이 특이하고 또 협소하므로 학문의 분야에서 성과를 거둘 수 없다는 것이었다. 그리고 메피스토펠레스가 말한 다음의 경고가 진리라는 것이었다. "네가 아무리 학문을 하려고 애써 보았자 쓸데없어. 누구나 자신이 처음부터 할 수 있는 것밖에는 배우지 못하니까."'

그가 이처럼 초조한 마음으로 공부한 것은 무슨 이유 때문일까. 그가 들은 강의의 제목에서 이를 추정해 보자. 입학한 해의 겨울 학기에는 해부학과 화학에 주력해 1주일에 23시간이나 이것을 수강했다. 다음 여름 학기에는 해부학·식물학·화학·현미경학·광물학 등을 수강함과 동시에, 주력을 클라우스의 '생물학과 진화론' 및 브뤼케의 '음성 생리학' 강의에 두었다. 다음 겨울 학기에는 해부학·물리학·생리학·의과 동물학 등을 수강함과 동시에 브렌타노의 세미나에 매주 한 번씩 출석했다. 브렌타노는 그 무렵 훌륭한 철학자·심리학자로서 그의 주장에 따르면 "심리학을 바탕으로 해야 비로소 철학은 학문적 성질을 가질 수 있다"고 했다. 그 무렵 빈 대학은 의학부 학생에게는 심리학의 단위는 필요 없었음에도 불구하고, 프로이트는 그 뒤에도 몇 학기에 걸쳐 브렌타노의 세미나에 출석했다. 이런 면에서도 차츰 심리학으로 기울어 간 프로이트의 모습을 엿볼 수 있다. 또 이 해의 여름 학기에는 동물학, 아리스토텔레스의 논리학·물리학·생리학 등을 수강하고, 다섯 번째 학기에는 해부학·생리학·동물학을 수강했다. 이와 같은 수강 방식에서 독자는 정신분석학이 가지고 있는 물리학적·생물학적·철학적 색채를 느낄 수 있을 것이다.

대학 생활 2년 반을 마친 여름 학기에, 프로이트는 클라우스의 지도를 받으며 비로소 논문을 썼다. 그것은 그가 클라우스에 의해 열린 임해(臨海) 실험연구소에 처음 파견된 학생의 한 사람이었기 때문이다. 그리고 이를 계기로 결정적 순간이 찾아오게 된다. 그것은 그가 클라우스로부터 떠나 뛰어난 생리학자 브뤼케에게로 기울어져 갔다는 사실이다. 그는 여기에서 안정과 만족을 찾았으며, 모범으로 삼아야 될 사람이 누군가를 알게 되었다. 대학에 입학한 이래로 늘 따라다니던 환멸의 그림자도 사라져 갔다.

빈 대학의 학문적 풍토

그 무렵 빈 대학은 학문적으로 어떤 분위기에 지배되고 있었을까. 먼저 철학·심리학 분야에서는 앞에서 말한 브렌타노 외에, 헤르바르트 심리학의 흐름을 따른 츤메르만이 교단에 서 있었다. 그러므로 설령 그런 것을 깊이 공부하지 않았더라도 프로이트가 헤르바르트 심리학의 영향을 받았으리라는 점은 충분히 짐작이 간다. 또 의학 부문으로 눈을 돌리면, 거기에는 스코라나 로키탄스키 등의 지도 아래 '젊은 빈 학파'가 새 시대를 이끌어 가고 있었으며, 그중에서도 생리학 강의를 지도하며 프로이트에게 안정과 만족을 준, 그가 존경하는 브뤼케가 있었다. 그리고 정신의학 분야에서는 온갖 정신 기능은 모두 뇌의 특정한 중추와 결부되어 있다는 국재론(局在論)의 신봉자인 메이네르트가 있었다. 동물학 강의에는 바다 생물, 특히 갑각류의 연구로 유명하고 또 그의 명저 〈동물학 교과서〉로 세상에 알려진 진화론자 클라우스가 있었다. 그는 괴팅겐 대학에서 초청을 받고 온 진화론자라는 점에서도 알 수 있듯이 그때 빈 대학에서는 진화론을 지지하는 분위기가 충만해 있었다. 프로이트는 이 진화론

빈 대학

그 무렵 빈 대학에는 세계적인 석학 클라우스·브뤼케·브렌타노 교수 등이 포진해 있어, 프로이트의 학구적인 성향에 지대한 영향을 주었다.

에 대단히 매력을 느껴, 그의 사상 발달에 큰 영향을 받았다. 예를 들면 다음에 설명할 '리비도론' 등은 그 전형적 표현이라고 할 수 있다.

또 교양 있는 사람들의 사회에서는 권력을 예찬하고 개성의 힘을 존중한 니체의 초인철학(超人哲學)이, 말하자면 공통의 정신적 재산 같은 것이었기에, 이 시대를 산 프로이트 또한 어떤 형태로든 그 영향을 받았을 것이다. 그는 처음에는 부정했지만, 나중에는 오히려 공공연하게 이를 인정했다. 제자인 랑크는 스승인 프로이트가 "세계의 본질은 맹목적인 삶에의 의지이다"라고 주장한 쇼펜하우어의 영향도 받았다고 했지만, 프로이트는 그의 〈정신분석 운동사〉에서 이를 부정했다. 그는 철학책은 그다지 가까이하지 않았기에, 만년에 그가 런던으로 망명했을 때 보호자로서 생활을 돌보아 준 존스가 "철학에 대해 얼마나 읽었습니까?" 이렇게 묻자 "아주 조금밖에. 젊어서는 사변에 이끌렸지만 냉정하게 그것도 그만두었어요"라고 웃으면서 대답했다고 한다. 그러나 프로이트의 신변에 깊이 도사리고 있는 그 페시미즘(염세주의)의 바탕에는 반 유대주의로부터 그 자신이 당한 압박과 쇼펜하우어의 영향 등이 반영되지 않았을까.

에너지에 매달린 시대

프로이트에게 잠시 안식처가 된 브뤼케의 생리학 교실에서는 여러 유럽의 생리학자들과 협력해 바이털리즘에 대한 빛나는 싸움이 진행되고 있었다. 바이털리즘이라는 것은 복잡 미묘한 생명현상의 뒤에는 뭔가 특별한 '생명력'이라는 것이 존재한다는 가정 아래, 그것을 엔텔레키라고 이름 지었다. 생명현상은 너무나 복잡하고도 미묘하므로 마침내 그 수수께끼를 미지(未知)·불가지(不可知)의 초기계적인 힘에서 찾으려고 한 것이다. 그러나 브뤼케의 강의에서는 생명현상 가운데 물리학과 화학에서 인정하는 에너지 이외의 것은 인정하려 하지 않고, 이 물리화학적 에너지에 의해 모든 생명현상의 수수께끼를 풀려고 했다.

에너지란 대체 무엇일까. 예를 들면 모터에 전류가 통하도록 하면 그것은 회전한다. 곧 전류는 모터를 돌리는 작업을 하는 능력이 있는 것이다. 이렇게 '작업을 하는 능력'이 에너지이다. 그리고 그것은 열에너지·빛에너지·기계적 에너지 등 여러 형태를 취할 수는 있지만, 이 세계에서 새로 창조된다든가 소멸될 수는 없는 것이다. 이 '에너지 보존의 법칙'은 독일의 선의(船醫) 마이어가 발견한 뒤, 헬름홀츠에 의해 일반화되고, "운동의 에너지와 위치의 에너지 총량은 고립되어 있는 체계 안에서는 변하지 않는다"는 형태로 표현되자 갑작스럽게 세상에서 주목을 받아, 모든 현상의 진정한 원인으로서 '에너지'라는 말이 사람들의 마음을 사로잡게 된 것이다. 생물도 그 예외가 될 수는 없다! 브뤼케의 강의실에서는 그렇게 생각하게 되었다.

이 강의에서 안식처를 발견한 프로이트가 에너지론의 영향을 얼마나 깊이 받았는가는 사상편을 읽어보면 곧 알 수 있다. 예를 들면 그는 '정신적 에너지'라는 말을 자주 써서 "모든 정신현상은 서로 촉진시키고 또 억제하면서 결합되었다 떨어졌다 하는 에너지의 움직임으로 돌아가게 할 수 있다"고 주장한 말은 바로 브뤼케의 정신인 것이다.

행운의 만남

프로이트에게 브뤼케의 강의실에서 준 연구 주제는 신경조직에 대한 것이었다. 그는 여기에서 잠시 쉰 적은 있으나, 1876년부터 1882년까지 줄곧 연구를 계속했다. 마침 이 무렵에 운명의 여신은 프로이트에게 열네 살 더 많은, 재능이 풍부한 생리학자 브로이어를 만나도록 해 준 것이다. 브로이어는 빈의 본토박이로 평생 빈 밖으로 나가본 적이 없는 사람이었다. 수수하고 대범한 성품에

야심이 없고, 가정적으로도 매우 행복한 사람이었다. 그 자신이 적잖은 생리학적 업적도 있었으나 1871년 이후에는 자신의 신념에 근거해 교수가 되는 것을 단념하고 개업의 일을 하면서 연구를 계속했다. 실제로, 혹시 프로이트가 그를 만날 기회를 갖지 못했다면 정신분석학이 그토록 훌륭한 성과를 거둘 수 있었을까, 이러한 의문을 갖지 않을 수 없다. 그와의 만남에 대해 프로이트가 한 말을 들어보자.

"브로이어는 뛰어난 재능을 가진 인물로 나보다 열네 살이나 나이가 많았다. 그러나 우리는 차츰 친밀한 사이가 되어, 내가 생활이 어려울 때는 좋은 친구로서 도움을 주기도 했다. 그리고 학문적인 관심도 늘 서로 나누어 가졌다."

브로이어는 1880년부터 2년 간에 걸쳐 훌륭한 재능을 가진 여성 환자인 안나의 히스테리 증상을 치료하고 있었다. 그리고 이 안나의 사례에서 얻은 교훈이야말로 앞으로 발전시켜야 될 정신분석학의 주춧돌이 된 것이다.

젊은 날의 프로이트

의사 프로이트

프로이트는 자신의 전문 분야인 의학에 대해 정신의학 이외에는 그다지 관심이 없었다. 실제로 그는 의사의 지위나 직업에 대해서는 좋아하지 않았기에 의학 전반에 대한 연구는 아주 소홀히 한 것이다. 그래서 치료학 전반에 대한 의사 자격은 뒤늦은 1881년 3월이 되어서야 얻게 되었다. 의사의 자격을 얻고도 겉으로는 아무 변화도 없이 그 뒤 15개월 동안 그는 같은 생리학 연구소에서 일했다. 그리고 그해 5월이 되어서야 해부학의 현장 조교로 승진했다.

전기는 1882년에 찾아왔다. 그것은 존경하는 스승 브뤼케가 그의 경제적인 어려움을 고려해 이론의 연구에만 평생을 바칠 생각을 해서는 안 된다고 냉정하게 충고한 것이다. 실제로 그가 브로이어에게서 정기적으로 빌린 돈이 눈덩이처럼 늘어갔다. 게다가 사정이 급박하게 된 것은 그가 어쩌다 사랑에 깊이 빠져 버렸기 때문이다. 그보다도 6월 10일 토요일이라는 운명의 날에, 그는 상대 여성인 마르타 베르나이스로부터 구혼으로 여겨지는 말을 넌지시 듣게 되었던 것이다. 이대로는 도저히 결혼생활은 할 수 없다! 그는 온종일 숙고한 끝에 스승의 충고에 따르기로 결심했다. 그리고 1882년 7월 31일, 그는 빈의 종합병원에서 근무를 하게 된 것이다. 그해 10월 아스피란트(의사 지망자로 일반병원에 실습 근무하는 사람)가 되어 처음으로 월급을 받았다.

이 기간에 그는 외과를 비롯해 내과·피부과·이비인후과 등 여러 과에 근무하면서 신경병학은 말할 것도 없고, 뇌해부학까지 열심히 배웠다. 그리고 "다섯 시간 이상 잠을 자야 하는 자는 의학을 배워서는 안 된다. 의학도는 아침 8시부터 저녁 6시까지 강의에 출석해야 된다. 그리고 귀가해서도 밤늦도록 독서를 하지 않으면 안 된다"고 주장한 내과학 교수 노트나겔의 말에 감동한 것도 이 무렵이었다. 마르타는 프로이트를 자주 병원에 있는 거실로 찾아왔다. 그의 책상 위에는 정성 들여 만든 마르타의 자수가 두 개 걸려 있었다. '사변(思辨)하지 말고 일을 하라' '의심이 나면 조심하라'는 말이 프로이트가 요청한 대로 자수되어 있었다.

이렇게 연구생활로부터 임상의의 생활로 일대 전환을 한 프로이트의 가슴에 그의 일생을 지배하게 될 하나의 새로운 운명의 끈과 연결된 흥미가 싹트기 시작한 것도 이 무렵이다. 즉 그는 신경병 연구를 비롯해, 이것으로 생활비를 벌기 위해서 1884년에 신경병에 대한 진찰을 시작한 것이다. 프로이트는 신경계의 기질적(氣質的)인 질환(신경 그 자체 문제가 있어 생기는 신경질환)에 대한 사례보고를 몇 가지 발표함으로써 빈에서 차츰 이름이 났다. 그러나 노이로제(정신적인 것이 원인이 되어 일어나는 신경병)에 대해서는 아직 아무것도 알지 못했다. 실제로 그 무렵 빈에서는 신경병은 내과의 일부로서 다루는 정도였으므로, 프로이트는 신경병의 지식을 쌓을 기회가 적어, 스스로 개척해 가는 수밖에 없었던 것이다. 어쨌든 대가라고 하는 사람들조차 신경쇠약을 뇌종양의 하나로 오진하는 시대였다. 그러나 멀리 프랑스에서는 신경병 학자로서 샤르코라는 이름이 빛나고 있었다. 그렇다. 파리에 가면 지식을 얻을 수 있다!

1885년이 밝아오자 곧, 프로이트는 조직학과 임상의 업적에 의해 신경병리학 강사 자격을 얻게 되었다. 그런 지 얼마 뒤에 브뤼케의 열정적인 주선으로 여비를 포함한 장학금을 두둑이 받게 되어, 그해 가을 프로이트는 파리로 유학길을 떠났다.

이 사실이 결정되었을 때, 그는 그 어느 때보다 더 가까워진 마르타에게 열광적인 편지를 보냈다.

"아아, 얼마나 멋진 미래가 열리게 될까. 나는 파리로 가서 위대한 학자가 되어 큰 영광을 안고 빈으로 돌아올 것이오. 그리고 우리는 결혼을 하겠지. 나는 모든 난치성 신경병 환자들을 고칠 것이고, 그대는 나를 내조할 것이며, 나는 그대가 즐겁고 행복하게 될 때까지 키스를 할 것이오.—그리고 우리는 영원히 행복하게 살겠지요. 이 얼마나 기쁜 일인지!"

사랑하는 여인 마르타 1882년 6월 약혼, 1886년 9월에 결혼했다. 그 무렵 프로이트는 경제적인 면과 학문과의 사이에서 갈등하는 시기였으며, 마르타는 이를 슬기롭게 극복할 수 있도록 정신적 지지자가 되어 주었다.

재녀 안나의 증례

프로이트가 희망에 부풀어 파리를 떠나기 전에 브로이어는 그가 1880년 12월부터 1882년 7월까지 특수한 방법으로 치료한 재능 있는 히스테리 환자 안나의 사례에 대해 말해 주었다. 그는 아직 어디에도 발표하지 않았으므로 프로이트에게 거듭 말했다. 이 말을 들었을 때, 프로이트는 노이로제를 이해하는 데 있어 이제까지 생각도 못할 만큼 많은 실험들이 이루어졌다는 인상을 받고 감동했다. 그럼 프로이트의 정신분석학이 싹트기 시작한 중요한 근원의 하나라고까지 말하고 있는 이 안나의 증상과 사례는 어떠한 것이었을까. 좀 자세히 인용해 보자.

안나는 지능이 높고, 날카롭고, 비판력이 있고, 의지가 강하면서 또 동정심도 많은 선한 여성이었다. 그리고 기쁨이나 슬픔에 쉽게 빠져드는, 시적 공상적

재능도 풍부한 여성이었다. 21세 때까지는 청교도처럼 청순하고, 건강한 나날을 보냈으나 1880년 하반기 무렵에 사랑하는 아버지의 간병을 계속한 지 불과한 달 동안에 놀랄 만큼 몸이 쇠약해졌다. 빈혈이 나타나고, 구역질이 나며, 원인불명의 기침이 심하고, 지각이 마비되는 등 갖가지 증상이 겹쳐 나타난 것이다. 브로이어가 왕진 요청을 받은 것은 기침을 치료하기 위해서였다. 진찰을 해보니 그 병증의 특징은 서로 연관성이 없어 보이는 두 종류의 의식상태가 차례대로 나타난 것이다. 다시 말해 어떤 때에는 주위의 사정을 잘 인식하고 있고, 조용히 슬픈 듯하지만 정상적인 의식상태였다. 그러나 또 다른 의식상태가 되면 치료도 거부하고, 끈의 종류만 보면 "뱀이야" 소리 지르며 질겁을 하는가 하면, 어떻게든 손가락을 움직여 단추를 쥐어뜯으려 하고, 느닷없이 나무에 오르려고 하는 등 이상한 짓을 하는 것이다. 그리고 이 두 종류의 상태가 차례대로 나타났는데, 차츰 이상한 상태가 심해지고 또 갈수록 길어져 갔다. 손발의 경직마비(硬直痲痺)가 심해지면서부터는 언어기능에도 심한 장애가 일어나고, 끝내는 2주일 동안이나 한 번도 입을 열지 않는 상태가 이어져, 브로이어가 "무슨 말이든지 해야 된다!"라고 강요를 하면 이번에는 자기 나라말(독일어)을 하지 않고 영어를 쓰곤 했다. 그러나 그런 때에도 주변 사람들이 말하는 독일어는 알아 들었던 것 같다. 그 밖에도 시각장애가 두드러지게 나타나, 눈에 보이는 것이 실물 이상으로 훨씬 크게 보이는 대시증(大視症), 죽은 사람이 환영이 되어 보이는 환시(幻視), 물건을 잡으려고 하면 손이 늘 왼쪽으로 너무 치우치는 사시(斜視), 때로는 꽃을 보아도 일부분밖에 눈에 들어오지 않는 시야 협착 등 갖가지 증상을 드러내는 것이다. 이런 증상은 1881년 4월 5일, 그녀가 사랑하는 아버지가 죽자 더욱더 심해져 갔다.

이런 증상들에 대해 진지하게 대응해 가는 동안에, 브로이어는 어느 날 놀라운 사실을 알게 되었다. 그것은 안나가 낮에 이상상태에 빠졌을 때 중얼거리는 말을 적어 놓았다가, 안나가 최면상태에 이르자 그것을 들려주었을 때였다. 그러자 안나는 처음에 더듬거리더니 이윽고 막힘 없이 자연스러운 독일어로 환자 옆에서 불안에 빠진 상태로 앉아 있는 소녀에 대해 이야기를 하는 것이었다. 그것은 일부분 안나 자신의 이야기이기도 했는데, 또 다른 부분은 그 아름다운 안데르센의 〈그림 없는 그림책〉에서 끌어 온 이야기였다. 그리고 그 이야기를 감동적으로 다 하고 난 다음, 최면에서 깨어나 정상적인 심리상태로 돌아간 것이다. 이렇게 최면상태를 유도해 이야기를 시키는 치료법은 그 뒤 1년 반에 걸쳐 언제나 효력이 있었는데, 브로이어가 이 치료법에 완전한 확신을 갖게 된 사건이 1881년 여름에 일어났다. 그때 안나는 몇 주일 간이나 심한 갈증 때문에 괴로움을 겪고 있었다. 안나는 컵에 입을 대고 물을 마실 수가 없었던 것이다. 물이 마시고 싶어서 참을 수가 없지만 컵을 쥐고 입에 갖다 대기만 하면 곧 이것을 떼내 버리는 바람에 물을 마시게 할 수가 없었다. 그러던 어느 날, 최면상태에서 안나는 그에게 시중을 드는 영국인 부인을 호되게 비난하기 시작한 것이다. 그것은 어느 때 안나가 그 부인의 방에 갔을 때, 부인의 강아지가 컵에 입을 대고 물을 마시고 있는 것을 보았다는 내용이었다. 그때는 경망스러운 행동을 하지 않으려고 뭐라고 말할 수 없는 불쾌감에 대해 한마디도 하지 않았으나, 지금 최면상태에서 이제까지 마음에 품고 있던 불쾌감을 몽땅 혼신의 힘을 기울여 이야기한 것이다. 그러고 나서 "물을 마시고 싶다"고 하며 아무 저항도 없이 컵의 물을 실컷 마시고, 컵에 입술을 댄 채로 최면에서 깨어난 것이다. 그 뒤에는 물을 마실 수 없다는 증상은 딱 사라지고 말았다.

그 뒤 이상증상이 나타날 때마다 이 최면상태로 말을 시키는 담화(談話)요법을 실행함으로써 안나의 증상이 가지는 의미는 더욱더 뚜렷해졌다. 예를 들면 대시증(大視症)은 눈물을 머금고 아버지를 간병하던 밤에 갑자기 아버지가 "지금 몇 시냐"고 묻는 말을 듣고 시계를 보았지만, 눈물 때문에 자판의 글자가 또렷이 보이지 않아 눈을 가까이하며 잘 보려고 애쓰자 글자가 이상하게 커 보인 데서 비롯된 증상이고, 말을 하지 못하게 된 것은 불안 때문에 입이 잘 움직이지 못하고, 괴로운 감정을 꾹 참고 있을 때 일어나는 증상이었다. 또 팔의 마비와 모국어인 독일어를 못하게 된 것은 다음과 같은 원인이 있었다. 어느 날, 아버지가 열이 몹시 심하기 때문에 빈에서 오는 의사를 기다리면서 긴장 속에 밤을 지새우게 되었을 때, 안나는 병상 옆 의자에 앉아 오른팔을 의자 등에 기대고 있었다. 그때 꾸벅꾸벅 겉잠이 들어 잠깐 꿈을 꾸었다. 꿈속에서 검은 뱀한 마리가 벽에서 나와 병자를 물려고 하기 때문에 안나는 이것을 쫓아내려고 했지만 오른팔이 마비되어 움직이지 않았다. 그래서 불안한 나머지 신에게 빌려고 했으나 어느 나라 말도 나오지 않고, 다만 영어로 된 동시가 떠올랐을 뿐이다. 이로부터 팔의 마비와 영어로 사물을 생각하는 행동이 나타나게 된 것이다.

브로이어의 1년 7개월에 걸친 열정적인 치료는 마침내 안나를 완쾌시킬 수 있었다. 그는 이렇게 생각했다. 히스테리와 같은 병증이 있는 환자는 마음에 극심한 상처를 입은 체험(외상적 체험)을 가지고 있어, 거기에 따르는 감동 에너지가 발산되지 않은 채 마음속에 남아 있으므로 병증이 나타나는 것이다. 이 발산되지 않은 에너지는 그 뒤 환자의 정신생활에 끊임없는 부담이 되고, 또 흥분의 원천이 되며, 또 그 일부는 신경지배를 통해 신체적인 증후를 형성하게 되는 것이다. 안나가 그 외상적 체험을 감동을 담아 추억함으로써 증상이 말끔히 사라지게 된 것은 출구가 막혀 억눌려 있던 그 감동 에너지가 회상에 의해 발산되었기 때문일 것이다. 또 어떤 체험이 외상적 체험이 되는가는 그 체험을 한 때의 의식상태와 그 체험의 내용에 따라 결정될 것이다. 브로이어는 이 생각을 열정을 담아, 몇 번이나 프로이트에게 말해 주었다.

파리 유학

파리에 도착한 프로이트는 우선 학생으로서 샬페트리에르 병원으로 들어갔다. 그러나 처음에는 물론, 그저 많은 유학생들 가운데 한 사람으로서 아무런 주목도 받지 않았다. 그런데 어느 날, 그는 샤르코가 "예전에 자기 강의의 독일어 통역을 맡아 준 사람에게서 최근 아무 소식이 없으므로, 누군가 대신해 주는 사람이 있으면 좋겠다"는 말을 들었다. 그래서 프로이트는 곧 신청을 했다. 그러자 이 유명한 신경병학자는 기분 좋게 그것을 받아들여 그 뒤에는 가정적인 교류도 허락해 주었다. 샤르코와 가까워진 프로이트는 곧 마음에 두고 있던 '안나의 증상과 사례'에 대해 말했다. 그런데 샤르코는 아무 관심도 보이지 않았다. 그래서 프로이트도 어느새 그것을 잊어버렸다.

프로이트가 샤르코에게서 보고 들은 여러 가지 가운데에서 가장 깊은 인상을 받은 것은 히스테리에 대한 연구였다. 그것은 모두 프로이트의 눈앞에서 이루어졌는데, 그 중요한 점은 다음의 두 가지였다. 첫째는 남자에게도 가끔 히스테리가 있다는 것을 실증해 보인 것이다. 본디 히스테리의 어원은 자궁이라는 의미가 있기 때문에, 그 무렵 대가들도 히스테리는 여성 특유의 체질적 질환이

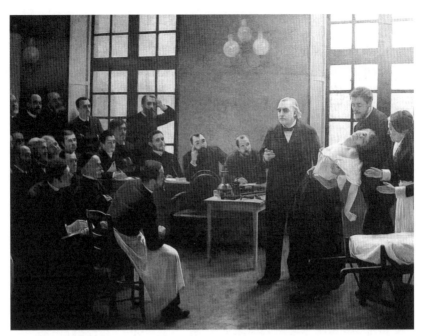

샤르코 교수의 임상강의

라고 생각했다. 그러므로 남자에게도 히스테리가 있다는 것은 놀라움 그 자체였다. 두 번째 문제는 최면술의 암시에 의해 마비와 경련을 일어나게 할 수 있고, 더욱이 이처럼 인위적인 방법으로 만들어진 증상이 자연적으로 일어난 히스테리와 여러 점에서 똑같은 성질을 나타낸다는 실증이었다. 이것에 대해서는 프로이트도 처음에 이상하다는 느낌을 가졌으나 사실 앞에서는 수긍할 수밖에 없었다. 그리고 마음에 깊은 인상을 받은 것이다. 되돌아보면 프로이트는 오늘날 히스테리 심인론(心因論)의 발상적 연구가 된 샤르코의 연구를 그 현장에서 볼 수 있는 행운을 얻은 셈이다.

파리를 떠난 프로이트는 2~3주일 동안 베를린에 들러 아동의 정신 질환에 대한 연구를 한 다음 1886년 2월 빈으로 돌아왔다. 빈에 돌아온 프로이트는 샤르코에게서 보고 들은 것을 '의사회'에 보고하기로 되어 있었다. 그래서 의사회의 연단에 선 프로이트가, 히스테리는 남성에게도 있다는 것과, 암시에 의해 히스테리성 마비를 일으킬 수가 있다는 것을 주장하기가 바쁘게 곧바로 격렬한 반격을 불러일으켰다. 위대한 대가들까지 모두가 프로이트가 한 말은 믿을 수 없다고 단언하고 나섰다. 오직 한 사람이 빈에서 발견한 남성 히스테리의 실례를 학회에서 관찰하도록 주선해 주었기 때문에, 프로이트는 곧바로 이를 행했으나 아무도 그가 보낸 환자를 다루어 보려고 하지 않았다. 어떤 외과의사는 노골적으로 반감을 드러내며 "당신은 어쩌자고 그런 바보 같은 소리를 하는 거요. 히스텔론이라는 것은 자궁을 말하는 것이잖소! 그런데 어떻게 남성에게 히스테리가 일어날 수 있다는 말이오?" 이렇게 고함을 쳤다. 그에 대해 "나의 진단을 인정하지 않아도 좋습니다. 다만 증상과 사례들을 다루어 볼 수 있도록 허락해 주기 바랍니다" 이렇게 힘껏 설득해 보았으나, 모두 다 허사였다. 그뿐만 아니라 그는 뇌해부학 강의실에서도 쫓겨나고 강의시간도 철회당했으며, 아카데미와 학술단체 활동으로부터 추방을 당한 것이다. 이제는 독자적인 길을 걷는 수밖에 없었다. 빈에는 차가운 바람이 불고 있었던 것이다.

사랑의 등불
학회에서 이렇게 냉혹한 거부를 당한 프로이트를 4년 3개월이라는 긴 시간 동안 변함없는 사랑으로 기다려 준 마르타 베르나이스가 있었다. 마르타 베르나이스는 1861년 6월생으로 프로이트보다는 다섯 살 아래였다. 할아버지인 이삭 베르나이스는 하이네와도 친척이 되는 훌륭한 집안이었다. 아버지는 상인이지만, 두 사람의 큰아버지는 뮌헨 대학의 독일어 교수와 하이델베르크 대학의 라틴어·그리스어 강사였다.

1882년 4월 어느 날 밤, 마르타는 여동생과 함께 프로이트의 집을 찾아왔다. 프로이트는 일을 마치고 돌아오면 손님이 있어도 연구를 위해 말없이 자기 방으로 들어가 버리는 버릇이 있었으나 이날은 사과를 깎으면서 가족과 즐겁게 이야기하고 있는 처녀를 보고 발을 멈추었다. 그리고 모두 놀란 것은 그도 그 대화에 끼어든 것이다. 이렇게 처음 한 번 보게 된 것이 운명적인 만남이 될 줄이야. 이해 6월 17일, 두 사람은 약혼을 하고 그로부터 4년 3개월이라는 기나긴 약혼 기간 동안에 3년은 서로 떨어진 곳에서 살았다. 그동안 프로이트가 마르타에게 쓴 편지는 900통이 넘고, 이 엄청난 편지의 내용은 단순한 연인끼리의 달콤한 속삭임뿐만이 아니라, 나날의 생활, 사색, 연구, 기쁨과 불만, 증오, 분노 등 온갖 것들을 포함하고 있었다. 그리고 프로이트의 경우, 그는 사랑하는 미래의 아내에게 그 애정을 고백하기보다는 오히려 뭔가 안달이 나서 화를 내고, 그녀를 비판하며 '그러면 안 된다, 이것은 잘못이다' 이렇게 말할 때가 많았다. 따라서 이 약혼이 깨지지 않은 것은 프로이트에 대한 마르타의 놀라울 만큼의 다정함과 믿음의 결과였다고 할 수 있을 것이다. 프로이트에게 불어닥친 차가운 빈의 바람을 따뜻하게 막아 준 것은 마르타 베르나이스의 사랑과 또 한 사람 브로이어의 우정이었을 것이다.

낭시로의 여행

신경증 환자를 치료해 주면서 의해 생활해 가려고 한다면, 뭔가 환자에 대해 효과적인 치료를 해야 되는 것은 마땅하다. 그런데 그때 프로이트가 가지고 있는 치료법이라는 것은 고작 두 가지—전기 치료법과 최면술뿐이었다. 이 가운데 전기치료법에 대해서는 그 무렵 독일 제1의 신경병리학자인 엘브의 핸드북에 자세히 씌어 있는 것으로 보아, 이미 그도 잘 알고 있었다. 그런데 얼마 뒤에 그것이 아무 소용도 없다는 것을 알게 되었다. 이것은 한편으로는 슬픈 일이었으나, 또 다른 면에서 보면 프로이트의 마음속에 아직 남아 있는 소박한 '권위에 대한 신뢰감'을 다시 한번 완전히 제거시켜 버리는 데 도움이 되었다. 최면술에 대해 말한다면 전기 치료법보다는 조금 낫지만, 그러나 이것은 정신병학을 연구하는 교수들이 모두 인정을 하지 않는 치료법이었다. 그들은 최면술을 무슨 사술의 일종인 것같이 말하고, 위험한 것처럼 주장했던 것이다.

그런데 프로이트는 파리에서 누구나 망설이지 않고 최면술을 응용해 환자에게 여러 가지 증상들을 만들어 낸다든가 또 그것을 없애는 것을 보고 왔다. 그래서 그는 최면술에 조금 기대를 걸게 되었다. 그 사이에 프랑스의 낭시에서 최면술을 쓴다든가 환자에게 대단한 암시를 주어, 신경증 치료에 훌륭한 효과를 거두고 있는 학파가 있다는 정보를 얻었다. 그래서 그는 1889년 여름, 자기의 최면술 기술을 완전한 것으로 만들려는 생각을 가지고 낭시로 향했다.

그는 거기에 두어 주일 동안 머물면서 낭시 학파의 치료를 구체적으로 빠짐없이 배운 것이다. 거기에서 최면술의 실험을 보고, 인간의 의식 깊은 곳에 숨겨진 힘찬 정신적인 무엇인가가 소용돌이치고 있음을 알고, 강렬한 인상을 받았다. 그리고 여기에서 그는 최면술을 자기 것으로 만들었는데, 이 체험이 다음에 정신분석학을 발전시키는 데 헤아릴 수 없을 만큼 유익한 것이 되었다. 프로이트에게 최면술의 응용은 매우 매력적인 것이었으며, 또 자신을 무능하다고 여기게 한 무력감으로부터 완전히 벗어날 수 있게 해 주었다. 게다가 그 사람은 기적 같은 일을 하는 사람이라는 소문도 나쁠 것이 없었다. 하지만 차츰 곤란한 점이 뚜렷이 나타났다. 그 첫째는 모든 환자에게 최면술을 베풀 수는 없다는 것이다. 거기에다 두 번째는, 환자 하나하나를 자유자재로 수면상태의 깊이를 마음먹은 대로 유도하기가 몹시 어렵다는 것이다. 그래서 프로이트는 낭시에서 훌륭한 식견과 기술을 몸에 익혔음에도 불구하고, 최면술에 의한 신경병 치료에 차츰 실망해 이를 폐기해 가는 계기로 삼게 되었다. 생각하면 얄궂은 운명적 만남이었다.

1886년부터 1891년까지 5년간, 프로이트는 학문적인 일은 거의 하지 않았다. 그는 이 기간 동안 의사라는 직업에 차츰 익숙해졌는데, 날이 갈수록 늘어가는 가족—그에게는 3남 4녀가 있었다—을 위해 생활비를 벌지 않으면 안 되었기 때문이다.

고독한 10년

카타르시스

낭시에서 돌아온 프로이트는 다시 안나의 증상과 사례에 큰 관심을 갖게 되었다. 그에게는 이 사례가 한없이 가치 있는 것으로 생각되었다. 다만 문제는 브로이어가 발견한 단 하나의 사례를 그대로 일반화해도 될 것인가 하는 점이었다. 그러나 그에게는 이것은 어떤 히스테리 증상과 사례에도 적용될 수 있을 것으로 생각되었다. 다음은 체험과 증례를 쌓아 가는 일이 필요했다. 그래서 그는 자기의 환자에 대해 닥치는 대로 모조리 이 방법을 실시했다. 날이 갈수록 더 확신을 갖게 되자, 마침내 그는 브로이어에게 공동으로 저서를 내자고 제안했다. 그러나 온후한 성품의 브로이어는 좀처럼 동의를 하지 않았다. 그럭저럭 시일이 지나갔을 때, 쟈네가 히스테리 증상이 일어나는 원인은 생활 속

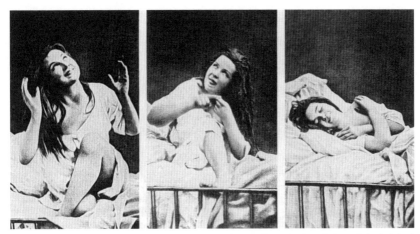
1895년 프로이트는 브로이어와 공동으로 《히스테리 연구》를 펴냈으나, 이로 인해 두 사람 사이가 벌어진다.

의 인상으로 돌아가게 할 수가 있으며, 최면술을 써서 히스테리가 발생한 때의 상황을 그대로 재현시키면 히스테리 증상을 없앨 수 있다고 발표해 버렸다. 이 때문에 정신분석학에서 가치 있는 중요한 것은 모두 쟈네의 사상에서 차용한 것이라는 비난이 뒷날 프랑스에서 주장된 것이다. 그래서 브로이어도 결국, 프로이트와 공동으로 책을 쓰는 데 동의했다. 두 사람은 1893년에 〈히스테리 현상의 정신적 메커니즘에 대하여〉를, 이어 1895년에는 《히스테리 연구》라는 책을 출판했다. 이것이야말로 신경증 연구, 특히 정신분석학의 올바른 이해를 위해서는 반드시 한 번 읽어 보아야 될 책이다.

두 사람이 《히스테리 연구》에서 주장하고 있는 것을 요약하면 다음과 같다. 히스테리 증상의 발생에 있어서는 그 환자의 감정생활이 매우 중요하고, 증상을 말한다면 감정의 우울함이 쌓여서 생긴다는 것, 무의식적 행동과 의식적 행동을 뚜렷하게 구별할 필요가 있다는 것, 히스테리 증상은 정상적인 때라면 다른 데에 쓰여야 할 정신적 에너지가 이를테면 잘못된 경로로 흘러 들어가 버리고, 거기에 걸려 꼼짝 못 하게 되어 나타나는 것이므로, 거기에 이를테면 통로를 내어 정상적인 경로로 유도, 발산만 시켜 주면 된다고 하는 것 등이었다. 이것을 한마디로 표현하면 히스테리 환자는 과거 때문에 앓는 것이며, 그 증후는 과거의 외상적 체험의 유물이다. 그리고 이 외상 체험은 평소에는 의식되지 않지만, 환자를 최면상태로 유도해 다시 체험시켜 주기만 하면 병상은 씻은 듯이 사라진다는 것이다. 그러므로 브로이어는 이 치료법을 카타르시스라고 불렀다.

《히스테리 연구》가 출간되어 나오자, 빈에서는 말할 것도 없고 다른 나라에서도 준엄한 반대에 부딪쳤다. 이런 이해력이 없는 비난에 대해 프로이트는 냉소로 답했지만 마음이 여린 브로이어는 몹시 실망했다. 게다가 그는 내과의사로서 대단히 바빴다. 어느 새 두 사람 사이에는 눈에 띄지 않는 싸늘한 가을바람이 불기 시작한 것이다. 얼마 뒤에 브로이어와 프로이트 두 사람이 도저히 함께 할 수 없을 충격적 이론이 프로이트의 가슴속에서 싹트고 있었다.

성애(性愛)로 기울어진 눈

어느 날, 대학에서 새로 직책을 받은 유능한 의사로부터 한 부인 환자를 맡아 주지 않겠느냐는 요청이 프로이트에게 들어왔다. 그 환자는 원인을 알 수 없는 불안 발작으로 괴로워하고 있으며, 그 불안은 언제나 주치의가 있는 장소를 자세히 통지해 주어야만 가볍게 할 수 있다는 증상이었다. 곧 프로이트가 찾아가자 그는 작은 소리로 이렇게 소곤거렸다. "이 환자의 불안 원인은 환자가 결혼한 지 18년이나 되었지만 아직 숫처녀 그대로의 상태라는 것이다. 여인의 남편이 성불구자이기 때문이다. 이런 병에는 오직 한 가지 처방이 있을 뿐인데, 그것은 잘 알지만 다만 처방을 할 수 없다는 게 문제이다." 그렇게 말하고 나서 천천히 말을 끊어서 "처방, 페니스, 정상량. 반복 복용"이라고 덧붙였다. 프로이트는 익살스러운 이 말에 놀랐으나, 이윽고 그의 눈도 성애로 기울어져 가게 되었다.

《히스테리 연구》를 펴낸 다음 몇 년 동안 프로이트는 많은 증상과 사례들을 계속 모아서 검토했다. 이런 과정에서 그는 묘한 것을 알게 되었다. 그것은 노이로제의 뒤에 있는 감동적 흥분은 아무것이나 좋은 것은 아니며, 언제나 반드시 성적인 성질을 띠어야 된다는 것이다. 그는 예상도 하지 않았던 결과에 몹시 놀랐으나, 이를 도저히 피해 갈 수는 없다고 생각했다. 그래서 그는 진찰시간에 찾아오는 모든 노이로제 환자의 성생활을 닥치는 대로 철저히 조사·연구하기 시작한 것이다. 이것은 프로이트에게 의사로서의 체면을 깎는 일이었다. 그러나 그는 이에 굴하지 않고 열심히 연구를 계속했다. 문제가 문제인 만큼 그들의 성생활을 사실대로 알아내는 일은 쉽지 않았으나, 일단 그 어려움을 극복하기만 하면 어느 환자에게나 성적인 문제가 있다는 것을 발견하는 데는 큰 힘이 들지 않았다. 물론 성적 문제를 안고 있는 노이로제 환자들이 많다고 해서 그저 그것만으로는 양자에게 관련이 있다는 확고한 증명이 될 수가 없어, 그는 끈질긴 노력 끝에 강력한 증명이 되는 풍부한 자료들을 모은 것이다.

노이로제는 장애를 받고 있는 성적 메커니즘에서 오는 질환이다! 그렇게 생각한 프로이트는 이를 동료 의사들에게 여러 번 강연했다. 그러나 되돌아오는 것은 '불신'과 '경멸' 뿐이었다. 그뿐 아니라, 온후한 브로이어와도 결별하게 된 것이다. 프로이트는 이제 완전히 고립된 처지가 되었다.

자유연상법의 확립

혼자가 된 프로이트는 얼마 뒤에 브로이어의 카타르시스, 일명 정화법(淨化法)에 대해 몇 가지 의문을 갖게 되었다. 그것은 정화법이 히스테리 같은 증상 밖에는 적용할 수 없는 것이 아닌가 하는 의문과 최면술을 치료에 이용하는 것 자체에 대한 의문이었다.

예를 들면 최면술에 의해 좋은 치료 효과를 거둘 수 있는 것은 환자와 치료자의 사이에 신뢰감이 두터운 인간관계가 존재할 때뿐이며, 일단 이 인간관계가 흐려지면 마치 거짓말같이 치료 효과는 사라져 버리는 것이었다. 다행히 그 상실된 인간관계를 회복하는 길을 찾아내면 다시 치료 효과가 나타났는데, 그런 경우에도 최면상태에서의 카타르시스보다 환자와 치료자 사이의 개인적인 감정관계가 훨씬 더 큰 힘을 가지고 있다는 것은, 귀중한 발견이었다. 그런 어느 날, 엉뚱한 사건이 일어났다.

그것은 몹시 쑤시고 아픈 동통의 발작으로 괴로워하던 한 여성 환자를 최면상태로 유도해 발작의 원인이 되어 있는 감동의 에너지를 발산시켜 괴로움에서 해방시켜 주었을 때, 그녀는 최면에서 깨어나자 팔로 프로이트의 목을 쑥 감고 몸을 가까이 접근해 온 것이다. 그때 다른 사람이 우연히 방으로 들어오는 바람에 아무 탈이 없었으나, 이때부터 그는 암묵리에 말없이 최면요법의 사용을 그만두게 된 것이다. 이때 프로이트가 환자를 움직이는데 그 자신에게 무엇인가 남을 끌어당기는 힘 같은 것이 있다고 생각하지 않은 것은 훌륭한 일이었다. 그는 그때에 최면술의 배후에서 은밀히 작용하고 있는 어떤 신비로운 것의 본성을 엿보았던 것이다.

최면요법을 버린 프로이트는 그것을 대신할 만한 것을 찾았으나 좀처럼 발견되지 않았다. 말하자면 그 탄생을 위한 산고를 겪고 있던 어느 날, 그는 문득 낭시에서 본 어떤 실험이 생각났다. 이것이야말로 천우신조였다. 그것은 다음과 같았다. 어떤 시술을 받은 사람이 최면에서 깨어났을 때, 그는 최면 중에 있었던 일을 전혀 기억하지 못했다. 그런데 시술한 의사가 "너는 알고 있는 거야! 그것을 생각해 내지 않으면 안 돼! 모두 다 알고 있으니까, 그것을 말하기만 하면 되는 거야!"라고 강요하면서, 손을 다시 환자의 이마 위에 얹자, 놀랍게도 처음에는 머뭇머뭇하다가 이윽고 흘러가듯이 잊었던 일이 되살아난 것이다. 그렇다. 이 방법을 쓸 수가 있다. 프로이트는 그렇게 생각했다. 돌이켜 생각해 보면 그의 환자 또한 이제까지 최면술을 베풀어 겨우 도달할 수 있었던 내용도 사실은 '전부 알고 있다'고 해야 마땅하다. 따라서 격려만 해 주면 된다. 이렇게 시작한 회상 강제법은 최면술보다 훨씬 힘든 일이기는 했으나 얻을 수 있는 내용이 훨씬 풍부했다.

그런데 이 방법도 써 보면 몹시 힘이 들고 시간이 오래 걸린다는 사실이 갈수록 확실해졌다. 첫째로 의사가 '기대하고 있는' 것을 회상시키는 일 자체가 무척 어려웠다. 그래서 프로이트는 방법을 다시 바꾸기로 한 것이다. 새로운 방법은 어떤 의미에서는 회상 강제법과 정반대의 것으로, 그것은 '자유로운 연상'을 하고 싶은 대로 무슨 말이든지 해 보라고 요구하는 방법이었다. '이것은 그다지 중요한 것 같지 않다'든가, '이것은 무의미한 말'이라든가, '이것은 전혀 관계가 없다'는 식으로 생각하지 말고, 마음의 긴장을 풀고, 느긋한 마음으로, 머리에 떠오르는 것은 무엇이든지 사실대로 말하라는 것이다. 이 자유연상법은 종래의 방법에 비해 노력이 적게 들뿐만 아니라, 자료의 제공 그 자체를 본질적으로 환자에게 맡기는 것이다. 그러므로 한 번의 자유 연상으로 하나하나의 증상이나 그 원인을 체계적으로 완벽하게 도출하는 것은 불가능하다. 그러나 자유 연상이라고 해도 현실적으로는 자유로운 것이 아니다. 그래서 몇 번이나 자유 연상을 되풀이 하도록 하면 전체적으로는 자연히 어떤 특정한 주제를 향하게 되어 분석에 알맞은 자료들이 모아지는 것이다. 그의 독자적 치료법인 '자유연상법'은 이렇게 확립되었다.

잊고 싶으니까 잊히는 것

그런데 어째서 히스테리 환자는 자기의 외상적 체험을 평소에는 잊고 있는 것일까. 또 정화법이나 회상 강제법 또는 자유 연상법에 의해 왜 그런 것을 회상할 수 있는 것일까. 오로지 환자의 관찰을 거듭해 가던 프로이트는 이윽고 잊어버린 것은 모두가 어떤 형태의 의미이든 고통으로 가득

〈죄수의 꿈〉 슈번트 작
프로이트는 이 그림을 욕망 실현의 전형적인 예로 해석했다.

한 것이라는 사실을 알게 되었다. 그것은 무서운 체험이고, 마음 아픈 체험이며, 부끄러운 체험이었다. 그러므로 '잊어버리고 싶어서 잊는' 것이다! 따라서 그런 것을 다시 한번 의식하도록 만들기 위해서는 마음속으로 잊은 채 놓아두려고 하는 무엇인가를 극복하지 않으면 안 되었다. 그는 이것을 '저항'이라고 불렀다. 의사가 바쳐야 되는 노력의 양은 그대로 저항의 강도였던 것이다.

저항은 반대쪽에서 보면 어떤 것을 잊은 채로 놓아두려고 억누르는 것이다. 그래서 '억압 이론'이 생겼다. 눌러 놓기 위해서는 상당한 정신적 에너지를 무의식중에 쓰지 않으면 안 되기 때문에 환자의 정신적 에너지는 빈곤하게 된다. 또 억압당하는 쪽의 것은 말하자면 정상 경로에 의한 발산의 길이 막혔기 때문에 길을 돌아서 가든가, 대상을 찾아내든가 하여 어디론가 뚫고 나가려고 하는 것이다. 이것이 환자의 신경쇠약을 가져오고, 또 여러 가지 이상한 증상들을 낳는 것이다. 만일 그렇다고 한다면 노이로제의 치료법을 바꾸어야 한

다. 그것은 이미 잘못된 노선으로 빠져들어가 꼼짝도 할 수 없게 된 감동 에너지에 통로를 만들어 주는 것이 아니라, 억압 그 자체를 밝혀 냄으로써 그것을 해소시켜 주는 것이 아니면 안 된다. 프로이트는 이 새로운 치료법을 처음으로 '정신분석'이라고 읽었다. 이것이 정신분석이라는 말의 시작이다.

이렇게 해서 억압 이론이 형성되기 시작하자, 마땅히 억압받고 있는 존재가 살고 있는 세계가 문제로 떠오르게 된다. 그것은 '평상시에는 잊히는 세계' 곧 '무의식의 세계'이다. 이래서 '무의식의 세계'라는 존재와 그 특질에 대한 이론은 프로이트 사상의 중요한 가설이 된 것이다. 아니 오히려 정신분석에 있어서는 모든 정신적인 것은 '처음에 무의식적이며' 의식적인 것은 뒤에 거기에 끼어들기도 하고, 끼어들지 않기도 할 따름이다.

그런 어느 날, 갑자기 좋은 생각이 떠올랐다. 그것은 꿈에 대한 분석이었다. 사람은 누구나 꿈을 꾼다. 눈부실 만큼 색채감이 넘치는 꿈도, 그리고 짙고 옅은 잿빛으로 물든 어두운 꿈도 꾸는 것이다. 영화처럼 선명한 꿈도, 안개에 싸인 것처럼 어렴풋한 꿈도 있다. 꿈이야말로 무의식의 세계에 사는 사람이, 자기가 잠들어 있는 틈에 의식의 세계로 춤추고 나온 것은 아닐까.

꿈은 고대에는 미래를 예언하는 것으로서 소중하게 여겼다. 그러나 근대의 과학은 꿈에 대해서는 아무것도 알려고 하지 않았다. 그리고 이것은 완전히 미신적인 꿈점에 맡겨졌다. 그러나 프로이트는, 꿈은 노이로제 같은 것, 망상과 같은 것, 무의식의 세계에 억압되어 있는 것이 흘끗 얼굴을 내놓은 것으로 생각하고, 겉으로 드러난 꿈의 내용에 구애되지 않고, 꿈의 하나하나의 상을 제재(題材)로 해 환자들에게 자유 연상을 시켜 간 것이다. 그래서 좋은 성과를 얻었다. 꿈은 이미 불합리한 현상은 아니다. 마음의 착란 현상도 아니다! 이것은 낮의 가치 있는 정신활동과 맞먹는 것이다. 다만 이것이 일정한 법칙에 따라 왜곡되고, 생략해 겹쳐져 있으므로 그 의미를 알기 어려울 따름이다. 프로이트는 이렇게 몇 년 간이나 써 모은 것을 《꿈의 해석》이라는 책으로 1900년에 비로소 세상에 내놓았다. 우리는 이 해를 정신분석학 탄생의 해로 삼고 있다. 그리고 이것이야말로 우리의 세기, 20세기의 선물이 된 일대 계몽의 책(書)이 된 것이다.

그의 꿈의 이론을 여기에서는 그 중심 사상만 간단히 설명한다. 그것은 이런 것이다. 인간의 마음 밑바닥에는 갖가지 소망이 숨겨져 있어, 이는 가끔 마음속 깊은 곳으로부터 인간의 감정을 부추기는 것이다. 그리고 이 감정이 높아지면 꿈을 꾸는 데 필요한 에너지를 공급해 낮에 보고 들은 것의 남은 찌꺼기를 자료로 이용해 꿈을 구성하는 것이다. 그러므로 꿈은 마음속 깊이 숨겨진 소망이 만족스럽게 성취되는 경우의 상황을 어떤 형태로 나타내는 것이다. 말을 바꾸면 꿈은 '소망의 충족'이다. 심한 굶주림, 갈증이나 배설의 욕구가 수면 중의 무의식적 자극이 되어 그런 요구가 충족되는 꿈을 꾸게 되는 것은 누구나 흔히 체험하는 일이다. 이로써 꿈은 심리학의 확실한 연구대상이 된 것이다.

정신분석학의 빛나는 결실

모여든 제자들

브로이어와 결별한 뒤 10년 이상이나 프로이트에게는 한 사람도 신봉자가 없었다. 빈에서는 누구나 그를 피하고, 국외에서도 그의 이름을 거론하는 사람이 없었다. 빈의 대학병원에 근무하는 한 조수가 《꿈의 해석》을 읽어 보아야 되는 겁니까?" 이렇게 물었을 때, 교수라는 사람들은 한결같이 "그런 수고를 할 가치가 없어"라고 대답한 것도 이 무렵이었다. 모진 비바람을 견디어 온 지 10여 년. 고독한 동산에서 고투를 계속했다. 그러나 그의 고립도 차츰 종국이 가까워지고 있었다.

1902년부터는 몇 명의 젊은 의사가 정신분석학을 배워, 이를 보급하려는 뚜렷한 의도를 가지고 프로이트의 주위에 모여들게 되었다. 그들은 정해진 날 저녁 프로이트의 집에 모여 토론을 하고 잡담도 했다. 정신분석학이 그토록 비난을 받고, 그 기법이나 이론도 아직 충분히 완성되지 않은 단계에서 앞으로의 전망이 확고하지 않은데, 거기에 몸을 바치려고 모여든 사람들의 용감함에 프로이트는 따뜻한 온정을 느꼈다. 그 가운데에는 다음에 그의 가장 충실한 공동 연구자가 되고, 또 〈국제정신분석학회 잡지〉의 편집 책임자가 되기도 한 오토 랑크도 포함되어 있었다. 이 동료 의사들의 작은 모임은 더욱더 커져 갔다. 다음에 프로이트의 문하에 동참한 융이 신령 현상을 논한 책에 처음으로 《꿈의 해석》을 언급한 것도 1902년의 일이었다. 이것이야말로 《꿈의 해석》이 세상에서 문제가 된 최초의 일이었다.

영광스러운 국제 무대로

1907년 프로이트가 51세에 이르자 상황은 뒤바뀌었다. 조발성(早發性) 치매증에 정신분열증(조현병)이라는 이름을 붙인 것이 세상에 알려졌다. 취리히 대학 정신병학 교수인 블로일러가 프로이트 이론에 흥미를 보인 것이다. 근엄하고 철저한 금주주의자이며, 또 브르횔츨리 정신병원의 원장이기도 한 이 독일계 스위스인으로부터 온 편지에는 프로이트의 연구가 자기의 정신병원에서 이용되고 있다고 칭찬을 아끼지 않았다. 이 병원의 조수였던 융으로부터는 "내년 봄에 잘츠부르크에서 제1회 정신분석학 집회를 열자"라고 제의해 왔다. 그리고 1908년, 4월 26일 부활절에 제1회의 집회가 열려 〈정신분석 및 정신병리학 연구 연보〉를 창간하기로 했다. 또 취리히에서 아이팅곤 박사가 빈을 찾아왔다. 이로써 취리히 사람들이 정신분석학의 평가를 높이는 중심적인 힘이 된 것이다.

빈 학파와 취리히 학파가 결속한 뒤부터 정신분석학은 이상할 만큼 불같이 일어났다. 도처에서 정신분석에 대해 논하고, 이에 대한 글들이 넘쳐났다. 이와 같은 상황을 영국의 성심리학자인 하바로크 엘리스는 다음과 같이 썼다.

"프로이트의 정신분석은 바야흐로 이 시대의 주인공이 되었다. 오스트리아와 스위스는 물론, 미국과 영국에서도, 그리고 인도, 캐나다, 아시아에서도 그 열기가 대단하다."

그중에서도 미국에의 정신분석학 유입은 빛나는 영예에 가득 찬 일이었다. 프로이트는 1909년 가을, 보스턴에서 가까운 우스터의 클라크 대학 총장 스탠리 홀로부터, 대학 창립 20주년 기념에 참석해 정신분석에 대한 강연을 해 달라는 초청을 받았다. 물론 대학에서 여비를 지불하고 사례금도 받기로 했다. 그는 여기에서 5회에 걸쳐 강연을 했다. 특히 감동적인 것은 기념식 마지막에 이 대학에서 프로이트에게 명예 법학박사 학위를 준 것이었다. 그만큼 오랜 세월 경멸과 비난을 받은 다음, 이런 명예를 안게 된 프로이트의 얼굴에는 밝은 감동의 빛이 나타나며, 감사를 표하는 인사말 첫마디를 이렇게 말했다.

1909년. 프로이트는 미국 우스터의 클라크 대학 창립 20주년 기념식에 초청되어 강연을 했다. 프로이트와 융, 페렌치, 브릴이 그들을 초청한 스탠리 홀 총장을 둘러싸고 있다.

"우리의 노력이 공식으로 인정받은 것은 이것이 처음입니다."

이 무렵 프로이트의 깃발 아래 모인 훌륭한 동참자들을 열거해 보면, 다음과 같이 화려했다. 앞에서도 언급한 취리히 대학 정신병학 교수 블로일러, 영국 출신의 뉴욕 대학 교수 브릴, 헝가리 부다페스트 출신의 생물분석학 창시자인 페렌치, 프로이트가 만년에 영국으로 망명했을 때 그를 도와준 존스, 베를린에 사설 정신분석 진료소를 열어 활동한 아브라함, 빈 태생이지만 미국에서 활약한 제자 라이크 등 한이 없을 정도였다.

일상생활에서의 정신병리

프로이트의 정신분석학이 노이로제나 히스테리 같은 이상 행동에 대한 분석으로부터 꿈의 해석으로 발전한 것은, 그의 이론이 인간의 이상한 행동에 적용될 수 있을 뿐만 아니라, 정상적인 행동의 분석에도 적용될 수 있음을 의미했다. 꿈은 누구나 꾸기 때문이다. 이렇게 해서 그는 또 한 걸음 더 나아가 인간이 일상적으로 자주 저지르는 하찮은 착각이나 실수 등을 연구 정리하여,

1904년 《일상생활에서의 정신병리학》이라는 이름의 책을 펴냈다. 이 책은 널리 읽혔는데 그 근본이론은 "인간이 일상생활 속에서 자주 저지르는 하찮은 착각이나 잘못 내뱉은 말 같은 것도 결코 우연히 틀린 것이 아니라, 여기에는 그 까닭이 있고, 의미가 있으며, 그것은 해석할 수 있는 것이라"라고 했다. 이제 그의 저서에서 그 한두 가지 실례를 보기로 한다.

어느 날, 한 여자 환자가 그를 찾아왔다. 환자는 "……나는 완전히 코감기가 들었습니다. 그래서 코로 숨을 쉴 수가 없어요……" 이렇게 말하려고 했는데, "코로 숨을 쉬어요"라고 말해 버렸으므로 당황한 나머지 또 한 번 고쳐서 말했다. 이때 환자는 곧 잘못 말한 원인을 깨닫고 "나는 날마다 하제나우어가(街)에서 전차를 타는데, 오늘 아침 전차를 기다리면서 문득 혹시 내가 프랑스인이라면 이 거리의 이름을 아데나우어로 발음했을 것이라고 생각한 겁니다"라고 말했다. 전차를 기다리는 동안에 문득 생각한 일이 잘못 말한 원인이 되었던 것이다. 따라서 환자가 잘못 말한 것은 지금 걸려 있는 코감기와는 전혀 관계가 없는 무의식의 심리 내용이 끼친 방해작용의 결과였다.

또 하나의 예를 들어 보자. 어느 정신분석 의사의 아내가 오후에만 가사를 도와주는 프랑스인 여자를 고용하기로 했다. 이야기가 결말이 났으므로 프랑스인 여자의 신분증명서를 맡겨 놓으라고 했는데, 그는 그것을 자기가 갖고 있겠다고 하면서 그 이유로 "나는 또 오후, 아니 실례했습니다. 오전 중에 일할 곳을 찾기 위해서입니다" 이렇게 말했다. 그녀가 잘못 말한 원인은 알 만하다. 그녀는 다른 데를 더 찾아보면 그 사람네 집보다 조건이 좋은 오후에 일할 곳이 있을지도 모른다고 생각했던 것이다. 아니나 다를까, 그녀는 다른 일할 데를 찾아 그곳으로 가 버렸다.

프로이트의 생활

큰 거리에서 가파른 경사가 되어 내려오기 때문에 붙여진 이름인, 빈시 제9구 베르크갓세 19번지라는 유명한 곳에서 그는 1891년 8월부터 47년 동안이나 살면서 여기에서 1남 2녀를 얻었다. 다음에(1949년) 이 건물은 '지크문트 프로이트관'이라는 이름이 붙여졌다.

그의 일상생활은 일밖에는 거의 아무것도 없었다. 7시쯤 일어나서 8시부터

은혼식을 맞은 프로이트와 마르타(1911) 마르타는 프로이트가 열정을 바친 대상이었다. 서로에 대한 헌신과 완전한 우정은 이 두 사람의 부부관계를 특징지었다.

환자를 진찰하는 것이 일과였는데, 일이 바쁘고 밤을 새우기 때문에 아침에 일찍 일어나는 일이 가장 고통스러웠다. 아침마다 이발관으로 가서 그는 짙은 수염을 면도하고, 필요하면 이발을 했다. 환자 한 사람마다 55분씩을 할당하고, 5분간 쉰 다음 다른 환자를 보았다. 이것은 시계처럼 정확했다.

프로이트는 음식 먹는 것을 좋아하고, 식사 중에는 말이 없이 오로지 먹는 데만 집중했다. 젊어서는 볼링을 자주 하며 기분 전환을 했으나, 가장 좋아하는 운동은 산책이었다. 걸을 때 그는 발걸음이 가볍고 빠르며 피로를 몰랐다. 그는 버섯을 발견하면 살짝 가까이 가서 마치 나비라도 잡는 것처럼 재빨리 버섯에 모자를 씌웠다. 실제로 그는 버섯이 있을 성싶은 곳을 찾는 데 놀라운 감각을 지니고 있었다. 기차를 타고 갈 때도 그런 장소를 차창에서 가리켰다. 버섯을 찾는 방법과 들꽃에 대한 지식, 타로크라는 트럼프놀이—이 세 가지를 아이들에게 가르치고 싶어 했다.

프로이트의 자녀 교육은 유별나게 너그러웠다. 젊어서 자기가 경제적으로 몹시 고생을 했기에 자식들에게는 결코 그런 쓰라린 경험을 시키지 않으려는 부정(父情)의 발로였으리라.

프로이트에게는 아름다운 경치를 즐기는 것과 미지의 곳을 찾아가는 일만큼 기쁨을 주는 것은 없었다. 그래서 그는 자주 여행을 했다. 경애하는 영국에도 갔다. 아름다운 이탈리아에는 한니발의 유적과 고대사의 향기를 찾아 일곱 번이나 갔다. 그리고 아내와 떨어져 있을 때는 날마다 엽서나 전보로 연락을 취하고, 2, 3일마다 길게 편지를 썼다.

이 밖에 그에게는 또 하나의 소중한 기분 전환이 있었다. 그것은 고독한 시대에 찾은 유대인의 클럽인 브나이브리스협회를 통한 교류였다. 그는 평생을 이 협회에 소속해 화요일마다 열리는 사교와 문화를 위한 모임에는 거의 출석했다. 1936년 3월, 나치 독일이 국제정신분석 출판사를 점거했을 때, 그 구실로 "프로이트가 지하 정치운동 그룹에 속하고 있기 때문"이라고 한 것은 그가 이 협회의 일원이었음을 가리키는 것이었다.

프로이트의 인품

그는 자기 자신의 삶은 물론, 다른 사람들의 삶도 복잡하게 얽혀 있는 것을 몹시 싫어했다. 이를테면 그는 의복 세 벌과 구두 세 켤레, 그리고 속옷 세 벌 밖에는 갖지 않는 습관이 있었다. 긴 여행을 떠날 때도 짐은 아주 간단했다. 뽐낸다든가, 겉치레하고는 거리가 먼 조용한 성품의 사람이기에 가까이하기가 매우 쉬웠는데, 다만 호기심으로 그를 찾는 사람이 있어도 만나지 않는 일은 거의 없었다. 게다가 그는 남의 말을 쉽게 믿어 버리는 성향이 있었다.

"저는 아빠에게 유혹을 당했어요"라고 하는 여성 환자의 말을 쉽게 곧이듣는다든가 그 밖의 히스테리 환자가 하는 말을 처음에는 모두 사실로 받아들였다. 하지만 몇 년 동안 고찰을 계속한 끝에 겨우, 히스테리 환자가 하는 말은 아주 중요한 '환상'을 드러낸 것이라는 사실을 알게 되었다. 이렇게 잘 믿어 버리는 성격임과 동시에, 그 격렬한 비난을 견디며 자기의 이론을 세워 간 완고한 성격이 공존하고 있었다는 것이 그의 인품의 한 특징이다. 분명히 그의 인품 가운데에는 갖가지 상반되는 심한 양극적 요소가 공존하는 부분이 있었다. 과학적인 탐구심과 철학적인 사색, 열정적인 사랑의 충동과 놀라울 만큼 강한 성의 억제, 정력적인 남자다운 면과 여성적인 부드러움, 창조·독립에 대한 격렬한 욕망과 기대고 싶어 하는 의존성, 이렇게 모순되는 것들이 그의 내부에서 소용돌이치고 있었던 것이다. 그리고 이것은 그의 '이원론적' 이론 가운데 잘 반영되고 있다.

아내에 대한 프로이트의 태도는 아주 놀라울 정도의 일부일처주의였을 뿐만 아니라, 얼마 동안은 말하자면 아내에 대한 사랑에 빠져 허우적거리고 있는 것처럼 보일 정도였다. 평생을 아내 이외의 여성에게 어떤 식으로든 성적으로 심각한 일이 전무했다고 말할 수 있는 남성은 프로이트뿐이었을 것이다. 그는 마르타를 더할 나위 없이 사랑했다. 이 프로이트가 여성의 심리는 남성의 심리보다 훨씬 수수께끼 같아서 잘 모른다고 한 것은 흥미로운 일이다. 그는 언젠가 이렇게 말했다. "아직껏 대답을 들어 본 적이 없고, 또 내 자신이 30년이나 여성의 마음을 연구해 왔지만, 아직도 대답할 수 없는 큰 문제는 '여성은 무엇을 바라고 있는가?' 하는 물음이다."

떨어진 꽃잎

1910년이 되자 날로 융성해 가는 정신분석학의 상황을 바라보면서 프로이트는 이 정신분석 운동을 국제적으로 조직화해, 그 중심을 취리히로 옮기려고 골똘히 생각하게 되었다. 그의 나이도 어느새 54세, 이미 청년이 아니었다. 게다가 빈은 지리적으로 한쪽에 치우쳐 있다. 더욱이 이 도시는 너무 시끄러웠다. 그를 콜럼버스나 다윈에 비유해 찬양하는 사람이 있는가 하면, 한편에서는 거짓말쟁이 사기꾼이며, 성의 미치광이라고 비난하는 사람도 있다. 거기에 비한다면 취리히는 유럽의 중심지이며, 세계적인 교수가 정신분석연구소를 개설한 곳이기도 하다.

이런 나이가 되어서도 아직 '지도자로 있는 것'은 힘겨운 짐이다. 누군가 젊은 사람에게 지위와 권위를 물려줄 때가 되었다. 그리고 그것을 맡을 만한 사람은 융뿐이다. 그는 젊다. 게다가 빼어난 재능과 이제까지 기여한 공적과, 유대인인 프로이트에 대해 인종적 편견을 갖지 않았던 공평한 태도, 어느 면으로 보나 융은 그 적임자였다. 그래서 1910년 3월, 뉘른베르크의 집회에서 '국제정신분석학회'가 창설되고, 융이 그 회장으로 선출되었다. 하지만 이때에 프로이트는 스며드는 가을바람을 아직 의식하지 못하고 있었다.

아름답고 화려하게 핀 꽃도 언젠가는 그 꽃잎이 한 잎 두 잎 떨어지게 마련인 것이다. 제3회 정신분석학회는 1911년 바이마르에서 열리고, 제4회 집회는 1913년 뮌헨에서 열렸는데, 이 사이에 중요한 두 인물이 정신분석학회로부터 떨어져 나간 것이다. 그것은 아들러와 융이었다. 그들은 모두 프로이트가 너무 성적 요소를 중시하는 데에 불만을 품고 반대했다. 즉 아들러는 성애적 본능에 대한 프로이트의 기본 이론들을 부정하고, 인간의 사회적 동기를 강조하며 사라져 갔고, 융 또한 유아 성애론과 아동 분석론에 반기를 들고 사라진 것이다. 떨어진 꽃잎. 뒷날 두 사람의 이탈자를 회상하며 프로이트는 다음과 같이 말했다.

"어느 단체가 몇 가지 중요한 점에서 일치한 것을 기초로 설립되었을 때는, 이 공통의 토대를 버리고 거기에서 나가는 사람이 나오는 것은 마땅히 있을 수 있는 일이다. 그런데 세간에서는 제자들의 이탈을 내 그릇이 작은 탓이라고 말하는 사람도 있다. 하지만 떠난 사람은 극소수인 데 반해 아브라함, 아이팅곤, 페렌치, 랑크, 존스, 브릴, 작스, 피스터, 라이크 그 밖의 다른 동지들처럼 15년이나 나의 충실한 협력자로서 활동하며 한결같은 우정으로 나를 지도자로 삼은 많은 사람들이 있다는 것을 보여 주는 것만으로도 이에 대한 대답은 충분할 것이다."

이 말은 강력한 동의를 구하는 듯이 보인다. 이로써 프로이트의 종교적 성향과 신학적 성향을 엿볼 수 있을 것 같다. 프로이트는 그 억압의 이론에서 이제까지 억압받은 것에 대해서는 여러 가지 고찰을 해 왔으나, 억압하는 것에 대해서 거의 고찰을 하지 않았다. 그러나 이 동지의 이탈을 계기로 억압하는 것에 대한 관심이 높아져, 그는 곧 자아의 본능적 욕구와 관련하여 리비도 이론을 완성시켜 갔다.

만년의 프로이트

수선화
회상하고 싶지 않는 것, 예를 들면 성적인 욕망 같은 것을 드러내어 표현하는 것은 사회적으로 인정을 받지 못하는데, 그것을 무의식의 세계로 밀어넣어 버리는 '억압자'는 대체 무엇일까. 이렇게 생각한 프로이트는 이윽고 그것이 나르시시즘적(자기의 신체에 색정을 느끼는 자기도취)인 자기 보존 본능이라는 생각에 이르게 된다. 나르시시즘이란 무엇인가. 그리스 신화에 따르면 미소년 나르키소스는 물에 비친 자기 모습의 아름다움에 도취해, 미소녀 에코의 유혹의 소리도 귀에 들리지 않아, 마침내 자기 모습을 끌어안으려고 물속으로 뛰어들어 죽고 만다. 그런 뒤에 가련한 수선화가 피어났다고 한다. 이렇게 자신을 망각하면서까지 자기를 사랑하는 마음의 움직임이 나르시시즘의 본질이다. 자신을 사랑하는 이 마음의 메커니즘이 고통으로 가득 찬 체험과 마음에 상처를 준 체험을 기억 밖으로 쫓아내어 사회적으로 인정받지 못하는 욕구를 억누르는 것이다. 더욱이 이 나르시시즘적 경향은 결코 없어서는 안 되는 것이며, 인간의 마음속에 언제까지나 머무르면서 '억압자'가 되는 것이다.

제1차 세계대전

제1차 세계대전이 시작되었을 때 프로이트의 태도는 뜻밖이었다. 1914년 이 해에 58세가 된 그가 열렬한 평화주의자라면 몹시 공포감을 가지고 개전의 소식을 들었을 것 같은데 사실은 좀 달랐다. 그는 완전히 거기에 열중하며 일이 손에 잡히지도 않고, 개전 날의 상황을 동생과 얘기하면서 하루를 보냈다. 그리고 온종일 툭하면 흥분하고 화를 내며 잘못된 말을 거듭했다. 그러나 이 흥분한 기분도 고작 2주일 계속 이어졌을 뿐, 그는 원상을 회복했다.

전쟁 초기의 2, 3년 간은 오히려 독일 쪽을 동정하고 또 그 승리에 대해 희망을 가지고 있었다. 그런데 얼마 있다가 그가 깊은 애착을 가지고 있던 독일의 군함 '엠덴호'가 격침되고, 또 마음에 들었던 여동생 로자의 외아들이 이탈리아 전선에서 전사하자, 차츰 승리의 희망이 사라져 갔다. 게다가 전쟁 때문에 식량과 연료의 부족이 차츰 심해져, 일상생활을 위협하는 사소한 문제가 잇따라 불거지게 되었다.

전쟁은 프로이트가 초기에 가진 희망적 관측을 산산이 무너뜨리고 패배로 끝났다. 이 경험이 그의 사상과 사생활에 얼마나 큰 영향을 준 것인가! 그때까지 그는 인간의 이성의 힘을 신뢰하고, 이성의 힘에 의존하면 인간은 본능의 지배로부터 벗어날 수 있다고 확신했다. 한마디를 덧붙이면 궁극적으로 본능을 의식적으로 지배하는 인간의 이성의 자유야말로, 그의 정신분석학의 근본적 신조였던 것이다. 그런데 대전 중에 보고 들은 많은 잔학행위와 극도의 비이성적인 혼란상황의 체험은 이제까지의 그의 확신을 밑바닥으로부터 무너뜨리고, 그를 환멸의 심연 속으로 빠뜨린 것이다. 그것은 거의 절망에 가까운 것이었다. 그리고 그는 위로도 분노도 아닌 다음과 같은 말을 내뱉었다.

"우리 시민들은 우리가 두려워했던 정도로는 타락하지 않았다. 왜냐하면 처음부터 우리가 믿고 있던 만큼은 결코 향상되어 있지 않았기 때문이다."

이 프로이트의 비관주의는 환상을 갖지 않는 현실주의자라는 의미에서는 제1차 세계대전보다 훨씬 전부터의 것이었지만 이는 제1차 세계대전의 경험에 의해 한결 더 짙어졌다는 것은 확실하다. 그는 1915년에 출간한 〈전쟁과 죽음에 대한 수상〉을 다음의 말로 맺고 있다.

"어쨌든 살기 위해 참는 것이 살아 있는 자의 첫 번째 의무이다. '평화를 바란다면 전투에 대비하라'고 한 옛날의 속담은 '삶을 견디려고 한다면 죽음을 각오하라'고 바꾸어 말하면 될 것이다."

전쟁 신경증과 죽음의 본능

제1차 세계대전은 노이로제(신경증)의 원인에 대한 생각을 일변시키는 하나의 전기가 되었다. 즉 제1차 세계대전을 통해 전쟁에 참가한 나라들의 병사들 사이에 패전국 독일은 물론 전승국 영국에서도 이른바 전쟁 노이로제 환자들이 속출한 것이다. 그것은 싸움터에서 긴장과 위험, 불안 등이 이어짐으로써 현기증, 호흡곤란, 구역질, 원인불명의 피로감, 우울증, 자책감, 히스테리 증상(몸의 마비, 경련, 떨림, 건망증, 난청, 실신, 발성 불능, 시야 협착) 등 온갖 심신 증상을 일으키는 노이로제였다. 독일 쪽에서는 특히 참호전으로 들어간 뒤부터 환자가 급격히 늘고, 더욱이 전선의 병사들에게 극심한 경악 반응이 주로 일어났다. 그리고 후방의 병사들에게는 노이로제와 히스테리 증상이 천천히 나타났다. 이와 같은 차이는 있었으나, 아무튼 전쟁이라는 특수상황에서 그렇게 다량의 '남성 히스테리'가 발생했던 것이다! 그 결과, 1916년의 신경병학회에서 프로이트 등이 주장해 온 "정신적인 원인에 의해 노이로제는 일어난다"는 노이로제 심인설(心因說)이 승리를 거두게 되었다. 이렇게 해서 프로이트의 생각은 차츰 일반화되어 갔으나, 다른 면에서는 전쟁 노이로제에 대한 연구가 정신분석학의 반대자들에게도 유력한 버팀목을 제공한 셈이 되었다. 즉 노이로제는 성적(性的) 요인 없이도 일어난다는 증거가 되었다는 것이다. 이것에 대해 프로이트는 "그것은 경

전쟁 중에 휴가 나온 두 아들과 함께(1914) 에른스트(왼쪽)과 마르틴(뒤쪽)이 휴가 나왔을 때 함께 찍은 사진이다. 제1차 세계대전은 프로이트의 연구 분야에 획기적인 전기가 되었다.

솔하고 너무 조급한 결론이다"라고 주장했지만, 그의 이론은 다시 새로운 전기에 들어서게 되었다.

이런 배경 속에서 그는 1920년에 《쾌감원칙의 피안(彼岸)》이라는 책을 내놓았다. 그는 그 가운데서 처음으로 인간에게는 '생의 본능'에 대립하는 것으로, 공격 본능이 자기에게로 향하는 것이다. 이래서 프로이트의 자아 개념은 대충 다음의 세 단계를 거쳐 발전하게 되는 것이다. 곧 최초의 단계에서는 성적 본능에 대립하는 것으로서의 자아를 생각하고, 성적인 욕정이 억압당하는 것들의 세계인 무의식계를 대표하고, 자아는 의식의 세계를 대표하는 것으로 생각해 왔다. 그런데 다음의 단계에서는 자아는 성적 본능과 대립하는 것이 아니라, 자아 충동의 본질은 성적 충동이며, 그것이 자기 자신으로 향하는 나르시시즘과 자기 이외의 대상으로 향하는 대상애(對象愛)와의 대립에 의해 성립하고 있다고 생각하게 되었다. 그리고 제1차 세계대전 이후의 단계에서는 자아 충동은 생의 충동(에로스의 충동)과 죽음의 충동(공격적 충동)과의 대립으로 성립되어 있다고 생각하기에 이른 것이다. 이 '죽음의 충동'에 대해서는 그것이 만년에 뒤늦게 구상되었기 때문에 프로이트 자신이 그다지 많은 말을 하지 않았다. 또 정신분석학의 전문가들 사이에서도 이를 부정하는 사람이 많다. 그

러나 프로이트는 이 전쟁 노이로제를 계기로 행한 갖가지 관찰과 사변에 의해 성애 이외의 것도 노이로제의 원인으로 생각하게 되었다. 이처럼 그의 생각은 원칙적으로 언제나 서로 대립하는 개념이 짝을 지어, 그 역동적 힘의 관계를 논하는 형태로 발전해 갔다. 그러나 그 대립개념들 사이의 관계는 복잡하게 뒤얽혀 명쾌하게 결론지을 수는 없다. 하지만 거기에 그의 이론이 늘 끊임없이 발전한 빛나는 발자취가 오히려 인정을 받을 수 있게 된 것이다.

소리 없이 다가온 병마

1923년 2월, 67세가 된 프로이트는 오른쪽 턱과 입천장에 뭔가 종양같은 것이 생긴 것을 알았다. 처음에 그는 그것을 아무에게도 말하지 않고, 의사에게도 가지 않았으나 끝내 참을 수 없어 4월에 절제수술을 받았다. 떼낸 종양은 정밀한 검사 끝에 암이라는 것을 알았지만, 프로이트에게는 이것을 알리지 않았다. 그리고 이것이 암 때문에 받은 서른세 번의 수술 가운데 첫 번째였다.

수술을 받은 뒤에도 그의 병은 조금도 나아지지 않았다. 발음이 몹시 불완전해지고, 그의 큰 즐거움이었던 식생활도 이제는 심한 고통이 되었다. 게다가 청력까지 손상이 심해 환자가 하는 말을 듣는 것조차 부자유스럽게 되었다. 이 해에 처음으로 프로이트는 로맹 롤랑의 편지를 받았다. 이것은 두 사람 사이에 주고받은 최초의 편지였다. 프로이트는 로맹 롤랑을 높이 평가하고 있었기에 그에게 마음의 큰 위로가 되었다. 그는 환부가 암이 된 것을 확신하고 있었던 것이다.

이 해도 저물어 갈 무렵, 프로이트는 자진해 수정관을 잡아매는 결찰수술을 받았다. 이 수술을 하면 회춘 효과가 있어, 암의 재발을 늦출지도 모른다는 기대가 있었기 때문이다. 그러나 수술의 결과는 아무런 이익도 가져오지 않았다. 두 번째 암수술을 했다. X선요법도 여러 번 받았다. 그러나 치료 효과는 시원찮았다.

그의 병은 불치에 가까운 것이었다. 돌이켜 보면 34세 때 걸린 심장병이 56세가 되어 재발하고, 이어서 지금 말한 암이 발병하고, 70세의 12월에는 협심증 발작을 일으켰다.

1925년이 되자, 좀 기묘한 사건이 일어났다. 미국에서 프로이트의 정신분석학을 주제로 한 영화를 만들고 싶다는 제의가 들어왔다. 프로이트는 그의 사랑의 이론을 영화로 제작하는 것은 흥미로운 시도라고 생각했으나 이 제안을 거절했다. 그는 자기의 추상적인 이론이 영화라는 구상적(具象的, 또는 구체적)인 수단으로 표현될 수 있다고는 도저히 믿을 수 없었기 때문이다. 그러나 프로이트의 거절에도 불구하고, 이 영화는 완성되었다. 영화회사는 그의 동의도 받지 않고 "영화 〈마음의 비밀〉은 모두 다 프로이트 박사의 계획과 검토를 받을 예정이다"라고 광고했다. 프로이트는 이에 대해 불평을 했으나, 정신분석학에 반대하는 일파는 이것을 이용했다. 그리고 "프로이트는 동료 학자들에게는 자기의 이론을 지지받지 못하게 되었기 때

안나 프로이트 1938년 3월 22일자 프로이트의 메모에 "안나가 게슈타포에 잡혀갔다. 치가 떨렸다. 생각할 수도 없는 일이다. 이게 가능한 일인가?"라고 당시 숨가쁘게 돌아가는 정세에 절규했다. 아버지가 죽고 난 뒤 안나는 정신분석학의 가장 공식적인 인물이 되었다.

문에, 이번에는 영화의 힘을 빌려 일반 사람들에게 자기의 생각을 광고하려는 수단을 이용하는 데까지 타락했다"고 했다.

사변(思辨)의 시대

프로이트의 저술은 제1차 세계대전을 경계로 사변적(思辨的, 이론적)인 경향이 뚜렷이 늘어갔다. 즉 〈무의식에 대하여〉는 제1차 세계대전의 초기에, 〈나르시시즘 서설〉은 1914년에, 이어서 1920년에는 〈쾌감 원칙의 피안〉, 이듬해에는 〈집단심리와 자아의 분석〉, 한 해를 건너뛰어 23년에는 〈자아와 에스〉, 26년에는 〈불안론〉, 30년에는 〈문명과 불만〉 등 쉬지 않고 계속 논문을 발표했는데, 이런 저작들은 그 자신도 말했듯이 실증적인 면이 뚜렷이 약하게 줄어들고 그 대신 사변적인 색채가 매우 짙어진 것이다. 그는 이렇게 말했다.

"나도 이제 나이가 들어서 예전 같지 않아, 내 생각을 충분히 완성시켜 줄

만한 시간적 여유가 없으니, 미숙한 상태로나마 생각이 떠오르면 말하지 않을 수 없다"고.

그는 병에 시달리는 늙은 육체적 악조건에서 꺼지기 전에 제 몸을 모조리 태워 버리는 촛불의 마지막 불꽃처럼 안간힘을 다해 사변으로 충만한 논문을 계속 썼던 것이다.

이런 배경 속에 프로이트는 1922년, 베를린에서 열린 국제정신분석학회에서 생애 마지막 강연을 했다. 이 자리에서 그는 처음으로 초자아에 대한 구상을 밝혔다. 잠시 그가 한 말을 들어 보자.

"자아의 구조는 단순한 것이 아니며, 그 핵심으로서 하나의 심판적 기능을 가진 초자아를 포함하고 있다. 자아와 초자아는 많은 경우에 함께 공존하고 있어 양자를 구별할 수 없을 정도이지만, 또 다른 경우, 양자는 확실히 구별할 수 있는 부분도 있다. 그리고 초자아는 발생적으로 보면 어린아이가 양친의 모습을 닮은 것으로, 그래서 실제로 그가 유아 시절에 양친에게 보살핌을 받은 것처럼 자아를 다루는 것이다."

이것을 요약하면, 그가 말하는 초자아는 도덕적으로 나타나는 경우는 우리가 양심이라고 부르는 것과 같은 것이다. 양심은 너나 할 것 없이 누구에게나 준엄한 명령자이고, 비판자이며, 자존심과 타존심(他尊心)의 체계화를 이룬 것이다. 바꾸어 말하면 초자아는 자아에게 이상을 과하고, 또는 금지령을 내려, 거기에 어긋난 경우에는 그 사람에게 죄악감, 수치심, 공포감 등을 일으키도록 하는 것이다.

80세의 생일

1936년에 프로이트는 80세의 생일을 맞았다. 그리고 그것을 경축하는 축하 모임이 세계 각국에서 개최되었다. 생일 자체는 아주 조촐하게 지냈다. 프로이트의 방은 꽃다발로 꽃집같이 되었다. 몸의 상태도 그 무렵은 우연하게도 매우 좋은 상태였다. 그리고 세계 도처에서 축하 전문이 날아들었다. 세기의 물리학자 아인슈타인도 축하의 편지를 보내왔다. 그의 편지는 다음과 같다.

"오늘날의 세대가 이 세대 가장 훌륭한 교사의 한 분으로서 귀하에게 존경과 감사의 마음을 표할 수 있는 기회를 가지게 되어, 너무나 기쁘게 생각하니다. (중략) 얼마 전에 그 자체가 대단한 일은 아니지만, 내 판단으로는 억압의 이론에 의한 해석이 아니고는 어떻게 설명할 수 없는 실례를 몇 번 듣게 되었습니다. 나는 그런 행운을 만나게 되어 기쁩니다. 왜냐하면 위대하고 아름다운 이론이 현실과 일치하고 있음을 안다는 것은 보람된 일이기 때문입니다. 진심으로 존경심과 염원을 담아, 아인슈타인 올림."

프로이트의 런던 집 그는 측근들이 서두른 덕택에 가스실과 강제노동수용소를 체험하지 않았다. 최고위 외교 당국자의 보호를 받으며 런던에 도착하니, 모든 것이 잘 준비되어 있었다.

이 생일에 프로이트가 가장 기뻐한 것은 토마스 만이 찾아온 일이었다. 그리고 의학심리학협회는 프로이트를 위해 감명 깊은 연설을 해 주었다. 그는 또 프로이트의 아내 마르타가 가장 좋아하는 작가였다. 그래서 토마스 만이 프로이트가의 손님으로 왔을 때, 그녀는 특별한 기쁨을 느꼈다. 만은 191명의 작가와 예술가들이 서명을 한 인사장을, 이날 프로이트에게 직접 건네주었다. 그러나 명예학위를 프로이트에게 보낸 대학은 하나도 없었다. 평생 그가 받은 유일한 학위는 미국 클라크 대학의 창립 20주년 기념식전에서 받은 법학박사의 칭호뿐이었다.

런던의 가을

히틀러가 권력을 장악한 지 얼마 되지 않아 유럽에는 불길한 조짐이 퍼져 갔다. 그런 험악한 정세의 소용돌이 속에 1933년 5월 베를린에서 프로이트의 저술과 그 밖의 정신분석학 관계의 서적들이 금서로서 불태워진 것이다. 그리

런던 집 정원에서 평화스러운 한때 프로이트는 죽음을 향해 서서히 미끄러져 가고 있었다. 그는 모든 것을 자신이 할 수 있기 때문에 했다. 이제는 다른 사람들이 계속이어나갈 차례이다. 1939년 9월 23일 새벽 3시, 암의 고통으로부터 벗어나 조용히 영면했다.

고 1936년 3월에는 게슈타포(나치스 비밀경찰)가 국제정신분석 출판사의 전 재산을 압수했다.

그 뒤 1938년 3월, 나치스 히틀러가 마침내 오스트리아를 합병하고, 여기에서도 유대인 추방 운동을 차례차례 확대하자 이미 흉악한 불길은 발부리까지 번져 왔다. 그동안에 프로이트의 집에도 결국, 나치스 돌격대원과 게슈타포

가 와서 각 방을 철저히 수색하기에 이르렀다. 게다가 그가 죽을 때까지 간호에 힘써 준 딸 안나 프로이트도 게슈타포에 체포되었다. 이것은 견딜 수 없는 일이었다. 프로이트는 마음을 달래기 위해 방 안을 이리저리 배회하면서 줄곧 여송연을 피우며 하루를 지냈다. 밤이 되어 안나가 돌아왔을 때, 인내심이 강한 그도 격정을 억제하지 못했다. 이제는 떠날 수밖에 없다.

그는 그해 6월, 나치스에게 쫓겨 빈을 떠났다. 병고를 참으며 늙은 몸을 이끌고 무일푼으로 탈출한 것이다. 이때 미국 정신분석학회는 8천4백 달러를 보증금으로 나치스 정부에 지불했다고 한다. 그는 파리를 경유해 런던으로 망명했는데, 이를 도운 것은 마리 보나파르트 왕녀와 어네스트 존스였다. 이때 몸에 지니고 간 유일한 것은 〈인간 모세와 일신교〉라는 논문의 원고였다. 겨우 안정을 찾게 된 땅, 거기에 호의를 가진 많은 사람들이 기다리던 영국의 도시 런던에서, 〈인간 모세와 일신교〉 같은 인기도 없는 종교론을 꺼낸다는 것은 오히려 위험한 일이었으나 그는 기어이 그것을 실행에 옮겼다. 이것이 그의 마지막 논문이 된 것이다.

그 이듬해인 1939년 9월 23일, 한밤중이 되기 직전에 지크문트 프로이트는

런던 햄프스테드의 메어스필드 가든스에서 죽었다. 당당했던 그의 생애는 끝났다. 그리고 암의 고통도 끝이 났다. 제2차 세계대전이 가까워졌을 때, 그것이 히틀러의 최후가 될 것으로 본 그의 확신대로 내려진 역사의 심판은, 죽은 그의 넋을 달래 주었을 것이다. 9월 26일 그의 시신은 골더의 들에서 화장되었다. 그의 유골은 그가 사랑하던 그리스의 항아리에 담겨, 지금도 이 땅에서 편히 잠들고 있다.

안나 프로이트는 아버지의 죽음을 애도한 편지에 다음과 같은 애절한 답장을 보냈다고 한다.

"유감스럽게도 저의 아버지는 병 때문에 몹시 괴로워하다가 9월 23일 세상을 떠났습니다. 아버지는 마지막까지 변함없이 깨끗하고 용감했습니다. 그리고 이제 병을 고칠 수 없다는 것을 알았을 때, 만족하게 가셨습니다. 애도의 편지에 충심으로 감사를 드립니다."

병상에는 미완성의 원고인 〈정신분석 개론〉이 남아 있었다.

프로이트의 사상

프로이트 사상의 특색

정신분석학

본디 정신분석학이라는 말은 두 가지 의미를 가지고 있다. 첫째는 그가 독자적인 '자유 연상법'이라는 기술로 정신 질환을 고치는 치료방법을 가리키는 것이다. 두 번째는 인간 심리의 움직임을 능숙하게 설명할 수 있는 하나의 훌륭한 심리학이론 또는 원리로써의 의미이다. 그런데 이 사상 편에서는 주로 두 번째 의미인 프로이트의 정신분석학을 알기 쉽게 해설하는 것이 그 목표이다. 이론으로서의 그의 정신분석학은, 이미 생애 편에서 언급한 바와 같이 약 40년에 걸쳐 줄기차게 연구를 하는 동안 변화하고 발전했다. 그의 사상은 밤하늘에 빛나는 별처럼 그의 수많은 저서와 논문 속에 아로새겨져 있다. 멀리서 보면 그것은 가치 있는 멋진 별자리를 이루며 신비롭고 장엄한 넓고 넓은 하늘 같은 이론으로 되어 있다. 그러나 논문 하나하나에 집착해 읽어보면, 그 사상의 변화와 발전은 대단히 두드러져 있으므로 그의 이론을 그 시간적 전개의 순서에 따라 해설하기는 매우 어려운 일이다. 그래도 그의 사상을 되도록 충실하게 추려 설명하기로 한다.

세 가지 관점

대체로 어떤 사상에서도 그렇지만, 그 사상의 바탕이 되는 두세 가지 기본적인 관점과 가설이 있게 마련이다. 프로이트의 사상 또한 예외는 아니다. 우선 프로이트 사상의 기본적인 세 가지 관점부터 말하기로 한다.

첫째로 인간의 정신현상을 질적인 것이 아니라, 양적인 것으로 생각한 것이다. 예를 들면 정신적 에너지가 어떤 대상을 향해 거기에 모인다든가, '쾌감'이란 흥분의 양이 되도록 적게 유지되든가, 아니면 흥분의 양이 늘 일정하게 유지되고 있는 상태라고 생각한 것은 이것을 이르는 말이다. 그에게는 쾌·불쾌는 흥분 '양(量)'이 늘고 줄고 하는 문제인 것이다. 이와 같이 모든 현상을 양적으로 파악하려는 태도야말로 바로 근대과학의 관점이었다. 이것을 프로이트의 '경제적 관점'이라고 한다.

두 번째 관점은 인간의 정신을 공간적인 것으로 생각한 것이다. 이를테면 마음을 무의식 세계·전의식 세계·의식 세계로 나누어 생각하는 것이 여기에 해당된다. 그러나 말할 것도 없이 이것은 실제로 마음이 공간적으로 그렇게 나뉘어 구성되어 있음을 뜻하는 것은 아니며, 그 작용을 이해하기 위해서 그렇게 구분했을 따름이다. 이와 같이 마음을 도식화해 가정하고 단정에 이르는 사고 방식을 프로이트의 '국지적 관점'이라고 부른다.

세 번째 관점은 인간 정신의 움직임을 서로 대립하는 어떤 '힘'과 '힘'의 경쟁으로 생각하는 것이다. 그가 정신적 '메커니즘(구조 또는 체제)'이라고 말할 때는 이와 같은 것을 의미한다. 그에 따르면 마음의 장치는 외적 자극이 없는 경우라도 그 자신의 내부에 있는 '힘'과 '힘'의 역동적 경쟁이 일어날 수 있다는 것이다. 이와 같은 관점을 프로이트의 '역동적 관점'이라고 부른다. 그리고 위에서 말한 세 가지 관점—경제적 관점, 국지적 관점, 역동적 관점을 다 모아 인간의 심리현상을 파악하려는 것이 프로이트인 것이다. 그는 이 종합적인 심리학을 메타프시콜로기(전체 심리학)라고 불렀다. 그러나 유감스럽게도 이 세 가지 관점의 종합은 그의 생존 중에는 완성되지 못했다. 그럼에도 불구하고 그가 죽은 뒤에 심리학에 매우 큰 영향을 주었다.

세 가지 가설

다음으로 세 가지 가설에 대해 설명한다. 첫째 가설은 이른바 '심적 결정론'이다. '심적 결정론'이란 우리의 '마음'에 있어서도 물리학적인 자연계와 마찬가지로, 우연히 일어나는 현상은 하나도 없다는 생각이다. 일상생활에서 '마음의 생활' 한 토막 한 토막이 서로 관계가 없고 전혀 연속성도 없어 보이는 것은 겉으로만 그렇게 보일 뿐이며, 모든 마음의 움직임은 반드시 저마다 앞서 일어난 정신적 사건에 의해 결정된다는 것이다. 예를 들면 생애 편에서 말한 일상의

'말실수'에 대한 분석 등은 이 생각을 잘 나타낸 것이라고 할 수 있다.

이런 인과율의 생각을 인간의 심리에 적용한 것은 프로이트가 처음이었는데, 그러나 그의 '심적 결정론'은 글자 그대로의 의미로 우연적인 사건은 없다고 한 말은 아니다. 전날 밤에 '교통사고'에 대해 강연을 한 사람이 다음 날 아침 출근길에 차에 치어 중상을 입었다고 해도 양자 간에는 아무 관계도 없다. 그러나 보통의 지능을 가진 남자가 잇따라 몇 번이나 교통사고를 만난다든가, 같은 여자가 몇 번이나 결혼 사기를 당한다면 이것은 문제라고 프로이트는 생각한 것이다. 그리고 거기에 정신적 인과율을 적용한다.

그의 '심적 결정론'에는 또 하나 주의할 점이 있다. 모든 정신현상에 대해 '이 원인은 이것'이라는 식으로 1대 1의 인과관계를 가정해서는 안 된다는 것이다. 인간의 마음의 움직임은 체질과 정신의 발전 단계나 환경의 힘 등 갖가지 요인이 모여 결정되는 것이기 때문이다. 하지만 그럼에도 하나의 심적인 행동은 마지막에는 '하나의 수로'에서 흘러나오는 것임을 알 수 있다고 프로이트는 주장했다. 그리고 그 '하나의 수로'가 드러나게 되는 것은 오히려 체질과 정신의 발전 단계가 가장 약해졌을 때 곧 수면 중의 꿈이라든가, 무심결에 말해 버린 잘못된 말 같은 경우라는 것이다. 그러므로 만일 세상에서 언제나 잘못된 말을 한 적이 없고, 무심결에 잊어버린 일도 절대로 없으며, 꿈마저 꾸는 일이 없는 그런 인간이 있다고 하면, 이는 프로이트도 도저히 감당할 수 없으리라. 그러나 다행스럽게도 우리의 주위에 그런 인물은 없다.

두 번째 가설은 '무의식'에 대한 가설이다. 앞에서도 말했듯이 의식에 나타난 것만을 보면 어떤 판단, 어떤 연상, 어떤 감동 등은 모두 한 번 본 것만으로는 아무 관련도 없는 것같이 보일 뿐이지만, 이러한 것들은 의식의 깊숙한 밑바닥에서 인과의 끈으로 단단히 연결되어 있다는 것이다. 그렇다 하여도 도대체 의식되지 않은 마음의 세계라는 것이 있는 것일까. 증거는 있다. 예를 들면 초기의 남극탐험 일기라든가, 표류한 배의 항해일지 등을 읽어보면 극도로 굶주린 사람은 배불리 먹는 꿈을 자주 꾸었다는 기록이 많이 발견된다. 이런 경우 수면 중에는 굶주림을 의식하고 있지 않다. 그래도 사람은 배부른 꿈을 꾼다. 거기에는 역시 무의식 세계의 무엇인가가 작용하고 있는 것이다. 증거는 또 있다. 당신이 혹시 누군가에게 최면을 걸어 "최면 중에 일어난 일은 아무것도

원고를 쓰고 있는 프
로이트

기억나지 않아요. 그리고 최면에서 깨어나면 창문을 열어 주시오" 이렇게 암시
를 준 뒤, 조용히 최면에서 깨어나도록 한다면 어떻게 될까. 그는 기분 좋게 깨
어난 뒤 일어나서 창문이 있는 데로 가, 그것을 열 것이다. 그때 어째서 창문을
여느냐고 물으면 "새 공기가 들어오도록 하고 싶어서"라든가 "오늘은 좀 더우니
까"라는 식으로 대답할 것이다. 중요한 것은 그가 이때, 자기 행동의 진정한 동
기—최면 중에 암시를 받은 것—을 '의식하고 있지 않은' 것이다. 이와 같은 실
험은 분명히 무의식의 정진과정이 그 사람의 사고와 행동에 대해 역동적인 작
용을 끼치고 있음을 보여 주는 것이다.

이런 까닭에 프로이트는 이 무의식의 과정이야말로, 뿔뿔이 흩어진 듯이 보
이는 의식 세계의 마음의 움직임을 인과의 끈으로 단단히 묶어 놓고 있는 주인
공이라고 생각한 것이다. 그 뿐만 아니라 그에 따르면 정신작용의 대부분은 무
의식의 세계에서 일어나고 있으며, 의식의 세계는 전체의 약 10%밖에 바다 위
로 모습을 드러내지 않은 빙산과 같다는 것이다.

제1의 가설과 제2의 가설을 알면 제3의 가설은 저절로 뚜렷해진다. 그것은
"인간의 모든 행동에는 저마다 반드시 동기가 있으며, 또 어떤 목표를 향하고
있다"는 것이다. 물론 이런 생각은 프로이트 이전에도 많은 학자들이 생각하고

있었다. 그러나 그들은 행동의 원인과 동기가 너무나 많은 데다, 그것들은 뿔뿔이 흩어져 있기 때문에 그 분석은 불가능하고, 때로는 분석이 무익하다고 생각했다. 이런 옛 심리학자들의 정신작용에 대한 사고방식을 프로이트는 한번에 물리치고, 모든 마음의 움직임은 뿔뿔이 흩어져 있는 게 아니라 하나의 목표를 가진 인과의 흐름 속에 떠 있는 것이라고 주장한 것이다. 그러므로 앞에서 설명한 그의 '심적 결정론'이라는 것은 인간의 마음 움직임이 인간을 둘러싼 외부 세계의 무엇인가에 의해 결정된다는 의미가 아니고, 인간의 마음속에 있는 행동의 동기나 목표에 의해 결정됨을 의미한다. 이런 생각이 프로이트의 '목표 지향성' 가설이다.

인간의 행동 원인을 문제 삼아, 현재의 행동이 과거에 있었던 일과의 관련에서 비롯된 것이라고 생각한다면 무슨 일이 있어도 심리의 연구는 그 행동의 기원을 탐구하는 쪽으로 가야 하며, 그 사람의 마음을 깊숙한 밑바닥으로부터 흔들어 움직이고 있는 정신적 에너지의 행방을 그 개인이 태어난 날부터 문제의 행동을 일으킨 날까지, 역사적으로 발달과정을 추구하지 않으면 안 된다. 그 에너지는 어느 쪽으로 향하고 있는가? 어디에서 막히고 있는가? 어디를 뚫고 분출하고 있는가? 이런 것을 분석하는 것이 정신분석이다. 그러므로 또 정신분석학의 심리 연구법은 발달적·역사적으로 될 수밖에 없는 것이다. 이렇게 쓰고 보면 프로이트는 인간의 마음을 마치 하나의 기계처럼 생각하고 있는 것이 아니냐고 비난할지도 모른다. 확실히 그것은 하나의 '기계론'이다. 그는 마음이라는 것을 '마음의 장치(心的 裝置)'라고 부르고 있다! 그는 어째서 이와 같은 사고방식을 가졌던 것일까. 천재 프로이트라 해도 역시 시대가 낳은 아들이다. 다음으로, 그를 낳고 그를 기른 시대의 배경을 살펴보기로 한다.

시대의 아들

사람들은 프로이트를 코페르니쿠스와 다윈에 비교한다. 분명히 그는 인간을 보는 방법에 있어 혁명적인 변화를 가져온 위대한 인물이다. 그러나 생각해 보면, 코페르니쿠스 또한 중세의 오랜 세월 동안 방치했던 고대 그리스의 피타고라스 학파가 주장한 태양 중심설(지동설)을 먼지 속에서 끌어내어, 여기에 새로운 근거를 두고 숨결을 새롭게 불어넣은 것이다. 다윈도 마찬가지로 예부터 있었던 '진화'에 대한 생각을 찬장 속에서 끌어내어, 여기에 자기가 관찰한 사실을 덧붙여서 자연 도태의 이론으로까지 완성한 것이다. 프로이트도 그 예외는 아니다.

그의 시대에 이미 존재하고 있던 몇 가지 사상의 단편을 들어 이를 다른 눈으로 바라보며 새로 고쳐 구성해 간 것이다. 실제로 코페르니쿠스든 다윈이든, 또 프로이트라고 하더라도 그들이 살던 시대가 마침 전통적 신념이 붕괴하는 시대이고, 더욱이 그들의 생각들이 새로 태동하고 있던 시대적 사상동향과 맞아떨어지기 때문에 그들의 사상은 시대의 변화를 예고하며 이를 촉진시키게 되었던 것이다. 따라서 프로이트의 사상 그 자체는 완전히 독창적인 것이라고 할 수는 없으나, 옛날부터 있었던 사상의 단편을 새로 고쳐 해석하고, 통일적인 도식으로 한데 모아 정리한 것은 오롯이 그의 노력에 의한 것이었다.

진화론

우선 첫째로 그의 사상에 영향을 준 것은 다윈의 진화론이었다. 다윈의 《종의 기원》이 출판된 것은 프로이트가 세 살 때였다. 이때 다윈은 세상 사람들의 반격을 예상하고, 판매하기 전에 몇 권의 책을 학자들과 친구들에게 보내고, 정성껏 쓴 편지들을 첨부했다고 한다. 그런데 막상 출판을 하고 보니, 초판 1250부가 순식간에 다 팔리고, 곧 3000부로 늘려 인쇄한 책도 어느새 다 팔려 버렸다. 이렇게 잘 팔릴 줄은 몰랐다. 다윈에게는 매우 뜻밖의 일이었다. 물론 이 사실이 그대로 다윈의 이론을 환영하는 의미는 아니었으나, 그렇다 해도 시대가 이 책의 출판을 얼마나 기대하고 있었는가를 쉽게 짐작할 수 있는 것이다. 이상하게도 이와 같은 해인 1859년에 카를 마르크스의 《경제학 비판》이 출판되었는데, 이것은 그의 유물사관에 대한 최초의 저서로서, 이로써 생물학·사회학·경제학 분야에 두 가지 혁명적인 책이 나란히 나온 셈이다.

다윈의 진화론은 간단히 소개하면 다음과 같다. 곧 어떤 생물이든지 같은 종류 중의 각 개체에는 저마다 많은 점에서 차이가 있어(변이성), 자신을 둘러싸고 있는 환경에 대해 보다 적응을 잘하는 변이성을 가진 생물은, 적응을 잘못하는 변이성을 가진 생물보다 개체 수가 더 많이 살아남는다. 이는 마치 자연이 자기에게 적합한 것만을 골라서 다음 대의 부모가 되는 것처럼 보인다. 환경에 잘 어울리는 생물의 특질은 환경에 잘못 어울리는 특질보다 더 많은 자손에게 전달이 되어, 따라서 생물은 느리기는 하지만 1대마다 어느 양만큼씩 환경에 완전히 적응하는 쪽으로 변해 간다는 것이다. 이것이 다윈의 자연선택설이다. 그리고 중요한 것은 인류 또한 영장류에 해당하는 일종의 동물로서 이 생물진화의 흐름 가운데 떠 있는 것이다. 진화는 창조의 반대이다. 이렇게 해서 진화론은 신이 인간을 창조했다는 유럽 중세의 전통적인 신앙을 뒤집어 버렸다. 인간은 인간 이외의 생물과는 다른, 특별히 고귀한 존재는 아니다. 원숭이와 마찬가지로 진화해 온 것이다. 빈 대학에 입학한 프로이트는 이 진화론에 몹시 마음이 끌렸다. 인간에 대한 프로이트의 생물학적 연구 태도는 그의 리비도 이론 등에 잘 드러나 있다.

에너지 보존의 법칙

두 번째로 프로이트에게 영향을 준 것은 '에너지 보존의 법칙'이다. 이것은 생애 편에서 이미 말했듯이 독일의 선의(船醫) 마이어가 제창하고 헤름호르츠가 일반화한 것이다. 그 뒤 이것은 아인슈타인에 의해 "보존의 법칙은 질량 및 에너지를 포함한 전체에 대해서만 성립하는 것으로, 질량 보존의 법칙이나 에너지 보존의 법칙은 그 특수한 경우에 불과하다"고 수정은 했지만 그럼에도 불구하고 이 법칙은 19~20세기의 물리학에서 근본 법칙의 지위를 확보한 것이다. 프로이트가 살았던 시대는 사람들이 그야말로 '에너지'라는 말에 홀린 듯한 시대였다. "이 세계에 무엇인가 변화가 있다면 그 원인은 에너지이다"라고 말할 만큼 미지의 원인에 대해서까지도 닥치는 대로 에너지를 생각하고 '에너지'라는 말이 빚어낸 불가사의한 힘에 빠져들었던 것이다. 프로이트 또한 그랬다. 그는 인간의 마음에도 에너지에 대한 생각을 적용해 갖가지 정신적 현상을 에너지의 개념으로 설명하려고 한 것이다. '정신적 에너지'라는 말은 프로이트의 제자 융이 그의 저서 《조발성 치매증의 심리》 가운데 처음으로 쓴 말이지만, 프로이트는 그보다도 훨씬 전에 인간의 마음을 밑바닥으로부터 흔들어 움직여 행동으로 내닫게 하는 '에너지'로서 '리비도'라는 말을 쓰고 있다. 그에 따르면 '리비도'란 양적으로는 전류처럼 측정할 수가 있으며, 질적으로는 빛이나 열로 변화할 수 있는 것이라고 했는데, 여기에서 아주 뚜렷하게 에너지론의 영향을 보게 된다. 그럼 어째서 그는 더 직접적으로 그것을 '정신적 에너지'라고 말하지 않았을까. 프로이트에 따르면 그렇게 하면 그의 독특한 이론인 '성적인' 요소가 사라져 너무나 추상적인 철학으로 되어 버리기 때문이었다. 이와 같은 에너지론의 영향은 그의 이론 구석구석에까지 스며들어가 있다. 블로일러와의 공동연구에서 "히스테리는 감동의 에너지가 해방되지 못하고 고여 있기 때문에 일어나는 것이다"라고 설명한 것도 그 좋은 예이다. 이렇게 물리학이 심리학에 강한 영향을 준 것은 실제로 19세기 이후 심리학사의 큰 특징을 이룬다. 예를 들면 물리학자였던 헬름홀츠 자신이 인간의 지각이야말로 생리와 심리의 대표적인 접촉점이라고 하여 이를 물리학적 관점에서 연구함으로써 오늘날에도 과학적인 검증을 이겨내는 매우 훌륭한 많은 업적들을 남겼다. 또 같은 시기에 19세기의 심리학에 물리학적 측정 방법을 도입한 것은 페히너였다. 그는 프로이트가 어려서 빈으로 이사한 이듬해에 획기적인 저서 《정신물리학 개요》를 출판, 그 가운데서 정신현상을 물리학 실험같이 측정하고 "감각의 세기(강도)는 자극의 대수에 비례한다"는 유명한 페히너의 법칙을 제창했다. 이렇듯 프로이트의 시대에는 정신현상도 과학적으로 연구할 수 있고, 양적으로 측정할 수도 있다는 신념이 확립되어 있었던 것이다. 그리고 프로이트는 여기에 가장 친근감을 느끼고 있었다.

헤르바르트 심리학

세 번째로 말해야 되는 것은 헤르바르트 심리학의 영향이다. 프로이트 자신이 직접적으로 얼마나 헤르바르트 심리학을 공부했는지는 확실하지 않지만, 이 심리학은 그 무렵 빈 대학의 철학·심리학 강의실에서 '시대적 공기'가 된 것이다. 그는 그것을 호흡하고 살았다. 헤르바르트 심리학의 색조는 프로이트 사상의 구석구석까지 스며들었던 것이다. 헤르바르트에 따르면 '마음 그 자체'의 절대적인 성질에 대해서는 인간을 알 수가 없다. 프로이트 또한 우리는 정신적인 것의 본질에는 도저히 도달하지 못한다고 생각했다. 또 헤르바르트에 따르면 마음의 작용이 무엇인가에 의해 방해를 받으면 비로소 그것이 의식되고, 더욱이 그 의식의 세계에서는 갖가지 의식 내용(이것을 표상 또는 관념이라고 한다)이 서로 방해하며 또 서로 억제하고 있다. 이것이 인간의 마음 생활이라고 했다. 프로이트 또한 인간의 마음속에서 갖가지의 '생각'과 '욕망'이 서로 작용하고 서로 방해하며 또 서로 억제하고 있다고 주장한다. 헤르바르트에 따르면 표상(또는 관념)은 때로는 의식 밑으로 가라앉아 버리는 경우가 있다. 그러나 그것은 완전히 사라지는 것이 아니라, 잠재적인 욕망으로 남아 있는 것이다. 프로이트도 의식과 무의식을 구별해 억압의 이론을 펼쳤다. 그 밖에 헤르바르트도 심리학을 자연과학적인 법칙성 위에 세우려 했고 프로이트 또한 그렇게 생각을 했다. 이와 같은 사례를 들자면 끝이 없을 것이다. 그만큼 헤르바르트 심리학은 프로이트에게 큰 영향을 준 것이다.

그 무렵 프로이트를 둘러싼 시대의 학문적 풍토에 대해 여러 각도에서 말했지만 물론 그런 가운데서 프로이트의 모든 것이 저절로 나온 것은 아니다.

프로이트는 역시 그의 뛰어난 천분이 보석처럼 빛나고 있었던 것이다. 우리는 19세기에서 20세기에 걸친 사상사를 이해하기 위해서는 마르크스를 도외시할 수 없는 것과 마찬가지로 프로이트를 제외할 수도 없다.

숙명론의 그림자

이 장을 끝내면서 프로이트의 인생관을 조금 말하기로 한다. 그의 인생관은 그보다 조금 앞선 시대를 산 홉스나 다윈의 인생관과 거의 비슷하다. 즉 인간 사회는 갖가지 모습으로 독립한 개인들이 모여 사는 곳으로, 더욱이 그 개개인은 자기를 지키기 위해 서로 밀고 당기고 쿡쿡 찌르면서 꿈틀거리고 있는 것이다. 가끔 인간이 단결한 것같이 보일 때도 있지만 그것은 대개 어쩔 수 없는 상황에서 자기 방어를 하기 위한 하나의 수단으로써 단결할 따름이다. 말하자면 인간은 사회를 구성하는 원자 같은 것으로, 더구나 그 속에는 원시적이라고 부르지 않을 수 없는 굳어진 적대감이 숨겨져 있다. 그래서 자기 방어를 위해 절대로 필요하다든가 또는 공통의 증오심을 불러일으키게 되어 적대감의 방향이 바뀌는 경우에만, 그가 품고 있는 적의의 모습을 감추게 되는 것이다. 그러므로 사랑 같은 것으로 많은 사람들을 결합시킨다는 것은 처음부터 불가능한 일이라고 프로이트는 생각했다. 게다가 인간의 육체는 유전에 의해 철저히 규정되어 있고, 인간의 행동 원인도 생물학적인 것에 근거한다고 생각했다. 때문에 인간의 괴로움의 근원도 자기 자체의 심층에 있는 것이며, 외부 세계의 사회적 조건이나 물질적 조건의 결과가 아니라는 것이다. 그에 따르면 문명까지도 인간의 생물적·정신적 에너지가 여러 가지 이유로 저지당하기 때문에 상징적인 쪽으로 방향을 전환한 결과라는 것이다.

이와 같은 프로이트 이론의 숙명적인 색채는 '인간은 선천적으로 평등하고 자유로운 존재이며 거의 무한한 가능성을 가지고 있고, 더욱이 그 본성은 선량하다. 그리고 인간이 가진 모든 괴로움의 원인은 개인의 내부에 있는 것이 아니고 사회적·환경적 요인에 의해 결정되고 있는 것이다'라는 생각을 가진 사람들로부터 격렬한 비난을 받았다.

욕구

욕구의 에너지

프로이트의 사상이 생물학과 밀접하게 결부되어 있다는 것은 이미 설명했다. 그의 이론이 생물학과 결부되어 있다고 말하는 근거로는, 첫째로 인간의 마음을 뒤흔드는 에너지의 근원을, 생물로서의 인간 내부에서 구한 점이다. 생각해 보면 우리 인간은 복잡한 에너지 체계를 가지고 있다. 그리고 그 에너지는 음식으로부터 흡수하며, 육체적인 활동은 물론 정신적인 활동을 뒷받침하는 것이다. 또 중요한 것은 이 에너지도 물리학에서 말하는 에너지와 같은 것이다. 이미 여러 번 지적한 바와 같이, 프로이트가 정신적인 에너지를 말할 때는 '생명현상을 지배하고 있는 독특한 신비적인 활력' 따위를 의미하지는 않는다. 그것은 물리학에서의 에너지와 마찬가지로 '일을 하는' 에너지이다. 다만 그것이 사고라든가 기억이라든가 지각과 같은 정신적인 작업을 수행할 따름이다. 그러나 그에 따르면 이 에너지는 인간의 생물적·신체적 욕구와 결부된 에너지가 몸속에 들어오면 마음을 흥분시킴으로써 긴장이 높아지게 된다. 그렇게 되면 인간은 이를 발산하여 긴장에서 벗어나기 위한 방법을 찾아 실행하는 것이다. 긴장을 없애 정신적으로 느슨한 것은 인간에게 있어 매우 기분 좋은 일이다. 그래서 어떤 사람은 일부러 느슨한 기분이 되려고, 그에 앞서 긴장을 높이려 하는 사람이 있을 정도이다. 그리고 이 정신적 에너지는 잘 살펴보면 늘 마지막에는 인간을 느슨한 상태, 멈춤의 상태가 되게 하므로 그 의미에서는 보수적인 것이다. 그리고 인간의 정신생활은 흥분과 고요함을 되풀이하는 것이기 때문에 프로이트는 '반복 강박적'이라고 말했다. '반복 강박적'인 실례는 일상생활에서도 얼마든지 볼 수 있다. 예를 들면 깨어 있는 것과 자는 것의 규칙적인 되풀이, 하루 세끼 식사를 하는 습관과 같은 이 모든 것이 '강박적'인 힘으로써 되풀이하도록 인간에게 강요한다. 하지만 에너지라고 해도 이 에너지는 인간의 몸 밖으로 흘러 나갈 수는 없는 에너지이다. 이것은 순수하게 정신적인 에너지이며, 주로 마음속의 심적 표상(심상 또는 관념)에 부착하는 것이다. 프로이트에 따르면 양이 여러 가지인 에너지가 가지각색의 심적 표상에 부착해 정도가 온갖 행동을 낳게 되는 것이다. 예를 들면 극도로 배가 고픈 사람의 마음의 에너지는 음식에 대한 것에 대량으로 부착해 다른 것은 아무것도 생각할 여유가 없게 되는 것이다. 열렬한 사랑에 빠질 때도 마찬가지이다.

삶의 욕구와 죽음의 욕구

욕구는 본능 또는 충동이라고 해도 큰 차이는 없다. 요컨대 이것은 생물학적·구체적 요구에 근원을 두며, 그 성격은 보수적이다. 욕구에 대한 그의 이 이론은 생애 편에서도 언급한 것처럼 개략적으로 말하면 3단계로 변화한다. 즉 최초의 단계에서는 성적인 욕구와 자기 보존적인 욕구 두 가지로 구별해 양자를 대립시켜 생각했는데, 얼마 뒤에 그는 자기 보존적인 욕구의 개념을 버렸다. 그리고 오랫동안 욕구로는 성적인 욕구 한 가지를 생각하며, 그것이 자기 자신을 향하는 경우(나르시시즘 또는 자아 리비도)와 자기 밖으로 향하는 경우(대상애[對象愛] 또는 대상 리비도)를 대립시켜서 생각했다. 그런데 제1차 세계대전 전후부터, 전쟁 노이로제와 사디즘을 향하는 경우(나르시시즘)와 자기 밖으로 향하는 경우(대상애)를 대립시켜서 생각했다. 그런데 제1차 세계대전 전후부터, 전쟁 노이로제와 사디즘[2]과 마조히즘[3]에 대한 연구가 진전됨에 따라 다시 그 이

---

2) 가학성(加虐性) 등으로 번역한다. 변태성욕자인 사드 공작의 이름에서 나온 말. 일반적으로는 성행위의 상대, 주로 이성에게 학대를 가해 성적으로 흥분시켜 성적 만족을 얻으려고 하는 것을 가리키지만, 정신분석학에서는 이보다 훨씬 넓은 의미로 쓴다. 즉 모든 공격욕과 파괴욕이 밖으로 향해 나타나, 애정이 그 속에 숨어 버린 상태를 의미한다.

론의 일부를 고쳐, 인간의 욕구는 성적 욕구와 죽음의 욕구(공격적 욕구) 두 가지라고 했다. 이 두 욕구를 간결하게 정의하기는 어렵지만 성적 욕구란 말하자면 자기 보존·종족 보존의 욕구이고, 에로스의 욕구이다. 그리고 이 에로스의 욕구를 뒤흔드는 원동력, 그 심적 에너지를 그는 특히 '리비도'라고 이름 지었다. 이에 비해 죽음의 욕구(공격적 욕구, 또는 파괴의 욕구)란 그의 말을 빌리면 '통일을 무너뜨리고, 사물을 파괴하며, 살아 있는 것을 죽음에 이르게 하는 욕구'이다. 그리고 이것은 에로스의 욕구에 대립하는 것으로 공격적 본능이 자기에게 돌아온 것이다. 앞에서도 말한 바와 같이 이 욕구를 처음으로 제창한 것은 그가 84세 때였다. 그 때문에 프로이트는 이에 대해 별로 말을 많이 하지 않았다. 그리고 죽음의 욕구를 뒤흔드는 그 마음(또는 정심적) 에너지에 대해서도 이름을 붙이지 않았다.

이 두 가지의 욕구는 인간의 정상적 행동에서나, 또 이상한 행동에서 반드시 같은 양은 아니지만 늘 공존해 참가하고 있다. 예를 들면 아무리 온순한 사랑의 행위라도 반드시 그 속에는 어느 정도의 공격적 욕구를 무의식중에 만족시킬 만한 요소가 포함되어 있는 것이다. 자기의 아이를 꼭 안고 애무하고 있는 다정한 엄마가 너무나 귀여워서 자기 아이의 붉은 볼에 이를 갖다 대는 것은 그 좋은 예이다. 그러므로 프로이트가 가정하고 있는 두 가지 욕구의 한쪽을 인간의 행동에 있어서 아무것도 섞인 것이 없는 순수한 형태로 관찰할 수는 없었던 것이다. 이와 같이 대립하는 두 가지 욕구의 공존이라는 생각은, 동화(同化 ; 아나폴리즘)와 이화(異化 ; 카타볼리즘)라는 두 생물학의 개념과 몹시 닮았다. 이와 같은 생물주의 경향은 그의 사상에 대한 오해와 비난의 표적이 되었다. 또 오늘날의 심리학자들도 죽음의 욕구를 인정하지 않는 사람이 많다.

리비도

그는 에로스의 욕구를 뒤흔드는 정신적 에너지 '리비도'에 대해서는 열정을

---

3) 피학성(被虐性) 등으로 번역한다. 이런 경향이 있었던 빈의 소설가 마조호의 이름에서 나온 말. 사디즘의 반대로 일반적으로는 자기 자신에게 육체적 고통과 정신적 고통을 줌으로써 성적 흥분을 높이는 것을 의미한다. 정신분석에서는 이보다 훨씬 넓은 의미로 쓰이고 있다. 즉 수동적 태도에 의해 만족을 얻는 경향 정도의 뜻을 담고 있다.

기울여 말했다. 이 말은, 이를테면 식욕을 나타내는 말은 여러 가지가 있는데 성욕 또는 성애를 나타내는 마땅한 말이 없으므로 그가 새로 쓰기로 한 용어이다. 그러나 리비도는 매우 넓은 의미의 성애 에너지로서 쓰이고, 또 단순한 정신적 에너지라는 의미로도 쓰이고 있다. 이것은 양적으로 변화해 온갖 심적 표상으로 향하게 할 수 있고, 또 측정도 할 수 있는 것으로 생각되는 에너지이다. 게다가 프로이트에 따르면 이 리비도는 인간이 탄생할 때에 이미 존재해 활동을 시작한다는 것이다. 그리고 "인간은 유아기부터 벌써 성애 에너지가 활동하고 있다"는 유아성욕론은 프로이트 이론의 하나의 특징이다. 이것이야말로 또 격렬한 비난을 받는 원천이기도 하다.

유아성욕론

저 천진무구한 유아에게 성욕이 있다는 말을 듣게 되면 누구나 놀랄 것이다. 이것은 그 무렵에 전혀 받아들여질 수 없는 엉뚱한 생각이라 하여, 그는 모든 방면으로부터 집중적인 비난과 공격을 받았다. 그럼에도 불구하고 그는 이를 굽히지 않고 역설했다. 그가 증상과 사례 연구를 쌓아감에 따라, 환자의 젊은 시절 체험에 대한 조사 연구가 필요하다는 것을 차츰 더 깨닫게 되었다는 것은 이미 생애 편에서 말했다. 그리고 이것은 마침내 유아기의 연구에까지 이르게 된 것이다. 그에 따르면 유아기의 인상은 거의 잊어버리지만, 그 개체의 발달에 있어 지울 수 없는 흔적을 남겨 뒷날에 신경증의 원인이 되기도 한다는 것이다. 잠시 그가 한 말을 들어보기로 하자.

"성적 욕구 같은 건 유아기에는 없고, 사춘기가 되어 비로소 깨닫게 된다는 것이 일반적인 생각이다. 그러나 이는 아주 쉽게 증명할 수 있을 뿐만 아니라, 매우 중대한 결과를 가져오는 잘못이다. 성적인 기능은 처음부터 존재하며, 다만 그것이 처음에는 성애 이외의 기능에 의존하고 있기 때문에 얼핏 보아서는 알 수 없는 것이다. 예를 들면 유아의 성적인 표출의 전형적인 행위로서 무엇을 빠는 것을 지적하고 싶다. 빠는 것은 사람에 따라 성인이 될 때까지 계속하는 경우도 있지만 그 본질은 리드미컬하게 되풀이하는 입술에 의한 흡인적 접촉이다. 이는 음료를 마시는 것과는 관계가 없다. 왜냐하면 배가 불러도 빠는 작용을 반복하기 때문이다. 그리고 붙들고 빠는 대상은 입술이 닿는 데까지, 자기 손가락은 말할 것도 없고, 때로는 엄지 발가락까지도 빠는 것을 볼 수 있다. 이런 행위의 원인은 입술과 같은 피부나 점막 피부가 있는 부위 등을 자극하면 일정한 성질의 쾌감을 불러일으키기 때문이다. 이 감각을 얻고 싶어서 빠는 것이며, 이 쾌감 때문에 반복해 빠는 것이다."

사춘기 때 성에 눈을 뜬다는 생각이 일반적이었다. 그러나 프로이트는 유아기부터 성에 눈을 뜬다는 유아성욕론을 주장했다.

프로이트의 말과 같이, 빠는 것이 그 본질에서 성적인 행위라는 것을 분명하게 밝힌 한 소녀의 고백을 들어보자. "······어떤 입맞춤도 이렇게 빠는 것과는 비교도 되지 않아요. 그때 온몸을 짜릿하게 하는 쾌감을 뭐라고 말할 수가 없어요. 아무 까닭도 없이 이 세상을 벗어나 오직 만족한 생각에 잠겨, 더 이상 바라는 게 없을 만큼 행복한 거예요. 아무튼 이제 꿈같이 멋진 기분으로, 거기에는 영원히 방해하는 것이 없는 편안함이 있을 뿐이지요. 아픔도 괴로움도 느끼지 않아요. 딴 세상으로 간 것 같은 느낌이에요······."

일반 사람들로부터 혹독한 거부를 당하며, 격심한 분노를 불러일으킨 이 유아성욕론에 그는 어째서 그렇게 집착한 것일까. 그에게도 하나의 체험이 있었다. 그가 1897년, 친한 벗 플리에스에게 보낸 편지에서 다음과 같은 말을 했다. 프라이베르크에서 빈으로 이사 갈 무렵 그는 세 살이었는데, 야간열차의 침대차에서 칸막이가 된 침실에 어머니와 둘이만 타고 갈 때, 거기서 어머니의 알몸을 보고 흥분했다는 것이다. 그의 리비도는 이때에 처음으로 싹트게 되었다고 고백했다. 밤 열차의 덜커덩덜커덩하는 소리의 두려움과 어머니의 알몸을 본 놀라움, 이것이 겹쳐 강렬한 인상을 준 것이다. 그래서 그의 유아성욕론에 대한 확신과 집념도 이와 같은 체험이 무관하지는 않을 것이다. 그렇다 치더라도 독자는 조숙한 현상으로 여길 것이다. 하지만 천재는 조숙한 경우가 잦다.

입술에서 항문으로 항문에서 성기로

성애적 리비도는 언제까지나 입술로 쾌감을 찾는 단계에서 멈추는 것이 아니다. 그것은 여러 우여곡절을 거쳐, 마지막에는 성숙한 성기로 쾌감을 찾는 단계에까지 발달하는 것이다. 그는 그 발전 과정을 몇 단계로 나누었는데, 실제로는 각 단계를 뚜렷하게 구별할 수는 없다. 하나의 단계는 다음 단계와 섞여 있기도 하고 겹치기도 한다. 또 한 단계에서 다음 단계로 옮겨가는 과정은 매우 점진적이다. 그러나 이를 이해하기 쉽도록 설명하면 다음과 같다.

첫째 단계는 태어나서부터 주로 입이나 입술로 쾌감을 느끼는 단계이다. 이 단계는 빤다든가, 핥는다든가, 문다든가 하는 것이 쾌락의 중요한 원천이다. 독자는 좀 전에 다룬 '빨기'에 관련된 설명을 떠올릴 것이다. 이 시기는 구순기(口脣期)라고 부르며, 이것은 젖먹이 아이가 엄마의 젖을 입으로 물 때부터 시작된다. 그뿐인가, 최근에는 엄마의 태중에 있는 아이가 손가락을 빨고 있는 사진까지 특수기술로 촬영했다고 한다.

두 번째 단계는 한 살 반부터 세 살쯤의 시기이다. 이 시기에는 입술과 이어져 있는 소화기관의 다른 한쪽 끝인 항문이 성적 긴장과 만족을 가져오는 가장 중요한 부분이 된다는 것이다. 이 시기의 아이들은 배변이나 배설물에 매우 강한 흥미를 가지고, 대변을 배설할 때 쾌감을 느끼는 것이다. 유아는 분뇨를 참고 체내에 보류해 항문과 요도 부근의 점막을 긴장·흥분시켜 그것을 배설할 때 느껴지는 쾌감을 즐긴다는 것이다. 그러므로 이 시기를 항문기(肛門期)라고 부른다. 프로이트의 이 생각은 독자에게 좀 이상하게 느껴질지 모른다. 그러나 이것은 인간의 '정상적인' 발달의 모습이며, 또 우리의 주위를 둘러보면 배변이나 분뇨에 비상한 관심을 나타내는 이 또래의 아이들을 쉽게 발견할 수 있을 것이다. 프로이트에 따르면, 이 시기에 아이들이 항문에 너무 강한 애착을 나타내면 이는 성인이 된 뒤에 신경질적인 사람이 되는 전조라는 것이다.

세 번째 단계는 세 살 끝무렵부터 나타난다. 그리고 이 때는 남성의 성기가 주로 역할을 하는 시기이다. 남자아이는 물론 자기의 성기를 가지고 논다든가, 남에게 그것을 보인다든가, 혹은 다른 아이의 성기를 바라본다든가 하며, 여자아이 또한 남자아이의 성기가 주된 관심 목표가 된다. 여자아이가 남자아이의 성기에 관심을 갖는다는 것은 좀 기묘한 말로 들릴지 모르지만 소꿉장난으로 '의사놀이'에 열중하며 서로 성기를 바라보고 있는 아이들의 말을 들어보면 충분히 이해가 될 것이다. 또 남자아이는 자기의 성기를 보거나 만지고, 유치원에서 선생님의 치마를 걷어 올리려 하기도 하며, 어쨌든 이 시기는 성기에 많은 관심을 갖는다. 그러나 그 관심은 다만 보든가 만지든가 할 뿐이며, 어른의 성적인 관심과는 그 성질이 다른 것이다. 이 단계는 남근기(男根期)라고 부른다. 이 시기에는 '보이고 싶은 욕망'이 소용돌이칠 뿐이다.

오이디푸스 콤플렉스

프로이트에 따르면, 남근기의 남자아이는 성기에 대한 원시적인 관심과 쾌감이 높아지면, 차츰 가장 가까운 여성인 어머니에 대한 애착을 무의식중에 강하게 느끼게 된다고 한다. 이와는 반대로 아버지에 대한 관심은 무의식중에 얕아지며, 때로는 아버지를 미워하기까지 한다는 것이다. 그러나 한편으로는 아버지가 가지고 있는 힘에 대해 우러러보며, 또 어머니에게 일상생활에서 받는 여러 가지 실망도 있어, 이 시기의 남자아이는 이른바 서로 모순되는 복잡한 심정을 갖게 된다는 것이다. 이 복잡한 심정을 프로이트는 오이디푸스 콤플렉스라고 이름 붙였다.

오이디푸스란 그리스 신화에 나오는 테베 국왕의 이름이다. 이 신화 중에서 오이디푸스왕은 자신의 아버지인 줄 모르고 부왕(父王) 라이우스를 죽인 뒤에, 어머니 요카스타와 결혼한다. 다음에 이 사실을 깨닫고, 오이디푸스는 자기가 저지른 불륜의 죗값을 치르기 위해 두 눈을 도려내고 여러 나라로 떠돌아다닌다. 이 전설을 극화한 것이 그 유명한 그리스의 비극 시인 소포클레스의 걸작 〈오이디푸스왕〉이다. 〈오이디푸스왕〉은 그리스 비극의 전형으로서 세계의 문학사상 최대 걸작의 하나로서, 프로이트 또한 이 희곡이 전개한 작품이 그대로 정신분석의 치료 과정에 흡사하다고 하여 그 작품을 극찬해 마지 않았다. 그리고 남자아이가 자기의 부모에게 갖는 복잡한 심리적 태도가, 이 희곡의 주인공이 부모에게 저지른 행위 중에 상징화되어 있다고 생각해 여기에 오이디푸스 콤플렉스라는 이름을 붙인 것이다.

여자아이에게도 마찬가지 콤플렉스가 일어난다. 이것은 딸이 이성인 아버지에게 마음이 끌려, 동성인 어머니에게 실망과 적대감을 품는 복잡한 마음을 갖게 된다는 것이다. 프로이트에 따르면 이 본질은 자기에게는 없는 신체적인 기관(남성의 성기)을 가지고 있는 아버지에 대한 동경이라고 한다. 그리고 여자아이의 경우를 특히 남자아이의 경우와 구별할 때는 같은 그리스 신화와 관련시켜 엘렉트라 콤플렉스라고 한다. 이처럼 남근기를 특징짓는 콤플렉스도 대개 5세 무렵을 정점으로, 또는 심신의 성숙 정도에 따라, 또는 지식의 증가, 발전에 의해 약화된다는 것이다. 그리고 쾌감을 추구하는 마음의 움직임은 일단 잠재화하는 시기로 들어간다. 그때는 어린이도 벌써 성적인 쾌감의 추구 따위는 하지 않는다.

잠재기에서 이성애(異性愛)로

구순기(口脣期, 0~1세)·항문기(2~3세)·남근기(3~5세)라는 3단계를 합쳐 전성기기(前性器期)라고 한다. 이 시기에 나타나는 두드러진 특징은 자기의 몸을 자기가 자극함으로써 생기는 쾌감을 추구하는 경향이 있다. 이는 이른바 자기애(自己愛)라고도 할 수 있는, 나르시시즘인 것이다. 이것을 리비도 이론에서 보면 리비도가 생식본능의 방향으로 가는 것이 아니라, 생식과는 직접 관계가 없는 몸의 특정 부분에 집중한다고 말할 수 있다.

이 시기에 이어서 성적 잠재기(6~11세)가 찾아온다. 이것은 언제부터 언제까지라고 확실하게 구별할 수는 없다. 사람에 따라 개인차가 크기 때문이다. 그러나 이 시기는 말하자면 철이 드는 시기이며, 또 성감도 억압받는 시기이다. 또 이런 까닭에 그 에너지가 승화되어 정신적·문화적 활동력이 되는 시기이다. 그러므로 이 시기야말로 어린이의 교육에는 매우 중요한 황금 같은 시기이다. 그래서 우리는 어린이의 이 성적인 잠재기를 충분히 교육적으로 승화시킬 필요가 있으므로, 쓸데없이 성적 도발을 일으키지 않도록 주의하지 않으면 안 된다. 그런데 오늘의 한국 사회는 어떠한가. TV며 인터넷, 신문, 잡지 등 선정적인 광고물이 도처에서 성적 도발을 자극하고 있는 현실을 개탄하지 않을 수 없다.

하지만 잠재기에 들어가 일시적으로 쾌감 추구를 포기한 것처럼 보이는 것도 잠시, 얼마 안 있어 인간은 사춘기로 들어가면서 2차 성징이 나타난다. 이와 같이 생식기관의 성숙에 따라 성적 쾌감을 추구하는 리비도의 활동은 다시 표면화하는 것이다. 그리고 이것은 그대로 성인의 단계로 이어진다. 이것을 성기기(性器期, 보통 12세 전후)라고 한다. 이때 성의 욕구(欲動)은 완전히 생식이라는 본디의 생물적 목표를 향해 가는 것이다. 이것은 인생에 있어 가장 긴 시기이다. 삶을 마치게 될 때까지 이어지는 시기인 것이다. 인간은 이 시기에 성기로 쾌감을 느끼는 정상적인 성인의 성애가 꽃을 피우게 된다. 이것은 나르시시즘이 아니라 이성애(異性愛)이다. 이처럼 중간에 잠재기를 거쳐 2기로 나뉘어 성적 사랑이 꽃을 피우는 것을, 프로이트는 '성의 두 개화기(開花期)'라고 불렀다. 그리고 각 발전단계에서의 성애는 마지막 단계인 성인의 성애 가운데 부분적 욕구 안에 포함되어, 정상적인 성행위의 전구적(前驅的) 쾌감으로서 남아 있다는 것이다. 이를테면 입맞춤(키스)은 마지막 단계의 성애 가운데 부분 욕구로서 또 전구 쾌감으로서 남아 있는 것을 나타내는 좋은 사례라고 할 수 있다.

성격의 유형

리비도가 지금 설명한 각 단계를 순조롭게 발달해 가는 경우는 문제가 없다. 그러나 실제로는 좀처럼 그렇게 되지 않고, 어느 발달 단계에 고착하는 경향을 나타내는 일이 많다. 그래서 어느 단계에 고착하는 경향이 있는가에 따라 여러 유형의 성격이 규정되는 것이다. 이제 그의 리비도 이론에 따라 인간의 성격 유형을 간단히 설명하면 다음과 같다.

(1) 입(입술)을 사랑하는 성격 : 구순기(口脣期)에 고착하는 경향을 보이는 성격이며, 입이나 입술에 자극을 받음으로써 흥분이 되어 그것이 성감의 한 요소를 이루어 정착적으로 잔존할 때 생기는 성격이다. 수동적 성격으로 남에게 의존하는 마음이 강하고 고독을 참지 못한다. 또 좌절을 체험하면 심하게 영향을 받는 경향이 있다. 특히 구순기 후기에 고착 경향이 있을 때는 여기에 사디즘적 경향이 더해져, 야심과 부러워하는 마음이 두드러지는 특색을 띤다.

(2) 항문기 성격 : 항문 점막에 대해 대변·배설물이 주는 자극으로 생기는 흥분이 성감의 한 요소가 되어, 이것이 정착적으로 잔존할 때 항문애(肛門愛)적 성격이 완성된다. 이 성격의 특징은 프로이트에 따르면 질서를 지키고 절약을 하며 융통성이 없고 이기적이다. 프로이트는 《성격과 항문 성감》이란 책에서 다음과 같이 말하고 있다. "……질서가 정연하고, 깨끗한 것을 좋아하며, 책임감이 있고, 치밀하다. 또 절약이 심하면 탐욕스러워지고, 지나치게 융통성

이 없다 보면 고집쟁이가 되며, 화가 나서 발작을 일으키거나 복수심이 강해진다……."

(3) 요도애 성격 : 원래 요도애는 항문애에 포함되어 있는데, 프로이트는 여기에 대해서는 그다지 언급하지 않았다. 다만 《성격과 항문 성감》에서 "……내가 지금까지 본 바로는, 예전에 요도 성감이 예민했던 인간은 다음에 명예욕에 불타는 사람이 되는 것을 알 따름이다……"라고 말했을 뿐이다. 그 말은 요도애 성격이 몹시 야심적이라, 자기현시욕과 자기과장욕을 포함하는 것을 시사하는 것이다. 곧 항문애 성격이 여성적 성격인 것에 대해 요도애 성격은 매우 남성적 성격임을 말해 준다.

(4) 남근애 성격 : 남근기에 고착의 경향이 있는 것으로 오만하고 지배적이며, 공격적인 성격이라고 한다.

(5) 성기애 성격 : 가장 성숙한 인격으로 갈수록 쾌락을 좇는 것이 아니라, 현실을 잘 생각해 행동하는 타입이다. 그리고 친절하며 애정이 풍부하다.

아무튼 리비도와 성애에 대해 너무 말을 많이 한 것 같다. 우리는 프로이트가 말한 리비도와 성애를, 단순히 호기심의 눈으로 바라보든가 또는 거기에 무슨 선정적인 것을 기대한다든가 해서는 안 된다. 그는 그런 말을 어디까지나 과학적·학문적으로 쓴 것이다. 프로이트 자신이 그의 강의에서 놀라운 것을 기대하여 넘칠 만큼 많이 모여든 학생들에게 맨 먼저 던진 것은 "여러분의 비천한 기대는 완전히 어긋날 것이다"라는 훈계의 말이었다.

죽음의 욕구

죽음의 욕구(공격적 욕구)가 나타나는 것도 리비도와 마찬가지로 입술에서 항문으로, 항문에서 성기로 차츰 이동해 가는 것이다. 예를 들면 젖먹이 아이가 공격적인 욕구를 나타내는 것은 깨무는 행동이며, 조금 더 크면 그것을 더럽히는 것이다. 곧 입술이나 항문은 성적 욕구의 배출구일 뿐만 아니라, 공격적 욕구의 배출구이기도 하다. 그러나 공격적 욕구의 경우는 성적 욕구의 경우같이 그 몸의 부위와의 관계가 뚜렷하지 않다. 그리고 전쟁은 이 욕구가 대규모로 발휘된 예인 것이다.

앞에서 언급한 바와 같이 프로이트도 이 욕구에 대해서는 말을 많이 하지 않았다.

프로이트가 생각한 마음의 장치 모델

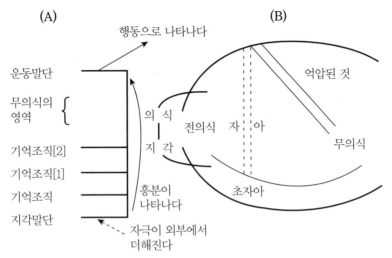

(A) 《꿈의 해석》 가운데 '마음'(1900년 구상)
(B) 《정신분석학 서론강의》 가운데 '마음의 장치'(1933년 구상)

심적 장치-퍼스낼리티

세 겹의 층

　프로이트가 맨 처음 생각한 마음의 장치 모델은 1900년에 펴낸 《꿈의 해석》에서 나타난다. 그리고 그 무렵에 그는 마음의 구조를 망원경이나 현미경 같은 시스템으로 생각했다. 몇 개의 렌즈가 포개져서 광학기계를 이루는 것처럼 인간의 마음도 몇 가지 정신적 기능이 짝지어져 있는 것이다. 그리고 어느 부분은 감각적 자극에 응하고, 또 어떤 부분은 기억을 축적하는 것으로 생각한 것이다. 여기에는 이미 인간의 마음 구조를 동적으로, 또 기능적으로 파악하려는 그의 태도가 뚜렷이 엿보인다.

　그로부터 10년 남짓 지나서, 마음의 장치에 대한 그의 사상은 모델을 바꾸었다. 그는 이번에는 정신적 기능의 체계를 무의식 부분과 전의식 부분, 그리고 의식 부분이라는 세 가지 부분으로 나누어 생각한 것이다. 이 가운데 무의식 부분이란 단순한 주의나 노력으로는 그 내용을 의식할 수 없는 부분이고, 전의식 부분이란 그 순간에는 의식되어 있지 않지만 주의나 노력을 기울이면 의식할 수 있는 부분이며, 의식 부분이란 글자 그대로 의식되어 있는 부분을 말한다. 이와 같은 생각은 얼핏 보았을 때 의식하고 있는가 없는가 하는 것만 가지고 정신 기능을 구분하는 것으로, 동적인 구상은 아닌 것 같아 보이지만 그러나 그렇지 않다. 각 부분의 내부에서 또 각 부분의 연결 관계에 있어서 참으로 동적인 구상이 펼쳐지고 있는 것이다. 이에 대해서는 다음 장에서 자세히 설명할 것이다.

세 번째 구상은 1923년에 나타났다. 이 새로운 모델은 구조적 가설이라고 불렀다. 이에 따르면 정신적 장치는 기능적으로 보아 세 가지 층으로 이루어져 있어, 각 층은 에스(또는 이드)·자아 및 초자아라고 이름을 붙였다. 세 가지 층으로 나뉘어 있다고 해도, 이것은 결코 해부학적인 의미가 아니며, 마음의 작용이나 마음의 내용을 서로 닮은 것끼리, 서로 관련되어 있는 것끼리 모아서 분류하면 세 개의 그룹으로 나눌 수 있다는 의미이다. 더욱이 인간의 심리과정은 각 층의 사이에서 서로 가로막거나 거스르며 흐르고 있는 것이다.

에스·이드

에스는 독일어, 이드는 라틴어이다. 모두 영어로 '그것'에 해당되는 말이다. 프로이트의 제자이며, 글솜씨가 뛰어난 의사 그로테그가 《에스의 책》을 출판한 뒤부터 프로이트는 이 말을 쓰게 되었다고 한다. 이 책에는 이것을 인연으로 앞으로는 이드라는 말 대신 에스를 쓰기로 한다.

에스는 본디 무의식 자체를 나타내는 말이지만 프로이트가 말한 에스 또한 인간의 마음 가운데 무의식 부분을 가리키고 있다. 이는 정신적 에너지의 원천이고, 그 저장고이며, 또 갖가지 욕구가 살아 꿈틀거리는 곳이다. 더욱이 에스는 생물적·유전적으로 부모를 잇는 것이므로 갓 태어난 인간의 마음은 거의 에스만으로 성립되어 있는 것이다. 또 에스는 유전적이기 때문에 육체적 기관의 기능에 의한 갖가지 욕구가 여기에 모여 살고 있는 것이다.

그러므로 이와 같은 마음의 층 에스는 한평생 유아적 성격을 띠고 있어 긴장을 견디는 힘이 부족하고, 욕망을 참는 힘이 없어 충동적·비합리적·비사회적·이기적이다. 그래서 만일 욕망의 만족을 얻을 수 없거나 쾌감을 얻을 수 없게 되면 이것은 곧 마음의 장치의 다른 층을 자극해 공상과 환상으로 치닫게 하고, 또 꿈을 꾸게 하여, 채우지 못한 소망을 잠깐이나마 만족을 시켜 주는 것도 에스의 작용이다. 에스에게 있어 욕구가 만족을 못한 채로 긴장이 높아지는 것은 불쾌하며, 긴장으로부터의 해방은 유쾌한 것이다. 에스의 유일한 기능은 안팎의 자극에 의해 인간의 마음속에 생긴 다량의 정신적 에너지(긴장·흥분)를 직접 발산시키는 것이며, 이것을 발산시키는 방법은 바로 쾌감을 찾고 고통을 피한다는 쾌감원칙에 따르는 것이다. 따라서 쾌감원칙은 인간의 기본적인, 또는 원시적인 생활원리인 것이다. 독자도 주변의 사람들을 바라보면 안팎으로부터의 방해를 배제하고, 어떻게든 즐거움을 얻으려고 노력하지만 도저히 어떻게 할 수 없으면 욕구의 수준을 낮추어서라도 만족을 얻으려고 꿈틀거리고 있는 모습을 쉽게 발견할 수 있을 것이다.

에스의 에너지는 두 가지 형태로 발산된다. 그 하나는 반사운동이다. 즉 여기에서는 에스의 에너지가 (매개체 없이) 자동적으로 발산되어 운동을 일으키게 되는 것이다. 또 하나는 실제로 에스의 욕구가 만족을 가져올 만한 행동을 일으키게 한다든가, 또는 바라는 대상을 마음에 떠올리도록 하는 발산 형식이다. 이른바 반사운동은 전자의 예이고, 공상이나 꿈 따위는 후자의 예이다. 이 경우에 실제 행동에 의한 만족은 아니고, 공상이나 꿈같은 것에 의한 에너지 발산이며, 임시로 에스의 만족을 얻을 수 있는 것은 에스의 기능이 말하자면 원시적으로 공상과 현실 사이를 뚜렷이 구별할 만한 더 높은 수준의 능력이 없기 때문이다. 그리고 에스의 욕구 에너지가 앞으로 설명할 자아와 초자아에 의해 방해되면 우리는 말실수, 착시, 잘못된 기억 등을 불러일으키는 것이다. 여기에 일상생활의 정신병리를 푸는 열쇠가 있다.

마음대로 안 되는 세상

에스의 욕구가 언제나 모두 간단하게 만족되는 세상이라면 이 세상에는 아무런 문제도 일어나지 않을 것이다. 마음의 장치는 에스만으로 충분하며, 그 이상의 장치는 필요치 않을 것이다. 그런데 현실에서는 도저히 그렇게 되지 않는다. 예를 들면 갓 태어난 어린아이가 배가 고파 울부짖을 때 그저 울음만으로는 절대로 배가 부를 수 없다. 엄마가 곁에 있어 그때마다 젖을 주지 않으면 안 되는 것이다. 그러나 늘 누군가 곁에서 어린아이의 욕구를 재빨리 채워 준다는 것은 불가능한 일이다. 이래서 인간은 이 세상에 태어나면서부터 어쩔 수 없이 욕구(또는 충동) 에너지의 발산 불능의 사태에 부딪치는 것이다. 이 체험이야말로 에스로부터 새로운, 더욱 높은 정신 기능을 발달·분화시키는 원인이 되는 것이다. 말하자면 마음대로 안 되는 세상이 마음 장치의 발달과 분화를 촉진시키는 것이다.

이렇게 한 번 거부당한 욕구(또는 충동)가 누군가의 손길에 의해 만족이 될 때, 어린아이의 쾌감은 한결 더한 것이다. 아이는 젖병을 보고 만지면서 흡족한 마음으로 그것을 기억 속에 새겨 간다. 이 체험을 거듭한 어린아이들은 나중에 배가 고파도 음식을 못 얻어먹을 때, 그 긴장의 높이가 음식과 관련된 기억을 떠올리게 된다. 아기는 그것을 회상함으로써 임시로 만족을 맛보는 것이다. 사랑하는 사람을 만나고 싶어 하는 처녀가 그의 모습을 떠올리고는 무심결에 방긋 웃으며 긴장을 좀 해소시키는 것도 같은 원리이다. 그러나 이 기능은 본디 에스에는 없었던 것으로, 새로 생긴 기능이다. 프로이트에 따르면 이 기능은 생후 6개월에서 8개월 사이에 분화가 시작되어 두 살에서 세 살까지 매우 발달한다고 한다. 바꾸어 말하면 유아는 그 무렵부터 자기의 욕구(충동)를 만족시킬 가능성이 있는 세계로서 자기를 둘러싼 환경에 관심을 갖기 시작하는 것이다. 그는 이 기능을 제1차 과정이라고 불렀다. 제1차 과정은 어떤 형태의 의미로든 지각(知覺, 감각 기관을 통해 대상을 인식하는 것) 과정과 연결되어 있는 것이다. 그리고 이것은 또 미숙하지만 자아 기능이 싹트고 있음을 말한다.

자아(自我)

그럼 음식의 경우, 그것을 마음에 떠올리는 것만으로는 욕구를 임시로 달랠 수 있을지는 몰라도 결코 그 욕구 자체를 만족시킬 수는 없다. 공상만 하는 것으로는 도리어 긴장감을 더 높이는 경우도 생긴다. 그래서 에스는 그 욕구(충동)을 만족시키는 목적물을 실제로 찾아내든가, 아니면 만들든가 하는 새로운 기능을 다시 분화 형성해 가지 않으면 안 된다. 그러므로 분화되어야 할 이 새로운 기능은 말하자면 현실에 맞는 에스의 욕구를 만족시켜 가는 기능이라야 한다(이는 현실원칙에 따른다고 한다). 이것이 자아이다.

자아가 현실에 맞는 정신 기능이라는 것은 에스의 욕구를 만족시키는 '현실의' 대상이 발견되거나 만들어질 때까지 에스의 에너지 발산을 나중으로 미루는 기능이라는 것이다. 예를 들면 배가 고파서 돌아온 아이들도 식사 준비가 될 때까지 기다려야 한다는 사실을 기억하고 있어야 한다. 그리고 기다리는 동안은 긴장을 견디어야 한다. 이 사이의 긴장이 지각이라든가, 기억이라든가 사고 등의 정신 기능 발달과 완성을 촉진시키는 것이다. 이와 같은 체험을 통해 감각기능도, 지각기능도, 기억·언어·사고의 기능도, 몸을 움직이는 운동기능도 뚜렷한 발달을 이루는 것이다. 프로이트는 이 새로운 기능을 제2차 과정이라고 불렀다. 제1차 과정과 제2차 과정의 근본적 차이는 전자가 공상과 현실을 구별하지 못한 것에 대해 후자는 그것을 뚜렷이 구별하는 데 있다. 이를테면 아까 사랑하는 사람을 만나고 싶어 한 처녀의 경우는 자기가 '공상'에 의해 일시적으로 만족을 얻는다는 사실을 알고 있기 때문에 제2차 과정인 것이다. 그러나 제1차 과정이나 제2차 과정이나 그 원리는 똑같다. 또 두 과정의 차이를 말한다면 제1차 과정은 생물적이며 성숙이 덜 되고 분화가 안 된 것이고, 제2차 과정은 인간적이며 분화가 되어 있는 성숙한 과정이다.

이와 같은 자아의 기능, 즉 운동·지각·기억·사고 등 기능의 발달을 규정하는 중요한 요인은 두 가지이다. 그 하나는 육체적인 성장, 특히 중추신경 조직의 성장으로, 이른바 성숙이라고 부르는 것이다. 그리고 또 하나는 태어난 다음에 겪는 갖가지 체험의 축적이다. 이 중에서 프로이트가 중요시하고 또 특별히 관심을 보인 것들이 충분히 작용해 아무리 자아가 발달한다 해도 에스의 쾌감원칙이 완전히 억눌려 버리는 것은 아니다. 그것은 다만 '만족이 미루어지는 것'뿐이다. 따라서 자아는 에스와 인간을 둘러싼 환경 사이를 매개하는 정신 기능이라고 할 수 있다.

자아의 발달

자아의 발달 과정에서 가장 중요한 첫 번째 경험은 자기 몸이 자주 에스의 욕구를 만족시키는 대상이 되고, 그와 동시에 고통과 불쾌감의 원천이 된다는 것이다. 예를 들면 유아는 자기 손가락을 빠는 것으로 언제나 마음이 내킬 때에 흡족할 만큼 에스의 욕구를 만족시킬 수가 있다. 그와 동시에 불만이나 불쾌감 또는 고통이 자기 몸속에서 느껴진다. 게다가 밖에서 오는 자극에 의해 벗어날 방법도 있지만, 자기 몸속에서 일어나는 고통이나 불쾌감에 대해서는 피할 방법이 없다. 이렇듯 유아에게는 자기의 몸이 욕구(충동)를 낳는 원천이고, 고통을 느끼는 원천이며, 또 욕구를 만족시키는 대상이 되는 것이다. 이런 뜻에서 그들에게는 자기의 몸은 특별히 중요한 의미가 있는 것이다. 프로이트는 이 사실을 "자아는 무엇보다도 먼저, 신체적 자아이다"라고 말한다.

그러나 에스의 욕구(충동) 에너지, 즉 리비도가 자기의 몸으로 향해지는 것만으로는 궁극적인 만족은 얻을 수 없다. 그래서 리비도는 차츰 자기 이외의 대상으로 향하게 되는 것이다. 그러나 유아에게 있어서, 처음부터 이를테면 엄마가 엄마로서 하나로 뭉쳐진 대상이 되는 일은 없다. 그것은 우선 젖가슴이고, 웃게 만드는 얼굴이며, 달래 주는 입이다. 즉 그것은 처음에는 부분적인 대상인 것이다. 더욱이 그 부분부분 등에만 관심을 갖는다. 이때 자아의 기능은 매우 미숙하고 분화가 안 된 상태이다.

이와 같은 단편적인 대상관계가 지속적인 것으로 바뀌려면 아마 한 살 반은 되어야 할 것이다. 이 무렵 이미 엄마는 엄마로서 하나의 뭉쳐진 대상이 되고, 더욱이 그 부분만이 아닌 지속적인 대상이 된다. 이 무렵 대상관계의 첫째 특징은 같은 대상에 대해 예를 들면 쾌락과 분노, 애정과 증오 같은 상반된 감정을 동시에 갖는다는 것이다. 이 경향을 앰비밸런스(양극성)라고도 하고, 평생을 통해 인간의 심리 속에 어느 정도 지속하는 감정적 경향이지만 보통 그 정도는 2세부터 5세 사이에 높고, 그 뒤에는 감소한다. 그리고 청년기나 성인기에는 더욱 적어진다. 그러나 이 감소는 양극성의 한편이 표면에 드러나고 다른 편은 그 그늘에 가려지는 감소이기에, 실질적인 감소는 아니다. 가려진 반면은 원칙으로서 무의식의 세계에 멈춰 있는 것이다. 무의식의 세계에 깊이 증오를 숨기고, 의식의 세계에서 강한 애정을 느낀다는 그런 인간관계는 지금까지도 자주 문학작품의 주제가 되어 왔다.

　그러면 유아가 이처럼 지속적인 특별한 관심을 갖게 되는 대상은 무엇일까. 그것은 우선 첫째로, 에스의 욕구(충동)를 만족시켜 주는 가까운 어른, 특히 자기의 부모이다. 그리고 부모에게 지속적인 관심을 기울이는 동안에 어느새 부모의 태도나 습성을 무의식중에 흉내 내게 되는 것이다. 이것은 말하자면 부모의 태도나 습성을 '받아들여' 거기에 '동일화'되어 가는 과정이라고 할 수 있다. 유아는 웃으면서 안아주는 엄마에게 미소를 배우고, 엄마가 하는 말에서 말을 배운다는 것이다. 그리고 프로이트에 따르면 이는 매우 중요한 과정이며 새로 분화하는 자아는 이러한 과정에 의해 차츰 그 내용을 풍부하게 한다. 이렇게 해서 새로운 자아의 기능은 성숙해 가는 것이다. 이렇게 받아들이는 과정의 원형은 유아가 음식을 입으로 섭취하는 행동이다.

　아이가 두 살 반에서 세 살 반이 되면, 자아의 여러 기능은 가속도적으로 발달해 지각과 기억, 사고력도 꽤 발달하게 된다. 또 이 시기가 되면 자아도 꽤나 경험이 쌓여 여러 기능이 통합적으로 작용하므로 어느새 대상관계도 부분 대상이 아닌, 뚜렷한 하나의 대상이 된다. 달콤한 젖이 나오는 젖가슴, 상냥하게 웃는 얼굴, 꾸짖는 소리와 따끔하게 때리는 손도 저마다 다른 것이 아니고 같은 것으로 인정되는 것이다. 에스의 욕구를 만족시켜 주는 '좋은' 엄마나, 그것을 거부하는 '나쁜' 엄마나 모두 같은 대상으로서 인정되는 것이다. 그리고 이 시기에 속한 아이들의 자아가 겪는 더 중요한 체험은 프로이트에 따르면 오이디푸스 콤플렉스이다.

초자아의 형성

　오이디푸스 콤플렉스가 마음의 장치의 발달 과정에 있어 매우 중요한 영향을 주는 것은 그 체험이 초자아를 형성하기 때문이다. 프로이트에 따르면 오이디푸스 콤플렉스에 수반되는 감정은 인간이 그 생애에 체험하는 어떤 감정보다도 강해서, 이는 아이들의 마음속에 매우 심한 갈등을 일으키는 것이다. 예를 들면 남자아이의 경우, 어머니를 독점하려는 소망이 아버지의 복수를 불러들여 그 결과 자기의 성기를 빼앗겨 버리지나 않을까 하는 강한 공포심(거세 공포)을 품게 된다. 그리고 여자아이에게 페니스가 없는 것은 그것을 빼앗겼기 때문이라고 생각하며 더욱 공포심을 갖게 되는 것이다. 또 그 소망은 어머니에게도 거절당함으로써 몹시 복잡한 감정을 품게 된다. 게다가 오이디푸스적인 욕구(충동)를 만족시키는 것은 부모에게서 칭찬을 받아, 그 사랑을 듬뿍 받고 싶다는 본디의 감정과 확실히 모순되는 것다. 그러므로 어린이는 오이디푸스적 욕구(충동)의 어떤 부분을 '스스로' 포기하고, 또 어떤 부분을 억압해 무의식의 심층으로 몰아낼 수밖에 없다. 여자아이의 경우는 어떤가. 여자아이에게는 거세공포라는 것은 없다. 이는 처음부터 페니스가 없기 때문이다. 그러나여자아이가 그 사실을 알게 되면 열등감과 수치심, 질투심(페니스를 부러워함)을품게 되고, 마침내 그런 상태로 자기를 낳은 어머니를 원망하는 것이다. 이래서여자아이는 아버지를 좋아하게 되는데, 그 사랑의 대상이 되려고 하지만, 아버지에게서 그것도 거절을 당하기 마련이고, 그 결과 오이디푸스적 소망을 버리든가 또는 억압할 수밖에 없게 되는 것이다. 이것은 매우 상징적인 이야기다.이런 말이 한국인이나 한국사회에서는 좀 이질적으로 들리기 쉬울 것이다. 그러나 프로이트는 그의 수많은 환자를 분석하고, 오이디푸스 콤플렉스의 중요성을 확신한 것이다. 지금도 심리학자들 중에는 인간의 마음 심층에 오이디푸스 콤플렉스가 있다는 것을 부정하는 사람이 적지 않다.

오이디푸스 콤플렉스에 대해 마음의 장치가 하는 기능 가운데 가장 중요한점은 '스스로' 오이디푸스적 욕구를 버리고, 억압하는 데 있다. 어린이의 욕구가 억압되고, 금지되는 것은 부모로부터 야단을 맞고 주의를 당하는 형식으로일찍부터 나타나게 되며, 그 억압이나 금지는 말하자면 어린이의 '외부로부터'가해지는 힘에 의한 것이다. 그런데 오이디푸스 콤플렉스에서의 억압은 '자기자신의 내부로부터 오는 요구'로 느껴지게 된다. 그것은 마음의 장치 내부에 있는 힘의 압력이다. 이와 같은 '금지'·'억압'의 '내재화' 과정은 초자아 형식의 과정이다. 이 과정이 충분히 안정되어 실질적으로 지속적인 것으로 남게 되는 것은 9~10세 이후의 일이지만 이것은 청년기를 통해, 또 어느 정도는 성인이 되어서도 더해지고 수정되어 가는 것이다.

오이디푸스적 욕구(충동)를 억제한 아이는 부모를 사랑하기도 하고 미워하기도 하는 대신, 도덕적인 면에서 동일화되어 부모같이 되려고 한다. 따라서 초자아는 "오이디푸스기의 부모의 도덕적 측면이 아이의 마음의 장치 구조 속에 내재화된 것"이라고 할 수 있다. 프로이트에 따르면, 이와 같은 초자아 형성의 과정에서 중요한 것은 다음의 두 가지다. 그 첫째는 아이가 부모로부터 받는 금지의 대부분은 언어에 의한 명령이나 꾸지람의 형태로 체험을 한다는 것이다. 때문에 초자아는 청각적 기억이나 언어적 기억과 밀접한 관계가 있는 것이다. 프로이트의 말을 인용해 보자. "……초자아의 형성을 자극하는 것은 소리에 의한 부모의 비판이다. 여기에 또 시일이 지남에 따라 교사나 친구 등의 비판이 가해지는 것이다……." '양심의 소리'라는 등의 일상적인 말은 이것을 잘 상징하고 있다. 프로이트에 따르면, 중증의 정신병 환자들 가운데에는 초자아의 기능이 마치 그가 어릴 적에 부모에게 꾸지람을 당할 때와 같이 자기 이외의 곳에서 소리가 들려오는 것처럼 지각되는 사람도 있다는 것이다. 초자아 형성의 과정에서 두 번째로 중요한 것은 그 때문에 받아들인 부모의 이미지가 대부분 부모의 초자아 이미지와 일치한다는 것이다. 일반적으로 말하면 부모가 자기의 아이를 기를 때에는 자기가 어린아이일 때 부모에게서 가르침을 받은 것과 같은 방법으로 자기 아이를 훈육하는 일이 많다고 한다. 그리고 이것은 중요한 사회적 영향력을 갖는다. 곧 이것이 하나의 사회도덕적인 규범을 오래 지속시키는 원인이며, 그와 동시에 사회규범의 변화·발전을 더디게 하는 저항의 보수적 경향도 갖는 원인이 되기도 한다.

초자아의 역할

일단 초자아가 형성되면 이것은 마음의 장치 안에서 어떤 역할을 수행할까. 이것은 한마디로 말하면 도덕상의 심판 역할을 하는 것이다. 초자아는 이상적인 자아이다. 이와 같은 초자아의 기능은 두 가지 부분으로 나누어서 생각할 수가 있다. 그 첫째는 부모가 자기의 도덕적 기준에 맞는 행위를 아이가 했을 때, 이를 칭찬함으로써 아이의 마음속에 형성되어 가는 도덕적 선(善)의 관념이다. 이것으로 아이는 '무엇이 선인가'를 알게 된다. 또 하나는 악을 바라보는 도덕적 관념이다. 이것은 아이가 부모에게 꾸지람을 듣고 벌을 받는 체험을 되풀이하면서 형성되어 가는 것이다. 첫째 부분은 '이상아(理想我)'라 부르고, 두 번째 부분은 '양심'이라고 부르는데, 두 가지는 같은 도덕의식의 안팎이다. 그리고 두 가지를 합친 것이 초자아의 주된 기능이다. 이 기능은 이미 설명한 바와 같이 부모를 '받아들여' 부모와 '동일화'되어 가는 결과를 낳게 되는데, 이때 '받아들여'져 '동일화'되는 부모는 현실에 존재하는 그대로의 부모가 아니고 이상화된 부모이다.

초자아의 기능은 그 형성 과정에서 말하더라도 분명히 유아시절의 내면적 삶과 밀접하게 관련되어 있다. 그리고 이것은 성인의 내면적 삶에서는 보통 무의식중에 나타난다. 그 무의식적인 작용을 분석해 보면 몇 가지 특징이 있는데 중요한 것을 말하면 다음과 같다. 이것은 첫째로 에스에 대해서는 물론 자아에 대해서도 "그렇게 하면 안 된다" "이렇게 해서는 안 된다" 하고 금지명령을 내리는 작용이 있다. 자아 또한 에스의 욕구(충동)에 대항하지만 욕구 만족의 '연기'를 명령하는 것은 아니다. 또 이 기능을 뒤집어서 완전을 지향하도록 노력시키는 기능도 초자아의 기능이다. 두 번째 특징은 '복수법(復讐法)'적 기능이다. 곧 하나의 윤리적·도덕적 잘못이나 죄에 대해 초자아가 주는 벌은 피해자가 받은 것과 같은 고통이 아니면 안 된다고 무의식중에 생각하고 있는 것이다. 이 '복수법'적 기능은 원시사회 정의의 특징이고, 또 아직 어린아이가 지닌 정의감의 본질이다. 초자아 기능의 세 번째 특징은 초자아가 행위와 소망을 구별하지 못한다는 것이다. 다시 말해 초자아는 부도덕한 행위에 대해서만 벌을 주는 것이 아니라, 부도덕한 행위를 하려는 '생각'에 대해서도 이를 가로막고 벌을 주는 것이다. 초자아가 용납하지 못할 행위를 해 버린 다음에, 그 사람이 무의식중에 자기 징벌적인 실패를 한다든가, 잘못된 말을 한다든가, 또는 상처를 입는다든가 하는 것도 초자아 기능의 영향이다. 네 번째 초자아의 기능은 집단심리와도 깊은 관계가 있다. 프로이트에 따르면 어떤 그룹이 결속하는 것은 그 그룹의 각 멤버가 지도자의 이념을 내재화하고, 또 그 지도자와 동일화하는 데에 바탕을 두고 있다. 그 결과 지도자의 초자아나 이미지는 그룹 각 구성원의 초자아의 일부가 되어, 지도자의 의지, 명령, 교훈 등은 구성원의 도덕적 규범이 되는 것이다. 이와 같은 메커니즘은 종교적인 집단에도 존재할 것이다. 같은 신앙의 깃발 아래 하나의 집단을 만들기 위해서는 초자아의 공통요소를 집단 구성원이 가질 필요가 있는 것이다.

생각이 여기에 이르면 초자아는 매우 엄격한 도덕적 심판같이 보이지만, 아이가 초자아의 명령에 따라 행동만 하면 부모나 사회에서 인정을 받아 질책을 받지 않아도 되고, 마침내 자기도 고통을 피할 수 있게 되는 것이다. 그뿐만 아니라 초자아의 명령을 따라 행동만 하면 경우에 따라서는 자랑스러운 감정까지 체험할 수 있는 것이다. 자랑스러운 감정은 어렸을 적에 부모에게 칭찬받았을 때 품은 감정과 비슷하다. 따라서 이것은 하나의 나르시시즘이라고 할 수도 있다. 말하자면 도덕적인 행위를 함으로써 자기 자신을 사랑한다는 메커니즘을 느끼는 것이다. 그러므로 프로이트도 말했듯이 초자아는 죄를 느끼는 원천임과 동시에 만족과 기쁨을 느끼는 원천인 것이다.

에스와 자아와 초자아의 관계

이제까지 설명한 것과 같이 마음의 장치는 에스와 자아와 초자아의 세 가지 층으로 이루어져 있다. 에스는 유전적·생물적으로 규정된 갖가지 욕구(충동)와 마음의 장치 전체를 움직이는 에너지의 원천이다. 그러나 에스의 욕구는 갖가지 현실 세계의 사정에 따라 그대로의 형태로 순조롭게 만족을 얻을 수가 없다. 그래서 에스는 새로운 '현실 세계의 사정을 살피는 기능'을 분화·발달시킨다. 이 새로운 기능이 자아이다. 그러므로 유아시절부터 필연적으로 몇 번이나 되풀이해 경험을 겪게 된 욕구불만이 자아를 분화·발달시키는 것이고, 에스의 소망이나 욕구와 외계의 현실 세계 사정을 확연하게 구별해, 양자의 관계를 판단하는 것이 자아의 역할이다. 이것이 지각·기억·사고 등 높은 수준의 정신 기능을 발달시키는 이유이다. 자아는 또 자기 외의 환경을 아는 반작용으로서 자기 자신을 알고, 이로써 자아의 경계가 확립되어 가는 것이다. 이렇게 자아는 에스와 환경과의 사이에 중개자로서 에스의 욕구(충동) 에너지의 발산을 늦추든가 조정을 하고, 때로는 억제도 하는 것이다. 이 기능을 교묘하게 작용하도록 하는 것이 자아의 발달이다. 그러나 이와 같이 자아의 기능을 움직이는 에너지는 에스의 에너지를 이용하므로 자아가 발달함에 따라 상대적으로 에스의 에너지는 줄고, 에스의 욕구는 억제하기 쉽게 된다. 그리고 에스는 쾌락원칙에 따르는 것에 반해 자아는 현실원칙에 따르는 것이다.

다음으로 초자아와 에스와의 관계를 살펴보기로 하자. 이제까지의 설명으로 알 수 있듯이 초자아는 분명히 자아의 일부로서, 자아의 특수한 부분이다. 그러나 이것을 에스 쪽에서 보면 초자아는 오이디푸스적 대상 관계로 바뀐 것이며 그 잔류물인 것이다. 프로이트가 초자아의 근원은 에스의 속 깊은 데에 있다고 말한 것은 이와 같은 의미이다. 그러므로 자아나 초자아나 모두 에스에서 태어난 것이라고 할 수 있다. 갓 태어난 유아의 마음의 장치는 에스뿐이라고 말한 것도 이 의미이다. 따라서 초자아의 주된 기능인 '도덕적인 금지력' 또는 '심판'의 엄격성은 마땅히 에스와 깊은 관계가 있다. 앞에서 설명한 대로 생각하면 초자아란 내재화한 부모이므로 어떤 사람의 초자아 기능의 엄격성은 부모의 엄격함에 일치하는 것같이 생각되겠지만, 실제로는 그런 것과 별로 일치하지 않는다. 오히려 그의 초자아의 엄격성은 그의 오이디푸스 콤플렉스 속의 부모에 대한 공격적·적대적 욕구(충동) 에너지의 강도로 규정되는 것이다. 이를테면 남성은 그가 오이디푸스기에 얼마나 아버지를 적대시했는가, 또 여성이면 그녀가 오이디푸스기에 얼마나 어머니를 적대시했는가 하는 강도로 규정된다는 것이다. 그리고 처음에 부모의 내재화로부터 출발한 초자아는 차츰 성장해 감에 따라 교사나 역사적 인물이나 또는 문학사에 등장한 가공적인 인물 등의 초자아를 '받아들여' 그것과 '동일화'해, 그것을 내재화함으로써 더욱더 형성·발전되는 것이다. 생각이 여기에 이르면, 초자아는 늘 에스의 욕구와 대립하는 것같이 보이지만 실제로 반드시 그런 것은 아니다. 예를 들면 극단적으로 도덕적이라는 것은 자기 자신에게 공격적이라는 것이 되므로, 이 경우에 에스의 공격적인 욕구는 만족을 얻게 되는 것이다. 또 세계사를 보면, 도덕적이라는 초자아의 작용을 가장한 잔학행위가 아주 대규모로 이루어진 예들을 적지 않게 찾아볼 수 있을 것이다. 이교도에 대한 잔학한 종교재판, 나치스 독일 정부의 유대인 대량 학살 등이 그 좋은 예이다. 그러나 이것은 프로이트의 이론으로 보면, 실제로는 초자아의 이름을 빌린 에스의 원시적 욕구의 표현인 것이다. 에스가 숨기고 있는 욕구(충동) 에너지는 참으로 위대하다. 마지막으로 에스와 초자아의 비슷한 점을 하나만 들어 본다. 곧 초자아는 언제나 '그래야 된다'는 안목으로 사물을 바라보며, 있는 그대로의 모습으로 보려고 하지 않는데, 에스 또한 '이렇게 되면 좋겠다'는 안목으로 사물을 바라보며, 있는 그대로의 모습으로 보려고 하지 않는 것이다.

마음의 장치

마음의 장치는 하나의 에너지 체계이다. 그러나 그 에너지는 무한히 많은 것은 아니기에 혹시 장치의 한 부분에 에너지가 집중적으로 모이면, 다른 부분의 에너지는 마르게 된다. 예를 들면 강한 자아를 가지고 있는 사람은 에스나 초자아가 약하고, 초자아에 에너지가 집중된 사람은 자아나 에스가 약하다. 전자는 이른바 아집이 강한 사람이며, 후자는 이른바 도덕적인 사람이다. 그리고 에스가 정신 에너지의 대부분을 차지하는 사람은 충동적인 사람이다. 그리고 이와 같은 마음의 장치 내부에서의 에너지 배분상태의 특징은 곧 그 사람의 개성적 특징이다.

무의식으로 작용하는 마음의 메커니즘

무의식·전의식

프로이트 초기 이론의 중심 개념은 '무의식'이었다. 그리고 이것이 또 프로이트 사상의 중요한 특징의 하나라는 것은 이미 설명했다. 그의 말을 빌린다면 "심리학에서 우리의 과학적인 작업은 무의식의 과정을 의식적인 과정으로 번역해, 이로써 언뜻 연속해 있는 것으로는 보이지 않는 의식적인 마음의 움직임의 틈새를 메우는 일"이었던 것이다. 이것은 마치 물리학이나 화학이 한 번 보는 것만으로는 볼 수 없는 물질계의 인과관계를 실험이나 이에 근거한 가설로 연결시켜 가는 과정과 같다고 생각했다. 따라서 심리학이 만일 하나의 과학으로서 마음의 움직임의 인과관계를 알고자 한다면 무슨 일이 있어도 무의식 세계의 연구를 하지 않으면 안 된다고 주장한 것이다.

프로이트에 의해 이처럼 중요시된 무의식의 체계는 어떤 특징을 가지고 있는가. 첫째로 늘 그 에너지(리비도)를 방출하려고 하는 온갖 충동, 곧 소망과 흥분으로 이루어져 있다는 것이다. 더욱이 이런 충동이나 흥분은 서로 영향을 받지 않고 병존할 수가 있고, 부정당하는 일도 의혹을 받는 일도 없다. 무의식의 체계에 있는 충동이나 흥분을 부정한다든가 의혹의 눈으로 바라보는 것은 무의식보다 높은 차원의 정신체계로부터 가해지는 압력의 힘이다. 그러므로 무의식의 체계는 강한 에너지를 가진 갖가지 욕구들이 서로 모순되는 일이 없이 섞여 있다고 할 수 있다. 무의식 체계의 두 번째 특징은 여기에 있는 갖가지 욕구들이 다만 쾌감원칙에 따를 뿐이며 그 밖의 질서에는 따르지 않는다는 것이다. 곧 그들은 오직 쾌감을 구하고, 불쾌감을 피할 따름이다. 또 시간적으로 질서를 따르도록 되어 있지 않고, 시간이 지났다고 해서 변하는 것도 없다. 요컨대 그것들은 시간과 관련성을 가지고 있지 않은 것이다. 게다가 그런 욕구(충동)를 가진 에너지는 상당한 범위에 걸쳐 대가나 자리바꿈이 가능하다(이에 대해서는 다음에 언급한다).

이와 같은 무의식의 체계에 대해, 전의식의 체계는 어떠한가. 먼저 프로이트의 말을 들어보자.

"정신분석의 성과에서 보면 무의식 체계와 전의식 체계 사이에는 어떤 '검열' 기능이 끼어 있다. 곧 무의식의 내용은 그 검열을 통과하지 못할 때에는 전의식의 체계로 옮겨 갈 수가 없다. 그것은 억압된 것으로, 무의식의 세계에 멈출 수밖에 없는 것이다. 그러나 검열을 통과해 전의식의 체계로 들어갈 수 있다 하더라도 그것만으로는 의식의 체계에 대한 관계는 아직도 분명하지가 않다. 그것은 다만 의식의 체계에 들어갈 가능성을 말해주는 것이며, 조건이 갖추어질 때 비로소 특별한 저항 없이 의식의 대상이 될 수 있다."

여기에서 프로이트가 검열이라고 말한 것은 무의식 체계의 내용이 의식화되는 것을 방해하는 어떤 종류의 가정된 기능이다.

이렇게 검열을 통과해 전의식의 체계에 들어가게 된 내용은 이제 무의식 체계의 내용과는 달리 서로 영향을 주고받을 수 있고, 시간적으로 질서가 잡혀 현실을 음미할 여유도 있는 것이다. 무의식의 세계는 말하자면 생기에 넘쳐 활발하게 삶을 영위하고 있는 데 대하여, 전의식의 세계는 이미 욕구(충동) 에너지를 무분별하게 방출하는 것을 억제하는 경향을 가지고 있다. 이처럼 전의식의 체계가 무의식의 체계와 뚜렷이 분리되는 것은 보통 청년기부터이다.

이와 같은 무의식·전의식·의식과 에스·자아·초자아의 구분은 그 기능이나 발생에서 아주 미묘하다. 양자의 관계를 다음의 그림같이 뚜렷하게 도식화해 생각하는 학자들도 있으나, 프로이트의 이론은 이만큼 뚜렷하게 정리할 수가 없다.

마음 { 의식적 과정

의식적이지 않은 과정 { 전의식 ——→ } 자아

무의식 { 억압하는 것 → 초자아

억압받는 것 → 에스

불안의 이론

무의식의 체계를 지배하고 있는 원칙은 쾌감원칙이다. 이에 대해서는 이미 언급했다. 처음에 프로이트는 욕구(충동) 에너지가 발산되는 것이 쾌(快)이고, 발산되지 않은 채로 증가해 가는 것이 불쾌라고 생각했으나, 다음에 여기에 해당되지 않는 경우가 있다는 것을 알게 되어 그 이론을 조금 수정했다. 예를 들면 성적 긴장의 경우는 거기에 해당하지 않는 예이다. 곧 성적 긴장의 증가—욕구(충동) 에너지가 발산하지 않고 그대로 증가되어 가는 상태—는 적어도 어느 정도까지는 유쾌하기 때문이다. 그러므로 프로이트는 다음에 "욕구 에너지의 축적·발산의 현상과 쾌·불쾌의 감정과의 관계는 그렇게 간단한 것도 아니고, 또 확정적인 것도 아니다"라고 주장하게 되었다. 그러나 마음의 장치는 그 중에서도 무의식의 체계는 쾌감을 구하고, 불쾌감을 피하는 강한 경향을 가지고 있다고 생각했다. 이것이 '쾌감원칙'이다.

이 쾌감원칙을 뒤집은 것으로서 '불안의 이론'이 생겨났다. 처음에 그는, 불안은 욕구(충동) 에너지 '리비도'가 충분히 발산되지 않던가 또는 그 발산이 저지되는 데서 일어나는 감정이라고 생각했다. 곧 불안의 정체는 마음의 장치 내부에서 이상하게 축적된 욕구(충동) 에너지라고 생각했던 것이다.

그런데 1926년이 되어, 프로이트는 새로운 불안의 이론을 제시했다. 그는 불안의 근원을 생물적·유전적인 것에서 찾음으로써, 인간이 불안을 느끼는 능력을 '선천적'으로 타고난 것이라고 주장한 것이다. 인간 또한 아무런 보호도 없이 자연 그대로 방치된다면 얼마 뒤에 죽어 버릴 것이다. 그러므로 불안을 느끼는 능력은 인간에게도 다른 동물과 마찬가지로 생존하는 데 없으면 안 되는 것이다.

그럼 어떤 경우에 인간은 불안을 느끼는가. 그것은 마음의 장치가 안팎에서 오는 거대한 자극에 압도되어, 이를 발산할 수도 처리할 수도 없게 된 때에 일어난다고 생각한 것이다. 그리고 혹시 안팎에서 오는 자극을 지배·처리한다든가 발산시킨다든가 하는 것이 자아 기능의 일부라고 한다면, 거대한 자극에 압도되기 쉬운 것은 자아 기능이 미숙한 유아시절일 것이다. 이렇게 생각한 프로이트는 그 대표적인 예로서 아이의 '출산 경험'을 들었다. 출산은 태어난 아이에게는 삶에서 맨 처음 겪게 된 가장 강렬한 체험이기 때문이다. 더욱이 그때의 아이는 외부에서 그의 내장이나 감각기관에 가해진 압도적인 자극이나 태속에서 바깥세상으로 나오는 환경의 격변에 대해 완전히 무력한 것이다. 이와 같은 압도적인 자극에 마음의 장치가 호되게 당하는 상황을 그는 '외상 상황' 또는 '위기상황'이라고 불렀다. 출산은 '위기상황'의 원형이다.

삶의 두 번째 위기상황은 출생 뒤에 곧 닥쳐온다. 이는 갓 태어난 인간은 자기 혼자서는 아무것도 하지 못하는 데서 생기는 것이다. 예를 들면 유아는 배가 고파도 자기 혼자서는 먹을 것을 얻지 못한다. 또 엄마가 올 때까지 기다릴 만큼 자아는 발달하지 않았다. 그래서 유아는 증대해 온 욕구(충동) 에너지에 압도되어 자동적으로 불안을 겪는다는 것이다. 이처럼 어린 시절의 자동 발생적인 불안을 불러일으키는 다량의 자극은 에스의 작용에 의해 일어나는 것이다. 그래서 실제로 불안을 느끼는 것은—자아의 기능인 불안을 불안으로서 의식해 느낄 수 있는 것은—자아의 기능이 충분히 발달하게 된 아동기 이후이다.

삶의 세 번째 중요한 위기상황은 오이디푸스 콤플렉스에 따르는 불안이다. 그리고 네 번째의 중요한 위기상황은 초자아가 형성되는 것에 따라 일어난다. 이처럼 마음의 장치는 몇 가지 중요한 위기상황들을 통과하면서 갖가지 불안을 겪고 발전해 가는 것이다. 이때 어떤 위기상황들이 있었던가는 사람에 따라 다르지만, 어떤 상황에서 과도한 불안을 겪고, 그것이 병증으로 나타난 사람들이 신경증 환자들이다. 이것은 불안신경증이다. 예를 들면 앞서 생애 편에서 언급한 바와 같이 제1차 세계대전을 계기로 두드러지게 나타난 전쟁 신경증은, 전장(戰場)이라는 특수한 조건 아래서 필연적으로 드러난 압도적인 자극들이 자동적으로 인간에게 불안을 불러일으켰다고 말할 수 있을 것이다.

자아방어 기제(自我防禦機制)

이와 같은 몇 번의 위기상황에 맞닥뜨려 여러 가지 불안을 겪으면서 성장해

가는 동안, 어느새 아이는 위기상황의 출현을 미리 아는 법을 배우게 되는 것이다. 그러면 마음의 장치는 위기상황을 예측함으로써 불안을 느끼게 된다. 이렇게 불안을 느끼는 것 또한 자아의 기능이다. 이것은 말하자면 인간이 자아의 작용에 의해 닥쳐오는 위기상황을 예측하고 불안이라는 반응을 일으켜, 이것을 회피하기 위해 온 힘을 다하는 것이라고 할 수 있다. 그러므로 불안은 일면 자아가 위기를 알게 하기 위한 신호라고 할 것이다.

예기된 불안이라는 것은 불쾌한 것이다. 그러므로 일단 불안이 생기면 곧바로 쾌감원칙이 작용해 에스의 욕구 에너지는 필요한 에너지를 자아로 옮겨, 자아는 위기상황을 일으킬 우려가 있는 행위를 멈추게 하든가, 또는 위기상황에 빠져 들어가는 것을 피하도록 하는 것이다. 따라서 이런 불안의 메커니즘은 결코 그 자체가 병리적인 것이 아니라 오히려 건강하고 필요한 것이라고 할 수도 있다. 이 경우에 현실로 냉엄한 위기상황에 빠졌을 때에 느끼는 불안과 위기상황을 예측해 일어나는 불안과의 큰 차이는 그 불안의 강도에 있다. 물론 전자의 불안은 강하고 후자의 불안은 약하다.

자아가 위기상황이 가까이 오고 있다는 신호로서 불안을 일으키고, 에스의 쾌감원칙이 거기에 호응해 위기상황에서 벗어나려고 하는 마음의 움직임을 정신분석학에서는 '방어 기제'라고 부른다. 방어 기제는 무의식중에 작용하며, 또 방어의 방법은 여러 가지이다. 다음은 순서대로 자아의 방어 기제와 관련된 갖가지 예들 가운데 대표적인 것 몇 가지를 제시하기로 한다.

억압

'억압'은 프로이트의 초기 이론에서 이미 방어 기제에 중요한 것으로 말한 것이다. 이것은 성적 욕구이든, 공격적 욕구이든, 자아를 위기상황으로 빠뜨릴 우려가 있는 에스의 욕구나 그 파생물을 억눌러 의식 밖으로 쫓아 버리는 자아의 활동이다. 따라서 억압된 것은 잊어버린다. 왜냐하면 기억하고 있는 것 자체가 위험하기 때문이다.

이것을 정신적 에너지의 관점에서 보면, 억압한다는 것은 자아가 자기가 가지고 있는 정신적 에너지의 일부를 써서 끊임없이 억눌러야 된다는 것이다. 그렇게 하지 않으면 억압된 것은 의식의 체계에 떠오르게 된다. 예를 들어 고열로 괴로울 때라든가, 술에 취한 때라든가, 잠을 자고 있을 때 등, 자아 에너지가 약해진 경우에는 평소에 억압되어 있는 욕구(충동)나 소망이 갖가지 형태로 샘솟게 된다. 고열로 가위눌려 무심결에 잠꼬대로 속마음을 털어놓게 되거나, 취기를 빌려 평소에는 입도 뻥긋하지 않던 섹스에 대해 말하거나 또는 꿈속에서 미워하는 상사의 머리를 때린다거나 하는 것은 모두 이 예인 것이다. 또 그 반대의 경우도 있다. 이를테면 청년기에 이른 젊은이가 육체적인 성숙으로 에스의 욕구 에너지가 급증해, 아동기에는 비교적 잘했던 성적 욕구의 억압에 실패하는 것은 바로 이에 해당한다. 이 경우는 자아의 억압력이 약화된 탓이 아니고, 내부에서 용솟음치는 압도적인 욕구(충동) 에너지의 증가에 졌다고 할 것이다. 그러므로 억압에 대한 성공 여부는 에스의 욕구 에너지가 자아를 억압하는 데에 쓰는 에너지와 힘의 균형에 의해 결정된다. 그러나 강한 자아 에너지를 가지고 억압에 성공한다 해도 억압된 것은 말하자면 다른 출구를 찾아 준동하는 것이며, 이것이 신경증의 원인이다. 이것에 대하여는 생애 편에서 이미 조금 언급했다. 억압의 메커니즘에 대해 한마디 덧붙이면 앞서 조금 언급한 것처럼 억압의 모든 과정은 무의식중에 작용한다는 것이다. 무의식적인 것은 억압된 요소에만 한정된 것이 아니라, 억압된 자아의 활동 자체가 또한 완전히 무의식적이다. 더욱이 어떤 것이 억압되었을 때에는 억압당한 것은 기능적으로 자아로부터 분리해 에스의 일부분이 되어 버리는 것이다. 그 결과로 너무 많은 것을 억압하는 것은 차츰 자아의 영역을 좁혀, 이는 또 자아의 힘 전체를 약화시킨다. 이것은 앞에서 말한 에너지 이론으로 보아도 알 수 있을 것이다. 이래서 억압이 지나친 사람은 일상생활에서도 대개 소극적이고 딱딱하며 늘 긴장된 상태로 신중하다. 그는 말수도 적고 동작도 시원스럽지 못하다. 그는 자아의 에너지를 대부분, 과도한 억제를 하기 위해 쓰고 있는 것이다. 그러므로 느긋한 즐거움이나 많은 경험을 유쾌하게 처리해 갈 만한 에너지는 이미 남아 있지 않다. 하지만 그렇다 하더라도 '억압'은 정상적인 개성의 발달을 위해서는 필요한 것이고, 또 누구나 어느 정도는 그렇게 하고 있는 것이다. 왜냐하면 억압은 자아 방어를 위해 필요한 하나의 중요한 메커니즘이기 때문이다.

반동형성

반동형성 또한 전형적인 자아방어의 기제(機制, 또는 메커니즘)이다. 이를테면 증오(공격적인 욕구가 나타난 것이다!)와 같은 의식이 일어나면 위험한 욕구 에너지를 억압하기 위해, 그 반대의 것, 곧 이 경우에는 사랑을 과도하게 강조함으로써 자아를 위험으로부터 지키려 하는 것이다. 잔인한 것을 숨기기 위해 부드러움을, 완고함을 누르기 위해 온순함을, 불결함이 나타나지 않도록 하기 위해 청결함을 강조하는 것은 모두 반동형성이다. 이렇게 말하면 반동형성은 늘 사회적으로 받아들이기 어려운 것을 억압해 그 반대의 것을 표면에 나타내려고 하는 것으로 생각될지 모르지만 반드시 그렇지는 않다. 보기에 따라서는 반동형성은 초자아의 형성과 매우 흡사하다는 것을 알게 된다. 초자아는 자아를 방어하기 위해 오이디푸스적 욕구(충동)를 억압하면서, 그 반대의 아주 도덕적인 체계로서 형성되어 온 것으로 볼 수 있을 것이다.

다음으로 새로 태어난 남동생과 여동생을 예로 들어, 반동형성의 구체적인 모습을 설명해 보자. 이 경우에 유아는 우선 이제까지 자기가 독차지한 어머니의 사랑과 관심을 동생에게 빼앗기지나 않을까 두려워한다. 그리고 그 때문에 새로 태어난 동생을 배척하려고 한다. 이는 대개의 경우 뚜렷이 행동으로 나타난다. 예를 들면 자고 있는 동생을 걷어차기도 한다. 그러나 그런 행동은 곧 어머니에게 호되게 꾸지람을 듣는다는 것을 알게 된다. 그리고 그것은 어머니의 사랑과 관심을 자기에게 끌리도록 하려는 자기의 소망을 이루게 할 수 없다는 사실을 알게 된다. 이렇게 되면 동생에 대한 적대감을 억압할 수밖에 없다. 그리고 그 대신, 어머니의 사랑과 관심을 어느 정도 확보할 수 있도록 행동하게 된다. 곧 동생을 귀여워하는 것이다. 이렇게 유아는 무의식중에 자아를 방어해 간다.

예를 들면 이와 같은 반동형성에 의해 생긴 사랑과, 진정한 사랑과의 차이는 어디에 있을까. 그것은 겉으로도 분간할 수 있을까. 그 구별은 가능하다. 곧 반동형성에 의해 생긴 사랑의 두드러진 특징은 그 표현이 야단스럽다는 것이다. 그것은 부자연스럽다. 그것은 화려하다. 그것은 주장이 지나친 사랑이다. 그것은 진정한 사랑같이 환경의 변화에 따라 순응할 수 없는 사랑이다. 그것은 만일 그 사랑의 표현에 실패하면 그 반대인 미운 감정이 바로 드러날 것 같은 느낌의 사랑이다. 거기에는 불안에 대한 반동형성이라는 수단으로 완고할 정도까지 자기를 지키는 자세가 되어 있는 것이다. 따라서 반동형성에 의해 나타나는 감정은 곧 드러나 버린다.

반동형성의 메커니즘은 내적인 불안에 대해서뿐만 아니라, 외적인 불안에 대해서도 나타난다. 예를 들면 특정한 사람을 두려워한 나머지 그 사람과 친해지려고 열성을 다하는 행동 등이 이것에 해당된다. 그러나 그 행동은 부자연스럽고 어색하다. 반동형성 기제 또한 무의식중에 작용한다.

투사(投射)

투사는 에스나 초자아의 기능에 의해 자아에게 가해지는 압력 때문에 자아가 불안을 느낄 때, 그 원인을 자기 이외의 것에서 찾아 그 불안을 완화하려고 하는 방어 기제이다. 어째서 이것이 자아 방어가 되는 것일까. 그것은 자기의 마음속에 있는 불안·위기보다도 외계에 원인이 있는 불안·위기 쪽이 훨씬 처리하기 쉽고, 마음이 편하며 안심이 되기 때문이다.

예를 들어 보자. 계모가 의붓아들을 몹시 미워했다고 하자. 이와 같은 계모의 감정은 도저히 사회에서 용납될 수 없고, 또 계모의 양심으로도 받아들이기 어렵다. 이때 계모는 무의식중에 자기의 마음속에 있는 공격적인 욕구를 의붓아들에게 투사하면서 '나는 좋은 계모이고 또 그렇게 되려고 노력하는데, 의붓아들이 자기를 미워하기 때문에 참으로 괴롭다'고 믿어 버린다. 이렇게 해서 그녀는 사회에서 받게 될 비난을 피하고, 양심 가책에 의한 불안으로부터 벗어날 수 있는 것이다. 이것이 투사(投射)의 메커니즘이다. 무의식 가운데에서는 '나는 그를 싫어한다.' 그럼에도 불구하고, '그가 나를 싫어하고 있다'고 생각하는 것도 투사이며, 무의식중에 양심 가책을 받아서 하지 못하고 있는데, '저 녀석이 방해를 해서 할 수 없는 거다'라고 생각하는 것도 투사이다. 전자는 에스 가운데서 공격적인 적대감이 생김으로써 나타난 불안을 남의 탓으로 돌려 완화하고, 후자는 초자아의 금지에 의해 생긴 불안을 남의 탓으로 돌림으로써 완화하고 있는 것이다. 모두 자아를 방어하려는 태도이다.

이와 같은 투사 메커니즘은 사람의 생애에서 어린 시절일수록 잘 나타난다. 예를 들면 아이가 뭔가 잘못을 저지르고 어머니에게 야단맞을 때, 태연하게

"다른 아이가 한 거예요"라고 주장할 때가 있는데, 이처럼 단순한 거짓말도 아이 자신은 그것이 참말이라고 믿어 버릴 만큼 투사 메커니즘이 잘 돌아가는 경우도 있다.

투사 또한 사랑에 작용되는 것이다. 의식되고 나면 불안을 가볍게 할 수가 없다.

퇴행과 고착

퇴행(退行) 또한 중요한 자아방어 기제이다. 퇴행이란 욕구(충동) 에너지가 충분한 만족을 얻지 못하게 하기 위해 불안에 떨어진 자아가 이미 지나간 옛날의 발달 단계까지 되돌아가, 그 시기에 유효했던 행동 양식을 현재 상황에 유익하도록 욕구의 만족을 꾀하려고 하는 무의식 세계의 메커니즘이다. 그리고 그 퇴행 기제는 다음에 말할 고착 기제와 깊은 관련이 있는데, 고착 경향이 강한 사람이 퇴행현상을 일으키기 쉬운 것이다. 게다가 일단 퇴행 기제가 작용하면 그 사람의 욕구는 활발해져 나르시시즘적 경향이 나타나게 되는 것이다. 그럼, 퇴행에 대해 설명한 프로이트의 말을 들어 보자.

"성적 욕구의 요소들 가운데 어느 하나가 너무 강력하거나, 또 너무 빨리 만족을 체험하거나 하면 그 결과로 발달과정의 그 자리에 리비도가 정착하게 된다. 그리고 뒷날 억압을 받는 경우에는 리비도가 이곳으로 되돌아오게 된다."

이것이 퇴행이다. 퇴행의 주체적인 예로서는 어떤 것이 있을까. 앞서 반동형성에서 말한 사례는 그대로 퇴행에 대한 설명에도 적용될 수 있다. 곧 새로 태어난 동생 때문에 이제까지 자기가 독차지한 어머니의 사랑과 관심이 동생한테로 옮겨 가지나 않을까 하여 언니가 된 아이는 두려워한다. 그러나 이러한 현실을 회복하기 위한 합리적인 좋은 방법을 찾아낼 만큼 아이의 정신은 발달하지 않았다. 그래서 언니가 된 아이는 사랑에 자기가 더 어렸을 때 했던 어머니의 사랑과 관심을 끄는 데 유효했던 유치한 행동 양식으로 되돌아가(퇴행) 어머니의 사랑을 되돌려 보려고 하는 것이다. 이런 방법으로 불안에서 벗어나, 자아가 받게 될 상처를 미리 방어하려고 하는 기제(메커니즘)가 퇴행이다. 마음에 상처를 받은 사람이 자기의 꿈 세계에 틀어박히는 것도, 시름을 달래기 위해 술에 취해 난폭한 짓을 하는 것도, 꾸지람을 들은 아이가 갑자기 젖먹이처럼 말을 하는 것도, 불만 때문에 마구 차를 모는 것도 모두 퇴행현상이다. 또 꿈을 꾸는 것도, 신비스러운 소설을 탐독하는 것도 어른이 잘하는 퇴행현상인 것이다.

이에 대해 고착(固着)이라는 것은 어떤 기제(메커니즘)일까. 고착이란 마음의 장치가 이전의 발달 단계에서 멈추어, 그보다 앞으로 발달해 가지 않으려는 경향을 의미한다. 이는 그 이상 어른이 되는 것이 두려워, 불안하기 때문에 고착하게 되는 것이다. 예를 들면 상급학교에 입학한 아이가 불안하기 때문에 예전에 다녔던 학교의 친구들하고만 놀고, 또 예전의 행동양식을 바꾸지 않는 것은 일상생활 속에서 흔히 볼 수 있는 일시적인 고착현상이다. 그리고 이것으로써 불안을 피해 자아를 방어하는 것이다.

승화와 바꿔놓기

또 하나, 승화(昇華)와 바꿔놓기(置換)의 기제(메커니즘)에 대해 설명한다. 승화란 억압된 욕구(충동) 에너지가 방향을 완전히 바꾸어 사회적으로 인정된 가치 있는 목표로 옮겨 가, 그것을 실현함으로써 대상적인 욕구의 만족을 취하는 것이다. 그러므로 승화와 바꿔놓기는 같은 메커니즘이지만, 그러나 대가의 대상이 보다 높은 문화적 목표일 때에 승화라고 한다. 예를 들면 공격적 욕구를 직접적으로 발산시키는 대신 스포츠의 기록에 도전하는 것도 승화이며, 성적 욕구(충동)를 직접적으로 발산시키는 대신 문학작품의 창작에 힘쓰는 것도 승화인 것이다. 프로이트에 따르면, 레오나르도 다빈치가 그렇게도 강한 관심을 가지고 모나리자를 그린 것은 다빈치가 어렸을 때 어머니를 그리워하던 정신 에너지가 승화했기 때문이다. 또 그에 따르면 문명의 진보 그 자체까지도 에스의 욕구(충동) 에너지가 승화되어 처음으로 가능하게 되는 것이다.

이상으로 갖가지 자아방어의 메커니즘에 대해 그 대표적인 것만 골라 말했는데, 자아방위의 메커니즘은 어디까지나 불안을 처리하는 비합리적인 방법일 따름이다. 그것은 욕구(충동) 에너지 본디의 발산과는 달리 거기에 갖가지 문제를 포함하고 있는 것이다. 이를테면 이 기제(메커니즘)가 너무 강력히 작용하게 되면 자아의 독자성이나 유연성, 적응성을 잃게 될 것이다. 또 이 기제(메커니즘)이 작용해도 그것이 자아방어에 실패하고 만다면, 자아는 불안에 직면해 신경증에 걸릴 것이다. 또 이 메커니즘이 전혀 작용하지 않는다면 자아는 상처를 받고 쓰러져 버릴 것이다. 그러므로 건강한 자아가 발달하기 위해서는 자아방어의 메커니즘이 적당한 정도로 작용하는 것이 필요하다. 어느 정도가 적당한가는 사람에 따라 저마다 다르지만, 아이에게 견디지 못할 만큼 강하지 않고, 그렇다고 문제도 안 될 만큼 약하지는 않은 장애들을 맞닥뜨리며 갖가지 욕구불만의 체험을 쌓는 것은 아이의 자아 발달에 대단히 중요하다.

실패의 심리

사랑에 작용하는 마음의 움직임에 대한 수수께끼를 푸는 또 하나의 열쇠가 있다. 그것은 우리가 일상적으로 늘 저지르고 있는 실패, 말실수, 착각, 글을 잘못 쓰는 것 등이다. 우리는 이와 같은 일상적인 사소한 잘못을 부주의라든가, 경솔, 피로나 흥분 등의 탓으로 돌리기 쉽지만, 프로이트에 따르면 이는 모든 잘못의 '보조적' 또는 '부차적' 원인에 지나지 않은 것이다. 그에 따르면 이와 같은 잘못의 근본적인 원인은 이제까지 설명한 갖가지 무의식적인 마음의 움직임에 있다.

먼저 구체적인 예를 들어 보자. 어느 젊은 사나이가 자기의 차를 운전해 결혼식에 가는 아침, 약혼자의 집으로 가는 도중에 교차점에서 청신호인데 정차를 하고는, 붉은 신호로 바뀔 때까지 그것을 모르고 있었다. 거기에서 그는 혼자 멋대로 여러 가지 일을 연상하면서 생각한 결과, 그가 그 결혼에 그다지 마음이 내키지 않아 한다는 자기의 무의식적인 감정을 깨닫게 된 것이다. 또 하나, 교통사고의 예를 들어 보자. 어느 여성이 자기 남편의 차를 운전하던 중 교통 혼잡 때문에 급정거를 했을 때 그만 뒤에서 온 차가 그녀의 차 뒤쪽을 추돌해 버렸다. 그 결과로 차 뒤쪽 범퍼가 부서져 버렸다. 그러나 그녀를 정신분석한 결과는 다음과 같았다. 그녀의 남편은 그녀에게 몹시 난폭했기 때문에 평소에 늘 맘속으로 분노를 느끼고 있었다. 그러나 그녀는 남편에게 드러내 놓고 직접적으로 공격할 수 없기에 남편의 차를 거칠게 운전하다 부딪쳐 버린 것이다. 그리고 그 사고가 난 순간에 그녀는 조금 가슴이 후련해진 느낌이 들었다. 그러나 그와 동시에 무의식중이기는 해도 남편에 대해 적대감을 가지고 있다는 사실을 그녀의 초자아는 용납할 수 없었다. 그녀는 그 죄의 감정 때문에 남편의 차를 파손함으로써 남편이 그녀에게 벌을 가할 기회를 무의식중에 준 셈이 되어, 그것이 그녀를 죄의식으로부터 구한 것이다. 이 두 가지 사례는 모두 프로이트 자신이 다룬 것은 아니지만 일상의 사소한 잘못의 심리 상태를 잘 드러내는 것이다.

이 가운데 말실수 등은 정상적인 정신활동에서도 자주 보게 되는 일이다. 그리고 거기에는 욕구(충동) 에너지가 중요한 역할을 하고 있는 것이다. 이것을 자아 기능의 입장에서 보면, 말실수나, 잘못된 행동이 없는 경우의 자아는 갖가지 무의식적인 욕구(충동)의 영향을 조정하여, 그런 것들과 환경적 요인의 조화를 이룬다. 하지만 말실수나 잘못된 행동을 하는 경우, 자아는 무의식적으로 활동하고 있는 갖가지 욕구(충동) 에너지의 영향을 완전히 통합할 수가 없어, 그런 몇 가지가 어느 정도 저마다 독립적으로 작용하기 때문에 잘못이나 사고를 저지르는 것이다. 그리고 이와 같은 자아의 기능이 완전히 작용하고 있는가를 살펴보고, 또 무의식적인 욕구(충동) 에너지가 어떻게 서로 얽혀 있는가를 밝히는 것이 정신분석의 작업인 것이다.

꿈의 분석과 해석

꿈 해석은 구약성서의 옛날부터

꿈만큼 인간에게 신비스러운 느낌을 주는 체험은 없을 것 같다. 그러므로 원시시대에는 꿈을 신의 계시로 여겼다. 예를 들면 구약성서에 나오는 요셉이 파라오에게 준 꿈 해석은 꿈이 미래의 예언이라고 생각했음을 잘 보여 준다. 이 꿈은 살찐 일곱 마리 소가 있는 곳으로 야윈 일곱 마리 소가 몰려와 살찐 소들을 다 먹어 버린다는 꿈이었다. 이것은 이집트에 7년간 풍년이 이어져 넘쳐나는 물자를, 그 뒤를 이어 7년간 흉년이 이어지면서 물거품이 되어 버린다는 예언이라고 판단했던 것이다.

또 그리스시대에는 질병 치료를 위해 꿈점이 이용되었다. 병자는 아폴로나 아스클레피오스의 신전으로 가 여러 가지 의식을 올리고, 목욕재계한 뒤 향을 피워 놓고, 몸을 문지르고 나서 제물로 올려진 암산양 털가죽 위에 눕혀져 거기에서 잠을 자며 꿈을 꾸는 것이다. 그 꿈을 사제가 꿈 해석을 해 치료방법을 정했다. 그리스의 위대한 철학자 아리스토텔레스도 사람은 꿈을 통해 깨어 있을 때에는 전혀 알지 못한 질병의 진행상태를 알 수 있다고 말했다.

그러나 근세에 들어와 이와 같이 꿈점을 생각하는 견해를 넘어서, 꿈을 좀 더 신중히 생각하게 되었다. 그 좋은 예가 데르베프의 꿈이다. 그는 어느 날 꿈을 꾸었다. 꿈속에서 도마뱀 두 마리가 그의 집 마당 한쪽 눈 쌓인 곳에 절반쯤 얼어붙어 있었다. 데르베프는 짐승을 좋아하기 때문에 도마뱀을 손으로 잡아 따뜻하게 해 주었다. 그리고 도마뱀을 벽의 작은 구멍으로 들여보내 양치 잎을 두세 잎 넣어 주었다. 꿈속에서 그는 이 식물 이름을 아스플레늄-루터-무랄리스라고 했다. 꿈은 더 나아가 다른 도마뱀 두 마리가 나타나 양치 잎을 갉아먹기 시작했다. 그리고 들판을 보니, 대여섯 마리의 도마뱀이 벽의 구멍을 향해 기어 오고, 그런 다음에 도마뱀 숫자가 부쩍부쩍 늘어 마침내 길을 뒤덮어 버렸다.

꿈에서 깬 데르베프는 알고 있을 리가 없는 식물 이름을 꿈속에서 알고 있는 것에 몹시 놀랐다. 더욱이 그 식물 이름은 실제의 식물 이름과 거의 다르지 않고, 꿈속에서는 무라리아라고 했는데 정확한 이름은 무라리스였다. 너무나 이상한 일이라, 그는 이 꿈을 오랫동안 기억하고 있었다. 그런 지 십여 년이 지난 어느 날, 그는 어느 사건을 계기로 갑자기 다음과 같은 일을 회상한 것이다. 그것은 도마뱀 꿈을 꾸기 2년 전에 친구 여동생의 표본앨범 속 식물에 식물학자에게 배운 식물 이름을 라틴어로 써넣어 준 일이 있었다. 그중에 문제의 양치가 있었던 것이다. 그리고 또 한 가지를 생각해 냈다. 그것은 도마뱀의 거대한 행렬 그림이 실린 잡지를 도마뱀 꿈을 꾸기 1년 전에 읽은 일이었다. 이 꿈의 사례는 이미 단순한 꿈 해석의 단계를 넘은 것이다. 데르베프는, 인간은 깨어 있을 때는 완전히 잊고 있는 것을 꿈속에서는 자유롭게 꺼낼 수가 있다는 것을 알게 되었다.

그러나 꿈의 해석에 대해 완전히 과학적·체계적으로 연구한 것은 프로이트가 처음이다. 이어서 프로이트의 꿈 해석 이론을 들어 보기로 하자.

이르마의 꿈

1895년 7월 23일부터 24일까지 이틀에 걸쳐, 프로이트는 하나의 의미심장한 꿈을 꾸었다. 그리고 이 꿈이야말로 그가 꿈에 대한 과학적 해석의 길을 내딛게 된 계기가 되었다. 기념할 만한 꿈이었던 것이다. 이것을 좀 자세히 설명하기로 한다.

그는 그해에 이르마라는 젊은 부인에게 정신분석 치료를 베풀고 있었다. 그리고 치료는 부분적으로 성공을 했으나, 증상이 완전히 낫지는 않았다. 이렇게 어정쩡한 상태로 여름을 맞았기에 잠시 치료를 멈추고, 이르마는 시골로 피서를 떠났다. 그런 어느 날, 이르마를 피서지에서 만난 동료 의사 오토가 프로이트를 찾아왔다. 프로이트가 곧 이르마의 상태를 묻자, 오토는 "예전보다는 좋아졌으나 완전히 나은 상태는 아닌 것 같다"라고 대답했다.

이때 오토의 말투에 프로이트는 기분이 상했다. 왜냐하면 오토의 말이 프로이트에게는 비난처럼 들렸기 때문이다. 그러나 이때의 불쾌한 느낌은 결코 뚜렷한 것은 아니었으며, 프로이트 자신도 그런 자기의 느낌을 겉으로 드러내지는 않았다. 그리고 그날 밤, 프로이트는 마치 자기 자신을 변명하려는 듯한 태도로 이르마의 병력을 자세히 기록했다. 그런데 그날 밤에 그는 하나의 꿈을 꾸었다.

큰 홀에 손님들이 많이 있는데, 그 가운데 이르마도 있었다. 그래서 프로이트는 그녀를 한쪽으로 데리고 갔다. 그것은 그녀가 프로이트의 지시대로 치료방법을 받아들이려고 하지 않는 것을 비난하기 위해서였다. 프로이트는 그녀에게 이렇게 말했다. "아직도 아픈 것은 당신이 내가 지시한 치료방법을 받아들이지 않기 때문이에요. 그것은 당신 자신의 허물입니다." 이 말에 이르마는 이렇게 대답한다. "내가 얼마나 아픈지 몰라서 하는 말씀입니다. 목과 위, 배가 마치 쥐어짜는 듯이 아프거든요." 프로이트가 이르마를 자세히 살펴보니, 얼굴이 창백하고 부어 있었다. 이는 뭔가 내장기관과 관계가 있어 보이는데 그것을 빠뜨린 게 아닌가 하고, 프로이트는 생각했다. 그래서 이르마를 창가로 데리고 가서 목을 진찰했다. 그러자 오른쪽에 큰 반점이 보였다. 또 다른 곳에는 희끄무레한 것이 보였다. 그래서 닥터 M를 불러온다. M은 한 번 더 이르마를 진찰하더니 "이것은 전염병인데, 그러나 아무 문제가 없어. 이제부터 이질 증세가 나타나겠지만 독소가 배설이 될 테니까"라고 한다. 그러자 프로이트는 꿈속에서 생각한다. '오토는 이르마가 발병하자 지체 없이 프로퓰제를 주사했다. 이런 주사는 이럴 때에 그리 간단히 쓰는 게 아닌데…… 아마 주사기의 소독도 불완전했을 것이다. 그래서 이렇게 된 거야.'

이것이 프로이트가 본 '이르마의 꿈'이다. 이 꿈의 내용은 물론 현실과 동떨어져 있다. 첫째로 이르마의 상태가 실제와는 전혀 다르다. 또 M의사가 말한 위로의 말도 웃기는 소리다. 그럼에도 불구하고, 이 꿈은 그날 낮의 일과 깊은 연관성을 가지고 있음이 분명하다. 그래서 꿈의 의미를 해석하기 위해 프로이트는 세밀한 분석을 했다.

이르마의 꿈 분석

'많은 손님이 있는 큰 홀'은 그해 여름에 프로이트가 살고 있던 집이 꿈속에 등장한 것이다. 실제로 이 꿈을 본 2·3일 뒤에 그 집 홀에서 파티를 열 예정이었다.

"아직도 아프다는 건…… 그것은 당신 자신의 허물이에요." 이 말은 주목할 만하다. 이는 지금 이르마의 아픔이 그치지 않는 것은 그의 책임이 아님을 말하려는 것이고, 여기에 이 꿈의 진정한 의도가 숨어 있다.

"뭔가 내장기관과 관련이 있는 것을 못 보고 지나갔을까" 생각한 것도, 이를 뒤집어 보면 혹시 이르마의 아픈 원인이 내장기관의 질병이라면 정신과 의사인 프로이트에게는 책임이 없는 것이기에 그는 비난을 면하게 된다는 뜻이다. 그래서 그가 꿈속에서 정신과 치료로 낫는다고 한 그의 진단이 틀렸으면 좋겠다고 생각하고 있었던 것이 된다.

또 M의사가 "전혀 문제가 되지 않는다"고 한 것은 위로의 말이다. 곧 이르마의 증상에 대해서는 책임을 질 필요가 없다는 것을 꿈으로 잘 꾸며 M의사에게 그렇게 말하도록 한 것이다.

그럼, "이런 주사는 이럴 때 그리 간단히 쓰는 게 아닌데…… 아마 주사기의 소독도 불완전했을 것이다." 이렇게 말한 것은 무엇을 뜻할까. 이는 곧 알 수 있듯이 오토에 대한 직접적인 비난의 감정을 나타낸 것이다. 그날 낮에 오토가 프로이트를 비난하는 듯한 말투로 말한 것에 대한 프로이트의 반발이다. 이 가운데 주사기의 소독에 대한 것은 또 하나의 다른 배경이 있었다. 그 무렵 프로이트는 82세 된 어느 노부인에게 날마다 두 번씩 모르핀 주사를 놓고 있었다. 마침 이르마의 꿈을 꾸었을 때 이 노부인은 시골에 가 있었다. 그런데 우연히 그 아들을 만나, 그의 어머니가 정맥염에 걸린 것을 알았다. 그때 프로이트는 곧 주사기의 불완전한 소독이 원인이 되었으리라고 생각했다. 이것이 오토에게 투사되어, 꿈에서는 오토가 주사기를 완전히 소독하지 않은 것으로 된 것이다.

이것으로 분석은 끝났다. 요컨대 이 꿈은 그날 오토가 이르마의 불완전한 치료상태를 말한 것이 프로이트에게 비난하는 말투로 들려 불쾌한 것에 대한 꿈속에서의 복수였던 것이다. 오토가 프로이트에게 내던진 것으로 '생각된' 비난을 꿈속에서 오토에게 되던진 것이다. 그가 무의식중에 은밀히 생긴 '오토를 비난하고 싶은' 소망은 꿈속에서 충족된 것이다.

현재몽(顯在夢)과 잠재몽(潛在夢)

이르마의 꿈 분석을 경계로 프로이트는 꿈의 심리학적 의미를 확신했다. 정상적인 정신현상으로서 꿈만큼 그토록 많은 무의식적인 과정이 뚜렷이 나타나고, 또 억압된 정신 내용이 드러나게 하는 것은 없을 것이다. 꿈이야말로 수고를 적게 들여 사람 마음의 무의식 층에 다다르는 중요한 길인 것이다. 프로이트는 꿈의 과학적 분석을 이렇게 시작했다. 뒷날(1931년) 그는 그의 저서 《꿈의 해석》이 브릴에 의해 번역되었을 때, 그 제3판의 서문에 다음과 같이 썼다.

"······지금 생각해도 이 책에는 이제까지 내가 행운에 힘입어 발견한 사실 가운데에서도 가장 가치 있는 것이 포함되어 있다. 이와 같은 통찰은 인생에 한 번밖에 찾아오지 않을 것이다."

우리는 일상적으로 자주 꿈을 꾼다. 실제로 우리는 밤마다 꿈을 꾼다고 해도 과언이 아니다. 그러나 그 꿈을 보는 시간은 몹시 짧다. 큰 뱀에게 쫓겨 꾸불꾸불한 언덕 길을 쓰러지고 구르면서 멀리 달아난 것같이 길고 긴 꿈이라도 그것은 겨우 몇 초밖에 안 되는 꿈이다. 그리고 잠을 깨고 나서 꿈에 본 것이 생각나지 않는 경우가 너무 많다. 그래서 사람들은 "어젯밤에는 꿈을 꾸지 않았다"고 생각하는 것이다.

이와 같은 꿈을 정신분석에서는 다음과 같이 설명한다. 잠을 깨고 나서 이것은 꿈이었다고 말할 수 있는 꿈의 내용은 수면 중의 무의식적 정신활동의 마지막 결과일 뿐이고, 그 조금 전에 꿈을 꾸게 할 만큼 자극이 강하지 않은 여러 가지 무의식적인 생각이나 소망을 '잠재몽의 내용'이라 하며, 잠재몽의 내용을 꿈으로 구성하는 무의식적인 정신작용을 '꿈의 작업'이라고 한다. 꿈의 작업에 의해 수면 중에 보는 꿈은 '현재몽'이라고 하는데, 현재몽은 잠을 깨고 나서 언제든지 생각해 낼 수 있는 것은 아니다. 그것은 오히려 생각해 내지 못하는 경우가 많은 것이다. 따라서 꿈이란 잠재몽의 단계에 있는 무의식적인 생각이나 소망이 꿈의 작업에 의해 현재몽의 내용으로 바뀌는 것을 말한다.

이렇게 보게 되면 프로이트의 말대로 꿈은 확실히 '소망을 충족'하는 것이다.

저녁 식사에 염분이 많은 것을 먹고 잔 사람이 물을 마시는 꿈을 꾸는 것도, '꿈에 본 내 고향이 마냥 그리워'라는 노래 가사도 이를 잘 나타내고 있다. 그러나 실제로는 지금 말한 예와 같이 단순한 욕망 충족의 꿈만 있는 것은 아니다. 앞에서 설명한 이르마의 꿈처럼 분석을 해 보아야 그 소망·충족의 성격을 비로소 알게 되는 것으로, 그때까지는 도저히 그렇게는 생각하지 않은 보통의 꿈이었던 것이다. 게다가 꿈에 나타나는 방식은 배고픈 사람이 음식을 먹는 꿈을 꾸는 것처럼 단순하고 분명하게 나타나는 경우는 매우 드물다. 오히려 꿈은 갖가지 방식으로 왜곡되게 표현되므로 간단히 생각해서는 그 의미를 이해하기 어려운 게 보통이다. 그러므로 꿈을 지배하고 있는 중요한 법칙을 다음에 설명하기로 한다.

꿈의 자료

꿈은 무엇을 자료로 구성되는 것일까. 그것은 우선 첫째로 자고 있는 사람의 감각기관이 자극을 받아 일어나는 갖가지의 감각적 인상이다. 예를 들면 갈증, 배고픔, 통증, 불쾌한 더위와 추위, 자명종 시계 소리 등이 그것이다. 이런 감각의 자극이 수면을 중단시킬 만큼 강하지 않을 때, 또는 수면이 중단되어 잠을 깰 때까지 사이에 이런 감각적인 인상을 자료로 갖가지의 꿈이 꾸어지는 것이다. 자명종 시계 소리에 화재가 난 꿈을 꾼다든가 몸의 통증 때문에 무서운 꿈을 꾼다든가 하는, 이와 비슷한 경험들을 누구나 해 보았을 것이다.

꿈의 자료가 되는 또 한 가지는, 잠을 깼을 때의 정신활동에 의한 영향으로 수면 중의 무의식 세계에서 활동을 이어 가고 있는 갖가지 생각이나 관념과 소망이다. 그중에서도 그 사람의 최근 생활체험 가운데 가장 중요한 의미를 가진 생각이나 관념과 소망이 가장 적합한 꿈의 자료가 되는 것이다.

세 번째의 자료는 프로이트가 가장 중요시한 자료이다. 그것은 어린 시절의 체험 가운데에서 특히 억압을 받은 것, 에스에게 갇혀 버린 욕구, 잊지 못할 체험 등이다. 프로이트는 이 예로서 어느 30대 의사가 본 꿈을 말한다. 그 의사는 어린아이 때부터 30대에 이르기까지 노란 사자 한 마리가 나타나는 꿈을 자주 꾸었다. 그 꿈은 너무나 선명해서 그는 이 사자를 세밀하게 그릴 수 있을 정도 였다. 그런데 어느 날 갑자기, 그 꿈에서 낯익은 사자가 실제로 눈앞에 나타난 것이다. 그것은 도자기로 만들어진 사자로 오랫동안 어딘가 짐 속에 쳐박혀 있던 것이었다. 그는 어머니에게 그것이 바로 그가 유아 시절에 가장 좋아했던 장난감이라는 말을 들었지만, 그 자신은 그것을 생각해 내지 못했다. 또 그는 아문센의 극지 탐험기를 읽은 날 밤, 이 용감한 탐험가가 극지의 빙원에서 좌골신경통 때문에 전기치료를 하고 있는 꿈을 꾸었다. 이 꿈을 분석하면서 그는 유아 시절의 어느 사건을 생각해 냈다. 그가 서너 살 유아였을 무렵, 어느 날 어른들이 탐험여행 이야기를 하고 있는 것을 옆에서 열심히 듣고 있었다. 그리고 그는 아버지에게 그것은 큰 병이냐고 물었다. 독일어에서 발음이 아주 비슷한 '여행'과 '아픔'을 뒤바꾸어 말한 것이다. 그때 형과 누나로부터 비웃음을 당했기 때문에 이 부끄러운 사건을 무의식중에 잊을 수 없게 된 것이다.

이처럼 갖가지 자료들이 잠재몽의 내용을 이루고 있다. 이와 같은 자료가 갖추어졌다고 해서 반드시 꿈을 꾸게 되는 것은 아니지만, 억압된 소망이 잠재몽의 내용을 이루고 있는 경우에는 거의 분석에 적합한 꿈이 형성되는 것이다.

꿈의 작업

꿈의 작업이란 앞에서도 말했듯이 잠재몽의 내용을 시각화해 꿈으로 구성하는 것이다. 그리고 그 기본원리는 잠재몽 속에 숨겨진 무의식적인 욕구(충동)나 소망을 공상의 형태로 충족시켜 정신적인 긴장을 완화함으로써, 수면을 방해하는 힘을 제거하여 수면을 계속 이어가게 하는 것이다. 그런데 꿈의 작업에서의 이 소망충족의 원리는 유아의 꿈에서는 꼭 들어맞지만, 어른의 꿈에는 들어맞지 않는 일이 많기 때문에 프로이트의 주장을 잘못된 것이라고 하는 반론이 가끔 일어났다. 그러나 잠깐 보면 소망충족의 요소가 인정될 수 없는 어른의 꿈도 실제로는 압축, 왜곡, 이동, 생략 등으로 말미암아 너무나 변형이 심하게 나타나기 때문에 소망충족의 요소를 가리기가 어렵게 되었을 따름이다. 첫째로 잠재몽의 내용이다. '생각'을 시각화해 꿈으로 구성하는 데에는 많은 생략이나 압축이 필요한 것이다. 예를 들면 꿈에 나타난 이르마는 실제의 이르마 자체가 아니었다. 창가로 데리고 가서 진찰했을 때, 이르마의 목에 희끄무레한 반점을 발견한 것은 그 무렵 디프테리아에 걸린 큰딸을 프로이트가 걱정하고 있었기 때문이다. 따라서 꿈에 나타난 이르마는 딸과 이르마 두 사람의 모습이 압축된 것이었다. 이와 같이 꿈에 나타나는 인물은 몇 사람이 압축 통합된 인물의 모습으로 될 수 있는 것이다. 꿈의 표현은 아무 제한도 받지 않기 때문에, 그 변형이나 압축은 그야말로 엉뚱한 모습으로 나타날 수도 있는 것이다. 이 때문에 특히 어린 시절 이후의 꿈은 위장이나 왜곡이 몹시 심해 무엇을 말하는지, 무엇을 소망충족하려고 하는지 알기 어렵게 된다.

꿈의 작업에서 또 하나의 중요한 것은 자아방어 기제이다. 곧 자아는 꿈이라는 형식에서도 무의식 세계에 드러나는 것을 꺼리는 경향이 있다는 것이다. 따라서 꿈은 잠재몽의 내용의 힘과 자아방어의 힘과의 균형에 의해 형성된다. 프로이트가 현재몽을 하나의 '타협 형성'이라고 말한 것은 이것을 지적한 것이다. 예를 들면 꿈속에서 본 것은 확실하지만 그 내용은 확실하지 않고, 무엇이 무엇인지 잘 모르겠다는 매우 불명료한 꿈이 있는데, 이것은 잠재몽의 내용의 힘보다 자아방어 쪽의 힘이 세다는 것을 암시한다. 이와 같은 여러 가지 자아방어의 작용을, 프로이트는 '꿈의 검열'이라고 불렀다.

꿈의 검열

억압된 소망이나 욕구(충동)에 근거한 잠재몽의 내용은 늘 의식화의 기회를 노리고 있지만 이것은 늘 자아 방어의 작용에 방해를 받아 그대로의 모습으로는 의식으로 떠오를 수가 없다. 그래서 자아의 검열을 통과할 수 있도록 왜곡된 의식으로 등장해 꿈이 되는 것이다. 그 왜곡의 정도는 잠재몽의 내용이 의식화된 것에 따라 불쾌감이나 죄의식을 얻게 될 우려가 있는 경우에는 강하고, 단지 신체적인 감각의 자극에 근거한 잠재몽이 의식화되는 경우에는 약할 것이다. 다음으로 구체적인 꿈의 검열 예를 들어 보자.

프로이트는 다음의 예를 들었다. 곧 김나지움 시절의 8년 동안 프로이트의 학우였던 어느 변호사가 프로이트의 '꿈은 소망충족이다'라는 꿈 이론의 강연을 듣고 돌아간 날 밤, 그는 모든 소송에 패소하는 꿈을 꾸었다. 변호사가 소송에 지고 싶은 소망을 가질 리가 없기 때문에 이것은 프로이트의 이론을 부정하는 꿈이라고 생각해 그는 프로이트에게 그 꿈 이야기를 했다. 그런데 분석한 결과, 이것 또한 소망 충족의 꿈이었다. 왜냐하면 프로이트는 김나지움 시절의 8년 동안 언제나 우등생이었으나 그 변호사는 언제나 중위권을 맴돌았기 때문에 소년 시절부터 그는 프로이트에게 창피를 한번 주고 싶었던 것이다. 그런 소망이 있음에도 오랜 우정이 이어져 왔기 때문에 자아에 의해 억압을 받았다. 그래서 꿈에서는 프로이트가 창피를 당하는 모습이 아니고, 자기가 소송에 진다는 형태로 프로이트의 이론을 부정한 것이다. 이렇게 하면 '우정'의 검열을 빠져나갈 수가 있는 것이다. 그리고 프로이트의 이론을 부정함으로써 프로이트에게 창피를 주는 셈이 되었다.

다음의 예는 자아방위의 의한 검열로 꿈의 일부분이 불명료하게 얼버무려져 버린 예이다. 어느 날 프로이트는 다음과 같은 꿈을 보았다. 그가 잿빛 말을 타고 가는 꿈이었다. 편안하다. 말 등에 앉아 있는 것이 대단히 기분 좋은 일임을 알았다. 두 대의 마차 사이를 스칠 듯이 지나갔다. 길을 조금 가다가 되돌아오면서 거리에 면한 작은 교회 앞에서 말을 내리려고 했다. 그러나 실제로는 그 가까운 데 있는 다른 교회 앞에서 내렸다. 그 거리에 호텔이 있었다. 호텔 앞에서 웨이터가 혼자 서 있다가 프로이트에게 종이 한 장을 내보였다. 종잇조각에는 '아무것도 먹지 않는다'고 적혀 있고, 그다음 두 번째 글귀가 있으나 또렷하지 않아 알 수가 없다. 글귀 밑에 가로줄 두 개가 그어져 있다. 이에 대해 '아아, 나는 지금 외국의 도시에 와 있구나, 여기에서 나는 아무 일도 할 게 없어' 하는 생각이 멍하게 떠오른다. 이상이 프로이트가 본 꿈의 개략이다.

그럼 이 꿈을 분석해 보자. 그즈음 프로이트는 그 조금 전부터 큰 종기 때문에 괴로워하고 있었다. 몸을 움직이기만 해도 아프고, 권태감이 심하며, 거기에 식욕부진, 그럼에도 불구하고 해야 될 일은 태산 같고, 이런 것이 겹쳐 그는 불쾌감을 느꼈다. 그런 상황에서 절대로 불가능한 동작은 말을 타는 것은 절대적으로 불가능할 거라는 생각이 문득 들었다. 이것이 꿈에 나타난 것이다. 그리고 말을 타는 것이야말로 가장 억센 병고에 대한 '병고에서 벗어나고 싶다'는 소망의 충족이다. 그런데 문제는 웨이터가 보인 종잇조각이다. 이것은 꿈을 꾼 전날, 신경통 환자가 프로이트에게 종잇조각을 한 장 보인 것에서 유래하고 있다. 그 종잇조각에는 성적인 내용이 적혀 있었다. 거기에서 파생한, 독일어에는 '생식기'라는 말과 '이탈리아로 향하여'라는 말이 비슷하므로 이 꿈을 보기 얼마 전에 갔던 이탈리아 여행의 여러 요소들이 결부되어 '나는 지금, 외국 도시에 와 있다'는 느낌이 들었던 것이다. 이것은 성적인 내용이 꿈에 분명히 나타나려고 했기에 자아가 저항을 해 그 부분만 종잇조각의 글자를 알 수 없게 하고, 또 꿈의 느낌을 '나는 지금 외국 도시에 와 있다'는 느낌으로 살짝 바꾸었다고 할 수 있다. 바꾸어 말하면 꿈의 모호한 부분에는 그 의식화에 대해 자아가 강력히 저항한 내용이 숨겨져 있고, 따라서 이것이야말로 꿈의 분석에 있어 중요한 의미를 가지고 있는 것이다.

문화론

모나리자의 미소

1910년에 프로이트는 〈레오나르도 다빈치, 어린 시절의 한 기억〉이라는 제목의 소논문을 발표해, 인간의 예술활동 또한 정신분석으로 해석하고 설명할 수 있다고 주장했다. 그에 따르면 모나리자의 그 미소의 수수께끼는 레오나르도 다빈치의 출생의 어두움과 그의 모친이 너무나 다정했다는 어린 시절의 체험으로부터 풀 수가 있다는 것이다. 잠시 프로이트가 한 말에 귀를 기울여 보자.

"다빈치는 1452년에 피렌체와 엠폴리 사이에 있는 작은 도시 빈치에서 태어났다. 아버지는 그곳의 토착 농민이고, 또 대를 이은 공증인이었다. 세르 피에르 다빈치라는 이 인물은 생활력이 뛰어나고 걸출한 사람으로, 당대에 빈치집안을 유복하게 하고, 희망에 넘친 집이 되게 했다. 그러나 그의 결혼생활은 불행했다. 그는 네 번이나 결혼을 했는데, 처음의 두 아내는 자식도 없이 죽은 것이다. 레오나르도 자신은 아버지와 카테리나라는 아마 농민의 딸인 듯한 여자와의 사이에 태어난 사생아였다. 그런데 세르 피에르에게는 자식이 없었기 때문에 그가 3세~5세 무렵에 데리고 온 것 같다. 이런 까닭에 레오나르도는 이때까지는 아버지를 알지 못하고, 오직 어머니 손에서 자라난 것이다. 카테리나 또한 남편 없이 외롭게 살면서, 자신에게 채워지지 않는 사람 대신 어린 레오나르도를 보살피며, 레오나르도를 기르는 데 온갖 열정을 쏟았다. 일반적으로 '어린아이'에 대한 어머니의 사랑은 '소년'에 대한 어머니의 사랑보다도 깊은 것이다. 더욱이 아버지가 없는 경우는 어머니에게 있어 어린아이는 모든 '심리적' 소망을 채워 줄 뿐만 아니라 모든 '육체적' 욕구도 충족시켜 주는 그런 애정 관계를 가지고 있는 것이다. 따라서 어머니의 모습은 그 성적 욕구와 결부되어 레오나르도의 마음속 깊이 새겨지게 되었다. 이것이 도리어 레오나르도를 너무나 조숙하게 해 그에게서 남자다운 일부분을 빼앗아 간 것이다. 뒤에 아버지인 세르 피에르가 데려갔지만 레오나르도의 계모 또한 상냥한 여자였다. 그는 너무나 다정한 두 어머니를 마음에 깊이 새기며 유년기를 보낸 것이다. 이렇게 성인이 된 레오나르도가 50고개를 넘어 명성을 떨칠 무렵, 일찍이 자기 어머니의 입가에 감돌던 그 미소와 똑같은 미소를 우연히 만나게 되었을 때, 그의 마음은 완전히 그 포로가 되고 말았다. 이 미소의 주인공이 모나리자였던 것이다. 레오나르도는 아마도 1503년부터 1507년까지 4년에 걸쳐 모나리자를 그렸던 것 같다. 바사리의 기록에 의하면, 레오나르도는 이 부인이 모델로 앉아 있는 동안, 그녀의 기분을 좋게 하여 그 훌륭한 미소를 입가에 계속 감돌게 하려고 갖은 노력을 다했다고 한다. 그렇게 그려진 미소는 끝없는 애정과 눈에 보이지 않는 불행의 예고를 현묘하게 짜낸 듯한 수수께끼의 미소였다"

레오나르도는 모나리자의 미소가 주는 마력에 너무나 강하게 빠져들었기 때문에 이 테마는 그 이후의 그의 그림과 그의 제자들의 그림 속에 거듭 나타나 있다. 그중에서도 특히 〈성 안나와 성 모자〉에서 마리아의 모습은 이 미소의 특징을 뚜렷이 드러낸다. 프로이트에 따르면 이 그림 속에서 성모라 부르는, 아들에게서 떨어져 있는 어머니다운 모습의 여인은, 그 모습과 아들에 대한 공간적인 위치 관계로 볼 때, 그의 생모인 카테리나에 해당하고 아들은 물론 어릴 때의 자기 이미지이다. 그리고 프로이트에 따르면 아마 레오나르도는 성 안나의 가장 부드러운 미소를 가진 이 불행한 여인은 예전에는 남편을, 그리고 지금은 또 아들을, 신분이 높은 경쟁자에게 양도하지 않으면 안 되었을 때 느낀 질투를 숨겨 버렸으리라는 것이다. 그리고 또 이 그림을 보면 안나의 모습과 마리아의 모습이 마치 꿈속의 인물처럼 서로 조화롭게 어울려, 어디까지가 안나이고 어디에서부터 마리아가 시작하는지 가늠할 수 없는 것같이 보인다. 프로이트에 따르면 이것은 구도의 실패나 결함이 아니고, 그의 유년시절의 두 어머니가 레오나르도에게는 한 인물로 융합되어야 하는 존재였기 때문이라는 것이다.

〈모나리자〉 레오나르도 다빈치 작
레오나르도는 어린 시절 보았던 어머니의 미소를 50이 넘어서 모나리자로부터 재발견한다. 프로이트는 인간의 예술활동도 정신분석으로 해석·설명할 수 있다고 주장한다.

예술론

프로이트는 이렇게 예술활동 그 자체도 정신분석의 관점에서 해석하려고 한 것이다. 그의 예술관은 1911년에 펴낸 〈정신 현상의 두 원리에 관한 요약〉이라는 논문 중의 다음 문장에 잘 나타나 있다.

'예술이란 하나의 독특한 방식으로 쾌락원리와 현실원리를 통합시키는 것이다. 대체로 예술가라고 하는 것은 자주 현실에 등을 돌려버리는 인간이다. 어째서 그가 등을 돌리는가 하면 현실은 인간의 욕망을 좀처럼 만족시켜 주지 않기 때문이다. 바로 이 점이 예술가는 싫다. 그는 욕망의 만족을 단념하려고 하지 않는다. 그래서 그는 자기의 성적 욕구나 세속적 소망 등을 공상으로 채우는 것이다. 예술가란 그런 인간이다. 그러나 그가 공상의 세계로 떠난 뒤에 다시 현실 세계로 돌아오지 않는가 하면 그렇지는 않다. 그는 특별한 재능을 가지고 있어 자기의 공상을 하나의 새로운 현실로 고쳐 만들 수 있는 인간이다. 그리고 예술가가 만들어 낸 이 새로운 현실을 보면 사람들은 그가 말하고자 하는 것을 느끼며 감동할 수 있다. 여기에서는 공상의 세계와 현실의 세계가 이어져 있는 것이다. 이런 식으로 그는 자기가 바라는 영웅이나 창조자나 연인이 될 수 있다. 더욱이 예술가가 아닌 사람들도 예술가와 마찬가지로 현실의 복잡한 사정 때문에 자기의 욕구를 단념하는 것을 싫어하므로 예술가의 작품을 보고 공감을 느끼는 것이다.'

여기에서 프로이트가 말하는 것은 예술가는 노이로제 환자와 마찬가지로 채울 수 없는 이 현실의 세계에서 공상의 세계로 틀어박힌다는 것이다. 그러나 노이로제 환자와 달리 다시 현실로 돌아오는 길을 알고 있어, 거기에 단단한 발판을 가지고 있다. 그러므로 예술작품은 꿈과 마찬가지로 무의식적 소망의 공상에 의한 충족이요, 욕구(충동) 에너지의 갈등과 타협의 결과이다. 그러나 그것은 꿈과는 달리 늘 남의 존재를 염두에 두고 있으며, 또 형식미와 더불어 표현되기 때문에 예술가가 아닌 사람의 마음에도 통하는 것이다.

프로이트는 이처럼 예술 자체도 정신분석으로 설명하려고 시도했으나 거기에는 또다른 한계가 있다고 생각했다. 그에 따르면 정신분석은 예술가의 타고난 재능이나 예술가가 쓰는 기법의 비밀 등에 대해서는 아무것도 밝힐 수가 없는 것이다.

토템과 터부

《심리현상의 두 원리에 관한 요약》을 출판한 2년 뒤에, 프로이트는 《토템과 터부》라는 책을 냈다. 토템이란 18세기 말쯤 영국인 롱이 아메리칸 인디언에게 배운 것이다. 그것은 원칙으로서 부락의 선조라든가, 부락민의 수호신이라고 생각하는 어느 특정 동물 또는 드물게 식물을 가리킨다. 또 토템으로 정해진 동물은 위험한 동물이었는데, 사람들에게 해를 끼치지 않는다고 생각하기 때문에 사람들 또한 토템 짐승을 죽이지 않고, 그 고기도 먹지 않았다. 그리고 혹시 그 금기를 어길 때는 스스로 벌을 받는다고 생각했다. 또 터부는 '신성한' '기분 나쁜' 등의 의미를 가진 폴리네시아어로, 그 본질은 '금지' 또는 '제한' 등을 나타내는 말이다. 그러나 터부의 제한은 종교적 또는 도덕적 제한과는 좀 다르다. 터부에는 아무 근거도 필요 없다. 그 유래도 뚜렷하지 않다. 우리 문명인들에게는 이해할 수 없는 일이지만 터부의 지배 아래 있는 사람들은 거기에 아무 의심도 갖지 않는다. 그것은 신의 율법에 근거한 금제가 아니라, 오히려 그들 자신이 만들어 낸 금제이다. 터부는 종교가 생기기 전부터 존재했던 것이다.

프로이트의 《토템과 터부》는 정신분석학을 민속학 또는 문화인류학에 응용한 것으로 매우 유명하게 되었는데, 여기에 설명되어 있는 것은 다음과 같다. 곧 인간은 원시사회에서는 토템과의 사이에 서로 존경하고, 또 서로 지지하는 특별한 심리관계를 믿어 사회관계를 만드는 것이다. 그리고 이것은 부락의 주민 서로 간의 연대감과 책임감의 기반이며, 동시에 다른 부락이나 종족에 대해 단결해 가는 유대가 되기도 한다. 그러므로 이 조직은 종교적인 조직임과 동시에 사회적인 조직이다. 이와 같은 원시적 종족의 사회통제 시스템을 '토테미즘'이라고 하는데, 여러 가지 징후로 보아 아무리 진보한 민족이라 해도 일찍이 한번은 토테미즘의 단계를 거쳐 간 것으로 추정된다.

여기에서 프로이트가 그의 이론의 출발점으로 삼은 것은 토테미즘의 '금제 (禁制)', 곧 토템 짐승을 죽이지 않는다는 것 그리고 같은 토템 종족의 여성은 성적 대상으로 하지 않는다는 이 두 가지가 오이디푸스 콤플렉스의 내용인 "아버지를 제거하고 어머니를 아내로 삼는다"는 점과 일치되고 있다는 것이었다. 미개인에게는 토템 짐승은 아버지이고 종족은 선조이다. 그리고 토테미즘에서의 공포심은, 오이디푸스 콤플렉스에 근거한 부친에 대한 공포심이 동물로 바뀐 것이다. 그러므로 토템 짐승은 아버지의 대리자이다. 프로이트는 여기에 '토템 향연'의 사실을 붙여서 생각했다. 토템 향연이란 1년에 한 번만 평소에 성스러운 것으로 존경하던 토템 짐승을 같은 종족 전원이 참가해 죽여서 그것을 먹고, 거기에서 슬픔을 나타낸다는 원시민족의 제사이다. 프로이트는 더욱이 "인류는 일찍이 무리를 지어 유목을 하고 살았으며, 그 가운데서 오직 한 명, 강하고 폭력적이며 질투심이 많은 남성에게 지배되어 왔다." 그는 다윈의 추측에 덧붙여 하나의 가설을 만들어 냈다.

그 가설에 따르면 인류의 원시 유목민들의 아버지라는 존재는, 절대적인 권력을 가지고 전제자로서 모든 부인을 자기 것으로 만들어 놓고, 자기에게 위험한 경쟁 상대가 될 자식들을 모조리 죽이거나 추방했다. 그래서 어느 날 자식들이 힘을 모아 자기들의 적이자 하나의 이상이기도 한 아버지를 죽여 함께 먹어 버렸다. 그러나 그 뒤에 그들은 서로 경쟁하고 방해했기에 아무도 아버지의 유산을 이을 수가 없었다. 그래서 이 실패와 아버지를 죽인 후회 때문에 어느새 서로 이런 행위를 되풀이하지 않기 위해서 하나의 규약을 만들어 그것을 지키며 단결을 하게 되었다. 이 규약이 토테미즘이다. 거기에서는 아버지의 대리자인 토템 짐승을 죽이는 것을 금한 것이다. 그리고 또 아버지를 죽인 원인이 되기도 했던 동족의 부인을 소유하는 것도 금하게 되었다. 그래서 그들은 다른 민족의 부인을 택하는 쪽으로 가게 되었는데, 이것이 토테미즘과 밀접한 관계가 있는 이민족 간의 결혼의 기원인 것이다. 토템 향연은 일찍이 자기들의 아버지를 죽였다는 끔찍한 행위를 기념하는 제사이며, 원죄라고 하는 죄의식과 종교 및 인륜의 제약도 그 기원(起原)으로부터 나왔다.

종교론

이와 같은 가설이 성립될 수 있는가 어떤가는 별문제로 하고, 이 가설에 근거를 두고 생각하면 종교란 아버지 콤플렉스의 토대 위에 세워진 것이다. 문화가 발달함에 따라 토템 짐승으로 아버지를 대신하던 것이 폐지된 뒤에, 두렵게 하고, 미움받고, 존경받고, 부러운 존재였던 '아버지'는 신의 원형이 된 것이다. 증오와 선망은 서로 다투고 새로운 타협의 산물을 만들어 냈다. 그것이 종교이다.

《토템과 터부》의 구상을 그대로 이어받아, 1927년 프로이트는 《환상의 미래》를 출간했다. 그리고 그 가운데서 그는 개인의 유아기 체험이 강박적인 힘을 가지고 개인의 심리 속으로 들이닥치는 것이 강박신경증이며, 같은 개인의 유아기 체험이 어른 사회에 투영되어 강박적인 힘을 가지고 집단심리 속으로 파고드는 것이 종교라고 설명한다. 그는 종교라는 하나의 사회제도가 개인의 유아기 체험으로 외부 세계에 투영된 것, 그것은 환상이라고 잘라 말했다. 이 생각은 맹렬한 비난을 불러일으켰는데, 이는 마땅한 일이었다. 로맹 롤랑도 비난자의 한 사람이었다. 그래서 이 비난에 대답하기 위해 쓴 것이 〈문명의 불안〉이다. 여기에서는 이른바 종교적 감정의 뿌리를 정신분석과 관련시켜 설명하고 있다. 그러나 적어도 프로이트가 말하고 있는 '환상'이라는 말의 의미와 종교의 해독(害毒)이란 무엇을 가리키고 있는가에 대해 올바른 이해를 한 다음이 아니면, 차츰 종교는 환상이라는 말만 가지고, 단순히 프로이트가 종교를 부정하고 있다던가 프로이트의 종교론은 잘못된 것이라는 등의 비난을 할 수밖에 없게 된다. 그는 다만 종교에는 강박 신경증적인 일면과 에로스적인 일면이 있다는 것을 강조했을 따름이다. 그리고 그런 것은 빈번히 승화된 형태를 포함하고 있기 때문에 알기가 어려울 뿐이다.

아인슈타인의 질문

1931년에 국제문학예술협회 상임위원회는 국제연맹 지적협력위원회에 대해 다음과 같이 권고했다.

"국제연맹과 우리의 정신생활에 모두 이익이 될 만한 가장 적합한 주제를 골라, 이에 대해 지적 정신적 대표 인물들 사이에 편지를 주고받게 하여 그 왕복 서신을 정기적으로 공표할 것."

이 권고에 호응하기 위해 국제연맹 지적협력위원회는 파리에서 시리즈 〈통신〉 및 〈공개 서간〉을 발행했다. 그리고 이 시리즈 제2권은 1933년 초에 〈전쟁은 왜 일어나는가〉라는 제목으로 1932년 6월 30일자로 프로이트에게 보낸 아인슈타인의 편지와 거기에 대한 프로이트의 답장을 실었다.

1932년이라고 하면 6월에는 로잔회의가 열려, 제1차 세계대전의 패전국 독일에 대한 연합국의 배상액이 최종적으로 30억 마르크로 결정된 해이다.

그 이듬해인 1933년에는 독일 총선거에서 히틀러가 이끄는 나치스가 제1당이 되고, 이어서 히틀러의 총리 취임, 독재권 획득으로 세계의 이목을 끌었다. 제1차 세계대전 때문에 입은 깊은 상처가 아물기도 전에, 뚜렷한 모습은 보이지 않지만 새로운 전쟁의 냄새가 어쩐지 군화 소리와 함께 느껴지는 시대였다. 재난의 불안을 두려워하고 있는 유럽, 그 가운데 있는 두 사람의 평화주의자 아인슈타인과 프로이트는 어떤 편지를 주고받았을까. 두 사람은 그저 단순한 평화주의자가 아닌, 같은 유대인으로서 히틀러의 박해를 받을 운명에 있는 평화주의자로서 이와 같은 시대를 배경으로 무슨 생각을 하고 있었을까. 왕복 서신은 아인슈타인이 프로이트에게 보낸 질문으로 시작되었다.

아인슈타인은 이렇게 썼다.

'……여러 국가들이 서로 간에 발생하는 모든 분쟁을 조정하기 위해 입법 및 사법기관을 설립해 거기에 복종할 의무를 지도록 하면 …… 전쟁 방지 문제는 표면상으로나 제도적인 측면에서 간단히 해결할 수 있습니다. ……그러나 그와 같은 기관도 인간이 만든 제도이기 때문에 가지고 있는 그 권력이 작으면 작을수록 법적인 강제력이 미약한 제도가 됩니다. 그렇지만 지금의 상황은 그 판결·집행에 대해 국가들을 절대로 복종시키게 할 그런 초국가적 기구를 갖기에는 너무나 거리가 먼 것 같습니다. ……국민들은 지금 전쟁으로 고통받으며, 그저 상실을 받아들이고 견디는 것밖에 할 수 있는 게 없는데, 어떻게 그를 극소수 지배자들의 욕망에 굴복하도록 내버려 둘 수가 있겠습니까. ……특히 지배자인 소수의 인간들이 신문과 학교, 종교단체까지 손아귀에 넣고, 다수의 사람을 광란상태나 헌신적 상태로까지 열광시킬 수 있는 것은 무슨 까닭일까요? ……인간의 정신을 발달시켜, 증오와 살육 같은 정신병에 대한 저항력을 갖도록 할 수는 없을까요?'

아인슈타인의 이 편지 속에는 심리학자만이 밝힐 수 있는 문제가 뚜렷이 제기되고 있는 것이다.

평화론

이 아인슈타인의 편지에 대해 프로이트는 1932년 9월, 빈에서 다음과 같은 답장을 보냈다.

'친애하는 아인슈타인 학형. ……인간들 사이에 일어나는 이해의 충돌은 원칙적으로 말하면, 폭력을 써야만 해결될 수 있는 것입니다. 이와 같은 것은 모든 동물계에서 이루어지고 있는 현상으로 인간만이 예외가 될 수는 없습니다. ……역사를 돌이켜보거나 일상적인 삶을 바라보아도 강한 공격적·파괴적 욕망의 존재를 뒷받침하는 그런 잔학행위를 보고 들을 때마다 이념적 동기 따위는 이 파괴적 욕망에 대해 다만 핑계의 역할밖에 못한 게 아닌가 하는 생각이 들 정도입니다. 예를 들면 역사상으로 볼 수 있는 종교재판의 잔학행위 등의 경우는 이념적 동기가 의식 속에 확대해 파괴적 동기는 그 그늘에 가려지고, 오히려 이념적 동기를 무의식적으로 강화하고 있다고 생각됩니다. ……이렇게 볼 때, 인간의 공격적 경향을 교정하려고 희망하지만 전혀 가능성이 없는 것 같아 안타깝습니다. …… 볼쉐비스트는 물질적 요구의 만족을 보증하고, 또 공동체에 참가하는 사람들을 '평등'하게 만들기만 하면 인간의 공격성을 사라지게 할 수 있다고 생각하지만, 그것은 환상일 뿐이라고 생각합니다. ……확실하게 전쟁을 막기 위해서는 모든 이해관계가 충돌할 때 판결을 내릴 수 있는 중심적인 '폭력'이 새로 만들어지고 거기에 사람들이 단결하는 경우에만 가능할 것입니다. 여기에는 분명히 두 가지 조건을 충족시킬 필요가 있습니다. 그 하나는 지금 말한 것과 같은 상급 법정을 만드는 것이고, 또 하나는 거기에 필요한 힘을 부여하는 것입니다. 그중 한쪽의 조건만 충족시키면 그것은 아무 소용이 없습니다. 일반적으로 국제연맹이 그런 법정이라고 생각하지만, 그러나 국제연맹은 '힘'의 조건을 갖추지 못하고 있습니다. 국제연맹은 자체의 힘이 없는 것입니다. 개개의 국가가 국제연맹에 힘을 양도하는 경우에만 그 자신의 힘을 갖게 되는데, 현재의 상황으로는 그럴 가망이 거의 없다고 해도 될 것입니다.

이번에는 다른 말씀을 드리겠습니다. 우리들이 전쟁에 맹렬히 반대하고 있는 것은 반대하는 것 말고는 다른 방법이 없기 때문입니다. 우리는 평화주의자입니다만, 그렇게 할 수밖에 없기 때문입니다. ……그럼 우리들 이외의 사람들도 평화주의자가 되는 날까지 우리는 얼마나 기다려야 될까요? 그것은 확실하게 말할 수 없습니다. 그러나 문화적인 관점에서, 또 미래에 일어날지 모르는 전쟁의 참화를 두려워하면서 가까운 장래에 전쟁이 사라지게 되지는 않으리라고 생각하는 것은 유토피아적 희망이라고 볼 수는 없을 것입니다. 어떤 길을 지나서, 또 어떤 길을 돌아서 그렇게 될지 추측할 수는 없지만, 그러나 이렇게 말씀드려도 될 것 같습니다. 곧 문화의 발달에 의해 촉진되는 것은 모두 전쟁 방지에 유익할 것이라고. 당신의 프로이트로부터'

이 편지를 읽을 때, 마치 오늘의 세계정세에 대해서 쓴 편지 같은 느낌이 들

것이다.

이와 같은 생각은 〈문명의 불안〉 가운데에도 씌어 있다. 그것을 조금 인용해 보자. '인류의 운명은 그 문화발달에 의해 인간의 공격욕, 그리고 자기부정의 욕구에 근거한 사회생활 파괴의 움직임을 극복할 수 있는가 없는가, 또 이를 이루었다고 해도 그것이 어느 정도인가에 달려 있다. 더욱이 그 성과는 예측할 수 없다'고. 역시 그의 평화론에는 환상을 품지 않은 냉엄한 현실주의자로서의 모습이 담겨 있다. 이것이 또 그의 페시미즘(염세주의)의 빛깔일 것이다.

〈햄릿〉의 분석

마지막으로 프로이트가 셰익스피어의 비극 〈햄릿〉을 분석한 이론에 대해 간단히 설명한다. 그에 따르면 〈햄릿〉도 〈오이디푸스왕〉과 완전히 같은 기반에 뿌리를 내린 작품으로, 다만 자료를 다루는 방법이 다를 뿐이다. 〈오이디푸스왕〉에서는 유아의 근본적인 소망과 공상이 실현되는 형태로 이야기가 펼쳐지고 있는데 반해, 〈햄릿〉에서는 그것이 억압된 형태로 이야기가 펼쳐지고 있는 것이다. 〈햄릿〉은 주인공이 부왕의 망령으로부터 주어진 복수라는 임무를 좀 늦추고 늦춘 줄거리이지만, 어째서 주인공이 복수의 수행을 미루었는가 그 동기와 근거는 뚜렷이 그려져 있지 않다. 또 숱하게 많이 나온 〈햄릿론〉도 이 점을 명쾌하게 설명한 것이 없다. 예를 들어 괴테에 따르면 햄릿은 그 활발한 행동력을 과잉이라고 할 정도까지 발달한 사고력 때문에 무디어진 인간이 된 것으로 보았다. 또 다른 의견에 따르면 셰익스피어는 햄릿에서 신경쇠약에 빠져들고 있는 병적인, 또 우유부단한 인간을 그리려고 했다는 것이다. 그런데 극을 보면 곧 알 수 있듯이 햄릿은 그런 인간은 아니다. 첫째로 그는 벽걸이 뒤에 숨어 엿듣고 있는 사나이를 날렵하게 찔러 죽였고, 또 그의 목숨을 노린 조정의 신하 둘을 죽였다. 행동력이 무디어진 인간이나 우유부단한 인간으로서는 도저히 이렇게 하지 못할 것이다. 그럼에도 부왕의 복수를 하지 못한 것은 어째서일까. 햄릿은 하려고 작정하면 무엇이나 할 수 있는 사나이였는데 백부를 죽이는 것만은 하지 못한 것이다. 여기에 수수께끼를 풀 수 있는 열쇠가 있다. 곧 백부는 부왕을 죽이고, 어머니 곁에 있던 죽은 아버지의 지위를 차지하고 있어, 그것은 말하자면 햄릿의 유아시대에 억압된 오이디푸스적 소망의 실현 그 자체였던 것이다. 그러므로 햄릿의 마음속 깊은 곳에는 무의식중에 "너 자신을 보아라. 네가 지금 죽이려고 하는 저 백부보다 너 자신이 한결 더 나은 인간이라고는 도저히 자부할 수 없다. 왜냐하면 너 자신이 아버지를 죽이고 어머니 곁에 있고 싶어 한 것이 은밀한 소원이 아니었던가"라고 말을 걸어 온 소리가 들렸던 것이다. 이 자기 비난과 양심의 가책이 그가 복수를 수행하려는 행동을 질질 끌게 한 셈이다. 이상이 햄릿의 마음속에서는 무의식이었던 것을, 프로이트가 의식적으로 번역한 결과이다. 이렇게 프로이트는 창조하는 시인의 마음속까지 분석하여, 거기에서 자신이 창조한 문화유산을 사람들에게 이해시키려고 했던 것이다.

지크문트 프로이트라는 사람

담배와 여행

우리가 19세기에서 20세기에 걸쳐 사상(思想)에 대해 말하려고 하면, 프로이트와 마르크스를 빼놓고 갈 수는 없다. 또 우리가 유사 이래의 위대한 사상가로 20명을 고른다면, 프로이트는 거기에도 들어가야 할 것이다. 그의 사상은 수많은 비난과 비판을 받았음에도, 그것은 정신의학과 심리학은 말할 것도 없고 문학이나 예술·사상 등 매우 많은 분야에 위대한 영향을 주었다. 이렇게 큰 발자취를 남긴 프로이트는 일상생활에서 어떤 모습의 인물이었을까. 두세 가지 일화를 통하여 그것을 살펴보자.

프로이트는 담배를 몹시 좋아했다. 하루 평균 시가를 20개나 피웠다고 하니까, 이 정도면 습관이라고 하기보다 중독이라고 할 것이다. 이런 까닭에 담배가 떨어지는 날이면 그 괴로움은 대단했다. 그가 죽을 때의 사인이 구강암이었던 것도 몹시 담배를 즐겼던 것과 관계가 있었던 것 같다.

그런데 술은 별로 좋아하지 않았다. 와인을 조금 즐길 정도였다. 이것은 그가 금주주의자였기 때문이 아니라, 조금이라도 술을 마시면 정신이 흐려져 머리가 빙빙 도는 것이 싫어서였다. 프로이트는 언제나 자기의 정신이 명료하기를 바랐던 것이다.

애연가 프로이트 그의 사진에는 여송연을 든 모습이 자연스럽다.

담배와 더불어 프로이트가 좋아한 것은 여행이었다. 80년 이상이나 살아온 빈의 온갖 번거로움에서 벗어나, 새로운 풍경과 아름다움을 마음껏 즐길 수 있는 여행은 참으로 즐거운 것이었다. 그는 어딘가로 여행을 떠나면 마치 어린아이처럼 기뻐했는데, 그중에서도 이탈리아를 동경했다. 그래서 이탈리아 여행을 여러 번 했다. 그렇게 여행을 좋아했음에도 그의 방향감각은 너무나 무디었다. 조금 멀리 산책만 나가도 길을 헤매곤 했다. 아버지와 함께 산책을 나간 아들들이 집으로 돌아올 때 아버지가 엉뚱한 방향으로 가기 때문에 놀란 일이 한두 번이 아니었다. 프로이트 자신도 자기의 방향감각이 빵점이라는 것을 잘 알고 있기 때문에 아들들이 안내하는 길로 따라갔다. 이런 상태여서 여행의 세밀한 부분에 대해서도 잘 모르기 때문에 기차시간을 놓치지나 않을까 두려워 터무니없이 이른 시간에 역에 도착하는 등 몹시 조심을 했다. 그래도 짐의 수신자 이름을 잘못 쓰기도 하고, 무엇인가를 놔둔 채 잊고 오는 일이 잦았다고 하니, 안타까운 일이다.

우아한 모험가

그의 성격은 면밀하게 계획을 세워 시계처럼 정확히 움직이는 유형이 아니고, 오히려 어떤 직감에 이끌려 거기에 열정을 불태우는 유형이었다. 그 자신도 반 농담으로 "나는 사실 과학자가 아니고, 관찰자도 아니며, 또 실험자나 사상가도 아니다. 나는 다만 독특한 호기심과 끈질긴 성격을 가진 일종의 모험가에 불과하다"라고 했는데, 이 말은 그 스스로 자신의 특징을 잘 표현했다고 할 것이다. 그러므로 대학에서 강의를 하게 된 경우에도 사전에 충분한 준비를 하는 일은 별로 없었다. 더욱이 메모를 적어 놓든가 또는 원고를 그대로 읽는 일은 결코 없었고, 대개는 그때그때 떠오르는 영감에 의해 움직였다. 어느 날 어네스트 존스가 강의실로 들어가려는 프로이트에게 "무슨 말을 하실 겁니까" 이렇게 묻자, 그가 "그것을 안다면 얼마나 좋겠어!"라고 대답했다는 것도 프로이트다운 에피소드라고 할 것이다. 그러면서도 그의 강의는 명강의였다고 하니, 그는 문장에 뛰어난 사람이었음이 분명하다. 1930년에 프랑크푸르트에서 괴테 문학상을 받았다는 것이 이를 잘 말해 준다.

그의 미적 감각에 넘친 나긋나긋하고 우아하면서도 간결한 문장은 독자의 마음을 사로잡는 데 부족함이 없었다. 그러나 한편으로는 그 나긋나긋한 표현 때문에 때로는 논리적·과학적으로 볼 땐 모호한 말로 들리기도 했는데, 그것에 대한 질문을 받으면, 그는 웃으면서 "나는 논리정연한 사람이 아니라서"라고 대답했다고 한다.

프로이트는 이런 인품이었기 때문에 무슨 일에 '대비한다'든가 '뽐낸다'든가 '겉치레를 한다'든가 하는 것은 아주 싫어했다. 또 당연하지만 '빈틈없는 것'에도 그리 무게를 두지 않았다. 그리고 조용한 태도와 자연스러운 위엄을 갖추고 있었다. 그럼에도 그는 대단히 친해지기 쉬운 사람이었는데, 설령 무의미한 호기심에서 찾아오는 사람이라도 여간해서 만나기를 꺼리는 일은 없었다. 그리고 친한 사람들 앞에서는 매우 느긋한 태도를 보였다.

그의 성격이 이런 데다 젊은 시절에는 몹시 가난했던 탓으로, 그의 업적이 빛나기 시작하여 그의 개성적 능력이 유감없이 발휘된 것은 중년을 지나면서부터였다. 천재의 전기(傳記)에서 이런 사례는 별로 없을 것이다.

흔히 "인간은 삶의 완성인가, 일의 완성인가, 그 어느 쪽인가를 선택하지 않으면 안 된다"고 말하지만 이처럼 생애와 업적을 떼놓고 생각하며 '불완전한 삶' 속에서 '완전한 일'을 해 내는 데 특별한 가치를 부여하는 것은 현대 사회 특유의 편향적인 취향이라고 할 것이다. 프로이트에게는 그와 같은 생애와 업적의 분리는 없었다. 그는 격조 높은 조화를 이룬 것이다.

프로이트 연보

1856년   5월 6일, 지크문트 프로이트는 체코슬로바키아(당시 오스트리아령)
            의 작은 마을 프라이베르크에서 태어나다. 아버지 야콥 프로이트
            는 주로 모직물을 다루는 상인이었다. 어머니 아말리아의 친정은
            나탄존 집안으로, 부모 모두 유대계이다. 형제는 배다른 형이 둘
            있었고, 친동생으로는 남동생이 둘, 여동생이 다섯이었다.

1858년(2세)   라이프치히로 이사하다. 이사하는 도중에 기차 안에서 가스등 불
            빛을 보고 사람의 영혼을 연상하면서, 포비아를 떠올리게 되는 노
            이로제가 시작되다. 이 노이로제는 나중에 자신이 직접 자기 분석
            을 통해 치료할 때까지 계속되다.

1860년(4세)   빈으로 이사하여 일생을 대부분 이 도시에서 보내다.

1866년(10세) 빈의 김나지움에 입학, 전 과정을 대부분 수석으로 거치다.

1873년(17세) 최우등으로 명예롭게 김나지움을 졸업하다. 오래전부터 다윈의
            《진화론》에 심취했었으나 졸업 직전, 괴테의 논문《자연에 대하여》
            를 주제로 한 칼 브릴의 강연을 듣고 깊이 감명을 받아 의학을 전
            공하기로 결심, 빈 대학 의학부로 진학하다. 대학에서는 의과대 학
            생들을 위한 〈동물학〉 강의와 동물학자 클라우스의 〈생물학 진화
            론〉 강의, 생물학자 브뤼케, 철학자 브렌타노의 강의를 열정적으로
            들었으나 반유대주의 때문에 고통을 겪다.

1876년(20세) 브뤼케 교수가 이끄는 생리학 연구실의 연구생이 되다. 여기에서
            그는 안정감과 학문적인 충족감을 느꼈으며, 블로일러와 알게 되
            고, 지크문트 에크스너, 에른스트 폰 프라이슈르, 마르코프와 교
            류하게 되다.

1877년(21세) 뱀장어의 생식선 형태와 구조에 대한 논문을 발표하다.

1878년(22세) 칠성장어 유충의 척추신경 마디 체모에 대한 조직학적 연구 결과를 학회에 발표하다. 또 가재의 신경세포에 대하여 오늘의 뉴런설에 가까운 논문을 발표하다.

1880년(24세) J.S. 밀의 사회문제와 플라톤의 논문을 독일어로 번역했는데, 잘 소화된 훌륭한 것이었다. 12월, 블로일러와 함께 제출한 《히스테리 연구》에 안나 O.의 사례로서 소개된 환자를 치료하기 시작하다.

1881년(25세) 3년 늦게 치른 의학부 최종시험을 우수한 성적으로 합격, 학위를 받다.

1882년(26세) 4월, 유대인의 딸 마르타 베르나이스와 만나 6월에 약혼하다. 이들이 결혼하기까지 4년 3개월이 걸렸는데, 그 사이에 그는 900통 이상의 편지를 약혼녀에게 보냈다. 7월 경제적 이유로 행복했던 연구 생활을 포기하고 빈 종합병원에 근무하기 시작하다. 처음엔 외과였으나 다음에는 내과로 옮기다. 10월, 연구생으로 채용되어 첫 월급을 탔으며, 이 해에 〈가재의 신경섬유 및 신경세포의 구조에 대하여〉 그리고 〈신경계 여러 요소들의 구조〉를 발표하다.

1883년(27세) 5월, 메이네르트의 정신의학 강의실에 근무하여 2급 의사가 되다. 10월, 피부과로 옮기다. 이어 이비인후과의 특별 코스에 출석하다.

1884년(28세) 1월, 신경과로 옮기고 7월엔 수석 의사가 되다. 이 해에 코카인의 임상적 용도를 다룬 논문 〈코카인에 대하여〉를 발표, 코카인의 우수한 작용을 보고하다.

1885년(29세) 3월, 안과로, 그리고 6월에 피부과로 옮기다. 9월, 빈 대학 신경병리학 강사(講師)가 되다. 그해 가을, 브뤼케 교수의 추천으로 파리에 유학, 당시 신경병학의 성지라고 알려진 정신병원 살페트리에 들어가 샤르코에게 사사하고, 그의 히스테리 연구에 크게 감동을 받다. 6월에서 이듬해 9월에 걸쳐 청신경근에 대한 세 가지 논문을 발표하다.

1886년(30세) 2월, 파리에서 돌아와 베를린에 머무르면서 버긴스키에게서 소아과를 전공하다. 4월, 빈에서 병원을 개업하다. 9월 13일, 결혼했고, 이해 여름부터 이듬해 연말까지 군의관으로 복무하다. 샤르코의 논문 〈신경계질환, 특히 히스테리에 대한 새로운 강의〉를 독일어로 번역하다.

1887년(31세) 큰딸 마틸데가 태어나다. 베를린의 내과·이비인후과 의사인 플리에스와 교류가 시작되어 2, 3년 사이에 '가장 친한 친구'가 되다.

1889년(33세) 치료법으로서의 최면술을 완성시키려고 프랑스 낭시로 가서 몇 주간 베르네임과 리에보를 방문하여 강한 인상을 받다. 도오라는 소녀를 분석 치료하는 과정에서, 꿈에 대한 분석이 심리적 비밀을 푸는 열쇠가 됨을 깨닫다. 12월, 큰아들 마르틴이 태어나다.

1891년(35세) 2월 둘째아들 올리버가 태어나다. 이 해에 첫 저서 《실어증(失語症)의 이해를 위하여》 출판하다.

1893년(37세) 14세나 위인 공동연구자 블로일러와 함께 〈히스테리 현상의 심리적 메커니즘〉이라는 논문을 발표하다. 또 〈소아 야뇨증에 발병되는 한 징후에 대하여〉를 발표, 팔의 과도한 긴장 현상에 대해 논하다.

1894년(38세) 여름, 블로일러와의 공동연구가 끝이 나고, 2년 뒤에는 두 사람의 사이가 매우 나빠지다. 〈방어에 의한 노이로제와 정신이상〉을 저술, 노이로제와 어떤 종류의 정신병에 대해 고찰하다. 심장병으로 고통받다.

1895년(39세) 블로일러와의 공저 《히스테리의 연구》를 출판했으며, 〈불안 노이로제에 대한 논문〉을 발표하다. 7월 처음으로 꿈에 대한 완전한 분석을 해내다.

1896년(40세) '정신분석'이란 말을 비로소 사용하기 시작했으며, 빈에서 〈히스테리의 원인에 대해서〉라는 제목으로 강연했으나 반응은 냉담했다.

1897년(41세) 〈뇌성소아마비〉라는 포괄적인 논문을 발표, 대가의 손에 의한 '철저한 연구'라는 평을 듣다. 이해에 자기 자신에 대한 정신분석에 착수하다.

1898년(42세) 〈노이로제의 원인에 있어서의 성(性)〉을 발표하다.

1900년(44세) 《꿈의 해석》을 출판했으나(600부) 그의 기대와는 달리 학계로부터 완전히 묵살되었으며, 〈꿈에 대하여〉라는 제목으로 대학에서 강의를 시작했으나 강의를 듣는 사람은 겨우 3명이었다.

1901년(45세) 〈일상생활의 정신병리〉를 발표, 우발적 행위의 의미를 밝히다.

1905년(49세) 〈성 이론에 관한 세 편의 논문〉과 〈유머와 무의식과의 관계〉를 쓰다.

1906년(50세) 융과의 정기적인 편지 교환이 시작되다.

1907년(51세) 융과 만났고, 카를 아브라함과의 교류를 시작하다.

1908년(52세) 부활제를 맞아 블로일러, 융과 같은 유럽의 정신분석학자들이 프로이트를 중심으로 잘츠부르크에 모여 '국제정신분석학 대회'를 열고 기관지 〈정신분석학 정신병리학 연구 연보〉 발간을 결정하다. 4월, '심리학 수요회'를 '빈 정신분석협회'로 명칭을 바꾸다. 뒤에 전기 작가가 된 어네스트 존스, 페렌치와 교류를 시작하다.

1909년(53세) 빈 대학 의학부 신경생리학 조교수가 되다. 9월, 미국 심리학자이자 클라크 대학 총장인 스탠리 홀의 초청을 받고 융과 함께 미국으로 건너가 클라크 대학에서 '정신분석학 5강(講)'을 연속 강연하다. 미국에 머무르는 동안 윌리엄 제임스 푸피스터 목사와 알게 되어 일생을 친구로 지내다. 〈노이로제 환자의 가족 이야기〉 〈히스테리 발작개론〉 〈다섯 살짜리 사내아이 포비아에 대한 분석〉 〈강박 노이로제의 한 증상에 대한 메모〉 등을 발표하다.

1910년(54세) 3월, 제2회 대회가 뉘른베르크에서 열리고 '국제정신분석학회'가 정식으로 발족, 융이 초대 회장이 되었으며, 월간지 〈정신분석학 중앙잡지〉를 창간하다. 프로이트는 이 대회에서 〈정신분석요법에 대한 앞으로의 가능성〉이란 제목으로 강연하다.

1912년(56세) 융과의 견해 차이로 두 사람의 관계가 멀어지다. 정신분석학 응용에 대한 《이마고》를 창간하여 〈토템과 터부〉를 연재하다.

1913년(57세) 뮌헨에서 대회가 열렸으며 융과 결별하다. 이탈자들이 잇달아 나오자 정신분석학의 미래를 위해 프로이트를 지키려는 모임이 생겨났는데 페렌치, 아브라함 존스, 작스 랭크 등이 그 구성원들이었다. 《토템과 터부》를 출판하다.

1914년(58세) 제1차 세계대전으로 말미암아 드레스덴의 대회가 중지되었으며, 융이 협회를 탈퇴하다. 이 해에 쓴 《정신분석 운동사》에서 융에 대해 맹렬하게 비난하다.

1915년(59세) R.M. 릴케의 방문을 받았으며, 빈 대학에서 〈정신분석 입문〉 강의를 시작하다.

1917년(61세) 《정신분석 입문》을 출판했으며, 〈정신분석학의 한 단점〉을 발표하다.

1918년(62세) 부다페스트에서 제5회 대회가 열리고 페렌치가 회장으로 선출되다. 〈처녀성과 터부〉를 발표하다.

1922년(66세) 4월, 구개암(口蓋癌) 수술을 받다. 그 뒤로 사망할 때까지 33번의 수술과 방사선 치료를 받다. 베를린 대회가 열리고 딸 안나가 회원이 되었으며, 10월, 11월, 잇따른 구개수술로 발음이 불완전해지고, 청력도 잃고 체력이 매우 약화되다. 〈꿈과 텔레파시〉 외 여러 논문을 발표하다.

1923년(67세) 로맹 롤랑과 편지 교환이 시작되다. 《자아와 에스》를 발표하여 에스와 자아 이상의 개념을 제창하다.

1924년(68세) 잘츠부르크에서 대회를 개최했으며, 로맹 롤랑과 슈테판 츠바이크의 방문을 받다. 빈 판 《프로이트 전집》이 발간되다.

1925년(69세) 구강 내 수술을 여러 차례 받다. 혼부르크에서 대회가 열렸으며 딸 아버지 원고를 대신 읽다. 자서전(自敍傳)을 발표하다.

1926년(70세) 70회 생일을 맞아 브란데스, 아인슈타인, 로맹 롤랑 등으로부터 축전을 받았으며, 실제적인 활동에서 은퇴한다는 성명을 발표하다.

1929년(73세) 옥스퍼드에서 대회를 열었으며, 토마스 만이 〈근대정신에 있어서 프로이트의 지위〉에서 프로이트 이론의 정신사적 의의를 높이 평가하다.

1930년(74세) 괴테 문학상을 받다. 〈문화에서의 불쾌한 것〉을 발표하다. 어머니 아말리아가 죽다.

1932년(76세) 토마스 만의 방문을 받다. 〈속 정신분석학 입문〉을 발표하다.

1933년(77세) 히틀러 정권이 수립됨과 동시에 정신분석에 관한 서적이 금서로
지정되다.

1936년(80세) 게슈타포가 '국제정신분석 출판사'의 전 재산을 압수하다. 80세
생일에 191명의 작가와 예술가들이 서명한 인사장을 토마스 만으
로부터 받다. 9월 13일, 금혼식을 거행하다.

1938년(82세) 3월, 나치가 오스트리아에 침입, '국제정신분석 출판사'를 몰수하
다. 6월, 그의 이론에 매료된 나치 당원의 도움을 받아, 히틀러의
유대인 학살을 피해 런던으로 망명하다. 웰즈, 츠바이크, 마리노
프스키와 만나다.

1939년(83세) 2월, 암이 재발, 수술불능 진단이 내려지다. 9월 12일 안락사를 요
구했으나 뜻을 이루지 못하고 9월 23일, 런던 햄프스테드의 메어
스필드 가든스 20번지에서 영원히 잠들다.

⟨참고문헌⟩

A. Bis zum Erscheinen der 1. Auflage dieses Buches (1900)

Achmetis F. Serim, Oneirocriticae ed. Nik. Rigaltius. Paris 1603.

Alberti Michael, Diss. de insomniorum influxi in sanitatem et morbos. Resp. Titius Halae M. 1744.

Alix, Les rêves. Rev. Scientif., 3e série, t. VI (32e de la coll.), 3e année, 2e sem. nov. 1883, pp.554—561.

——, Étude du rêve. Mém. de l'acad. de sc. etc. de Toulouse, 9e série, t. I. p.283 bis 326. Toulouse 1889.

Almoli Salomo, Pithrôn Chalômôth. Solkiew 1848.

Aristoteles, Über Träume und Traumdeutungen. Übersetzt von Bender.

——, Von der Weissagung im Traume.

Artemidoros aus Daldis, Symbolik der Träume. Übersetzt von Friedr. S. Krauß. Wien 1881.

——, Erotische Träume und ihre Symbolik. Aus dem Griechischen übersetzt von Dr. Hans Licht. Anthropophyteia Bd. IX, pp.316—328.

Artigues, Essai sur la valeur séméiologique du rêve. Thèse de Paris, 1884.

Bacci Domenico, Sui sogni e sul sonnombulismo, pensieri fisiologico-metafisici. Venezia 1857.

Ball, La morphinomanie., les rêves prolongés. Paris 1885.

Benezé Emil, Das Traummotiv in der mittelhochdeutschen Dichtung bis 1250 und in allen deutschen Volksliedern. Halle 1897. (Benezé, Sagengesch. und lit.—hist. Unters. I. Das Traummotiv.)

Benini V., La memoria e la durata dei sogni. Rivista italiana di filosofia. März, April 1898.

—, Nel moneto dei sogni. Il Pensiero nuovo, Apr. 1898.

Binz C., Über den Traum. Bonn 1878.

Birkmaier Hieron, Licht im Finsternüß der nächtlichen Gesichte und Träume. Nürnberg 1715.

Bisland E., Dreams and their Mysteries. N. Ann. Rev., 1896. 152, pp.716–726.

Börner J., Das Alpdrücken, seine Begründung und Verhütung. Würzburg 1855.

Bradley J. H., On the failure of movement in dream. Mind, July 1894.

Brander R., Der Schlaf und das Traumleben. Leipzig 1884.

Bouché-Leclerq, Histoire de la divination dans l'antiquité. (T. I.) Paris 1879.

Bremer L., Traum und Krankheiten. New York med. Monatschr. 1893, V, pp.281–286.

Büchsenschütz B., Traum und Traumdeutung im Altertum. Berlin 1868.

Burdach, Die Physiologie als Erfahrungswissenschaft, 3. Bd. 1830.

Bussola Serafino, De somniis (Diss). Ticini Reg. 1834.

Caëtani-Lovatelli, I sogni e l'ipnotismo nel mondo antico. Nuova Antol. I Dez. 1889.

Calkins Mary Whiton, Statistics of dreams. Americ. J. of Psychology. V. 1893.

Cane Francis E., The physiology of dreams. The Lancet, Dez. 1889.

Cardanus Hieron, Synesiorum somniorum, omni generis insomnit. explicantes libri IV. Basileae 1562. (2. Ausg. in Opera omniac Cardani vol V, pp.593–727. Lugduni 1603.)

Cariero Alessandro, De somniis deque divinatione per somnia. Patavii 1575.

Carpenter, "Dreaming" in Cyclop. of anat. and phys. IV, p.687.

Chabaneix, Le subconcsient chez les artistes, les savants et les écrivains. Paris 1897.

Chaslin Ph., Du rôle du rêve dans l'évolution du délire. Thése de Paris, 1887.

Clavière, La rapidité de la pensée dans le rêve. Revue philosophique XLIII. 1897.

Coutts G.A., Night-terrors. Americ. J. of Med. Sc. 1896.

D. L., A propos de l'appréciation du temps dans le rêve. Rev. philos. vol. 40, 1895, pp.69–72.

Dagonet, Du rêve et du délire alcoolique. Ann. méd.-psychol. 1889, série 7, t. X, p.193.

Dandolo G., La coscienza nel sonno. Padova 1889.

Davidson Wolf, Versuch über den Schlaf. 2. Aufl. Berlin 1799.

Debacker, Terreurs nocturnes des enfants. Thèse de Paris, 1881.

Dechambre, Cauchemar. Dict. encycl. de sc. méd.

Delage Yves, Une théoric du rêve. Revue scientifique, 11. Juli 1891.

Delboeuf J., Le sommeil et les rêves. Paris 1885.

Dietrich Joh., Dav. An ea, quae hominibus in somno et somnio accidunt, iisdem possint imputari? resp. Gava Vitembergae 1726.

Dochmasa A. M., Dreams and their significance as forebodings of disease. Kazan 1890.

Dreher E., Sinneswahrnehmung und Traumbild. Reichs-med. Anzeiger, Leipzig 1890, XV.

Ducosté M., Les songes d'attaques epileptiques. 1889.

Dugas., Le souvenir du rêve. Revue philosophique. XLIV. 1897.

—, Le sommeil et la cérébration inconsciente durant le sommeil. Revue philosophique. XLIII. 1897.

Du Prel Carl., Oneirokritikon ; der Traum vom Standpunkte des transcend. Idealismus. Deutsche Vierteljahrschrift H. II. Stuttgart 1869.

—, Psychologie der Lyrik. Leipzig 1880.

—, Die Philosophie der Mystik. Leipzig 1887.

—, Künstliche Träume, Monatsschrift "Sphinx," Juli 1889.

Egger V., Le sommeil et la certitude, le sommeil et la mémoire. La Critique philos. Mai 1888, I, pp.341-350.

—, La durée apparente des rêves. Revue philosophique. Juli 1895.

—, Le souvenir dans le rêve. Revue philosophique. XLVI. 1898.

Ellis Havelock, On dreaming of the dead. The psychological Review. II, Nr. 5. September 1895.

—, The stuff that dreams are made of. Appleton's popular science monthly. April 1899.

—, A note on hypnagogic paramnesia. Mind, April 1897.

Erdmann J. E., Psychologische Briefe. 6. Aufl. Leipzig 1848.

—, Ernste Spiele (XII : Das Träumen). Vortr. 3. Aufl. Berlin 1875.

Erk Vinz. v., Über den Unterschied von Traum und Wachen. Prag 1874.

Escande de Messières, Les rêves chez les hystériques. Th. méd. Bordeaux 1895.

Faure, Étude sur les rêves morbides. Rêves persistants. Arch. génér. de méd. 1876, vol. I. p.558.

Fechner G. Th., Elemente der Psychophysik. 2. Aufl. 1889.

Fenizia, L'azione suggestiva delle cause esterne nei sogni. Arch. per l'Anthrop. X X VI.

Fêrê Ch., A contribution to the pathology of dreams and of hysterical Paralysis. Brain, Jan. 1887.

—, Les rêves d'accès chez les épileptiques. La Med. mod. 8. Dez. 1897.

Fichte J.H., Psychologie. Die Lehre vom bewußten Geiste des Menschen. I. Teil. Leipzig 1864.

Fischer Joh., Ad artis veterum onirocriticae historiam symbola. Diss. Jenae 1899.

Florentin V., Das Traumleben. Plauderei. Die alte und die neue Welt, 1899, 33. J., 725.

Fornaschon H., Geschichte eines Traumes als Beitrag der transcendentalen Psychologie. Psychische Studien, 1897, S. 274–281.

Freiligrath, Traumbuch (in der Biographie von Buchner).

Frensberg, Schlaf und Traum. Samml. gemeinverst. wiss. Vortr. Virchow-Holtzendorf, Ser. X X, H. 466. Berlin 1885.

Frerichs Joh. H., Der Mensch : Traum, Herz, Verstand. 2. Aufl. Norden 1878.

Galenus, Von der Weissagung im Traume.

Gießler C. M., Beitrag zur Phänomenologie des Traumlebens. Halle 1888

—, Aus den Tiefen des Traumlebens. Halle 1890.

—, Die physiologischen Beziehungen der Traumvorgänge. Halle 1896.

Girgensohn L., Der Traum, psychol.–physiol. Versuch, S.A. 1845.

Gleichen-Rußwurm A. v., Traum in der Dichtung. Nat.–Ztg. 1899, Nr. 553–559.

Gley E., Appréciation du temps pendant le sommeil. L'intermédiaire des Biologistes, 20 mars 1898, No. 10, p.228.

Goblot, Sur le souvenir des rêves. Revue philosophique. XLII. 1896.

Comperz Th., Traumdeutung und Zauberei, Vortrag. Wien 1866.

Gorton D. A., Psychology of the Unconscious N.Y. Med. Times 1896, XXIV, 33, 37.

Gould, Dreams-Sleep-Consciousness. Open Court 1899.

Grabener Gottl. Chr., Ex antiquitate iudaica de menûdim bachalôm sive excommunicatis per insomnia exerc. resp. Klebius. Vitembergae 1710.

Graffunder, Traum und Traumdeutung. 1894.

Greenwood, Imaginations in dreams and their study. London 1899.

Griesinger, Pathologie und Therapie der psychischen Krakheiten. 3. Aufl. 1871.

Grot Nicolaus, Die Träume, ein Gegenstand wissenschaftl. Analyse (russ.). Kiew 1878.

Guardia J. M., La personnalité dans les rêves. Rev. philos. Paris 1892, XXXIV, 225–258.

Gutfeldt J., Ein Traum. Psych. Studien, 1899, S. 491–494.

Haffner P., Schlafen und Träumen. 1884. Frankfurter zeitgemäße Broschüren. 5. Bd., Heft 10.

Hallam Fl. und Sarah Weed, A Study of the dream consciousness. Amer. J. of Psychology. VII., Nr. 3. April 1896.

Hampe Th., Über Hans Sachsens Traumgedichte. Zeitschrift für den deutschen Unterricht. 10. Jahrg. 1896, p.616 f.

Heerwagen, Statist. Unters. über Träume u. Schlaf. Philos. Stud. V, 1888, p.88.

Hennings Justus Chr., Von Träumen und Nachtwandlern. Weimar 1802.

Henzen Wilh., Über die Träume in der altnord. Sagaliteratur. Diss. Leipzig 1890.

Hervey de Saint-Denys. Les Rêves et les moyens de les diriger. Paris 1867 (anonym).

Hildebrandt F. W., Der Traum und sein Verwertung fürs Leben. Leipzig 1875.

Hiller G., Traum. Ein Kapitel zu den zwölf Nächten. Leipz. Tagbl. und Anz. 1899. Nr. 657, 1. Beil.

Hippokrates, Buch über die Träume. (Sämtliche Werke übersetzt von Dr Robert Fuchs. München 1895−1900, Bd. I, pp.361−369.)

Hitschmann F., Über das Traumleben der Blinden. Zeitschr. f. Psychol. VII, 5−6, 1894.

Ideler, Die Entstehung des Wahnsinns in den Träumen. Charité Annalen 1862, III. Bd.

Jastrow, The dreams of the blind. New Princetown Rev. New York Jan. 1888.

Jean Paul, Blicke in die Traumwelt. Museum (1813) II (Werke hg. v. Hempel 44, pp.128−152).

—, Über Wahl- und Halbträume, ebenda, p.142 f.

—, Wahrheit aus seinem Leben, 2, p.106−126.

Jensen Julius, Traum und Denken. Berlin 1871. (Samml. gemeinverst. wiss Vortr. Virchow-Holtzendorf Ser. VI, H. 134.)

Jessen, Versuch einer wissenschaftlich. Begründung der Psychologie. Berlin 1856.

Jodl, Lehrbuch der Psychologie. Stuttgart 1896. (3. Aufl. 1908.)

Kant J., Anthropologie in pragmatischer Hinsicht. Kirchmannsche Ausgabe. Leipzig 1880.

Kingsford A. B., Dreams and dream-stories ed. by Maitland. 2. éd London 1888.

Kloepfel F., Träumerei und Traum. Allerlei aus unserem Traumleben Universum 1899, 15. J., Sp. 2469−2484, 2607−2622.

Kramár Oldrich, O spánku a snu. Prager Akad. Gymn. 1882.

Krasnicki E.v., Karls IV. Wahrtraum. Psych. Stud. 1897, p.697.

Krauß A., Der Sinn im Wahnsinn. Allgemeine Zeitschrift für Psychologie, XV. und XVI. 1858−1859.

KuCera Ed., Aus dem Traumleben. Mähr.−Weißkirchen, Gymn. 1895.

Ladd. Contribution to the psychology of visual dreams. Mind, April 1892

Laistner Ludw., Das Rätsel der Sphinx. 2 Bände, Berlin 1889.

Landau M., Aus dem Traumleben. Münchner Neueste Nachrichten, 9. Januar 1892.

Lasègue, Le délire alcoolique n'est pas un délire, mais un rêve. Arch. gén. de méd. 1881. (Réimp. in Etudes méd. t. II, pp.203—227, Paris, 7e série, t. VI, pp.513—536, 1884.)

Laupts, Le fonctionnement cérébral pendant le rêve et pendant le sommeil hypnotique. Annales méd.—psychol. 1895.

Leidesdorf M., Das Traumleben. Wien 1880.—Sammlung der "Alma Mater."

Le Lorrain, La durée du temps dans les rêves. Rev. philos. vol. 38, 1894 pp.275—279.

—, Le rêve. Revue philosophique. Juli 1895.

Lélut, Mémoire sur le sommeil, les songes et le somnambulisme. Ann. méd.—psych. 1852, t. IV.

Lemoine, Du sommeil au point de vue physiologique et psychologique. Paris 1855.

Lerch. Math. Fr., Das Traumleben und seine Bedeutung. Gymn. Progr. Komotau 1883/84.

Liberali Francesco, Dei sogni. Diss. Padova 1834.

Lièbeault A., Le sommeil provoqué et les états analogues. Paris 1889.

—, A travers les états passifs, le sommeil et les rêves. Rev. de l'hypoth. etc. Paris 1893, 4, VIII, 41, 65, 106.

Lipps Th., Grundtatsachen des Seelenlebens. Bonn 1883.

Luksch L., Wunderbare Traumerfüllung als Inhalt des wirklichen Lebens. Leipzig 1894.

Macario, Du sommeil, des rêves et du somnambulisme dans l'état de santé et dans l'état de maladie. Ann. méd.—psychol. 1858, t. IV, V.

—, Des rêves considérés sous le rapport physiologique et pathologique. ibid, 1846, t. VIII.

—, Des rêves morbides. Gaz. méd. de Paris, 1889, Nr. 8.

Macfarlane A. W., Dreaming. The Edinb. Med. J. 1890, t. 36.

Maine de Biran. Nouvelles considérations sur le sommeil, les songes et le somnambulisme (Ed. Cousin). 1792.

Manaceine Mahe de, Le sommeil, tiers de notre vie. Paris 1896.

—, Sleep ; its Physiology, Pathology and Psychology. London 1897.

Maudsley, The Pathology of Mind. 1879.

Maury A., Analogies des phénomènes du rêve et de l'aliènation mentale. Annales méd. psych. 1853, V, VI.

—, De certains faits observés dans les rêves. Ann. méd.–psycol. 1857, t. III.

—, Le sommeil et les rêves. Paris 1878.

Meisel (pseud.), Natürlich-göttliche und teuflische Träume. Sieghartstein 1783.

Melinaud, Dream and Reality, Pop. Sc. Mo. Vol. LIV, p.96–103.

Melzentin C., Über wissenschaftliche Traumdeutung. Die Gegenwart 1899, Nr. 50.

Mentz Rich, Die Träume in den altfranzösischen Karls- und Artus-Epen. Marburg 1888. (Ausg. u. Abh. aus d. Geb. d. roman. Phil., Bd. 73.)

Monroe W. S., A sutdy of taste-dreams. Americ. J. of Psychol. Jan. 1899.

Moreau de la Sarthe, Art. "Rêve" Dict. des sc. méd. t. 48, Paris 1820.

Moreau J., De l'identité de l'état de rêve et de folie. Annales méd. psych 1855, p.261.

Morselli A., Dei sogni nei Genii. La Cultura 1899.

Motet, Cauchemar. Dict. de méd. et de chir. pratiques.

Murry J. C., Do we ever dream of tasting? Proc. of the Americ. Psychol 1894, 20.

Nagele Anton, Der Traum in der epischen Dichtung. Programm der Realschule in Marburg 1889.

Nelson J., A study of dreams. Americ. J. of Psychology. I, 1888.

Newbold W. R., Subconscious reasoning. Proc. Soc. Ps. Res. 1896, XII, 11–20.

—, Über Traumleistungen. Psychol. Rev. March. 1896, p.132.

Passavanti Jac, Libro dei sogni. Ausg. d. Bibl. diamante. Rom 1891

Paulhan, L'activité mentale et les éléments de l'esprit. Paris 1889.

—, A propos de l'activité de l'esprit dans le rêve. Rev. philos. vol 38, 1894, pp.546–548.

Pfaff E. R., Das Traumleben und seine Deutung nach den Prinzipien der Araber, Perser, Griechen, Indier und Ägypter. Leipzig 1868.

Pichon, Contribution à l'étude de délires oniriques ou délires de rêve. Thèse de Bordeaux 1896.

Pick A., Über pathologische Träumerei und ihre Beziehungen zur Hysterie. Jahrbuch für Psychiatrie 1896.

Pilcz, Über eine gewisse Gesetzmäßigkeit in den Träumen. Autoreferat in Monatsschrift für Psychologie und Neurologie. März 1899.

Prévost. Quelques observations psychologiques sur le sommeil. Bibl. univ. des sc., belles lettres et arts 1834, t. I, Littérature, p.225–248.

Purkinje, Artikel : Wachen, Schlaf, Traum und verwandte Zustände in Wagners Handwörterbuch der Physiologie. 1846.

Radestock P., Schlaf und Traum. Leipzig 1878.

Ramm Konrad, Diss. pertractans somnia. Viennae 1889.

Régis, Les rêves Bordeaux. La Gironde (Variétés) du mai 31, 1890.

—, Des hallucinations oniriques des dégénérés mystiques ; C. R. du Congrès des méd. aliénistes etc. 5. Sitzung 1894. Paris 1895, p.260.

Rêves et l'hypnotisme. Le monde, Août 25, 1890.

Richard Jérôme, La théorie des songes. Paris 1766.

Richardson B. W., The physiology of dreams. The Asclep. London 1892, IX, 129, 160.

Robert W., Der Traum als Naturnotwendigkeit erklärt. Hamburg 1886.

Richier, Onéirologie ou dissertation sur les songes considérés dans l'état de maladie. Thèse de Paris 1816.

Robinson L., What dreams are made of, N. Americ. Rev. New York 1893, CI, VII, 687–697.

Rousset, Contribution à l'étude du cauchemar. Thèse de Paris, 1876.

Roux J, Les rêves et les délires oniriques. Province méd. 1898, p.212.

Ryff Walther Herm., Traumbüchlein. Straßburg 1554.

Sante de Sanctis, Emozione e sogni. 1896.

—, I sogni nei deliquenti. Arch. di psichiatr. e antrop. criminale. Turin 1896, XVII,

488—498.

—, I sogni e il sonno nell'isterismo e nella epilessia. Roma 1896.

—, Les maladies mentales et les rêves. 1897.—Extrait des Annales de la Société de médecine de Gand.

—, Sui rapporti d'identià, di somiglianza, di analogia e di equivalenza fra sogno e pazzia. Rivista quindicinale di Psicologia, Psichiatria, Neuropatologia. 15. Nov. 1897.

—, I sogni dei neuropatici e dei pazzi. Arch. di psichiatr. e antrop. crim. 1898, 4. Heft (daselbst weitere Lit.).

—, Psychoses et rêves. Rapport au Congrès de neurol. et d'hypnologie de Bruxelles 1898. Comptes rendus. H. 1, P. 137.

—, I Sogni. Torino 1899 (deutsch von O. Schmidt, Halle 1901).

Santel Anton, Poskus raz kladbe nekterih pomentjivih prikazni spanja in sanj. Progr. Gym. Görz 1874.

Sarlo F, de, I sogni. Saggio psicologico. Napoli 1887.

Sch. Fr., Etwas über Träume. Psych. Studien, 1897, 686—694.

Scherner R. A., Das Leben des Traumes. Berlin 1861.

Schleich K. L., Traum und Schlaf. Die Zukunft, 1899, 29. Bd., 14—27, 54—65.

Schleiermacher Fr., Psychologie, herausgegeben von L. George. Berlin 1862.

Scholz Fr., Schlaf und Traum. Leipzig 1887.

Schopenhauer, Versuch über das Geistersehen und was damit Zusammenhängt. Parerga und Paralipomena. I. Bd., 1857.

Schubert Gotthilf Heinrich, Die Symbolik des Traumes. Bamberg 1814.

Schwartzkopff P., Das Leben im Traum. Eine Studie. Leipzig 1887.

Science of dreams, The Lyceum. Dublin, oct. 1890, p.28.

Siebeck A., Das Traumleben der Seele 1877.— Sammlung Virchow-Holtzendorf. Nr. 279.

Simon M., Le monde des rêves. Paris 1888. — Bibliothèque scientifique contemporaine.

Spitta W., Die Schlaf-und Traumzustände der menschlichen Seele. 2. Aufl. Freiburg i.

B. 1892.

Stevenson R. L., A Chapter on Dreams (in "Across the Plain"). 1892.

Stricker, Studien über das Bewußtsein. Wien 1879.

—, Studien über die Assoziation der Vorstellungen. Wien 1883.

Strümpell L., Die Natur und Entstehung der Träume. Leipzig 1877.

Stryk M. v., Der Traum und die Wirklichkeit (nach C. Mélinaud). Baltische Monatsschrift. Riga 1899, pp.189–210.

Stumpf E. J. G., Der Traum und seine Deutung. Leipzig 1899.

Sully J., Etude sur les rêves. Rev. scientif. 1882, p.385

—, Les illusions des sens et de l'esprit. Bibl. scientif. internat. vol. 62. Paris. (Deutsch : Die Illusionen, eine psychol. Unters. Leipzie 1884.)

—, Human Mind. London 1892.

—, The dreams as a revelation. Fortnightly Rev. März 1893

—, Laws of dream fancy. Cornhill Mag. Vol. L, p.540.

—, Art. "Dreams" in Encyclop. Brit. IX. Aufl.

Summers T. O., The physiology of dreaming. Saint-Louis, clin. 1895, VIII 401–406.

Surbled, Le rêve. 2. ed. 1898

—, Origine des rêves. Rev. de quest, scient. 1895.

Synesius, Oneiromantik (deutsch von Krauß). Wien 1888.

Tannery M. P., Sur l'activité de l'esprit dans le rêve. Rev. philos. 19e année, X X XVIII. pp.630–634, 1894.

—, Sur les rêves des mathématiciens. Rev. philos. 1898, I, p.639.

—, Sur la paramnésie dans les rêves. Rev. philos. 1898

—, Sur la mémoire dans le rêve. Revue philosophique. XLV. 1898.

Thièry A., Aristote et Psychologie physiologique du rêve. Rev. nev. scol. 1896, III, 260–271.

Thomayer S., Sur la signification de quelques rêves. Rev. neurol. Nr. 4 1897.

—, Beitr. zur Pathologie der Träume (tschechisch). Poliklinik der tschechischen Universität in Prag 1897.

Tissié Ph., Les rêves ; rêves pathogènes et thérapeutiques ; rêves photographiés. Journ. de méd. de Bordeaux 1896, XXVI.

——, Les rêves, Physiologic et pathologie. 1898.—Bibliothèque de philosophie contemporaine.

Titchener, Taste dreams. Amer. J. of Psychology. VI, 1893.

Tonnini, Suggestione e sogni. Arch di psichiatr. antrop. crim. III, 1887.

Tonsor J., Heinrich. Disp. de vigilia, somno et somniis, prop. Lucas. Marpurgi 1627.

"Traum," Artikel in der allgemeinen Enzyklopädie der Wissenschaft und Künste von Ersch und Gruber.

Traumbuch, Apomasaris... auß griechischer Sprach ins Latein bracht durch Lewenklaw jetzt und... verteutschet. Wittemberg.

Tuke Hack. "Dreaming" in Dict. of Psycholog. Med. 1892.

Ullrich M. W., Der Schlaf und das Traumleben, Geisteskraft und Geistesschwäche. 3. Aufl. Berlin 1897.

Unger F., Die Magie des Traumes als Unsterblichkeitsbeweis. Nebst Vorw. : Okkultismus und Sozialismus von C. du Prel. 2. Aufl. Münster 1898.

Utility of dreams. Edit. J. Comp. Neurol. Granville 1893, III, 17–34.

Vaschide., Recherches experim. sur les rêves. Comptes rendus de l'acad des sciences. 17. Juillet 1899.

Vespa B., I sogni nei neuro-psicopatici. Bull. Soc. Lancisiana. Roma 1897.

Vignoli, Von den Träumen. Illusionen und Halluzinationen. Internationale wissenschaftliche Bibliothek, Bd. 47.

Vischer F. Th., Studien über den Traum. Beilage z. allg. Ztg. 1876, Nr. 105–107.

Vold J. Mourly, Einige Experimente über Gesichtsbilder im Traume. Dritter internationaler Kongreß für Psychologie in München. 1897. Zeitschr. für Psychologie und Physiologic der Sinnesorgane. XIII, 66–74.

——, Expériences sur les rêves et en particulier sur ceux d'origine musculaire et optique. Christiania 1896.—Referat in Revue philosophique. XLII. 1896.

Volkelt J., Die Traum-Phantasie. Stuttgart 1875.

Vykoukal F. V., Über Träume und Traumdeutungen (tschechisch). Prag 1898.

Wedel R., Untersuchungen ausländischer Gelehrter über gew. Traumphänomene. Beiträge zur Grenzwissenschaft. 1899. S. 24−77.

Weed, Hallam and Phinney, A study of the dream-consciousness. Americ. J. of Psychol. vol. VII, 1895, pp.405−411.

Wehr Hans, Das Unbewußte im menschlichen Denken. Programm der Oberrealschule zu Klagenfurt 1887.

Weil Alex, La philosophie du rêve. Paris.

Wendt K., Kriemhilds Traum. Diss. Rostock 1858.

Weygandt W., Entstehung der Träume. Leipzig 1893.

Wilks S., On the nature of dreams. Med. Mag. Lond. 1893/94, II, 597−606.

Williams H. S., The dreams state and its psychic correlatives. Americ. J. of Insanity 1891/92, vol. 17, 445−457.

Woodworth, Note on the rapidity of dreams. Psychol. Review IV, 1897, Nr. 5.

Wundt, Grundzüge der physiologischen Psychologie. II. Bd., 2. Aufl. 1880.

X. Ce qu'on peut rêver en cinq secondes. Rev. sc. 3e série, I. XII, 30. oct. 1886.

Zucarelli, Pollutions nocturnes et épilepsie. Bull. de la Soc. de méd. ment de Belgique, mars 1895.

B. Aus der Literatur seit 1900

(seit Erscheinen der 1. Auflage dieses Buches)

Abraham Karl, Traum und Mythos. Eine Studie zur Völkerpsychologie. Schriften zur angew. Seelenkunde, Heft 4, Wien und Leipzig 1909

—, Über hysterische Traumzustände. Jahrbuch f. psychoanalyt. und psychopathol. Forschungen. Bd. II. 1910.

—, Sollen wir die Pat. ihre Träume aufschreiben lassen? Intern. Zeitschr. für ärztl. Ps.−A. I, 1913, p.194.

—, Zur narzißtischen Bewertung der Exkretionsvorgänge im Traum und Neurose.

Internat. Zeitschr. f. Ps.–A. VI, 64.

Adler Alfred, Zwei Träume einer Prostituierten. Zeitschrift f. Sexualwissenschaft, 1908, Nr. 2.

—, Ein erlogener Traum. Zentralbl. f. Psychoanalyse, I. Jahrg. 1910, Heft 3.

—, Traum und Traumdeutung. Ebenda, III, 1912/13, p.174.

Amram Nathan, Sepher pithrôn chalômôth. Jerusalem 1901

Banchieri F., I sogni dei bambini di cinque anni. Riv. di psicol. 8, 325–330.

Betlheim u. Hartmann, Über Fehlreaktionen bei der Korsakoffschen Psychose. Arch. f. Psychiatrie, Bd. 72, 1924.

Bleuler E., Die Psychoanalyse Freuds. Jahrb. f. psychoanalyt. u. psychopatholog. Forschungen, Bd. II, 1910.

—, Träume mit auf der Hand liegender Deutung. Münch. Med. Woch. 60. Jahrg. Nr. 47, 11. Nov. 1913

Bloch Ernst, Beitrag zu den Träumen nach Coitus interruptus. Zentralbl für Ps.–A. II, 1911/12, p.276.

Brewster E. T., Dreams and Forgetting. New discoveries in dream psychology. Mc. Clure's Magazine, Okt. 1912.

Brill A. A., Dreams and their Relation to the Neurosis. New York Medical Journ., April 23, 1910.

—, Psychoanalysis its theory and practical application, Philadelphia and New York 1912.

—, Hysterical dreamy states. New York Med. Journ., May 25, 1912.

—, Artificial dreams and lying. Journ. of Abn. Psych. Vol. IX, p.321.

—, Fairy tales as a determinant of dreams and neurotic symptoms. New York Med. Journ., March 21, 1914.

Brown W., Freud's Theory of Dreams. The Lancet 19. u. 26. April 1913.

Bruce A. H., The marvels of dream analysis. Mc. Clure's Magazine. Nov. 1912.

Burckhard Max, Ein modernes Traumbuch. Die Zeit, 1900, Nr. 275, 276.

Busemann A, Traumleben der Schulkinder. Ztschr. f. päd. Psychol. 10. Jg. 1909,

294–301

—, Psychol. d. kindl. Traumerlebnisse. Zeitschr. f. päd. Psychol. 1910, XI, p.320

Claparède E., Esquisse d'une théorie biologique du sommeil. Arch. de Psychol. t. IV, Nr. 15–16, Fev.–Mars 1905.

—, Rêve utile. Arch. de Psychol. 9, 1910, 148.

Coriat I., Zwei sexual-symbolische Beispiele von Zahnarzt-Träumen. Zentralbl. f. Ps.–A. III, 1912/13, p.440.

—, Träume vom Kahlwerden. Int. Zeitschr. f. Ps.–A. II, p.460.

—, The meaning of dreams. Mind and Health series. London, Heinemann.

Delacroix, Sur la structure logique du rêve. Rev. metaphys. Nov. 1904.

—, Note sur la cohérence des rêves. Rapp. et C. R. du 2. Congrès intern, de Philos. 556–560.

Delage, La nature des images hypnagogiques et le rôle des lueurs entoptiques dans le rêve. Bull. de l'Instit. général psychol. 1903, pp.235–247.

Doglia S. et Bianchieri F., I sogni dei bambini di tre anni. L'inizio dell'attività onirica. Contributi psicol. 1, 9.

Eder M. D., Freud's Theory of Dreams. Transactions of the Psycho-Medic. Soc. London, vol. III, Part. 3, 1912.

—, Augenträume. Internat. Ztschr. f. ärztl. Ps.–A.I, 1913, p.157.

Eeden Frederik van, A study of dreams, Proceedings of the Society for Psych. Research, Part. LXVII, vol. XXVI.

Ellis H., The Logic of Dreams. Contemp. Rev. 98, 1910, 353–359.

—, The Symbolism of Dreams. The Popular Science Monthly, July 1910.

—, Symbolismen in den Träumen. Zeitschr. f. Psychotherapie III, 1911, pp.29–46.

—, The World of Dreams. London 1911. (Deutsch v. H. Kurella. Würzburg 1911).

—, The Relation of Erotic Dreams to Vesical Dreams. Journ. of abn. Psychol. VIII, 3, August-Sept. 1913.

Federn Paul, Ein Fall von pavor nocturnus mit subjektiven Lichterscheinungen. Internat. Zeitschr. f. ärztl. Ps.–A. I, 1913, H. 6.

—, Über zwei typische Traumsensationen. Jahrb. f. Ps.–A. VI, p.89.

Ferenczi S., Die psychologische Analyse der Träume. Psychiatrisch-Neurologische Wochenschrift, XII. Jahrg., Nr. 11–13, Juni 1910. (Ins Englische übersetzt unter dem Titel : The psychological Analysis of Dreams in The American Journal of Psychology, April 1910.)

—, Symbolische Darstellung des Lust- und Realitätsprinzips im Ödipus-Mythos. Imago I, 1912, p.276.

—, Über lenkbare Träume. Zentralbl. f. Ps.–A. II, 1911/12, p.31.

—, Vergessen eines Symptoms und seine Aufklärung im Traume. Internat. Zeitschr. f. Ps-A. II, p.384.

—, Affektvertauschung im Traum. Internat. Zeitschr. f. Ps. –A. IV, p.112

—, Träume von Ahnungslosen. Internat. Zeitschr. f. Ps.–A. IV, p.208.

Ferenczi S., Pollution ohne orgastischen Traum und Orgasmus im Traum ohne Pollution. Internat. Zeitschr. f. Ps.–A. IV, p.187.

Flournoy, Quelques rêves au sujet de la signification symbolique de l'eau et du feu. Internat. Zeitschr. f. Ps.–A. VI, p.328.

Förster M., Das lat.–altengl. Traumbuch. Arch. f.d. Stud. d. n. Spr. u. Lit. 120. Bd., p.43 ff., 125. Bd., pp.39–70, 127. Bd., p.1 ff.

—, Mittelenglische Traumbücher. Herrings Archiv 1911.

Foucault Marcel. Le rêve. Études et observations. Paris 1906. (Bibl. de Philosophie contemporaine.)

Friedjung J. K., Traum eines sechsjährigen Mädchens. Internat. Ztschr. f. ärztl. Ps.–A. I, 1913, p.71.

Frink H. W. Dreams and their analysis in reference to Psychotherap. Med, Record, May 27, 1911.

—, On Freud's Theory of Dreams. Americ. Med., Burlington, New York VI, pp.652–661.

—, Dream and Neurosis. Interstate Med. Journ. 1915.

Gincburg Mira, Mitteilung von Kindheitsträumen mit spezieller Bedeutung Zeitschr. f. ärztl. Ps.–A. I, 1913, p.79.

Gottschalk, Le rêve. D'après les idées du prof. Freud. Archives de Neurol. 1912, Nr. 4.

Gregory J. C., Dreams as a by-product of waking activity. Westm. Rev London 1911, Vol. 175, pp.561–567.

Hárnik J., Gelungene Auslegung eines Traumes. Zentralbl. f. Ps.–A. II 1911/12, p.417.

Hitschunam Ed., Freuds Neurosenlehre. Nach ihrem gegenwärtigen stande zusammenfassend dargestellt. Wien und Leipzig 1911. 2. Aufl. 1913. (Kap. V.∶ Der Traum.) (Engl. übers, von C.R. Payne. New York 1912.)

—, Ein Fall von Symbolik für Ungläubige. Zentralbl. f. Ps.–A. I 1910/ 11, p.235.

—, Beiträge zur Sexualsymbolik des Traumes. Ebenda, p.561.

—, Weitere Mitt. von Kindheitsträumen mit spez. Bedeutung. Intern. Zeitschr. f. Ps.–A. II, p.31.

—, Goethe als Vatersymbol in Träume. Ebenda, Heft 6.

—, Über Träume Gottfried Kellers. Internat. Zeitschr. f. Ps.–A. II, p.41.

—, Weitere Mitteilung von Kindheitsträumen mit spezieller Bedeutung. Internat. Zeitschr. f. Ps-A. II, p.31.

—, Über eine im Traum angekündigte Reminiszenz an ein sexuelles Jugenderlebnis. Internat. Zeitschr. f. Ps.–A. V, p.205.

Hug-Hellmuth H. v., Analyse eines Traumes eines 5 12 jährigen Knaben Zentralbl. f. Ps.–A. II, 1911/12, pp.122–127.

—, Kinderträume. Internat. Ztschr. f. ärztl. Ps.–A. I, 1913, p.470.

—, Aus dem Seelenleben des Kindes. Schr. z. angew. Seelenk., herausg. v. Freud. H. 15. Wien und Leipzig 1913.

—, Ein Traum, der sich selber deutet. Internat. Zeitschr. f. Ps.–A. III, p.33.

Jones E., On the nightmare. Americ. J. of Insanity, Jan. 1910.

—, The Oedipus-Complex as an Explanation of Hamlet's Mystery∶ A Study in Motive. American Journ. of Psychology, Jan. 1910, p.72–113. (In deutscher Übersetzung∶ "Das Problem des Hamlet und der Ödipus-Komplex," Schriften zur angew. Seelenkunde, H. 10, 1912.)

—, Freud's Theory of Dreams. American Journal of Psychology, April 1910.

—, Remarks on Dr. M. Prince's Article : The mechanism and interpr. of Dreams. Journ. of abn. Psychol. 1910/11, pp.328—336.

—, Some Instances of the Influence of Dreams on Waking Life. The Journal of abnormal Psychology, April-May 1911.

—, The relationship between dreams and psychoneurotic symptoms. Americ. J. of Insanity, vol. 68, Nr. 1, July 1911.

—, A forgotten dream. J. of abn. Psychol. April-May 1912.

—, Papers on Psycho-Analysis. London 1912.

—, Der Alptraum in seiner Beziehung zu gewissen Formen des mittelalterl. Aberglaubens. Schriften zur angew. Seelenk., hg. v. Freud, H. 14, Leipzig und Wien 1912.

—, Die Theorie der Symbolik. Internat. Zeitschr. f. Ps.–A. V, p.244.

Jung C. G., L'analyse des rêves. L'année Psychologique, Tome XV.

—, Assoziation, Traum und hysterisches Symptom. Diagnostische Assoziationsstudien. Beiträge zur experimentellen Psychopathologie, hg. von Doz. C. G. Jung, II. Bd., Leipzig 1910 (Nr. VIII, pp.31—66).

—, Ein Beitrag zur Psychologie des Gerüchtes. Zentralbl. für Psychoanalyse. I. Jahrg. 1910, Heft 3.

—, Ein Beitrag zur Kenntnis des Zahlentraumes. Ebenda. 1910/11 pp.567—572.

—, Morton Prince's : The Mechanism and Interpretation of Dreams. Eine kritische Besprechung. Jahrb. f. Ps. A. u. psychopathol. Forsch. III, 1911.

Iwaya S., Traumdeutung in Japan. Ostasien, 1902, p.302.

Karpinska L., Ein Beitrag zur Analyse sinnloser Worte im Traume Internat. Zeitschr. f. Ps.–A. III, p.164.

Kazodowsky A., Zusammenhang von Träumen und Wahnvorstellungen. Neurolog. Cbl. 1901, pp.440—447, 508—514

Kostyleff, Freud et le problème de rêves. Rev. philos 72. Bd., Juillet- Déc. 1911, pp.491—522.

Kraepelin E., Über Sprachstörungen im Traume. Psychol. Arbeiten, 5, Leipzig 1907.

Lauer Ch., Das Wesen des Traumes in der Beurteilung der talmudischen und rabbinischen Literatur. Intern. Zeitschr. f. ärztl. Ps.–A. I, 1913, H. 5.

Lehmann, Aberglaube und Zauberei von den ältesten Zeiten bis in die Gegenwart. Deutsch von Petersen. 2., verm. Aufl., Stuttgart 1908.

Leroy B., A propos de quelques rêves symboliques. Journ. de psychol. Norm. et pathol. 5, 1908, pp.358–365.

—, et Tobowolska J., Mécanisme intellectuell du rêve. Rev. philos. 1901, I, vol. 51, pp.570–593.

Löwinger, Der Traum in der jüdischen Literatur. Leipzig 1908. Mitteilungen zur jüd. Volkskunde, 10. Jahrg., H. 1 und 2.

Maeder Alphonse, Essai d'interprétation de quelques rêves. Archives de Psychol., T. VI, Nr. 24, April 1907.

—, Die Symbolik in den Legenden, Märchen, Gebräuchen und Träumen. Psychiatrisch-Neurolog. Wochenschr., X. Jahrg. 1908.

—, Zur Entstehung der Symbolik im Traum, in der Dementia praecox etc. Zentralbl. f. Ps.–A. I, 1910/11, pp.383–389.

—, Über die Funktion des Traumes. Jahrb. f. psychoanalyt. Forsch. IV, 1912.

—, Über das Traumproblem. Ebenda V, 1913, p.647.

—, Zur Frage der teleologischen Traumfunktion. Ebenda, p.453.

Marcinowski J., Gezeichnete Träume. Zentralbl. f. Ps.–A. II, 1911/12, pp.490–518.

—, Drei Romane in Zahlen. Ebenda, pp.619–638.

Mitchell A., About Dreaming. Laughing and Blushing. London 1905.

Miura K., Japanische Traumdeuterei. Mitt. d. deutsch. Ges. f. Natur-u. Völkerk. Ostasiens. X, 291–306.

Näke P., Über sexuelle Träume. H. Groß' Archiv 1903, p.307.

—, Der Traum als feinstes Reagens f. d. Art d. sexuellen Empfindens. Monatsschrift f. Krim.–Psychol. 1905.

—, Kontraktträume und spez. sexuelle Kontraktträume. H. Groß' Archiv, 24. Bd.

1907, p.1—19.

—, Beiträge zu den sexbellen Träumen. H. Groß' Archiv 29, 363 ff.

—, Die diagnostische und prognostische Brauchbarkeit der sex. Träume. Ärztl. Sachv.—Ztg. 1911, Nr. 2.

Negelein J. v., Der Traumschlüssel des Yaggaddeva. Gießen 1912. (Relig. Gesch. Vers. XI, 4.)

Pachantoni D., Der Traum als Ursprung von Wahnideen bei Alkoholdeliranten. Zentralbl. f. Nervenheilk., 32. Jahrg., 1909, P. 796.

Pear T. H., The analysis of some personal dreams, with special reference to Freud's interpretation. Meeting at the British Assoc. for the advancement of science. Birmingham Sept. 16.—17., 1913. British Journ. of Psychol. VI, 3/4, Febr. 1914

Pötzl Otto, Experimentell erregte Traumbilder in ihren Beziehungen zum indirekten Sehen. Zeitschr. f. d. ges. Neurol. u. Psych. Bd. 37, 1917.

Pfister Oskar, Wahnvorstellung und Schülerselbstmord. Auf Grund einer Traumanalyse beleuchtet. Schweiz. Blätter für Schulgesundheitspflege 1909, Nr. 1.

—, Kryptolalie, Kryptographie und unbewußtes Vexierbild bei Normalen. Jahrb. f. Ps.—A. Forschg. V, 1, 1913.

Prince Morton, The Mechanism and Interpretation of Dreams. The Journal of abnorm. Psych. Oct.—Nov. 1910.

—, The Mechanism and Interpr. of Dreams；a reply to Dr. Jones. Journ. of abn. Psychol. 1910/11, pp.337—353.

Putnam J. J., Aus der Analyse zweier Treppen-Träume. Zentralbl. f. Ps.—A. II, 1911/12, p.264.

—, Ein charakteristischer Kindertraum. Ebenda, p.328.

—, Dream interpretation and the theory of psychoanalysis. Journ. of abnorm. Psych. IX, Nr. 1, p.36.

Raalte F. van, Kinderdroomen. Het Kind 1912. Jan.

Rank Otto, Der Mythus von der Geburt des Helden. Schr. z. angew. Seelenkunde, Heft 5, Wien und Leipzig 1909.

—, Beispiel eines verkappten Ödipus-Traumes. Zentralblatt für Psychoanalyse, 1. Jahrg. 1910.

—, Zum Thema der Zahnreizträume. Ebenda.

—, Das Verlieren als Symptomhandlung. Zugleich ein Beitrag zum Verständnis der Beziehungen des Traumlebens zu den Fehlleistungen des Alltagslebens. Ebenda.

—, Ein Traum, der sich selbst deutet. Jahrbuch für psychoanalyt. und psychopathol. Forschungen, Bd. II, 1910.

—, Fehlleistung und Traum. Zentralbl. f. Ps.–A. II, 1911/12, p.266.

—, Aktuelle Sexualregungen als Traumanlässe. Ebenda, pp.596–602.

—, Die Symbolschichtung im Wecktraum und ihre Wiederkehr im mythischen Denken. Jahrb. f. Ps.–A. IV, 1912.

—, Das Inzestmotiv in Dichtung und Sage. Grundzüge einer Psychologie des dichterischen Schaffens. Wien und Leipzig 1912.

—, Die Nacktheit in Sage und Dichtung. Eine Ps.–A. Studie, Imago, II, 1912

Rank Otto, Eine noch nicht beschriebene Form des Ödipus-Traumes. Intern. Zeitschr. f. ärztl. Ps.–A. I, 1913, p.151.

—, Fehlhandlung und Traum. Internat. Zeitschr. f. Ps.–A. III, p.158.

—, Die Geburtsrettungsphantasie in Traum und Dichtung. Internat. Zeitschr. f. Ps.–A. II, p.43.

—, Ein gedichteter Traum. Internat. Zeitschr. f. Ps.–A. III, p.231.

Rank O. und Sachs H., Die Bedeutung der Psychoanalyse für die Geisteswissenschaften. Grenzfr. d. Nerven-u. Seelenlebens, hg. v. Löwenfeld Heft 93, Wiesbaden 1913.

Reik Th., Zwei Träume Flauberts. Zentralbl. f. Ps.–A. III, 1912/13, p.223.

—, Kriemhilds Traum. Ebenda, II, p.416.

—, Beruf und Traumsymbolik. Ebenda, p.531

—, Der Nacktheitstraum eines Forschungsreisenden. Internat. Zeitschr. f. Ps.–A. II, p.463.

—, Gotthilf Schuberts "Symbolik des Traumes." Internat. Zeitschr. f. Ps.–A. III, p.295.

—, Völkerpsychologische Parallelen zum Traumsymbol des Mantels. Internat. Zeitschr. f. Ps.–A. VI, p.310.

—, Zum Thema : Traum und Traumwandeln. Internat. Zeitschr f Ps.–A. VI, p.311.

Robitsek Alfred, Die Analyse von Egmonts Traum. Jahrb. für psychoanalyt. und psychopathol. Forschungen, Bd. II, 1910.

—, Die Stiege, Leiter, als sexuelles Symbol in der Antike. Zentralbl. f. Ps.–A. I, 1910/11, p.586.

—, Zur Frage der Symbolik in den Träumen Gesunder. Ebenda, II, p.340.

Róheim G., Die Urszene im Traume. Internat. Zeitschr. f. Ps.–A. VI, p.337.

Sachs Hanns, Zur Darstellungstechnik des Traumes. Zentralbl. f. Ps.–A. 1 1910/11.

—, Ein Fall intensiver Traumentstellung. Ebenda, p.588.

—, Traumdeutung und Menschenkenntnis. Jahrb. f. Ps.–A. III, 1911, p.568.

—, Ein Traum Bismarcks. Internat. Zeitschr. f. Ps.–A. I, 1913, H. 1.

—, Traumdarstellungen analer Weckreize. Ebenda, p.489.

—, Das Zimmer als Traumdarstellung des Weibes. Internat. Zeitschr. f. Ps.–A. II, p.35.

—, Ein absurder Traum. Internat. Zeitschr. f. Ps.–A. III, p.35.

Sadger J., Über das Unbewußte und die Träume bei Hebbel. Imago, Juni 1913.

Schrötter Karl, Experimentelle Träume. Zentralbl. f. Ps.–A. II, 1912. p.638.

Schwarz F., Traum u. Traumdeutung nach 'Abdalgani an Nabulusi.' Zeitschr. d. deutsch. morgenl. Ges., Bd. 67, 1913, III. H., pp.473–493.

Secker F., Chines. Ansichten über den Traum. Neue metaph. Rdschr., Bd. 17, 1909/10, p.101.

Silberer Herbert, Bericht über eine Methode, gewisse symbolische Halluzinationserscheinungen hervorzurufen und zu beobachten. Jahrb. Bd. I 1909.

—, Phantasie und Mythos. Ebenda, Bd. II, 1910.

—, Symbolik des Erwachens und Schwellensymbolik überh. Ebenda, III, 1911.

—, Über die Symbolbildung. Ebenda.

—, Zur Symbolbildung. Ebenda, IV, 1912.

—, Spermatozoenträume. Ebenda.

—, Zur Frage der Spermatozoenträume. Ebenda.

Spielrein S. Traum Vom "Pater Freudenreich." Intern. Ztschr. f. ärztl. Ps.–A. I, 1913, p.484

Spitteler Karl, Meine frühesten Erlebnisse. I. Hilflos und sprachlos. Die Träume des Kindes. Südd. Monatsh., Okt. 1913.

Stärcke August, Ein Traum, der das Gegenteil einer Wunscherfüllung zu verwirklichen schien, zugleich ein Beispiel eines Traumes, der von einem anderen Traum gedeutet wird. Zentralbl. f. Ps.–A. II, 1911/12, p.86.

—, Traumbeispiele. Internat. Zeitschr. f. Ps.–A. II, p.381

Stärcke Johann, Neue Traumexperimente in Zusammenhang mit älteren und neueren Traumtheorien. Jahrb. f. Ps.–A. V, 1913, p.233.

Stegmann Marg, Darstellung epileptischer Anfälle im Traume. Intern. Zeitschr. f. ärztl. Ps.–A. I, 1913.

—, Ein Vexiertraum. Ebenda, p.486.

Stekel Wilhelm, Beiträge zur Traumdeutung. Jahrbuch für psychoanalytische und psychopatholog. Forschungen, Bd. I, 1909.

—, Nervöse Angstzustände und ihre Behandlung. Wien-Berlin 1908, 2. Aufl. 1912.

—, Die Sprache des Traumes. Eine Darstellung der Symbolik und Deutung des Traumes in ihren Beziehungen zur kranken und gesunden Seele für Ärzte und Psychologen. Wiesbaden 1911.

—, Die Träume der Dichter. Wiesbaden 1912.

—, Ein prophetischer Nummerntraum. Zentralbl. f. Ps.–A. 11, 1911/12, pp.128–130.

—, Fortschritte der Traumdeutung. Zentralbl. f. Ps.–A. III, 1912/13 p.154, 426.

—, Darstellung der Neurose im Traum. Ebenda, p.26.

Swoboda Hermann, Die Perioden des menschlichen Organismus. Wien und Leipzig

1904.

Tausk V., Zur Psychologie der Kindersexualitat. Zeitschr. f. ärztl. Ps.–A. I, 1913, p.444.

—, Zwei homosexuelle Träume. Internat. Zeitschr. f. Ps.–A. II, p.36.

—, Ein Zahlentraum. Internat. Zeitschr. f. Ps.–A. II, p.39.

Tfinkdji Joseph Abbé, Essai sur les songes et l'art de les interpréter (onirocritie) en Mésopotamie. Anthropos VIII, 2/3, März-Juni 1913.

Tobowolska Justine, Etude sur les illusions de temps dans les rêves du sommeil normal. Thèse de Paris, 1900.

Vaschide N., Le sommeil et les rêves. Paris 1911, Bibl. de Philos scient. (66) (mit Literaturangabe der übrigen zahlreichen Arbeiten desselben Autors über Traum und Schlaf).

—, et Piéron, La psychol. du rêve au point de vue médical. Paris 1902.

Vold J. Mourly, Über den Traum. Experimentell-psychologische Untersuchungen. Herausgegeben von O. Klemm. Erster Bd. Leipzig 1910. II. Bd. 1912.

Weiss Edoardo, Totemmaterialim Traume. Internat. Zeitschr. f. Ps.–A. II, p.159.

Weiss Karl, Ein Pollutionstraum. Internat. Zeitschr. f. Ps.–A. VI, p.343.

Weygandt W., Beitr. z. Psychologie des Traumes. Philos. Studien, 20. Bd., 1902, pp.456–486.

Wiggam A., A. contribution to the data of dream psychology, Pedagogical Seminary, Juni 1909.

Winterstein Alfr. v., Zum Thema : "Lenkbare Träume." Zentralbl. f. Ps.–A. II, 1911/12, p.290.

Wulff M., Ein interessanter Zusammenhang von Traum, Symbolhandlung und Krankheitssymptom. Internat. Zeitschr. f. ärztl. Ps.–A, I, 1913, H. 6.

옮긴이 김양순

성신여대 독문학과를 졸업하고 동대학원에서 독문학을 전공하다.
독일 뮌헨대학에서 심리학 전공. 심리치료사자격을 취득하다.
옮긴책 미하엘 엔데 《끝없는 이야기》 등이 있다.

세계사상전집035
Sigmund Freud
VORLESUNGEN ZUR EINFÜHRUNG IN DIE PSYCHOANALYSE
정신분석 입문
지크문트 프로이트/김양순 옮김
동서문화창업60주년특별출판
1판 1쇄 발행/2016. 9. 9
1판 3쇄 발행/2024. 8. 1
발행인 고윤주
발행처 동서문화사
창업 1956. 12. 12. 등록 16-3799
서울 중구 마른내로 144 동서빌딩 3층
☎ 546-0331~2 Fax. 545-0331
www.dongsuhbook.com
잘못된 책은 구입하신 곳에서 바꾸어드립니다.
＊
이 책의 출판권은 동서문화사가 소유합니다.
의장권 제호권 편집권은 저작권법에 의해 보호를 받는 출판물이므로
무단전재와 무단복제를 금합니다.
사업자등록번호 211-87-75330
ISBN 978-89-497-1443-1 04080
ISBN 978-89-497-1408-0 (세트)